目录
Contents

前 言

在意图和技巧方面，描写一个人的生平和叙述一个时代的历史是极不相同的。有人曾经想过将这二者结合起来，结果却毫无成效。普鲁塔克放弃了后者，而卡莱尔[①]则放弃了前者，因此，这两位大师都极为幸运地达成了自己的目标。从根本上说，在普鲁塔克之后，还没有人像他一样把依据严格的史实为伟人立传当成自己坚定的任务。

探寻真相需要的才能与写作不同，因而这一份工作并不在历史学家研究的范围之内。有的作家的表达方式极为自由，将历史人物进行了戏剧化处理。有的作家则陷入了"历史小说"这一误区。就像歌德和拿破仑曾经说过的那样，这样做的结果只会搅乱一切。

如果一个人的人生里程碑是由事迹构成，而不是由著作构成时，为他写传就成为最困难的事。恺撒、腓特烈大帝和拿破仑这些人都是依靠在战场上取得的胜利而称霸天下的，但是对于后世人来说，这些战役却显得越来越陌生：法萨卢斯战役[②]、罗斯巴赫战役[③]、奥斯特里茨战役等著名的战役，现在也只在军事院校中还有点历史意义。假如这三人都只是军事统帅，那么从对后世所产生的精神上的吸引力方面看，他们便无法超过克拉苏[④]、塞德利茨[⑤]和马塞纳[⑥]。真正使他们卓

---

①卡莱尔（Thomas Carlyle, 1795—1881），苏格兰散文作家和历史学家。

②法萨卢斯战役：公元前48年8月9日，恺撒在法萨卢斯战役中施巧计，以少胜多，彻底打败主要对手庞培。庞培溃败后逃到埃及，后来被托勒密国王的部将所杀。

③罗斯巴赫战役：1757年11月5日，普鲁士腓特烈大帝率领军队在罗斯巴赫与奥地利军队交战，大败对方。

④克拉苏：马库斯·李锡尼·克拉苏（Marcus Licinius Crassus，公元前115年—前53年），恺撒手下的著名将领，曾在公元前57年平定了相当于今天的诺曼底和布列塔尼的广大地区。

⑤塞德利茨（Friedrich Wilhelm von Seydlitz, 1721—1773），普鲁士腓特烈大帝麾下的著名将领，在普奥七年战争中曾经担任骑兵总指挥，赢得了罗斯巴赫等战役的胜利。

⑥马塞纳（André Masséna, 1758—1817），拿破仑手下的将领。

尔不凡的恰恰是他们的政治天才。因为正处于事业巅峰时的政治家身上承载着人类的命运，所以探究伟人心灵的传记作家关注的焦点就是天才和性格的交汇之处。

在本书中，作者尝试对拿破仑的内心历程进行描绘。他的政治生涯的每一步都很好地体现出了自己的个性，因此，本书中重点描述的对象既包含他作为国家缔造者和立法者的思想，也包含他在革命和正统之间的态度及他对于社会和欧洲问题的看法。相反，我们认为，拿破仑经历过的数次战役的具体过程，当时欧洲各国的局势，它们之间像气候一样变化无常的联合和敌对等，这些方面则显得无足轻重。

那些流传下来的信件和较为可信的谈话录，记载了他和兄弟、妻子之间的冲突，记录了他感到忧郁或自豪的每一个时刻，也记录了面如死灰的他无可遏制的愤怒，更记录了他对待朋友、敌人的手腕和善行，以及他对将军和女人们说过的每一句话。相对于马伦哥战役的作战计划、《吕内维尔和约》或封锁欧洲大陆的细节来说，这些记录要重要得多。我们在学校中曾经学到的那些关于拿破仑的知识，在本书的记叙中被压缩到了最低程度；相对地，那些在学校中没有讲到的内容，在本书中则有着详细的记述。诸多法国传记作家都热衷于写拿破仑的秘史，本书则独辟蹊径地想再现拿破仑在公私两方面的完整形象，再现他作为普通人所表现出的一面。本书往往在同一页内叙述同一天内发生的国家大事和儿女情长，就因为它们的来源相同，而且相互之间都有影响。何况，如果一个人内心纷乱，则其对于重大计划的影响要时常超过所有谋略。

拿破仑的形象与道德水平和他打交道的国家（无论是敌国还是友邦）关系不大。在本书中，他的个人形象没有被看作奇迹，也没有被肢解成概念。在描述他的生平时，作者极力想要把握他内心的种种状态，正是这些状态自然而然地促成了他的崛起，并且最终导致他身陷圣赫勒拿岛。本书中的描述手段（同时也是描述目的），成为不断探索拿破仑其人的内心世界的一条情感的长链，也就是基于他的这一情感长链，我们才能解释他的决断与顾虑、行为与痛苦、幻想与计算。

由于薄薄一册书的篇幅所限，作者只能放弃那些无法揭示拿破仑内心世界的内容。也是基于同样的理由，对其他人甚至是各位将军都着墨不多。

要想对如此丰富的人生进行描绘，就必须跟上它的节奏。在这一过程中，作者只能依赖人物本身的自述，不停地让他自己来说话。因为，一般来说，一个人自己进行的陈述是最好的，即使出错或者说谎也是在向后人袒露自己的想法。但是，作者必须要谨记一点，那就是要忘记自己是知晓结局的，必须要置身于当时的情景来描写当时的感受，而不是根据最后的结局对命运发出感叹，这样才能使作品具有紧张的悬念。

本书的作者就是这样去体会拿破仑心中的感受的。只有在本书的结尾处，读者才会看到那一点超然于物外的极为冷静的分析——必须在引擎停下来之后，我们才可以对它进行研究。

运用这种方法进行的描写往往比较生动形象，容易让人误认为作品是虚构而成的。为了避免这一点，传记作家必须保证始终忠于史实。一个人如果相信事件的内在逻辑性，排斥事件的偶然性，那他就不会对任何细节进行篡改，也不会歪曲某个日期或者某份文件——不过，在本书中，出于修辞的考虑，作者经常略过日期或文件不提。

除去内心独白之外，本书中没有一句话是虚构的。作者非常希望本书能够得到像歌德对布里昂的《回忆录》那样的评价："记者、史学家和诗人曾经加诸拿破仑的种种光环和幻象，在本书揭示的可怕事实面前全部消失了。但是英雄没有因此而变得渺小，而是显得更加高大了。我们由此可以看到，如果你敢于把真实的事情说出来，那它将拥有多么强大的优势。"耽于幻想的人是无法领会这首由命运创作的史诗的，只有那些热爱真实的人才能从中一窥究竟。

拿破仑用自己的一生写就的悲剧可以说是千年不遇的，我们理应将此呈现给读者。一个人依靠自信和勇气、激情和想象、勤奋和意志，究竟能达到什么高度？对于这一问题，拿破仑给出了答案。在如今这个革命的时代，机会再一次展现在能人志士的面前。欧洲的热血青年们再也找不到比拿破仑更好的榜样、更大的教训了。拿破仑是带给世界最强烈震荡的西方人，他也为此付出了极其巨大的代价。

第一章 岛

在我看来，拿破仑的童话恰似《约翰启示录》，每个人都感到其中还隐藏着一些东西，只是不知道那究竟是什么。

——歌德①

---

①歌德与拿破仑处于同一时代，他们是不同领域中的天才。本书的每一章都是由歌德的一段话引出的。在第三章第20节，还详细描述了两位天才会面时的情形。

1. 不屈的岛民

在一座帐篷里，一个身裹毯子的少妇正一边给孩子喂奶，一边听着远处传来的轰隆声。她暗想："太阳都下山了，怎么还在交火？这声音会不会是秋天的雷声在布满岩石的荒山里回荡？又或者是风吹过四周狐狸和野猪出没的原始森林，吹动冬青栎和松树发出的阵阵涛声？"在缭绕的烟雾中，这个少妇用披肩半掩着白皙的胸脯的样子，像极了一个吉卜赛女人。她还在不断地猜测着：今天外面的战况到底如何？突然，她听到了一阵"嘚嘚"的马蹄声，而且马蹄声由远及近地传来，似乎正在向帐篷靠近。难道会是他？他虽然说过要来，但这里离战场那么远，而且现在雾气弥漫。

正在这时，一个男人推开帐篷的门走了进来，伴随着他进来的，还有一阵清新的空气。这是一个20多岁的贵族军官，身形瘦长，身着一身彩色的军服，头上扎着带羽饰的头巾。他动作敏捷地走进来，亲热地向少妇打着招呼。少妇一见他，急忙站了起来，把怀里的婴儿交给女佣，然后亲自端来葡萄酒。接着，她摘下头巾，露出栗色的鬈发下光洁的额头。在火光的映衬下，这个女人的下颌修长，显示她具有旺盛的精力；她的鼻子又高又尖，透出一股魅力。一把闪闪发光的短剑在她的腰际垂着，即使这里是山区，她也从未将它卸下过。她快步走到年轻军官的面前，用那张漂亮的嘴巴急切地提着问题。总之，这位美丽的女中豪杰给人的印象是，她必定出身于坚毅有为的古老家族。事实也的确如此。她的祖先和年轻军官的祖先一样，早在几百年前就已经分别是领袖人物和战士。他们原本生活在意大利，后来才搬到这个多山的海岛。

现在，面对法国侵略者，全岛人团结一心，一致对敌。这位年仅19岁的女子便跟随丈夫来到这片最荒凉的山区，心甘情愿地为祖国而战。此时此地，她不是从前人们希望的那种周末去做礼拜，在途中吸引众人目光的耀眼的贵族，而是一个为祖国而战的战士。因为在这里，高贵的证明是荣誉和勇敢。

年轻的丈夫显得那么机敏而充满活力，他兴

拿破仑的父亲夏尔·波拿巴

奋地告诉妻子："莱蒂齐娅，我们胜利了！科西嘉将重获自由！敌人已经被赶到了海边，已经无路可退。今天他们要派代表与保利谈判，明天我们就停火。"这些最新的消息是那么令人振奋。

科西嘉岛上的风俗规定受到侮辱就要当场复仇，因此，这里的人们动辄兵戎相见，宗族间的仇杀绵延不断。于是每个科西嘉人都希望多子多孙，这个年轻的军官也不例外。他希望自己可以有许多孩子，以确保自己的家族永远后继有人。而他的妻子莱蒂齐娅从母亲和其他女性长辈那里认识到：孩子就意味着荣誉，因而慎重地养育着孩子，虽然她在15岁那年就生下了第一个孩子，但是直到今年才生下了第一个男孩。

胜利的喜悦激励着科西嘉人，自由又鲜活地展现在他们的面前。这位军官是前面提到的民众领袖保利的副官，他兴奋地告诉妻子："今后，我们的孩子将不再是法国人的奴隶！"

2.拿破里奥尼出生

然而，胜利的喜悦只持续了几个月。第二年春天，人们的心随着形势的改变而为之一沉。法国人的增援部队在科西嘉岛登陆了。科西嘉的儿女们再度武装起来。少妇莱蒂齐娅也追随在丈夫的左右，此时她的肚子里正怀着孩子，这个孩子是在去年秋天的风雨中怀上的。后来莱蒂齐娅回忆道："在那段日子里，我躲在山上，但常常离开藏身之处到外面悄悄地打听消息，有时甚至一直走到战场上。我能清楚地听到子弹的呼啸声，但我相信圣母，我并不害怕。"

这年5月，科西嘉人战败，不得不面对可怕的撤退。怀有身孕的莱蒂齐娅抱着一岁的孩子骑在骡背上，和大队撤退的男人和女人一起，穿越丛林，爬过悬崖峭壁，艰难地向海边前进。6月，作战失败的保利不得不带着数百随从逃往意大利。7月，莱蒂齐娅的丈夫——保利的副官，则和一小队使者向占领者投降。那一刻，科西嘉岛岛民的骄傲不复存在。8月，一个叫拿破里奥尼的复仇者降生了，他就是莱蒂齐娅的孩子。

莱蒂齐娅在战场上表现得相当勇敢，具有男子气概，然而在紧靠海边沙滩的大房子里，她却是一个极其聪明、节俭的家庭主妇。她必须要这样做，因为她那位年轻的丈夫并没有收入，他总是长时间地沉湎于空想之中。他曾经在好几年的时间里，一心只想打赢一场遗产继承的官司而根本忽略了其他所有的事情。在比萨上大学的时候，他自称为波拿巴伯爵，生活优裕，却并没有学到真本事，在第二个儿子出生之后，他才匆匆结束学业回家。他要怎样养活他自己和家人呢？生活中的困境会让人变得现实起来，无奈之下，他向占领者妥协，而且在当时，这种妥协似乎是有利的，因为法国人为了在岛上站稳脚跟，对当地贵族有诸多优惠政策。

很快，他成了新成立的法院的陪审推事，同时也成了一个苗圃的监管人。当时，法国国王还曾想过利用这个苗圃在岛上推广桑树种植。当科西嘉的元帅来拜访时，莱蒂齐娅的丈夫不惜花费巨资招待这位贵宾。他还有不少资产，在海边有葡萄园，在山上有羊群。他的兄长是主教堂里的大司祭，家财丰厚。他的妻子的同父异母的兄弟也是一个司祭，非常善于做生意，真不愧为商人之子。

当他那漂亮、骄傲的妻子30多岁的时候，他们已经有五男三女，共八个孩子了。这充分表现出了科西嘉居民内心秉持的家庭观念。在他们看来，竞争和族间仇杀是最高的道德。想要把这八个孩子都抚养长大，对于他们来说，实在是一件极为艰难而且花费极多的事情，这就导致孩子们总是会听到父母在谈论和钱有关的事情。后来，父亲终于想出了解决这种困境的办法。有一天，他带着11岁和10岁的两个男孩坐船前去法国，先到达土伦，然后又到了凡尔赛。

在科西嘉元帅的保举之下，铨叙局（在当时主管头衔、等级和徽章等事务）确认了波拿巴的贵族身份，于是路易国王很慷慨地赐予这位已经效忠了法国10年的官员2000法郎，并且特别允许他的两个儿子和一个女儿在贵族学校免费就读。在这样的安排之下，这些孩子毕业之后，这两个儿子中的一个将会成为神职人员，而另一个则会成为一名军官。

3.在巴黎军官学校学习

一个腼腆、寡言的小男孩正坐在布里埃纳军校的花园里看书，他看起来很矮小，人也总是喜欢独来独往。这个花园被学校划成了好多小块儿分给学生，每个学生都拥有一块属于自己的土地。男孩将属于自己的那一小块地和旁边属于另外两个同学的地连到一起，并用篱笆围了起来。除了那两块地的主人，他不允许其他人闯入这块领地，不管他们有什么理由。如果有谁擅自进来了，男孩便会气势汹汹地冲上去。前不久，有几个被焰火烧伤的同学恰巧逃到男孩的这块领地，也被男孩挥着锄头赶了出去。

对于男孩的这种行为，什么惩罚都起不到作用，老师们也只得听之任之了。一个老师曾经这样评价他："这个男孩是花岗岩做的，其中埋藏着的是一座火山。"的确，尽管这个小王国的三分之二是男孩强占来的，然而他不允许任何人侵犯，男孩对于个人自由的感觉是如此之强烈。没过多久，男孩在给父亲的信中提及："我宁愿做工厂的工人中的第一名，也不愿意成为科学院院士中的最末一个。"或许男孩曾在普鲁塔克①的书中看到过这句话。普鲁塔克描写的很多伟人都令男孩热血沸腾，特别是那些罗马英雄的生平，更是让男孩神往不已。

从来没有人见过男孩的笑容。在同学的眼中，这个意大利小男孩就像半个野人，至少是个奇特的外国人。男孩几乎不会说法语，因为在他眼里，这是他的敌人的语言，他似乎不愿屈尊去学自己的敌人的语言。在其他人看来，他是一个古怪的小矮个儿，有着一个古怪的名字，他的外套总是过长，身上也没有零花钱，尽管实际上什么都买不起，他却总是宣称自己出身贵族。那些来自达官显贵家庭的同学嘲笑他："就算你是科西嘉的贵族，又有什么了不起的啊！要是你们真的如你说的那样英勇善战，那又怎么会被我们战无不胜的军队打败呢？"

"你们的军队只是人多而已，我们却是以一敌十。"男孩怒不可遏地冲同学们喊道，"你们这些法国佬都给我等着，等我长大后，一定要好好地教训你们！"

"你爹只是一个小小的中士而已！"

男孩听了这话勃然大怒，当即提出要和这个同学决斗，却也因此受到了禁止外出的惩罚。事后，他写信给自己的父亲寻求帮助，"我早已经厌倦了向别人解释自己的贫穷，也听够了那些外国小子的嘲笑，要知道，那些人的精神远远没有我的高贵，他们只不过比我有钱罢了，难不成我真的要向那些成天只知道吹嘘自己是怎样奢侈度日、挥金如土的小子低头吗？"男孩的父亲从岛上回信说："现实就是我们没有钱，所以你不得不待在那里。"

为此，男孩在那儿一待就是五年。假如说，男孩心中的革命情绪会随着其遭受歧视次数的增加而增强，那么，男孩的自信便在对别人的蔑视中加深了。男孩的老师都是修士，男孩与他们之间的相处也还算融洽。至于功课方面，他只擅长历史、数学和地理这三门功课。对于男孩来说，对于一个拥有探究的眼睛、精确的思维以及被征服者的怒火的男孩来说，这三门功课有着特殊的吸引力。

因为他的目光总是难以从科西嘉这儿移开，因而在内心里责备自己的父亲同法国人为伍，同时又决心要抓住国王所赐予的学习机会和其他一些好处，以便将来有一天用这些东西去对付法国人。他在心中生出了一种模模糊糊的预

---

①普鲁塔克（Plutarch，46？—120？），一位著名的古典作家，对于16—19世纪初的欧洲具有极大的影响。他一生中写了很多作品，其中最为著名的就是《希腊罗马名人传》，这部书是为当时古希腊罗马的军人、立法者、演说家和政治家而作的。

感，仿佛终有一天自己会解放科西嘉，但现在的他还什么也不能做，因为他只不过是个14岁的少年。他只能让家人给自己寄一些和家乡有关的研究报告和书籍——他知道只有先研究历史，才有可能创造历史。同时，他急切地、大量地阅读伏尔泰、卢梭以及普鲁士的国王在去世之前所写的那些有关解放科西嘉的文字，增强自己的底蕴。

拿破仑以优异的成绩毕业后，被选送到巴黎军官学校。图为他利用军事知识，指挥伙伴们在打雪仗中取得胜利

这样一个少年，他孤独、叛逆，又有着雄心壮志，用怀疑的眼光审视着周围的一切，他将成长为什么样的人呢？应该是一个早熟、有识人之明、心中充满优越感的人。这个少年在自己的哥哥准备将职业目标从神职人员改为军官的时候曾经非常冷静地评价道："第一，他并不具备面对战场中的危险的那种勇敢精神……他能够成为一个优秀的卫戍部队军官，英俊、幽默，乐于说上几句轻佻的恭维话，在社交场合左右逢源。但是他在战场上能怎么样呢？第二，这时候改行太迟了。神职人员的工作能够给他优渥的薪水，这对家庭来说是多么有利啊！第三，他能加入哪个军种呢？海军？首先，他不会数学。其次，他不具备海军所需的毅力。而他那种追求轻松的个性又是绝对不能承受炮兵那种长期单调无聊的工作的。"这就是一个通晓人心的15岁少年所做的思考。他认为约瑟夫不具备的个性特点恰恰是自己拥有的，他同时极为恰当地描述了约瑟夫的性格，而后者的性格和他的父亲有着相似之处。

那么波拿巴自己又如何呢？他继承了父亲的想象力和稳重，又继承了母亲的骄傲、勇敢以及追求精确的习惯。除此之外，他还继承了父母所共有的宗族观念。

4.誓言解放科西嘉

刚刚成为少尉的波拿巴第一次将佩剑系在自己的腰上时，这个年仅16岁的少年便想到："只有腰带是属于法国的，而佩剑是属于我的！"而后来他几乎从不脱下军服的举动似乎也验证了这句壮志豪言。他得到这一军衔的地方是巴黎军官学校，不过在这所军校学习了一年的波拿巴似乎对这个地方并不那么满意。因为学校中充斥着各种法国高等贵族礼仪的教育，而刻苦简朴的他对这些东西嗤之以鼻。不过，他依然渴望在学校中获取知识，保持着在布里埃纳时对阅读的极大热忱，如饥似渴地阅读了大量书籍。在逆境的鞭笞下，在书海的熏陶下，他渐渐形成以自我为中心的世界观，甚至这种世界观因其天生的不济命运而带上较之常人更为浓烈的天然色彩。这种世界观是他自己从逆境中总结出的一条人生准则。波拿巴似乎对于逆境怀有一种难以诠释的珍视，他曾在自己的一份报告中表示，富裕的生活有碍于培养未来的战士。不过这并不代表他不介意负债，恰恰相反，正因为太了解自家的贫穷状况，他对钱极为敏感。在父亲去世后，这个怀有强烈家庭责任感的意大利人便开始省钱接济自己的母亲，而当时，他几乎还只是个孩子。

他对军校热爱与否仍然有待商榷，总之，他的成绩不好不坏，性格也很我行我素，这从他成绩单上的评语便可看出——"他是个内向但勤奋的学生，虽然不喜欢参加娱乐活动，但喜欢各种类型的钻研，同时也喜欢优秀作家……他沉默寡言，常常独来独往，容易闹情绪，性格高傲自私。他的回答言简意赅、简洁有力；他辩论时机智敏捷、胸有成竹。他为人自我，是热衷于各方面竞争的好胜者"。最终，他以顺利通过毕业考试为自己这一年的学习画上了圆满句号。

这个穿着新军服的矮小少尉奉命前往驻扎在瓦朗斯的某团，生活拮据的他步行了一大半的路程。然而，在这一路上，影响其一生的三大志向开始在他那颗年轻的心里萌芽：一、蔑视以及利用那些狂妄自大但几乎没有思想的人；二、使自己摆脱贫穷；三、坚持不懈地学习，为日后统治别人铺路。他认为，先在科西嘉的战斗中成为领袖，继而成为海岛的主人，是走上这条道路的手段及其目标。

在无聊的驻地生活中，他不得不尝试学习跳舞以及参加有趣的社交活动。不过，天生高傲但家境贫穷的他很快又放弃了这些举动。显然，他觉得掩饰自己的贫穷并不是件容易的事情。相反，他觉得，不如去和普通市民、律师和商人交往，从这些阶层的人那里可以听到一些新鲜事物，而且似乎都是那些巴黎青年贵族所不知的。伏尔泰、孟德斯鸠和雷纳尔等预言家呼唤的运动似乎在冥冥之中已越来越逼近。难道说这些人的著作中的思想已经传播到外省，一场革命正蓄势待发？

读书如同呼吸一样是免费的，波拿巴从中听到了各种书籍的呐喊。读完租赁书店的书[①]，拿破仑还会买本新书，用掉他偶尔省下来的两个法郎。他住在一家咖啡厅里，尽管隔壁打台球的声音确实很烦，但他觉得搬家会更烦人。他不喜欢变化，在生活上比较保守。

年轻军官拿破仑

波拿巴有什么样的情感世界呢？很显然，没有比国家和社会更令他激动的了，这与同时代的年轻人是一样的。面色苍白的波拿巴，孤独地坐在与台球室相邻的隔间，他选择将自己浸泡在自己的精神世界里。结束了短暂执勤的同事们都到外面去寻欢作乐，有到赌场赌博的，有到外面找女人的，而这个一贫如洗的少尉凭着坚定的意志在这个陋室里自觉研读，并且只研读那些对他的将来有用的东西：关于炮兵的原理和历史，攻坚战的作战法则，柏拉图的《理想国》，波斯人、斯巴达人和雅典人创制的宪法，有关英国的历史，英国人关于当代法国的报告，腓特烈大帝[②]征战的故事，法国的财政状况，鞑靼人和土耳其人的国家与风俗的介绍，埃及和迦太基的历史发展，有关印度的概况，马基雅弗利、米拉波[③]和布丰的著作，瑞士的历史与宪法，有关中国、印度和印加帝国的历史与宪法，贵族的历史和罪行，天文学、地理学和气象学的知识，繁殖规律和死亡率统计的知识。

他并非一目十行粗略地阅读这些书籍和其他众多的资料，而是深入细致地进行研读，他会在笔记本上做详细的摘要，这种摘要用一种几乎无法辨认的字迹书写，后来有400页刊登在报刊上，但也只是其中的一小部分。三个世纪中的各位

---

①塔尔列在《拿破仑传》（商务印书馆，1976年9月第1版）第3页中写道："（拿破仑）在一个小书铺里租了一间屋子，一有空就读书店老板的书。"

②腓特烈大帝（1712—1786）：即腓特烈二世，普鲁士第三位国王，1740年至1786年在位。他上台之后不久就发动了两次西里西亚战争，从奥地利手中夺得了西里西亚。在七年战争期间，他虽然也有过失败，但是罗斯巴赫、洛伊滕等著名的胜仗已经体现出了他卓越的军事才能，同时也奠定了普鲁士的强国地位。1772年，他与同盟者一起瓜分了波兰，得到了埃尔姆兰和西普鲁士。在国家内政方面，腓特烈大帝推行重商主义的经济和财政政策，建立了一支无条件服从命令的官员队伍，并且在军队、法制、教育和农业等方面施行了广泛的改革，他还致力于科学艺术的发展。

③米拉波（1749—1791）：法国大革命刚兴起时，国民议会中著名的演说家、政治家。1791年1月29日担任国民议会议长，但任职仅两周。同年4月2日，米拉波因病去世。

国王的资料，七个撒克逊王国的完整手绘地图、古希腊在小亚细亚的要塞的全貌图、古代在克里特岛上进行的赛跑的形式以及包含他们的骑兵数量及嫔妃们恶行的27个哈里发的基本资料都囊括在他的笔记当中。

包括婆罗门各个教派的信息和大金字塔尺寸的数据在内的关于埃及和印度的信息，是他摘录最多的。"看到埃及在两海之间，真正处在东西方交会处，亚历山大大帝①有了一个计划，他要在埃及安放其世界帝国的首都，使埃及真正成为世界贸易的中心。假如有什么能把他所有的占领地结合为一个国家的话，那只能是埃及，因为它能把亚洲、欧洲和非洲连接在一起，这个开明的征服者早就意识到了这一点。"这是波拿巴摘抄的雷纳尔的一段话。即使是到了30年后，他仍清楚地记得那段话，足见他读了很多遍。

与此同时，波拿巴也开始写一些东西。在短短的几年内，他写了内容涉及大炮如何架设、自杀、王权和人类的不平等等十几篇文章和提纲，其中最主要的要算科西嘉。他的客观和现实的文笔能够使当时最受欢迎的作家卢梭都相形见绌。他摘录了卢梭的有关人类不平等的起源的观点，但他不时会插入自己的评语："我不相信其中的任何一个字。"在下面的几页纸上，他发表了自己与之相反的观点。他认为，人类最初其实是幸福地散居着的，由于当时人们为数不多，因此并不需要紧邻在一起居住，并不像卢梭所说的过着孤独的游牧式生活。但是，随着人口的增多，"想象忽然从长期禁锢它的洞穴里钻了出来，随之产生的是自信、激情和骄傲。那些脸色苍白、胸怀大志的人抢占各种事物，而被踩在脚下的是那些衣着光鲜、成天泡在女人堆里的好色之徒"。

我们能否听到，他正在拼命地试图挣脱锁链，冲出囚禁他和他的非凡想象力的黑暗洞穴。我们能否看到，一脸苍白的他，用一种仇恨的目光瞪着军队里那些扬扬得意的好色之徒？

因为这些人是法国人，所以要离他们远点！他把新的国家观应用到科西嘉，因为科西嘉才是他一直注视的目标。"那些宣称上帝的旨意是不得反抗篡权者压迫的观点，是多么荒谬啊！按他们的说法，上帝会立刻保护每一个弑君篡位者，但是事实上，那些人一旦失败就会丢掉性命。所以，对于推翻入侵的统治者，民众是有充分的理由的。科西嘉人岂不是非常适合这一点？……因此，就像我们以前挣脱热那亚的枷锁一样，现在我们也可以挣脱法国的枷锁。阿门。"

---

①亚历山大大帝（前356—前323）：马其顿国王，上台后先后征服希腊、埃及、波斯，又入侵印度，建立了一个地跨欧亚非三洲的大帝国。

感受到自己的存在，是每个年轻的心灵的愿望。基于对法国的仇恨，他开始写一部长篇和几部中篇小说，都是以科西嘉为题材的，却都没有完成。同时，在"统治世界靠想象，把想象变成现实要靠大炮"这一认识和贫穷、激情的激励下，他不断地学习职业方面的知识。"工作以外，没有其他事情可以给我慰藉。我每周只换一次衣服，躺在病床上以来一直睡得很少……我一天只吃一顿饭。"

波拿巴被大家称为数学天才，因为他在研究大炮和弹药时，思维总是围绕着数字。如今，除了那些别出心裁的文章提纲之外，他还在科西嘉的地图上标了很多点来表示何处架设大炮，何处挖战壕，何处驻扎部队，等等。如果他掌握着大权就好了！除了把一张文学想象之网给科西嘉披上，他会将第二张网布在地图上，上面的大炮用十字符号来表示。地图，地图！波拿巴在嘈杂的咖啡馆隔壁，又对一切可以计算的东西进行重新研究，对英国国会的完整演说词进行抄录，对地球上最遥远的地方做着简要的记述。"圣赫勒拿，是大西洋中的一个小岛，现在是英国的殖民地。"这是他的最后一本笔记的结尾。

此时，波拿巴收到了来自家乡的母亲的信。母亲在信上说，科西嘉的元帅不幸去世，他们失去了最强有力的保护神，家里瞬间没有了靠山，约瑟夫失去了工作，她也被桑园辞退了，只好求助于次子。波拿巴马上请假回家，坐船回到承载他的计划和梦想的海岛。波拿巴是作为一个不为人们所知的胜利者回家的吗？看看他的日记也许就能知道。

"在返回家乡的路上，孤单一直伴随着我，即使身边有人时也丝毫未减少。就是为了使自己能够沉浸于孤独的梦幻和忧郁，我才决定回家。此时这种忧郁将走向何方？就是死亡。但是我就站在生命的门口，期望能够健康长寿。我已经离开祖国六七年了，很快就要见到家人了，这是多么令人高兴的事啊……那么，驱使我自我毁灭的是什么样的魔鬼呢？……既然没有什么令我高兴，除了不幸还是不幸，那为什么我还要忍受这样一种一败涂地的生活？……家乡现在是什么样啊？同胞们被迫戴上铁索，还要去亲吻那只毒打他们的手……骄傲和自信也曾经充满他们的胸怀，他们也曾有过幸福甜蜜的生活：白天，他们为国家辛勤工作；夜晚，他们则躺在爱妻的怀抱里入眠，他们的夜晚在大自然和柔情的作用下变得如同仙境一般。这些幸福的时光如美梦一般再也回不来了，因为他们失去了自由。法国人啊，我们最宝贵的财富被你们夺走了，我们的风气也遭到你们的破坏！眼睁睁地看着自己的祖国走向毁灭却无力回天，还要违心地对所憎恨的一切大力赞美，这还不能构成逃离这个世界的充分理由吗？……假设国家的解放只需杀死一个人，我会立即采取行动去杀了那个人！……对我个人而言，生命只是一种负担而已，我没有得到任何的享受，我只是感觉到了痛苦……我无法忍受这一切，因为我不能按照自己的方式生活。"

5.法国大革命爆发

因为不是为钱烦恼，就是为家事操心，波拿巴在科西嘉过得很郁闷。第二年，他带着绝望的心情返回驻地。这一次他的驻地不是瓦朗斯，而是奥松，可是这种改变又有什么不同呢？

这位19岁的少尉，终于有人重用了。新将军命令他带人在训练场构筑几个"需经过复杂计算"的工事，因为将军发现他有点才华。"于是，从10天前开始，200个人在我的带领下从早到晚不停忙碌地干活。上尉们因这次不同寻常的重用而对我产生了敌视情绪，他们责问为什么不让他们去做这份重要的工作，却让一个少尉来做。"

就这样，波拿巴再一次退回到起点。照这样下去，他只能艰难地等着往上爬，即使有成为上尉的那一天，他恐怕也到了退役的年龄了，然后回到家乡，忍受着岛民们鄙视的目光领取法国的养老金，最后被埋在故乡的泥土中——这是我们身上，他们唯一不能夺走的东西。可是，书中所说的自由都是泡影吗？如果贵族的压迫、贪污受贿和裙带之风就连强大的法国都不能摆脱的话，那么小小的科西嘉又怎能将自己解放出来，摆脱法国的统治！

新的提纲充斥于这位年轻的作者的日记中。假如他的上司得到了这个小小的本子，可以想象他的下场，毕竟在他的日记里有这样的话："有关王权的报告提纲，假如我们详述一下，当今欧洲存在的通过篡夺方式取得王权的12个君主国国王，他们大部分是可以被推翻的。"波拿巴咬牙切齿地在静默的日记本上写下了上面的文字。然而，"国王万岁！"却是他在外面庆祝每一个王子的命名日时不得不穿着盛装高呼的口号。

波拿巴在沉闷的执勤中又度过了一年的时光。他专注于写作和数学，他沉默着，等待着。

最终，具有决定性意义的一年到来了。即使是在仍然沉睡的省份的非常偏僻的角落里的人们也有一种预感——战鼓即将敲响。1789年6月，这位忧郁的少尉预感到复仇的时刻不远了。如今那些人的骄横会使他们自我毁灭吗？毕竟他们曾这么长时间地侮辱他。来自千千万万民众的呼喊，正是他为科西嘉战斗的口号。他给他的偶像——流放中的保利写了一封信，附上自己的《科西嘉信札》。信中写道：

"将军：祖国正遭受着毁灭之时，我诞生在这个世界上。来自垂死者的喘息和绝望者的眼泪包围了我的摇篮……所有的希望都被毁灭了。我们的被奴役是我们屈服的结果。卖国贼们大肆诬蔑您无非是为自己辩解……读到那些肮脏的文字时，我觉得自己的血在往上涌，立即决定要将这些阴霾驱散。此刻，我要用一把蘸上耻辱的墨水的刷子，把所有出卖我们共同事业的叛徒涂得漆黑……对当权者进行公开谴责，将所有的丑事揭露出来……假如我住在首都，一定能找到其他的办法……这样做可能显得鲁莽，因为我还年轻，但我的热情以及对真理和祖国的热爱能够助我一臂之力。将军，如果您在这件事上愿意给我鼓励，我会信心百倍的，因为您是看着我诞生到这个世界上的……您还记得在考尔特度过的时光吗？这是我的母亲莱蒂齐娅女士托我问您的。"

这是由全新的音调所组成的一支交响曲。在乐曲中，我们能感受到响应时代的澎湃激情，诛杀暴君的态度，闪闪发光的文字。我们所能看到的一切都以效果为重，不再是日记中那样的风格。还有让人可怕的新起点，这个新的起点是波拿巴所独有的：他以那个起决定作用的"我"作为信的开头，将一个重大命题展现在世界面前。此刻，由于新时代已经敲响第一阵战鼓，宣告重要的是才能而不是出身，波拿巴充满自信地第一次乘风破浪地前进，于是，曾经不可克服的唯一障碍被打破了，他在心中产生出一个前所未有的要求，并且再也不肯安息。在信的最后，他显然希望得到提携，因为他在向对方献殷勤。这个半大孩子一向是粗鲁、令人捉摸不透的，却在这封信里表现得那么老练，且具有骑士风度。

作为另一个时代的人，保利并不欣赏这个高傲的年轻人。不应由年轻人来书写历史——这是保利给他的礼貌回复。

四个星期后，百年来第一次由年轻人开始创造历史：因为他们攻打了巴黎的巴士底狱，向世界发出了伟大的信号。法国的人们匆匆拿起了武器。在波拿巴的驻防地也发生了抢劫事件，这种情形直到有钱人和军队联合起来才结束。年轻的波拿巴站在街头的大炮旁边，朝着人群开炮。这是他第一次实弹射击，由于他对民众的鄙视丝毫不次于对贵族的鄙视，所以可以断言，这次他虽然是奉王室军官的命令开炮，但肯定也是心甘情愿的。

可是，在他的心灵深处，一切都显得非常陌生：这和他有什么关系呢！只不过是法国人与法国人之间的斗争！现在他唯一的念头是：到了解决科西嘉问题的时候了！这一切都应该传播到科西嘉，无论此刻发生的事是出于怒火还是出于激情；无论是理想还是一个提示语！波拿巴想赶快请假回家，以便自己能够在新运动的纷乱中脱颖而出！

6.崭露头角

波拿巴是第一个把代表自由、平等和博爱的红帽徽带到岛上的人，所以他在科西嘉的登陆就像一位先知带着新教义来到外国海岸一样。原本这里不就居住着自由的岛民吗？曾经奉行自治的他们，近20年来却一直遭受着征服者的压迫，征服者只懂得利用贵族和教会势力，但不理解民众的心思。

作为一名年轻的雅各宾党人，波拿巴直到昨天其实还是以祖先留给他的贵族身份在生活，他能获得国王的资助也完全是凭借这个身份，正是因为得到了国王的资助，他才得以接受教育，可是他又何必管这些？国王跟他有什么关系！各民族都有实行自治的权利，这不是我们最终的认识吗？被旧法国戴上镣铐的科西嘉也应当像刚觉醒的新法国那样去宣布自由！时候到了，同胞们，让我们拿起武器！让我们将新时代的帽徽戴在我们的头上，我们要像巴黎一样组建我们的国民自卫军。我们要夺取向我们耀武扬威的国王军队的工具！我对大炮比较精通，可以做你们的领头人！

小城阿雅克修的街头出现了20岁的波拿巴急匆匆地奔走的身影。这个小伙子在当地为人们所熟知。他有着苍白的脸色，其蓝灰色的双眼透射出冷峻的光芒，他不停地向人们激昂演说。渐渐地，越来越多的人追随在他的身后，有渴望自由的人，有渴望变化的人。他像一个不折不扣的古罗马护民官，来到广场上站在众人面前，希望的火焰在他的内心中热烈地燃烧。这个半东方式的民族，这个好斗的家族，使他"很早就学会洞察人心"。

波拿巴初战不利。山里的援军迟迟不见踪影，正规军却来了。正规军驱散了革命者，并在几小时内缴了他们的军械。也许是出于谨慎的考虑，正规军没有进行大规模的逮捕。波拿巴成了一个被打败的民众领袖，连殉道者都没做成。这些让人感到可笑，因此他再次感到失望。不过，发烧的人为给自己降温会使用一切手段。他向巴黎的国民大会递交了自己写的一份申诉书。在开头，他先是以很盛行的风格歌颂了新自由，然后提出了一大堆申诉和恳求，比如，将替国王效力的官吏们绞死！把科西嘉的公民武装起来！有一个委员会很快就在申诉书上签了字。

然后是几周的等待。他猜想着，巴黎方面会做出怎样的决定呢？终于有一天，信使将答复送了过来：作为法国的省份，科西嘉拥有一切平等权利；依据米拉波的提议，保利和其他自由战士都将回到国内。省份？少尉惊呆了。这样一来，科西嘉人仍要做法国人，尽管我们有了新的思想，甚至恰恰是因为有了这些新的思想？这种自由是多么诡异啊！然而，此时游行队伍在各机关的领头人的带领下，已经浩浩荡荡地向教堂行进，他们正要为巴黎方面的这一决定祈福。拿破仑当即决定顺应潮流。他迅速地书写了火热的告同胞书，在新成立的政治俱乐部中寻找能够支持自己的人，还帮他的哥哥进入了市议会。同时，他还继续进行科西嘉史的撰写，并给母亲读其中的某些章节。

被流放了20年、波拿巴心中的英雄——保利，最终在人们的欢呼声中回到科西嘉。波拿巴却问自己：这就是伟大的保利吗？他根本就不像是一个战士，因为他的言辞和目光非常中规中矩，活脱儿是一个政客的形象。由于国民自卫军要归他指挥，所以波拿巴不得不跟他搞好关系。他就这样陪着这位父亲当年的上司，在山里度过了一段时间。

两个科西嘉人，一老一少，一个久经时间的磨炼，而另一个则似乎正在追求着什么。波拿巴总是在两人坐在一起或骑马并行时，激动地讲解他的计划——用武力让科西嘉摆脱新法国的统治。保利则会用一种介于骄傲和恐惧的眼光注视着波拿巴。作为《科西嘉信札》的作者，波拿巴的确有一种张扬自我的欲望，保利深刻地认识到这一点。他可以断定，拿破仑身上附有魔鬼，更严重点说，其实是他的脑子里驻扎着魔鬼，因为那里只有剑的光芒在闪耀。"拿破里奥尼，你来自普鲁塔克时代，你身上没有一点现代气息！"保利摇着头说。

波拿巴的理想正是要做普鲁塔克笔下的英雄，所以这位年轻的少尉平生第一次有了被别人了解的感觉。

最终，一句能增强自信心的话进入他的耳中。受保利委托在乡间起草一篇宣言时，波拿巴在宣言收尾写的竟然是"共和二年1月23日于米迪里我的小房间里"。这到底是诡异还是一种自大呢？尽管他一再延长自己的假期，可是还是到期了，所以，无论如何，在完成这个带有专制色彩的落款的当天，他必须赶回驻地。真的要他放弃这个最后的依靠吗？到底是为了什么呢？毕竟，第一把交椅已被他人占据，他留在岛上还有什么意义呢？

7.时局动荡

"我坐在一间破旧的茅草屋里给你写下了这封信。在此之前，我和几个逗留在此屋的人进行了长时间的闲聊……此刻是下午4点，徒步旅行使我感到非常惬意，因为现在空气非常清新。尽管这儿还没有下雪，可是已经有了要下雪的迹象……这里到处都是神态坚毅的农民，他们看上去都准备着为新宪法而牺牲……

恐怕只有女人们是真正的保皇分子，这一点也不足为奇，因为自由这个最高贵的美女使她们相形见绌。已宣誓效忠宪法的多菲内的神父们嘲笑那些主教……由四分之三的贵族组成了所谓的高等社会，扮演起了英国宪法的拥护者。科西嘉人特雷蒂用刀子威胁米拉波，这一点的确让我们感到脸上无光。假如我们的俱乐部将我们的民族服装——方形帽、马甲、裤子、弹药袋、三刃匕首、手枪和猎枪，送给米拉波，我想肯定会取得良好的效果的。"

长于观察和计算等政治家的素质都体现在以上这封波拿巴写给在家乡做神职人员的舅舅的信中。波拿巴将天气和国家、徒步旅行和强者的安抚以及人的动机等都纳入自己的思考范围。人们固有的弱点是虚荣和贪婪，我们可以从他这几周在一封公开信中抨击对手的话中洞察到他的心灵深处的东西："您一定知道个人激情的价格，因为您是一个真正了解人心的人。对您来说，性格的差异差不多就是多几个金币或少几个金币的事而已！"

如果现在有金币那该多好！正式授衔中尉的波拿巴带着13岁的弟弟路易回到瓦朗斯，此时两人总共还剩85法郎的积蓄。他们只能自己洗衣服了，因为这点钱既要供两人吃穿，还要供路易上学。

金钱啊金钱！对于波拿巴而言，钱只是为了自我更好地发展，而不是用来享受！贪图享受的人是他最鄙视的。这时正由里昂科学院举办一个有奖征答活动，有高达1200法郎的奖金！估计这笔钱可以将半个科西嘉岛武装起来。"哪些情况和感受最能使人感到幸福？"看到这个征答题目时，中尉禁不住笑了，他心想："这是我最拿手的。"他首先去拜访了那些出题的院士，他们都是卢梭的学生。在动笔时，他先把大自然、友谊和休闲的快乐赞美了一通，其实关于这三者，他既不了解也不看重。随后，他突然把话题转向了政治，他抨击国王，主张人人都应自由地享受财产和权利。后来，他好像正站在镜子前面，看到几年前那个脸色苍白的波拿巴又如同游魂一样出现了，"面带着因肌肉痉挛导致的假笑，这个胸怀大志的人脸色苍白，犯罪在他看来只不过是儿戏，阴谋此刻成为他的工具……如果他有朝一日掌握大权，他会很快厌倦众人的歌功颂德……寻找过幸福，得到了荣誉的，正是那些胸怀大志的大人物"。

波拿巴的预感是多么有先见之明啊，他正像普鲁塔克笔下的英雄一样。随后，拿破仑进行了更为清楚的表述：我们要以斯巴达为典范，重视勇敢和力量。"斯巴达人的行为是充满力量的男子汉的行为。他们过得很快乐，因为他们按照自己的天性生活着，唯有强才意味着善，弱则表示恶。"随后，他的预感再次闪耀，"真正的伟人就像流星一样，他们将燃烧自己来照亮地球"。

这样的言论无法被科学院的评委们接受。在他们看来，这篇文章"不值得重视"。波拿巴再度陷入了失望。因为在活动中，他既没得到名也没得到利，但他随后继续写作那部关于科西嘉的小说，并开始撰写一篇关于爱情的对话录。

什么？"爱情"这个词也会在他那暗淡的青年时期里闪光？他会说出卢梭式的鸿篇大论吗？"我对爱情有足够的了解，因为我也一度陷入情网，由于只会造成混乱，所以我也不屑给爱情下个定义。我认为爱情是没有必要存在的，甚至觉得它对社会和个人的幸福都是有害的。假如谁能被从爱情中解放出来，那简直是上天的恩赐。"

号角声传来，这位政治型作家的思考被来自巴黎的号角声打断。人民胜利了，国王被抓了，革命形势趋于尖锐。在攻打巴士底狱两周年纪念日时，这位红色中尉用一篇祝酒词作为送给爱国者的礼物。与此同时，他的耳边也传来了科西嘉岛上的狂呼乱叫，此刻那里已经陷入无政府主义状态。由于这几年巴黎的动荡已经波及边远地区，科西嘉也面临着内战，拿破仑决定赶快回去，再做一次拼搏！

8.中校副司令

中尉正竭尽全力地笼络人心，希望让大家投自己一票，以便实现自己成为古罗马大将科里奥·兰那斯的志向。事实上，人民当家做主就意味着，要想成功就必须得到人民的拥护。他现在已经具备了一些经济实力，因为他的伯父刚好在这个时候去世，留下了一大笔遗产可以供他支配。另一方面，波拿巴动员舅舅费什——家庭中另一个神职人员加入自己所在的雅各宾俱乐部。在市议会的哥哥约瑟夫也会帮他说话。更重要的是，在这个岛上，除了他没有人学过指挥炮队，而且领导国民自卫军可是实权。这样看来，他当选的概率很高，但如果有万一呢？

不知不觉，假期到元旦就结束了。然而他却给司令写了这样一封信，"请原谅我无法如期归队，有紧急情况迫使我不得不延长在科西嘉岛逗留的时间。但我想我这样做是无可厚非的，因为有一些更神圣、更有意义的事情需要我去做"。写这封信的时候，他是怕被开除的，然而即使没有回音，他还是得冒这个险。

等待选举国民自卫军指挥官的日子是多么难熬，终于，这一天到来了。岛上到处都是他的亲戚，但这似乎还不够。为了能给他拉到更多的选票，他的母亲这些日子一直都在家招待他的党内朋友，甚至允许山里来的人在这里过夜。他的一个伙伴曾经写到他拉选票时的情形，"他常常默默地沉思，然后去拜访所有他觉得对他有用的人。为了能得到每一个人的支持，他会与每个人交谈，甚至去恭维他们"。更有甚者，在当时，他不仅将一位特派员强行扣留在了自己家中，还派人去教训竞争对手的支持者，这就是真实的科西嘉选举日。

选举日就这样过去了，紧张了一天的他在晚上终于如愿以偿地坐上了自卫队中校副司令的宝座。

如今，他已经得到了他想要的，还会真的选择脱离法国吗？统帅们告诫他，希望他能好自为之，不要自断后路。此刻，局势对于他来说是多么紧张，然而他依然按照自己的想法写信给瓦朗斯："亲朋好友们让我留在了岛上，希望我能报效祖国，但我感觉自己并不懂得在职责方面如何灵活处理，所以我还是辞职比较好。"但是他的行动并不是这样的，他不但没有递交辞呈，反而在一封称法国为"贵国"的信中要求支付欠发的薪俸，这下法国再也没有办法容忍他，革除了他的军官职务。

他成了名副其实的孤注一掷的冒险家，没有了一切依靠。现在，他的手里只剩下了国民自卫军的革命权利，除此之外什么都没有，而这支队伍的力量又是那么薄弱，薄弱到随便一个打击都足以使之瓦解。可是，他是一个冒险家，他有自己的打算。他想利用阿雅克修市民和自卫队之间潜在的矛盾，让自己成为混乱中的得利者。为了能做到这些，他必须要拿下由国王正规军驻守的护城堡垒，当年腓特烈大帝和恺撒①都是先进攻护城堡垒的。他必须要挫挫对方的锐气，赶走那些正规军的指挥官，一举拿下科西嘉，成为科西嘉真正的主人。而且，法国现在正忙于战争，根本无力反扑，这实在是个进攻的绝好机会，他是绝对不会放过的。

1792年复活节那天，战斗打响了。是自卫队先动的手吗？市民们是否充当了同谋呢？这些都不是问题的关键，重要的是，波拿巴率领着他的人马准备攻占堡垒，令他想不到的是，战事并不顺利，守军用大炮将他击退，并向巴黎传达了他叛乱的消息。虽然他竭力为自己辩护，但事实就是事实，叛国罪已成定局。就连他父亲的老朋友保利也选择了将他撤职，宣称忠于法国。保利从始至终都对他缺乏信任。

波拿巴是一个叛逆的人，他想做的事没人能够阻拦，他在心里下定了决心：

---

①恺撒（前102/前100？—前44）：古罗马军事统帅、政治家。他先后征服或入侵山外高卢、日耳曼、不列颠、意大利、西班牙、希腊、埃及等地区，并且在国内击败对手庞培，夺得终身独裁官、执政官等职位，同时还领大将军、大教长之衔，成为名副其实的军事独裁者。公元前44年，他被共和派贵族所刺杀。

"保利，既然你不愿和我站在同一条船上，那么我一定会和你作对。我会赶去巴黎寻找机会，我一定能等到这个机会的。你就等着吧！"

夏天已经来临了，昔日风光的冒险家如今只能游荡在巴黎的各个街头，一败涂地的他如今什么都没有，在法国，他是一个不忠于职守的中尉；在科西嘉，他也被撤了职，而且正面临着最严厉的审判。他现在和一个乞丐没有什么差别，但他没有丧失信念，心里还是充满了希望。他知道只有推翻了旧王朝，进行彻底的变革，自己才能东山再起。于是，他加入了由激进分子组成的罗伯斯庇尔一派。

他的生活并不好过，巴黎又是一个物价高的地方。没办法，他只好把自己的表当了，而且还欠了一个酒商15法郎，这是他出生23年以来一直都竭力避免的一件事。后来，为了生计，他向一个朋友布里昂建议合伙做房地产经纪人。在他的心里，他很鄙视那些统治者。"如果你仔细观察法兰西，你就会发现这个民族已经衰老，完全没有了往日的激情。私利成了这里每个人所追求的目标，他们变得卑下，热衷于诽谤……想想博取各国人民的好感是多么不值得啊。我们不再空想，唯一能做的就是拿几千法郎的养老金，让自己和家人过上平静的生活。"

然而，他的野心注定他是一个无法过平静生活的人。他的骨子里流的是意大利人的血，他不是法国人，所以不用对这些法国人仁慈，他只要得到他想要的。巴黎，一个动乱时代的风云城市，在这里，往往会发生一些不寻常的事。这时雅各宾党已经占据了优势。

作为一个旁观者，波拿巴看着激进分子冲向了杜伊勒利宫，当时，他感叹道："我终于获得了自由。"但他是一个复杂的人，又曾经当过军官，眼见这些平民胁迫那些士兵，他感觉难以接受。他想说："如果国王这时骑着战马现身，那么胜利毫无疑问会属于他。"记得几天前，国王出现在公众面前时被迫戴着一顶红帽——象征自由，作为一个军官，虽然是开过小差的军官，他不能容忍地说道："怎么能像头蠢驴一样任人摆布呢？他应该用霰弹把他们打得四处逃窜。"虽然这样说，但这和他无关，重要的是他现在得到了彻底的解放。第二天，他给舅舅写了封信报平安。新政府建立之后，他居然马上被提拔为上尉，这是一件多么让人觉得不可思议的事情啊！新政府派他赶往东部战场寻找他的队伍，但他朝着科西嘉的方向飞奔而去，因为他在心里一直认定自己是永远的科西嘉人，法国与普鲁士的战争跟他毫无关系。

9.再见科西嘉

此时的科西嘉岛，充满了诽谤、腐败和无政府主义，思想斗争和种种党派思想充斥其中，即便是清新的海风、纯净的空气，也无法稀释这混浊的世界。波拿巴家族从波拿巴被撤职起就成了保利的敌人，只有科西嘉派驻巴黎的国民公会代表、保利的死对头萨利切蒂与他们交好。阿雅克修的雅各宾俱乐部分裂了，保利也因为持温和立场而被那些激进的成员排斥，背上了"叛徒"的骂名。

科西嘉现在的局面是混乱不堪的，在这里，谁都像掌权的人，可又好像都不是。在巴黎，人们在断头台上砍下了国王的脑袋，谁也不确定明天会由谁来执政，所以人们都相互猜忌，处处设防。沿海的政令到了内地之后如同一纸空文，没有人会去执行。这里每个人都是自己的主宰者，他们都带着武器。对于波拿巴来讲，这些再好不过了，因为他是一个冒险家，一个现在已没有什么可以失去的冒险家，他什么都不用担心。这时，他将第三次尝试成为科西嘉的主人。

在波拿巴离开的这段时间，他的哥哥约瑟夫、弟弟吕西安以及教会的舅舅费什都有着他们各自的追随者，但他们各自为战。后来，在波拿巴带着国民公会代表萨利切蒂的信任回来后，这些力量才汇集在了一起。现在，波拿巴成了一个受大家欢迎的人物，萨利切蒂为了在下一次政变中保全自己，需要波拿巴在科西嘉替自己撑腰，同时俱乐部也想拉拢他。而他自己则阴谋策划着如何扳倒保利：保利享受了英国20多年的款待，难道就没有背叛过我们的国家吗？如果这些怀疑传到萨利切蒂耳中，国民公会也就会知道这件事。看看，科西嘉这个小岛简直就是孕育阴谋家的摇篮。这里的公共生活由这几个家族把持着，他们的家庭生活完全融入了公共生活中。

过了不久，国民公会的代表在未和保利商量的情况下就在科西嘉任免了一批军官。另一方面，波拿巴却很快成了科西嘉部队的指挥官。他的老练和谋略让他在之前就已经很轻松地夺取了军队的领导权，这次的任命只是一个形式而已，他离他的目标越来越近了。

就在这时，巴黎的一道逮捕保利的命令却使得保利重新获得了民心，因为岛民们不满保利的对手们的过分行为，他们的举动重新激发了岛民对老英雄的尊敬之情，并使岛民们要联合起来拥护保利。就这样，保利选择了拒绝服从命令。

这种情形大出波拿巴的意料，他一直留意着人们的心声，研究这些心声，以便投他们所好，赢得民心。可是现在他能做的只能是赢取时间，站到中间派的立场上。一方面，他公开为保利叫屈，另一方面他又表态拥护英明的国民公会。结果他两面都没讨好，国民公会对他产生了猜忌，保利也对他的两面派的做法不满。保利的追随者大肆宣扬说："波拿巴兄弟和委员会狼狈为奸，与他们这样的人往来实在为科西嘉人民所不耻。他们要为他们的行为付出代价，受万众唾骂。"

由此，波拿巴家族引起了民愤，反对派们把他们的家抢劫一空。幸亏他们逃到了委员会那里，才逃过一劫。

因为这次的事件，波拿巴因祸得福，重新获得了巴黎实权人物的信任。历史就是这么具有戏剧性，一年前的他曾率领科西嘉志愿军对抗政府的炮兵，如今他却率领着政府的炮兵去剿灭科西嘉志愿军。虽然他没能成为一直以来都想成为的科西嘉的主人，可是现在他终于获得了一点权力——可以和保利一决高下的权力。当上炮兵指挥官的他享有全权，甚至奉命保护沿海安全，他要使他的权力得到最大化的发挥。

可是天不遂人愿，最佳据点被对方占据，老保利凭借着护城堡垒和民众的支持，打退了他以法国人身份向堡垒发起的进攻。后来，他又从周围的岛屿出发做了最后的反击，却依旧挽回不了失败的结局。

这次的失败使得科西嘉岛再也没有波拿巴家族的容身之处，他们已经被一个人民委员会宣布放逐而且不再受法律的保护，所有的人，以自己的家庭为荣的母亲和她的两个儿子、两个女儿以及哥哥，都不得不在几小时内逃离科西嘉。这位母亲曾在24年前在森林里躲避法国人，而现在，当她再次顺利地穿过这片森林向海岸逃去时，却是依赖于法国人的保护。她的财产已全部落入敌人手中，她已经一无所有了。

他们登上了一艘帆船，驶往土伦。23岁的他看着科西嘉岛消失在自己的视线中却无可奈何，他是多么喜欢科西嘉岛，对那里的一切都了如指掌，可是他的三次尝试、三次努力都没让他成为科西嘉的主人。对他来说，受到科西嘉同胞的驱逐实在让他痛心。然而他是一个永不服输的野心家，他的心中充满了仇恨和报复欲。他不会放弃成为科西嘉的主人的愿望，他告诉自己一定有机会卷土重来。

当这艘帆船离法国的海岸越来越近时，他突然觉得自己很自由，仿佛自己可以以四海为家，这样的感觉减轻了他的些许痛苦。是的，能这样想，对于一个失去祖国的人来说是幸福的。

10.首战告捷

离开家乡，来到一个陌生的地方，波拿巴一家的生活过得十分拮据。看到从外面买回廉价东西的两个还很小的女儿，40多岁的莱蒂齐娅·波拿巴不禁有些伤心，因为她们的衣服已经穿了好久了。他们这些天住在马赛一幢房子的五楼，这幢房子原本属于一个被处决的贵族。这群孩子中有三个已经开始挣钱了，年龄最小的两个留在了科西嘉岛的亲戚家里。现在，他们没有其他收入，只能从当地司令那儿领取一部分口粮。即便如此，这个女人也从不抱怨，她的骨子里还透着原有的骄傲。

现在，波拿巴家族几乎每个人都开始了新的生活。波拿巴通过自己的关系把一些武器卖给了他的哥哥。他的舅舅费什也放弃了神父的职业，转做了丝绸商人。长子约瑟夫十分帅气，外貌像极了他的父亲，开始像父亲年轻时那样自称波拿巴伯爵，由于他娶了马赛当地一个已故丝绸商的女儿为妻，很快就摆脱了困窘的状况。波拿巴受约瑟夫的启发，也开始琢磨着怎么才能将他嫂嫂的妹妹德西蕾娶到手。

整个夏天，波拿巴都在忙个不停。他的踪迹不定，时常在尼斯他所属的团、罗讷河畔和土伦之间穿梭，但不论走到哪里，山川地形和海滨据点的工事都是他所留意的对象，他知道他很快便会用到这些。他还不时写些政治对话，有一则居然由政府出钱印成了宣传单。

这则政治对话涉及了一类工厂主，在土伦，这些人大多都很有钱，但现在时局动荡，他们越来越担心自己的命运会像马赛的朋友们一样，被罗伯斯庇尔送上断头台，然后自己的全部财产再被没收。正是这种担心与害怕使得他们越来越怀念曾经的王室。无奈之下，他们把舰队剩下的部分交给了祖国的敌人——英国，以换取他们的保护，从而保全自己的财产。

此举对年轻的法兰西共和国来说是雪上加霜，因为它还没有站稳脚跟，反动势力就已经从各个方向进攻开来了。比利时的沦陷，西班牙的进攻，波旁王朝死灰复燃，这些都使得形势越来越紧张。此时土伦的富豪们却把舰队卖给了英国人，实在是乱上添乱。没有办法，政府只好把所有的男子都发动起来，甚至还征募了妇女入伍，法国几乎全民皆兵，有一技之长的人更是大受欢迎。

在国民公会的鼓舞下，土伦的人们满怀信心地要将英国人赶走。对于作战的方法，国民公会把指挥权交给了一个画家出身的指挥官全权负责。然而，这名指挥官却空有革命热情，只知道纸上谈兵。

这时，波拿巴正好从阿维尼翁运弹药回来，顺路拜访了他的同乡萨利切蒂，通过这位老乡，他被介绍给了画家将军。接着，他们三人一块儿去海边散步。当从一门24磅炮旁边经过时，两个军事外行便向他说起他们的作战计划。波拿巴听后却摇了摇头，原来这门炮离海有好几里远，炮弹根本就无法打到海里，他放了四炮证明了自己所说的话。两个外行一下子傻了眼，决定把他留下来帮忙。

接下来事情会怎么发展呢？结果是，六周后海边聚集了100多门重炮。看来他是一个有毅力，同时也有惊人干劲儿的人，在他的心里，没有什么是不能做到的。

现在，不知道这位年轻的上尉会有什么精彩的计划。

土伦的海湾被一个岬角分成了两部分，波拿巴准备把敌舰围在这个口袋里，所以他在岬角上布置炮队，用以切断敌舰的出海通道。他预计英军元帅肯定不会坐以待毙，他必定会下令炸毁弹药库，将部队撤离土伦城。

"这真是异想天开！"外行们都不能理解他的想法。由于波拿巴在国民公会也有自己的朋友，所以他敢于向国会打小报告，状告自己的上司，同时为了增强说服力，他还将自己长达数页的作战计划一并寄了去。他建议："我们必须集中火力轰击对方，只要轰开一个缺口，我们就有了胜利的把握。一旦敌人的信心被我们摧毁，他们就会不战自败。我们所要做的就是团结起来，接受统一的指挥，只有这样才能达到效果。时间就是一切……"

波拿巴在巴黎的朋友是小罗伯斯庇尔，他虽然没有什么大权，但在他的兄长面前还是能吹吹耳边风的。小罗伯斯庇尔向他的兄长推荐道："波拿巴是一个年轻的新人，如果你需要一个巷战的钢铁战士，那他就是最合适的人选。"在此期间，有人提议波拿巴掌管领导权，但出于各种原因，波拿巴没有接受。现在，画家将军被召回了，他应该能够如愿以偿了吧？

不知道是罗伯斯庇尔不信任他还是别的原因，尽管波拿巴铆足了劲儿准备接替画家将军，可是巴黎却又派来了另一个外行——一位医生，这下可把波拿巴气坏了。医生来了后，没有急着制订作战计划，却忙着查找有没有叛徒，原来在这短短的几天内，敌人已经抢先占据了那个宝贵的岬角。同时，从巴黎宫廷来了一些穿着华丽的男子，他们扬言要一举夺回土伦。然而，当波拿巴带他们到没有掩蔽的火炮前时，正巧敌人向他们开火，他们竟然被吓得赶紧找掩蔽工事，而波拿巴郑重地告诉他们："我们的掩蔽工事就是爱国主义。"他是一个实干家，从不喜欢空想。就这样，他再次向巴黎要求换指挥官，还好这次派来的是个行家，波拿巴也立刻被任命为营长，并且他的计划也得到了新来的将军的支持。

战斗打响了，他的计划也随着发起的冲锋得到了实现。在这次战斗中，他不幸地负伤了，小腿肚被英军的长矛刺中，但这丝毫不影响这次战斗的胜利。敌人溃逃到了军舰上并点燃了弹药库，如波拿巴预言的那样撤离了土伦。

英国失败了，那些背叛祖国的土伦市民都在试图逃命。就在这样一个令人恐惧的夜晚，天空被大火照得通明，到处都是尸体，空气中夹杂着惨叫与狂呼。一切都处于混乱之中，而波拿巴却一举成名。

11.被捕入狱

不久，巴黎为庆祝土伦解放以及其他战事取得的胜利而举行了盛大的集会，波拿巴的名字刹那间家喻户晓。这时的他已被提拔为准将，司令官在给巴黎的报告中极力赞扬这个年轻人，因为如果没有他的作战计划，土伦是无法这么快就得到解放的。同时，司令官坚信他会闯出一条属于自己的路。然而即便波拿巴立了大功，巴黎政府也没有让他独享盛名，在政府公报《通报》上和他一起出名的还有另外五个年轻人。

不过那些荣誉并不重要，重要的是通过那场战役他已经赢得了几个年轻人的追随，其中两个就是青年军官马尔蒙和朱诺，波拿巴任命他们和自己的弟弟路易为副官。于是，他终于有了自己的一帮人。

国民公会很快就把加强从土伦到尼斯整条海岸线的防御任务交给了他。邻近该地的热那亚是科西嘉的宿敌，只要拿下了热那亚，科西嘉也就在控制之中了。由于热那亚有很多外交官和间谍，因此立场比较中立。为了获取那里的情报，波拿巴设法获得了一个人民特派员的任务，同时又以边界问题为借口，求见热那亚的领导人物。

在此期间，他与各种不同的间谍取得联系，并且留意着哪里有大炮以及驻在当地的法国代表是不是真的革命等。一切都在顺利地进行着，可是当他返回尼斯准备写报告时，他突然被逮捕了。

事情怎么会这样呢？原来，巴黎发生了政变，罗伯斯庇尔已经被推翻并且被送上了断头台。历史证明人们从来都是大难临头各自飞，所有人都赶忙和罗伯斯庇尔划清界限以避免自己受到牵连。可是仅仅这样还不够，他们为了能表明自己的忠诚，就像疯狗一样四处乱咬，攻击别人。在这种情形下，远离巴黎的波拿巴成了最理想的人选。由于他刚去了敌方热那亚执行秘密任务，所以刚好给了他们一个口实："波拿巴一定是个卖国贼，必须马上把他押回巴黎受审！"

波拿巴被囚禁在尼斯附近的卡雷要塞，而被捕那天正好是他25岁的生日。他透过铁窗望着大海，想象着科西嘉的海岸，黯然神伤。有几个青年能像他那样屡败屡战呢？他的青春里充满了灾难，先是在科西嘉岛被革职放逐，而后被宣布为不受法律保护的人，如今却又成了法国的阶下囚，面临着被枪决的危险。所有的证件都已被没收，该怎么办呢？

他的追随者都劝他逃走，他拒绝了，并且回复他们说："我很感谢你们对我的情意，但我是清白的，我不怕别人的不公正，我的良心也并没有因此而不安。你们如果真的为我好，那就什么也别做，否则只会让我身败名裂。"经过他的点拨，朱诺终于明白了他的用意。波拿巴并没有与罗伯斯庇尔密切地联系，如果他选择了逃跑，那就等于承认了自己有罪。

尽管没有选择逃走，但波拿巴并不会就此等着结束自己的一生，所以他给一位有影响力的外交家写了这样一封信："我对罗伯斯庇尔的死感到难过，那是因为他在我的眼里是纯洁的。假如他真的想成为一个暴君，那么无论怎样我都不会放过他的。"此外，他还给国民公会写信："我是无辜的，不管你们对我做出怎样的决定，我都不会有怨言，但我现在请求你们听我说说自己的心里话。我并不怕死，但请给予我这个爱国者应有的尊重。我是爱国的，因为心中始终存有报效祖国的念头，所以才会有那么多出生入死的经历，我才能承担起生命的重负。"你瞧，他是多么聪明，多么机智，任何人听了都会感动。

一周以后，他就被释放了。为他做担保的是他的那位老乡——萨利切蒂，也许是出于心中的愧疚（是萨利切蒂诬告的波拿巴），在最初的恐怖过去之后，这位老谋深算的科西嘉人为他写了担保书，担保书中称"军队日后肯定需要此人"。

12.失业与忧郁

虽然被无罪释放，但波拿巴的朋友们却并不敢与他接触。无奈之下，他以一台部队用的高质量测量仪为借口，写信给一个担任要职的朋友，希望这个朋友能给他一封回信。

不久，听说科西嘉的老保利竟然向英国人求助，波拿巴心想，现在我应该替法国拯救科西嘉。怀着惴惴不安的心情，他去了巴黎并且请求担任指挥。然而他并没有如愿，两周后舰队就铩羽而归了。他失望了：为什么不让我指挥呢？我曾经攻下了土伦，还制订了与科西嘉作战的计划，难道他们不知道吗？

他的处境越来越糟，巴黎的当权派不信任他，于是他被派去旺代担任要职，这样一来，他与他手下的联系就被隔绝了。更让人不能容忍的是，他是一个受过全面训练的炮兵，却被当作冗员调入了步兵。

他生气了，实在是欺人太甚。为什么会是这样的安排？他向主管战争事务的人民特派员提出了质疑。对方给出的理由是他太年轻，他当场直接反驳说："我在战场上已经战斗很多年了。一个人在战场上很快就会成熟，请相信我！"他对这个政府失望了，于是选择像三年前那样默默地等着昏庸政府的垮台。

"我该怎么办呢？难道真要离开巴黎吗？"他的眉头紧锁着。不！我一定要待在巴黎，巴黎是世界的中心，只有在这儿才有翻身的机会。他的两个属下马尔蒙和朱诺也来陪伴他了，可是他们也没有钱。波拿巴无路可走，纸币在急剧地贬值，改行做投机生意也没前途，最重要的是没有大炮就无法夺权。萨利切蒂现在也是自身难保，他为了逃避严重的指控，躲了一个情人的家里。波拿巴现在很清闲，于是他给萨利切蒂写了一封信来标榜他的大度与宽容，"你那样害我，我本来是可以复仇的，但我选择了原谅你。我不会透露有关你的一切，尽管你曾经对我那么无情。好好反省自己吧，我的动机值得你去借鉴、珍惜"。

这些标榜自己的话语显示了他当时是多么无聊，他所做的只是为了给无聊的生活增添一点乐趣而已。

这个夏季太漫长了，生活显得是那么沉闷。在这段日子里，他被奥西昂作品中忧郁的激情深深地吸引了，尤其是作品那悲剧性的结局，所以每次他都会急匆匆地离开剧院，为的就是不让悲剧结束后加演的滑稽短剧破坏这种凄美。有一次，当他看到《保罗和维尔琴》在一出新歌剧里变成维尔琴获救的大团圆结局时，他再也忍不住了，叫道："这简直是瞎闹！"听到这句话，一位女士问他："那你觉得什么才是幸福呢？"

"幸福就是充分发挥自己的才能，实现自我！"波拿巴想都没想就回答道。

如果照波拿巴自己对幸福的评价看来，他现在一点都不幸福。他常常露出忧郁的表情，而且会莫名其妙地发脾气。他的一位朋友的妻子回忆说："你不知道，他和别人不一样，别人看喜剧时都在笑，只有他木在那儿。他常常阴沉着脸离开，偶尔嘴角会露出笑容，但你会觉得是那么做作、不自然。他喜欢讲战场的趣闻，并且能讲得有声有色。每次在街上看到他那面黄肌瘦的样子时，都会让人觉得心疼。"是的，他现在不顾及任何形象了，举止笨拙得很，没戴手套的手又瘦又黑，穿着一双不合脚的靴子，耷拉着的耳朵甚至与狗的耳朵有些相似——这就是他窘迫的生活。

后来，他尝试着与国外做图书生意，向巴塞尔寄去了一箱书，但是他不是做生意的料，第一次尝试很快就以失败结束。

慢慢地，他开始参加一些上流社会的聚会，在聚会中他发现：这里到处都是女人，剧院、图书馆、公园里都有。也许你想不到，那里最漂亮的女人一般是在学者们的书房里，因为在巴黎，男人都通过女人而活，为女人而活，他们都为她们痴狂。

有一次，他去巴拉斯家参加聚会。在这之前，他早就听说过这位督政官的排场和对女人的爱好，这次拜访无疑越发加深了他的这种印象。他刚走进巴拉斯家，就发现自己周围都是些漂亮的女人，如雷加米埃夫人和塔利昂夫人。没有高大、开朗的优势，波拿巴选择通过他的机智与神情吸引那些漂亮女人的注意，可是即便是这样的行动也是徒劳的。

波拿巴依旧处于无限的孤独中，只靠给他的兄弟们写些长信来打发日子。对于弟弟路易，他给予了很高的评价："我觉得他身上具备了一切优秀的品质，包括热情、勇敢、善良、可靠等，他肯定能成为我们四兄弟中最有潜力的人，因为他受到了比我们几个都要好的教育。"为了让自己最小的弟弟热罗姆也有好的前途，他准备把他接到巴黎来生活。不过他的另一个弟弟吕西安似乎并不喜欢这个哥哥，因为他们两兄弟很像，都想超过对方。这个弟弟在17岁时就已经对他的这个23岁的哥哥十分了解了，这在他给约瑟夫的信中能很明显地看出来："波拿巴身上的那种野心无人能比，他的野心远远超过了他对公众的爱。我觉得他如果当了国王肯定会是一个暴君，这对于一个自由的国家来说是一件危险的事情。也许在未来的某个时候，波拿巴将会成为一个可怕的名字。"吕西安心里的确是这样想的，他已经有很强烈的预感，在这样的国度，波拿巴大权在握是迟早的事，所以不服输的他现在心里已经开始难受了。

波拿巴现在则没有了原先的骄傲，他甚至开始羡慕通过财富和乐观走向自立的约瑟夫。他给约瑟夫提供像推荐信或是证书方面的各种帮助，给他出主意用贬值的钱去购置房产，同时他对约瑟夫也总是直言以对的，比如他曾在给约瑟夫的信中建议他学习另外一种谈论政治书信的写法。

他真的很羡慕约瑟夫，羡慕他现在的自立，羡慕他拥有的完整的家。他迫不及待地催促哥哥帮他追到漂亮富有的德西蕾。德西蕾常常给他写些充满着柔情的书信，却一直没有下定决心嫁给他。看到约瑟夫的美满婚姻，看到他的一些朋友功成名就，再想想只有自己一事无成又孑然一身，波拿巴要求德西蕾务必给他一个明确的答复。

他又给约瑟夫写信了："如果有可能的话，请给我寄一幅你的画像。我觉得我们的心已经完全融合在一起了，我的心是完全属于你的。我对你总有一种前所未有的感动。我感觉我们不会很快再见面了，请允许我在这里停笔，因为写到这里，我再也无法控制自己的情绪了。保重，我的朋友！"

他变得越来越多愁善感，意志也在一点一点地被消磨掉。要成为冒险家和竭力追求幸福的人要走的路还有很长，人生在他看来就像一场虚无缥缈的梦。

13.峰回路转

当波拿巴几乎快要彻底绝望的时候，军务部传来了消息，他的人生重新开始了。

原来是军务部长①换人了，新官上任三把火，这位部长急欲改变意大利前线的战局，所以迫切希望有个新人能够担任那儿的指挥官。经过一些曲折，终于有人举荐了波拿巴，他马上被叫到军务部。对于进军意大利，他的头脑里早已有了详细的作战计划，由于他对阿尔卑斯山的各处通道以及这些地方的气候、地形、行政管理等的熟悉，制订这样的计划对他来说简直是小菜一碟。他当场指出，军队应该先占领伦巴第，继而在2月到7月之间从奥地利手里夺取曼图亚，接着挥师北上，在蒂罗尔和驻扎在莱茵河畔的兄弟部队会合，进逼维也纳，从而迫使奥地利皇帝缔结和平协定，这样法国多年的梦想就可以成真了。

"这是多么完美的计划啊！"部长忍不住赞叹道，"请你现在回去给委员会写份报告，别着急，尽量写得更加细致些。"

"不用了，计划早已在我心里成熟，我半小时内就可以写出来。"

不久，计划就呈到了公民委员会面前，委员们都说计划不具有可操作性，但他们也承认这是一个很不错的计划。正因为如此，波拿巴被他们安排到了可以决定一切作战军务的军务部参谋本部。

试想，这对于他来说，是多么重要的转折点，可以说对他的命运具有决定意义。现在他已拥有了成功所具备的条件，至少可以看到成功就在他面前了。在这样一个混乱的时代，什么事情都有可能发生，就像他这次突然被召见一样。他现在还不满26岁，从此刻起，他将带着他的执着与勇气，朝着他的目标前进，直到生命戛然而止。

---

①军务部长：德语原文为Kriegsminister（根据字面理解，其意思为"战争部长"），英译为Minister for War。

　　波拿巴一展宏图的机会到了。为了取得更大的成就，他认认真真地对待任何事情，哪怕是最小的事，他也以饱满的热情置身其中。待在参谋部里，他能看到共和国的各种最机密的军事报告，这在以前是他想都不敢想的事情。同时，他每天都与非军界的人打着交道，不知不觉中已经开始具有个人影响力。

　　他野心勃勃，到军务部之后，他已经不再在乎是不是能得到地方部队的指挥权了，因为这些对他来说都是轻而易举就能得到的。他现在想要的是整个战场的指挥权，而这个战场就是他想象中准备开辟的亚洲战场，甚至在17年后，他依然保有这个想法。上任没几天，他就提出要发动对土耳其的战争，并且要求把炮兵和现代化战术带到博斯普鲁斯海峡，以便更好地对付奥地利和俄国。他想象着自己已经在苏丹，并且可以在那里随心所欲，而不用担心别人指手画脚，他完全沉浸在自己的梦中。在这个美好的梦的支配下，他要求把自己调往土耳其。

　　然而这只是他一厢情愿的梦，他的申请没有得到批准，因为他上任不久，对手们就已经开始害怕他，想把他排挤出军务部。看到这种情形，他再也忍不住了，他不想再回到以前无所事事的痛苦之中，便提出了抗议："波拿巴在军队中的指挥能力是有目共睹的，他为共和国立下了一个又一个功劳，他希望委员们能够秉公办理，恢复他的职位，让他能够更好地发挥自己的才能。排挤他的都是些小人，他们没有一点功劳，却在那里抢夺功劳。"这是一封以他人口吻进行的强烈抗诉，具有罗马式的史书风格。他希望这样能得到委员们的支持。

　　可是他并没能挽回什么，这个桀骜不驯的人被再次除名。但他并不感到悲伤，因为在他看来，政府将要面临更迭，新的政变还会发生，而属于他的时代也将会到来。和他关系好的各位党派领导人都掌握着军中的任免大权，这让他看到了不少希望。现在他对未来充满信心，他所看到的只有光明。

　　他从不向未来屈服，未来都如他所想。他一向蔑视民众，民众却为他带来成功。

　　两周后出现了与三年前一样的场面：政府与保王分子支持的温和派的矛盾爆发，街道再次变成了战场。虽然国民自卫军的力量远远超过了政府军，可是不知出于什么原因，国民公会的将军却选择以谈判的方式结束这场争端。紧接着，这位将军被冠以卖国罪遭到逮捕。现在，左翼和右翼激进分子因为某些原因已经联合起来，失去保护的国民公会顿时变得惊慌失措。

　　晚上，波拿巴急匆匆地赶往国民公会，因为那儿有他想要的消息——由谁来接替被逮捕的将军。大厅里已经报出了几个提名人选，他的心剧烈地跳动着，他多么希望自己也能获得提名啊。突然，"波拿巴"的名字在大厅里响了起来，"对，任命波拿巴！"现在，他已经获得了提名，剩下的问题就是他该不该就任。他深知与人民为敌必然会遭到憎恨，尤其是在这个时候，就任是不能带给他任何荣誉的。想了许久，他最终接受了委员会的任命，因为他迫切想要随之而来的权力。这时已经过了午夜，他必须一刻不停地把一切都准备好，以迎接早晨民众发起的进攻。

波拿巴现在可以说是临危受命，所以他提出了自己的条件：不受任何非军方的监督。这在以前是没有过的事，因为革命的新观念之一就是不能放任军队行使权力，要对其实行有效的监督。他却说："既然你们任命了我，那就要对我绝对地信任，给我自行决定一切的权力。你们要知道，民众是不会允许我们向他们开枪的，前将军就是一个最好的证明。"现在，他只愿意和在他掌握之中的巴拉斯——目前有影响力的领导人分享指挥权。

时间已经不多了，委员会没有别的选择，只得答应了他的条件并把保卫政府的重任交给了他。

七年多来，巴黎的民众所采取的每次行动几乎都成功了，因为他们没有遇上对手。这次事情就不同了，波拿巴可不是以前那些仓促上阵的对手，而是一个做了充分准备的人。在仅剩的几小时里，他已经把国民公会变成了一个战斗堡垒，就连议员们也发给了武器，本已惊慌失措的议员们更是心惊肉跳。

"时间紧迫，有大炮就是胜利，我们必须赶在民众之前抢到大炮！"于是，他把从郊区运回40门大炮的任务交给了一名年轻的骑兵军官缪拉——这个人后来与他的长官一起飞黄腾达。虽然现在的形势已经十分紧张，可是他还能够保持超乎寻常的冷静，从容地把那支小小的部队分成了几队。凭借马的速度优势，在清晨5点钟时，轰隆隆的声音在路上响起，缪拉终于把大炮运来了。必须马上行动，在两小时内所有的大炮必须就位。

清晨，全副武装的民众向杜伊勒利宫逼近。在宫内，国民公会的律师们望着黑压压的人群，都害怕得瑟瑟发抖，纷纷要求撤回部队与民众谈判。天亮以后，民众的阵势更加可怕，文职人员都惊恐不安，他们的士气已经有些动摇。下午，就连士兵们也开始退缩，想和对手讲和。波拿巴此刻面临着抉择：他该不该打这场仗呢？他该像以前的软弱的路易国王一样投降吗？可是他现在有大炮，难道也让别人嘲笑自己的软弱吗？

向民众发动攻击的命令或是拿破仑下达的，或是他敦促巴拉斯下达的，尽管他一再强调他的对手应该为这次镇压负责，但开火的命令已经下达。随着枪炮声的响起，马路很快就被鲜血染红，民众四散奔逃。两小时后，大炮取得了胜利，街上已经没有一个人了。到了晚上，他给约瑟夫写信说："这里的暴风雨已经过去了，一切又重归了平静。我们以死30人伤60人的代价取得了胜利，敌人被我们打死了一大批，剩下的也都被我们缴了械。请别为我担心，我和往常一样毫发无伤。顺便替我向德西蕾和朱莉①问好，幸运与我同在。波拿巴准将。"

这是拿破仑取得的第一次胜利，他在巴黎以微小的代价打退了激进分子的进攻。在捷报中，为了展示自己的战功，落款时，他在名字后加上了头衔——波拿巴准将，这是一个破天荒的举动，因为在此前和此后的签名中他只写名字。在这封信中，他略微提到了自己心头的两件事——运气和女人。

"我觉得自己是一个既有头脑也有心灵的人。"他后来说。

14.与约瑟芬结婚

年轻的波拿巴和他的手下站在国民公会的讲台上，接受着大家的赞扬。然而他并没有沉浸其中，他是绝不会满足于眼前这小小的胜利的。看着台下那些窝囊的决策者，他心里想："我们的国家怎能交给这些人，想起他们听到大炮声时瑟瑟发抖的样子就让人鄙视。现在是我保护着你们，我会履行好自己的职责，让你们都对我俯首帖耳。"

这次事件后，他被任命为内防军司令。同时，他的麾下也多了许多追随者，从军官到文职人员都有，这些人从波拿巴身上看到了希望，然而民众对他恨之入骨，因为那天晚上他几乎没有一点人性地杀害了那么多手无寸铁的老百姓。如果说他以前还很在乎民众的爱戴的话，现在他已经变了，爱戴什么的对他来说远远没有手中的权力重要。

他把所拥有的金钱、马车和仆人都给了家人，自己什么都不要。母亲开始过上像样的生活，两个弟弟在他的帮助下都获得了好的职位，约瑟夫现在身兼数职，即使是最远的亲戚，他也安排妥当了。只是他们之间的通信次数比以前少多了，波拿巴把自己定位为一家之主，他的兄弟们的保护人。

在这短短的一些日子里，他陷入了他这一生中从未有过的、也是唯一的一次热恋。

热恋的对象不是德西蕾，虽然在几个星期前，他还写信给约瑟夫请他帮他说合，希望她能尽快答应嫁给他。由于拿破仑现在的地位，他受到女人的青睐也越来越多，慢慢地开始习惯于社交场合。在此期间，他结识了几个30来岁的女人，他被她们的魅力和美丽所折服。于是，他向其中的两个求爱，一个是他母亲的朋

①朱莉：拿破仑的哥哥约瑟夫的妻子。

友——出身贵族的科西嘉人；另一个是作家议员谢尼埃的美丽情人，可是这两个女人都拒绝了他。虽然连着两次都碰了钉子，但他似乎并不觉得有挫败感，他一直沉浸在亲吻这两位女士时的温馨气氛中，"第一位吻在嘴唇，第二位吻在脸颊"。也许是因为一直以来他只想着权力而没有女人的缘故，他的情思很快便被撩了起来。

上任之后没过多久，他就下令不准民间私藏武器，违者将予以没收。有一天，一个12岁的小男孩在他办公室里站着，男孩看起来举止优雅，原来他是来请求归还从他母亲那里没收的一把剑的，因为那把剑对母亲很重要，它是父亲的遗物。也许是被小男孩打动了，波拿巴同意把那把剑还给他的母亲。几天后，男孩的母亲——约瑟芬前来道谢。第一眼看到约瑟芬，波拿巴就被她迷住了。多么迷人的少女啊！她身材苗条，举止高贵，透着一种浓郁的异国风情，她不是巴黎人，而是克里奥尔人①。她拥有美貌，同时她也学会了用妩媚作为取胜的武器。尽管她已超过30岁，却让人看不出真实的年龄。

之后，他去偏僻的郊区回访了她。在那个小屋里，他一眼就看出了这个家庭的拮据，但他不在意，更不反感，因为他也曾经一贫如洗，只是最近才过上体面的生活。一直以来，他看重的都是男人的才能而不是钱财，同样，他也喜欢女人的才能，比如外表、性格等。

约瑟芬的外表和性格在巴黎的这些女人中算是数一数二的，因为她没有靠山，所以她必须充分利用自己的优势。她的丈夫是博阿尔内子爵，长期与她天各一方，后来夫妇重新团聚不久，子爵就被作为保王分子处决了，而她也因此在监狱里度过了可怕的三个月。再后来，罗伯斯庇尔垮台了，她得到了释放，她被释放时恰巧是波拿巴被投进监狱的时候。出狱后，她一无所有，尽管她的朋友们给予了她一些帮助，可是她和她的两个孩子奥坦丝和欧仁还是过着贫困的生活。

为了生活，她必须寻找男人来依靠，更何况她还那么年轻，骨子里的风骚也注定她不能没有男人。还记得公民委员会的巴拉斯吗？她现在就是巴拉斯的情人。她的好友塔利昂夫人把巴拉斯让给了她，自己则另寻新欢，投入了一个银行家的怀抱。她们过着安逸的生活，公民委员会提供车马供她们使用。约瑟芬出身高贵，再加上她高超的社交手段，使得她组织的宴会深受欢迎，不过，出入她家的伯爵和侯爵们从不偕夫人一起去。她与两个政治派别都保持着来往，这样的立场使得她俨然成了革命时期的一个不折不扣的冒险家。

---

①克里奥尔人：指在美洲出生的欧洲人及其后裔，也指这些人与黑人的混血儿和路易斯安那人。

与之相比，波拿巴的处境也好不了多少。在过去的生活中，他已经经历过几次大起大落，今天可能还处于至高无上的地位，明天就会在政变中被送上断头台。就像这次，如果没有搞到大炮，他早就命赴黄泉了。

波拿巴是一个腼腆的很少接触女人的人，现在在他面前的这个女人可是一个情场老手，可想而知，波拿巴的内心对她充满了激情，这是波拿巴第一次真正地拥有一个女人，他激动极了。约瑟芬呢？她几乎不敢相信自己会有这样的好运，即便如此，她也没有马上答应他

1796年，拿破仑与比他大九岁的巴黎著名交际花约瑟芬结婚，图为约瑟芬

的求婚，而是表现得十分犹豫。在这种情况下，她给她的朋友塔利昂夫人去了一封信：

"想必您已经听说了，波拿巴将军想要成为我的丈夫和我孩子们的父亲……我承认我对他有爱慕之情，可在他身上有一种想要征服一切的力量令我畏惧。在他的目光中总是闪烁着一种奇特的东西。当他在我面前表现热烈的情感时，我很心动，也很想立刻就答应他的求婚，可是这种激情同时又让我望而却步。我现在已经失去了美好的青春，不再是十几年前年轻的姑娘了，难道我还能指望他对我的这种近乎疯狂的爱恋能够长久吗？我从内心深处是感到害怕的。"

约瑟芬是一个精明的女人，虽然她不知道是什么在困扰着她，但她心中总是为此不安。波拿巴是一个执着的人，他想要的就一定会努力得到，否则决不罢休。他没有为任何人和事物付出过自己的全部，因为他必须赢得一切。现在，他生平第一次想要付出自己，不顾一切地把自己的整个心灵都投入进去。他不再想那么多了，他只想任性这一回，去做他想做的事。他写下热情洋溢的情书，告诉约瑟芬：

"你知道吗？我在等你，我已经被你彻底地征服了。和你接触的每个瞬间都让我的感官久久不能平息。我的无与伦比的约瑟芬，你想要我怎么样呢？你是在生我的气吗？或是在感到不安？……可是，你能明白我此刻的心情吗？我投身在你身上的那份狂热令我不能够平静！画像永远都替代不了真人，你如果中午动身的话，三个小时后我就能见到你，以解我的相思之苦。亲爱的，吻你，哪怕吻你

千次也不足以表达我对你强烈真挚的爱……"

　　他从没想过把他在军事政治上的想法告诉她，可字里行间已经透露了许多：
"督政官们现在觉得我只有依靠他们才能生存下去，可是他们不知道，总有一天我
会成为他们的保护人，我会用剑去实现我的这个目标！"约瑟芬对此回复他道：
"您怎么能有这种想法呢？您的这种自信将会使您的自我意识过度膨胀，一个将军
居然宣称要保护政府首脑，这不是很可笑吗？不过，恰恰是您的这种可笑的自信，
让我觉得只要是您想达到的目标就没有达不到的。"

　　通过这封信，我们看到了一颗炽热的心在燃烧。

　　他娶这个女人的心是坚定的。然而为什么一定要娶她呢？是为了将她独占，
还是为了获得什么利益？都不是，因为她既没有钱，也没有权势，她只是一个没
落的贵族。不过，正是约瑟芬这高贵的出身才使得他迫切地想要娶她。娶了她，
他就不会再被人们认为只是一个科西嘉人而已。娶了她，他的后代就会有贵族血
统，这种意大利人的家庭观念在他的头脑里是根深蒂固的。他是一个完全以自我
为中心的人，他的选择必定是为了使自我得到延续。

　　他虽然特立独行，但繁衍后代这件事是他不能够单独完成的事，他觉得他
的后代必须要有优良的血统。他本身也并非只是一介平民，他也出身于古老的家
族，在一个镶有两颗星的徽章下长大，所以他帮助人们打破对于平民的偏见，并
不是因为什么阶级感情，他只是单纯喜欢这一行动而已。他现在想娶约瑟芬为妻
就是为了融合自己的血统，因为约瑟芬的父母都出身于世代贵族，所以即便约瑟
芬没有钱而又名声不佳，他还是愿意娶她。贵族的出身不仅使约瑟芬成为沙龙里
受欢迎的人物，如今也使她能嫁给赫赫有名的波拿巴。巴拉斯是执政官中最有实
权的人物，自从上次巷战后，他就看准了波拿巴，决心把赌注都押在他的身上，
所以他也极力撮合他俩的婚事。法国是性爱自由的世界，如果谁计较颜面的得
失，那就会贻笑大方。旧时代早已过去，现在男女平等自由，是分是合完全可以
由他们自己把握。

　　巴拉斯向约瑟芬保证会把意大利的指挥权交给波拿巴，他本人也希望把这个
危险人物派到意大利前线，因为那是最糟的战场。当初使波拿巴得以进入参谋本
部的那个计划被送往了尼斯，但因为没有被采纳而很快就给退了回来，上面有这
样的评语："这个计划是疯狂的，制订计划的人也肯定是个疯子，我无法执行，
让他自己来执行吧！"事实上，这正是督政府所希望的，他们马上派波拿巴去替
代了这位司令。

　　如今，拿破仑已经拥有了指挥权，约瑟芬也就没有什么好犹豫的了。一个

朋友充当了公证员，证明了约瑟芬的出生地——一个美洲的岛屿，因为已被封锁，所以无法取回她的出生证明。她把自己的年龄少说了5岁，变成了28岁，另一方面，拿破仑则把自己的年龄说大了一些。这样一来，就衬得拿破仑颇有绅士风度。他们没有举行婚礼，因为他们并不需要。此外，他们还签订了财产独立协议，尽管他们两个都没有什么财产，其中一个只有债务，另一个则声称只有军装等衣服。

他送了一枚戒指给她，上面刻着他特意选择的字——"致命运"。

婚后两天，他就离开了巴黎前往尼斯。途中，他每经过一个休息地就会给约瑟芬写一封情书，总共写了11封。在尼斯找到部队后，他便开始正式行使他的指挥权，一个使他跨越欧洲边界的指挥权。

春分时节已经来到，他站在瞭望塔上眺望着敌方的海岸，那里是他的起步点，也是他最想征服的地方。而他的背后是巴黎以及他和她的家，那里充满了幸福。如今他想要获得的是山后面的敌国土地，在那里，他将会获得他期待已久的荣誉。

转过身时，他远远望见他失落的故土——科西嘉岛熟悉的山脉轮廓线消失在蔚蓝的远处，只是现在他已不再把它放在心上了。

第二章 溪①

神圣的灵感总是与青春和创造力联系在一起的，而拿破仑就是古往今来最有创造力的人物之一。

——歌德

---

① 原文为Der Sturzbach，说的是山间湍急、落差很大的溪流。本章第2节的结尾处有这样的描述："勇敢的战士们，你们就像一股从亚平宁山脉直冲而下的溪流……"

1.意大利大捷

在海湾上方，熠熠闪烁着的阿尔卑斯山脉的雪峰，上端呈锯齿状的白色云崖峭壁直插清晨的蓝天，蜂拥而来的法军官兵们似乎能感觉到它轻蔑的俯视。这道大自然构筑的天险此刻成了新任统帅波拿巴难以逾越的障碍，它横在他的祖国与他先辈们的祖国之间，把二者隔成两半。

他从不相信武力可以解决一切，而是更看重智谋的力量。征服欧洲最大的山脉——阿尔卑斯山脉是个古老的问题，已经让他耗费了多年的心血，如今总算到了付诸实践的时候。他并不准备遵循汉尼拔①翻越山脉的老路子，而是打算选择绕山而过，就像对付敌人一样，要抓住其最薄弱的环节。在亚平宁山脉与阿尔卑斯山脉的交界处，他们找到了一处不很明显的山沟，从此处过山将大大降低难度，而且部队也不用干等着夏天来临。时间越早，积雪越厚实，他们遭遇雪崩的可能性也就越小。还在犹豫什么？向先辈们的领地进发！

在这座山中停留就意味着毁灭。倒不是说敌人在紧追不舍，恰恰相反，伦巴第之东的奥地利人，伦巴第之西的撒丁人，还有意大利很多小共和国和公国的军队都在冬季营地睡大觉呢！在融雪天气到来之前，他们都可以说自己是安全的。但是饥饿却几乎将法国士兵逼到了绝境。部队只能收到一些可笑的纸币，因为巴黎正面临货币贬值导致的毁灭，更不要说贪婪的供应商还从这些可怜的军饷里扣除一些中饱私囊了。这种现象非常突出地表现在波拿巴成为统帅之前一位将军的家书中："这里死于饥饿和瘟疫的人数将会令整个法国为之颤抖。"如果新统帅不能给军队带来钱和粮食，他能做些什么呢？

"士兵们！你们没有衣服，没有粮食，而政府很穷，什么都给不了你们。在这样的荒山野岭，你们的耐心和勇气足以令人钦佩，但只有坚强的意志既不能换来荣誉也不能填饱肚子。追随我吧，我将带领你们前往世界上最肥沃的平原，享受富庶和繁华，你们将得到荣誉和财富。士兵们，想想这样的前景，你们还觉得没有勇气和毅力吗？"

这番话是在他第一次检阅部队时说的，但只得到队伍中一阵稀稀拉拉的回应。士兵们在回到帐篷躺下后谈论道："他眼睛的巩膜都发黄了，看上去体质很

---

①汉尼拔（前247—前183/前182）：迦太基人，古代历史上最著名的军事统帅之一。前218年春天，他率兵从迦太基出发，远征意大利，在持续作战五个月之后，又用了15天时间翻越了阿尔卑斯山，与罗马军队交战，并重创对方。前183年或前182年，他因多次战败，不堪重负，服毒自杀。

糟糕。什么肥沃的平原，不过是说大话罢了。连双鞋子也不发给我们，还指望我们跟他走到哪里？"这种感觉恰似以色列人听摩西谈到上帝应许之地时的感受，士兵们留给新统帅的反应，除了抵触，还是抵触。

部队的士兵中没人了解他的想法。在过去驻扎在山脊上的三年中，四分之一的人被送进医院，四分之一的人阵亡、被俘或开了小差。至于军官们，说不定他们也会暗中与这个怪异的年轻人作对，就像七年前奥松的上尉们那样。有时他坐在那儿写写算算，穿一件几乎没有刺绣的上装，前面扑过粉的头发在耳下呈直角剪短，后面则长到了肩膀处。有时他一边踱步，一边用不太利索的法语向手下口授着什么。在参谋本部，他的追随者也就那么三四个人，剩下的都多多少少对他抱有敌意。这几个追随者同他一道赴任，其中一人评论波拿巴："他要么被当作数学家，要么被当作幻想家。"

难道他就不能同时具备这两项才能吗？

起初他似乎只显露出算账的天赋。他怀着激动的心情给督政官们写信，由此在使用骑兵和大炮进行的征战之外开启了另一场战争，并同样取得了成功。"你们要求我许诺创造一个奇迹，这恐怕在我的能力之外……胜利和失败的距离并不像想象的遥远，想达到伟大的目标只有通过谨慎和智谋。历史经验告诉我，一些细枝末节的小事往往会决定大事的成败。"但在伟大的军事组织者卡尔诺面前，他却说出了正式场合不想说的话："您恐怕难以想象，这里连一个工兵军官，或是一个参加过攻坚战的人都没有！……这里根本没有炮兵，您知道我有多么愤怒吗！"的确，他所拥有的是24门山炮、4000匹病马、30万枚银法郎，还有一个月的粮食，按半额配给三万人。他奉命去攻打意大利，手里却只有这些破铜烂铁。

然而既然已经接下了这个烫手的山芋，他也只有竭尽所能，放手一搏。这支可怜的部队濒临崩溃，队伍中又开始传唱国王颂歌。但是在他雷厉风行、坚持不懈的铁腕统治下，一支共和国的军队开始崛起。

他在到达后的第三天，于卷宗中这样记录道：部署两个炮兵师；派遣110名筑路工人；平定某旅的叛乱；就盗马事件给两位将军下达命令；对另外两位将军关于指挥权的问题进行回复；命令一位将军集结昂蒂布的国民自卫军；命令一位土伦的将军率部前来尼斯；命令一位将军从发生叛乱的旅中发掘有才能的军官；为参谋本部撰写目标描述书；按当日军令检阅部队。在最初的20天里，拿破仑仅针对部队给养问题的书面命令就多达123项，其中以痛斥贪污、缺斤短两、以次充好为数最多。所有这些命令都是在行军途中，在先后变换的12处指挥部和6次战斗之间发布的。

刚刚从狭窄的关隘间穿过，他就发动了两次战斗，根据集中全部兵力各个击破的新原则，率军切断了敌方联军之间的联系。其实这些只是符合法国人性格和法军传统的前哨战，但在疏于防守的战线采取大规模的行动对他们来说还是全新的尝试。此时，至关重要的不是空泛的作战理论，而是指挥官的速度和胆量。

穿越隘口峡谷时，他纵马在双方猛烈的炮火中疾驰，突然，他上装口袋里那枚印下了他亲吻过千百次的约瑟芬小画像表面的玻璃碎裂了。他顿时像个孩童一样慌了神，他勒住马，脸色发白地对布里昂说："玻璃碎了。我的妻子一定是生病了，不然就是做了不忠于我的事。继续前进！"

在战役中，拿破仑的坐骑被击中，他改换另一匹马

这一切的关键是他对官兵们许下的大胆诺言能否得以实现。他很清楚，如果他能兑现自己说过的话，他们就会相信他，一旦他们相信了，就会马上对他产生信赖。事实的确如此，从下山时便所向披靡的部队到达了最后一个山丘，此时距离他那个狂妄的预言仅过了14天。在山谷中艰难跋涉了许久，忽然之间，皮埃蒙特平原出现在他们的眼前，它是那样辽阔、那样美丽，能够提供给他们源源不断的补给。远处流动着波河及其他河流，那个令人绝望的冰雪世界终于成了过去。士兵们爆发出了欢呼，他们在山谷中像蜗牛一样走动不停。"那个曾经像世界的边境的巨大屏障就这样像魔术一般消失了。"

现在你们拥有了这一切！因为波拿巴签订了第一个停战协议，迫使两个对手之一的撒丁国王交出其土地上生长的一切。他用可怕的军事力量强迫撒丁国王屈服，但实际上，这不过是他在虚张声势和施展诡计，因为他并不具备这种力量，即便他有，也不可能在敌人的包围中运用自如。不过不管过程怎么样，他向震惊不已的士兵们证明了自己是个守信的人！仅仅两周的工夫，他所承诺的一切就不折不扣地呈现在了众人的面前。

从这一天起，波拿巴彻底收服了士兵们的心。由于这是一场使意大利变成敌国的战争，因此他在所有的作战文件中都去掉了Buonaparte（波拿巴）中的字母

u，使它不再是一个意大利姓氏。

不久之后，他的名字会再次改变。

2.卓越的才华

他究竟是凭借什么在几周的时间里取得胜利的？他有什么秘诀呢？

首先，他有着年轻和健康的体格。无论骑马行进的强度多大，他都不会感觉疲惫；无论在什么情况下，他想睡就能睡着；他从不挑食，不管什么食物都能良好地消化和吸收；他有一双洞察一切的眼睛，并且能去粗取精。

是革命给了这个27岁的年轻人这样的机会，让他在精力最充沛的时候成为统领，有机会独揽大权。此时在法国，平等的新观念已深入人心，衡量一个人的标准已由出身转向才能。只有在这种观念的影响下才有可能诞生波拿巴这样年纪轻轻资历不深的领袖人物。

他的对手们与他相形见绌。长着一个哈布斯堡家族典型的鼻子的查理①大公正像他的族人那样热衷于颓废事物，他所受过的教育可不是教他像波拿巴那样吃苦耐劳公正待人的。至于其他人，奥地利军队的统帅博利厄已经72岁，与波拿巴相差45岁。科利将军患有足痛风，要被人抬着才能上战场。更不要说年过花甲的阿尔文齐和年纪更大的撒丁国王了。双耳失聪的维尔姆泽将军反应迟钝，行事谨小慎微，而雷厉风行的波拿巴奉行的则是"时间就是一切"，指挥部每天都在变换，而他身边总围着一群年轻人。

42岁的贝尔蒂埃是他身边年龄最大的人。波拿巴在其前任走后将他留任，因为他对意大利的情况了如指掌。他担任波拿巴的参谋总长整整20年，像奴隶般忠诚于他的统帅。热情似火的马塞纳在波旁王朝的军队里服役了14年，还升不了中士，而现在只用了短短几周时间，这个曾当过见习水手的流浪者就成了将军。爱吹牛的奥热罗是开小差专业户、有名的冒险家和大盗。简而言之，这是一群社会渣滓，而最年轻的那一位，他们的头目波拿巴，使他们成为新一代的英雄和将帅，后来又赐予他们亲王和公爵的头衔。

他的每一份报告都建议提拔并且只提拔那些在战场上表现出色的人。有一个掷弹兵在三次战役后就获得了上校的军衔并一路高升。与此相反，他断然拒绝提拔那些留任的将军，"这些没打过仗的东西就好好地待在办公室里吧"。他也不一定会追究那些吃了败仗的人，"亲爱的马塞纳，战场上的运气可说不准，不必

---

①查理：德文为Karl（卡尔），英译为Charlie。

为失败懊恼，我们迟早会赢回来的"。士兵们的表现也响应了他。有一次，一个师因为表现不佳遭到他的斥骂，他还扬言说要在他们的军旗上配上讥讽的文字。士兵们当即表示："明天先锋的任务就交给我们吧！"于是第二天他的队伍里就多了一千来名热血沸腾的勇士。每当打了胜仗，他就会在当日军令中称呼他们："战友们！朋友们！"他就是这样领导人民的子弟的。

他拥有一支人民的军队，这是他屡战屡胜的第二个原因，也是革命带来的功绩，在形式上显示了大革命的影响。敌人的队伍是由花费巨大、不易补充的雇佣兵组成的，因此在调遣上有诸多顾虑。那些雇佣兵来自多个民族，其比德意志皇帝所统治的民族数还要多。他们说着六种不同的语言，几乎不可能实现思想统一。而法军却来自同一个民族，这个拥有3000万人口的民族斗志昂扬，并在今后的20年中不断前进。

法军为何而战？把新获得的自由以及与此相关的几种朴素的思想传播到全世界，这就是他们的目标。世界革命是他们唯一想要的战果。但是，推动他们走出国门的不是理想，而是不得不保卫的财富。在周边的那些所谓正统的国家已经联合起来对付法兰西的形势下，他们肩负着保护自己的使命而非保护被推翻的波旁王朝。为了阻止本国人民效仿法国人民，这些君主蓄意进攻法国，意图将新思想扼杀在摇篮中。由此可见，法国人民保卫自由的斗争不是守在边境就可以完成的，由防卫转化为进攻是他们的必然选择。于是，法国军队举着被迫保护自由的旗帜进攻别国就被看作正义的复仇行为。

这是波拿巴成功的第三个因素。自从在伦巴第和意大利城略地的第一天起，他就以一系列宣言向当地人民表明了他的目的，即帮助他们推翻哈布斯堡王朝和撒丁王朝，将他们从王公贵族的统治下解放出来。几乎所有不满现状的人，都被这些鼓舞人心的号召打动了。那些备受压迫的民众，早就盼望着王侯总督们被赶下台。并且，革命的思想早就传出法国，在这里，许多城市爆发了大学生和市民暴动，因为这里不乏追求自由的青年和号召意大利统一的群众领袖。虽被压制，反抗却一触即发。这些相信法军的崇高使命的进步人士，对他们的到来十分欢迎。

对他们而言，这位法军统帅的纯正意大利血统、姓名、母语，都表明他更像一个自由和平等的使者，而非单单为法国而战。这两个危险而伟大的词语出现在他的每一封信的上方。波拿巴明白民意决定一切，假如当地人发现来的只是一个压迫外族的侵略者，可怕的失望将会立即蔓延开来。他马上觉察到自己处境艰难：他能否约束早已穷困的士兵，使他们像刚刚来自给养充足的驻地一样安分？

在给国内的信中，他写道："抢劫事件在逐渐减少，这支一无所有的部队最初的饥渴已经得到缓解。其实这些犯糊涂的可怜人情有可原，在阿尔卑斯山待了三年的他们突然来到这个富庶之地……对饥寒交迫的士兵来说，胡作非为是难免的……我将重整纪律，否则我就成了强盗头领了……明天我会下令处决几个偷窃教堂花瓶的士兵。三天后纪律可望恢复。意大利人在钦佩我军勇敢的同时将惊叹我军的克制。唉，那真是令我不寒而栗的可怕的事啊。庆幸的是，在撤退时，敌军的所作所为更加令人发指。"

他希望士兵们重视自己的名声。他在最初的一份公告中呼吁："我需要你们向我发誓永远爱护你们正在解放的人民，否则你们就将成为人民的祸害，胜利带来的一切勇敢和荣誉都将毁于一旦，阵亡弟兄们的鲜血也都白流了，我和将军们将会因为领导一支毫无纪律的部队而感到羞耻！"然而，尽管他下达了如此严厉的命令，纪律还是难以得到保证。惩戒抢劫成了他在战争中的一个沉重负担，他必须不断地向将军们发布命令，将每个在一天之内拒不交出强占物品的士兵处决，哪怕占有的只是一匹马或者骡子。

暴动和敌人反击的情况也曾发生过。当僧侣、贵族、王侯们的密探在某个城市里策划反抗时，他无情地下令枪杀占领区中的所有暴动者，并烧毁了该地的房屋。不过当城里的知识阶层向市民传播了新秩序的启蒙思想后，此类事件就渐渐平息下去。波拿巴用地道的意大利语和意大利名言、范例和历史人物唤醒他们古老的激情，这变成他成功的又一个源泉。"意大利各民族的人民：法兰西军队的到来将打碎你们的锁链！请相信我们的友好！你们的财产、风俗和宗教将得到最大限度的尊重！"然后，他向他们讲述着雅典、斯巴达，讲述着古罗马的灿烂和辉煌。

从某种程度上来说，是历史赐给了他灵魂。当他放任自己走入历史时，历史也给他的精神插上了翅膀。他曾在少年时代阅读过普鲁塔克的著作，成为少尉后又了解了各个时代的历史，这些都成为他能利用的东西。他不仅能说出这里每一个地区过去的统治者，还熟知他所推翻的政府的组建过程，因此他有能力使得每个地区的管理体制都焕然一新。他眼前总会浮现出那些不朽的形象，这更坚定了他要赶超他们的决心。他不停地用历史的眼光来看待自己所做的一切，然后用这种感受来影响他的军队、他的国家，甚至整个欧洲。其实，他最初不过是赢了几次较大的遭遇战，但是一经他的文字渲染，它们就成功地跃升为战役，进而又被他夸大为历史性事件，这荣誉的一半要归功于文字。他总是对他的士兵和被他解放的国家说，他们所做的一切都是用自己的双手创造出来的，并且是为了自己。

在米兰，他对士兵们说："勇敢的战士们，你们就像一股从亚平宁山脉直冲而下的溪流……现在你们已经得到了米兰……我们与所有民族为友，尤其是布鲁图、西庇阿①及其他伟人的后裔。你们的胜利果实将震惊世界，你们将重建古罗马的朱庇特神殿，竖起英雄们的雕像，将被奴役了数百年的罗马民族从沉睡中唤醒！你们让这个欧洲最美丽的国家以全新的姿态出现在世人面前，这是不朽的荣耀……等你们见到家乡的同胞时，他们会指着你们说：'看啊，他参加过解放意大利的战争！'"

有哪位统帅曾向自己的部下，向敌国民众发表过如此动人的讲话？有哪位统帅像他这样懂得艺术地收买人心，而非简单粗暴地下达服从的命令？在阿科拉，他向士兵们呼

拿破仑在阿科拉桥上

喊："你们究竟是懦夫还是洛迪大捷的勇士？做给大家看看！"这次战役大获全胜，并在几个月后成为他鼓动下一场战役的力量。"我们越过波河了，准备打响第二次战役吧！"他向督政官们这样报告。他在每一份给巴黎的报告中都使用了完美的措辞技巧。他讲述的事实经过巧妙的渲染，通过政府向报界公布并传到国外，全都成了一件件了不起的大事。

就这样，波拿巴用笔给他用剑取得的成就锦上添花。

3.开创历史

"你们与撒丁的和约已收到。军队已批准此条约。"

督政官们读到这个句子时吓得心惊肉跳，即使是送到巴黎的越来越多的缴获的军旗带给他们的快乐也不能减轻他们的恐慌。历史上再也找不到任何一个将领敢这样对他的政府说话。波拿巴的政敌们叫嚷着："这封信构成的罪名已经足够让这个年轻的将军被枪毙了！"然而他已经通过攻克伦巴第等连续不断的胜利确立了名声，他在民众心目中的地位不容动摇。在不久前政府特派员，他的科西嘉同乡萨利切蒂来到军营时，他就对他很不客气，不经他同意就签署了与撒丁的停火协议。这是他第一次以外交家的身份处理事务。当对方不愿妥协时，他看了看

———————————

①西庇阿：古罗马的著名统帅。

表，大声宣布下一次进攻的时间，这就将对方逼得无从讨价还价，因为"或许我不能真的百战百胜，但我不会因过分的自信心而失去几分钟"。通过这个协议，他首次令一位国王失去了他的皇冠。接着他又与大公们、与托斯卡纳进行了谈判。谁能预料教皇会不会就是他的下一个谈判对象？有什么办法能对付这个危险的胜利者呢？

"派个搭档给他。"督政官们因为想到这个主意而得意极了。因而，他们派了克勒曼与他共同行使最高指挥权，政治事务则交由萨利切蒂管理。

就这样，在发生战斗的第二天，波拿巴在洛迪接到了这项命令。

洛迪大捷是他第一次赢得真正战斗的胜利。他通过虚张声势和大胆出击向阿达河上的那座桥梁发动进攻，使奥地利军队丢盔弃甲。尽管后面还有无数比这更大的胜利在等着他，但这一次的胜利在他心灵的历史上具有最为重要的意义。

这一仗结束后，此次战争的第一部分可谓尘埃落定，他以最小的损失攫取了最大的利益。桥上一小时的激战给他带来大片领土。这天晚上，他第一次如此清晰地意识到梦想与现实、不确定的计划和确定的战事是怎样纠缠在一起的，他似乎明白力量将赐予他无穷的机会。就是从这时起，他正式与别人谈论这些目标。他对朋友马尔蒙说："我觉得我将要完成某种人们无法想象的事业。"很多年之后，他回忆道："我是在洛迪的那个晚上才真正意识到：我是不同的。我决心要干一番大事业。而在此之前，这还只是一些虚无缥缈的、不成形的想法。"

巴黎的决定送到时，他正处在这样强烈的情绪中。他简直无法相信，在他酝酿着占领几个洲的计划时竟然要把指挥权分给克勒曼？他紧抿着嘴唇在房间里踱步，然后口授给政府的回复：

"既然你们给我设置了这些障碍，让特派员影响我的行动步骤……那么恐怕我不能再取得你们期望的好成绩了……在这种时候指挥官需要得到绝对的信任。如果我不能得到信任，我宁愿调任其他岗位，并尽我所能在新岗位上赢得你们的尊重。每个人的作战方式是不同的，克勒曼将军经验丰富，会干得比我出色。但如果我们两个一起指挥，那就没有比这更可悲的事了。只有你们给予我充分、专一的信任，我才能毫无保留地为祖国效劳。请相信，为了写出这份报告我需要有很大的勇气，还会冒着被指责为傲慢、有野心的风险。但我必须把我的感受说出来……正所谓一个蹩脚的将军胜过两个优秀的将军，与一个自视为欧洲第一号统帅的人共同指挥不在我的考虑范围之内。就像执政一样，作战的根本问题就是领导人是否能很好地合作。"

看来，这位统帅是不会把位置让给别人的。如果巴黎方面坚持要分他的权，他很有可能不管不顾，继续前进，凭借他天才的头脑攻城略地，然后反过来向法国宣战，像个雇佣兵头目那样把政府推翻。谁敢保证他不会这样做呢？这样一想，政府的这个计划就不得不作罢了。看完他的报告后，督政官们苦笑着做出了让步。在他与政府的斗争中，这是他第一次不声不响地赢得了胜利。从这以后，他俨然成为主宰，做事时几乎像个独裁的君主。不过在某些方面，比如给养和兵员的补充及一些条例的审批，他常常需要反复恳求才能达到目的。在很长一段时间里，他都保持着下属的口吻来写那些只提出建议的报告，而不敢威胁。但在其他场合，他的行事风格已和东方的苏丹差别不大，他一直对苏丹充满向往，这也是他专横的性格使然。

派往巴黎的信使已经带着他的第一声"不"上路了。今天是军营里最后一个难眠的夜，然后他们便要开进米兰。

他进入米兰时有意效仿古罗马凯旋的统帅：俘虏走在前面，只是身上没有古罗马时代的铁链，后面则跟着500名骑兵。当看惯了漂亮军装的米兰市民们看到穿着破烂衣服的疲惫不堪的士兵，衰弱的战马，还有骑着一匹不起眼的白马，跟随着同样憔悴的随从的瘦小统帅时，都感到十分惊讶。这一切不论从哪方面来看都与春光明媚的天气极不和谐。当拿破仑看到在城门口欢迎他的年迈的大主教和他率领的伯爵和公爵们时，他下了马，但只是站在离欢迎的人群很远的地方，强装出礼貌的表情倾听着。人们都在猜测他究竟会做何反应，只见他沉默几秒后说了句"法国对伦巴第人是善意的"，便跨上马，向大家致意，继续向前去了。

这一举动令在场的人印象极为深刻。人们没有感到振奋，反而非常惊讶。他们从这位胜利者的身上瞧不出一丝一毫的傲慢，只让人感觉到他坚定的内心和令人不得不服从的意志。前面所写的场面是他从未经历过的情景，如果他是凭借演技故意让人们产生这种印象的，那就更说明他对人心了解之透彻，对统治艺术之精通。

尽管如此，今天的他多少有些心不在焉，似乎少了些什么。

街道上的欢呼声此起彼伏，人们开始享受放松的时间。他们面带好奇地观察着1000来名士兵跟随统帅开进城。这些士兵几乎没有秩序可言，他们萎靡不振，装备中没有帐篷，身上穿着打满各色补丁的军装，这使他们看上去比俘虏过得还差。

统帅在大主教的宫里休息，进行沐浴。这也是他唯一奢侈的享受。在他此后的生命中，他对这个习惯执着到了偏执的地步，随着时间的推移，他洗澡的时间越来越长，洗澡水越来越热。他以此来放松神经，因为这样的机会很少，所以他一直坚持着这个习惯。招待活动在晚上举行。"你们将得到比法国人还要多的自由。这个拥有500万人口的新共和国将以米兰为首都。你们会得到500门大炮，以及法国人的友谊。我将选出新的政府，你们中的50个人将代表法国治理这个国家。我国的法律会在这里施行，当然，你可以根据你们的风俗习惯进行修改……有了智慧和团结，一切将变得非常简单。这就是我想要的。我在此发誓：如果哈布斯堡家族再来侵犯伦巴第，我将奋斗到底，永远不会弃你们于不顾！如果这个国家灭亡了，我将与它一道毁灭！斯巴达和雅典也是灭亡了的。"

这或许是自普鲁塔克笔下的英雄们以来第一个敢于发表这般言论的统帅。这个波拿巴为组建议会进行的第一次演讲囊括了今后20年他影响欧洲精神的一切元素，包括口头上的和书面上的。他给予了人们简单而确定的指导，人们也因为这高度的确定性而乐于服从。他的心声是这样的：你们臣服于我，但你们享有自由。我是你们的主人，但你们的安全由我负责。我拥有你们，你们拥有500门大炮和法国的友谊。这就是我需要的一切。

在这个5月的夜晚，伴随着烟花和音乐，富庶的米兰城热闹非凡。年轻的统帅站在塞贝洛尼宫的窗前。宴会结束了，曾在少年时代引起他无尽幻想的入城仪式也举行完了，他人生中第一个非凡的时刻就这样梦一般地过去了。此时此刻，他又在想些什么？过去，还是未来？

他问副官马尔蒙："你觉得巴黎人是怎么看我们的？他们满意吗？"马尔蒙像一般人那样回答了，他却说："巴黎从未在意过这一切！在将来，还会有更多辉煌的胜利在前方。我之所以能成为幸运女神的宠儿，并不是因为我不屑于接受她的恩惠。我从她那里得到的越多，索要的也越多。不出几天，我们就能抵达阿迪杰河，到时整个意大利都会在我们脚下。或许我们不会在意大利止步。这个时代还没有崛起一位伟人，我要成为这个时代的第一个英雄。"

4.红杏出墙

塞贝洛尼宫中，波拿巴正躺在一张王侯的睡床上。他从没这么安安稳稳地休息过。美中不足的是，这张床一个人躺着实在是太宽了。这时候约瑟芬在做什么？见不到她，入城仪式、胜利、烟花和彩旗都失去了意义。她怎么不来？是真的病了，还是正躺在别人的怀里？这真是一个难以入眠的夜晚。

从第一天起，这个令资格最老的将军们都佩服的年轻统帅，就总喜欢在公务之余把约瑟芬的画像拿给别人看，这使他的形象大打折扣。他在每日必写的情书中写道："你很快就会过来，是不是？你必须在我身边，除了我的怀里哪儿也不许去！快，快，飞过来吧！"他知道以她轻佻的个性和脑子里极为风流的幻想，随时都会向新的崇拜者奉献自己。可是现在，现在！她有什么理由不出现？他从残酷的战场走进王宫贵族们的府邸，现在就在这座宫殿里迎接她的到来，这本是他的理想，在这仅供他们两人享受的皇家氛围里，他希望从她的妩媚与任性中得到最大的满足。

然而精明如他却没有想到，恰恰是他战场上的成功使他们夫妇天各一方。约瑟芬过够了被人说三道四的风流生活，现在终于扬眉吐气了。她的丈夫成了媒体和各界人士争相吹捧的成功人物，她当然要以合法的方式让巴黎人赞美她。这位矮个子将军竟然认为她是出于爱才嫁给他的。胜利的消息传来时，她坐着马车招摇过市。看着群众朝她欢呼致意，她觉得这比到一个不知所云的城市去见一批邋遢的士兵舒服多了。她极少给拿破仑写信，而他的信却一封比一封迫切。有一次他写道："你是不是有了外遇，对方还是个19岁的蠢小子？如果这是真的，你可要小心奥赛罗的拳头不长眼睛！"她看完后哈哈大笑，对女友塔利昂夫人说："这个波拿巴，脑子里都在想些什么！"

第二天，他在繁忙的工作之余给卡尔诺写信说："我太太没来，这实在令我绝望。除了另结新欢，我想不出还有什么别的理由阻止她离开巴黎。女人真是世上最讨厌的生物！"然而他终于等到了约瑟芬的来信。由于不好意思说嫌弃军营危险邋遢，约瑟芬就撒谎说，自己怀孕了。

收到来信，他又惊又喜。莫非这次他得到了所有幸运精灵联合起来的祝福？在打了胜仗取得无限荣光之后，这正是他唯一的希望。他有预感，冥冥中有更高的目标在等着他，他的意志将带领他前进。如果一切如他所愿，那么约瑟芬，我们更加期待孩子的降生。只是这一场战役还在计划阶段，远没有实现胜利，还面临着新的危险。

这个天大的消息让他浑身颤抖：这是真的吗？他有了一个孩子？

他在统帅的公务信笺上奋笔疾书，字迹潦草："我错怪你了。我怪罪于你，却不知道你病了！爱情使我丧失了所有的理智，现在我请求你的原谅。我的生活如坠云里雾里，我有一种朦胧的预感，它几乎使我窒息了，我就要丧失希望了。我需要你的安慰，请写10页信给我。你病了，你爱我，你有了我的孩子，而我却连你的一片衣角也抓不到。现在是谁在陪伴着你？是奥坦丝吗？哦，她是个可爱的女孩，一想到她在照顾你，我对她的喜爱就增加了几千倍……我们就要有个孩子了，他会跟你一样迷人的！啊，我多么盼望能见到你！……只有一样我绝不会容忍，那就是你有了情人，如果是这样，我一定会撕了他！"

他现在很迷乱，可是谁能帮他呢？友谊是靠不住的，只有血缘才最强大。同一天，他给约瑟夫写信说："我妻子病了，我完全乱了手脚。不祥的预感快要把我折磨疯了。无论如何请你写封信给我。我们两个有共同的血缘和爱好，我们是一体的，请你替我关心她，帮助她。如果生病的人是你，我也会毫无保留地帮助你的……你知道我的爱有多么强烈，这是我愿为之付出生命的爱情，你知道约瑟芬是我第一个付出真心的女人……她现在情况很糟糕，我快要疯了……如果她身体好起来就可以旅行了，你让她到我这儿来，我要紧紧地抱着她。我不知道我还能怎样更爱她，我没有她是不行的。如果哪天她不再爱我了，我活着也就没有意义了。啊，朋友，别让信使在巴黎浪费超过六小时的时间，我要早点得到回复，这样我才能振作起来。你高兴一点吧！我获得的注定只能是一些外在的胜利！"

在写这两封信的当天，他的口授中包含了这些内容：命令贝尔蒂埃占领亚历山德里亚；为杀害士兵一事向热那亚元老院发出最后通牒；给督政官们写报告请求给养；制订出售还在里维埃拉的大炮的计划；替前往热那亚元老院的缪拉写介绍信；命令拉纳停止前进；命令马塞纳从威尼斯的军火库采办弹药；下令派一个大队去土伦；下令把所有可疑人物押往托尔托纳；通知克勒曼，钱和援兵已在途中。

他的信起了作用。他的妻子被约瑟夫说服，同他一起前往米兰。她再也想不出新的借口，只好垂头丧气地收拾起行李来。在卢森堡宫的告别宴会上，她忍不住掉下眼泪。马车终于开了，不管怎样，7月份就在眼前，热门季节已经结束了，而且同行的人也还过得去。虽然对面的约瑟夫有些碍事，但小伙子朱诺干净清秀，哈巴狗"幸运儿"总是那么可爱，还有不久前结识的年轻的伊波利特·夏尔，他一直陪伴在她的身边。他是想升官发财，还是想得到这个女人？这个有着动人名字的男人穿着轻骑兵军服，帅气极了，何况他还有两条完美的长腿！他不时讲些有趣的故事，还很了解最新流行的披肩和假发。

到了米兰，波拿巴在哪里？去维罗那附近指挥新的战斗了？没关系，这儿的情况比料想的要好多了！走进华丽的宫殿，所有人都向她鞠躬行礼。不过，伊波利特还是好得不像话，他带着佩剑走在气派的大道上，那架势无人可比。唯一的问题是在这么多好奇目光的注视下，她不得不谨慎小心。好在还有精明的伊波利特，他发现了一道隐蔽的楼梯。

忽然喧闹声传来，有人通报说，统帅从维罗那回来了！这之后整整两天，她都仿佛被火山的岩浆吞没了。

5.战地情书

曼图亚被波拿巴占领后，德意志皇帝考虑到它的重要的战略地位，曾三次命令司令官解曼图亚之围。老将维尔姆泽率领的新部队沿加尔达湖而下，将法军击败。波拿巴为了保存实力只好暂时放弃曼图亚。然而此时，法军前往米兰的退路已被敌人切断，形势十分危急。波拿巴火速离开米兰，不顾7月的炎热在波河平原上疾驰，集中着一支支部队。这段日子真是极度忙碌和紧张的。

这段时间的某个晚上，他写道："自从离开了你，我的心里充满了忧伤。只有你能带给我快乐。我想念你的吻，想念你的眼泪，想念你吃醋的样子。我独一无二的约瑟芬，你的魅力就像点燃我心灵和感官的火焰。我多么希望能抛弃这些烦琐的公事，心无旁骛地陪伴你，能做的事只有爱你，爱你……我们相识以来，我每天都抑制不住地崇拜你，可见布里埃那句名言'爱情是突然来临的'错得有多么离谱！大自然的一切都是循序渐进，不断发展的……你能不能别这么美丽，这么温柔，还有，别这么爱吃醋，因为一看到你掉眼泪，我的心就乱了……赶快随我而来，这样我临死时就可以说：我们共同度过了那么多幸福的日子！吻你一百万次，还有那讨厌的'幸运儿'！"

他试图赶走这条小狗的计划从来没有成功过。他自己说过，它出现在他们新婚之夜的床上，"当时我只能二选一，要么与她和她的狗一起睡，要么自己睡。还有比这更可恶的吗？但我只能接受或拒绝，直到彻底死了这条心。这家伙是个小坏蛋，我腿上至今还有它留下的印迹！"

混乱的战局中，将军夫人被送到布雷西亚。但她还来不及坐稳，就必须返回米兰。她身处大炮和新兵中间，差点成为敌人的俘虏。有了这一次危险经历，她终于找到了好借口。此后哪怕丈夫再急切地要求她的陪伴，多数情况下她都会毫不犹豫地拒绝。

虽然只是一个夜晚的事，但几个星期中波拿巴第一次失去了勇气。他没有下达命令，而是召开了作战会议，这使将军们非常吃惊。他准备撤到波河后面以应对严峻的形势，但暴躁的奥热罗拍着桌子叫道："你难道想要名声扫地吗？我们必须应战！"说完便冲出了屋子。其他将领的意见也没有达成统一。

波拿巴需要一些独处的时间。他进入另一间屋子，独自坐下盯着地图，考虑是否应该打这一仗。飞蛾在烛焰上跳舞，最后却被烧成灰烬。这是个异常闷热的仲夏夜，外面传来鼓声和叫喊声。明天就会知道我们能否保住伦巴第了。他暗暗觉得这是他荣誉和命运的转折点。应该赌一把吗？如果维尔姆泽的兵力比报告中所说的强呢？这个时候约瑟芬正在那张大床上安睡。也许她正在某个引诱她的小白脸的怀里偷笑呢！

他最终选择了应战。第二天，他在卡斯蒂廖内附近赢得了胜利。

不久后，他在信中说："我已经三天没有收到你的信了，而我每天都在写。分离真是可怕，长夜漫漫，白天也是那样单调！"与此同时，约瑟芬却在给女友的信中写道："我无聊透了。"他有打不完的胜仗，她则有参加不完的庆典，人们都称颂她。但两人都觉得无聊：他是因为抓不住她，她则是因为怕被他抓住。三天后，他写道："亲爱的，敌人被打败了，俘虏了18000人，其余也死伤得

拿破仑与约瑟芬在Malmaision的"爱庙"前

差不多了。维尔姆泽只剩下曼图亚。这是空前绝后的成功，我们替共和国保住了意大利、弗留里和蒂罗尔。为了补偿我辛苦的工作，几天后我就能见到你了。给你1000个热烈的吻！"

政治家波拿巴总是善于利用总司令波拿巴的每一次作战间隙。他在摩德纳召集了各邦议员大会，其中也包括最南部的波伦亚。他让他们根据他提供的宪法联合组成一个新的共和国。那么作为这个国家的缔造者，他感到快乐吗？米兰的那个女人若非有了新欢，她的信又怎会是这副口吻！

就在同一天他写道："你的信没有半点激情，就像是结婚50年的老夫老妻，靠友谊和冷漠维系着婚姻。您①太无理、太狠毒了！您究竟准备怎么对付我？都使出来吧！不再爱我？我早就知道了。恨我吗？正合我意。唯有恨不会使我的尊严丧失。但伤害我最深的是您那满不在乎的态度，您的铁石心肠，冷漠的眼神，呈现放弃姿态的步子……在此我献上1000个吻，像我的心一样温柔！"

在新的危机的压迫下，他不得不北上，战斗，败退。在这个令人绝望的11

①在法语、德语等语言中，家人（包括夫妻）、亲朋好友之间经常会以"你"（非尊称）相称，而尊称"您"则时常表示双方的地位差距较大或是关系较为疏远。拿破仑在这封信中对约瑟芬使用了这两种不同的称呼，展现了爱恨交加的感情。

月，他依然得不到她的哪怕一丁点安慰。非但如此，几个了解内情的米兰好友吞吞吐吐地告诉他说，他的夫人过着相当滋润的日子。在卡尔迪埃罗失败后的第二天，他绝望地请求巴黎增援。

形势濒临失控，将士们士气低落，整天围着他吵闹不休。在那段日子里，为了应付阿科拉的大战，他几乎把一个脑袋当成30个用。当天晚上，他带着绝望的心情给她写信："我不爱你了。我恨你！我怎么会爱上你这种又丑又蠢没有脑子的女人？你不爱你的丈夫，不给我写信。尊敬的女士，您究竟有多忙，连给你最爱的人写信都没有时间？……是哪个情人这么厉害，使你没工夫给丈夫写信？请您小心，约瑟芬，我也许会让某个美好的夜晚变得不再美好！现在我不安极了，赶快用您可爱的话语给我写上四页纸，赐给我快乐和幸福！快来到我的怀里吧，我会用百万个赤道般滚烫的吻把你覆盖！"

他忐忑不安，不知道妻子是否还值得信任。如果答案是不，他将多么悲哀！他感到危机重重，被责任和怀疑搅得惴惴不安，这并不比战场上的情形更平静。说不准，他今天因为家庭而蒙羞，明天就会在战场上声誉扫地，对于他这种想统治全世界的人而言，还有什么比这更可怕？他借军中士兵自杀的事件向部队发布命令："军人应该摒弃感情的痛苦和忧郁。"

就在上一封信寄出两天后，他站在阿科拉附近横跨阿迪杰河的一座桥上。此桥遭到了敌军的炮轰，法军被迫后撤，颓势似乎已经难以挽回。在他的高声督战下，士兵们终于又向前冲，这时有人喊道："将军先生，停止前进吧！如果你被打死，我们就输定了！"马尔蒙走在前面，回头看别人有没有跟上时却发现统帅倒在副官米尔隆怀里，似乎负了伤。随从们很快停了下来，正沿堤坝冲锋的士兵们见状纷纷后退。波拿巴醒来后，又突然滚到了堤坝下面的水沟里。他刚被马尔蒙和他的弟弟路易拉上来，就听见枪炮声大作，人们乱作一团，米尔隆因为用身体掩护上司而被击中了。波拿巴骑上马逃跑了。

整个晚上，他都蹲在军营里发呆。第二天，他再次发动进攻，但还是以失败告终。这条可恶的河将他挡在了胜利门外。第三天的情况依然不容乐观。

最后的关头，他决定智取。

当战斗在河边进行到最激烈的程度的时候，他召集了所有鼓手、号兵和一部分卫兵，让他们悄悄插入敌人后方，突然吹号、击鼓、开枪。已经很疲惫的敌军顿时阵脚大乱，甚至有一个师开始后撤。这一转变极大地鼓舞了法军的士气。本来只有部分敌军发生恐慌，但很快，整支军队就溃不成军了。凭着勇气和计谋，法军在绝望的泥潭里取得了胜利。这个村庄的名字足以载入史册。不久后，在巴黎铸造的阿科拉纪念币上，波拿巴站在桥上，手举着一面他从未举过的旗。这是画家为当时和以后的人创作的纪念画像。

危险暂时消除了。虽然曼图亚之围被解，但再次攻克它并不是什么难事。波拿巴以极快的速度部署部队，赶回了米兰。现在他终于可以坐镇首都统治这个国家，并且真正地将约瑟芬留住。

但留住约瑟芬却比留住维尔姆泽更为困难。"为了我们的重逢，我放下了所有杂事。到了米兰，我冲向你的住处，但你不在！你忙于穿梭在城市间参加一个个庆典，现在我回来了，你却躲着我！你心里还有你的拿破仑吗？当初你开玩笑一样爱上我，如今又开玩笑一样把我丢开。我生活里有层出不穷的危险，我懂得应付这些恶作剧……别在意我的这些话，你只要开心就好了。你天生就是要幸福的，接受所有人的膜拜，不幸的只是你的丈夫。"

第二天早上他又写道："你不必关心一个你不爱的男人是幸还是不幸。但我的命运就是爱你……你丈夫的不幸你不必管，他只为你一人活着。就像要求柔软的织物与黄金等重是不公平的一样，我不会要求你像我爱你一样爱我。……错的人是我，我没有让大自然赐予我拴住你的魅力。像我这样的人只能奢望你稍加顾及，稍加尊重，因为我爱你爱得发疯，没有你我活不成……保重，值得爱慕的女士！……如果你真的不再爱我，我会把痛苦埋在心里，为你做你想做的任何事……我再次打开信吻你。啊，约瑟芬，约瑟芬！"

这是怎样的表白啊！他怀着对名望的渴求用一腔热情奔向目标，敌人却不想应战，如何是好？遭受挫折后首先要冷静下来，而不是勃然大怒，或失去风度地破口大骂。要保持尊严，让大脑来指挥行动。来一些嘲讽，以骑士风度掩饰，她就会有所动摇。第二天他想："我可不能失去她。怎样才能将她收服？炫耀自己的战功，只会事倍功半。怎样才能有效呢？巴结她，替她效劳。"他真的这么想了，但他的算盘还是落空了。国王们都不敢对他不敬，可富有魅力的约瑟芬却对他根本没有畏惧感，虽然她并不爱他。现在他如此疯狂地表达迷恋，反倒令她有恃无恐了。

他太骄傲了，所以即使他深谙人心，还是不免犯下这样的错误。他骄傲的程度几乎无人可出其右，这也是他日后犯下一生最大错误的根源所在。现在，骄傲阻止他掩饰无法控制的激情，因为这是他内心希望的，在写下"尽心替她效劳"这样绞尽脑汁选出的语句后，在愚蠢的心理驱使下，他又像个幼稚少年一样再次打开信"吻你"。

6.拉拢政府

巴黎是什么情况？

那里的人们欣喜若狂，因为波拿巴是这么多年以来他们拥有的第一位英雄。商店里挂着他的画像，他以古代征服者的形象出现在诗歌里和舞台上，他缴获的敌军旗帜被陈列在卢森堡宫中，他的报告经过删减后被督政官们发表在政府公报上，波拿巴出现在歌曲、纪念币甚至是英国传过来的漫画上——欢乐和热闹的气氛充满了大街小巷。

这些他是知道的。但他也很清楚，他在民众心目中的声望越高，督政官们就越惶恐，因为他早就不在他们的掌控中了。"照这样任其做大，我们的下场可就难说了。"于是他们凑在一起商量对付他的办法。人民的军队是不可战胜的，如果统帅不听命于政府，这支军队就会成为致命的危险！七年来，对于每一个试图独揽权力的将领，政府总是毫不留情地以断头台相逼。谁敢违抗我们的命令，不把派驻于军中的特派员当回事，谁就必须走人，哪怕他是波拿巴！萨利切蒂是波拿巴的科西嘉老乡，而且还因为出卖过他而对他心怀内疚，所以难免会放不开手脚。那我们就让克拉克去做新的特派员，他不仅聪明，还很有野心。

克拉克本身也是将军，在赴米兰的途中，这位高傲、衣冠楚楚的新特派员认为波拿巴是不难对付的。他常在巴拉斯家遇见这个穿一身破军装的矮个子男人。这帮人居然搞不定这么个笨拙的家伙？但是，等他来到塞贝洛尼宫，见到了波拿巴，他震惊了。此人的身高虽然没有变化，但他进门时的架势和所有人等候他、避让他的情景，令他看上去不像一名军人，而像一个君主。

特派员得到了应有的欢迎。然而，他不但没有成功地为巴黎打探到一点波拿巴的秘密想法，反而将本应保密的督政官们的计划毫无保留地告诉了波拿巴。他认为后者会主宰未来，于是便毫不犹豫地依附了更高的权力，倒向了他那边。波拿巴的预感是正确的：他的胜利被巴黎的督政官们当作与德国人媾和的筹码，而他们并不准备保持对意大利的占领，更不会在这个国家发动革命。事已至此，他开始进行随时挫败政府的准备。

但仅靠他一个人是完不成的。"我需要增援！我可不是随便说说，我要的是活生生的全副武装的兵员！……我最优秀的士兵伤亡惨重，所有的将军和参谋人员都不能上战场。新来的士兵缺少战斗力，也缺少自信。部队耗损得只剩下筋疲力尽的一小拨人马。我们被抛弃在意大利中部……我们的力量如此薄弱，剩下的战士即使再勇猛也难逃一死。不知道什么时候，无畏的马塞纳，勇猛的奥热罗、贝尔蒂埃以及我自己就都要死去。到那时，那些优秀的士兵又会怎样？一念及此，我就变得小心，再小心，不敢随意向死神挑战。在死亡面前，那些我挂念的人可能会变得很脆弱。"

还有比这更狡猾的吗？

有。他的手段层出不穷。除了逼之以势，他还诱之以利。每个月他都不会忘记给靠一堆严重贬值的纸币维持运转的贫困的政府送去黄金，这是他签订停战协议时从王公贵族和各个共和国那里索取来的。他算是第一位不向国内伸手要钱反而倒贴的统帅。此外，他也免不了时不时付给督政官们一点小费，"特送上我从找到的上等良马中精心挑选出的100匹，以供诸位换乘"。

当他调拨南方各省部队的请求被巴黎方面以国内任务需要为由拒绝时，他回复说："里昂出乱子而我们保住了意大利，总比倒过来要好。"督政官们又要求他放弃所有外交事务的指挥权，转交给特派员负责，他回信说："不仅负责指挥的将军必须是唯一的，而且不能有任何人或事干扰他的行动……我进军的路线就像我的思路一样精确……我们的部队很薄弱，却不得不承担众多的任务：抵挡德意志军队，维持后方的通畅，攻占要塞，保持对威尼斯、热那亚、那不勒斯、罗马和托斯卡纳的威慑。我们随时随地都必须保持强势。这一切的完成需要军事、政治和财政领导的完全统一……将军没有统一的指挥权对于各位来说都是很危险的。请不要认为我这样说是有什么野心。太多的荣誉堆积在我的身上，我糟糕的健康或许使我不得不考虑接班人的问题。除了勇气外，我一无所有，连马都骑不动了……谈判还会继续下去！重要的是部队！如果你们还不想失去意大利，就派部队增援！波拿巴。"

随着他的知名度的提高，他请求引退的频率也就越高，但事实是他的身体强壮如牛，每天都要将一匹马骑到累垮为止。巴黎那些督政官批准他的请求可不是什么明智之举！他刚刚产生了一个念头，他要一边巩固法国在意大利的权力，一边牢牢地抓住自己在巴黎的权力。虽然民族自由并不是他想要的，意大利也没有这方面的条件，但他还是置巴黎那些大人物的反对于不顾，强行组建"西沙平共和国"。至少卡尔诺是那些大人物中主张民族自由的，但意大利对于他来说充其量只是个抵押品。

在这里，波拿巴首次把一些离心力量组成一个有机体，这一创造行为以后将被他在越来越大的范围内重复。他的梦想是建立一个统一的欧洲。他像个独裁者一样将意大利北部的六个小国合并，帮其制定了一部宪法，并任免了官员。他虽然专制，但在具体内容上灵活变通，处处透着通达权变的原则。他发表了感人的公告，宣布不管意大利人愿意与否，他都将给予他们自由；同时，他们也需要为此支付现金。

"暴君是法兰西共和国不能容忍的，我们要给各国人民宽厚的亲情。我军贯彻宪法的这条原则。长期奴役伦巴第的专制君主对法兰西伤害很大……拥护骄横的君主的军队一旦获胜，战败的民族必定会因此感到恐慌。共和国的军队被迫与国王们进行殊死的战斗，因为他们是我们的敌人，但我们承诺与所解放的民族缔结友谊。我们的原则是尊重财产、人权和宗教。为此，作为兄弟，伦巴第人也应该给予我们公正的回报……我们需要伦巴第全方位的支援。我们无法从路途遥远的法国取得给养。根据战争法，我们有要求伦巴第提供给养的权利，请牢记我们的友谊，并尽可能帮助我们。我们向各省征收2000万法郎，这笔钱是我们需要的，但对于这样富庶的省份来说。它却是九牛一毛。"

于是，他通过税收、各州、军需库、国有土地获取他需要的一切资源。每签订一次停战协议，他都会带回钱、牛和名画，因为他预感到名画和雕像虽然对货币增值毫无帮助，却能增强巴黎方面的自信心，以提供他所需要的舆论方面的支持。这是国家财政最困难的时期，但波拿巴向罗浮宫提供的艺术珍品却比以往任何一个最辉煌时期的国王所提供的还要多。

正像他无情地向意大利人征收钱物一样，在对付巧取豪夺的法国人方面，他也毫不逊色。他在最初的报告中写道："军队消耗了比它需要的多五倍的物资，因为管理人员在做假账……还有惊人的挥霍、腐败和贪污。只有一个解决办法：成立一个三人委员会，只要发现任何一个中饱私囊者，委员会就有权在三五天内处决他。"在证实了草料配给量短秤现象后，他觉得"决不能让一个无赖逃脱。我们经历了太多贪欲危害军队和国家的事了"！单独针对这些蛀虫的文件占他手中的文件的很大比例，可谓多如牛毛。

部队中充斥着妇女卖淫现象，他下令道："在本军令宣读后一天之内，如果还有未经许可在军中逗留的女性，将被涂黑脸示众两小时。"

但另一方面，这位严厉的统帅在破除当时军中的野蛮习气方面，却表现出了人道的一面，"我们应该考虑废除殴打士兵逼其招供的习惯。严刑拷打只会逼迫这些可怜的人说些我们想知道的内容。这种违背人道和理性的手段从今天开始要禁止使用"。

7.征服者的逻辑

作为外交官的他将所有外交手段一一强化：恭维和威胁、欺骗和坦率，有时也不介意扮演大兵的角色上场周旋。在与梵蒂冈的交涉中，他就表现得尤为机智。

巴黎的督政官们想进行彻底的革命。在废除了基督教后，他们还想摧毁作为宗教大本营的教皇国梵蒂冈。他们可以因此获得巨大的财富和道德上的满足感，这可比波拿巴组建的那些边境国家诱人多了。因此，波拿巴被要求进军罗马。在他的想象中，罗马是与权力、伟大和荣耀联系在一起的，而现在，他从幼年时期就憧憬的地方便出现在他眼前了，他可以亲手从朱庇特神殿里摘取桂冠，就像恺撒大帝曾经做过的那样，因为教皇的军队在他面前根本就不堪一击。

但他最终没有那样做。他认为教皇是唯一一个不能用武力加以废黜的统治者。那种影响了法国和欧洲千年的思想阻止他这么做，而他也明白殉教行为的道德冲击力。因此他并不准备与教皇交战，最多只是做做样子而已。"我们不好估量罗马的影响力，与这个政权断绝关系是绝对错误的，这反而对他们有利。"

他南下进军，但过了卢比孔河就停止前进。当时他分明处于强势，却提出了停火建议。这一伎俩也在后来频频使用。波拿巴保持了极大的明智，搁置了一切教会问题，迫使年迈的教皇接受了提议。除了支付几百万法郎，教皇还答应向法国提供100幅名画和花瓶、雕像等艺术品，事先由法国成立的一个委员会挑选，但其中两件是波拿巴指名索要的：朱庇特神殿里的尤尼乌斯·布鲁图①和马尔库斯·布鲁图②胸像。这一切行为就使得他像一个来自科西嘉的罗马人。

后来他再次朝罗马进军，因为教皇不肯如约支付赔款，并制造着麻烦。但他依然没有踏进罗马。敦促敌方缔结和约仅仅需要一次小小的交战就足够了。他的部队就要开赴北部战场，而且如果教皇卷起珍宝逃走，他拿什么向巴黎的督政官们交代？甚至对于那些拒绝宣誓效忠革命政府、逃到罗马寻求庇护的法国神父，他也自作主张地宽恕了。此外，他还主动结交教会人士，将公民大主教比作使

---

① 尤尼乌斯·布鲁图（Decimus Junius Brutus Albinus，？—前43），古罗马将军，曾经参与刺杀独裁者恺撒的行动，并且率领共和派军队与马可·安东尼领导的恺撒派军队进行战斗，后来被安东尼下令处死。

② 马尔库斯·布鲁图（Marcus Junius Brutus，前85—前42），古罗马政治家，刺杀恺撒行动的策划者。后来逃往希腊，率领军队与安东尼、屋大维联军作战，最后战败自杀。

徒，并在致教会高层人士的信件中多次强调："福音书以平等为其教义的基础，因此每个共和国都应采纳这种学说。"如果这些被废除了基督的巴黎政府知道了，不知他们会做何感想！

最后，他派人告知准备逃亡的教皇，请他不必害怕，"请您转告圣父，波拿巴不是阿提拉。即便他是，他也是利奥一世①的继任者，这点请圣父务必想清楚"。在对待最古老的御座时，他显示出了极强的历史意识。然而，当教皇的使节还在犹豫不决时，这位老练而有教养的男人一改平日的作风，显示出武夫的架势，一把将协议草案撕碎扔进火炉，"阁下，我们只是在签停战协定，并未缔结和平"。教皇的代表们吓坏了。他借机提出把原来的要求翻倍。这次，他终于达到了目的，教皇写信给这位"亲爱的儿子"，并给予他祝福。

与当时的外交官们不同，他从不故作神秘。第一个停战协定签订后一小时，他便从事情本身超脱出来，以历史学家的态度看待此事。就餐时他对战败的皮埃蒙特代表说："我对科萨里阿城堡的进攻几乎没有什么作用，而你们17日的行动非常正确。"

第一次战役快结束时，他的自信和适度不得不令人佩服。他3月初从伦巴第出发，月底即已抵达施蒂利亚，只要几日工夫就可到达维也纳。如果现在莱茵部队的推进速度差不多，他们便可迫使奥地利皇帝弗兰西斯②议和。然而此时他不再前进，而是主动向战败者提出和谈。实际上，莱茵部队还在路上，奥地利和匈牙利的备战正进行到关键时刻，按照占领者的逻辑，他本该等待并保持威慑力。

但波拿巴是政治家。督政官的选举在即，他需要一个和平的环境，而他也还需要督政官们。如果亲手给法国带来它五年来一直寻求的和平的是他这个军人，那会发生什么事呢？难道要他与莱茵部队的竞争对手们分享荣誉？战场上的情形谁也说不准，他不是鲁莽的人，因而不会冒不必要的风险。通过又一次攻击，他切断了对方的莱茵部队与其他部队的联系。这位一年来令整个欧洲感到畏惧的新统帅需要摆出和平的姿态，使人们尊敬他这位新政治家。他写信给德意志皇帝的弟弟、他的手下败将查理大公时，以完全平等的地位出现，也不按宫廷礼节称呼：

"总司令先生：我们正在浴血奋战的勇士们期待着和平。这场战争已持续了六年，已经造成了过多的杀戮，给无数人带去了痛苦。和平的声音到处都在响起，除了贵国还不肯放下屠刀，其他国家都已经在主张和平。几乎没有人对这场

---

①452年，匈奴王阿提拉率领军队侵入意大利北部，西罗马帝国皇帝瓦伦丁尼三世无力抵抗，教皇利奥一世（Leo I）亲自赶赴曼图亚向阿提拉求和，最终成功，罗马得以保全。
②德语原文为Franz（弗朗茨），"弗兰西斯"的译名系从与Franz对应的英文Francis而来。

新战役的结局有美好的预期。不论结果如何，战争都将会使数千人丧失生命，但不论仇恨多么强烈，事情终将结束，我们会缔结条约……作为皇亲国戚，您的境界应该远高于那些感情用事的政客和两国政府，难道您不愿意拥有'人类造福者'和'德意志民族救星'的称号吗？我相信您完全可以以武力保全您的国家，但这要以德意志变为废墟为代价。我愿意用我所有的战场荣誉来换得拯救一个人生命的机会，我以此为荣。"

这封信对查理大公触动很大。他所接受的教育使他拥护和平，上战场打仗不过是因为职责所在。他可以用波拿巴的信去说服维也纳的主战派和皇帝，使他们支持和谈。如果他们依旧固执，波拿巴必然会把自己的信连同他们的回信一起发表，然后向欧洲大肆宣扬他那套法兰西的人道主义理想，谴责德意志①封建国家的好战分子。他会毫不留情地烧杀抢掠，再把罪责推到别人头上。事实上，他前脚寄出信，后脚就派军队占领了累欧本城。

奥皇的使节们来了。走到台阶下来迎接他们的波拿巴，恭敬地同他们谈起皇帝和查理大公。针对波拿巴的和平呼吁，使者们提出了请求，他们希望停火10天，在此期间维也纳可以继续备战。波拿巴并未直接回答，而是邀请他们赴晚宴。宴会之后他同意休战五天。

维也纳的敌人们放心了，巴黎的督政官们却大为震惊。难道波拿巴准备单独缔结和约？那么以后他来到巴黎，除掉我们是轻而易举的事。他们礼貌地通知波拿巴，请他少安毋躁，等政府代表到军营后再做定夺。

波拿巴在接到命令后更为急促地催促对方尽快决定。他知道巴黎的那些人怎么评价他，他回敬督政官们说："我本人恳请你们不要心急。我是值得信赖的。毫不夸张地说，我是在拿我的生命冒险，我曾赢得的大量荣誉，远远超出一个幸福者的需要。目前我再次把意大利的美丽平原留在身后，逼近维也纳。国家养不起军队，我要为他们寻找面包。无论是作为一个公民还是作为一名军人，我都一样单纯，但诽谤者却诬蔑我动机不纯，他们的阴谋是不会得逞的。"

在这些尖刻的话语背后，波拿巴正朝他从未道出的目标继续前进。

这没完没了的谈判到底意义何在！你们交出比利时和伦巴第，这些失去了领土的诸侯可以等以后在德意志帝国范围内得到补偿！无论皇帝还是德意志诸侯都已经放弃了对德意志帝国的兴趣，它已奄奄一息，行将就木，所以哈布斯堡王朝

---

①从15世纪初期开始，"德意志民族的神圣罗马帝国"的皇帝称号和德意志的王位实质上是由哈布斯堡家族（1740年以后为哈布斯堡—洛林家族）的奥地利王室来世袭传承的，因而作者有的时候也称德意志为奥地利。

接受了这一原则。法国通过这种方式把手伸到了莱茵河对岸。只不过还没人知道该怎样补偿失去了伦巴第的哈布斯堡王朝。

就在这时，传来了威尼斯发生了杀死法军的事件和骚乱的报告。这真是一个好消息，复仇的时机来了！老朽不堪的威尼斯该到末日了。"自从发现了好望角，以及里雅斯特和安科纳崛起后，威尼斯的地位就一日不如一日。"波拿巴写信给督政官们以保证他们获得道德上的安宁，这些话可以发表在报纸上。"威尼斯随时都可以拿下。我们必须把怯懦、可怜、缺乏自由潜质、无地无水的威尼斯人交到得到了他们腹地的人手上。我们事先开走他们的船只，搬空他们的军械库，把大炮运走，关闭他们的银行。科孚岛和安可纳也将是我们的。"他交给哈布斯堡的威尼斯已经是一座空城。

波拿巴对那些贵族元老毫不客气。身为几大家族后代的他们统治了威尼斯上百年，使它成了世界上最反动的国家之一。谈判期间，他从蒂罗尔写信给威尼斯总督："你煽动农民！到处都在喊：'法国佬去死！'数百名我军士兵已经因此阵亡了。这些骚乱都是你挑起的，你别想逃脱。你以为身处德意志的中心地带，我就无法保护我们这个世界第一号民族的尊严？我将替兄弟们报仇，我要你血债血偿！不是和平，就是战争！……我要你马上把肇事凶手交给我，否则我将立刻宣战！"

他就是用这种语气吓唬十几个颤巍巍的年迈贵族的。不久，在元老院的使节来到军营时，他假装十分生气，训斥道："对于威尼斯，我将做第二个阿提拉①！什么宪法，什么元老院，都是胡扯！不要再给我提案了！我会给你们法律！"后来，90岁的总督当场昏倒在城市移交仪式上，就这么死了。这位威尼斯的最后一任总督死时的情景波拿巴一直无法忘记。

如今他终于完成了在意大利的使命了吗？他不是已实现了所有的目标，得到了一切了吗？

他没有目标，因为每次前进都会遇到新情况。对于广阔的大海来说，威尼斯充其量只是一块跳板。威尼斯的岛屿是他喜欢的，而现在他眼前有亚得里亚海，他怎能停步！在安可纳强迫罗马签订和约时，在海滩上，他曾远眺大海：爱奥尼亚群岛在那里，土耳其在那里。他写道："只要一天便可以从这里抵达马其顿，那里是一块宝地，我们可以利用它左右土耳其帝国的命运。"早在参谋本部担任准将时，他就有了深入土耳其的野心。在安可纳，他派密使去斯古塔利、简尼纳和波斯尼亚，与当地有权势的帕夏②秘密联系。

---

①在西方，匈奴国王阿提拉被看作暴君的象征。

②旧时奥斯曼帝国等东方国家高级文武官员的称号。

此刻，他在累欧本巩固了对威尼斯各岛的统治后，又决定进攻科孚岛和藏德，"这样我们就可以同时控制亚得里亚海和东方。土耳其帝国没有了屏障，覆亡就指日可待了。占领了爱奥尼亚群岛，我们就有机会支持土耳其或者获得我们应有的份额"。

这一切从现实政治的角度看都是针对英国的，因为在地中海建立据点，切断英国与印度的联系一直是法国的夙愿。但这一次是波拿巴首次用这些手段实现他自己的目标：他一直不是为了打击英国这个死敌而想得到东方，而是为了得到东方从而寻找对付英国的手段。他强大的想象力远远超出了行动，因此刚被他抓住一只角的欧洲已经不能满足他了。他对布里昂说：

"庞大的帝国和巨大的变革只在有六亿人居住的东方才出现过！欧洲不过是鼹鼠挖出的一堆土罢了！"

8.在芒泰贝洛宫

在一间白底金饰墙壁、穹顶高隆的巴洛克风格的大厅里，一个16岁的少尉像个恃宠撒娇的宫廷侍童一样坐在一张绿色丝绒长沙发上。两个成熟女人坐在他的左右，他的母亲就在其中。她用媚笑的目光扫视着站在周围的那些衣冠楚楚的年轻军官，似乎更像是在想象或者提醒人们设想一下他们的父母做爱的情形。她想："这可是我们克里奥尔女人最擅长的了。"站在她身后风流成性的将军正往她胸口望去，他不仅不觉得这一举动无礼，反而认为这既时尚又能满足女人的虚荣心。这便是惯于冲锋陷阵的马塞纳将军了。他粗鲁，文化水平不高，头脑简单。然而，他就像黑暗中的一盏灯，每每带领军队走出危难。他身边总少不了女人，同样的，钱也是必需品。只要时机允许，他会毫不犹豫地去偷这两样东西。

参谋总长贝尔蒂埃具备马塞纳缺乏的一切。他虽然个头矮小，却有一个硕大无比的脑袋，他相貌丑陋，举止可笑。此刻他正在与女士们交谈，一位维斯康蒂女士似乎对他颇有好感，他为此沾沾自喜。这位漂亮的女士会看上他真是不可思议。他是少数几个受过理论训练的高级军官之一，整天忙个不停。他在行政管理工作和战场上游刃有余，八面玲珑。此外他对地图也颇有研究。

军官缪拉穿着绿色丝绒衣服，拨弄着手上拿着的一顶硕大的带羽饰的帽子，打扮得好像要去演戏似的。他和这个奇特的司令部里的大多数成员一样，都是无产者出身。他通常很沉默，只扮演听众的角色。贪婪挥霍、粗俗的农民之子奥热罗给他讲了个下流笑话，他大笑起来。但大厅的另一头传来波拿巴夫人大声喊他名字的声音，要他把笑话讲给她听，这个天不怕地不怕的猛将竟然显得十分尴尬。

老练的约瑟夫看到他妹妹爱丽莎正坐在一个窗龛里，便打手势要他千万别说。爱丽莎不过中人之姿，与丈夫感情不好，因此对一切风流韵事都格外感兴趣。要是哪个粗人口没遮拦的话被她听见，她一定会马上转告母亲莱蒂齐娅，那个早就对约瑟芬的放荡心存厌恶的妇女。

此时，花园里传来波丽娜叽叽喳喳的说话声和清脆的笑声。她马上要成为新娘了，她要嫁给哥哥波拿巴替她选择的一位将军。她贪婪地享受着越来越少的自由时光。能像现在这样与伊波利特捉迷藏让她高兴极了，因为她知道这可以惹恼约瑟芬。

从长廊缓缓走上来的正是总司令本人。之前的两个小时他一直在与来自巴黎的作家阿尔诺边来回散步边交谈着。他选中此人有自己的道理。他写了一篇长长的文章汇报自己的事迹，以回应阿尔诺关于部队和战役的提问，阿尔诺必然会承担起宣传工作。此刻，话题被他转向了持续的政府危机。快走到大厅时，他用声音很低却带着足以引起作家注意的强调语气说了最后一句话："除非有一位强有力的人物出来主持局面，否则我十分怀疑这些危机能否顺利解决。可是到哪里去找这个人呢？"

当他走进大厅时，所有的军官都停止交谈，站起身充满期待地望着这位年轻的统帅。年龄上，他比他们大多数都小；身高上，他比大多数人都矮。只有"宫廷侍童"欧仁还不为所动地坐在沙发上。他知道他的母亲才是家里说了算的人。

波拿巴整个春夏都在米兰附近巨大的芒泰贝洛宫中度过，就像个彻头彻尾的政治家那样。战争已经因为累欧本的停火协定基本结束，只是尚未签订真正的和约。他本可以去巴黎接受他从小就梦寐以求的人们的欢呼，但他最终没有那么做。只有当他取得了牢不可破的胜利成果，巩固了那些刚组建的国家的地位，并且意大利问题得到根本解决后，他才会去巴黎！在近半年的时间里，他在芒泰贝洛的司令部更像一个小朝廷。

但他并没有暴发户的样子。从任何角度来看，他都是主张平等的革命之子，从不索取不属于自己的东西。一些平民出身的人可以从他这里得到军队的最高职位，就算其中某位猛将在沙龙中举止不雅，他也毫不在意在场的意大利王公贵族们的看法。他也不像暴发户那样对自己的出身讳莫如深。成为法国人后，他想隐瞒自己的科西嘉出身并不难，可他非但没有这样做，甚至毫不讳言此事。去年他的全家都来到米兰，后来又用东方式的姿态将他们邀请到芒泰贝洛宫，接受那些拍马屁者的恭敬。几乎半个意大利的人都想要巴结他，因为他已被看作上天派来的使者，波拿巴的名字似乎有着神秘的力量，他的使命就是改变历史。除了想要攀附他而飞黄腾达的人，还有一些人是不远万里赶来向这位智慧的男人讨教其对家事和其他私人事务的看法的，而他也十分乐于提供帮助。

他那高傲、正派的母亲因为约瑟芬的不良名声而无法接受她。尽管他因为深爱她而对她无限包容，尽可能满足她，但唯有陪伴和尊敬婆婆是他强迫她做的。一段时间后，母亲发觉她更无法接受这位儿媳：她对每个人都不吝惜恭维，她亲吻每一个女人，但就是不能怀孕。这个生育了13个儿女的科西嘉女人感到儿子和全家的名声都毁在了不能生育的儿媳手里。她觉得某些对手的目光里充满了幸灾乐祸和讥讽，而这是因为自己伟大的儿子竟然没有后代！她认为责任不在于拥有优良血统的儿子，而在于那个放荡不羁的女人。

获得战场上的首次胜利后，他和母亲拥抱在一起，她说：

"看你瘦成什么样！简直是在自杀！"

"不，恰恰相反，我从没有这么真实地感觉到自己活着。"

"你在活给以后的人看，却不是活在现在！"

"你自己看看，我这样子像是快死了吗？"

他在出门的时候对母亲说："请您注意健康。如果您死了，就没人再能管得了我了！"由此就可以看出他那如同统治世界的自信一样强烈的科西嘉人的家庭观念。

芒泰贝洛宫里住着他的三个兄弟、三个姐妹和舅舅费什。约瑟芬按照拿破仑的意思破坏了波丽娜与所爱的男人结婚的计划，让她与勒克莱克将军成了婚，这让那个16岁的迷人少女恨透了她。拿破仑十分在意梵蒂冈对他的印象，因此要求波丽娜夫妻在宫里的小教堂举行婚礼，同时要求她的大姐也补行教堂婚礼。莱蒂齐娅对这一切感到非常不自然，婚礼一结束就迫不及待地返回了科西嘉。

波拿巴现在称呼科西嘉为"这个岛，这个省"，就像称呼其他岛屿和省份一样。英国人从保利发出求救呼吁后就占领了这个岛。战争期间，英国人被赶走了。波拿巴遥控指挥，在夜幕掩护下，他命令20多个人带着大量资金和武器在科西嘉登陆，这"可以鼓舞爱国人士"。他们在岛上到处散发传单，还派他的朋友，同时也是过去的对头萨利切蒂前往科西嘉。虽然在千里之外，他却实现了当初亲自上阵三次都未能实现的目标。

"难道真的只过了四年？"莱蒂齐娅女士在看到当年赶走她的岛民们前来欢迎时还有些不能适应。这真的是拿破仑梦寐以求的护城堡垒吗？如今爱丽莎的丈夫已成为司令官，根据他的命令进驻堡垒，至于吕西安，也早已是当地部队的军需部长。遥远的科西嘉故乡之于他就像一个祖传的城堡，浪漫而古朴，可以供亲戚们居住。不久前他收到了波旁王朝那位有资格继承王位的后人的亲笔信，表示只要波拿巴支持他，他就可以让波拿巴得到公爵甚至"科西嘉世袭总督"的称号。看完之后，他只是一笑置之。

在芒泰贝洛宫的日子里，波拿巴尝试着将公私两种生活方式彻底分离。这在他注定要成为统治者的生命中是一以贯之的。

出乎意料的是，他将芒泰贝洛宫的保卫工作交给了手下一支300人的波兰雇佣军，而不是法国人。此外，有了差点在战场上成为俘虏的经历，他组建了一支贴身卫队，号称"向导"，由最高大、最优秀的40名士兵和一位勇猛的队长组成。

各地都派使节前来造访，因此宫中多了很多勤务兵和信使。陌生的肩章上闪烁着圣马可的狮子和圣彼得的钥匙，维也纳、热那亚和里窝那的代表也被派驻此地。他时常根据风俗举办大型公开宴会，展示给那些在长廊中观看的好奇者，他跟他们一样，也在喝这种本地酒。

目击者们一致反映，这位衣着极其朴素的27岁的总司令处理公务时一向从容淡定，举止高贵而自然，同时又懂得如何与人保持距离。他几乎和每个接待的人都有身高差距，但从不故意踮脚挺身。相反，每个人与他交谈时都会微微弯下身子，这个细微的动作使他们从一开始就处于不对等的地位。不只是现在，终其一生，他都能从先天的不足中占得便宜，从而获得巨大的心理优势。当时一个拜访过他的人写道："四年之后，此人如果没有死在战场上，那不是被放逐就是登上了王位。"这个预言和实际日期只差了三年。

波拿巴很了解成名之道。他身边那位老练的记者是历史上的首位新闻处长，他懂得如何应对巴黎的督政官们，懂得如何造势。受普鲁塔克的影响，波拿巴知道什么样的人才能名垂千古。芒泰贝洛宫里常常出现意大利的诗人、历史学家、学者和艺术家的身影。甚至在一年前刚进入米兰、公务繁忙时，他就给一位著名的天文学家写了如下令人惊讶的文字：

"科学最注重创新，艺术使世界更加美丽，可以把伟大的事迹传诸后世。科学和艺术家在任何一个自由的国家都是受到特殊保护的。不管属于哪个国家，这些天才人物和学术界的名人最终都是法兰西人。从前这些人不得不把自己隐藏起来，如今在思想自由的国度，禁锢和暴君再也不会出现了，他们可以聚集起来，在他面前表达自己的愿望。想去法国的人会在那边受到热烈欢迎，因为法兰西人民宁愿放弃最富庶的省份，也不愿失去一位伟大的数学家、画家或其他类似的重要人物。公民们，请把这些话传达给米兰的名流们！"

他派了一位与大多数同行那样无须动脑、无所事事的公使随员去部队，让他把意大利各小国的收藏物记录在案。在以后签订条约时他会替巴黎索要其中的珍品。

他请来专家，让他们抄录能够搞到的所有意大利音乐作品，交给巴黎音乐学院。他写道："音乐在所有艺术种类中最能影响人的激情，这也是立法者特别关注的原因。一首大师倾情创作的交响曲对人情感的触动远远超过道德教育书籍。课本虽然能从理智上说服人，但人的习惯是难以改变的。"他把自己科学院成员的头衔印在所有公务信笺的抬头上，并说："今后这才是法兰西共和国的真正力量：每一种新思想都属于它。"他在私底下却说，虽然他对科学院成员这个名头不明所以，但士兵需要的是对统帅产生敬意，认为统帅比他们聪慧得多，而这个头衔恰好能做到这点。

这一切都说明波拿巴是个天生的统治者，而不仅仅是个政治家。他力图让每一个表情，所说或所写的每一句话，都使自己的人格在民众中产生传奇效果。只有私下里与知心者在一起时，他才会敞开心扉。

当时直觉敏锐的人议论道："他的个性令每个人钦佩。虽然他……举止和表情有时会显得笨拙，但你从他的天性、目光和言辞中可以发现与生俱来的威严。每个人都对他言听计从。他在公众场合更是竭力加深这种印象。但他在亲朋好友面前是个随意、舒适的人，举止亲密。他喜欢说些有趣而得体的笑话，也参与我们的玩笑，但从不伤及别人的尊严。工作中的他从容不迫。当时他的时间安排并不严格，任何人都可以在休息时间接近他。但当他在办公室里独处时，哪怕你是再了不得的人也不能打扰他……他与所有用脑紧张者一样需要大量的睡眠，在床上睡10~11个小时是很平常的事。他不介意因为有事情被叫醒，只要事后能补回来；有时预见到接下来会睡眠不足，他也会提前把觉睡足。他随时随地都能睡，想睡多久就睡多久，这是可贵的能力。他热爱骑马这样的高强度运动，他的姿势不太好，但这不妨碍他的速度。"

他喜欢说话，话题集中在政治或生活的普遍问题上。碰到冷场，他就建议讲故事；当没有人响应时，他就亲自上阵，带给大家简洁而幽默的小段子。

无数美女疯狂而绝望地索求着他的好感，但他心里只装着约瑟芬。当然，由于之前的欺骗，他相当失望，对她也不再那么疯狂了。她的错误使他那样滚烫的激情减退了。现在他的语气中多了一种温暖的追求，一种感人的成分，一种微笑和请求。在交战期间，他写道："你不给我写信。你伤心了吗？要回巴黎吗？你对你朋友的爱呢？这些想法几乎要杀死我。亲爱的朋友，一知道你在伤心我就坐立难安。为了回到你的身边，也许我会马上跟教皇缔结和约的。"三天后他又写道："刚刚签了与罗马的和约，我们将得到波伦亚、斐拉拉和罗马纳……可你怎么一个字也不写给我呢？上帝，我的罪过到底是什么？……你是我绝对的主宰，我是你的，你还不清楚吗？"

回到芒泰贝洛宫后，他为她在社交场合的魅力目眩神迷，这是他第一次享受到稳定的婚姻生活。有时他带她一起去马基奥湖，在那儿为她举行小小的爱情庆典。斯卡拉歌剧院的女主角格拉西妮在湖中美丽小岛的巴洛克石像下、杜鹃花丛中，演唱蒙特威尔第"热情"的作品，他在歌声中静静地拉着妻子的手，如痴如醉。

他的副官说："他常常在马车里做出一些大胆的亲密动作，弄得我和贝尔蒂埃很尴尬，但我们原谅他，因为这是他本性的流露。"

9. "我们将成为欧洲的主宰"

巴黎方面又有什么表示呢？

那儿从昨天起增加了一个守门人。一直由律师构成的核心机构——内阁中来了一个政治家，出身于法国古老贵族家庭的塔列朗成了新的部长，曾高居主教职位的他因信奉共和而被教皇逐出教会，流亡美国。回到法国后，他获得了一些权力。右翼分子在新近选出的议会两院中获得了多数席位，他们从以前就对督政官们不满：那个总司令想在整个欧洲燃起战火，实行全盘革命；对威尼斯的攻占令法国蒙羞。他们或许有他们的道理，但被军营中的波拿巴知道后只会鄙视他们。他给两院发去了一份类似于警告的报告："这是我的预言，我以八万将士的名义宣布：如今的时代再也不允许由懦弱的律师和只会夸夸其谈的可怜虫下令处死勇敢的士兵了！"

那时，就像他自己曾经做过的那样，他派了奥热罗去保卫督政官们，因为保王党人和僧侣的势力已经强大到开始威胁共和国的新宪法了。对于波旁王室的兄弟俩来说，只要有一人敢于返回法国，就能获得各路对现实不满的力量的支持，重登王位也就指日可待。督政官们有胆子发动一场小小的政变，正是因为他们一直藏在安全的地方。现在他们已由原来的三人扩充到五人，独立性在增强。

经历了这次政变，法国的外交政策首次掌握在一位行家手中。远方的波拿巴被他当作唯一的对手，尽管他们还没碰过面。但种种现实告诉他，那个人就是未来的主宰。于是至少在目前，他在心里甘居第二，并因此得到了波拿巴的信任。

从各方面看来，塔列朗都与波拿巴完全相反。他善于谈判，但不是当统治者的料。他缺少热情，却很贪婪。他冷漠、奸诈，总是努力表现得与他眼下利用的人一样，永远假惺惺的。他用他那尖尖的鼻子到处嗅着，期望尽早发现什么风吹草动。他那颗狡猾的、玩世不恭的脑袋，现在正立在饰有金色穗带的共和国衣领上方，往后还会架在帝国和王室的制服上。尽管政权在40年中不断变换，但他始终把持着掌权者的左右手的位置。他对主人从不付出全力，因而拥有庞大的关系网。他瘸了的腿使他的父亲无法让他穿上军装，而只能穿天主教的长袍，穿着长袍的黎塞留大主教当年可是帮路易十三治理国家的。从现在起，能和波拿巴匹敌的就只有塔列朗了，波拿巴虽然已对他感到憎恨，但波拿巴这命运的主人再也无法摆脱他了。他让塔列朗下台的时候，却正是后者的好时机：他跨过被他扳倒的主子的身体，带着笑容一瘸一拐地走进敌人的内阁。推翻波拿巴的人是塔列朗，但说到底，是他自己。

目前，远方的波拿巴对塔列朗宽广的视野和对一切原则的漠视留下了深刻的印象。波拿巴在9月刚去了乌迪，和约在春季已经准备好了，但还需要最后签署。他在塔列朗这个旧贵族的后裔、洛可可艺术的鉴赏者及冷漠的虚无主义者身上找到了一件能够加以利用的工具。从前他寻找和找到的都是军人。但成为政治家后，他需要一位政治家，现在他找到了。他在与奥地利人谈判期间，给这位新任外长写了封长信，也就是所谓的"订婚信"，在其中，他阐述了自己的治国纲领：

"我们刚刚开始建设法兰西人民的国家。尽管法国人有着极高的自我评价……但实际上，我们对政治上的事知道得很少。我们甚至搞不清什么是立法、行政和司法……在我们这个主权在民的国家里，人民是自己的主人……政府的权力是由宪法赋予的，并且代表国家行使。"

"波拿巴，你说得可真坦诚。"一周后，塔列朗收到此信，默默地笑了。

"在18世纪的今天，一个拥有3000万人口的国家还得依靠武器保卫祖国，这实在是太不幸了。一部面向人民的宪法必须包含人民的权利，因此这些暴力手段会成为立法者的负担。"

这太崇高了！塔列朗十分惊讶，看来厌倦了战场荣誉的波拿巴准备用一部新宪法进行独裁统治。接下来他又写道：

"为什么不能公然占据马耳他？……我已经派人查抄了马耳他骑士团的财

产，理由非常充分……有了马耳他和科孚，地中海就是我们的了！如果放任英国人留在开普敦，那么埃及必须拿下。只需要25000人和8～10艘第一线作战军舰，远征就是可行的。苏丹不应该是埃及的主宰。试想一下，如果我们这样做了，土耳其政府会对我们远征埃及做何反应……是时候考虑与东方的贸易了，那个庞大的土耳其帝国已经是江河日下了。"

在内阁读到这些话时，尖鼻子外长的惊骇难以言说。他觉得波拿巴简直是个天才，还可能是个魔鬼。几周后波拿巴在信中又这样说道：

"真正的政治要考虑的无非是各种具体情况和机会。综合考量后采取行动，强国和欧洲也许在很长一段时间内都要听从我们的指挥了。欧洲的天平握在我们的手里，运气好的话只要几年便大业可成。虽然现在对于我们来说，成功的概念还很模糊，但它将在一个刚毅、顽强和深谋远虑的人手中成为现实。"

10. "半篇历史"

这些德国人真是太没有决断力了！一个理性的人花两小时便可决定的事，已经花去了双方代表好几个星期的时间，他们整天都在谈判，但就是不能下决心签字。这些习惯看维也纳皇帝的眼色行事的德国人在谈判时也要将一把象征御座的带华盖的空椅子放在身边。波拿巴说："请你们先把那把椅子拿掉，我们才能开始谈判。看到一把增高的椅子我会忍不住坐上去的。"

那些写给新任外长的令人捉摸不透的开场白，更像一个焦躁的人的自言自语。他在几个星期中唯一期盼的是和平，是欧洲盼望了几年的和平，但现在的情形让他觉得是在谈判桌上浪费时间。今天他对奥地利人语气严厉，可能是已经失去了耐心，他吼道："我是不是太好说话了？我本不该给你们好脸色看的，你们在浪费我宝贵的时间！在这里，我和贵族有平等的权利！国会算什么……我们凭实力说话，占领欧洲用两年时间就够了。但我们并不打算这么做，民众希望和平，我们也是……请问各位，你们听从上面的指令，要是上面把白天说成黑夜，你们是不是也要原话照搬？"

最后他装作勃然大怒，打碎了一件瓷器。在他的震慑下，和约终于签订了，每一方得到的条件都与拿破仑半年前在累欧本答应的相同。

得知这一消息，欧洲一定松了一口气，但是波拿巴心里在想些什么呢？这个《坎坡福米奥和约》结束了法德两国间长达六年的战争，这是他独自争取到并主持签订的。签约后的第二天，他非常自然地给督政官们送去了这样一封信："马上消灭英国对我们的政府来说是绝对必要的。若非如此，这个海岛民族的腐朽和阴谋就将把我们毁灭。目前正是有利时机，集中全力加强海军建设，把英国消灭！这样一来我们就在欧洲唯我独尊了！"不久，他在致海军的公告中呼吁道："战友们！继大陆的和平后，海上的自由也将归我们所有。如果你们不出动，就无法在欧洲发扬法兰西的威名。让我们努力纵横各大洋，将我们民族的威名传播到世界上最遥远的地区！"

他踌躇满志。他在前进的征途中不断抛弃过去的荣誉，在乎的只有新计划带来的荣誉。为了给意大利下达最后的命令，他匆匆赶回米兰的芒泰贝洛宫。他已经拿到了羊皮纸上的和约，预备回巴黎。他用国王对臣民的口气对新成立的西沙平共和国发表了讲话：

"你们获得了自由，而且在历史上首次没有党派，也没有经过革命和斗争。请你们懂得珍惜我们给你们的自由……你们拥有力量和自由人应有的尊严，请你们好好体会一下……如果罗马人懂得运用自己的力量，就像现在的法国人那样，朱庇特神殿里也许还能看见他们的雄鹰，人们又怎么会受18个世纪的奴役？为了你们的自由和幸福，我做了一件本来难以完成的事，这需要强大的雄心和权力……很快我就要离开你们……在我的心中，没有比你们的幸福和共和国的荣誉更重要的了。"

他像一个吹奏号角的军人，或者是因生活快乐而从内心发出一连串鼓舞全体民众的话语的诗人。这些日子，他在芒泰贝洛宫的花园里与一位西沙平共和国的外交官来回散步。他在内心深处充满了对巴黎的期待。那位聪明的外交官只是默默地听着，而那位天才像平时偶尔所做的那样吐露着心里话：

"你认为意大利的胜利是为了帮督政府的律师们……获得成功？你该不是真的认为我很看重共和国的巩固吧！这是个什么概念？一个带着我们的风俗和恶习的3000万人的共和国！这个幻影不会在法国人心中停留多久！法国人喜欢荣誉，也需要满足虚荣心，但自由对他们来说什么也不是。看看军队就知道了，法国士兵在胜利面前已经恢复了真正的天性。我在他们心中就等于一切！督政官们的罢免令发布时，你就知道谁是军队真正的主人了。

"民众需要一位首脑，他要凭借荣誉和胜利受人称颂。理论和政府，或者思想家的废话和演讲都不是他们需要的。当你给他们一个玩具时，只要你能巧妙地把最终目的隐藏起来，他们就会随你摆弄。在意大利更是不用费什么功夫……但时机还未到。在以我们的方式建立两至三个共和国之前，我们还得先屈从于眼前的激动……和平与我的利益并不对等……一旦和平降临，军队的首脑就不再是我，我就势必要放弃我所拥有的权力和地位，在卢森堡宫，律师们可以感到我的敬意。我离开意大利的原因就是要在法国得到同样的地位。这个果实仍很青涩，巴黎还处于分裂状态，有一个支持波旁王朝的政党，为它战斗并不值得。共和党终有一天将被我削弱，但不是为了保护旧王朝的利益。"

波拿巴真实的计划便可见一斑了。正如他自己所言的那样，"一切都在我预见的轨道上运行，但我没有感到惊讶，也许我是唯一一个。未来也是这样：只要是我想要的，我就不会失手"。

这一连串的自白若是记载于回忆录中，有人敢于引用的话，他绝不会承认。但波拿巴对于已经得到的一切远未满足。当他在近两年后首次离开意大利，与布里昂同乘马车时，他说："这样的战争再来几次，后世的史书中就有我们的一席之地了。"布里昂回答说："您现在已经达到了。"波拿巴笑道："你太会恭维了，布里昂。如果我的生命在此刻结束，10个世纪后的世界史上我最多能占半页篇幅！"

11.人民的拥戴

今天的卢森堡宫更像一个露天剧场。墙上金色的革命口号间摆放着最近缴获的武器和旗帜。这里曾经是属于法国的贵族们和众星捧月的国王的地方。而现在，整个巴黎五彩缤纷，人群拥入卢森堡宫，就像在庆祝春天来临的五月节，没有一点12月阴冷的感觉。最前面的位置上坐着权贵们漂亮、狡诈的女友们，她们都想看清那个巩膜发黄的矮个子将军。今天这热闹的场面不都是为他准备的吗？

"听说他到巴黎这一个星期都躲着不见人。他为何要躲避民众的欢呼呢，是因为谦虚吗？"

"哦，终于开始了！看哪，那是五位督政官！"

合唱团唱起了《马赛曲》，众人一齐合唱了这首自由颂结束时的叠句。全场安静下来，军刀和靴刺的声音从露天台阶那边传来，人们纷纷从窗口和屋顶探出身子，他们知道波拿巴将军要出场了。

波拿巴穿着最不张扬的战场的制服，步伐坚定，表情严肃地从通道走向主席台。他手上拿着一卷纸，身后是三位副官。一个身着绣金边的衣服和长筒丝袜的瘸子紧跟在这位衣着朴素的将军之后，他的脚步很轻。突然一阵炮声传来，那是人们在向这位昔日的炮兵中尉致敬。接着场内爆发出雷鸣般的掌声，与场外广大群众的掌声相应和，他们在那里等候，想在波拿巴离开时再次表示敬意。然后全场安静下来，塔列朗开始致辞，他不遗余力地赞美波拿巴，极尽言辞华美之能事，偶尔夹杂一些很少有人明白的背景。他将这位祖国的救星描绘成一个具有古典的质朴，同时鄙视浮华、注重精神世界的人。最后他说："他能使整个法国获得自由，也许只有他自己例外。这是他的命运。"

掌声再次响起。在这成千上万人中也包括那些熟悉塔列朗的人，这最后一句话的深层含义有谁懂了？又有谁能察觉他那可怕的敏锐？

场中一片寂静，波拿巴走到台前。他将发表怎样的言论呢？

"法兰西人民为了获得自由与国王们进行了斗争……欧洲已被宗教、封建制度和王权先后统治了2000年，而现在终于到了民主立宪的日子。这个伟大国家的领土在你们的努力下终于将要延伸到它的自然边界。而且，欧洲最美丽的两个国家，它们以科学、艺术和天才闻名，正满怀希望地看着从祖先们的墓穴中诞生的自由精灵。这是两个强国崛起的基石。这是奥地利皇帝批准的坎坡福米奥和约，我很荣幸地把它交给你们……若有一天，法兰西有了最好的基本法，在此基础上人民获得了广泛的幸福，那也将是欧洲获得自由的时刻。"

军人的讲话结束了。短暂的沉默后响起了热烈的掌声。这掌声是为他的演讲而响起的吗？他的话可远没有巴黎街头张贴的那些民众演讲词或议会演讲词有魔力。在所有人的惊讶中，有些人感到了陌生，他们的心头升起了畏惧和敬仰。这掌声不是给予演讲本身的，而是给予演讲人的。他在前线发表过多次有关科西嘉的演讲，但向社会各界和政客们演讲还是第一次。

这是属于政治家的讲话。在一开始评论还没有满天飞的时候，或许除了塔列朗，没人知道这番话的真正含义。他的话中有错误，因为民主立宪时代显然不是从今天开始的，英国和美国早就是民主国家了，而法国为了这一目的几乎奋斗了近10年。现在他手上拿着与德国的和约，这卷羊皮纸意味着和平降临在欧洲大陆，也象征着法国终于被承认为民主国家。

但演讲以一句威胁性的话语结束，这意味着事情并未就此圆满结束。督政官们对此也很清楚，知道他存心与他们对着干，但巴拉斯很快恢复了冷静，他发表了一通热情洋溢的讲话，讲话中对波拿巴赞赏有加，然后拥抱并亲吻了这位矮个子将军，这是他有生以来的第一次也是最后一次，可是远没有他以前拥抱将军妻子时热情。

就在这个时候，约瑟芬却不见踪影，没人知道这漫长的几个星期她去哪里逍遥了。直到波拿巴回巴黎一个月后她才姗姗来迟，一脸的开心与妩媚，只是似乎有些疲惫。回到巴黎后，她又恢复了老样子，包括重拾旧欢。

就是这个时候，路易十六的财政大臣内克的女儿——施泰尔夫人走近了波拿巴。她美艳动人，但她的头脑让波拿巴对她敬而远之。她手中还握有权势，塔列朗能当上外长也是得益于她。她给波拿巴写了无数封信，试图控制他，但他生性桀骜，又怎么会任她驱使？在他们结识后，他在彬彬有礼之余始终在躲避她，尽管如此，这个精明的女人还是有办法洞察他的内心。她对他的了解远甚于对大多数男人的了解，当时她就描述了他给自己留下的特别印象：

"他脸色苍白，脸庞瘦削，看上去相当舒服。由于身材的原因，他骑在马上比站在地上更合适。他在社交场合略显笨拙，但并不腼腆。当他处处留意举止做派时，便会显得有些傲慢，但只要他顺其自然，就和普通人没什么两样。他更适合傲慢……听他讲话，我几乎是不自觉地被他由内而外的优越感所吸引，但这种优越感与学者和上流社会成员的完全不同。在讲述自己的生平时，他有着意大利人的想象力……但他的话里面透着一种讽刺，崇高或美好的事物也好，他自己的荣誉也好，都囊括在他讥讽的范围里……我认识的大人物不少，其中还包括一些天性粗野者，但我在此人面前感到一种特别的畏惧。他既不好也不坏，既不温柔也不残忍。他的本性独一无二，别人不会对他产生好感，而他自己对别人也是如此。他不是一个人那么简单，可他又不完全具备一个人的全部特性。他身上的一切都是特别的，包括他的天性、思想和谈吐，恰恰是这些优点吸引着法国人……

"他的恨并不多于爱。在他的世界里只有他自己，其他人对他来说只是编号。他是一名伟大的棋手，他的对手是整个人类。正因为他缺乏的和具备的那些特点，他才能取得成功……面对利益，他像一个追求道德的正直的人。如果他有一个正义的目标，那我们该钦佩他的毅力……他鄙视自己的国家但又渴望从它那里获得赞美。他想让整个人类为他惊叹，但这种需求又不带丝毫狂热……他总能让我呼吸紊乱。"

这段话中也许有一个广受宠爱的女人在被伤害了自尊后不可避免的偏激，但撇开这些，剩下的内容还是值得我们深思的。在前一句话中，她竭尽全力试图打击他，但在后一句话中，她就向他投降。如果她不是深受卢梭的影响，而津津乐道独裁者所不关心的抽象的道德与善，那她本可以作为一个天才，发现他直到人生道路的最后才显露的目标。

与此同时，一个德国人在寄回国内的信中说："请你想象这个不比腓特烈大帝高的矮个子男人，他身材匀称，瘦削，甚至有些柔弱，但肌肉结实。他有大脑袋，高额头，深灰色的眼睛，深褐色的浓密的头发，希腊式的鼻子，他的鼻子下端几乎和上唇挨在一起，那张优雅而富有人情味的嘴，有些前突的厚实的下巴。他举止活泼而优雅。他五六步就能从高高的台阶上走下来，并且始终保持着优雅的姿势。他那漂亮、深邃、充满感情的眼睛在不打量特定目标时几乎总在往上看。他的眼睛与腓特烈大帝的一样，严厉却又和善。望着这双眼睛，我能感到真正的享受。"

12.追随亚历山大的足迹

波拿巴在赴巴黎途中，不得不在拉斯塔特停留数日，以便和奥皇的特使就如何实施和约进行商谈，进而将军队从美因茨撤离。人们在此怀着好奇与怀疑的态度等候着这位传奇人物。他根据需要对两位特使时而安抚，时而责骂，表现得就像一位国王。为了安抚他们，他还赠送了他们名表和镶有钻石的帽扣。"两位可怜的特使对于我的富裕目瞪口呆，因为他们自己没什么钱。"

这种东方式的豪爽出手证明了他的优雅与傲慢，他以后还会将这一方式保持下去。人们将把他看作一位哈里发，而且是一位喜欢送礼的哈里发，他们从他身上发现傲慢和慷慨的结合，从而洞悉他的内心。如果需要奖励真正的功绩，这位在危险时刻要求表现出色的统帅将会用一种高贵而又优雅的姿态表达感谢，好像世界只是一个以荣誉为主题的游乐场，而他是一名高贵的骑士。有一次，人们为了纪念他缴获的众多军旗，把一面在阿科拉战役中缴获的敌旗送给了他，他却转手就把这面旗赠给了拉纳将军，还写了这样一段话：

"在阿科拉，有一段时间形势特别危急，指挥官的勇气决定了战争的胜负。当时，您浑身是血，却怀着牺牲或胜利的决心，带着那三处可怕的伤离开了救护处。我看到一直冲在勇士们的最前面的那个人就是您，是您第一个率领敢死队渡过了阿达河。这面光荣的旗帜上凝结着您与士兵们的荣誉，只有您才有资格保有它。"

他很清楚地知道自己的每一句话对巴黎人会产生什么影响，因此这些事情都是公开进行的。他熟练地公开行事，即使所行的事情涉及仇恨、报复、撤职和谴责。这就是他的手腕。

现在，他希望自己的表现可以使整个巴黎，包括他所有的敌人和新闻界说："这个名人真是太谦虚了！"他还有两个庆祝活动得参加，其中一个的举办者是塔列朗，而且是专门为波拿巴举办的。第一天回到巴黎，波拿巴就去拜访了塔列朗，但两人的谈话并没有提及他最后的计划。波拿巴面对这位来自贵族世家的外长，立刻谈起了自己的出身，"生活在波旁王室的莱姆斯大主教是您的伯父，"见面还不到半小时波拿巴就说："而我也有一位伯父任副主教，他资助过我上学。您知道，科西嘉的副主教差不多相当于法国的主教。"这样一说，身为贵族后裔的塔列朗就不能再把他当暴发户那般看待，他面对波拿巴时在出身方面唯一的优势也没了。可见，一开始波拿巴就把塔列朗视为对手了。现在，约瑟芬也终于回来了，他们一起住在一幢小房子里。这幢房子是她以前租住过的，后来他把这里买下来了。在此他深居简出，只与几个来去匆匆的朋友及自己的兄弟交往。他经常独自身着便服出门，躲避着所有的党派，对一切都随遇而安。在戏院里，当别人对着他欢呼时，他会躲进自己的包厢，这完全不同于他之前在芒泰贝洛宫表现得几乎像个国王的样子。"如果在戏院他们见过我三次，就不会再这样注意我了。"他私下对人说："你认为我应该高兴吗？如果我上了断头台，这帮人同样会挤过来围观的！"

科学院的大部分会议他都参加，他还喜欢邀请学者，有时他也宣读论文。吃完正餐后，他会和数学家、天文学家拉普拉斯讨论数学，拉普拉斯会向他演示意大利计算星球轨道的新方法。他还和作家议员谢尼埃争论诗学，如果有必要的话，他们甚至会讨论形而上学的问题。

与此同时，他一直默默地留意着越来越无能的督政官们的一举一动。他让兄弟们监视他们，自己则躲避着这些潜在的敌人。他还了解到各政党实力的强弱，也在思考着相应的对策。"巴黎一点儿记性都没有。这个地方新人层出不穷。一有新人成名，过去的名人就会被人遗忘。要是我长期无所作为，我就完蛋了。我不能待在这里。"他经常在花园里来回踱步，倒背着双手，心里想着：

"现在还太早了，应该先让这些大人物越搞越糟，直至他们自己垮台。难道在大厦渐渐面临倒塌的危险时，我还要去当一名督政官？法律要求的是40岁，我还不到这个年纪，这可真是件好事。想象！现在应该做的是抓住民众的想象！可是要用什么办法呢？欧洲已经和平了，对手们已经不值一提。最危险的奥什已经死了，真是谢天谢地。他长得很英俊，也是约瑟芬的情人。但是，她对他的死却一点儿都不觉得伤心，由此可见她是个天性凉薄的女人。已经排除了卡尔诺，也击败了莫罗。现在的莱茵方面军的统领是奥热罗，他出于嫉妒而恨我，所以我得设法削弱他的权力。那些老资格的科西嘉人还是没有什么影响力。可是，不久前来提醒我提防有人可能会投毒的那个女人，第二天就被人杀害了，倒在了血泊中。看来确实有阴谋啊。不过现在时机还不成熟，我还得离开这里。

"开始对付英国？可惜当初让那帮笨蛋把海军给毁了！我自土伦战役以后，

写了多少份报告提醒他们啊！在这五年的海战中，我们打了六次败仗！得登陆啊——要是能登陆就好了！谁能够打败英国谁就是主宰。为了研究各种情况，我得去沿海，如果还不行，我就回地中海。只有在那里，只有在东方，我才可以无拘无束，才可以不断地把法国人的好奇心激起来。我必须去埃及，我可以在那儿打击英国，因为那儿有亚历山大大帝留下的足迹！"

经过长期的准备工作，将军去了北部沿海，他向各种各样的人打听情况，包括渔夫和黑市商人，还不停地计算、考察。当他突然回来时，约瑟芬吓得手忙脚乱，匆匆忙忙地写了张便条交给她的老情人——巴拉斯的秘书，而波拿巴什么也没察觉。在战场上，有数以百计的间谍把秘密情报提供给他，要是他知道自己的妻子在今晚写过这样的字条，不知会做何感想，"今晚波拿巴回来了。我不能与巴拉斯共进晚餐了，请你向他转达我的歉意。你叫他一定要记得我。没有人比你更明白我的处境……拉·帕杰丽·波拿巴。"

婚姻存在着这么大的裂痕，他却一点儿疑心都没起。对于这位强有力的统帅，巴拉斯是怀着仇恨和猜忌的，而约瑟芬则放荡地游走于各个社交场合，从女人们的闺房到男人们的卧室。她在偷情的便条上签名时，把她出嫁前的名字写在了波拿巴的姓氏前，仿佛她还能自由地选择，即便她对波拿巴肯定也怀有好感。

这天晚上，巴拉斯因为波拿巴的不期而归气得大骂。第二天，他与其他几位督政官就收到了波拿巴的一篇很长的报告，这篇报告的开头是这样写的："无论怎样努力，我们都得在几年后才能在海上占据优势。最大胆、最艰难的冒险就是在英国登陆，这种冒险只有突袭才可能取得成功……登陆需要在夜长的时节，也就是冬季进行。因此，明年才有可能作战。在此期间，大陆方面很容易出现阻碍。也许伟大的时刻已经永远离我们而去了。"

如此干脆的放弃太令人意外了，但用来弥补这一缺憾的计划则更加出人意料：波拿巴提出打八场海战，把一切政治条件和后果都考虑在内，从西班牙打到荷兰。如果缺少军舰和资金的话，可以从埃及开始，最终打击英国的贸易。到了秋季他便可以回来，到时候就能直接与英国开战了。

一听到"埃及"两个字，督政官们就批准了他的计划，并愿意提供指挥权和各种帮助。因为他们希望这个波拿巴走得越远越好，最好在战场上就被人打死。

进军埃及的计划几年前他就已经提出过，所以并不算新鲜。在谈及波拿巴的那封信时，塔列朗曾为这一计划进行过宣传，但是他在报告里写下了这样的话："指挥这一战役并不需要特别具有统帅天赋的人。"他这样说是为了把波拿巴留在国内，还是完全出于恶意讽刺？一个确定的事实是，当波拿巴在很久以后看到这句评语时，立即在旁边批注了一个词——"疯话"！现在，波拿巴亲自起草了委任书，任命自己为东方军总司令，他的任务是攻占埃及和马耳他，把英国人从红海驱逐出去，同时还要挖通苏伊士运河，以确保法国对红海领域的占领。

对于这一新行动的准备工作，波拿巴非常投入。对相关的情况他早已了如指掌，因为地中海那里就是他的家乡。还在孩提时代，他经常做的事就是注视着科西嘉徽章上的摩尔人头像。他还经常看到从非洲海岸开来的帆船。后来，他夺取了威尼斯和热那亚的舰队，并与突尼斯人、阿尔巴尼亚人、希腊人和波斯尼亚人建立了联系。亚历山大大帝曾把埃及看作其世界帝国的中心，而波拿巴的这些准备工作也是在亚历山大的精神影响下进行的。

在等待的这几个星期中，波拿巴天性中的各种元素在他的内心里第一次发生碰撞。一个愿望由无边的想象产生，只以古代杰出人物为榜样的一颗心灵怀有的计划，被他善于计算的大脑分解、思索、衡量，之后略加改变，接着又被衡量，并逐渐达到现实的平衡。现在，在准备开赴埃及之际，波拿巴力图把善于梦想的自己与善于计算的自己合为一体，但是他并没有看到剩余的部分始终是无法计算的。他那英雄的想象迫使自己忘记，我们现在生活的已不再是古典时代，占领者和哈里发也不再拥有数百万奴隶，各国人民都在觉醒，包括非洲在内。波拿巴陷入这样一个无法解决的巨大矛盾中，而且随着他迷失得越来越深，便越是想要把它解决掉，在这一点上他十分固执。

现在，这个晚生了2000年的天才已经陷入了厄运的怪圈之中，开始用他那半神半人的手描画自己命运的轨迹。

13.与英国海战在即

"我即将带着能够确保成功的一切去东方，"他写信给兄弟，"如果法国需要我……如果战争爆发并且进展不利，我就会马上回家，到了那个时候，公众舆论会比现在更支持我。如果在战争中，共和国运气不错，另一位像我这样的新统帅脱颖而出，变成了人们的希望，我也许会留在东方，为世界做出比他更多的贡献"。布里昂问他："我们要去多长时间？"他回答说："半年或者六年。"

到了最后的时刻，命运似乎还想给他一个警告。奥地利在拉斯塔特不肯割让莱茵河左岸地区，法国特使贝尔纳多特在维也纳的挑衅也使新的战争一触即发。他难道不该被留下来吗？然而，督政官们认为情势已如箭在弦上，甚至催促他立刻动身，没办法，他只好遵从。于是，5月的这一天，在进驻米兰两周年的时候，土伦海面上集结了400艘等待出发的帆船。约瑟芬站在岸上向他招手，在内心里，相较于丈夫而言，她大概更牵挂随丈夫出征的儿子欧仁。波拿巴做出一个动作后，强大的舰队缓缓启动。直到此时，官兵们才获悉此次航行的目的地。他们集体站到甲板上，眼睁睁地望着欧洲的海岸渐渐离他们远去。波拿巴紧挨着主桅杆旁的几门八磅炮，也伫立在"东方号"的甲板上。他没有回头看，而是一直望着东南方向。

此时，纳尔逊和另外三位英国海军上将正手持望远镜站在军舰的甲板上，搜索着对手的踪影。他们断定波拿巴就是在这几日动身，而他的目标应该是西西里岛。可是到哪儿才能找到他呢？昨天，风暴吹散了纳尔逊的舰队，重新组织起来的话得需要几天时间。不过，正是这场风暴让波拿巴在土伦耽误了一天的时间，以至于在不知不觉中拯救了法国军队。后来他们赶在英军之前抵达了马耳他，并且运用奇袭的手段夺取了这个重要的岛屿。当纳尔逊赶到埃及时，却因为追过了头而没有发现法军的踪影。在叙利亚，他依然毫无收获，等到他匆匆赶到西西里岛时，又扑了个空。纳尔逊气急败坏，大骂自己的敌人："魔鬼也有魔鬼的运气。"

为了防止晕船，波拿巴在海上航行的四个星期里，大多数时间都待在床上。这便又有了一个说法：一个晕船的统帅能战胜英国这个海上强国吗？不过这一次他倒是侥幸逃脱了。因为心神不宁，波拿巴无法好好休息，只得让布里昂为他朗读。

这支舰队不仅拥有2000门大炮，还几乎等于携带着一所大学：天文学家、矿物学家、几何学家、化学家、东方学家、桥梁和道路专家、古董商、国民经济学家、画家和诗人，总计175名平民学者，他们还带了数百箱仪器和书籍。为了给法国赢得一块殖民地，替自己在非洲树立威名，波拿巴希望将神奇的东方的一切都研究透彻。这些学者被士兵们以海员的简洁风格称为"驴子们"，他们处处都受到波拿巴的保护。如果波拿巴发现有谁对这些"游手好闲的人"表示不满，他就会用目光和咒骂对其加以惩罚。他替这些学者制订了此行的具体计划，而且这些学者也是他亲自挑选出来的。他费了很大的周折才向国家印刷厂要来了一套阿拉伯铅字，其他带往埃及的设备也是他亲自确定和筹备的，特别是设在旗舰上的那间资料室。小说对军官们有帮助，但他一看到军官们在看小说，就总是取笑他们。他自己还是只读《少年维特之烦恼》以及奥西昂的作品，因为那里有他喜欢的激情。不过这次出门，他几乎还没翻过它们。

他让布里昂朗读的，是从包括罗马在内的各处收集来的埃及游记，阿利安的亚历山大征战记，荷马、普鲁塔克的作品，以及与《圣经》和孟德斯鸠的作品一起，顺理成章地被归为政治类书籍的《古兰经》。他喜欢在饭后举行"科学院"会议。使用这个名称时，他带着一点玩笑的口气，但他在讨论时从不马虎。论题一般由他亲自提出，并由他确定辩论的正反双方。他还集计算家和幻想家于一体，喜欢的主题是数学和宗教。参加讨论的有长着鹰钩鼻和厚实的下巴的著名的数学家蒙日，他已经开始谢顶了。好几年来，波拿巴都最为器重他。德塞将军坐在蒙日的旁边，他刚被波拿巴从莱茵方面军调来，长着大鼻子、厚嘴唇，还有一张有点像黑人的和善的脸。从这两个人的眼睛看，很难确定谁更聪明一些。克莱贝尔将军则是一副果断和无所畏惧的样子，拉普拉斯坐在他的旁边，严肃而艰难地从眼罩下抬起眼睛打量着别人，拉普拉斯的旁边则是化学家贝托莱，他长着绵羊脑袋。当克莱贝尔大骂几何学，而其中一位学者准备为精神世界辩护时，波拿巴做了个"算了吧"的手势，然后笑着指了指角落里睡着了的参谋总长贝尔蒂埃，他手上还拿着一本《少年维特之烦恼》。

天气很快就变热了，波拿巴经常为了享受夜晚的凉风而躺在甲板上，直到深夜。他的亲信们围坐在他的身边，谈论诸如其他星球上有没有生命之类的问题。每个人对此都提出了合理的理由，不管是持肯定态度还是否定态度。后来话题自然而然地转到万物的创造上。这些伏尔泰的门徒，革命之子，无论是教授还是将军，在一点上是一致的，那就是：他们都认为万物的产生手段是高度理性的方式，无须烦劳上帝解释宇宙，一位出色的自然科学家就可以做到。波拿巴一开始躺在那儿一言不发，突然间，他抬起胳膊，指着天上的繁星问道：

"你们想怎么说就怎么说。不过，上面这些东西的创造者又是谁呢？"

14.转战埃及

波拿巴骑在马上，缓缓地穿越沙漠，来到了狮身人面像前。他钢铁般的双眼与石像的双眼相视。就像这座巨大的石像一样，他也知道沉默的力量。然而，此时的他内心里却是思绪万千：

"亚历山大大帝和恺撒都曾经站在这里，他们与这座石像完成的时代相距2000年，而我，距离他们也有2000年了。这个广袤无垠的信奉太阳神的帝国，一直延伸到宽阔的尼罗河两岸。数百万人服从于一个人的意志。统治者想要什么，千百万的奴隶就用双手去完成。对于统治者来说，没有不可能的事情。因为国王是最早的征服者的后裔，所有的人都对他俯首听命。他是众神之子。当初第一个征服者自称为王，说自己是众神之子，大家就都相信了他。在东方，只要有人敢对人们说'我是你们的神'，所有人也都会相信。欧洲与这里相比，就是一个鼹鼠丘。"

没过多久，波拿巴就在距离这里不到几英里的地方准备投入战斗。世界上最强悍的骑兵，8000名马穆鲁克①士兵，正准备消灭外来的入侵者。波拿巴却策马疾驰到队伍的前面，手指着远方的金字塔，喊道："士兵们，4000年的历史在看着你们。"首先是马穆鲁克骑兵发动了攻击，但被炮火击退了，很快他们的营地就落入了波拿巴之手。逃到尼罗河边的马穆鲁克骑兵，乘船或泅水过了河。法国士兵们对他们穷追不舍，因为他们经常随身携带黄金。所以，战斗又在河岸和水中持续了几个小时，直到法国士兵缴获了他们的财富才算罢休。最终，马穆鲁克骑兵被拿破仑打得四处溃逃。

波拿巴利用埃及的方式在开罗争取帕夏和酋长们的支持。他声称，他只打击那些与苏丹敌对的马穆鲁克士兵，他热爱并敬仰土耳其人和他们的苏丹。他编造各种借口，到处鞠躬作揖，将高雅的词句和浅显的比喻运用在谈判中——像他这样的出生在地中海的半个东方人，对这一套是很熟悉的，运用起

拿破仑在埃及

来也十分顺手。这里的人说谎的技巧与欧洲外交家们用语的简洁典雅相比，则更为烦琐。在所有形式上，他都遵守这里的习俗。甚至还在船上的时候，他就向翻译口授了写给埃及帕夏的信，那封信的开头是这样的：

"虽然在所有的贝依中，你的地位应当是最崇高的，但是，据我所知，在开罗你既无权力又无威信，所以你会欢迎我的到来。你知道，任何反对《古兰经》或苏丹的事情我都不会做……你尽可以来支持我，与我一同谴责那些亵渎神灵的贝依！"

波拿巴如同一个魔术师，为了要把自己的信条说得近乎伊斯兰的信仰，他甚至玩起了基督教"三位一体"的概念。首先，他声明，过去他打败过教皇和马耳他骑士团，在前来驱逐法军的部队开始登陆时，他又叫帕夏和酋长们与他并肩作

①马穆鲁克（Mameluk），伊斯兰国家统治者的雇佣兵。

战，这时，他说："真主就是安拉，他的先知是穆罕默德。最能干、最富有才学和最开明的人士组成了开罗政府，我向你们致敬。愿先知的祝福与你们同在！"为了把他们一网打尽，他允许这些船靠岸，"对开罗来说，那将是无比壮观的景象"。那些船上有一些俄国人。"俄国人仇恨所有只信任一个上帝的人，就像你们和我这样。按照俄国的神话，他们认为有三个神。不过他们很快就会知道，这世间只有一个上帝，那就是胜利之父，他非常仁慈，总是为善良一方而战。"最终他不知不觉地在这个宗教信仰的大杂烩里，流露出了异教徒的味道。后来，他一直把法国这个非基督教的国家作为政治手段，说法国的宗教与穆罕默德的教义特别接近。他到处宣称他的思想基础是《古兰经》。这本在船上那个流动的图书室中被编入政治类的圣书给他带来了很多好处。当他免除了开罗的一名危险的法官的职位时，他在《古兰经》中找到了为这一举动辩解的理由，"所有的善来自神，是神让我们胜利的……凡是经我辛苦劳作的，一定会成功。凡是把我当作朋友的，一定会兴旺。凡是支持我的对手的，一定会毁灭"。

如果他出生在4000年前的埃及，那么仅靠他善于启发人的能力，就可以获得胜利。然而如今，即便是黄褐色皮肤的人也不相信这些了！虽然他用最动听的形容词颂扬他们，但是他蔑视他们。而在另一方面，他严肃军纪，只要自己的士兵伤害了当地人，就一定会受到严惩。每天军令的第一条都是这样规定的："我们现在所接触的人对待妇女的做法与我们自己的国家不同。不过，如同在欧洲一样，在这里任何伤害妇女的人，也将被视为恶棍。抢掠，只能使少数人大发不义之财，却会使全体官兵蒙羞，甚至会从根本上破坏我们与当地人的关系。从我们自身的利益出发的话，我们应当设法让当地的各民族来做我们的朋友，让他们给我们提供帮助，抢掠却只会让他们更加仇视我们。"未经许可任何人都不得进入清真寺，任何部队也都不得在清真寺门口集结。波拿巴用奉承和恫吓、宽容和诡计、真主和剑等一切东方式的手段，在几个星期之后就站稳了脚跟，树立了权威。是的，他终于可以认为自己是东方的主宰了。但是，他现在的感觉比之前幸福吗？

朱诺接到了一封来自巴黎的信，里面提到了约瑟芬。要是跟其他成百封信一样，这封信也被英国人截获了那该有多好啊！那样一来，至少埃及的人们就会一无所知，也就不会有烦恼了！不过，作为司令的老朋友，朱诺却认为自己有责任告诉他全部的真相，告诉他关于约瑟芬和伊波利特·夏尔的事。那个年轻人早就被波拿巴从军队里撵了出去，但约瑟芬为他找了个军队承包商的工作。尽管两个人有一段时间没有见面了，但是现在她又在一个高雅时髦的舞蹈教师那里遇见了他。两个人旧情复燃，他的腰部曲线依然那么美妙，舞姿依然那么潇洒，而且他还是那么风趣幽默，逗人喜欢！更令人着迷的是，他现在又增加了几分财富的魅力。约瑟芬在巴黎附近买了一个叫作马尔梅松的美丽的庄园，现在那个花花公子就和她居住在那里，他俨然是一家之主。

波拿巴在沙滩上一边听朱诺慢慢叙述，一边踱来踱去。他的面部肌肉不停地抽搐，脸色越来越苍白，有两三次，他都痛苦地以拳击额。忽然，他转过身去面对坐在帐篷前的布里昂，怒吼道："你不是真正的朋友！朱诺，他才是真正的朋友！你早该告诉我！这个娘儿们！约瑟芬！我与她相隔600英里，她怎么能这样欺骗我！该死的小白脸们，该死的纨绔子弟！我要把他们通通干掉！我要离婚！我要大张旗鼓地离婚！我什么都知道了，我现在就去写信！如果是她的错，那就让她见鬼去吧！我才不会做巴黎街头那群游手好闲者的笑柄！"

布里昂竭力安慰他，最后把问题扯到了他的声誉上，说这比什么都重要。"哼，我的声誉又如何？如果朱诺得到的信息是假的，让我付出什么我都愿意，我就是太爱这个女人了！"

考虑到英国人可能会截获他的家信并把它公开，所以他在给哥哥约瑟夫的信中，只能暗示一下自己私生活上的不幸。他的这种自我掩饰让这封信显得与众不同，别有一种动人的魔力。这位天才统帅的厌世情绪已经达到了顶点。他在刚刚完成一篇激昂的报捷的公文之后，动笔写下了这封给兄长的家信：

"埃及盛产小麦、大米、蔬菜和肉类，这是世界上的其他国家所不能及的，但这里的野蛮也登峰造极。现在我们没有钱了，连给军队发饷的钱都没有。两个月后我就要返回法国。我知道你对我的关心，我的家里出了一堆麻烦，帷幕已经被彻底揭开，真相毕露……如今在这个世界上，我只剩下你了。你我之间的情意对我而言弥足珍贵。只有一件事能够让我对人类彻底绝望，那就是连你也背叛我，连你都失去了。我所有的感情都只集中在一个人身上，这是多么可悲啊！我想你能够理解我，并请为我留意一下，让我回家时能在勃艮第或巴黎附近有一座小别墅，一个我可以在冬天离群索居的去处。我需要休息和独处，因为人类让我感觉恶心，而伟大的东西无聊得要死。我的感情之泉已经枯竭，虽然我只有29岁，但我已经感悟到名声只是虚荣。我好像已经走到了万事的尽头，成为绝对的利己主义者是留给我的唯一一条出路。我要留住在巴黎的住房，无论是谁，我都不给！我已经一无所有了。虽然我有时会想对你刻薄一点，但我从来没有待你不公，这一点你是知道的，我想你应该能够理解我。吻你的妻子与热罗姆。波拿巴。"

这种渴求报复、要求得到满足的心境，这种愤世嫉俗的厌世情绪，突然演化成一曲悲怆的忧郁交响乐。在他17岁的时候，这悲怆的音符也曾在他的日记中奏响过，不过在那之后就消失了。这颗对待别人一心一意虽屡遭欺骗却依旧痴心不改的心，如今彻底被刺伤了。荣耀，胜利，成为亚历山大大帝二世——这一切都变得不再重要。如果一个人曾经全身心地爱过某人，却发现自己在这件最不该受骗的事上受了骗，那么，伟大之于他又有什么意义呢？这封信以稻米、蔬菜开始，却以孤独和沮丧结束。人世间除了哥哥，他还剩下什么？所以他说"我好像已经走到了万事的尽头"。

15.法国舰队的毁灭

然而一个意外的打击，使他很快就恢复过来了。

第二天，他骑马从沙漠赶回来，进入马尔蒙的帐篷后，发现所有的人都异常惊慌失措，因为法国舰队被毁了。前一天，重返埃及的纳尔逊，在尼罗河口的阿布基尔向他们发动了攻击。除了四艘军舰逃出之外，其余的船只不是被击沉，就是被俘获了。

军官们神色忧郁地站在一边，一言不发。每个人，即使是营帐前站岗的步兵都知道这次挫败意味着什么。波拿巴脸色发白，但他马上就意识到，现在只有他能够恢复大家的士气。沉默了片刻，波拿巴说出了一番激动人心的话："看来我们是被堵在埃及了。好啊，我们必须努力坚持，只要经得住大风大浪，大海就会很快恢复平静的……也许是我们命中注定要来改变东方的面貌，所以我们必须留在这里，除非我们能像古代先贤那样光荣地离开。"

然而，这是多么糟糕的失败啊！巴黎那边会怎么说？他不是舰队的司令，尼罗河口之战他也不在现场，不过这场灾难肯定会使他的威望受到影响。我们怎么回国呢？有谁能保证我们的安全？我们要选择乘坐土耳其的船只吗？但是土耳其的苏丹还会保持中立吗？苏丹一直在俄、法两国之间摇摆不定，现在他会不会偏向俄国呢？还有英国！13艘战舰竟然全都灰飞烟灭！我们要等多少年以后，才能在海上与英国抗衡啊！至少也得10年。安拉就是真主，但是，究竟哪一片云层后面才藏着我的命星呢？

不！不是我的命星！在汇报这一失败的消息时，他并未隐瞒什么。但是，在公文中，他详细地解释了他是如何受到幸运女神的眷顾的。纳尔逊一直到法军在埃及站稳了脚跟，才匆匆率领英国海军赶来。

　　连续几个星期的不安和犹豫不定，使波拿巴有了新的情绪：无事可做，除了等待就是等待，等待有公文、书信或报纸送到，好让他了解一下欧洲的局势。但是如果英国严密监督，恐怕连一封信都无法越海而来。他生平第一次感到了无聊，这难挨的时间不知怎么才能打发。弹压骚动，管理东方军，拆除倾颓的要塞——这些事务只能算是休闲活动。真是度日如年啊！波拿巴变得比过去更神经质，更爱幻想了。布里昂抚慰他说："让我们再等一下吧，到时候可以听听督政府的建议。"

　　"督政府里就是一堆狗屎！那些督政官恨我，他们甚至希望我干脆就在这里烂掉！"要不是天气酷热难忍，不能够外出骑马的话，他的心情也许会好点！但是在这种天气里穿制服骑马没人受得了，之前波拿巴倒是曾经想过穿着阿拉伯长袍骑马，但是这种长袍脱下来非常麻烦，所以他只得作罢。不过有时他也会不顾炎热骑马外出，然后等他回到营帐得知仍然没有任何信件时，就会胡思乱想了。

　　"布里昂，你知道我在想些什么吗？……如果我还能看到法国的话，我最大的雄心就是在巴伐利亚低地指挥战斗。为了一雪霍希施戴特战役①之耻，我要在那里打一场大胜仗。然后我就退隐山林，过安静又满足的生活去。"由此可见，他的内心之火依旧炽热！当年在波河平原的时候，他梦寐以求的是去东方；如今身在埃及，他却又要去德意志的巴伐利亚。他所想到的除了战争还是战争。

　　他的前途渺茫，回国的所有归路也许都已经被切断了，他们与遥远的欧洲之间不复有夫妇恩爱的纽带。于是，他决定与印度蒂普苏丹以及英国的仇敌波斯国王谈判，希望波斯能够给予他前往印度的过境权。他愿与蒂普结为联盟，帮助印度从"英国的铁枷中"挣脱出来。不断追寻当年亚历山大大帝的足迹向前奋进的前景又浮现在他的眼前。但当他真正做打算的时候，却又怀疑起了它的可行性，"如果我另有三万兵力可供调遣，而且在这里可以留下15000人的话，我才敢进军印度"。

　　虽然这一切都只是构想，但是这种时刻也是他最快活的时光，在想象的世界里，有无比庞大的计划供他做思维游戏。四年后，他曾宣称："我好像只有在埃及，才能感觉自己已经摆脱了文明的种种束缚。在那里，我几乎拥有一切实现梦想的手段。我看到自己创建了一个新的宗教，我手里拿着记载着我自己的训条的

　　①霍希施戴特战役：1704年西班牙王位继承战争中的一次比较著名的战役，英国名将巴尔伯勒公爵率领英、荷、葡三国联军，在巴伐利亚的霍希施戴特这个小镇上，一举歼灭了法国—巴伐利亚联军，使其遭遇了一次空前惨败。

《古兰经》，骑在大象上，头上缠着头巾，向亚洲进发。我的计划是将两个世界的经验结合起来，使历史为我服务，在印度进攻英国，并通过征服那里，再度打通与欧洲之间的联系。"

说这些话的是一位诗人吗？还是说，世界的征服者与诗人原本就是近亲？在埃及，他叫"凯必尔苏丹"，这个非常浪漫的名字是他自己起的，实际上他或多或少地一直保持着苏丹的作风。这是他的第三个名字，就像整个征服印度的计划般那么虚幻。

他丰富的想象力，以及对妻子不贞的愠怒，再加上炎热的气候，还有无所事事的现状，这一切合力把他推向了爱神。有个中尉的妻子，一直女扮男装，从土伦跟随法军来到了埃及。她是一个厨娘的私生女，婚前曾经是一个女裁缝，是个媚眼如丝的金发女郎，非常迷人。他把中尉派回国出差，然后趁机把她夺来占为己有。她很快就娇媚且大胆地扮演起小埃及艳后的角色：与他同车出游，并为他的宴席增光，而约瑟芬的儿子欧仁身为随身副官，却必须侍奉在他们的左右。这种场面对谁而言都很尴尬，所以这位年轻人被批准休假了。

欧仁完全知道自己母亲的丑闻，而且是波拿巴本人告诉他的。这是多么痛苦、尴尬的处境！他的母亲已经30多岁了，竟然还喜欢卖弄风情，而且公然与一个比他都大不了几岁的纨绔子弟同居，让他那身为民族英雄的继父成了众人的笑柄。而他的继父，这个拥有无上权力的总司令，法国新殖民地的总督，也开始带着自己的情妇在开罗的大街上招摇过市。身为继父的副官，欧仁还必须随车侍奉。这个娇小的女裁缝，可能感觉比起他的继父来，这位年轻的副官更对她的胃口，所以总是快活地对他笑着，露出雪白的牙齿。她以为自己是凭借魅力取代了那个克里奥尔女人的位置的，所以非常喜欢夸耀平等的新精神。而拿破仑·波拿巴则一直保持中间立场，能为他生个孩子是他对这个年轻女子的全部要求。

没错，几年以来，他日思夜盼的就是得到一个继承人。他说，想让他娶她为妻，就给他生一个儿子，因为他和约瑟芬肯定会分道扬镳。在他的脑子里，建立一个家庭的想法已经根深蒂固。孩子的母亲出身低下？这有什么关系，他的大部分将领也是如此嘛！只要孩子是合法的，有他波拿巴的血统，其他一切都无所谓。他坚信，世界上所有有才干的人都是平等的，但他也同样坚持合法正统的必要性。国王权力世袭的时代已经过去了，现在这个时代只有有才智之士才能拥有王位继承权。当然这只是他的谬论。

不久之后，他对他的一个亲信粗声粗气地抱怨道："瞧这个傻女人，居然不会生孩子！"这句话传到了这个女人的耳朵里，她反唇相讥："那可不是我的过错，你知道的！"波拿巴听到这一回答后，脸色骤然变得阴沉，但他没有反面的证据，他所拥有的只是一种空前强烈的对子嗣的渴望。

这个男人在精神上可以拥抱整个世界。如果大自然拒绝给予他生殖繁衍的能力，一切行动的基础都会被他摧毁，他的自信也会随之崩溃。

16.阿克–阿布基尔海战

总司令在科学院里与院士们并肩而坐。他在辩论中从不凭借自己的官职，强制性地将自己的思想加诸众人身上，而是很理性地摆事实，讲道理，阐述自己的观点。他们所讨论的众多问题中也会涉及一些关于军队的实际问题，比如，如何滤清尼罗河水，如何寻找制造火药的配料，等等。他们也会探讨如何竖立风车，研究制造火药的配料。在一次谈话中，波拿巴情绪有点儿失控，他怒气冲冲的，显得很激动。贝托莱平心静气地说："您错了，朋友，因为您现在说话变得粗鲁多了。"旁边的一个船医也表示赞同。波拿巴大声指责他们："我算是看出来了，你们这些搞科学的本来就是一伙的，化学是医学的厨房，医学是杀人犯的科学。"波拿巴的话音刚落，医生便反问道："既然如此，那么，将军公民，您又是如何定义征服者的艺术的呢？"当然，他们这样彼此平等的作风也仅限于"学术共和国"中，对于这种风气，这位独裁者是很高兴也很支持的，但在其他场合，几乎没有谁敢反驳他。

"法国无消息。"军中日志每天的最后一行都是这句话，这样的情况已经持续了数个星期。人们全都心神不宁，彼此之间交换着自己的猜测。不过，那个流动大学倒是做了很多颇有意义的工作。波拿巴的活动差不多都落到了二线上，他几乎参加了所有的活动，先是向别人学习，然后提一些建议。对他而言，这个等待的时期反而成为一个从事研究的良机。利用这个时机，他们开始对埃及进行全方位的调查，包括地理侦察和测量。其中关于尼罗河的鱼类资源、红海的矿产、尼罗河三角洲的植物群以及沙漠地区的构成等课题，都是首次被这样大规模地研究，除此以外，他们还考虑过开发咸水湖以及尼罗河泥土。在医学上，学者们还研究了东方黑死病以及沙眼的病因。沙眼对于埃及人来说是一种很可怕的眼疾，一旦染上就很有可能失明，曾经有一半的埃及人因此再也见不到这个世界。他们还客观地推动了埃及的文化和考古，印刷了一部词典和一本语法书，勘察了许多遗址。埃及一些深藏于地下的寺庙就是在这一时期被他们发掘了出来，甚至连摩西井也被发现了。一天，一位天才的军官从罗塞塔带回了一块花岗岩石碑,人们在上面发现了一段碑文,它是同时用埃及的象形文字、通俗体文字以及希腊文这三种文字书写的。自此,人们终于找到了解开象形文字之谜的钥匙。

不过,比起以上发现,总司令最感兴趣的却是经苏伊士地峡开凿运河是否可行。他追踪古代国王开凿运河的遗迹,在此基础上加以改造创新,设计着新运河的走向和线路,他冒着遭受阿拉伯人袭击的风险,在沙漠中长途跋涉,进行考察。半个世纪后,负责开凿苏伊士运河的法国工程师莱赛普斯证实了总司令的所有推断和设想。总司令不像个遇挫的冒险家,他以世界征服者的眼光,筹划着分开陆地,联结海洋。

一些商人乘坐小型战舰冲破了英国的封锁线,安全地将消息带到了波拿巴那里。波拿巴从他们那里获悉,因为法国舰队在阿布基尔被摧毁从而引发了一系列局势变动:土耳其苏丹已经和俄国结盟,两国也已经向法国宣战。此时,土耳其的统帅阿克梅特正取道叙利亚向埃及进军。受到这一系列消息的鼓舞,开罗一些因被长久压制而不满的人也趁机发动暴乱。不过,暴乱被炮火镇压了,叛军的人头被插在长矛上示众,以示警告。"这一举动将会收到可喜的效果,在这里,仁慈毫无用武之地。"

总的来说,听到消息之后,总司令虽然感到很震惊,但内心更多的是解脱之感。如果土耳其继续再向南进军就好了,这样一来,他便终于有在战争中击败他们的机会了。

不过,他并没有对很多人透露令他焦虑不安的根本原因,即便是他的亲信也不知道。在他离开法国前来征服埃及的时候,原本订立的目标是得到一个中转基地,借助埃及促进自己征服印度的计划。"借助舰船,我们可以横渡海洋;借助骆驼,我们可以穿越沙漠。"本来按照他的计划,法军准备花费15个月的时间征服埃及,巩固在那里的权力,并在这段时间为他们远征印度做准备。要远征印度,按照他的计算,至少需要四万兵力以及同样数量的骆驼,至于武器方面则需要120门野战大炮。他还提出了要大量增加船舰、火炮以及士兵,从法国经由海路来支援他的部队。

然而,阿布基尔海战彻底粉碎了他设想的这一计划。英国将海岸完全封锁住了,这个时候根本不可能有什么增援部队,土耳其苏丹成了敌人,埃及人也对他们怀着深深的敌意。幸亏波拿巴善于调整计划以适应变化的形势。他认为,世上的一切均可以为他所用。土耳其军队将与英军联合登陆?这是一个生死存亡的问题,我们如果不想就此毁灭,除了进攻外别无选择。我们要夺取土耳其所有的军

火库和港口，将叙利亚的基督徒武
装起来，煽动德鲁兹①教徒，这样
的话，一旦我们占领了阿克要塞，
开罗的舆论必定会转向我们这边。
按照预定行程，我们在6月份便可
以到达大马士革，前哨基地也可
以推进到托罗斯，再出动26000名
法国士兵，6000名马穆鲁克骑兵东
进，还有18000名德鲁兹教徒为我
们助阵。德塞将会直接从埃及赶

阿布基尔海战

来配合我们的计划。到那个时候，事实会告诉苏丹，只有观望才是他们最佳的选
择。接着，波斯国王将同意我们取道巴索拉和希拉兹，综合以上各种因素，不出
意外的话，3月便是我们饮马印度河之时。

没有什么可以阻挡住拿破仑的梦想，困境中的拿破仑开始了他的进军叙利亚
之旅。

在他向叙利亚进发的时候，其实根本就没有什么道路，路程很艰难，有些
时候，他用15个小时才能前进70公里，而且还是在骑着马匹的情况之下。他的行
进总是在晚上，一般都是跟先锋部队在一起，也没有足够的水源。雅法陷落时，
3000名土耳其士兵弃械投降，试问，在这样的情况下，他应该如何处置这些士兵
呢？是留着他们还是送他们回国，或是直接释放他们呢？倘若留着他们，他自
己军队的口粮就已经很紧缺了，又去哪儿再取得口粮分给这些土耳其士兵呢？
而且还必须派出数千名法军来看守他们。把他们送回国？在没有船只的情况
下，这绝对不是一个现实的选择。交换战俘？土耳其没有法国俘虏可以与之交
换，直接释放他们的话，又有谁能保证他们不会增援法军下一个要攻下的要塞
阿克？他思索良久，最终决定举行军事会议。

军事会议的与会代表都一致赞成杀掉俘虏这一最直接、最彻底的方式。他们
也陈述了自己的理由：就在不久前，土耳其人不也没有顾忌什么，直接将我们的
一个使者砍头了吗？如果现在我们不将这些俘虏杀掉，就会造成军队给养短缺，
到那时，士兵情绪很容易失控。虽然军事会议给出了答案，可是波拿巴还是犹豫
不决，足足考虑了三天，才最终勉强同意与会代表的提议，将这些俘虏赶到海里

①德鲁兹：中东的伊斯兰教派，人数较少，崇尚武力，散居于叙利亚、黎巴嫩和约旦等地。

处决。后来的军事评论家，特别是德国的评论家，都一致认为当时的波拿巴除了同意他们的建议之外别无选择。

只剩下阿克要塞仍在阻挡我们前进的脚步，相对地，我们将可以在那边得到大量崭新的武器，继而我们将收拾包裹，继续向北挺进！就在这短短几个星期的时间里，他伟大的梦想又复活了。土耳其宣战已成事实，波拿巴也已经被完全孤立，他除了进行一场殊死战斗外，没有第二条道路可以选择。因为形势所迫，什么事情都是有可能发生的，相对地，在这样的情况下，不管采取什么样的手段都是必要的。不过，即便是在这样的情形下，他也没有停止思考，此时，他的脑子里又形成了另一套计划。他对自己的一个亲信说："因为我将向人们宣布，专制的酋长们已经被推翻了，所以在占领阿克后，我将向大马士革以及阿勒颇挺进，并且在这一路上，我将会一直增加兵力，然后，在我成功地占领大马士革和阿勒颇后，我会以压倒性的兵力占领君士坦丁堡，在推翻土耳其的同时，重建一个伟大的新帝国。我相信，这一系列的举动将会给我带来不朽的名声。在摧毁哈布斯堡家族之后，不出意外的话，我打算取道亚德里亚堡或者维也纳回国。"

他一直没有放弃自己的这一梦想，而因为这次形势尤其危急，他的梦想也显得更加强烈。

虽然阿克并不是一个大的要塞，然而，这里的英国军官和守卫的炮兵却配备有新式武器，所以当波拿巴兵临阿克时，一连几次猛攻，都没有什么成效，相反地，因为英国舰队赶来要塞支援，法军反而受到了威胁。

最终，直至八个月以后，他才接到了来自巴黎的消息，只是这迟来的消息却让他不忍卒读，彻底伤透了他的心。也许是为了逃避责任，塔列朗居然没有去君士坦丁堡与苏丹会谈！但是战争不会因为这个会谈的搁置而不爆发，否则我们现在也不会出现在这座牢固的要塞前了。法兰西共和国已经和那不勒斯以及撒丁发动了战争，波拿巴的竞争对手莫罗则与奥热罗负责指挥军队。凭什么我们要蹲在这烤人的沙漠上无所作为？苍天，我们要冲锋，要攻下这个要塞！我们决不能在这个石头堆前被挫败！那么，这个要塞的指挥官究竟是谁呢？

原来是菲利波，一个有才能的工程兵军官，也是波拿巴当年在巴黎军校的同学。当年他逃亡国外，在机缘巧合下参加了英国军队。今天，昔日的同窗成了战场上的敌人，波拿巴要与他正面交锋。为什么不选择强攻呢？要知道波拿巴可不是一个有耐心做持久战准备的人。围困敌人迫使其投降实在不适合他这样的急性子。在他看来，要塞和女人一样，必须强攻得手，不然就作罢。他决不会乞求为她效劳或是苦苦追求，当然，他是更不可能等待的，时间紧迫，他只剩猛攻一条路可走了。

不仅仅是士兵们开始口出怨言了，就连军官们也没有当初那么坚定，所有人都有点动摇了，要知道这些现象都是兵变的前奏。"让我们拥戴克莱贝尔做我们的领袖吧，他不但为人温文尔雅，而且也比较人道。"

这实在是一个可怕的时刻，难道英国真的是不可征服的？波拿巴独自坐在帐篷里，思索着接下来应该如何走，筹划着如何才能继续夺取胜利。英国真的有这么强吗？就算仅仅是在陆地上，甚至在东方也是如此吗？如果真是这样的话，这场攻城战得拖上多长时间？一个月？两个月？还是三个月？不可能！欧洲到处都在兵戎相见。难不成会无功而返？这可是前所未有的啊，真的很难想象波拿巴在那样的情况下该是一种怎样的心态，不过有一点可以肯定，那就是他必然会别有一番滋味上心头。但是，没有别的道路可供选择，他必须放弃攻城，必须马上撤回埃及！如果有人说阻挡他进军印度道路的是阿克，其实这话只说对了一半。试问，如果攻下了这座要塞，难道他会容忍巴黎的不利消息，会容忍意大利的战事，而径自冲到印度去？有人能够对此给一个肯定答案吗？显然没有，一切都没有确定，他那难以预料的情绪主宰着他的四肢，没有人能预料到他下一步究竟会怎么做。发生的一切都是极其富有象征意义的。不管是在阿克，还是在波河，法国都是与同一个王国联盟作战的。也只有革命之子才有可能挽救危局。出人意料的是，波拿巴这次并没有骑马冲在最前头，这跟他往日的习惯很是不符，甚至于可以说跟他往日的习惯是截然相反的，这次的他一连几个小时都站在一个高地上，放弃了冲在前面，只是满怀悲愤地注视着这座久攻不下的要塞，一直到夜幕降临。

整支部队狼狈撤退，没有水，更没有退路，唯一紧追不舍的只有黑死病。所有人都在怀疑，波拿巴的命运会不会就此毁于沙漠，毁于黑死病之手。波拿巴只是神色平静地看望了医院的病人，他想尽可能地鼓励他们振作起来。很不幸，医生告诉他有50个病人已经救治无望。看着这些在痛苦中挣扎的人，波拿巴决定要帮这些人一把，他怀着一种崇高的责任感，下令给这些人服食鸦片。这个决定遭到了医生的反对，至于是不是有别人执行了波拿巴这一极具争议的命令，我们无从得知。后来波拿巴回忆道："在当时那样的情况下，即便其中有我的儿子，我同样会下令将其毒死。"

拿破仑看望雅法城里的黑死病人

沙漠中，一支军队缓缓而疲惫地穿行着，那是属于波拿巴的军队，一支由2000名病员和6000名还算健康的士兵组成的军队。因为没有足够的马匹，伤员又无法自己走动，因而每四个人必须合抬一名重病士兵，参谋部的军官们也必须步行，这一切都是波拿巴的命令。当第二天马厩总管向他询问要骑哪匹马时，波拿巴给了他一鞭子，他以身作则地同样步行。终于，他们看到了开罗城。他们在入城时还故意展示缴获的军旗，列队进入，并发表了通告，俨然一副凯旋的样子，试图以这样的方式来蒙蔽埃及人。

巴黎在说些什么？他该告诉巴黎些什么呢？说我们之所以没能占领阿克，反而必须从当地撤离，是因为那里的黑死病四处蔓延！拿破仑在科学院任命了一个委员会，让他们帮助证实自己的说法。一名医生站起来，在上百个学者面前，拒绝在这个编造的故事上签名。司令官面色阴沉下来，但他还是做了让步，且没有对这个勇敢的人表示反感。后来，这个人还多次得到擢升。

土耳其人已经从海上向法军逼近，意在消灭对手。又一次地，整个远征军的生存面临着威胁。土耳其军队把登陆地点选在了阿布基尔湾，而且恰好在尼罗河口海战一周年之际发动了战争。虽然土耳其军队的人数是法军的两倍，但波拿巴仍先让土耳其军队登陆，然后再出兵予以重创。阿布基尔战役的战斗结束后，缪拉在遇到波拿巴时情不自禁地拥抱他，对他说："将军，您像世界一样伟大。可惜这个世界对您来说太小了。"波拿巴亲自致函开罗当局，写道："你们肯定已经得知了发生在阿布基尔的战役，那是我生平所见过的最辉煌的一次！我们把登陆的敌军全部消灭了，片甲不留。"

这时，他注意到参与作战的马穆鲁克兵中一个高个子的漂亮小伙，那个人有一双湛蓝的眼睛，是个叫卢斯塔姆的格鲁吉亚人。卢斯塔姆曾五次被卖为奴，一眼看上去就是个忠诚本分的人。波拿巴交给他一把华丽的佩剑，让他做自己的贴身侍卫。在从此以后长达15年的时间里，卢斯塔姆一直都睡在主人卧室的门口。

在阿布基尔作战取胜之后，波拿巴一直在和封锁海岸的英国舰队司令进行谈判。表面上，他是想与英国人讨论交换俘虏的事情，实际上，他渴望得到情报，在当时，报纸比皇冠还宝贵。有人设法搞到一些他梦寐以求的报纸。当一名副官拿着报纸走进波拿巴的帐篷时，总司令已经入睡。"有报纸了，将军，是坏消息。"听到这句话，波拿巴一骨碌坐了起来，急忙问：

"发生了什么事？"

"舍雷尔被击败了。我们几乎丢掉了整个意大利。"副官回答道。波拿巴跳下床夺过报纸，整整读了一个通宵，不时因为愤怒而喊出声来。清晨，他召见了舰队司令，与舰队司令在屋里密谈了两小时之后，波拿巴去了开罗。

"我决定回法国去，"他向忠实的马尔蒙透露了自己的想法，"你跟我一起回去。我们在欧洲的军队已被击败。天知道我们的敌人此刻已经走到哪儿了！意大利丢了。那些无能的掌权者都干了些什么？愚蠢，腐败！我曾独自承担了全部重担，用我的不断胜利支撑起了一个政府。没有我，政府根本就站不住脚，我一离开，它就全都垮了。如果我即刻起程，我就有可能与最近这次的捷报同时抵达巴黎。这样一来，我的出现便可以恢复军队的信心，重新鼓舞起公民们的希望，让他们坚信，法国会有一个更加幸福的未来。"

"当然是我的未来。"马尔蒙一走，波拿巴就想道，"他们会说，我遗弃了部队，把他们丢在了埃及。不过他们在克莱贝尔的统领下过得会更好。我来这里的目的本来就是要建立一个殖民地。现在它已经建立起来了，土耳其军队也已被击败。我们需要的援助只能寄希望于法国。除了我，谁也不会派援军来。在这里，我已经没什么可赢的了，但在欧洲战场上，我却可以取得一切。我已经30岁了！还得几天才能离开这里？舰队司令报告说去土伦的顺风还没有出现，可现在英国战舰正云集地中海。我真恨不得乘热气球飞回巴黎去！巴黎是世界的中心。我必须冒这个险，越海归国。"

17.返回法国

船趁着夜色向前航行着，他们不敢点灯。这是两艘在威尼斯缴获的小型战舰，总司令乘坐的那艘叫"米尔隆"号，之所以如此命名，是为了纪念在阿科拉之战中，用身体掩护了波拿巴，自己却中弹身亡的米尔隆中尉。15年后，波拿巴甚至用这个救命恩人的名字当自己的化名。船的前方到达邦角，这一段航程是最危险的地段：他们几乎是在英国舰队之间穿行，在灯光照耀下都可以辨认出英国船只。要命的是，西北风竟然减弱了！8月的夜晚，他们顶着星光坐在甲板上，情绪低沉，没有人愿意说话。"为了振作精神，我们打牌吧！"他们打牌的时候，波拿巴作弊了，他为此而得意，因为没人发现。翌日凌晨，他快活地讲述了昨晚作弊的实情，并归还了那笔不该赢的钱。

这次航行与15个月前大军南下时的壮观景象相差真大啊！那时是400艘船浩浩荡荡地行驶在大海上，如今却只有两条小船。出征的一半兵力已经埋骨沙场。法国手中还攥着埃及这个神话般的国度——但这又能持续多久呢？企图有效地打击英国的希望已化为泡影！在多佛登陆的计划现在怎么样了呢？占领印度的梦想也已经付诸东流！波拿巴是偷偷离开埃及的，他不得不这样做，如果军队知道他不在了，很可能会爆发兵变。克莱贝尔还是在波拿巴登船离岸之后才被任命为总司令的，最后的军中日志也写得枯燥乏味。科学家们是事先就被派往埃及的，船只带回了其中的两位。因为蒙日与贝托莱已然知道内情，波拿巴担心他们不小心会把消息泄露给同事，于是这两个人现在和他一起站在了船上。而诗人们则是个麻烦。他们当中有一个人竟然看出了此中的奥妙，偷偷地跟上了船，而目的地当时还没有向外透露。好吧，就让这家伙上船吧。他们这类人是制造英名声望的批发商，歌功颂德的鼓吹手，咱们也少不了他们。在得知这次最近的胜利之后，巴黎一定会站在我们这边。

一连几个星期，这两艘船一直在危险中航行。"万一看到英国舰队，你们准备怎么办？交战？不可能。投降？我不同意，你们也一样不会同意。唯一的办法只有炸船。"大家听了这句话后都默不作声。坐在总司令旁边的蒙日脸色刷地白了。拿破仑转头看他，恶作剧般地露出一个微笑，又加了一句，"我把这个任务交给你"。没想到蒙日真的严守了命令。几天之后，他们把看到的一艘船误当成了英国战舰。这位数学家马上就消失不见了。事后他们发现蒙日正守在火药舱门口！

这件事就证明波拿巴拥有极高的威信。

在10月的一个晴朗的早晨，他们在地中海航行了六个星期后，终于看到前方出现了一座海岛，地平线上浮现出一抹熟悉的山脉。舰长连忙拿出航海图要查对这是哪里。这时，波拿巴毫不犹豫地说："那是科西嘉岛。"他会喜悦地立刻下令让海员张起满帆驶向该岛吗？不，他首先要搞清楚科西嘉岛是否仍属于法国。但风势逐渐变大，把船朝海岸吹去，船靠近海岸的速度很快，人们费了很大的力气才把它停下来。波拿巴的思绪顿时起伏不定，他不安地想着：

"那里还属于法国吗？过去，我的问题经常是：'科西嘉已经属于法国了吗？'这之中已经发生了多少人世沧桑？实际上只过去六年，那时我24岁，对当时的我来说，主宰科西嘉已经是人生的最大目标了。但几年过去以后，意大利已经臣服在我的脚下，埃及被我征服，巴黎微笑着迎接我。这一切就像是自然的安排。"风越吹越大了。"岸上的答复会是什么呢？"信号旗显示出这个港口只对法国船只开放。科西嘉，这个没有祖国的人成长的小岛，又一次成了他的家。

他们登上科西嘉岛。阿雅克修的居民潮水般地涌向港口，成百上千一度诅咒过波拿巴的人，如今却心情急切地前来欢迎他。波拿巴冷冷地望着眼前的人群，许多人亲热地用"你"称呼他，每个人都要和他攀亲。他无动于衷地和面前的人们握手。忽然，他听到一声呼唤："孩子！亲爱的孩子！"是卡米拉，他的乳母。这是一位体魄健壮的农妇，她还不到50岁。这个妇人的出现，才激起了波拿巴的情感。

波拿巴回到波拿巴家的祖宅，刚刚回到岛上的母亲已经把它修茸一新。他召见了那些能够提供所需信息的人。在老家的壁炉边，他听到了人们口中的信息：在过去的三个月里，他以往的所有战果已经尽落敌手。三年前他战功赫赫，大军势如破竹，但如今曼图亚和米兰已经丢掉了，乃至整个意大利也都已经易手。法国虽然还控制着热那亚，但形势也岌岌可危，很难保住。马塞纳受挫，被迫从瑞士撤回了法国！英国人已在荷兰登陆！我应该先做什么呢？去尼斯，立刻抓住主动权！速战速决，重新夺回胜利！什么？强行罢黜两名督政官？谁说只有使用这种策略才能保住这个风雨飘摇的政府？穆兰将军当上了督政官之一？谁是穆兰？另外一个当选的人是哪一个？你说是西哀士？估计一场新的政变要发生了，很可能是一场关乎国家命运的政变。我们必须立即开足马力去巴黎！上船！快！再拖上一艘大驳船！

他们朝着土伦所在的方向航行了两天。这天，在晨曦中，海岸遥遥在望。瞭望哨报告发现英舰。舰长下令掉转航向，但波拿巴向他咆哮："继续前进！"他坚持继续前进，"必要时我们可以划着大驳船上岸！"命运之神又一次帮助了波拿巴，小船成功地蒙蔽了敌人。英国军舰和他们擦身而过，却没有发现任何异常。夜幕降临，问题又来了。无法在土伦登陆？那我们去弗雷居斯！那里有地图上位置不明的暗礁？暗礁随处可见！前进！我们已经航行了七个星期，终于能看到法国的海岸，我们必须不顾一切风险上岸！

这个出身意大利的英雄真的热爱这块即将踏上的国土吗？那里对于他来说，只不过是一把小提琴，他用它奏出的乐曲比用地球上其他乐器奏出的更优美。

第二天，随着小船的登陆，波拿巴的名字传遍了整个弗雷居斯小城。为什么港口到处都是前来观瞻的小船？为什么民众欢腾雀跃？他在非洲做了什么，居然使小城居民像欢迎凯旋的罗马大将军那样兴奋？一名官员嘟囔着提出要进行检疫，却被人们打断。"我们宁要黑死病也不要奥地利人，他们已经快打到我们家门口了！"民众高呼着，簇拥着波拿巴乘坐的马车走过街头。

波拿巴坐在车里，一边向民众挥手致意，一边在心里思索："看来法国目前的情况很糟糕，好像这里的人们都在等着我，盼着我回来一样。我早回来一刻就显得太早，晚回来一刻又显得太晚，现在刚刚好。"

他驱车从弗雷居斯继续前行，在埃克斯稍作停留，待了八天，不断向遇到的每一个人询问。在埃克斯，他收到一封信的抄件，那是一封未送达的信，"将军，督政府在等候您，等候您和您骁勇善战的战士们！"看来，这些惊慌失措的统治者已经把自己弄得山穷水尽了，正急于找个救星！他该怎么做呢？先在原地停留几天，再次出发之前给巴黎写一封信。"埃及完全是我们的了，不会再遭到敌人的侵袭。在7月底以前，我读不到任何报纸，失去了一切外部消息。不过我甫一获悉您所处的窘境，就立刻起程回国。至于此行会遭遇什么危险，我没有时间多想，因为我生命的坐标就在我最有用的地方。我归心似箭，找不到快速舰，就穿上斗篷，登上第一只能找到的小船……克莱贝尔在埃及统率着我们的军队，有他在，埃及可保无虞。在我离开时，整个埃及已经变成了一片水乡泽国——那时恰好是50年来尼罗河水量最为丰沛的时候。"

他先将这封措辞谨慎的信件送往巴黎，让它做先锋探探路，必须给人们一个信号，让他们知道是谁在回巴黎的路上。他北上的行程有如凯旋之旅，每到一处，都听闻礼炮鸣放。穿过瓦朗斯的街道时，他从路旁欢迎的人群中认出了当年那位咖啡店的老板娘，当初他曾寄居在她的铺子里，隔壁是一家弹子房。他送给她一件东方的纪念品。到达里昂后，他不得不抽出两小时，在当地观看了临时编排上演的剧本——《英雄的凯旋》。他的名字在任何一个地方都显现出了巨大的魅力，无数的事例证明了这一点。最明显的例子莫过于波丹的猝死。波丹是法国最好的议员之一。他为拿破仑的归来而欢呼，竟然因为兴奋过度，倒地猝死。这个天才所辐射的光芒如此之强，竟能引起死亡。

距离巴黎越来越近，他仍忙于收集信息。但在私生活上，他却不去询问任何人有关约瑟芬的消息。他算不算是个离了婚的人呢？他的几位兄弟又在何处？他归来的消息已经闹得沸沸扬扬，巴黎人昨天就得知他即将到达，为什么他们中竟然没有一个人来接我？她又在何处？她会站在那个布满镜子的房间，准备微笑着等他进来吗？清晨，他乘坐的马车驶过市税征收亭，沿着市郊大道前行，再转入他自己居住的街道。他的房子就在眼前了。一个女人独自伫立在门口，她是谁？

那是他的母亲。

18.筹划夺权

"一个让人难以置信的消息在一夜之间传遍了各大剧院和各种社交场合，波拿巴登陆了。人们都翘首以盼他的归来，就连最偏僻的酒馆里的人们也在举杯庆贺。要不是真的看见他出现在大家面前，人们肯定以为这只是个梦……波拿巴带给人们新的希望，人人都迫不及待地要向他欢呼致敬……光荣、和平与幸福，一定会跟着波拿巴到来的，这一点人们深信不疑。"

第二天的早上，波拿巴看到了报纸上关于他的那些文字。这些天里，有关他的容貌、举止、神情和服装的报道占据了报纸的大部分版面，虽然这些报道真假参半。就连那些没有被蒙蔽的反对派的报纸也对他寄予着希望，"他征服埃及的战役虽然失败了，但这又有什么关系呢？他对自己能够进行这次战役已经感到心满意足了，他那股莽撞劲儿会把他引向何方，谁也无法知道。不管如何，他的事业勇往直前，使我们的勇气得到了恢复"。所有人都对波拿巴的归来表示欢迎，他自己的计划也渐渐清晰。

约瑟芬正在和五位督政中的第一督政戈伊埃一同吃晚餐，要知道，此时波拿巴已经进入法国了。约瑟芬和督政都感到心慌和良心不安，虽然二人愧疚的原因不同：他们二人都已经意识到自己正坐在危险的火山口上。就在不久前，巴拉斯还劝约瑟芬和近乎失踪的冒险者波拿巴离婚，然后和英俊的伊波利特结婚。不过她一直都没有收到过波拿巴的信件。谁也不知道，波拿巴是否写了信但无从投递或者已经遗失。她从她大伯约瑟夫敌视的眼神里已经明白发生了什么事。她应该先一步采取行动，这是巴拉斯告诉她的。但是，现在的巴黎处在兴奋之中，因为波拿巴大胜土耳其军。她现在变得越来越犹豫不决，或许留在目前的避风港对她来说是最好的选择，于是在这几周里，她时常想着与波拿巴和解。她站在镜子面前自我欣赏，风韵犹存的她对迷倒男人、重温旧情信心十足。

她的东道主竭力装作若无其事，她也是强打起精神。他们一起微笑着为将军的归来而干杯。离开后，约瑟芬急急忙忙地赶回家中，带上很多化妆品和首饰，这些都是能够美化她的物品，然后她就乘上马车向城门驶去。约瑟芬心中暗暗想道："兵贵神速，这不正是他胜利的秘诀吗？在回来的路上，我会和他日夜厮守在一起；我要把他争取过来，一定要抢在那些恶毒的告密者的前面。"

可是，她没能迎接到波拿巴，二人失之交臂。约瑟芬又急急忙忙地赶回巴黎，可是一切都已经发生了。他的家人已经把她所有的丑闻都抖了出来，只有少数亲信怕他妻子的丑闻让他受到整个巴黎的耻笑，劝他不要离婚。但是，波拿巴很坚定，他让人把约瑟芬的箱子和首饰收拾好后放在看门人那里，这就是在明确地告诉她不用进屋了。"她必须离开，我不在乎什么议论，不出三天，闲言闲语就会消失的。"没有什么比这件事更能表明他害怕自己的弱点了。

约瑟芬还是冲破了防线，进入了堡垒。波拿巴把自己锁在屋子里，门外有人大声地叫他，向他求情。在旅途中，约瑟芬越发感觉到，波拿巴越是受人拥戴，她就越想和他重归于好，她的自尊消失得更快。可是她一直没能求得原谅，最后，她决定找奥坦丝和欧仁来帮助她，做最后的一搏。他们整整折腾了一夜，呼号、恳求和哭泣。

约瑟芬制造这场滑稽剧的动机，在明眼人看来十分明显。波拿巴善于洞察人性是出了名的，他会被这个女人迷惑吗？

长期的出国征战，使得他满脑子都是征服国家的计划。他这样想："所有人都在欺骗我这个人。他们怕我对他们构成威胁，趁我不在就采取各种手段排挤我，剥夺我的权力。包括我兄弟在内的人们都不期盼我回来。这个反复无常、任性的女人饱受了一年多的相思之苦，对不在身边的丈夫保持忠贞了吗？而且时间越长，她的丈夫归来的希望就越小，很难去责备这样的一个女人。我应该趁着现在的情形，迫使她以答应我所有的条件、遵守妇道来宣布停火。埃及的那个女人没能给我生个孩子，而她已经生过两个了，可能还会生一个。和约瑟芬比起来，埃及那个女人简直就是个蠢货，到哪里去找一个比约瑟芬更加完美的情人和妻子呢？"

正如他在其他方面一样，一旦决定就绝不后悔。波拿巴打开房门，但没有说一句话，以此显示他的英雄气度。第二天，她向波拿巴说出自己欠了200万法郎的债务，他一言不发地付清了债务。

他的兄弟们，特别是几个妹妹，都不愿看到波拿巴和约瑟芬和好，但是没有人敢站出来反对。

现在形势逼人，也容不得他们来讨论这件事了。波拿巴在国外的时候，他的兄弟们也在奔走。约瑟夫，原来担任罗马公使，现在已经是巴黎的议员；24岁的吕西安虽然还不到法定年龄，却已经是反对派的领袖了。吕西安是个出色的演说家，但同时又是个急性子，不太适合做那些具有建设性的工作。之前，他曾策划过政变，但是缺少受军队拥护的伟大将领。现在，波拿巴回来了，他只好把野心藏在自己的心里。他也因此仇恨他的哥哥，那个了不起的伟大的波拿巴。

约瑟夫妻妹的丈夫贝尔纳多特，长着一个傲慢的鼻子，面容看起来既放肆又奸诈，是个危险而且深不可测的人物。在他来看波拿巴的时候，二人谈起了共和国的危急局势，贝尔纳多特就好像自己是波拿巴一样，盯着对方反驳道："法国的力量足以对付国内外的敌人。"两人对视着，思想的火花在碰撞。之后，波拿巴把话题转向政治问题，并严厉批评了国内的雅各宾俱乐部。"是你的几个兄弟组织了这个俱乐部，"贝尔纳多特不失时机地插话道。

波拿巴还是没有把生气的情绪表露出来，他说道："相较于一个没有安全的国度，我宁愿生活在森林里。"

贝尔纳多特却带着讥讽说道："您还会缺少什么安全吗？"波拿巴再也无法控制自己的愤怒了，就在他要发怒的时候，约瑟芬立刻调停，一场不愉快被化解了。当年波拿巴曾经追求过德西蕾，却没有得到对方的欢心，德西蕾嫁给了贝尔纳多特。波拿巴于是无法原谅自己，也无法忘记对贝尔纳多特的不满。波拿巴在一生中，为了抚平自己在青年时代的伤痛，便一直对德西蕾施以恩惠，不断地提拔贝尔纳多特，虽然后者不断地出卖他。

政府腐败无能，这是兄弟和友人向他描述的巴黎。这些都坚定了波拿巴采取行动把自己的预感变成现实的决心。减少执政者的人数，却相应地延长他们的任期。执政者必须是政府这个高原里的顶峰。波拿巴的下一步方案是建立任期10年的三巨头政治。

卢森堡宫的五位督政没有一个是信任他的，当然了，他们之间也在相互怀疑。波拿巴的归来使他们感到不安，他们也不会同情波拿巴。西哀士与吕西安交情不错，巴拉斯与约瑟芬关系非同一般，戈伊埃则与吕西安及约瑟芬都是亲密的伙伴。迪科会倾向于哪边呢？穆兰将军可靠吗？回到巴黎后，波拿巴马上就把饰有钻石的大马士革弯刀赠给穆兰将军。毫无疑问，穆兰无法拒绝这件礼物。

身着绿色外套，手上拿着的是一顶圆帽，穆鲁克宝剑佩在他的腰间。这就是波拿巴去向督政们致意时的穿着，督政们认为这样的穿戴一点也不像个将军，倒像是个冒险家。原来的长发被平整的头发代替，显然他是想用简朴的形象来争取民众的支持。可是今天他又大摆威风，大批穿着漂亮制服的随从跟在身后，整个巴黎都轰动了。在服饰和阵势的变化中，一定有着什么文章。波拿巴向他的五个上司提问的样子，简直就像是在审问犯人。

"波拿巴远征埃及彻底失败了，他擅离职守，肯定心怀叵测，图谋不轨，你们要逮捕他，为什么要听任这个人操纵你们？"

同时，波拿巴还和雅各宾派领袖与波旁王朝使者会面，提出了各种忠告和建议，但没人知道他内心的真实想法。他强忍住自己的不耐烦，听着亲戚们讲述那些钩心斗角的事，表现得就像一个从远方归来的高贵人士。现在国家的发展正陷入停滞，形势日益紧张，那五位本该忙于国事的督政却都在密谋。回来已经两个星期了，国家还是一片混乱，新宪法在谁也不知道来自于何处的风中飘摇。谁是控制着军队的真正掌权者？是穆兰将军？还是波拿巴将军？

波拿巴去科学院做了一个关于苏伊士古运河遗址的报告，并向大家展示了刻有象形文字的罗塞塔石碑。此时，谁也说不清波拿巴和政府间的关系将如何发展。11月1日，政府为马塞纳获得的胜利举行国宴，波拿巴很可能不愿意为战友的胜利庆祝。

当天晚上，波拿巴在吕西安那里与西哀士神父密谈。西哀士和波拿巴，一个再次发现了宪法，另一个再次发现了权力。这两个人在野心和才智上都是棋逢对手。二人相对而坐，波拿巴说道："是我让这个国家变得伟大的。"西哀士神父却反驳道："那是因为我们首先缔造了国家，才使你有机会让它伟大。"

他们一起具体商量了有关政变的细节。在那天，他们会散布雅各宾派将要夺权的谣言，元老院和五百人会议将会把会议从巴黎移到圣克卢宫，波拿巴还会被任命为巴黎卫戍司令，那样将会更加保险。至于其他几位督政，他们会用劝说、威胁或者金钱等手段来逼迫他们辞职。吕西安建议用武力解散两院，可是到了夜间，波拿巴独自思考后，又重新调整了这个计划：

动用武力是愚蠢的，武力会把我们引到不可知的地步。不用大炮和流血，也不要逮捕谁、打击什么政党，维持合法的外衣，这才是最理想的政变。通过武力得到的政权是无法长久维持的，它会不断出现问题。共和国已经厌倦了武力。此时的共和国就像一个亚马孙女战士一样，多年的自我保护已经让她筋疲力尽了。现在，她最想要的就是一个强有力的男人的怀抱，让他来领导她。

"西哀士值得我相信吗？他只是一个创立了宪法的理论家，他现在需要的是一个强有力的将军，在利用完我之后他会甩开我的。贝尔蒂埃、布里昂、缪拉、马尔蒙和勒克莱克，这几个人我可以完全信赖。吕西安暂时还算是可靠的。贝尔纳多特虽然对我怀有敌意，但他不会站在敌对的一方。塔列朗，这是一个危险人物，我必须让他站在我这一方。巴黎的将军太多了，一定要小心！"

第二天晚上，他和塔列朗这个阴谋家再次谈判。他们谈到很晚，把所有的计划都讨论了一遍。忽然，街上传来巡逻兵的声音，他们两个人害怕极了，以为他们两个将要遭到逮捕。于是他们小心翼翼地熄了灯，来到走廊的窗外想一探究竟，却发现只是警察前来干预闹事的醉酒者。波拿巴此时已经声名显赫了，就算他表现得十分可疑，督政府也不敢逮捕他了。

11月6日，波拿巴和莫罗都被邀请出席了在卢森堡宫举行的宴会。波拿巴对东道主们有着深深的怀疑，他只吃了由一个心腹仆人拿过来的鸡蛋和面包，其他的什么也没吃。半小时之后，他就告辞离去了，前往他的同谋者那里讨论如何将那些招待他的人赶下台。第二天晚上，塔列朗、罗德雷和西哀士在波拿巴家用餐，儒尔当和贝尔纳多特也应邀参加，他们是需要拉拢的人。餐后，波拿巴问儒尔当，会有什么事情发生。两位将军相互盯视，一位说"将发生什么事"，一位用紧握剑柄来回答。现在，他们已经把那些动摇者争取到了自已这边，他们商量在48小时内采取行动，缪拉、拉纳和马尔蒙负责通知三军军官，通知参谋总部的任务落在了贝尔蒂埃身上。

吕西安负责掌握五百人会议，为了庆祝他的哥哥的回归，他被选为本月的议长，而且元老院的议长也是同谋者。印发开会通知单的会议仆从在事前就得到了消息，对于某些人要故意漏发通知。等到波拿巴被任命为巴黎卫戍司令，他就会把杜伊勒利宫的重任交给托纳负责，而由缪拉把守波旁宫。由约瑟芬邀请戈伊埃夫妇早上8点共进早餐，波拿巴则将与巴拉斯一起吃午餐，使他放松警惕。约瑟夫的任务是稳住贝尔纳多特，即使他不参加政变，至少也得保持缄默。布告的起草由罗德雷负责，他的儿子有个朋友是印刷工，他将秘密排字付印。

波拿巴在心里暗暗想着："当年布鲁图刺杀了恺撒，难道他的心境不够高尚吗？我们也想谋杀一个人，那就是无政府主义。用这样一种卑鄙可耻的手段来开创一个新的时代、一个新的世纪。说真的，军营生活比这干净多了。"

19.雾月政变

11月9日清晨，整个城市狭小的街道都被浓雾所笼罩，法历雾月十八日到来了。军官们有的骑马、有的乘车来到了波拿巴的宅第前。这里的大部分军官在意大利的时候就和波拿巴认识了，由于他的家里无法容纳这么多人，因此不少军官都在花园等候，讨论着成败的机遇。这里的每个人都活发而高兴，仿佛回到了当年的莱茵河上。当然了，还是要保持安静，注意一点影响的。一切都在按照计划有条不紊地进行着，信使们前来报告情况了：两院会在上午7点召开会议，他们不喜欢的议员没有接到通知。同谋者的朋友们最先到达，法定人数一到，吕西安就在五百人会议建议任命波拿巴为巴黎卫戍司令，同样的活动也在元老院进行。

信使送来了盖有正式公章的委任状，一切都是合法的。波拿巴与他忠实的追随者一起骑马同行，在大街上招摇过市。市民们对此惊讶不已，好在他们对政治都已经失去了兴趣。当年那些参加过意大利战役的龙骑兵团的战士，来到了玛德莱娜大街，其他的军官则跟随着迪科和马尔蒙。正当他们缺乏马匹时，马尔蒙已经从跑马场借来了马匹并送到了他们面前。

许多人都留在杜伊勒利宫的花园里，因为人太多了，所以不少人留在马背上。波拿巴下了马，走进了元老院。他是要向那些他蔑视的人发表演说吗？他为什么不对着那部他即将摧毁的宪法宣誓呢？虽然法律规定，被委任新职的将军应该宣誓，但是，波拿巴不想再履行这道程序。在讲坛上，他这样发言：

"你们应该认识到共和国正面临着覆灭的危险，并且通过了一项法律去拯救它。任何时代都不能和18世纪相比，18世纪末的任何时刻也不能和现在相比……一个建立在自由和平等之上的共和国才是我们需要的，我们一定会成功的。一切自由之友都会帮助我们，我将拯救这个共和国。我以我个人和我的战友的名义发誓，我一定能够做到。"

"我们发誓一定能做到！"门外传来的宣誓声回荡在每一个议员的耳际，他们不安地扭动着身子。波拿巴离开了大厅，他长长地舒了一口气，这些律师的眼睛，这些闪烁的眼睛！这些衰老的家伙！波拿巴并没有注意到，这些议员很反感他那像是在阅兵场训话的语调。

波拿巴再度骑上他的马，号召他的军队保卫共和国。这时候，波拿巴的声音和语言已经和之前完全不同了。吕西安送来的报告说五百人会议已经推迟到第二天了。督政们的卫队正在向这里行进？是朋友还是敌人？当队长否认卫队是西哀士派来的时候，两人不约而同地笑了。

西哀士此时正站在卢森堡宫门前，脸色苍白。在过去的两个星期里，他一直都在学习骑马，想象着骑马率领卫队，在全世界面前做出平等的姿态，与他的同谋者的部队会合。但是，卫队早就出发了，没有等待他的命令，他们骑的都是快马，神父根本就没办法追上。西哀士不得不乘着马车尾随其后，无人关注的他垂头丧气，督政迪科性格随和，就坐在西哀士旁边。西哀士被同谋者要了，其他三个督政的命运也就不难推知了。

穆兰对此事的看法是从军人的角度出发的，他估计波拿巴在杜伊勒利宫大概会有8000名士兵，但是当他的副官告诉他波拿巴已经掌控了城里所有重要的据点的时候，他向波拿巴写了一封信，说："随时听候阁下的吩咐。"

此时的戈伊埃正待在家中咆哮发怒。因为觉得古怪，他没有赴上午8点的早餐邀请，只让妻子应邀去参加了。此刻，戈伊埃夫人大概算得上是人质了。而波拿巴则正在欺骗她的丈夫，不是和他的妻子偷情，而是准备窃取法兰西。最开始消息传来的时候，戈伊埃给同僚送信，并召集同僚举行会议，当然了，没有人应命前来。穆兰已经加入西哀士和迪科一伙了，而巴拉斯则以正在洗澡为由推托了。

当巴拉斯正在刮胡子的时候，塔列朗前来拜访。他似乎准备把一天的时间都花在洗漱上了。很快，他就决定妥协了，只希望能够保障他的自由和安全。当他的秘书把这一要求告诉波拿巴的时候，他在花园里当众谴责了这位秘书："你们对法国做了什么事，我当初留给你们的是和平，你们却让我看到战争……你们对我光荣的伙伴，那10万法国将士做了什么？他们都牺牲了，这样的情况不能再继续下去了。我们要的不是专制独裁，而是建立在宽容和道德、平等和自由之上的共和国！"

这个可怜的小秘书着实吓得不轻，瑟瑟发抖。然而，波拿巴的心里却十分平静，他知道在这么多人面前表现得义愤填膺对他有好处，整个巴黎很快就会知道这件事的。

然而，戈伊埃却并不缺乏勇气，他当面警告被卫队所拥护的波拿巴，不要忘记了对督政府应尽的义务。

波拿巴怒吼道："督政府已不存在了！我要拯救处在危急形势下的共和国，西哀士、迪科、巴拉斯都已辞职了。"就在他们谈话时，有人把穆兰的信送了上来。"你看，这是穆兰的辞职书，你是最后一个，你坚持不了多久的。"

戈伊埃出于对法律的执着而拒绝让步，十分固执。在卢森堡宫里，他和他的朋友被500名士兵监视着，一直到一切都结束。巴拉斯在家里却焦急不安，害怕波拿巴的报复。塔列朗最后终于来了，还带来了通行证和一袋金币。但是，谁也不知道这袋金币究竟是他收下了，还是被塔列朗当作报酬，自己中饱私囊了。

就这样，共和国的五位首脑的权柄都被波拿巴将军夺去了。明天，可能在圣克卢宫会遇上更大的麻烦。吕西安从始至终参与了这次政变，他理直气壮地说道："这件事应该在一天之内完成的，我们给他们的时间太多了，五百人会议都已经知道他们被欺骗了，明天发生的事谁也不知道。我们必须掌控两院，把那些不服从的议员通通逮捕。"

毫无疑问，明天会有各种各样的麻烦。波拿巴的同党和下属一再劝他逮捕那些反对政变的将军，可是波拿巴坚持认为"那些人都是懦夫"，一定要维持合法的外衣。

"或许有人会说我畏惧这些将军，但没人会说我们是不合法的。全体人民必须由他们的代表投票决定国家大事，不要武力，也不要内战。以公民的血开始的事业，最终的下场无疑都是可耻的。"

不过，为了防止意外，在夜里，波拿巴还是把上了膛的手枪放在了床边。

第二天清晨，无数的豪华马车和双轮小车、步行者和骑马者都拥向圣克卢宫，好像是去参加一次盛大的检阅活动。波拿巴不骑马，也不带大批的随从，而是坐车前去，以免引起大家的非议。没有人能够说出昨天的事情有任何违宪的地方。为了安全，难道两院就不能在城郊开会吗？就不能委任一名新的巴黎卫戍司令吗？督政们难道不能辞职吗？今天，两院将举行公开投票，不仅修改宪法，而且还会任命三位临时掌权者。借用古罗马的头衔，他们既可以被称为"三巨头"，也可以被称为执政。之后，两院就会休会，每件事都是严格按照法律程序来进行的。

但是议员们有不同的观点，他们抗议，他们争论，头顶上笼罩着这座偏僻的宫殿所在的山谷上空来回穿梭的低垂的乌云。因为大厅需要进行布置，所以会议在下午1点才开始举行，这些时间足够他们酝酿出愤怒了。

在面朝花园的地方，有一间小屋子，里面坐着三位明天将会成为执政者的人。西哀士和迪科一直坐着，第三位却来回踱步，显得十分不耐烦。他的亲信则不断地进来汇报情况。他在想："安排几张长椅要用上一个上午，议员居然要一个一个宣誓，他们的效率真低。新兵们都是集体宣誓的，只要两分钟就可以结束了。我为什么要在这个狭窄的屋子里等待他们商量的结果，真是太有失我的身份了。"

这时，元老院集会的地点在楼上的阿波罗厅，五百人会议则在楼下的橘厅举行会议。旁听的听众也都是可靠的人，在漫长的宣誓后，讨论终于开始了。吕西安是五百人会议的议长，他主持会议。反对派有力的论证赢得了越来越多的支持，他们对着厅外咄咄逼人的军队大喊："不要独裁，不要给我们套上枷锁的克伦威尔。"几乎所有的议员都在喝彩，后室里的人感到越来越不妙，不耐烦的军官说道："把那些人赶出去，我们的军队就在外面。"

冷冷的一瞥是波拿巴唯一的答复。他挂上佩剑，一声不响地上楼进入元老院会议厅，只有几个忠诚的亲信跟随其后，他们对主子的举动摇头不止。难道他又要像昨天一样，只是发表演讲而不准备开枪？好奇而惊讶的议长让波拿巴走上讲台，他今天会讲些什么呢？或许能够讲到点子上，而不光是用长篇大论来讲自己了。

"昨天，你们派人把我从安静的家中召来……而今天，我却受到你们的诽谤……自打我从埃及回国以来，各政党都在尽最大的努力争取我……元老院必须尽快做出决议。你们应该了解我，我不是一个阴谋家，你们难道不明白我对国家的忠心？反法联盟都击不倒我，我会被一小群捣乱分子击倒吗？如果你们认为我是个狡猾的阴谋家，你们尽可以全部充当布鲁塔斯的角色！"

下面是令人不安的骚动、微笑。难道他不清楚自己是在议会而不是在军营吗？为什么他只说话不行动呢？他接着说道："我们所经历的事情，现在全法国都知道……每个政党都想利用这场危机，从中获取他们的利益。每个政党都想把我争取到他们那一边，而我始终支持两院。如果因为你们的犹豫不决，导致自由被倾覆，你们就必须对整个世界和后人负责！"元老院的议员们围着讲坛，打断他的演说，要他说出具体的人名来。突然，他转过身来，向大门外的部队挥手示意，他在寻找出口，对着那些士兵呼唤：

"你们，我的战友们，我知道你们正团结在我的左右。举起你们的曾走向胜利的刺刀，用它们对准我的胸膛吧。要是有哪个领外国津贴的议员敢宣称你们的将军为不受法律保护的人，你们就用你们的愤怒把他打得粉碎。战神和幸运女神是和我们在一起的……"

一阵哄堂大笑响起，不知道会不会埋葬波拿巴连同他的政变。终于，心腹布里昂匆忙从后面走出来，扯了扯他的胳膊，低声说："将军别说了，您自己都不知道自己在说什么了！"于是他迅速跟着布里昂走出会场，一个忠于他的议员立刻站起来发言，希望能够把这件事搪塞过去。

到了大厅外，他长长地舒了口气。乌云怎么使他敏锐的头脑受到了遮蔽呢？即使在硝烟弥漫的战场上，他也能够冷静地面对，就像光滑的大理石表面般圆滑。可是，刚才他到底是怎么回事呢？为什么在这个关键性的时刻，在决定一切的时刻，他却智穷力竭了呢？

因为他擅长的是统率人、下命令，而对于如何去请求却知之甚少。他会说谎、奉承、恫吓，他远比他的谈判对手高明。不过，在这些背后，都隐藏着他那强硬的态度：如果从对手那里得不到我想要的东西，那么我就用炮火来说话。波拿巴什么都能忍受，除了承认不是由自己制定的法律，除了向人请求。他想要秩序和合法，但不是他创建秩序和合法以前的那种秩序和合法。

波拿巴认为通过他的努力，可以把这个国家引上正轨。这个国家在经历10年的动荡和混乱后，将会由他重新建立国家秩序。人人都是机会均等的，不会有人因为出身不好或者贫穷而在竞争中处于劣势。今天的大厅里的那些律师，早就腐朽不堪，脑袋已经被党派政治和宗教意识所污染和支配。然而，波拿巴却要向这样的一群人请求、发誓，请求他们赐予自己那些早就该属于自己和他人的权力，他等不及了，他要动手了。

在科学院的时候，波拿巴总是安静地坐在学者们中间，和他们一起交流学习。不过，他对眼前的情况还是缺乏了解，他以为自己获胜了。波拿巴向约瑟芬捎去消息说一切都很顺利，还向他的追随者们说了一些鼓舞人心的话。他接下来要去楼下的五百人会议了，准备把刚才的演说再表演一遍，好在他那些谨慎的朋友采取了预防措施，派了四个彪形大汉跟随他一起进入会场，他们的忠心和体力都是值得相信的。

波拿巴也顾不得派人护卫这种违反议会规则的做法了。他手持礼帽和马鞭，进入了楼下的五百人会议厅。所有人都向门口看去，波拿巴吸引了他们的注意力。雅各宾派的议员喊道："大厅里有武器，大家一起打倒暴君。"有些强壮的议员过来打他，他的卫兵们则把他护在中间加以保

在宣布解散议会的时候，拿破仑遭到议员的围攻

护，用他们的手臂和肩膀挡住愤怒的雅各宾党人的拳头。大厅里，喊声、咒骂声、扭打声交织在一起，呈现一片混乱的景象。波拿巴在他的卫兵的保护下一步步退向正门，他站在门口一时说不出话来，不过，他很快就恢复过来了，立刻走回了后室。

在意大利战役中，波拿巴曾经多次率领他的士兵顶着炮火冲在最前线。在洛迪，他曾命悬一线，好在得到了救助，恢复过来了。但是今天在议会大厅里，他第一次卷入了一场既不能开枪又不能拔刀的混乱的扭打中。在这样的情形下，他根本不可能抽出剑来，因为他的那些对手都是手无寸铁的，不过实际上有些人还是有武器的。但是，如果使用了武力，那波拿巴此次政变的原则就将遭到最彻底的颠覆。

波拿巴刚才躲过了那些人的拳头，可是议员们的拳头却把他想坚持的原则和主张给击得粉碎。最终波拿巴不得不放弃了这些他一直坚持的原则。他的自尊受到了极大的伤害。波拿巴在屋子里踱来踱去，在愤怒中，他把自己的脸都抓出了血。没有什么比血更能让他冷静下来的了。波拿巴把这展示给他的士兵们看，使他的士兵们知道那些可恶的议员是怎样粗暴地对待他们的巴黎卫戍司令的。对方破坏了法律，这也成了波拿巴摆脱自己确立的原则的借口。

在五百人会议的大厅里，大多数议员喊道："剥夺他的公民权利，宣布他不受法律保护。"吕西安则试图用喊声和铃声制止这场喧闹，可是徒劳无益。接下来，有人开始正式提议剥夺波拿巴的公民权利。现在的巴黎可是革命的巴

黎，每个人都知道这一投票意味着什么。没有其他解决办法了，吕西安是负有捍卫法律和秩序的责任的议会主席，他一边脱去长袍一边冲出会场，高喊着："情况紧急！"

吕西安看到哥哥正与部队在一起。波拿巴在接到要投票宣布剥夺他公民权利的汇报后，顿时脸色发白。然后，他立刻跑到窗前向部队喊道："枪上膛！"然后他跑下楼来，骑上马，但波拿巴很快就注意到士兵们并无响应，他还没有完全掌控士兵。此时已是夜晚了，大家都还在观望事态如何发展。吕西安和他的哥哥一起来到士兵们面前。西哀士和迪科坐在马车里，他们可能要逃逸，也可能成为法国的统治者，这一切都取决于形势的发展了。

吕西安虽然是个新手，但是他抓住了时机，他对士兵们的讲话起了很大的作用：

"士兵们！我是五百人会议的议长，我要敬告各位：在会场里，大多数人正受到一小群手持武器的雅各宾党人的威胁。这些拿了英国人钱的无赖，竟敢宣布剥夺你们两院委任的将军的各项权利，而且实际上，他们还想刺杀他，看看这些伤痕吧。士兵们，挡住那些人的匕首，来捍卫你们的将军，那些跟着我走到你们中间的人，才是真的议员，而其他待在里面的议员都不是真正的议员，把他们通通赶出去。"

吕西安讲话时，波拿巴紧咬着嘴唇听着。在轮到他说话的时候，他向士兵们喊道："任何敢于反抗的，杀！跟我来，我是战神！"吕西安害怕波拿巴再次说错话，向他嘘道："看在上帝的分儿上，闭嘴！"

在士兵们眼中，这对兄弟是文武权威的最好组合，"波拿巴万岁！"士兵们高喊。士兵们要是再不行动，一切就将完蛋，不过士兵们仍然没有一个人行动。吕西安迫于无奈，使出了最后的一着：吕西安潇洒地夺过了一个军官的佩剑，对准波拿巴的胸膛向士兵们发誓：要是他敢威胁法兰西的自由，我将用剑刺穿我自己的哥哥。

这句话收到了吕西安预期的效果。缪拉随即命令士兵前进并且吹响了号角，"小伙子们，把所有的暴徒都扔出会场！"士兵们态度平和地抽出了刺刀，把那些反对的议员拉出了会场，没有伤及一个人。这时候，全场骚动，会场内乱作一团，最后一批议员也跳窗逃跑了。

同时，立了大功的吕西安急急忙忙上楼去了元老院，他向他们大肆夸张地叙述了他的哥哥如何受雅各宾党人的殴打。元老院里的人们惊慌失措，吕西安劝诱他们赶快任命三位执政，这里的会议一直开到深夜。之后，饥肠辘辘的议员们来到一家小酒店用餐，他们太饿了。

当天夜里，一些议员在圣克卢宫空旷的大厅里聚集，当然了，他们是可靠的那一批。在烛光的照耀下，30名留下的议员奉命投票，他们代表的是法兰西人民。他们完全没了主见，人家怎么说，他们就怎么投。这场荒诞的午夜盛典被100多位名流、漂亮女士和她们的情人目睹。社会没有受到惊扰，甚至无产阶级也很平静，一切都在顺利地进行着。在不知疲惫的吕西安的坚持下，凌晨2点，三位执政在鼓乐声中宣誓就职。"共和国万岁！"一些疲惫的声音喊道。

凌晨3点，执政波拿巴与布里昂一起驱车返回巴黎。他一言不发，双眼直勾勾地望着前面。回到了家里，看到约瑟芬也在场，波拿巴才开了口：

"布里昂，今天我好像讲了一大堆不着调的蠢话？"

"是讲了不少，将军。"

"我快被那些笨蛋逼疯了，我一点也不善于在公共场合发表演说。"现在最让他记忆深刻的是个人恩怨，而不是政变，也不是自己惊人的胜利。从明天开始，波拿巴就要统治整个法国了。

"贝尔纳多特那个家伙想出卖我，我对他难道还不够好？他的妻子很能左右他。你当时也是在场的，我真不应该那么迁就他，他必须离开巴黎，否则无法抚慰我受伤的心……晚安，布里昂。顺便说一句，明晚我们睡的地方就是卢森堡宫了。"

第三章 江①

用明晰的理智来探索历史，
潜心思索几个世纪，
渺小的物体转瞬即逝，
只有沧海桑田历久弥新。

——歌德

---

①对于本章及下一章章标题的理解，可参考本章第17节中的一段话："一开始，山中的溪流狭小而又湍急，之后渐渐发展为载着装满世界各地宝藏的大船的大江。随后，大江流进海洋，即将与世界上所有的水汇合在一起。"

1.《拿破仑法典》

这是一张椭圆形的会议桌，桌旁围坐着20多个人，有老有少。他们的目光中显露出一种勇敢无畏的精神，还有一些则闪烁着学者的睿智。1800年的时尚不追求华丽，因此他们大多穿着朴素，不戴假发，不在衣服上镶花边，甚至少数几个军人也不佩戴金色穗带和勋章。这是一群各不相同的人：他们中有的是实干家，有的是理论家；他们有的在办公室工作，有的在乡下劳作；他们中一些人来自于战场，另一些人则来自于实验室。而使他们联合在一起的原因是他们想结束这场革命。这场革命已经持续了10年，10年间的艰辛难以言说，因而他们今日聚集在这里，以便结束这场革命。辉煌而冷寂的杜伊勒利宫环绕着他们。这是一座能使人想起灯红酒绿、纸醉金迷的景象的宫殿，波旁王朝最后几位皇帝曾在这里实施着他们的统治。这里的丝绸和地毯泛出的金红色光泽，因为被棱镜漫射开来而显得格外柔和的烛光，都使人想起昔日这里奢靡的景象，与这些与会者身上显现的平民特质格格不入。

在王宫里，督政官们曾经为他们靓丽的女友举行过盛大的庆典，但那是发生在从前的贵族议员们举行会议的卢森堡宫，而仿佛被不幸和幽灵占据的则是杜伊勒利宫。这座宫殿对独裁者波拿巴有着神秘的吸引力，因而他在雾月政变发生两个月后的今天，扫除邪气，和另两位执政官一起搬进了这座拥有古老历史的宫殿。但是，说这是一次隆重的迁入似乎有点牵强，实际上，它更像一出滑稽的戏剧。共和国的第一位平民统治者终于在最后一位国王被捕后的第七年搬进了这座宫殿。为了掩盖马车是租来的事实，它上面的编号被草草地用纸糊住，而从马脚上发现破绽的巴黎人禁不住大笑起来。这荒唐的一幕象征着时代的报复。这位执政者显然准备不足，就像此次具有象征意义的迁入一样。他好奇地东张西望，如同孩子一般，还对一位朋友说："我们已经搬进了杜伊勒利宫，现在在这里待下去才是重要的。"

现在围坐在椭圆形会议桌旁的人中，曾经也有一些人头戴假发，身穿镶有花边的衣服，脚上穿着皮舞鞋，战战兢兢地在这里等待着国王陛下的召见。在卢森堡宫的时候，他们也曾坐在相似的会议桌旁，不同之处在于那张会议桌产生的法令往往是短命的。那个时候，法令如焰火般短暂而辉煌，此上彼下，经常在颁布之后又很快地被废除，三部宪法更换频繁，非常条例、紧急条例和过渡性规定一个个地颁布。人们试图在这10年的时间里使各种新思想变成现实。但是，就像一个彩灯闪烁、锣鼓喧天的夜晚一样，这10年在巴黎转瞬即逝。巴黎就像一座军营，这座军营没有战役，没有前线，各武装政党相继登场，旧秩序与新理想之间的争辩从来没有停止过，所有的一切就像一场由自由、平等和欺骗交杂在一起而形成的闹剧。凌驾于这一切之上、从云端向下观望的则是卢梭和伏尔泰的灵魂，虽然恰是他们的著作引发了这一切，但是厌恶从卢梭的目光中流露出来，冷笑则挂在伏尔泰的嘴角。

在那个身着绿色旧将军服的矮个子男子坐到这张椭圆形会议桌主席位的时候，一切都沉寂下来了。他是参议院的主席，也是实际上的国家首脑。自此之后，不管是心甘情愿还是心怀不满，各党派都偃旗息鼓，沉默了下来。法国曾经充斥着腐败、朋党、恐怖与煽动，而现在，她就像一个对爱情冒险厌倦了的女子，最终回归到唯一可以掌控她的男人的臂弯中。

波拿巴不需要再继续战斗下去了。法国正试图寻找这样一个人：他是一个可以发号施令的人，但是他也是一个从未执掌过大权的人，甚至是一个不隶属于任何党派的人，而且还必须是一个受到民众拥戴的人。也就是说，这个人应当是一名军人，一个常胜将军。事实证明，波拿巴正是这样的人。本来算得上是对手的莫罗既不够自信，也不够老练，而其他的将军要么战死沙场，要么名望不够。而文官之中也绝对不存在能与之匹敌的人。波拿巴战功彪炳，本来可以轻易执掌国家大权，但是他偏偏执意走宪法的程序，导致出现可笑的失败。

波拿巴与生俱来的政治天赋恰恰可以在这种自找麻烦的做作行为中体现出来。虽然他手中紧握利剑，但是他很清楚武力有其威力和局限。在那个时候他曾说过："你知道在这个世界上我最欣赏的是什么吗？武力在建功立业方面没什么作用。在这个世界上只有智慧和剑这两种力量。但是从长远来看，智慧总会战胜剑。"他是当时最伟大的统帅，但是不管是在巴黎休战调停还是在结盟会议上，他从来都没有用武力威胁的习惯。这件事也显现出了他的政治天才，剑对他而言不过是全部武器中的一种罢了。不管是现在，还是将来的15年之中，他总是可以听到民众的心声，从来不会被斗争蒙蔽了双耳。民众的声音是无从计量的，即使是精于计算的波拿巴也无法进行估算，这使他骨子里富于想象的一面受到了触动。

与剑相比，波拿巴对智慧的力量更为信任。正是因为这个原因，今后15年的历史将会证明，比起战争和征服，他更追求秩序与和平。

对他来说，虽然秩序意味着平等，但是不管怎样秩序都无法与自由相等同。他只能把这两种革命财富中的前者纳入他的独裁统治之中。尽管表面上看起来并不是完全如此，但是事实上，除了偶尔的摇摆不定，他始终都是捍卫平等的。那么对他来说自由是什么？"不管是野蛮人还是文明人，都需要一个主人、师父和魔术师，由他们来遏制他的想象。他会受到严格的管教，被系上链子来防止他不合时宜地乱咬，他被痛打，被带去打猎。服从成为他的天职，他无法得到更好的待遇，而且没有权利。"从这些饱含威胁意味的话语中，人们只能窥见其内心思想的一半而已。在他统治的时期里，只有那些能干的人获得任命，得到统治成千上万人的权力。这些人就像他自己一般，通过先天和后天获得的优势，依靠自己的才能和勤奋，才取得了统治千千万万人的权力。毫无疑问，不管他采用什么方式来进行统治，他始终是个革命之子。

在这一方面，他那神秘的影响力能够找到部分解释。因为领导这一切的人跟大家一样出身贫寒，这就使人们相信，在这样的制度之下，一切能力超群的人都能够让自己的愿望、地位、权势和财富得以实现。而他的势力范围越大，人们就越会相信这一点。现在，他的第一个举措就证明了这一点。在宪法草案里，西哀士设立了国家总统一职，其职责只在于代表国家和签字。对此，波拿巴用士兵的说话方式撤销了这个职位，"让这种好吃懒做的肥猪滚一边去！"他用独揽大权、责任重大的第一执政的职位代替了它。第一执政是军队的最高统帅、外交政策的制定者，他需要任命所有的大臣、公使、参议员、省长、军官和法官，而30名被任命的参议员则会选出他们的同僚。

担任第一执政时期的拿破仑

但是，不管是参议院、立法院还是护民院，都没有权力提出法案。设置这些机构只是为了给政客们提供一个发言的论坛，与此同时，也使参议员们拥有高额的薪金，以便保持他们奢靡优渥的生活方式。

这样，波拿巴就独掌了大权，因此在选拔人才的时候，他不按照个人的姓名、出身、相貌或是党派的标准来任命军政职位。无论是重要职位还是次要职位，他都选择有才干和有能力的人来担任。选拔参议员就是按照这样的标准进行的。

独裁者亲自选出这些具有聪慧头脑的人，其中就有拉普拉斯。波拿巴为了表示自己对科学院的尊崇，任命他为内政部部长。这位学者直到他退出政坛为止一直担任此职，并且重新致力于对天体力学的研究。除了拉普拉斯之外，罗德雷也在这群人之中。他身兼官员和记者两职。在拿破仑20年来见过的所有人之中，他是最为独立和可贵的一个会议记录者。参议员之一的特隆歇是当时最伟大的法学家之一。所有在参议院中的人都是公民，而且彼此也以公民相称。在这个地方，每个人都享有平等的地位，保王党人和雅各宾派成员也能并肩而坐，因为人们在这里更尊崇理性。

在官方的会议记录被呈交到这位"公民执政官"面前的时候，他说道："把法学权威们的观点详细记录下来是极其重要的。这些观点有非常重要的价值，而我们军人或者富商的意见则是不足以称道的。我在情绪激动的时候，常常会口出狂言，但是一说出口我就会意识到自己的错误。我不想装出高明的样子。"当他发觉参议员们只是随声附和他的观点的时候，他说："先生们，我邀请你们来参加会议，不是想让你们当我的应声虫，只是想让你们表达自己的意见。因为我想把自己的想法与你们的想法进行比较，以此来分辨优劣。"

因为执政官只有在晚上9点才能把当天的紧急公务处理完，所以这样的会议通常在此时才开始，有时候甚至会延续到第二天清晨5点。倘若出现某位参议员甚至参谋部长打瞌睡的情况，他会上前摇醒他们，大声对他们说："我们要始终保持清醒，公民们！现在只不过是两点。我们要努力工作才能拿到薪水。"当然，虽然他身为会议主席，但是年方30的他是与会者中年纪最小的。而且，他已经在三次战役中学会了怎样照管几十万人。他曾经指挥一支军队翻越阿尔卑斯山，并且漂洋过海，甚至一直深入沙漠腹地，这难道不是学习怎么管理国家的最好经历吗？在那个时候，他已经不得不想方设法取得军饷和粮食，考虑有关权力、奖惩、修养、服从和纪律之类的问题。

在发生政变的那个夜晚，他开始独裁统治的第一个举措是委派两个委员会负责起草一部法典！我们知道的是，混乱始于无法可依。一直到革命爆发之前，法国始终没有一部统一的法典。大革命曾经承诺要制定一部法典，但是直到今日，也就是革命爆发之后的第11年，这个诺言始终没有兑现。在这一年的夏天，他委任三名大法学家着手进行编纂工作。在四个月之后，一部民法法典草案出炉同，后来这部法典被称为《拿破仑法典》。这部法典被提交至参议院审议，并在一年半之后经参议院投票通过。

法典所确立的所有内容在一个多世纪之后的法国仍然具有效力。直到1900年，这部法典在拿破仑所征服的国家，包括德国在内，都被采用。事实上，直至今天，这部法典的准则几乎还是全部欧洲国家民法的立法基础。在这部法典中，一切新的、具有道德上的决定意义的部分，都含有革命性法律的成分。独裁者波拿巴花费好几个月潜心研究这部法典，并且对其中有争议的地方做出裁决。法典对革命初期提出的合乎理性的原则进行了确认，并在经行家整理提炼之后，最终变成一部提倡人权的法典。根据这部法典，不再存在世袭贵族，所有的子女都享有平等的继承权，所有的父母都要履行抚养子女的义务，犹太人和基督教徒享有同等的权利，既可以缔结也可以解除婚姻关系。

受他的科西嘉家庭观念的影响，在对通奸和其他与家庭有关的法律条款做出决定的时候，他考虑了很久，"我们都明白，通奸是经常发生的，并不是一种少见的现象，举例来说，它可能发生在任何一张沙发上。有的女人或者是因为贪求富贵，或者是因为被诗歌所迷惑，或者是因为对方的长相俊美而做出了对丈夫不忠的事，应该对这种人进行管束。"

促使他竭力保护婚姻的是他的秩序意识。作为个人，他甚至认为，妻子应该在丈夫流放的时候跟随而去。"因为倘若妻子对自己的丈夫的无辜持坚信的态度，又有谁能够禁止她跟随丈夫前往呢？难道因为这样的信念，她就不能享有合法婚姻的权利，失去妻子的荣誉称号，沦为丈夫的情妇吗？事实上，很多男人是为了他们的妻子而犯罪的，现在这些造成不幸的女人要去分担这些不幸，人们难道要禁止吗？"古罗马时期有一个风俗，就是在婚礼上郑重宣布新娘的监护权将从岳父手中转移到新郎手中，他非常推崇这种风俗。"这种风俗在巴黎很适用，因为这里的女人常常任意妄为。也许这种风俗不能作用于所有的女人，但至少能对一部分人造成影响。"

正是因为如此，他赞同离婚，同时也主张让离婚变得更难些，"如果夫妻两人一下子变得像陌生人一样，那这种世界上最紧密的联结会变成怎样的东西呢？假如我们不增加离婚的难度，就可能发生这种情况：为了时尚、舒适或者住所之类的东西，年轻女子可能嫁给一个并不适合她的男子。预防此类情况的发生必须通过法律……允许离婚的情况只有三种：谋杀、通奸和性无能。"

这就是来自于熟知人性者的直观想法。与此同时，他也得以用数学天赋将事实纳入概念之中。因为他始终保持着理论与实践、干劲儿与怀疑的平衡，所以这是一个生来就适合于思考法律的头脑。他在想到约瑟芬以前的不贞和现在的忠贞时，内心产生了激烈的思想冲突。根据那些知情者的说法，约瑟芬抱着一种积极的、有时是惴惴不安的态度参与制定了这些婚姻条款。他在考虑是否能在未来的某个时候，用国家利益的名义休掉一直没有怀上孩子的约瑟芬，因此不得不在制定法律时为自己预留后路。与之相对的是，约瑟芬担心离婚，因而对立法施加影响，希望能使婚姻在法律中的地位得到加强。

因为这些个人情感的因素，他想要避免丑闻，拯救名声，所以他对法庭干涉婚姻提出反对，赞同经由双方的相互谅解来使矛盾获得解决，防止家丑外扬。"这说明离婚具有必要性。如果双方无法达成谅解，而且有强烈的意愿，宣布离婚这一裁决就是法庭所要做的。"强烈的家族意识又使他补充了一条：应该对虐待、通奸和不道德的行为避而不谈，只需要说明双方是自愿离婚就可以了。离婚应由家庭会议来决定，法庭要做的只是对这件事情进行确认。

他为此在法律中引入了一个新的概念：半离婚，也就是分居，但是这应该只是夫妻私底下达成的共识。因为假如夫妻两人公然互不理会，就很难在之后再达成谅解了。作为一个秩序的维护者而不是革命者，他追求的目标便是全力维护家庭生活。强烈的社会意识使他主张：假如女子犯了通奸罪的话，除非裁决为离婚，否则就要用刑法加以处罚。出于对这个主张的贯彻执行，他提出了结婚的法定年龄要提高——革命时期女子13岁和男子15岁，应提高到女子15岁和男子21岁。

在后一个世纪中，针对儿童逐步实施和完善的全部内容，在这个法典中都做了规定。只要是婚生子女，他们的地位就在出生前获得了保障。可是，"假如父亲离家超过15个月（波拿巴提出了这个数字），而且参与了马伦哥战役"，"他就能否认这个孩子是自己所出的"。但是，作为一个有身份、有地位的人，同时也是一个对世故人情知道得很清楚的人，他得出的结论是："我能够为了真相而牺牲名誉，但是没有必要牺牲自己的妻子的名誉——尤其在对所有人都没有好处的情况下。假如丈夫怀疑孩子的出生日期，他也应该保持沉默，因为孩子的利益比任何东西都要来得重要。"

曾经有人提议限制孩子长大后的抚养权，这遭到了他的反驳："难道在一个女儿只有15岁的时候，父亲可以把她赶走吗？难道他可以一边拿着六万法郎的年薪，一边对自己的儿子说：'你已经长大了，应该能够离开家庭自己去谋取生路了？'……假如对这种权利进行限制，跟引导孩子产生谋害父亲的念头有什么区别呢？"甚至有人提出应该准许用革命的速度领养子女：只需要经过公证员的公证。对此，他也提出了反对：

"这涉及的不是普通的法律手续。正是因为人类有想象力，所以人没有成为野兽，而是成了人。新颁布的法律有一个最大的缺陷：它完全不符合人类的想象力。士兵们浴血奋战，但是他们不是为了取得每天5个格罗申的军饷，也不是为了获得不值一文的勋章。真正能鼓舞他们的是赢得他们的心！我们要开展立法活动，因为公证人不会因为12法郎而产生这样的影响力。什么叫作领养？这是在效仿自然，是圣礼的方式的一种；在社会意志的作用下，某个人的骨肉成为另一个人的骨肉。没有比这更伟大的行为了！正是因为存在这一行为，爱把两个素未谋面的人紧密联系在一起。这样的行为就像闪电一般来自天上！"

罗德雷回忆说："在每次参议院的会议上，第一执政显现出的专注力都令人惊讶，他的分析能力也十分精确。他能够全神贯注地关注一个议题达10小时之久。他可以对各个不同的议题提出意见，而从来不会出现记忆或者思维的混乱。"

波拿巴非常敬重80岁的特隆歇，也非常推崇他的思维的逻辑性和深度。与之相对的，特隆歇对这位拥有分析能力和法律理念的年仅30岁的执政也很佩服。对每条法令，波拿巴都会提出两个问题："它公正吗？它实用吗？"对于以前相似的问题是怎样解决的，尤其是罗马法和腓特烈大帝时代法律中的解决方法，他总是不厌其烦地加以询问。

执政不但在这张会议桌旁讨论了37部法律，而且还在各个方面提出了问题：我们怎么制作面包？我们怎么铸造新币？我们怎么才能创造新的安宁？他对每个部长都提出写详细报告的要求，这使他们体力透支。但是执政似乎对此视而不见。他们经常在刚回到家之时就看到他的信件，而且还要求在第二天一早就做出答复。他的一位同事这样写道："他总是处处领先，他不但有着聪明的脑袋，还可以每天工作18个小时，治理、管理、谈判，事必躬亲。在那三年里，他处理的事务比那些国王在100年之中处理的还要多。"他与各个领域的专家交谈的时候用的是专业术语，这使得没有人可以用无法理解他的问题作为借口。他的问题体现了技术精确度，这使最为死板的保王党人也觉得非常吃惊。

他用来保卫头脑要塞的炮兵是他从未出现谬误的记忆。在考察北部海岸防务回来之后，赛居尔呈交了一份报告。"我已经阅读了你的形势报告，"第一执政说，"没有什么问题，不过你遗漏了两门大炮，这是属于东边四门大炮中的两门，就在城后的公路上"。赛居尔经过核实之后，感到非常吃惊，因为几千门大炮分散在该地区的各处，他确实把两门大炮遗漏了。

这座庞大的国家机器停止运转已经有10年了，甚至产生了倒退的迹象，但是现在它又重新开始缓慢而有规律地运转起来。在过去几年中，各省呈交的报告中纷纷抱怨了很多问题：治安太差、卫生问题很严重、社会秩序混乱。原本一个金路易可以兑换24个法郎，但是现在猛涨到8000多法郎。这些问题宣告了前执政内阁为了稳定金路易而实施的措施失败了。国有资产、教会的土地以及旧贵族的地产被暴发户收购了。没有人缴纳税金。面对种种难题，这位新的独裁者将会实施怎样的措施呢?

政变发生之后，在短短两个星期时间里，他就把征税机构设置在全国各省。他对这种情况进行了解释: "对一个国家来说，只有使税率保持稳定，才能拥有安全的环境和财富。"在这种理念的指导下，法兰西银行在两个月之后成立了。第二年，新的海关管理机构又成立了，还有土地和林业管理机构也成立了。他的前任们在行政时挥霍无度，而他则吸取了教训。通过用剩余的国家资产来偿还国债的方法，他使库存从7上涨到17。他继续偿还债务和利息，恢复商会，对交易所进行整顿，禁止利用货币贬值来从事投机活动，对军火供应商和军官的欺诈行为进行了制止。通过实行这一系列整顿治理的措施，生产力已经下降了四分之一甚至二分之一的工业被挽救了回来。

他到底用了什么魔法?

答案就在于此: 他百折不挠，毫不动摇。他在任命人员的时候，尽可能地让那些才能超群、勤勉认真而坚强勇敢的人获得成为部长、省长的机会。他最大胆而有效的举措就是把世袭制和易发生舞弊行为的职位废除了。他做到了不问出身和党派，让有能力的人获得他们应有的职位。下至市长的所有官员，都经由上级任命和发薪。就像他自己描述的一样: "这个等级制度就像一个微型的金字塔一样，每一层都会设立一个第一执政。"

实际上，他在政治上已经没有对手了。"不可能出现什么反对意见，"他这样预言道，"这是因为我没有倚仗某个政党的信誉，当然也没有倚仗它的支持，我没有欠下任何人情……这些人不久前还是犯罪高手，也是聪明人，但是他们现在为我所用，正在为我建造一座新的社会大厦。在他们之中有很多有才能的人，但是麻烦之处在于他们都想成为领导者。这正是典型的法国人的特点: 每个人都相信自己的能力——治理国家的能力!"为了让各党派获得满足，他把两个无赖分配到两个最令人心动的部长职位上，这让他们在政治上相互仇视，但是又发挥了非凡的能力，虽然后来两个人的性格也暴露了出来。这样一来，他就可以这么说: "警务部长是由雅各宾派人士富歇担任的，对这样一种社会制度，难道还有哪个革命党人没有信心吗? 这个国家的外交部部长是由塔列朗担任的，难道会有哪个贵族无法生存下去吗? 他们就是我的最重要的两个支撑。这个广阔的天地是我开辟的。在这里，每个人都可以找到适合自己的立足之地。"

所有的省长和将军都接到了他下达的命令: 不得再设立俱乐部和党派。"请尽可能经常地告诫国民自卫军和公民，倘若还有少数充满野心的人仍然保留着不满的态度，那么就让他们知道，现在国家大权已经被善于克服障碍的人掌握了。"在政变发生了几个星期之后，他发布了一个重要的通告，目的是让民众接受新宪法。通告的结束语是两句简练而自豪的语句："革命已经回归到了最初的基本原则之上。革命已经结束了。"

2.大败奥德

然而，战争却还没有结束。

"在离开了一年半的时间后，我又一次回到了欧洲，却发现我们法兰西共和国又一次与陛下交战了，广大的法兰西民众信任我，委任我为他们的国家元首。"在与奥军再次正式交锋前，也就是发动政变后不久，拿破仑给奥地利的皇帝写了这样一封信，其口吻骄傲而充满威严。这样骄傲的话语，俨然是出自一个国王之口，仿佛在离开欧洲之前，他已然是一个国家元首；这样的威严，更是一种自然显露的威严，也是促使他成功的因素之一。他这是要陷对手于不义，这恰是他的技巧所在。然而，奥皇对此却不予置评。波拿巴的计划已经酝酿很久了，现在要做的只是巧借东风，将其付诸实践。

首先，他严格挑选成员，组建了一支保护自己的近卫军——每一个成员都经历过四次战役。这个数字既不比他们的司令官多，也绝对不比他少。接着，他便开始积极筹备进军意大利的冒险计划。为此，他将莫罗派往莱茵河附近以作掩饰。他明白，这次不能再像四年前那样沿海岸前进了，要想杀敌军一个措手不及，就一定要有一个新的策略！于是，处于奥地利间谍注视下的他便故意对后备军进行严格的体格检查，要知道，这支后备军全部是由最年轻的新兵组成的，维也纳报界对其行为发出各种冷嘲热讽，而拿破仑则始终沉默以对。与此同时，他组建了另外一支军队，一支仅有32000人的军队，虽然人数不多，但却是一支作战勇猛的精锐之师。谁也无法预料，究竟什么时候，这支军队会像当初进军埃及那样，进行一次英勇无比的行军。汉尼拔曾经翻过了阿尔

拿破仑穿越阿尔卑斯山

卑斯山脉，征服了高山，现在，将会诞生一个拖着大炮翻山越岭的将军！为了能将炮管运下山去，他们便砍伐山上的树木，制成了承载炮管、方便其滑下山的巨大的雪橇。

就是运用上述方法，政变后的第一个春天，一个奇迹发生了——一支军队创造了历史，成了2000年来第一支翻过大圣伯纳山的军队。修道院里的那些年迈的僧侣简直不敢相信自己的眼睛。一个牧羊人替这个陌生的司令官领路，一路上，牧羊人习惯性地向他诉说着自己的愿望和烦恼，谁知，此事过后没多久，他便收到了一个陌生人送给他的家产，整件事情都让他觉得自己仿佛置身在一个童话世界中，充满了不真实感。四年之前，在士兵们的眼里，伦巴第还是一个上帝应许之地，而四年后的今天，他们伟大的领袖，他们值得信赖的将军却将带领他们回到那儿。这种种想法、回忆以及紧张的局势坚定了士兵们这次行军的决心，而行军的传奇色彩则更让士兵们感到惊叹，大家都争先恐后地拖着大炮前进。反观敌军方面，至今他们还完全被蒙在鼓里，甚至于敌方的司令官在给帕维亚女友的信里还写道："你完全没有必要离开。"他怎么也想不到，仅仅过了12个小时，拿破仑就进驻了这座他原以为十分安全的城市。

然而，波拿巴并不认为这次行军已经获得成功。6月中旬，波拿巴率领军队与奥地利的军队对决，但是因为双方兵力悬殊，波拿巴被击退，而之前承诺会派出援兵的德塞以及他的后备军却到现在还没有抵达。眼看着全军溃败的局面似乎就要出现，司令官神经质般在路边用马鞭不停地抽打着地面，一时间尘土飞扬。"难道运气也会逃跑吗？"司令官不甘地喃喃着。看着溃退的军队从自己面前经过，他激愤地大喊着："站住！再等等！只要再坚持一小时，援军马上就到了，只要一小时就好！"可是，此时的士兵们已经溃不成军了。终于，德塞如天神降临般，他们向着尚处于惊愕状态的奥军发动了进攻，轻骑兵也加入了战斗，战况随即逆转，敌军开始败退。马伦哥之战，波拿巴5点战败，德塞在7点时让他转败为胜，挽回了败局。遗憾的是，德塞本人没能亲眼看到这场来之不易的胜利就战死沙场了。

胜利之后，心情低落的波拿巴一个人留在了战场，他最优秀的一位将军阵亡了，他以自己的生命为代价赢得了这场战争。更让他不能接受的是，德塞取得了这场战役的胜利，这场他溃不成军的战役。若是说还有什么可以让他稍微感到宽慰的话，便是这场战役的行军路线以及作战方案是他独自一人筹划的，而德塞只是扮演了一个按照计划及时提供救援的角色。就像他赢得雾月十八日的胜利一样，他赢得了这一仗，同样都是他先战败，而后由他安排的其他人来帮助他赢得胜利。也许他会想起引发了这场战役、同时也结束了这场战役的一仗。

其实，四个月前，他用大头针在地图上标出的地方，距离他当晚向布里昂口授作战总结报告的地方只有一英里之遥。那个时候，他对布里昂说："我想，我们可以在这里将敌人打败。"所以，假若我们换个角度重新考虑一下全局的话，便能够发现，以上的这些说法都无法成立。

不过，这个时候绝不是比较的时候。这个国家元首兼司令官始终没有间断与维也纳人之间的谈判，哪怕在他越过阿尔卑斯山的前一刻，他都没有停止。在他看来，"战争与谈判必须同时进行"。当时还在战场上的他，写出了给奥地利皇帝的第二封信：

"因为狡猾奸诈的英国人从中作梗的原因，陛下没有采纳，甚至没有考虑我所提出的简单而坦率的提议，战争终于还是无可避免地爆发了，而战争所造成的惨烈情景实在太令我心痛了。到了此时此刻，已有成千上万的法国士兵和奥地利士兵战死沙场了……纵然马革裹尸足够豪壮，可是也实在太过残忍，所以，我决定再次给尊敬的陛下您写信……马伦哥战场上躺着15000具尸体，对此我深感忧虑，在此，我再次请求陛下能够倾听人道的呼声，不要再执迷于战争……您远在千里之外，可能不太能体会这种惨烈，可是我置身战场，却有着深刻的体会。现如今，您君临数国，而您的军队也已经赢得了足够的荣耀……斗胆请陛下赐予我们这一代以安宁与和平。至于我们的那些后代，如果他们蠢蠢欲动，相互开战的话，相信在经历多年战争之后，他们也会变聪明，知道和平的重要性，学会如何和平相处。"

就跟拿破仑这次作战计划一样，他的这封长信同样令人不禁拍案叫绝，虽然这里只引用了其中几句重要的话，但也足以显见这封信的高明之处，可以说与他的胜利一样富有成果。在这封长信中，拿破仑第一次流露出自己对和平的渴望。就在他取得了决定性胜利之后，他还写出了半打这样的信，这让人不禁产生疑问：司令官波拿巴真的是一个爱好和平之人吗？

当然不是！不过，虽然波拿巴不是一个和平主义者，但也绝非一个好战分子。他熟悉并且热爱着军营生活，其程度不亚于他对统帅的棋弈的热爱，军营俨然成了他生命中的一部分，他的神经对战争场面极其敏感，即便已经取得了绝对的胜利，他也会对其表示怀疑。但是，实际上，说他是一名政治家更为恰当，在这片广袤的伦巴第平原上，他的政治家意识将被唤醒。在这里，他第一次跟国王和国家练习另外一种截然不同的棋弈，一种叫作谈判的棋弈，一种给他带来了智慧较量的快乐的棋弈。至于作战方面，他已经被公认为欧洲的英雄，对他而言，冠军的金牌仿佛已经是囊中之物，他不想每年再冒着输掉的风险。就是这样的一个人，他从没有忘却过自己的利剑，也从没有让自己的剑锋变钝。

拿破仑知道，对法国来说，追逐荣耀是个永恒的主题，但他更清楚，眼下的法国需要的是安宁。然而现今，后方的敌人还没有消灭，这个时候，法国需要统治者，作为独裁者的他决不能像以往那样常年在外，他必须尽快赶回自己的国家。出于诸多考虑，他以胜利者的口吻给奥地利皇帝写了一封绝无仅有的信，然后，便匆匆赶往了米兰。

至于巴黎方面又是怎么说的呢？

它终于觉得满足了吗？真的不再去追逐更多了吗？它会不会像约瑟芬那样，即使将全世界的财富都奉于她面前，她仍感觉不到满足，还会索取更多呢？其实，对于自己的新主人，巴黎并没有什么热情。"这11年以来，"罗德雷在自己的日记里写道，"每个巴黎人起床后思考的第一件事情就是：我们到底什么时候才能摆脱那个暴君？而现在，每天早晨，他们想的是：现在一切都还好。如果那个人死了，这现有的一切，工作、资金、建造的房屋、种植的树木等，会变成什么样呢？……他最高的职责所在，其实是政治家，而非将军。过去的那些日子里，他的赫赫战功固然成功地吸引了无数人的目光，但实际上，唤起人们希望的却是他的政治才能。"所有的巴黎人，每天就是在这样一种忐忑不安的心情下度过的，并以一种难以言明的复杂心情观察着他们的统治者。在这样的大环境下，有那么一个人预感到了未来会发生的事情，并给战场上的拿破仑写了这样一封信：

"我尊敬的将军阁下，我刚从杜伊勒利宫回来。法国人的心情有多么激动，外国人对您的佩服达到一种什么样的程度，在这里，我就不一一向您描述了。总之，无数的人对您的凯旋致以祝愿，虽然开始他们都很怀疑这个奇迹的真实性……我也不知道后来的人会不会相信这场战役的奇迹。历史上，没有哪个帝国不是建立在奇迹之上的，我们都知道，缔造一个帝国是需要奇迹的，而这里，那些奇迹确确实实成了现实，成了我们真真切切所能见到的、能感受到的事情。"

这个写信的人，就是塔列朗。看过信的拿破仑，脸上一直浮现着一抹微笑，他暗想："这个写信来的塔列朗，绝对不是谄媚小人那么简单，可以说，他简直是一个预言家！难不成他想像罗马人那样用皇冠来诱惑恺撒？要不然，他为什么能够猜透我的心思呢？"这个时候，拿破仑的旁边还有一封同样来自巴黎的信。

这封信是富歇发来的警务报告：塔列朗最近召集了几个亲信，几个人秘密商讨如果他们的第一执政遭遇不测或是被击败，他们要怎样应付。马伦哥战役的消息传来之时，这几个人恰巧又在吃晚餐。"我简直能想象出他吃惊的模样！"波拿巴心想："他们还真是良心未泯啊！原来，这就是所谓的朋友，这就是所谓的亲信！'除去自己的主子'这样一个隐秘的愿望竟然就如此正大光明地隐藏在了他们所谓的担忧之下。"

的确是时候回去了，拿破仑想着。他始终紧抿着自己的双唇，以致都能隐约看到那一排齿印，他是在隐藏自己内心的伤感，还是在自我嘲讽呢？面对这样一个事实，即便是这样一个伟大的政治家也显得有点情绪失常。不过，回去之前，还要去看下格拉西妮，一个斯卡拉歌剧院的美丽女主角，自己曾经那么坚决地拒绝了她，而现在，她却在自己的耳边，凝望着自己的双眼，轻声地吟唱着，那眼中分明流露着一丝难过的情绪，为他没有更早地召见她。真是一个很奇怪的现象，这样一个美丽的女子却偏偏将自己的心遗落在了意大利征服者的身上。他在犹豫，究竟要不要把这个美丽的女子带回巴黎的歌剧院，至于带回去以后，到底是作为明星，还是作为情妇，便不得而知了。

现如今，德意志境内的敌人也被一同击败了，根据在吕内维尔缔结的辉煌和约，整个莱茵河边境区域将划归法国所有，同时，承认重建的西沙平共和国。在短短几个星期的作战中，还可能获得更多的成果吗？那些部下还有曾经的亲信都希望将他当作英雄来欢迎，他们虚伪地问他对欢迎仪式的意见。"我会出其不意地回到巴黎，"他恶意地回应，一语双关，"不需要什么凯旋门，那些欢迎仪式也没什么实际意义，我同样不需要。我的自我感觉太好，这些形式上的东西，我并不看重，对我来说，真正的凯旋是公众的满意。"

然而，不久之后，他又改口说："我接受为我建造纪念碑的提议，还请你们选好位置，但建碑这件事情并不急于一时，留待下世纪再具体商议吧，如果到时候人们还能认可你们对我的好评的话。"表面看来这是一种更为谦逊的口吻，可是我们分明能从中感受到一种更为骄傲的语气。其实他也预感到以后会有破坏偶像的活动，至多20年，今天这些崇拜者对自己的崇拜就会完全消失殆尽，更有甚者，他们还会将自己的鹰旗扔进垃圾堆。

为了巩固这来之不易的和平，这位凯旋的独裁者倾尽了自己的力量，同时，也超越了自我。之前，存在于他生命中的是征服，依靠急行军以及强有力的进攻将一个又一个的国家收归麾下，而现在，他所倚仗的则是他高明的谈判技巧，借此与昔日的敌人缔结友谊，成为盟友。仅仅在他执政后两年，他便与奥地利、普鲁士、巴伐利亚、俄国、那不勒斯、西班牙和葡萄牙结成了友好同盟，最后，甚至连英国都与之和平相处了。小皮特①辞职后，福克斯②重新得到任用。较之以强硬著称的皮特，福克斯便显得理智多了，波拿巴借机邀请福克斯访问巴黎。当福克斯访问结束，返回英国时，他一脸的兴奋难以掩饰，看来，波拿巴这个著名的死敌对他的影响确实不是一点点。

作为第一执政而不是将军或者皇帝，波拿巴将法国的革命引向了胜利。两年前那个饱受内忧外患的法国已经不复存在了，如今存在于人民视野中的是一个全新的法国，已然成为欧洲大陆上最强大国家的法国。九个正统国家的君主，也一改他们忠于正统主义的思想，承认了与之交战长达10年之久的共和国的合法性。原先欧洲中部，除了瑞士之外，其他都属于国王和大公们的势力范围，现在，他不仅在新思想和旧势力之间建立了和平，还在没有遭遇任何抵制的情况下迫使边境国家荷兰和意大利接受了执政体制。而在波拿巴轻而易举地将其势力范围扩张至皮埃蒙特、热那亚、卢卡以及厄尔巴岛的时候，不管是奥地利还是英国，都没再干涉。波拿巴一直对门第、世袭之类很反感，而在这个时候，那些德意志最古老王室的成员还围着这个夺走自己土地的人，为了莱茵河左岸诸侯的补偿问题讨价还价，这就使得他更加瞧不起门第、世袭、贵族还有君主。

他一手建立的事业，迄今为止，并不是完美无瑕的，甚至上面还有一条裂缝，当然是唯一的一条，但是，他会将它封上的，一切只是时间问题。

不得不说，革命改变了很多东西。随着革命的开始，基督便被理智取代了，而原先被视作大逆不道的反基督思想反而成为所有人争相追逐的潮流。也就是说，波拿巴几乎可以说是单枪匹马地对抗着这股潮流。四年前，在意大利时，他曾经给予了教皇种种优待，但实际上，巴黎当时原本是打算拒绝这些的。不管什么时候，在对待僧侣方面，他总是聪明而慷慨的。这一切都是有原因的。现在，在自己的国家与教会交恶长达10年之久的今天，他急于与它重修旧好。他之所以这样做，并不是说他是一个信徒，他只是觉得，所有权力中这一最古老的权力是利剑或智慧无法战胜的，因而，我们唯一能做的只有与之融洽相处，也只有这样，这最古老的权力才有可能为他所用。他曾经说过："跟土耳其人在一起，那我就是一个穆斯林，而现在，我选择成为一个天主教徒。""正是因为天主教教义的存在，才能替我保有了教皇。"他后来说："凭我在意大利的影响力和权势，他迟早会为我

---

① 小皮特（William Pitt，1759—1806），英国历史上著名的首相，反法联盟的核心人物。当拿破仑在奥斯特里茨获胜的消息传到他耳中后，他突发中风，短短两个月后便撒手人寰。

② 福克斯（Charles James Fox，1749—1806），英国著名政治家，曾担任国务大臣、外交大臣等职务，对法国大革命持同情的态度。

所掌握，我自然不能放弃这一希望。想想，如果真到了那一天，我该拥有多么大的影响力啊！到时候，在面对欧洲之时，我的工具是多么有力啊！"

"我也是一个哲学家，同时，我深知，如果一个人连自己是从什么地方来，该往什么地方去都不知道，那么不管是哪个国家，都不会接受他是一个有道德的、正直的人这一说法。除了上面的一些，其余还有很多东西是单纯的理性无法告诉我们的。如果没有宗教，人们就只能在黑暗中摸索，而天主教教义则阐明了人类的起源与终结。"这是他在主教们面前所说的话。为了着手实施这一项可以算作是巴黎最为大胆的举措，他不惜在主教们面前屈身成为哲学家这种他认为最糟的人。罗马的人们对这些话惊讶不已，不过，在梵蒂冈，每一个聪明人都能找到师辈。红衣主教孔萨维来巴黎谈判时，第一执政居然想在第一次会面时就吓倒他，当时，这位睿智的教会领袖始终微笑以对，丝毫没有落于下风。而对于塔列朗而言，这就像是一幕戏剧，他只是站在一旁，一言不发！尽管如此，在一些重要问题上，双方还是最终达成了协议，例如神父不结婚，主教由罗马选举，重新实施旧的教会法，等等，仅仅是在一点上，教会做出了让步，那就是国家必须向教会支付薪俸。因而，国家便可以对教会有决定性的影响。

协议用印仪式在巴黎圣母院盛大举行，原本第一执政还有一些其他官员是为唱感恩赞美诗而来的，后来也被安排听了弥撒，不过，他不需要领圣餐，也不需要参加"其他一切可笑的活动"。"巴黎方面对我们今天去做弥撒会有什么看法呢？"在为出席这次活动更衣时，他这样向自己的弟弟寻求答案。

"显然，会有很多人围观，如果他们不喜欢，一定会发出嘘声。"

"那我就命令卫队将那些发出嘘声的人扔出教堂！"

"那如果卫队士兵也跟着起哄呢？"

"我相信我的卫队士兵是不会这么做的。你要知道，我的老部下会像当初在开罗敬重清真寺一样敬仰巴黎圣母院这个地方的，在这样的场合，他们会时刻注视着我，而当他们看到他们的将军神情严肃、一本正经时，便会对自己说：'这就是今天的军令！'同时，也会自觉地效仿。"

3.终身执政

地位的稳固问题一直是缠绕在波拿巴心中的一个大结。尽管他拥有10年的任期，但很可能，八年后，他会被对手取代。为了巩固自己的地位，他反复思量，最后决定给参议院一个暗示。他认为，如果在外交上他与美国总统平起平坐的话，这简直是对他的轻视。因此，为了博得众人的重视，他反复周旋，最终使一向仰仗他，对他言听计从的参议院做出如下批准：第一执政在10年任期期满后可以再连任一届。后来，他更进一步地暗示，最终产生了所谓的"终身制"。而这个暗示自然是与选举和民意有关的。尽管他对此十分不屑，但也不得不这么做。这一点说起来与恺撒一样，聪明的波拿巴借用"人民"的幌子肯定自己君主专制的正当性。"人民"自己定夺是否应将权力交给他。如同波拿巴发动政变后曾要求全民赞同一样，他执意要求由全民公决来确认革命已经宣告结束，并批准自己终身执政。

其实，他一直都在面对一个使他坐立不安的问题，即如何完全驾驭处于革命与正统之间的微妙局势。他自己就曾说过这么一番话："向民众求助的好处在于：一、可以延长执政任期；二、可以明确自己权力的来源。要不这样的话，这一来源总是说不清道不明的。"

最终，在自己的威力的震慑下，全民公决以400万人赞成，仅几十个人大胆反对的结果，正式宣告"人民"赋予波拿巴权力。这种所谓的人民赋予的权力又与欧洲头戴皇（王）冠的其他国家首脑手中的权力有什么区别呢？对此，波拿巴狡辩着安慰自己："其他君主和自己一样，也不过是终身执政罢了。"在所谓的"民意选举"的幌子下，他的权力得到了更加充分的扩大。如今，他甚至有权独自任命有解散议会权力的参议员，有权独自与其他国家缔结条约，有权任命他的继任人。

然而，尽管几乎全体公民都投出了赞成票，但这并不意味着他们都是真心拥戴他的。权力到手后，波拿巴却没有得到多少人心。不久，一次偶然的谈话让他下定了调整国家政策、获取民心的决心。

当他在巴黎举行凯旋仪式进入卢森堡宫时，他发现，所到之处并没有什么欢迎仪式。事后，不满的他便质问警务部长富歇为何失职。而富歇却满脸不屑地回答道："我们仍然是传说中的古高卢人的后裔。我们和祖先一样，既无法忍受自由，也无法忍受压迫。"正当波拿巴表示不解时，他继续解释道："我们巴黎人在您这位公民身上看到了所有自由丧失的迹象。您的执政举措简直就是绝对专制的表现。"

波拿巴回应道："您的意思是让我做权力的奴隶而不是主人？要是这样的话，就算只让我统治国家六个星期，我都不愿意干。"

"其实，倘若您真想快速地再次赢得人心的话，只要做到仁慈、强大和公正便可以了。"这个老狐狸说是这么说，其实自己也都没能表现出这三种品质中的任何一种。

"我会想办法扭转局势的，人民的想法常常千变万化，要想改变，也不是不可能。"说完，波拿巴便带着"补救"的决心，转身离去。

到底这位第一执政是怎样对待像富歇这样危险的知情者的呢？他所做的第一件事情就是罢免了富歇的职务。当然，这并非缘于其对曾任神职人员的富歇产生的畏惧心理，事实上，他只是有些瞧不起他。随后，为了所谓的"向欧洲显示自己的和平政策以及法国人民对自己的真心拥戴"，他又开始沿袭自己惯有的讲话方式，披着政治手段的外衣，将警务部解散，并划归司法部管辖。不过，他并没有"丧失天良"，他任命富歇为参议员，以安抚其心。在财物上，拿破仑更是"慷慨大方"。他吃惊于富歇交给他的250万法郎储备金，为了"聊表寸心"，他甚至还将其中的一部分赠给富歇。这正合富歇的心意，他靠这些赠予以及没有上交的隐瞒款项大赚了一笔。

至于公众舆论，他并不担心对任何一个人或党派有所亏欠，因为他知道怎样去顺应他们。

罗马时期的统帅依靠武力获得了国家的最高权力。虽然波拿巴与前者一样集国家权力于一身，但他是依靠自己卓越的才能登上王位的。如果说依靠武力的前者需要拥戴自己的军队，并从中获得权力的话，那么，对于波拿巴而言，这个依靠自己才能的人需要的则是那些对他感到陌生但拥戴他的人民群众。他从骨子里就希望成为像古代或者普鲁士意义上的专制君主，无论如何，他都会毫不犹豫地沿用将大权交给有才者而非由贵族世袭掌控的革命的基本原则，因为这些原则对他来说十分有利——他在战争中不断取胜，大权在握，他是这个国家当之无愧的最有才能的人！然而，他知道自己不能将才能视为获得权力的唯一理由，时代精神和道德舆论正促使自己做出通过全民公决来确定自己的权力来源的决定。他希望这种权力的获得是基于民主之上的，通过人民的自由决定，能使自己被赋予的权力变得合情合理合法。当然，他也知道这个所谓的程序实际上相当虚伪。说实话，波拿巴在挽救革命的同时，实际上也扼杀了共和国。

以上的想法源自拿破仑对古代思想的推崇，而非其冷静的政治理念。因此，他被引向了东方，最终也使得自己在面临雾月政变的危机时竟对参议院暴露出自己的茫然无措。保利，第一位对年轻的波拿巴有所了解的人，曾经这么评价道："你就像是普鲁塔克笔下的人物。"波拿巴对所谓民众统治意义上的民主一直十分不屑。事实上，他只是借用民主的外衣装饰自己的门面。从本质意义上说，他追求的是古代或者当时亚洲的那种专制统治，即有才能的人掌握大权，无须经过两院同意便可独自发号施令。他将追求如同罗马皇帝和哈里发那样的两种权力视为自己的目标，甚至在圣克卢宫的办公室里，他摆放了西庇阿和汉尼拔这两个人的半身像，以此明志。

最先巴结他的是旧政权的人。政变发生之后不久，波旁王室的人，即最后被送上断头台的法国国王的弟弟普罗旺斯伯爵（即位后称路易十八）曾三次以重酬请求波拿巴帮助自己登上王位。然而，波拿巴的最终回复十分圆滑，笑中带刺，又不失体面。收到他的回信后，这位本来拥有继承权的王子便从此不再给他写信，并将一切责任推到波旁王室身上，甚至公开对此表示妥协。那么，这究竟是怎样一封回信，竟能产生如此之大的效果呢？

"我很高兴收到先生您的来信，也感谢您对我的称赞。至于帮您登上王位这件事情，我还是想劝您别再抱有幻想了，因为它需要10万人付出生命代价。为了法国的幸福安宁，我劝您还是牺牲个人利益，以求历史的感谢吧。对于您的家族的不幸，我不会视若无睹的。我将尽可能帮您过上安宁的隐居生活。波拿巴。"

至于旺代的保王党人，波拿巴却一心想拉拢他们。他身着绿色旧军装，头发凌乱地向那帮经历了长时间等待的保王党人走去。不过，他的这身打扮竟然让他们起先没有认出他的真面目。

波拿巴清了清嗓子，郑重其事地喊道："请你们站到我的旗下。我拥有一个年轻、理智的政府！……而你们却在为你们那些没有为荣誉而战的王公勇敢战斗……在旺代，他们才有自己的位置，可是，为什么他们不在那里领导战斗呢？"

贵族们纷纷解释："是政治问题使他们滞留在伦敦了。"

说时迟，那时快，波拿巴顿时"发自肺腑"地大喊一声："那他们应该登上第一艘能找到的渔船渡海而来！"只有最勇敢无畏的人才配说出这样的话。后来，波拿巴对这句发自内心深处的话始终念念不忘，因为它暗含着一桩与世界历史密切相关的事件——他曾亲自驾驶一艘小型军舰横渡地中海，当时海面波涛汹涌，敌军疯狂搜索，然而，他最终还是突破重重危难，抵达了自己的国家的海岸。

面对众多伯爵，这位曾经将欧洲搅得天翻地覆的年轻奇才千方百计地进行谄媚与威吓。不过，他面对的阻力还是相当强大的。

"你们想当将军还是省长，还是其他什么官？你们只要归顺于我，就可以如愿以偿地得到你们想要的官职！"

当时，有人立刻表现出不屑的情绪："我们什么都不想当！"

"什么也不想当？难道你们认为归顺于波拿巴是件很丢人的事情？……好

吧，天堂有路你不走，地狱无门却来敲。如果你们真想放弃和平的话，我就率领十万大军进攻并焚毁你们的城池！"

伯爵毫不退让，坚定地回答道："你要是敢这样，我们就会让你的军队全军覆没。"

波拿巴听后，更加激动了，恶狠狠地喊道："你竟敢威胁我！"随后，得到确切回复的他还是冷静了下来。这一次，他似乎没有给人留下好好的印象，他"丰富的想象力令人摸不着头脑，无所适从"，再加上他那让人难以听懂的外国口音，最终令他无功而返。

然而，他还是成功地以优渥的待遇消除了许多逃亡到国外的保王党成员的敌意，延揽了人心，并很快使四万余个家庭重新回国。至于雅各宾派成员，波拿巴称他们的"形而上学的哲学理论足以败坏20个政府"，不过，他还是客客气气地接待了他们。他认为，在他统治下的巴黎已不再是一个资产阶级大军营，他自己就是一个像模像样的仁慈君主，努力为民众排忧解难。在自己的庇护下，那些民主主义的中间派都得以安全地生活，因此，他的自我感觉良好，他觉得这些人都会拥护自己。

为了讨好群众，他给各级机关做出各式各样的训示，旨在维护群众的基本利益。他规定，如果当年冬天出现像1789年那样的严寒，便需在教堂和市场里生火，为大众提供暖和的环境。他甚至考虑到，冬季气候恶劣，肉价必定上涨，要给巴黎百姓创造更多的就业岗位，如兴建德塞码头，开凿乌克运河，铺就通向码头的街道，等等。至于乞讨者，波拿巴为表现自己过人的善意，称逮捕他们"本是应尽之事，但未免过于残忍和荒唐"，因而改为在各省建造更多的收容所，收留他们，并提供给他们充足的食物和工作。为解决鞋匠、帽匠、成衣匠和马鞍匠失业的问题，他命令军务部长签发炮兵部队设备的特别订单，采取相应措施，每天生产500双鞋。他还要求内政部长立刻拟订创造就业岗位的计划，令5月和6月中来自圣安东地区的2000名工人制造椅子、衣橱、靠背椅等。

他废除了先前禁止穿工作服的人穿过杜伊勒利宫花园的规定，并特别强调允许这些人通行。为了让老百姓也有机会看戏，他要求法兰西剧场在周日将正厅的票价下调。他强烈要求公共阅览室继续开放下去，这一点，他自己有特别深刻的亲身经历。作为贫穷人家出身的人，他十分珍视在一间温暖的房间里阅读书报杂志的权利。此外，他认为"赌博会使人倾家荡产"，为了不在人群中树立坏榜样，他下令全国范围内禁止开设赌场。

在教育方面，他也下了很大的功夫。新教育法颁布之后，他在全国范围内设立了国民学校、公民学校、高级中学以及应用技术大学。三年之后，全国上下共有4500所小学，750所实验学校以及45所高级中学。为体现对有功之臣的重视，其子女占全国6000个公费生名额的三分之一。波拿巴要求内务部列出"10位最优秀的音乐家、作曲家、雕塑家、画家、建筑师及其他领域的艺术家"的名单，称赞"他们的才能值得我们去支持"，并让占总人数近三分之一的科学院人员参加第一届参议院会议，以表明他对艺术科学的尊重。当然，他也不忘让自己的丰功伟绩永垂青史，为此，他下令让人绘制纪念他所领导的战役中发生的种种事迹的大型壁画。他将国家制定艺术规则的问题归责于内政部长，如果有人抱怨国家没有文艺，那就是内政部长的失职。

波拿巴设立所谓的荣誉军团，是出于下面的这些考虑：那些各行各业的人接受了国家在安定富足上予以的支持，然而，在没有战争以及宫廷生活的国家中，缺乏某些特定的环境条件，国家里似乎已没有什么地方存在荣耀，人们也已经不知该如何满足自己的虚荣心了。设立荣誉军团，也许便可解决这一问题。这个荣誉军团并不是军官俱乐部，它旨在褒奖所有成就辉煌的人，包括科学家及在其他领域有卓越才能的人。他委任一位自然科学家担任荣誉军团总长。人们只要曾经郑重宣誓反对任何封建王朝复辟，就自然绝不会反对波拿巴。因此，荣誉军团的创立使他拥有了更多忠心耿耿的拥护者。不过，有人也曾在参议院会议上提出现今的荣誉奖赏与被推翻的封建王朝的滥赏大同小异的怀疑。对此，波拿巴严肃地回答说："我认为，没有一个共和国不需要勋章。这看似是小孩的玩意儿，实际上却能把成人抓住。我不会在大众面前说这些，然而，现在我面对的都是政治家和贤能之士，因此，我可以尽情地说下去。我们之所以需要勋章，需要通过重金和荣耀笼络士兵，是因为法兰西民族自古以来的特性在这过往的10年中并没有发生任何改变，他们还是如此轻浮和自负，只对荣誉敏感，而并非是热爱自由、和平等。这实际上是一种与现在的普通货币有所不同的新资本，它取之不尽，用之不竭，而且是唯一能奖赏那些无法用金钱衡量的高尚行为的资本。"

这段意味深长的话语透露出他灵魂深处的三个声音：对民众心理的了解，对人类的藐视，以及对外国人的批判。他毕竟是一个科西嘉人，法兰西于他而言只不过是个新的祖国。

4.保王党的暗杀

对波拿巴而言，1800年的那个圣诞夜晚可真是惊心动魄。那晚，他与约瑟芬及她的女儿坐着马车前往歌剧院看戏。当他们路过一条狭窄的小巷时,一辆没有套马的空车挡住了他们的去路。他们只得先将空车推到一旁,然后再前进。好胜的车夫一心想往前赶,而当他们刚离开那辆空车时,它就爆炸了,周围的大约20名路人不幸身亡。原来,有人蓄意在这辆空车中藏了暗杀波拿巴的炸药。在这次有惊无险的暗杀中,波拿巴和他的家属都安然无恙。而波拿巴后来的表现更令人诧异。他十分淡定地走进歌剧院的包厢,平静地对周围的人说:"那些家伙想炸死我。"之后,他便开始从容地欣赏当晚上演的海顿新作《创世记》。在这一过程中,他始终显得很平静,仿佛什么事情也没有发生。

表面看似镇定的他根本没有因今天的美妙音乐而忘记一切计划和想法,虽然之前的音乐通常能达到这种效果。当然,他思考的不再是谁是"那些家伙"的问题,是左翼还是右翼极端分子,这已无关紧要,因为他深知自己的敌人到处都是。他实际上在不停地思考这桩谋杀背后的阴谋以及可能带来的后果。现在他所面临的最大问题是要将阴谋策划者断定为哪一方才能对他最有利。他意识到这桩阴谋得逞后将给法国带来的严重后果。纵然这次阴谋失败了,但他决定让它发挥同样大的功用,借此机会来解决他所有的权力问题。这件事情刻不容缓,他决定立即行动。

翌日早晨,各方首脑都对他在此次爆炸事件中幸免于难表示庆幸,他们还认为,此次阴谋的幕后主使者是保王党人。而他却愤愤地反驳道:"不,九月党人才是真正的幕后操纵者。他们都是一群受过良好教育的革命下层军官或知识分子,既勇敢又很会想象,他们善于与群众打好关系,从而鼓动群众!"他当时还反对了参议院某些人关于成立特别法庭的提议,他认为这个提议过于保守。为此,他特地做了一番激情演讲:

"先生们,你们都错了!我们要么像奥古斯都①那样无所不为,对那些罪犯施与宽恕,要么就应采取严厉的举措。为了保障社会秩序安定下去,我们不能单纯采用普通的刑罚,从政治的角度来考虑,这件事情并非刑罚这么简单。有多少人在这场爆炸中无辜地死去,就必须有多少罪犯接受枪毙,这群凶残的野狼总是等候着猎取的对象,他们必须为此付出血的代价!有200人必须接受逮捕、流放的刑罚。我们所有的不幸都是由这些形而上学的诡辩者造成的。"

---

①奥古斯都(Augustus,前63—14):古罗马帝国第一任皇帝,原名屋大维,是恺撒的义子兼继承人。在恺撒遇刺身亡之后,屋大维逐步打垮安东尼等对手,并且把埃及并入罗马的版图之内。前27年,他被罗马元老院授予"奥古斯都"的称号。他于前27—14年在位,在位时期为罗马帝国的和平与黄金时期。

这时，年迈的特隆歇反驳道："流亡国外的保王党人和英国人才应该是这次事件的主谋，他们在任何地方，包括这里，都干这种合谋的勾当。"

拿破仑立刻愤怒地反问道："难道说我要将神职人员和贵族流放出去吗？旺代一直安定平静，没有发生什么大事。我也不想将世界上传播最广的宗教的信徒都驱逐出去。除了两三个人之外，几乎全体参议员都相信这件事是保王党的人干的。你们是把我当三岁小孩看待吗？我真该把你们全体参议员都罢免了才是。难道我必须向天下宣布我们祖国处于危难之中的消息吗？回溯革命之前的法国，它可曾能与今天的良好局面相比？当年的法国难道有今天的安定吗？当年的法国军队难道有今天的战斗力吗？我知道现在有某些混在热爱自由的朋友中的人，他们根本不热爱自由，今天却突然对自由表示深切的关注，真是可笑。你们就不要说什么'我在参议院保护爱国主义者'之类的自欺欺人的话了，这些只能在朋友聚会的沙龙上糊弄人。在这个由法国最睿智的人组成的议会上，我们根本不可能相信你们的这些鬼话！"说着说着，他突然暂停了会议。难道众多参议员都理解他的意图了吗？

听起来，他似乎应该大力出动队伍缉捕案犯，并对他们进行报复。然而，他没有这么做。波拿巴之前在议会上情绪激动并不是因为他自己的生命安全受到了挑衅，其实，这一切都归结于他的统治艺术。波拿巴自己问自己，应当在国内威胁谁，而在国外又要安抚谁？确定之后，他会立即采取相应的行动。至于个人安全的问题，他也不是没有考虑到。不过，他认为，采取严厉的措施亦是保障自己安全最有效的办法。他后来说："当我将各大城市的首脑都放逐到国外后，我才能安心入睡。对于那些清早9点起床穿上干净衬衫的阴谋家，我根本就不惧怕！"

当时，一本名叫《恺撒、克伦威尔和波拿巴》的小册子在全国匿名发行，书中主张建立世袭君主制，而内政部长却没有将它列为禁书。小册子公然大胆地向公众泄露他心中的秘密念头，甚至还是用建议的口气提出的。虽然一名心腹说这本东西过早地披露了波拿巴的意图，他并没有反驳，但不管怎样，它还是激怒了他。爆炸事件及这次的小册子事件在相当程度上分别行刺他的肉体和精神，从而也给自由带来了严重后果。即使当时存在一个保护条款，护民院和两院的五分之一的成员还是被波拿巴罢免了。谢尼埃、贡斯当以及其他著名民主主义者也因此受到牵连，被排挤在外。国家的73家报社中，有61家遭到查封。此后，波拿巴便极为注重对所有小册子和剧目的审查。当时，参议院提醒他注意保障人民的新闻出版自由，而他这么回答道：

"在这样的危急情势下，难道你认为还能允许民众拥有集会的自由吗？每家报社都是人民读者的集结会所，而每位记者都是能说会道的演说家。诽谤就像油渍一样，就算随即擦去，也总会留下痕迹。我们国家不能和英国相比，英国政府的历史已经十分悠久，我们的政府还只是个裹在褪褓中的婴儿！总有一些人会说我的坏话，会想方设法陷害我，因为害怕有人下毒，我这几天都不敢进食！只有将可能成为政治斗争舞台的东西消除干净，各党派才能规规矩矩地平静下来。"

的确，他拥有完全正确的理由，也实施了非常有效的措施。然而，他之前口口声声强调的自由精神，此刻却被挡在门外，接受着这位掌权者的束缚，忧郁地注视着这一切的发展。

5.家庭悲剧

拿破仑的大弟弟吕西安曾在雾月十八日鼎力相助拿破仑，而实际上，这个小他六岁的弟弟就可能是策划甚至撰写那本小册子的人。这无疑给这位第一执政带来了严重的伤害。吕西安是他们四兄弟中最有才能的一个，他甚至拥有比拿破仑更大的野心。在哥哥强大势力的扶持下，他扶摇直上，生活在哥哥巨大光芒下的他始终觊觎着那个最高的地位。如果说后来的拿破仑对他的厌恶使他感到不快，那么之前得到拿破仑庇护，甚至成为其得力助手的他所感受到的不快还要更大些。他总是想象爆发政变的那些情景。这个野心膨胀的人自恃功高，总觉得哥哥全靠他上台，他凭什么要对他唯命是从？

然而他不得不这么做。政变之后，他只不过担任了一个帮主子做事的内政部长职位而已。每次领袖发布新的谕令，他都会做一番评论，设想自己能否做得更好。约瑟芬及其亲信富歇都视他为仇敌，他常常与富歇发生冲突。一有诸如之前所说的小册子发行事件的发生，富歇就将责任推到这位新任的内政部长头上。

吕西安生性与拿破仑有那么几分相似，一样无所顾忌，一样不讲道德，一样喜欢眯着眼微笑，笑容一样都带有犯罪的特点。然而，他不如他的二哥那般精打细算，在政治谋略上也稍逊一筹。从本质上讲，他不是一个政治家，而是一个冒险家。吕西安25岁时已权势显赫，但他仍然愤愤不平，固执地对着哥哥的最高地位流口水。他的第一任妻子是某旅社老板的女儿。婚后，他没有出去工作，而是将专卖权出售出去，经营粮食倒卖生意。他沉浸于奢靡的生活中，买下了巴黎周边最漂亮的宫殿，并将它们布置得像皇宫一样富丽堂皇。他还经常举办欢宴、诗会、表演戏剧等，有意无意地挑战拿破仑的地位。

吕西安的种种举动惹怒了他的哥哥，争吵与裂痕也在所难免地发生。某一次，吕西安放肆地当着二哥的面嘲笑他，说他全靠自己才取得政变的胜利。愤怒的拿破仑差点就将这个不知好歹的弟弟放逐，但最后可能出于兄弟之情，他只是将他革职到马德里担任特使，并禁止他利用职权非法牟利。被贬职的吕西安在自己的新任职位上混得比原来舒服得多，在反英一事上，他的圆滑机智帮了他不少的忙，最终也让他赚了不少钱。不久后，他的第一任妻子去世了，于是他回国后，又娶了一个他喜欢的美女，不过这个美女的声誉与当年的约瑟芬差不多。正为他谋划一桩政治婚姻的第一执政拿破仑对此勃然大怒。

拿破仑的长兄约瑟夫是个心地善良、深谙人情世故的人，不过他也成为猜疑者之一。在拿破仑的影响下，他加官晋爵，担任罗马特使，获得越来越多的财富。他喜欢与施泰尔夫人及其圈子里的人交往，和他们一起批评拿破仑。他一再提醒自己是一家之主，是长兄，纵使自己早已不满于现有的职位，他也拒绝了出任意大利共和国的总统和任参议院议长的机会。

而拿破仑的二弟路易则是一个摇摆不定甚至带有些诗人气质的人。多年来，他一直不喜欢约瑟芬的女儿，而他被迫迎娶的奥坦丝，也一直爱慕着约瑟芬的一个亲戚，这份爱恋历久弥新，许多年后不改初衷。

最小的弟弟热罗姆是个生性善良、轻佻的人。他从小便接受着二哥严父般的教育。拿破仑将他送去当海军见习生时曾这么叮嘱其上司："我将热罗姆·波拿巴送至你处，充当海军见习生。他需要严格管教，请你对他严格要求，命令他履行职责。"

拜他所赐，他的妹妹们也享受着金钱和荣誉，然而她们依然不满足，得寸进尺地索取。爱丽莎和她喜爱的吕西安曾因不正常的装扮成为巴黎的话题。拿破仑听说他俩在业余演出中身穿玫瑰色内衣登台，不禁大怒："这简直闻所未闻！我辛辛苦苦地希望人们重新讲究道德与尊严，而我的弟弟妹妹却几近赤裸地出现在公众舞台上！"尽管如此，他们依旧不知悔改地继续为所欲为着。

嫁给了缪拉将军的卡洛丽娜现在已是反对第一执政拿破仑的人之一，她甚至还将丈夫和亲戚贝尔纳多特卷入了这场阴谋中。虽然阴谋最终并没有曝光，但对此早已有所听闻的拿破仑已考虑将缪拉枪毙了。

波丽娜以矫揉造作的天真成为拿破仑最喜爱的妹妹。她的第一任丈夫在一次殖民地战争中阵亡，不过她并不怎么悲伤，随即改嫁给博尔盖泽，成为侯爵夫人，并住在罗马。出于喜爱，波拿巴一般不会为难她，甚至当她的放荡损害了他的名誉时，他也只是用谨慎的语气进行劝诫。

曾是神职人员的舅舅费什后来成为军队的供货商。他先后又被其外甥委任为大主教和红衣主教，现在参与到了政治生活中。正当拿破仑因超强度的工作而没时间、没精力享受生活中的一切时，周围的人却都在利用他的显赫权势谋取金钱和地位，享受着这一切。

他的家人里只有他的母亲把荣华富贵看得很淡，她依然保持着科西嘉女人的本色，说着科西嘉方言，过着简单的生活。跟以前一样，她一直都不喜欢约瑟芬，甚至有一次拿破仑在皇宫大院阅兵的时候，她恰好也站在舞台上观看，只穿着一袭黑衣的她看上去比珠光宝气的约瑟芬还要高傲。生活的沧桑令她保持着睿智的大脑，政变成功后，她毅然拒绝了拿破仑请她到杜伊勒利宫同住的请求，仍然住在约瑟夫的旧屋子里。当人们赞美她的儿子伟大、有权力时，她会用不太标准的法语回答："希望这一切能长久！"

种种家庭戏剧在拿破仑家族中陆续上演，有的以闹剧收场，有的却以悲剧告终，其因何在？

这一切皆源自拿破仑的内心。他并不是一个靠革命发家的暴发户，否则，当他的家人要求他将荣华富贵分给他们时，为了隐藏他与法兰西共和国利益相悖的家世，他一定会客气或不客气地让他们远离自己的势力范围。因为，虽然他是法兰西共和国的独裁者，但是，只要他的母亲一开口，便会提醒所有民族主义者：这个独裁者是个外国人！虽然他的地位与国王并没有什么差别，但是，只要他的妹妹穿着奇装异服在欧洲的帝王们面前登台表演，便会给这个民族以指责这个暴发户家庭缺乏教养的机会。更何况，革命本身就是要消灭腐败，而他的兄弟们却沉浸于贪污腐败之中！所有这一切，都真实地在巴黎这个传统的嘲讽与批评之地发生着！

面对这一切，拿破仑并没有表示出遏制，反而一而再再而三地容忍着，不断地予以他们荣誉和官职，甚至还委任他们为代表自己的驻外使节。

这种做法与其血统有很大的关系。他是典型的科西嘉岛意大利血统，作为科西嘉人，他十分重视家族的兴旺，并已习惯于家长制及与其他家族的仇杀这些根深蒂固的悠久传统（甚至比某些王室的历史还要久）。他们与王室一样，认为荣誉是比财富更加值得重视的东西。

后代传位的问题可谓折断拿破仑事业的一大决定性因素。征服者一般都会将自己运用命运以及智慧努力谋求的一切留给自己的子孙后代，让他们沿袭自己的宏伟大业。而拿破仑的岛民天生的家族情结，恰好与这种强烈的愿望融合为一体。他需要一个合法的继承人，哪怕是女儿也行。然而，命运偏偏在这里跟他开了一个很大的玩笑。他所深爱的夫人约瑟芬直至最后都没能替他生育一个拥有合法继承权的儿女，至今，他虽和其他女人生了三个儿子，但仍然没有可以合法继承事业的子嗣。真正悲剧性的命运在于其不可避免性，因为这是由他灵魂最深处的情感所产生的。他所热爱的这个女子曾经与前夫生育过两个健康的孩子，却再也没办法为他生孩子了，这与她之前的放荡和恋爱技巧有关（这也正是吸引拿破仑的地方）。如果她能生育的话，欧洲的历史将会重写。然而，事实证明，没有子嗣的悲剧成了阻碍他的事业前进的决定性因素。

早在拿破仑初获大权时，罗德雷便向他提出这一重大话题："保王党人很想知道谁会成为拿破仑的继承人，所以，您不妨想一下，假设您明天就逝世了，我们该将这一切交给谁接任？您现在必须考虑一下为我们指定一位理所当然的继承人的事情。"国家元首的子嗣问题确实非常重要，不过，拿破仑的回答出人意料。

"你刚才说的那个主意听起来不是很好。"

"对于法兰西的民众而言，如果他们知道下一任继承人是谁，他们就会安心地生活下去。"

"但是我没有孩子。"

"不妨过继一个孩子啊。"

"过继不能解决根本问题啊。而且，我觉得，也只能让我还有参议院中的三个人来选定继承人了。不过，选谁好呢？"

"要选就选12岁的小男孩。"

"为何要选小孩而不是成人？"

"因为趁他还小，可以让他乖乖地接受您的教育和关爱。"

最后，拿破仑只好无可奈何地宣布："由法国人担当我的继承人。"

其实，当时的拿破仑不过30岁而已。虽然名义上他只有为期10年的执政任期，然而，君主的宝座实际上已经隐隐约约地在不远处向他招手了。尽管如此，年轻的他依然感受到时间稍纵即逝的紧迫感以及这种紧迫感所带来的时间危机。他把寻求继承人这一重任委托给自己的兄弟们，祈祷他们能赐予自己一名正规的继承人，作为他们献给自己的最好礼物。因为，虽然自己没有子嗣，但至少其兄弟的孩子有自己家族的血统。在维护家族血统纯洁的问题上，他将之看得特别重，这也是他对吕西安娶了一个非名门出身的女人回来而感到恼怒的原因之一。他要吕西安赶紧离婚，再娶一个有王室血统的女人。

当然吕西安是不会听从哥哥的安排的。除了他对现在的妻子十分爱恋之外，原本就嫉恨权势显赫的二哥的他自然不会在这种事情上向哥哥妥协。野心极大的吕西安为了到达权力的顶峰，愿意牺牲一切，包括他与自己哥哥之间的兄弟情。与弟弟大吵未果之后，拿破仑余怒未消地对约瑟芬说："这一切都过去了！我把我的弟弟吕西安驱逐出境了！"

约瑟芬把路易看作延续自己家族香火的救命稻草。不过，出于以上的同样原因，拿破仑跟路易之间也时常发生矛盾。路易与另有所爱的约瑟芬的女儿奥坦丝之间互不喜欢，但约瑟芬却强迫其女儿嫁给路易。后来，他们生了一个儿子，并成为拿破仑继承人的最佳人选。为此，拿破仑的妹妹们暗中预谋，到处散播拿破仑才是孩子的真正父亲的谣言。种种纷争让这个原本幸福的家庭破碎不堪。对荣耀不感兴趣的母亲莱蒂齐娅站在被迫结婚的这对年轻人一边，也跟着她所支持的吕西安一起去他的放逐地——罗马，远离纸醉金迷的日子，做一个不愁吃穿的意大利人，享受着上层阶级和教皇的欢迎，幸福地生活着。

也许拿破仑与约瑟芬离婚，事情会有所好转。这个"老女人"深受他的妹妹们的厌恶，再加上日子长了，其容颜已苍老，拿破仑对她的感情也越来越平淡。尽管爱情淡去了，但友情还在，所以他没有离婚，但他不再像原来那么古板。他先后与妹妹们尽心竭力为他介绍的妖媚动人的女子约会，并和她们有了私情。

乔治娜小姐的这个名字是拿破仑替她取的，她的教名其实也是约瑟芬，但他却不用这个名字来呼唤她，而改成一个意大利名字。乔治娜幼稚天真，诚实可爱，让拿破仑很高兴。她和其他人一样对他十分敬畏，然而，她也觉得他很"可爱体贴"。他和她玩捉迷藏，帮她宽衣解带，倾心于她"幼稚的幻想"和自己的故事，事先早已打听过她的身世的他不时地点头，因她并没有向他撒谎而高兴。

美丽的迪夏泰尔是约瑟芬的婢女，她是一位温柔、苗条、披着金色长发的女子，属于拿破仑喜欢的那种类型。波拿巴的仆人经常在晚上看见穿着长袜的他悄悄地走过盘旋楼梯，只为了见到迪夏泰尔。晚上，他喜欢和她一起玩纸牌，借机调情。此时，约瑟芬恰好坐在另一张牌桌上，醋意大发的她坐立不安，竭力想听清他们的对话。拿破仑总喜欢尾随迪夏泰尔。后来，约瑟芬终于按捺不住，跟在他们后面，敲开了门。拿破仑站在她的面前，面带怒气，扬言要与她离婚。不过，面对约瑟芬动人的泪水，他最终还是将离婚的事情搁置了。

不过，这些卿卿我我的情爱游戏只是一时之需。工作繁忙的拿破仑根本没有多少闲暇沉迷于女色，另外，他又警告自己不要因为女色而重蹈前朝帝王的覆辙。他更不允许后宫插手任何政事。年仅30岁的他在一封写给友人的信中说出了老气横秋的话："我是饱经沧桑的人了，我的心甚至可以洞悉周围的人情世故。"这着实令人震惊。

如同以前他对她一般，此时的约瑟芬正忧心忡忡地注视着拿破仑的一举一动，这位法国的第一夫人靠着那些甚至比路易十六的王后还奢侈的打扮使自己保持着一个华丽美妇的形象。现在，她还会把他此夜将在她那里过夜告诉侍女们，不过拿破仑也常常原谅她。拿破仑是个生性保守的人，连将军或官员他都不敢轻易罢免，对于自己的红颜知己，纵使她有很多过错，但他依旧深爱着她，不肯与她离婚。当她坐在拿破仑床边，用低柔的声音为眼前这个疲惫不堪的人朗读时，他发自肺腑地对这个红颜知己充满感激之情。

之前拿破仑远征埃及期间，约瑟芬曾在马尔梅松宫花园与情夫伊波利特幽会。现在，波拿巴与布里昂、拉普拉斯等文人在这里举行赛跑活动，欧仁和奥坦丝也在一旁看着。拿破仑不小心摔倒时，自己也跟其他人一起笑了起来。后来，在驱车返回巴黎的路上，他说：

"如今，我又能自己给自己戴镣铐了。"

6.当甘公爵之死

"波拿巴的一切命令都是口授的，他几乎从来不亲自动笔。他在房间中来来回回地走着，这时候一名叫作梅内瓦尔的年轻人会在旁边记录下他说的话。这个叫梅内瓦尔的年轻人只有20岁，我们并不能期望他做些什么事，也没有人敢让他做些什么事。但是，他是唯一被允许出入拿破仑的私人书房以及其他三个私人房间的人。不过，和重大计划有关的备忘录则是由执政亲自动笔记录的，然后由他自己将这份非常精确的地图仔细锁好，并且把唯一的一把钥匙也随身带着，几乎片刻都不离身。当波拿巴离开书房的时候，梅内瓦尔必须把地图放到一个柜子里，而且这个柜子是固定在地板上的。如果地图被偷了，人们肯定会认为梅内瓦尔和那个专门负责打扫书房以及生火的仆人有嫌疑。这个男仆肯定会畏罪潜逃……这张地图有着非常大的价值，在这上面，你能找到波拿巴所有的军事行动的机密备忘录。只要他的敌人用这个东西破坏掉他的所有计划，就能颠覆他的政权。所以说，拿到了这张地图，就等于拿到了一件足以毁灭波拿巴的武器。"

为什么会有这样一段话？它是谁写的？难道说敌人在波旁王室安插了间谍？还是说执政身边有人叛变了？

事实上，都不是。这段话是梅内瓦尔写下的，而他之所以写下这段话，正是出于他的主人——第一执政波拿巴本人的授命。执政在书房中一边不停地来回踱步，一边让梅内瓦尔记下他口述的这些话。然后，他命令司法部长派遣一名密探前往慕尼黑。这名密探身上携带着这封作为诱饵的信去接近英国波旁王室的间谍，诱其上钩。他还向部长细细嘱咐了很多必须完全遵循、不能有半点差池的细节问题，比如怎样才能找到深受波拿巴信任的那名男仆，他能从中拿到多少好处，在潜逃的路上，他会在哪儿过夜，等等。这个周密而详细的计划正是司令官所筹划的一个完整的、针对自己的小型军事计划。

这一年的冬天暗地里风起云涌，充满了一股不平静的气息。他有足够的理由加强戒备。伦敦，甚至巴黎的几百名密探差不多已经收齐了信息，进入了收网阶段，很快，那些嫌疑分子就要露出自己的狐狸尾巴。他们有些急切地不断请示着是否可以开始行动了。但是，他表现得很沉得住气，一次又一次地回答："再等一等。"他继续不停地收集情报，直到最后掌握了全部证据：雅各宾派和保王党人，也就是他的对手中的极左翼和极右翼准备联合起来置他们共同的敌人拿破仑于死地。波旁王朝的朋友皮什格鲁已经联合了反对独裁者的共和党人莫罗，准备采取行动。这两名将军都是他的对手。情况紧急，危机一触即发。现在，终于到了动手的时刻！

阴谋被揭穿之时，几乎震动了整个欧洲！波拿巴在筹划揭穿阴谋的过程中表现出了一种令人称奇的谨慎，这让所有的正统统治者都惊叹不已。到了这种地步，他们只能更强烈地把希望寄托在波拿巴的敌人身上，与政府公报上公布的数量相比，实际上的敌人的数量肯定要更多。波拿巴漂亮地挫败了这场阴谋，使得英国的部长们大失颜面，伟大的莫罗身陷牢狱！莫罗德高望重，并且深受波拿巴的敬重。因此波拿巴一直在考虑是否要逮捕他，几经犹豫后他终于下定决心执行逮捕行动。当天，拿破仑的内心并不安宁，不断地派人打探消息。也许正是这件事勾起了他对往事的回忆吧。那是三年多前的事情了。在那个可怕的夜晚，他在塔列朗的家中躲避追捕。一阵骑兵的马蹄声从大门口传来，他感到心惊肉跳，害怕自己要被逮捕了。之后是令人相当不快的审判过程，尽管证实了莫罗的罪名成立，但是波拿巴甚至不敢处决他，只能把他驱逐到美国了事。皮什格鲁竟然被神不知鬼不觉地勒死在狱中。其他13名叛党皆被处以死刑。但是，有一名叛党透露了一个信息——在这场阴谋的参与者中，有一名波旁王室的成员。

还有一个波旁王室的亲王参与了这场阴谋？这条线索立马引起了执政的兴趣。塔列朗还在一旁刻意地向他强调：这个有嫌疑的亲王就是当甘公爵！是的，一定是他！很久以来，他就一直活动在莱茵河边境地区。难道他是想用望远镜观察法国国内的情况吗？他可是孔代家族的后裔、波旁王室的成员、才华横溢的青年公爵，难道他就甘心这样偏于一隅，只是为了跟一个红衣主教的侄女恋爱而待在巴登这样的地方吗？他是真的靠接受英国人的资助来维持自己的生活的吗？只要想一下这些情况，就能推断出他一定认识那些遍布南德的间谍，甚至他就是那个参与了这场阴谋的亲王。这样一个危险的人，怎么能让他继续逍遥下去？必须杀一儆百，用他来震慑其他人，让那些蠢蠢欲动的波旁王室成员安分守己，不敢再来破坏法国的安宁！

接下来的一切都进行得悄无声息。当甘公爵此时正在莱茵彼岸的小城巴登，对即将到来的一切毫无所觉。而执政则发布了一道很长的公文，下令进攻巴登，逮捕公爵。就像当年围攻曼图亚一样，他们严格计算了船只的数目和士兵的口粮。那一天，300名轻骑兵突袭巴登，迅速俘虏了当甘公爵，并在四天后将他囚禁在了巴黎的一个要塞。

执政的两名亲信告诉他文件中并没有可以将当甘公爵定罪的证据。此时，塔列朗再次给了执政一个危险的建议：在军事法庭上严厉审讯当甘公爵。塔列朗是怀着一种恶意提出这个建议的，他深知此举将带来极为严重且恶劣的道德影响，进而危害到波拿巴的前途，而这恰恰将使他受益。幸运的是，聪明的约瑟夫看到了其中的危险。他提醒拿破仑："当年在军校学习的时候，你们是多么敬重当甘公爵的先祖孔代公爵啊！你们还曾经满怀感情地背诵那些歌颂这个英雄的诗句。难道现在你竟然要杀死这个家族唯一的血脉吗？"

执政做出了回答："我已经决定赦免他了。"但是接着，他又说道："不过这绝对不够，我已经有了足够强大的力量，一定能将他招到麾下。"

施泰尔夫人和其他客人此时正在焦急地等待着波拿巴最后的决定，约瑟夫回家之后通知了他们这个消息，大家才安心地离去。

当甘公爵与波拿巴年龄相当，仅比他小两岁。他本身也是一个才华横溢的人，本应功绩卓著。只不过当时的特殊情况成就了波拿巴的声名，使得公爵显得默默无闻。当晚，当甘公爵就被提审。面对12名审讯的参谋部军官，他表现出一种自信且沉着的风度，保持着自己的尊严。审讯时，一名参议员作为控诉人向当甘公爵提问。这些问题由第一执政本人亲自拟订：

"您从来没有跟英国间谍进行过商谈吗？"

"从来没有。"

"假如当时皮什格鲁的阴谋得逞，您会不会从莱茵河入侵阿尔萨斯？"

"不会。"

"您是不是接受过英国的资助？"

"是的。"

"您有没有想过寻求英国的帮助？"

"是的，为了解放我的祖国，我曾想过。"

"那么为了得到进攻法国的武器，您是不是曾经为英国效力？"

"要回到家乡，孔代家族的人只能依靠武器！"

公爵最终被判处死刑，并且被迅速执行。第二天，天刚拂晓，就由一名干练的军官指挥着执行了枪决。

根据规定，法军无权越过边境将公爵带回法国，因此这个判决中有一点与法律程序不合。但是，当甘公爵对于自己用武力推翻法国的现有政权的企图供认不讳，因此，只要他踏上了法国国土，法国就有权处死他。就程序上来说，突袭巴登算是无法可依，其余的就基本上完全合法了。

但是，事情并非如此简单。正像日后塔列朗第一次对这件事发表看法的时候所说的那样，这件事绝不仅仅是一个简单的犯罪，它还铸成了大错。有成千上万无辜的人在革命期间被处死了。对公爵来说，波拿巴是一个可恶的篡权者，那么，听到波拿巴被刺的消息，他必然会感到高兴，即使他自己并没有参与这场阴谋。也许正像他自己所说的那样，他一定会挥剑进军巴黎，任何仍然活着的弑君者都将遭遇他的复仇之剑。事实上，如果今天处死的人不是波旁王室的成员，不是君主统治下的欧洲的象征，就不会有人对军事法庭做出的这个死刑判决提出异议。但是，正因为这位年轻的公爵所拥有的特殊身份，使得这个枪决事件不再单纯，它已然成了向欧洲十几名君主挑战的信号，也是对欧洲千百万相信君权之人的挑战。令人担心的事情终于还是发生了，它最终成了人们反对这位独裁者的导火线。尽管实际上，波拿巴在此前担任司令官和作为政治家的七年里，从未有过任何暴行。

执行枪决后的第二天，几个客人沉默地围坐在餐桌边，他们中间笼罩着一种沮丧而压抑的气氛。约瑟芬极力隐藏着自己的恐惧，波拿巴虽然缄默不语，但是心中思绪万千，十分烦乱。突然，他开口了："至少现在我们让他们认识到了我们有着怎样的能力。从现在起，希望他们能给我们片刻的安宁。"饭后，波拿巴在房中踱来踱去，所有的人都默然地听着他阐述自己的理由和立场。他很少有这么激烈的情绪，他用一种少见的激动的语气谈起了天才、政治家，特别是腓特烈大帝，一位他极为敬仰的人：

"尽管必须不停地在不同的人之间周旋，但是一个政治家的内心深处仍然是非常寂寞的。他可以富于情感吗？他本质上难道不应该是个孤寂的人吗？政治家将政治作为他的望远镜，既不应缩小也不应放大事物。在专心观察事物之时，他的手中必须控制着绳索。他的马车经常由互不配合的马匹来拉动。你们说，对于某些平常对社会很重要的感情，他难道会有精力顾及吗？……他经常不得不做一些事，尽管这些事似乎与整体无关……你们拓宽一下自己想象的视野，不要拘泥于自己的时代，不要动辄就去指责，这样，你们就会发现，那些被指责行为激烈、残暴的大人物，他们只不过是政治家而已！但是，他们总是会遭到人们的误解。能真正了解他们的只有他们自己。他们能对自己做出最准确的判断。假如他们真的老练，能精确地算出这些激情的影响，他们就会懂得怎样来控制自己的激情。"

波拿巴满怀激情地说出了这番自白，话中泄露出他灵魂深处的秘密。突然，他中断了自白，让人给他朗读和这场阴谋有关的文件。

他情绪激烈地喊道："我们已经掌握了确凿的证据。就是这群家伙，他们想在法国制造混乱，他们想要杀死我来毁灭革命！我一定要找他们报仇，一定要捍卫革命！公爵跟其他反叛者根本没有什么区别，他应该受到和其他反叛者一样的处罚……这些人是一群疯子，他们妄图谋杀我来毁灭革命。他们想得太简单了，就算阴谋得逞，他们也得不到什么好处，到头来只不过是狂热的雅各宾党人取代我……这帮可恶的波旁党徒！我敢打赌，一旦他们复辟成功，首先要做的就是恢复朝仪。想凭一封有路易签字的从伦敦发出的信就夺回自己的王国，简直是做梦！何况这样的信还会连累那些行事不够小心的人。要是他们敢在战场上流血流汗，才算有种！……是，我是杀了人！但我是迫不得已的。也许我还要继续杀人，但是这也并非是因为愤怒，而是出于一个再简单不过的原因——只是因为流血是必要的。"他最后喊道："我是一个政治家，我代表着法国革命，我会懂得怎样来捍卫革命的成果！"突然，波拿巴遣退了所有在座的人。

这是他的心情，他的动机，他的希望，他内心深处潜藏着的那些感情。但是，关于令他都吃惊的计划，波拿巴没有向他人透露一丝信息。

7.拿破仑称帝

距离当甘公爵被处决之日已经过了一周的时间了，这一天，第一执政迎来了特殊的拜访者——参议院的一个委员会。委员会向他提出了一个奇特的双重申请——建立一个最高法院，并且在法国建立世袭君主体制。这个提议是仓促之间以民众意愿的形式提出的。还有什么可以比这更合乎逻辑、更简单的吗？他们认为必须有一个最高法院和一名继承人来消除恐吓行为，确保国家首领免遭谋反者的暗算。

1804年12月2日，35岁的拿破仑在巴黎圣母院举行加冕典礼

此时受情势所迫，波拿巴不得不过早地做出建立帝制的决定。事实上，他一生中几乎所有的决定都是在这种情况下做出的，而不是根据深思熟虑定下的计划按部就班地去实施。即使在他的事业的关键时刻，他的人生轨迹还是如平常这样。他绝对没有在进军意大利时就奢望自己会登上米兰或者法国国王的宝座。他一步一步自然而然地逐步扩大着自己的成就，在这个过程中，他登得越高，视野就越宽广，他的眼中也就能看到越来越多的景色。"一开始就知道自己要去往何方的人，往往走不远。"这正是他一直奉行的座右铭。他的很多行动都是依靠自己敏锐地抓住了那些稍纵即逝的机会而取得了成功，但是，也正是这一点，给他的英雄形象蒙上了一层神秘的面纱。他是一个当之无愧的天才！在准备每一次行动之前，他都能进行精准的计算，把每一个细节都考虑到位，几乎可以说是算无遗策。面对大局之时，他又总是显得从容不迫，应对自如，毫无负担。

登上法国国王的宝座对于波拿巴来说是一个错误的决定吗？他究竟为什么要做出这个决定？

应该说，他天性里精于计算的部分第二次败给了富于幻想的那一部分，于是他做出了这个决定。第一次，是他在远征埃及之时，第三次则是他决定入侵俄国之时。从他出生开始，古代英雄们那伟大的形象就占据了他的心灵，在他整个成长的过程中，这个英雄梦从未消失。到现在，他终于在这个梦想的驱使下走出了这一步。另外，他天性喜欢向人发号施令，这个特点也为他成为这样的人提供了推力。而他身上所具有的那种诗人气质则使他将人生中的各个事件写成了传说。他总是会在每一个战役结束的那天晚上，产生一种感觉——这场战役已经在历史上画下了浓重的一笔。他总是致力于创造新的荣誉，正是因为他有着这样一个被想象力所驱动的马达，有着这样一双永远向前看的眼睛。他必须要有一个独一无二的，只属于波拿巴的，其他任何人都无法拥有的徽记，而未来的一千年甚至两千年间，整个欧洲都将处在这个徽记的光辉照耀之下。

它是波拿巴作为一个精于计算的人，一个伟大的谋略家，一个了解人心和藐视人类的人所需要的东西。而作为一个政治家，他同时也需要用它来使自己不再需要用无止境的战争来保卫国土。最后，如果他得到的只是那些将因为自己的死亡而消失、无法长久留存下来的冒险家的奖赏，那么他心中强烈的家族观念就会让他觉得自己其实一无所有。因此，这更使他迫切地需要它。

"国王的称呼只会让我成为继承某个死人荣耀的人，这毫无新意可言，早就已经过时了。我并不想继承或者依附任何人。不管怎么说，和国王相比，皇帝这个头衔要伟大得多，而且在这之中还有一些让人遐想的、无法解释的地方。"寥寥几句话，已经透露了他心中促使自己做出这个决定的狂野、热情、精明而又冷酷的动机。

他是不是已经看到了危险？还是说他对其中的危险视而不见？他有什么样的灵丹妙药？他加冕称帝后，曾经不止一次地说道："什么是御座？不过是一块罩着天鹅绒的木头罢了！"就像他过去能用荣誉军团来影响人们一样，他深知自己能影响人们。而相比建立荣誉军团之时，他采取了一种更加认真的态度来对待皇位，因为，皇位显然有着更大的诱惑力。这就是他的政治手腕，他的驭人之术。现实的世界里不存在神明，不要妄想获得神明的帮助。迟钝的民众只承认权力的力量，因而，作为一个政治家，他必须有权力的象征——皇冠，而无法像一个普通人、诗人或者哲人那样，可以祈求上苍，不必承担皇冠的重负。

能够预见所有事情的他，难道会没有看到隐藏在金光闪闪的皇冠上的危机？难道他忽略了千百年来民众是相信君权神授的吗？如果他注意到了这一点，他又该怎么使这一幻想与自己在政治上表现出的玩世不恭相协调，以使自己不致失去平衡呢？假如说皇位是有才能的人才能获得的礼物，那么，没有才能的人怎么能够继承大统呢？

但是，他仍然努力依照罗马皇帝的制度来确保继承权。不像那些能够代代相传的东西，每个人的才能都是天生的，不可能靠血缘传承，这一点他心里很清楚。他曾经目睹人们通过流血政变改换世袭皇位，他在内心深处其实是赞同这种政变的。波旁王室的成员们那种像老鼠一样龟缩在窝里的行为让他从心里感到蔑视，这才是他真正瞧不起波旁王室的地方，而非他们的血统。事实上，他从未指责过波旁王室的血统。在他的心中，他是拿破仑·波拿巴，他是一个千年不遇的奇才，只有那些在战场上立下赫赫战功、英勇不凡或者才能卓著的人才值得他把荣誉和财富赋予他们。拿破仑·波拿巴，这个反叛精神的化身，如今站在自己通过八年努力所达到的位置上，内心豪情万丈，他相信他的血统可以传承万代，因为那是他的血统，他拿破仑·波拿巴的血统！

他对普鲁塔克和恺撒的事迹了如指掌，他熟悉法国、英国、普鲁士伟大的国王们的伟大功绩，不过同时也鄙弃他们辉煌之后的没落。现在，到了他让这独一无二的至尊宝座重新得以世袭的时刻了！作为一个新的帝王，他希望自己能在并且只在这一点上将古今融为一体。正像日后他所说的那段具有悲剧性深度的话中所表达的那样："我之所以处处忍让，并且放弃使用武力，正是因为我孤身一人，以一己之力使世界获得和谐，实现安宁。"

是的，他的这些话充满激情，他满怀壮志，足以媲美普鲁塔克笔下的英雄人物。但是，除去英雄这个光环，他也只是一个普通人，他还拥有简单的、平民的情感。由于他和约瑟芬没能生下继承人，他的亲信罗德雷曾敦促他再婚，他激动地对罗德雷说道：

"到目前为止，我一直秉持着公正的态度管理国家。我也许会为了个人利益而同约瑟芬离婚。但是，我决不能做这样的事——仅仅因为我现在的地位比原来高了，发达了，就将一个好妻子一脚踢开！我怎么能同约瑟芬离婚？过去的那些日子里，我们一起度过了一段艰苦的岁月，她随时有可能随我一起被流放或者被送进大牢，然而她从没有离开我。现在要我跟她离婚？不，我不能这么做，我下不了这个狠心。我毕竟不是老虎所生，我是一个人，有一颗人的心。"当然，约瑟芬一死，他就彻底自由了。但是，现在约瑟芬仍然是他的妻子，那么为了解决继承人的问题，他设想了一个什么样的最佳方案呢？"统治法国的人必须要有良好的出身，是名门望族的子弟，从小就居住在皇宫深院，如果你没能出身名门，那么就要有能力让自己卓尔不群。我的兄弟们跟我一样出身贫寒，但是，他们没有能力使自己超出众人之上，也没能凭借自己的力量跻身上流社会。"

他没有发现，危险已经出现了。一个无法弥补的错误隐藏在这些想法中，而正是这个可怕的错误将导致最终的失败。

开始的时候，一切都进行得很平静。为了取得至高无上的地位，压制其他政党，他采取了和之前一样的做法，再次要求进行全民公决。12年前，这些法国人推翻了自己的国王，取消了帝制，12年后的今天，同样是这些法国人，却要重建帝制。这一次，公众的热情空前高涨，甚至超过了两年前投票确定执政终身制的时候。几天后，尘埃落定，反对者寥寥无几，参议院里只有三票反对，这来自于他的三个死敌，护民院里只有一个人持反对意见，即他的崇拜者卡尔诺。只有卡尔诺在此时有远见地坚持了自由思想。然后，5月的某一天，执政派人将全民公决的结果和新宪法送往圣克卢宫，并予以公布。就像这只不过是修订了一条宪法条文一样，所有的事情就这样平淡、简单地发生了。

他从来不认为是神明或者民众将权力赋予了他。那个时候还是他初掌大权之时，在某一天吃过了晚餐后，他的夫人正在和雷米扎夫人谈话（后者在回忆录中描述了当时的情景）。靠窗放着一把椅子，拿破仑就静静地坐在上边，下颊靠在椅背上，在旁边听着她们交谈。然后他突然站起身，脸上带着一种悠闲而愉悦的表情转向了雷米扎夫人。他就这样突然地卸下自己的伪装，表现出了一种令身边人和后人惊讶的自由姿态，仿佛他正在对着历史阐述自己的意图和想法：

"你们是否很不满意我处决当甘公爵？你们是否总是喜欢回忆？对我来说，记忆就是从我成为大人物的那个时候开始的。当甘公爵对我而言又算得上什么呢？仅仅是一个比较重要的流亡者，而这，足以成为打击他的原因……在两年前，我用极为自然的方式接过了权力……但是这位公爵强迫我提前结束危机。尽管当下的形势和事实有些矛盾，但我本来是想要再当两年执政的。原本，我们，法兰西和我可以再同行一段时间，因为它信任我，需要我所需要的所有。然而，在这次震动了欧洲大陆的叛乱之后，一定要让它认识到错误的存在……

"就保王党和雅各宾党来说，他们只要认为某人胆怯了，就不会感到气馁。而我，正是想要和他们和解。我认为他们彼此之间不会缔结任何条约，但是，我能同他们达成协议，并且使这些协议于我有利。……现在保王党和雅各宾党不得不保持沉默。我的敌人只剩下这群固执的共和党人。他们竟然想要在原来君主国的地盘上建立一个共和国；难道他们以为欧洲会听任这件事情发生吗？……所以，我选择了建立君主专制，因为这会让人们觉得熟悉，他们将更容易接受这样一种环境……

"你们将在不久之后看到，对流亡国外的保王党人来说，宫廷礼仪永远有着致命的吸引力：贵族们总是更倾向于传统的语言习惯，用它就可以赢得他们的心……君主制是唯一一种适合法国人的形式，它也是你们所喜好的形式。雷米扎先生，我敢打赌，假如你现在称呼我为陛下，而我称呼你为阁下，你一定会觉得更加舒服……共和国中那种严厉的氛围只会让你们觉得无聊至极，它无法满足你们的虚荣心，而这是你们无法忍受的。……你们真正关注的是平等，至于自由，那不过是个借口罢了。我相信，人们更愿意看到的是王孙公侯们都是从士兵晋升而来的……现在，军队和民众都已经成了我的支持者，他们愿意与我站在一起。这是多么得天独厚的条件，如果有人在这种情况下还不能统治国家，那他就是个不折不扣的笨蛋。"

这时候，他突然停了下来，重新戴上了一副庄严肃穆的面具，像一个独裁者那样用冷漠的口气给雷米扎先生下了一道无足轻重的命令。

这个35岁的新任皇帝，穿着一件绿色的旧军装坐在椅子上，乜斜着眼睛扫视着沙龙。他一边在房间里踱来踱去，一边倾诉着自己心中深藏的那些隐秘的想法。然后，他又突然中断了这种倾诉。这个时刻，在这亲切、自然的氛围里，我们默默地站在他的面前，倾听着他的自我坦白，感受着他对命运的顺应以及对现实的抗争。这个时候，我们听到的东西远远多过他在忘情的状态下所吐露的。在这种氛围中，我们感到他内心中对世袭贵族怀有一种蔑视的感情，但是在这种单纯的蔑视之外，他又隐隐地想要讨好他们。我们了解到他那些灵活的、能够随机应变的计划，感觉到他对愚蠢的人类的一种善意挖苦，还有作为一个外国人，他所具有的那种完全陌生的性格特点，而在统治法兰西这个美女之时，他之所以能采取一种绅士式的严厉手段，也正是得益于他身上所具有的这种陌生的性格特点。

但是，这些一定不是全部。他一向只对这些听众谈及政治问题，所以，这些应该只能算是他的动机的一半。但是，事实上，这些政治问题相当重要。在他的时代开始的时候，政治问题就是强大的动机。他最初似乎没有对称号的改变表现出多大的反应，相反，他的态度相当冷静。他给施泰尔夫人写信说："我的兄弟对他的新头衔似乎没有什么兴趣。他说生活并没有发生什么变化，一切还是以前的样子，但是在说这些话的时候，他显得得意扬扬的，好像一副很了不起的样子。但是，那些真正了不起的人应该很清楚，这些不过是一些虚名而已，不会对朋友、家庭和社交圈产生什么影响。事实上，这种虚名不过是出于制度的需要才产生的。就我自己而言，自从被称为陛下以来，家里没有人感觉到我有了什么变化。"

真正对他产生大影响的应该是第三次改名。这对他来说确实算得上一件大事。当然，重要的并非是从此以后，他接见法兰西帝国的重要人物的时候，被他们称为"陛下"，而约瑟芬被称为"夫人"；重要的也不是如今宫廷礼仪的恢复使得贵族们——15年和20年前在同一个地方高呼"陛下"和"夫人"的人——的内心激动不已，难以平静。事实上，无论是哪一个方面——服饰、性格还是言行举止，今天的皇帝跟当初的第一执政相比，都没有什么改变。

但是，"波拿巴"这个名字——这个在过去八年的时间里，在签署公告、大量的信件、备忘录以及法令的时候他一直使用的名字，从现在开始，终于可以被替换为另外一个几乎从孩提时候起他就从未用来签名的，这10年来他几乎没有听到过的名字——"拿破仑"①，在不久的将来，他将用颤抖的手将这个名字缩写为"N"。他一直被约瑟芬称为"将军"，而兄弟姐妹们早就开始用"您"来称呼他（这是约瑟芬建议他使用的称呼，而非他本人的意思，这个称呼与习俗相符②）。只有很偶然的时候，他才会听到他的母亲用一种少有的亲密的口吻称呼他为"拿破里奥尼"。

这不仅仅是一个单纯的改变，这次的改名对他来说意义深刻。一个全新的头衔被赋予了他，他生平第一次签下：

拿破仑一世，法国人的皇帝。

8.拿破仑王朝盛景

从最初的时候起，各种困难便纷至沓来。"根据共和国宪法当选皇帝"这样似是而非、不伦不类的尴尬定义被铸在钱币上，并将伴随他整整四年。7月，他以宫廷礼仪大肆庆祝攻陷巴士底狱纪念日，以纪念革命的开端。这场极尽壮观之能事的庆典在事后看来政治意义极为浓厚，因为被推迟到一个星期日的"解放纪念日"不久后就淡出了人们的记忆，不仅如此，就连革命历也逐渐被废止，回归旧历。

投奔他的人不计其数。讽刺的是，在不久之后担任了帝国要职的官员中竟有130人曾在12年前赞成处死国王路易十六。看着这个从鲜血中孕育而生的革命政体由形式到内容名存实亡，冷眼旁观的欧洲能不发笑吗？

笑得最欢的当属那些圣日耳曼区的旧贵族。当甘公爵死后，他们得以重新成为反对派，并获得了皇帝绝不亚于过去对圣安东尼工人住宅区的关注。杜伊勒利宫新主人的奇闻逸事在圣日耳曼区的街头巷尾流传着，随着"陛下"这个过去波旁王朝的国王专享的称呼而来的，是所有人关注的目光和种种非议。作为曾经的米兰将军，与生俱来的威严使他免受这些非议的迫害，一切都有条不

---

①按照西方习俗，拿破仑·波拿巴称帝后只使用自己的教名"拿破仑"，而不再用原本的姓氏"波拿巴"。

②在法语和德语等语言中，地位相差比较大的人之间相互称呼一般用尊称，拿破仑执政后，与自己的兄弟姐妹和下属之间就使用尊称来相互称呼。鉴于汉语的语言习惯，在翻译的时候，我们大多将拿破仑对兄弟姐妹和下属的称呼译为"你"，而不是尊称的"您"。

綮地进行着。但他的家人、亲戚和手下却无法控制住好奇心，总是忍不住对宫中发生的事情品头论足，结果不仅招致嘲讽和讥笑，还害得他们的主人在欧洲的名誉受到损害。

从此以后，英国人不再满足于派出间谍，他们还召集了一群写手，这些人善于用滑稽的语言描绘虚假却生动的故事，从而使人们信以为真。讽刺画随处可见，漫画中的小个子中尉正在著名演员塔尔玛的指导下模仿皇帝走路。实际情况是，拿破仑经常教塔尔玛如何在高乃依悲剧中扮演一个好的国王。不幸的是，老迈年高的欧洲又怎么能抗拒这个已经变为事实的传奇呢？其结果自然是使得整台严肃的悲喜剧生生地被贬为了一场滑稽剧。

皇帝知道自己需要一个宫廷，但他无奈地发现他曾经滴水不漏的强势手腕到了此处几乎毫无用处，因此只能转而向那些旧帝制时代的专家求助。退职后热衷于写作的路易十六时的宫廷总管惊讶地发现，在他的旧主人命丧断头台后，他依然能够掌管宫廷庆典等事宜。至于路易十六王后的贴身宫女也被重新起用，因为约瑟芬发现凭借她自己和寥寥几个前朝宫女，完全无法使她穿着曳地长裙像个王后一样走路。于是这个在旧王朝倒台后在巴黎开起寄宿学校的女人又回到了相同的房间，在相同的镜子前服侍新王后，整理她脚边的拖裙，尽管这个克里奥尔女人的舞步与她可怜的王后是那样不同。

新皇用最严谨而严肃的态度组织着他的宫廷，就如同在建立一支新军队的参谋部，尽管也许他比谁都明白这样做没有任何实质意义。"甚至是你，罗德雷，也写文章宣称我早已丧失了理智，这样的文章已经够多了！但你难道不明白，我为何要为我的新元帅们冠以'阁下'的头衔，就算他们都是如假包换的共产党人？只有当他们也拥有显赫的头衔，才不会对我专享作为皇帝的'陛下'这一称呼不满。"在无限荣光的背后，拿破仑从来没能逃脱重重矛盾的缠绕。

唯独被撤销的两位执政现在担任着新帝国的大宰相和大司库。作为宫廷大臣的塔列朗使这座古老的宫殿又回到了过去的老路子。对皇帝而言，将帝王时代的绅士和贵妇们安排到宫廷要职上再容易不过了，但他选择了贝尔蒂埃、缪拉、拉纳、内伊、达武等14位将军。他们是在筚路蓝缕的时代便追随他的无产者和平民子女。这些曾经挣扎在社会底层的马童、侍从、船夫甚至流浪汉被授予宫廷职位，必须穿着镶边的绸领，脚蹬带扣的皮鞋。他们脱下旧军装，换上金麦穗边饰的法国元帅服。他们的夫人要像旧时代的贵妇一样行屈膝礼，学会优雅地站立和就座，学会搔门而非敲门。这一切都是要让欧洲看清楚，这个军旅出身、从中尉做起的皇帝是怎样对他的尉官们论功行赏的。不妨看看站在那儿的马尔蒙，他穿戴着丝绸和镶金边的服饰，但曾被子弹射穿的胳膊一直用绷带吊着。象征战功的那条被剪破的衣袖和剪裁精致的长裤搭配起来，有一种滑稽感。

皇帝毕竟是聪明的，他废除了早朝时呈献衬衫和向君主行吻手礼这两项烦琐而又有损朝臣尊严的礼仪。

但是如果由这个军人皇帝来掌管一切似乎难以重现旧王朝的盛景。虽然皇后及皇室成员围猎时着装的颜色已通过长时间的开会讨论确定了下来，但捕猎牡鹿却不如想象中顺利，因为皇帝在想着自己的事，而又没人敢冒风险替他开枪。各种仪式的进行"好像追随着鼓声的引导，每件事都像在打仗，令人感到惶恐不安而不是优雅、舒适……死气沉沉的宫廷生活令其中的人有如行尸走肉，潮水般涌来的是忧伤而非尊荣。因为在这里每个人的行为模式都被限定死了，就像人们安在镀金马车上的零部件"。

皇帝度日如年地打发和那些贵妇在一起的时间，询问她们有几个小孩，是否亲自哺乳一类不太文雅的问题。他挖空心思的讨喜行为却常常得到相反的结果，显然，他并不适应这种场合。在圣克卢宫的一次贵妇聚会上，他的这种无所适从达到了极点，找不出可谈的话题，只是一个劲儿地说："天太热了！"

几乎每个与宫廷沾边的人都发了财。不同于对宫廷官员的优待，他对旧贵族十分吝啬，还暗示为朝廷工作是他们的义务。大部分人富得流油，因为"人们的野心驱使他们努力工作，只有努力才能升官发财……我设了参议员和亲王的职位，让人们的野心膨胀，从而听命于我"。他不遗余力地使用荣誉和金钱来笼络人心，目的不是真心想交朋友，而是想换来追随者。

没有人比他更了解金钱的价值。在他戎马倥偬的一生中，虽然在紧急关头总会随机应变，但另一方面，人们也可以看到他一贯的小资产阶级的理性和头脑。皇帝的收入跟路易十六一样，每年高达2500万法郎，但与后者的挥霍无度不同的是，他相当节俭，每年都会结余1200万法郎，要知道，他的前任的实际花销可以高达4500万法郎。皇帝的细心和精明使得皇宫维持着一贯的奢华排场，但花费却不到波旁王朝的四分之一。过去他靠每个月90法郎过日子，如今他依然可以声称，每年只需1200法郎和一匹马，他就得到满足了。

他依然维持着过去在巴黎的生活方式。早晨7点，皇帝被唤醒，9点钟开始工作。秘书们一刻不得闲地迅速而准确地记下他丝毫不减慢语速口授的内容。他夜不能寐时，梅内瓦尔会在一旁恭敬地站着，随时记录主人夜间的思绪。他用餐只花20分钟，美味佳肴在他脑海中从不停留。他的侍从们身着华丽光鲜的服装，他自己却衣着简朴。每逢盛大庆典不得不盛装出席时，他总是一脸不耐；一卸下盛装，他就觉得轻松。事实上，他完全不能接受新修的圣克卢宫，认为这是"给年轻情妇住的地方，一点都不庄严"。

他对日常生活并不讲究，床、伙食以及照明都不拘样式，甚至他从不离手的鼻烟壶看上去也毫不起眼，仅是个玩具。在他心目中，必需品只包括壁炉、热水澡、科隆香水、红葡萄酒以及每天两件干净的内衣。

与他相反，约瑟芬则是个挥霍无度的女人。她的衣柜里堆满了不计其数的衣服和帽子，她的宝石、披肩和头饰都价值连城。尽管她的丈夫希望她能过着他自己所不屑的奢华生活，但也少不了对她那天文数字般的账单产生微词。

皇帝的兄弟姐妹也享受着奢靡的生活。他赐予他们一切，可他们的欲望却像无底洞一般难以满足。除了被放逐的吕西安，憎恶约瑟芬的五对夫妇同她展开了可笑的竞赛。他的兄弟、继子和姻亲占据了六个高薪职位中的四个，他的兄弟们都被尊称为"殿下"，他的姐妹们抱怨连路易的妻子奥坦丝都有了殿下的称号，而她们却"什么都不是"。对此他巧妙地回答道："这些话如果被人听到了，肯定会认为我们的先父为我们留下了皇位和帝国！"

人们会这么想是很自然的。对于他们的请求，他总是格外爽快，而其他人却没有这种好运气。10年来他贪婪而愚蠢的亲戚们源源不断地接受着他赏赐的荣誉、金钱、土地，却不懂得感恩和顺从，反而给他惹出一箩筐麻烦。这使得人们困惑，到底是怎样的偏见使他对他们如此纵容。他有着开拓者过分的骄傲和自信，同其他事情一样，在这方面，他的动机必然夹杂着模糊的感觉和理性的考量。

他算是半个东方人。在想象力的驱使下，他动辄赠送王冠，就像从前将利剑和鼻烟壶赏赐出去一样。长于算计的他费尽心思地将权力交给可信赖的人。在他看来亲情是再浓厚不过的了，纵然是战友也比不上。但他的亲人们却辜负了他的期望，最后甚至一个亲妹妹也背叛了他。在用人这一点上，他无疑背弃了一贯坚持的公平原则，没有任人唯贤，而是提拔自己的兄弟和侄甥们担任高官，甚至从中挑选继承人。正因为如此，他限制了他们的自由，不像其他将军那样可以在职权范围内自由行事。他就像顾命大臣对待未成年的王子那样对待自己的家人，这样的行为带来的是双方的痛苦。

如今的约瑟夫在说话时常充满不屑。他在民主社团里高谈阔论，拒绝出任大臣，让自己的女儿们依旧以"执政"称呼皇帝陛下，另一方面却欣然接受亲王的200万法郎年俸和弟弟让给他的卢森堡宫。他的态度终于触及了拿破仑忍耐的底线，以致一件细枝末节的小事就足以令他怒不可遏。从这段发自肺腑的指责中，我们可以看出拿破仑那种历尽艰难终于获得成功的自负："约瑟夫这个蠢蛋！难道我让他成为亲王，就是为了看他和我的敌人坐在一起，穿着褐色大衣，戴着圆礼帽在巴黎闲逛？为了今天的成就，我牺牲了一切，只要我想，我就可以和别人一样游戏花丛，寻欢作乐！可是如果那样做了，国家怎么办？又或者他妄想和我争夺权力？我可住在岩石之上！……

"就在不久之前，你可知道他当着两位先生的面怎么对我说的？他说我的夫人不应得到皇后的称号，因为这样一来，路易的子女作为皇后的外孙子女，将比他的子女获得更多的好处，他的利益就受到了损害！他以为他是谁，竟敢在我面前谈论权力和利益！这不是在踩我的死穴吗？他还不如说他要跟我的情人上床，我的情人就是权力！我付出了那么大的代价才得到她，我是绝对不会允许别人与我分享她的，更不要说把她从我身边夺走！"

于是本来只是一些鸡毛蒜皮的小事，却引爆了一桶炸药。他愤愤不平地抱怨他的亲人们，和他们比起来，他认为欧仁和奥坦丝"总是和我站在同一阵营，每当我为别的女人着迷时，他们会想办法减低他们母亲的怒火，'他毕竟正当壮年，你又何必跟他过不去？就算他有错，可我们的一切都是他给的呀'"。

虽然发生了这些事，但他还是一意孤行地提拔他的兄弟们。约瑟夫不肯担任职务，他就强迫他去了军队。"我会安排最容易的事给他做，这样打个胜仗并不是什么难事。他只需要领个军衔，受点小伤，博个好名声，就可以光明正大地居于其他将领之上。"看上去这更像是一位伟大的父亲在恨铁不成钢地教育儿子。

醉心于诗歌的路易也有了可以炫耀的职位，他当上了宫廷卫队的首领，真到了打仗时却留在家里。缪拉和卡洛丽娜用着纯金打造的餐具，肆意挥霍着钱财。"我要花费比在参议院里发言更多的口舌来跟他的妻子，也就是我的妹妹解释……他们的脑子里只装着我的死！太可恶了！总在我面前提到死……如果不是在家中还能享受到一点幸福，那我真是个彻头彻尾的可怜人！为什么他们总要跟我的夫人过不去？她不比他们多拥有什么，她有珠宝，也有债务……她是个好女人，没有哪一点对不起他们！她不过是喜欢当皇后的感觉，还有珠宝、衣饰和她们这个年龄的女人喜欢的东西罢了。我从来没有怀疑过自己的爱情，但我是公正的。就算有20万人因此而死，我也要让她成为皇后！"

就这样，他的家庭中永远充满了矛盾。他可以使他们一无所有，却不能将他们彻底抛弃。

只有一个人一如既往地廉洁。她不轻易抛头露面，无欲无求。吕西安从罗马来信说："我们的母亲对第一执政夺取波旁王室的王位的事情并不认同，觉得是不公平的。她没有开口，但她恐怕有某种不祥的预感，像是会有狂热分子去刺杀皇帝一类的。"这位年过五十的夫人依然保持着她的高贵与美丽，她的经验与预感告诉她应该远离那些荣华富贵。而与此同时，杜伊勒利宫里的其他皇亲国戚却在穷尽他们的智慧，算计他们可能得到的职位和头衔，算计他们能否走在亲王的前面，算计他们能否坐在皇帝的右侧。

拿破仑请"皇太后"前往巴黎，但这个固执的母亲先是托故不去，直到她的儿子下达了要她出席加冕仪式的命令才肯动身。不过过慢的行进速度使她未能成功参加尘世间的母亲所能享受到的最隆重的庆典。周遭的人们向她传达着赞叹，她听了之后只说了一句话："但愿这一切能够长久！"

9.与教皇的政教协议

与此同时，教皇庇护七世，这位母亲的保护者，却最终屈服了。除了向巴黎前进之外，他别无选择。他总不能驳回那位强有力的人向他发出的请求吧。更何况，他即将为之加冕的人还是个意大利人。他想起在秘密会议上一位红衣主教所说的话："无论如何，这些野蛮人被我们置于一个意大利家族的统治之下，也就替高卢人报了仇。我们应该满足了。"由此可见，这个强有力的人仍被看作外国人！那么，他为什么不亲自去罗马呢？难道在罗马涂圣油，就像查理大帝①以来西方皇帝所追求的那样仍旧难以使他得到满足吗？若他在巴黎已经足够强大，那他为什么还需要教皇呢？

对于这件事，他也努力促使新旧事物交融。开始他并未提及任何细节，仅仅要求教皇"为法国第一位皇帝涂圣油以及加冕，并主持最高的宗教仪式"。双方在几周时间内一直保持书信往来，但是依然弄不清楚庆典的性质。

即将抵达巴黎时，庇护七世心里却惴惴不安，而面部表情也显示他不带丝毫祝福的诚意。这几乎是世上首例教皇像名医一样被召见。拿破仑在城门口迎接教皇时，并没有行使用来向教皇表示忠顺的跪礼和吻手礼。在这座习惯于怀疑一切的城市里，民众既无坚定的信仰，也没有对教皇的敬重，教皇因此闷闷不乐。

但约瑟芬有自己的想法，她向教皇表达了自己想和皇帝进行当年没有进行的宗教意义上的婚礼。在教皇看来，她算是未嫁。她想抓住唯一的、能用来巩固

---

①查理大帝（约742—814）：法兰克王国加洛林王朝国王（768—814），800年由教皇利奥三世加冕于罗马，后人称他为查理曼。在统治期间发动了50多次对外战争，使得法兰克王国控制了西欧的大部分地区，成为一个地域广阔的大帝国。在公元800年的圣诞节，他被罗马教皇加冕为"罗马人的皇帝"，史称查理曼大帝或查理大帝。

因自己不能生育而显得不太牢靠的婚姻的机会。因此，教皇决定首先为皇后举行宗教婚礼，然后再为拿破仑加冕。加冕前两天，皇帝的舅舅费什特意从科西嘉赶来，身着紫袍，在宫廷小教堂里为他们主持了婚礼。而在两人八年前的婚礼上，没有一个神父和官员在场。现在，这个补办的、既无证人又无旁观者的婚礼，也就根本不会被当作滑稽剧来取笑。这场婚礼与八年前一样，存在着欺骗，因为连拿破仑的舅舅都无法预料这两人将会走向何方。

12月2日，烛光与宝石交相辉映的巴黎圣母院看起来更像个宴会厅而非教堂。经过数周时间，一切均已准备就绪。甚至查理大帝权杖的仿制品都被一位能干的博物馆馆长呈交给皇帝了。为使这位革命者的加冕仪式的每一个步骤都能与法兰西的历代国王媲美，专家们还特意翻阅了"太阳王"路易十四时期的羊皮纸卷。赛居尔细致地研究了大典的礼仪，画家伊萨贝用玩偶预演了整个仪式的过程。在这个时候，狂热席卷了古老的宫殿、巴黎甚至整个法国。

皇帝兴致很高，一大早就为夫人试戴后冠。浩浩荡荡的加冕队伍向着大教堂前进。身披一件古代皇帝所穿式样的披风的拿破仑手挽着皇后，大步走向主祭坛。这种场合很容易引起人们的不安，但约瑟芬优雅的气质很好地掩盖了这一点。教皇端坐在红衣主教的包围中。随着祈祷声的响起，管风琴奏起了庄严的乐曲。

所有目光都集中在拿破仑身上，等着他向教皇行跪拜礼。他们为这一时刻已经等待了很久，因为人们无法想象拿破仑会向谁下跪。然后，出人意料的事情发生了，在众目睽睽之下，拿破仑自己手执皇冠，面向民众，背对教皇，像平时一样笔直地站

拿破仑为约瑟芬加冕

立着，为自己戴上了皇冠，然后又亲自为跪在地上的夫人加冕。

教皇作为唯一知道他的意图的人，甚至也是直到最后一刻才被告知这种安排，尽管心中有无限恼恨，也不得不屈服地替这两名罪人涂上圣油并为他们祈祷。他看到皇帝的皇冠不过是用金色的月桂叶圈成的小花环，这是异教徒的象征，而非基督教的皇冠。皇帝脸色苍白，不过异常俊美，见证了这一历史时刻的

人都说他仿佛是奥古斯都重新降临世间。不可思议的是，从那一天起，他的面貌就逐渐和这位罗马帝国的第一代皇帝重合在一起。

拿破仑借着这个具有象征意义的时刻对他所模仿的正统主义礼节大加嘲讽。教皇一辈子都记得那个时候令他颜面扫地的羞辱。此时此刻，伫立在教堂台阶上的是一位军人，更是罗马皇帝，波旁王朝的阴云就此烟消云散，模仿的意味也荡然无存。新的君主赢得了统治，他出身微末，12年来南征北战，不断创造着奇迹，如今凭借这些功业，他身披绣制了象征实干的金色蜜蜂的披风，用金色月桂叶编织成的皇冠为自己加冕。

不难看出，这一天一种沉甸甸的心情——一种"我命在我不在天"的心情，占据了他的内心。

他头戴月桂皇冠，面对着教皇，端坐在镶有字母"N"的御座上。他用只有两人能听到的声音对一旁的哥哥说："约瑟夫，我多么希望我们的父亲也能看到今天！"人们从未从他口中听他谈起父亲，因而这句话也就显得格外感人。由此我们可以窥知他的本性，他俭朴的作风和单纯的思想很容易将他的思绪带回到出生地。他不禁想起了家族的骄傲和野心，想起了科西嘉岛上的家族世仇，还有他的祖先们。

相对于事物的表象，他一贯只注重它们的本质，这使他能以平常心来对待加冕大典。做弥撒时，他想和舅舅说两句悄悄话，就用权杖轻轻敲了敲他的背。当一切结束后，他如释重负地说："谢天谢地，可算是结束了！比起这个，我倒觉得打一天仗来得更痛快！"他单独和约瑟芬进餐，在他的眼里，属于他的这个成了皇后的克里奥尔小女人千娇百媚。在吃小点心的时候，他仍不肯让她把后冠脱下来，仿佛他是诗人，而她是演员。就这样，极其自然地，他揭下了所有的面具。人们轻松地看到这位革命之子是如何嘲笑自己的帝国的。

不过，从当晚他和一个心腹的谈话中可以看出这个男人的自由精神究竟能达到

登基后的拿破仑，手下面是象征王权、带有十字架的金球

什么程度。他说："你错了，德雷克，我遗憾自己出生在这个时代，世上已没有什么伟业可以成就……我倒是不否认我开创的伟业，但这和前辈们比起来就如萤火之于皓月！比方说吧，亚历山大大帝在征服亚洲之后，除了他的母亲、亚里士多德和几个雅典学者外，整个东方都相信他像自己宣称的那样是朱庇特之子。而我呢，如果我宣称自己是上帝之子，恐怕就连卖鱼妇都会嘲笑我吧！我的伟业恐怕就到此为止了吧。"

这些话就是他在加冕仪式几小时后说的，流露出他简单而真实的想法。直到此刻人们才终于明白他近乎执着地向往着东方的原因。他的身体里蕴藏着巨大的能量，但这也成了他的负担。他永不停歇，永不满足。作为一个依靠智谋和功勋而掌权的人，他已使人们心悦诚服。他是最强大的，伏尔泰、卢梭的启迪对于他来说毫无用处。在了解民众天性的弱点，也看透了领导者的腐败之后，又怎么能指望他支持民主呢？对他而言，生活中还有意义的就只剩下继续扩大他的统治，令"拿破仑"成为一个让人闻风丧胆的名字，为头上金光闪闪的月桂花环放弃享受生活，奋斗到生命的尽头。就像他曾经表示过的那样，不至于在世界史上只占半页篇幅。

那几天，他拿到呈上的帝国玉玺的草案，看了一眼上头静卧的狮子，就拿笔将它划去，亲手在旁边写了几个字：

"要一只飞翔的雄鹰。"

10.与英国签署和约

但是，君权神授的神奇力量，以一种无法阻挡的态势渐渐溢过闪着金光的皇冠，无限的遐想开始在这位天之骄子的脑海中浮现。他曾想着把皇冠里凝聚了千年的力量控制在自己的手中或是移转他处，但是所有这些都是无用的。这一力量转过来却将他自己控制了，有时还强迫他失去自我控制的力量。在称帝半年后，他又用来自伦巴第的铁质王冠在米兰为自己加冕，也许他试图将周边的其他国家变成像法兰西共和国一样的君主制国家。他把加洛林王朝国王加冕的古老规章拿到教堂之上大声宣读："上帝将此冠赐予我，若有谁敢冒犯，必会受到惩罚。"他只是以一个政治家的身份说了这些话，尽管连他自己都不相信，但是他不得不这样说。他有时会感到其中存在着矛盾，但是并不是每次都会使出当时在巴黎圣母院的那股干劲儿去解决这些矛盾。

一开始，新的趋势会使人们的精神受到新的束缚。拿破仑又恢复了警务部，将法兰西分为四个区，在每一个区内都会有一个极为忠诚的参议员在一群密探的配合下对人民的情绪进行监视，"道德方面的统计数字"是拿破仑想要得到的。他再一次任命富歇为警务大臣，并且与塔列朗的关系也渐渐变得密切，后来，拿破仑就逐渐陷入了这两大阴谋家的陷阱中。他深知这两个人一直摇摆于他和波旁王朝之间，于是他曾试图建立另一个密探系统来监视其他的密探，但是并未成功。

这是两个曾做过神职人员的极其阴险的人。拿破仑恨他们，他们也非常恨拿破仑，可是拿破仑却终生未能摆脱他们。富歇是一个出身贫寒的人，他脸色有几分苍白，神情比较冷漠，不善言谈。尽管他在胸前佩戴着勋章，衣服上也镶上了金边，但是如果不是有那两只锐利的眼睛，他看上去活脱儿就是一个木乃伊。

无论从哪个方面来看，塔列朗都表现得更像个贵族。尽管他腿有点儿瘸，但还是有漂亮的女人向他示好以求宠幸。他的魅力很像是一个不断往前滚动的球体，没有一处不是活跃的顶点，没有任何一处表面可以被认为是"上"，因为根据位置摆放的不同，它的每一面都可以被认为是"上"。他是一个贪婪的人，经常收受贿赂，这一点就使得他宣称背叛主人是为了法兰西的这种言辞难以令人相信。他虽然还在服侍皇帝，但是他们一开始就互不信任。塔列朗只有一次算得上是为皇帝做出了一些牺牲。某个晚上，在旅途中的拿破仑将塔列朗召到床边谈论公务，不一会儿拿破仑就睡着了。塔列朗坐在椅子上一直等到翌日清晨，按照他自己的说法是为了不打扰皇帝休息。可是，因为这个人天生就不具有牺牲精神和同情心，因而可以认为他的行为其实是由想了解人心的好奇心引发的：他应该只是想从拿破仑的梦里得到一些秘密而已。

可是，拿破仑根本就不做梦。他瞧不起众人，从来不相信他们会有高尚的动机。所以，他终生都被迫花费大量的时间和精力，通过赏赐的方式麻痹社会机体中存在的危险神经，抑或是通过刑罚将这些人消灭。

拿破仑每年都会频繁地提到一个人的名字——施泰尔夫人。但他禁止她和她的作品进入巴黎，人们都对他的态度如此坚决而感到惊讶。施泰尔夫人说起拿破仑时却会说："与女士交谈时，他的目光非常温柔。"可是，现在全欧洲的自由精神的先锋们都选择离开他，比如拜伦，他曾经非常敬重拿破仑，还有贝多芬也曾经打算把自己创作的《英雄交响曲》献给拿破仑。当拿破仑读到发疯的沙皇保罗对他的赞美时，他的心里一定很不好受。在拿破仑当上第一执政时，保罗还曾经赞美他是一位革命的镇压者。

在马伦哥战役结束后，拿破仑就为实现欧洲大陆的和平而不懈努力。在过去的四年时间里，他穷尽了所有方法维持了欧洲的和平。他希望君主制能够得以重建，从而平息一直反对法国的君主们的最后的怒气。但是，他的计划被两个人的去世阻碍了。英国的敌人沙皇保罗一世被谋杀，而他的继任者亚历山大皇子是个理想主义者，从小就受到了启蒙思想的影响，具有民主的思想，但是性格柔弱而敏感，思维有些混乱。他试图做个明君，因此很快就与英国达成了谅解协议。而在英国，出任外交大臣的福克斯不久就去世了，这就使得英国与法国和解的愿望不复存在，而过去的仇恨却被重新点燃。拿破仑没有根据约定从马耳他撤回军队，反而提出了新的要求，这就使和平遭到了破坏。拿破仑再次面临着以英国为首的旨在帮助波旁王朝复辟的欧洲联盟的威胁。毕竟像拿破仑这样的天才人物称帝，无疑会给其他国家的人们树立一个非常危险的榜样。

就这样，拿破仑称帝加冕的前一年，法国又与英国展开激战，并且这场战争一直持续到拿破仑这一巨星陨落。最初，两国之间并没有实质上的战斗，只是处于战争状态而已，这就使得这位军事统帅既不能做出什么决定，也不能结束这场战争。英国，相比它的敌国，尤其是法国，有着非常明显的优势，那就是它虽是一个岛国，却在世界各地都有自己的领土。从一贯保持的历史意识来判断，拿破仑认为英国将是新的亚历山大帝国，它的版图也已从本岛和半岛扩展到亚洲、非洲等地区。如果这些地区连成一片，那么它就是不可征服的。因此，拿破仑想要建立一个新东方帝国的幻想与英联邦帝国之间就发生了激烈的碰撞。

同时，作为一个计算天才的拿破仑受挫了。法军在阿布基尔海战中大败，拿破仑估计需要耗费十年的时间才能重建法国海军。而现在，一半的时间已经过去，英国却变得更加强大了。法国军队在短暂的和平时期里曾经远征埃及，不但未能取得胜利，最后还要依靠英国的船只才得以返回祖国。英国已经将好望角和其他殖民地收入囊中，而法国却不得不去承担比重建海军更为紧迫的任务。

并且，拿破仑对于舰船的知识了解得很少。他能够设计大炮，并会铸造和安装每一颗螺丝钉，修理车轮和辎重车的车辕。他还知道骑兵的马匹什么时候需要重新钉掌，需要花费多少钱。他甚至知道一个战地面包坊一天能制作多少面包。他的渊博知识使他卓越不凡。无论是在平时还是在战场上，他的部下都非常害怕他随时进行检查。并且，他们深深敬畏于自己的统帅的无所不知。因此，他的军事思想得到了不折不扣的贯彻执行。

然而，想要了解军舰的知识，就必须长时间待在军舰上，这和要想知道大炮的知识就必须每天与大炮待在一起是一样的道理。尽管统帅如此快速地熟悉了海军的相关情况使海军将领们很惊讶，都对他的问题和命令赞不绝口，但是这些评价充其量只不过是专家对于天才的外行的夸奖而已。拿破仑对此心知肚明。拿破仑没有强大的海军力量，更没有非常杰出的海军将领，他也从没有让别人来指挥作战。基于这一原因，他发明了一种专门对付英军的新战术。为了禁止英国船只进入，拿破仑便准备封锁从汉堡到塔朗托的海岸。凭借这一手段，他就可以通过贸易战来消灭英国这个贸易大国。与此同时，拿破仑再一次制订了入侵计划，因为他觉得只要踏上英国的土地，就会使他有一种成为司令官的感觉，他便可以掌握一切。

与远征埃及之前相同，拿破仑又开始在布伦分析和研究起航和登陆的可能性。在陆地上作战的他具有超乎常人的想象力，再加上他的计算能力使他战无不胜。尽管没有一次战争是通过想象而取得胜利的，可是结果确实与他预测的一样。在海上，他则算不上专家，只是个外行而已，这使他第一次成了一个旁观者。在一个雷雨交加的晚上，炮艇挣脱了缆绳，他在岸边写信给约瑟芬。也许在别人的私人信件中，并不能看到这些话语："这个场面多么宏伟啊！整个海岸被预警炮发出的光亮所照亮；大海正在怒吼，波涛汹涌；人们在不安和惊恐中度过这个不眠之夜！然而一个美好的精灵在永恒的大海与夜空之间飘荡着，所有的人都得救了。我怀着这种感觉入睡，就好像做了一场浪漫史诗般的梦一样，这种美好的情景使我相信我必定是一个人在静静地观赏。"

这是什么样的场面啊！然而也只不过就是一个场面而已！奥西昂般的旋律在15年后再一次在拿破仑的心中响起。他变得浪漫起来了。这位艺术家使用的结束语是多么令人感动并且意味深长啊！拿破仑忽然觉得有人夺走了他用于创作的素材，他独自一人处在陌生的环境之中，人们可以从字里行间听出他好像有一丝惶恐！

这个陌生的环境使他犯了一个错误。虽然暴风雨袭来，可是他仍然下令检阅海军。作为海军总司令的布律克斯却拒绝为此做准备。皇帝到达了现场，却未发现任何准备检阅的迹象，于是他派人将海军总司令找来。后来就发生了非常可怕的一幕。

"你为什么不执行我的命令？"

"天气如此恶劣，陛下您也看到了。难道您愿意让自己的士兵去冒生命危险吗？"

皇帝铁青着脸，对着周围站着的惊呆了的军官说道："先生，我已经下达了命令，无论最终结果如何都和你没有关系，你只需要服从就好。"

"陛下，我不能服从。"

周围是一片令人可怕的寂静。皇帝走向前，手里拿着马鞭，尽管没有举起，但仍然做出一种威胁的手势，海军总司令向后退了一步，手按住剑柄。人们被眼前的一幕惊呆了。

"你必须在24小时之内从布伦离开，回到荷兰去。马贡副司令会执行我的命令！"

伴随着暴风和闪电，拿破仑开始检阅海军。结果有20艘大船被海浪掀翻，水手们与海浪拼死搏斗着。拿破仑自己跳上了第一艘小船逃命，其他人也纷纷模仿。翌日，有200具尸体被冲上海岸。

拿破仑一生之中仅有一次这样的意外事故。这既是失策，也是一种暴行。一名军官不服从命令是一种不祥的征兆，但是也有另一种征兆。

就在一年前，曾经有一个美国的发明家富尔顿来到巴黎向法国海军推荐两种发明：第一种是蒸汽轮船，这种轮船以蒸汽而不是风力为动力；第二种发明是可以发射鱼雷击沉船只的潜水艇。拿破仑对于富尔顿的评价是："这人是个骗子！"事实上，富尔顿的实验已经有了一定的效果，可是拿破仑对此不予理睬。当时如果富尔顿向拿破仑介绍的是机关枪或战地电报机的话，拿破仑一定会毫不犹豫地买下。

因为拿破仑缺乏胜利的信心，导致他未能战胜英国。由于他的自信在这一点上非常不足，他自身这方面的知识很有限，再加上地域的限制使他无法接近敌人，所以他无法避免自己的失误。是的，要是能从陆地上发动进攻去夺取这个岛屿就好了！因此，现在他再一次打算和五年前一样，从艾拉进攻印度。但是这是需要安定和时间的。

首先，拿破仑必须使和平得以维持，他这些年努力的结果就是维持了和平。拿破仑加冕之后立即在一天内给六个国王写了信。这六封信根据收信人的性格不同而采用了不同的体裁，并且字斟句酌，就连如何签名都颇费心思。下面这封信是拿破仑写给波斯国王的：

"因为我声名远扬，您应该听说过我是谁，我曾经做过什么，我如何让法国超越西方各国，我对东方的各位皇帝如何感兴趣……东方人勇敢而且聪明，但是因为不懂得某些技术，不重视训练士兵，所以在与北方士兵作战时总是会处于劣势……请写信告诉我您的愿望是什么。我期望着能够重建我们之间的友谊和贸易……登基的第一年，我在杜伊勒利宫中给您写信。拿破仑。"按照东方人的习俗，拿破仑给这封信加上的标题中，使用了一个并不存在的头衔：波拿巴，法国人的皇帝①。很显然，他是为了使波斯国王明白，拿破仑与远征埃及的那位大名

①按惯例应该使用"拿破仑，法国人的皇帝"。

鼎鼎的波拿巴将军是同一个人。

拿破仑在这封信上签字时，一旁还放着写给英国国王的信，尽管当时这两国还在交战。这是一封很感人的信，可是也具有很浓的政治味道："……战士们流了那么多的鲜血却丝毫没有目标，难道政府不会受到良心的谴责吗？我今天迈出第一步，可是我并不觉得丢脸。我认为，我已经向世界证明了，我从不害怕战争，也不畏惧胜负难料的命运。尽管我是向往和平的，可是这场战争并不会损坏我的名声。我恳求陛下，请您不要错过这个能够恢复世界和平的良好机会！不要将这种难得的机会让给您的子女！现在是使所有的狂热之情平息下来的绝佳机会。如果错失了这次机会，战争的航船将驶向何方？在过去的十年里，陛下您赢得了无数的领土和财富，要比整个欧洲所拥有的还要多得多。试想您还能从战争中得到什么呢？"

假如敌人将最后几句话写给拿破仑，他必定会哑然失笑的。可是这次的呼吁毫无效果。无论是英国还是整个欧洲大陆，都容忍不了他这样一个贫民皇帝和他的政权。各国的皇帝们准备第四次联合起来与法国作战。

在那几年和平的时间里，拿破仑还算满意。马尔梅松宫的亲信们对拿破仑的形容是"他是兴致高昂的"。可是现在拿破仑又要拿起武器，并且他不得不认识到，"由于事物的天性和力量注定了过去和未来之间的斗争还将继续下去，由于敌人不断联合起来对付我们，所以我们不得不主动出击以防止被他们消灭"。这是一个事实，既不是自负，也没有苦涩的滋味。尽管这些事物的天性不是拿破仑创造的，但是他至少对其进行了巩固。革命初期，法国的战争纯粹是为了抗击国王们进攻的防御战。可是到了后来，拿破仑凭借着这支人民军队的战斗力和自己卓越的统率才能，使得这种防御战演变成了征服战。

尽管大多数真实的计划来自于他无边无际的想象，可是他始终知道要与想象保持距离。现在，看到被自己打败过两次的对手又来进攻，就无怪乎计划本身开始超越边际了。在19世纪的西方，拿破仑本来可以再维持10年的和平，从而能够在亚洲与英国一较高低。可是现在，由于受到欧洲持续的复仇欲望的刺激，拿破仑确立了建立欧洲帝国的计划。这是此项具有最大功效的事业被第二次进行尝试，也是到目前为止的最后一次。当然，最终它还是失败了。

由此可知，拿破仑的这个最伟大的政治理想来源于他的个人防御的本能。现在，在反对他的新集团形成的同时，他的理想第一次发生了转变：多年以来，只有亚历山大大帝的形象存在于他的心中，如今，在他的脑海中则出现了查理大帝①。拿破仑亲自到亚琛拜谒了查理大帝的陵墓。他当时对亲信说："欧洲将永无宁日，直到出现一个能够统一欧洲的领袖为止。各国的国王都会成为他的臣子，将领们的领地由他来分封……同时他们的官职也由他来授予。人们可能会觉得这样的想法其实是古老帝国的翻版。事实上，世界上本来就没有绝对新鲜的事情。"

拿破仑的理想慢慢转变，同时立刻从历史的幻想中吸收营养，并且将会产生不可估量的后果。对他来说，这种加洛林王朝②式的努力意味着一种放弃，因此他迫不及待地向它奔跑过去，好像他想得到的仅是一个省而已。拿破仑急切地想建立像查理大帝建立的那种帝国，这是他的新理想，充分显示了他的狂热之情。正是这一份狂热之情促使他在还未到达原目标之前，又向另一个新目标奔去。

11.奥斯特里茨战役

他的军队自春季以来就驻扎在北方。这支军队每时每刻都精神饱满，整装待发，准备早日实现那因为诸多原因而被一再推迟的计划——登陆大不列颠岛。时间已经进入到了秋季，奥地利将发动新的进攻的消息传来。他确认了这一消息之后，就在两天内改变了自己原本的计划，而且准备在两周之后就正式实施这一计划。他率领着自己的整支部队向东进发。可怜的敌人在听到他的第一步行动的消息时，已经是在法军如闪电般快速越过莱茵河之后了。即将从海岸出发之时，他曾向达律详细地口授了进攻奥地利的完整作战计划。对此，有人评价道："他在两个月前，在遥远的200英里外就预见了所有将要发生的事情，包括行军的纪律秩序、战争的持续时间、纵队集合的地点、闪电般的快速进攻、敌人的每一步动向和失误等。"这是一个军事家令人骄傲的成就。

事实上，奥地利发动进攻的理由是十分充足的。威尼斯的象征——狮子就栩栩如生地雕刻在意大利新国王的权杖上，这是一件多么张狂的事，再加上对热那亚的占领，完全能够给哈布斯堡王朝以警示：不要试图冒险越过阿尔卑斯山，要想与法军决一死战只能在德意志的领土内进行。还有英国慷慨大方地提供资金，

---

①查理曼帝国限于西欧，亚历山大大帝创建的则是一个横跨欧亚非三洲的庞大帝国。

②加洛林王朝：8世纪中叶至10世纪统治法兰克王国的封建王朝。因为这个家族惯用加洛尔（拉丁文为Carolus，即查理）这一名字，因而以其来为王朝命名。公元751年，矮子丕平在罗马教皇的支持下废掉墨洛温王朝末代国王，自立为王，建立了加洛林王朝。他的儿子查理连年征战，控制了西欧的很多地区，并且在公元800年加冕称帝，史称查理曼或查理大帝。

俄国取之不尽用之不竭的人力资源可以为联盟源源不断地输送军队,这些充足的后备力量使奥地利完全不会有后顾之忧,就像当年远在埃及的拿破仑也无法掌控战争局势,只能眼睁睁地看俄国取得胜利那样。另一方面,新沙皇似乎也下了很大的决心,要让欧洲一扫对俄国之前的偏见,重新认识俄国。为了这个目标,他转变了自己的形象,从剑鞘中拔出利剑指向欧洲这位残暴的君主,试图消灭他。他们对拿破仑的战术已经不陌生了,这次盟军将以彼之道还施彼身。

然而这位天才的谋略家心中又有了新的制胜法宝。他布置了军队急行军,以致奥地利人措手不及。当奥地利人反应过来时,已经被铁桶般牢牢地围困在乌尔姆了。在这场战役中,法军没有付出任何代价,哪怕是一枪一弹,奥军就被迫全部投降了。后来拿破仑骄傲地说:"我的目标由我自己实现了,仅仅凭借急行军就使奥地利军队全军覆没了。俄国也不要庆幸,因为现在我就要转过头来进攻它了。毫无疑问,他们注定会失败。"

因为获得胜利俨然已成为司空见惯的事情,他谦虚地希望不要把过多的笔墨花费在这方面,那么我们就从另一个角度来看看这位伟人。"我的工作已经超负荷了。"他在写给约瑟芬的信中说到了战争时的一些情况,"一周以来,每天我从头到脚都被彻底淋湿,双脚冰凉难耐"。可见当时的条件确实是艰苦的,但是在接受乌尔姆要塞的奥地利军队投降时,周围的众多元帅凭借这一意义重大的举动,得以身穿金光闪耀的挺括的军服,首次在国外大张旗鼓地显示他们的荣耀,拿破仑的身上穿着的却是再普通不过的军服,披着的是手肘处和下摆处都被烧破了的灰色斗篷,戴着的是一顶没有帽徽的凹凸不平的帽子,显得有些邋遢,背着手在宿营地的火堆旁站着,从他的身上根本看不出丝毫作为皇帝的迹象。由此,我们再一次见识到了拿破仑的伟人气质。

战争胜利后,如同在马伦哥取得大捷那天一样,拿破仑再次将议和的事情搬上台面。他命令手下给失败的、落魄的奥地利皇帝送去一封信,这是一封以私人名义写的劝告信。信中沿用他一贯直接率性的语气,这使欧洲的外交官们都极度惶恐不安,他在信中写道:"希望您能够明白,如果我凭借这次幸运的胜利向您提出讲和的要求,并以此作为条件,您必须保证不参加和英国的第四次联盟,因为我认为那是十分公平的……如果与您建立起坚固的友谊后,能使我的人民安宁、幸福地生活,我会感到十分光荣和幸运。因此,虽然您的周围环绕着许多非常强大的敌人,您知道他们是我的一个很大的隐患,但是我愿意放弃对他们的敌对,向您提出缔结友谊的要求。"在同一时间,他率领军队向维也纳进发了。

战争胜利的喜悦并没有持续多久。在行进的途中,一个新的打击又降临到他的头上。他得到消息，就在他的陆军刚刚获胜两天后，法国的舰队在特拉法加附近遭受到英国海军的攻打，损失非常惨重，其中18艘法国战舰被击沉，以致法国的整个海军部队溃不成军。唯一算得上好消息的就是敌军的指挥官纳尔逊战死了，但是法国的海军总司令也被敌军俘获，他们因此也感觉到威胁。这个坏消息让他再次想起了几年前他在大漠曾经听闻的法军在阿布基尔海战中大败的消息，他心中有个声音在咆哮："难道那样的悲剧又要再一次上演吗？"但是这种想法马上就被遏制住了，他为自己加油打气："振作起来！现在的境况要比那时强上百倍！至少横亘在我们与巴黎之间的辽阔的大海已经不复存在，船只不再是必需品了，沉了几艘也无关整体的结局。"于是，他下令加速进军，终于提前到达了维也纳，敌人毫无防备，几乎没有进行抵抗就弃城而逃了。

但是另一方面，从特拉法加传来的胜利的消息给奥地利皇帝弗兰西斯打了一剂强心针，坚定了他的信心。沙皇亚历山大的信心更是无比坚定，不可动摇的。于是为了战争的胜利，双方都费尽心思，极力拉拢普鲁士，但普鲁士的态度暧昧不清，一再拖延谈判的进程。拿破仑甚至为了争取俄国沙皇，试图以土耳其作为交换的诱饵，但也只是白忙一场。这种扑朔迷离的情形就像一场大型的捉迷藏，在布吕恩如火如荼地上演着。在这场游戏中，每一个玩家都想牵住别人，却又暴露在自己全权代表的眼皮底下，被逮了出来。但是拿破仑是个例外，他保持着清醒的头脑，他是唯一具有政治理想的统治者了。在业已打算结束大决战的前两天，他在给正在布吕恩进行谈判的塔列朗的信中写道：

"我并不反对将威尼斯交给萨尔茨堡的选帝侯掌管，也同意将萨尔茨堡交给奥地利掌管。我的目标只是维也纳……为了意大利王国的利益……假若选帝侯有意愿的话，我也允许他们自封为威尼斯的国王……

"巴伐利亚的选帝侯也有同样的待遇，可以晋升为国王……如果他们付给我500万作为交换的话，我愿意将它们的大炮、弹药库和军事要塞归还……明天，有一场十分惨烈的战役要在我们与俄国人之间展开。这件事带来的只会是没有意义的流血，为了阻止这件事发生，我已经尽了自己最大的努力。通过我跟沙皇的几次信件的交流，不难看出他是一个非常精明和有才能的皇帝，但是他还是被蒙骗了，所以用和平方式来解决问题还没有达成共识……请你寄封信到巴黎，但是为了避免我的夫人担惊受怕、忧心忡忡，千万不要提及这场战役。请你也不要担心，因为我军有很大的优势，地势对我们极其有利，防守也坚不可摧，唯一遗憾的就是这只是没有任何意义的流血罢了……请你寄信给我远方的家人，我已经在营房中和我的卫兵们共度了四天四夜，要想写字只能把纸放在膝盖上，非常不方便，所以无法写很多的信，但是我不会有事，请他们放心。"

在那场闻名退迩的战役的前一天，皇帝就怀揣着如此复杂的心情。当他察看地图时，他无比细致，每一座或大或小的摩拉维亚村的名字，每一条或宽或窄的河流的宽度，每一条或繁华或简陋的街道的状况都在他的脑海中萦绕。当他在近卫军的篝火旁边取暖的时候，他思念着远在巴黎焦急不安地等候

在奥斯特里茨战役前夕，法军逼近奥地利首都维也纳。奥皇派人议和，被拒绝

命令的大臣们，思念着他那也许在担惊受怕、惶恐不安的夫人。然而，这些思念不足以占据他全部的头脑。一份分割四到五个国家的新计划在半小时内又被他重新拟订出来了，这个计划包括了确立新任的国王、战争赔款的金额和军事要塞的移交等重要内容。当他面对曾经两次抱怨的没有意义的流血时，这一切却显得苍白无力了，就如同那12月份中的某一天刚刚冉冉升起的太阳。但是比较而言，此时那些正在皇宫里过着骄奢淫逸的生活，只顾吃喝玩乐的正统君主被这样一个伟大的人打败，这是多么理所当然的事呀！有什么值得奇怪的呢？

傍晚，掌握了敌军的动向后，他激动地拍着双手大喊道："他们自己主动进入圈套了！他们主动送上门来了，将要成为瓮中之鳖了！明天傍晚之前，他们将会被我们杀得片甲不留，全军覆没！"当时他的状态那么亢奋，以致后来他的副官描述说，那时的拿破仑"高兴得全身颤抖"。

接下来，在一个农舍里，他跟参谋们吃了一顿饭。饭后，他还一反常态地在桌子旁边坐着，久久不动，心中却波涛澎湃，好像陷入了深深的思考当中。那个时候对于悲剧的本质他谈到了很多，他还提到了那个古老的埃及，他对士兵们说："在那个时候，呃……倘若那个时候阿克就被我攻下，我就已经缠上头巾很久了，士兵们也早就穿上了那肥大的土耳其长裤（不过除非实在是没有办法了，否则我坚决不会让他们去冒风险），我已经带领他们成为无法战胜的、无比神圣的战士，我也早已与阿拉伯人、希腊人和亚美尼亚人联合起来结束了与土耳其人的战争。再倘若我打了胜仗的地方是在伊苏斯，而不是摩拉维亚的话，那我已经是东方无比尊贵的皇帝，并经由君士坦丁堡回到了我亲爱的巴黎。那是多么美好呀！"一个目击了这一场景的人后来回忆道："他在说最后几句话时，脸上那迷

离的笑容好像在表明，他此时正沉浸在他自己编织的梦想当中。"

这样的场景本身不就是一场虚幻的、不可企及的梦吗？有一个犹如战神般不平凡的人，欧洲的许多地方都被他的马蹄踏过，整个欧洲也以他的意愿而投降屈服。仅仅凭借两位君主的意志而发动的决战就能决定子孙后代的命运，这样的事情在我们的意识中似乎只应该发生在《荷马史诗》里吧。这些令人震撼的事情就像我们小时候从捧在手里的小人书中所了解的传奇故事那样，我们可以想象在一间只是由篱笆泥皮堆砌成的简陋的茅屋里，或者是在没有任何名称的野地上，一个小个子男人静静地独自坐在那里，他看上去有30多岁，身上穿的破烂的外套上满是油污，还有那脏兮兮的衬衫也黏糊糊的，他狼吞虎咽地把少许夹着洋葱的土豆塞进他饥肠辘辘的腹中。但是第二天，他将会把一场战役高调地打响，他将唤醒人们对沉睡千年的查理帝国的最深层的记忆。他那漫无边际的异想天开将把他重新带到荒芜的、只有横七竖八、形态各异的石头的亚洲大漠。那时被挫败了的计划也重新闪现在他的脑海中，他漫游的思想再次随着马其顿的魂魄飘到了遥远的恒河。

天边逐渐显出了亮光。一年前的今天，在巴黎圣母院门前的台阶上，他戴上闪烁着金色的月光的皇冠，虔诚地为自己加冕。现在，他慷慨激昂地向士兵们描述了当时的场景，诉说着那个重要的日子。结束前他却宣布，今天他不会走上战场。

历史上还有哪位统帅说过这样的话呢？在战场上，他无疑是最骁勇善战的，没有一个人不佩服他身先士卒、视死如归的精神。同样，也正因为每一位士兵唯拿破仑马首是瞻，把他看作唯一福星高照的首领，经历了20次战役的拿破仑才会无条件地相信自己的士兵们。只有他会自信地大声说出来，他将好好珍视自己的生命，以此来作为对士兵们勇敢冲锋陷阵的嘉奖和回报。

不久之后，这位皇帝又给他的两个劲敌——奥地利和沙皇俄国以沉重的打击，使一片原本默默无闻的荒无人烟的草原——奥斯特里茨平原闻名遐迩，延续千年。

"英勇的士兵们！"第二天，他高兴地对取得胜利的士兵们说，"我对你们的表现非常满意，我为你们感到自豪……虽然我的名字无比高贵，但我允许你们用我的名字给你们可爱的孩子们命名。如果在你们的孩子中，无论是谁，只要他足够有才华，能用行动证明无愧于我们，无愧于我们的丰功伟绩，我将赠予他我毕生的财富，并向所有人宣告他将是我的继承人！"当他嘉奖胜利了的军队时，他总是这样说。胜利后，他也给他的夫人寄了一封信，内容一目了然，"我战胜了奥地利和俄国的军队。我已经在荒凉的野外连续宿营八天了，感觉有点劳累。

但是我喜欢这里的夜晚，因为这里的空气非常清新。今天我终于来到了考尼茨亲王华丽贵气的别墅中，倒在了远离八天的床上，而且这张床非常柔软舒适，我还换下了已经穿了八天的早已脏污的衣服，现在身上的衬衫很干净……但愿我能好好睡上两三个小时。"

这本是一个传奇般的事迹，就这样被他轻描淡写地一笔带过，一点修饰也没有。第二天，失败了的奥地利皇帝诚恳地发出请求，希望能在考尼茨亲王的府邸会见这位来自科西嘉岛的传奇的小个子中尉。在雄壮华丽的史诗中，这又为其增加了一个新篇章，添上了浓重的一笔。然而让奥地利皇帝始料不及的是，这位来无影去无踪的总在马背上的小个子风神，早已悄然离去。最终两人还是在一个磨坊里见面了。拿破仑非常绅士，对奥地利皇帝表现得很有礼貌，他说："亲爱的陛下，非常抱歉，只能在这独一无二、有点简陋的宫殿里接待您。但是这两个月来我第一次进入的宫殿就是这里了。"面对这位尊贵的奥地利世袭皇帝，拿破仑这位小小的军人毫不畏惧，显得那么从容自信。他嘴角挂着的嘲讽都是那么迷人，令人沉醉。他十分清楚，当胜利的消息传到他那伟大的国都时，整个巴黎都会沸腾，彩旗招展，颂歌四起。

但是面对这样的嘲讽，高贵的奥地利皇帝也没有慌张，他同样思维缜密，从容应对。他回应道："陛下，您能从这样一间不起眼的寓所中，找到如此多的优点，您肯定是喜欢上这个地方了。"此时，两人的脸上虽然都带着微笑，但都心潮澎湃，悄悄地打量着对方，试图找到对方一点点情绪上的波动。这无可厚非，因为两人已经成为对手长达10年却素未谋面。两人都有传奇般的经历，他们的年纪相近，又都是20岁出头就掌握了至高无上的权力，只是他们选择了截然不同的道路。但是在那一刻，两人都没有预料到，虽然拿破仑追求和平的愿望暂时使他们距离如此之近，但是最终没有胜过奥地利皇帝的复仇之心，他们最终离得还是那么遥远。

"昨天我在军营与奥地利皇帝进行了第一次会面。我们聊了将近两个小时……他希望我能宽容地对待奥地利，但是我有所保留，并没有完全答应他，因为没有必要。毕竟这种战争的艺术对我而言轻而易举……在尽快缔结和平条约方面，我们达成了共识。"第二天，他对士兵们说道："我打过的最漂亮的一仗莫过于奥斯特里茨战役。那是多么可怕的场景：包括俄国近卫军的旗帜在内的45面飘扬的军旗，150多门沉重的大炮，20名英勇的将军，3万战俘，2万战死的士兵。"历史上从来没有一个志得意满的胜利者说过这样个性的结束语。面对这一连串的数字，他是如此欣喜若狂，但其中的数字包含着多少死难者，他似乎已经忘记！后来，我们经常能从他的嘴里听到这类残忍至极的事情。他也常常用朴素和诚恳的语言对这种流血事件加以描述。

在接下来的和平谈判中，他的外交大臣与他持有的意见相背离。在奥斯特里茨战役结束后的第二天，塔列朗就写信给拿破仑："现在一举颠覆哈布斯堡王朝不费吹灰之力。但是，如果真的是从法国的角度去考虑，我们不仅不应该这样做，还要为他们变强助上一臂之力，让他们成为我们法兰西体系里的一部分，拥有独当一面的能力，占有一席之地！"但他的建议没有被采纳，他们被皇帝强迫执行《普莱斯堡和约》，这份和约中显示将分割旧日日耳曼帝国，奥地利也一定要从德意志和意大利撤出。他的内心到底在筹划着什么？他的真实想法究竟是什么呢？

他想：欧洲是一个受法国领导的国家联邦，俄国隶属于亚洲，英国是一个位于欧洲之外的岛国。欧洲大陆现在被分散统治着，它必须要统一。这些中小国家要受到法国的领导，要受到法国鹰旗的保护，当然民主主义也会同时存在。历经长时间的沉淀与思考，在奥斯特里茨战役结束后，这个新思想终于形成了。从现在起，他的政权将要实现欧洲人的最高目标——统一欧洲。

这个想法并不是最初就有的。就像他实现了的其他任何一个目标一样，它也是随着时势的变化应运而生的。那些对这一想法的产生起促进作用的战争也并不是他一手挑起的。马伦哥战役以后，他就一心祈盼着和平，但是当时的奥地利被仇恨蒙蔽，不愿意讲和。他再次理所当然地发动进攻了，这符合正统主义的逻辑，因为哈布斯堡王朝与革命的法国的对立，使他们不可能并肩统治欧洲。这一争端同样被奥斯特里茨战役解决了。此时，为重新统一复活的查理大帝的欧洲提供了一个契机。然而，那些国王或皇帝也是固执的，他们仅仅是被打败而已，并没有被说服，所以他用锋利的剑暴力地实现这一切，而不是通过说服来达成目的。因为仅凭智慧和谋略，他们是无法实现欧洲的统一的。拿破仑用武力创建这个欧洲合众国，也是被当时的情况所逼迫的。但是10年之后，他认识到，他为实现这一伟大目标所用的手段是多么错误、多么愚昧。

当他认识到这点时，一切都已经来不及了。他的权力已经被生生地剥夺了，他的流放生活也已经接近尾声了。

12.法国邦联

他写信给罗马教廷，语带威胁，"请你转告教皇，我对这一切明察秋毫：我是查理大帝，是教会之剑，是他的皇帝。希望他能够这样看待我。"

　　在他看来，欧洲不过是一块"鼹鼠挖出的土堆"，既然他暂时不得不待在那里，那么教皇就应当对他俯首帖耳。他的态度在奥斯特里茨和普莱斯堡大捷之后发生了新的改变。他从被战胜的奥地利给欧洲写信，信中充满着前所未闻的独裁者的自负和霸气。尽管一年之前他已经发出禁令，但英国的船只仍然得到了那不勒斯女王的允许，可以在海港停泊。他又下达了一道军令："波旁王朝统治那不勒斯的时代已经结束。"同时他又写信给他的哥哥约瑟夫："正如我之前和你说过的那样，那不勒斯王国，将像瑞士、荷兰、意大利和三个日耳曼王国一样，划归我的家族所有，我要让它属于我的联邦，或者说，属于这个伟大的法兰西帝国。"

　　从那以后，他燃烧起全部的斗志，雄心勃勃地实施着这个计划：全欧洲只由一个皇帝来统治，每个国王都向他俯首称臣，巴黎成了这一片大陆的首都。而现在，随着主人的凯旋，整个巴黎被一种热烈的气氛笼罩着。这位衣锦还乡的皇帝兴致勃勃，甚至开起了自己的玩笑："这场战役可是让我胖了不少，我想，我会变成一个可笑的大胖子，若是现在全欧洲的君主都联合起来对付我的话。"此时的他志得意满，致力于一次又一次全新的冒险，并且一发不可收拾。

　　之后短短数月，他虽身处巴黎，却强硬地控制着整个欧洲的局势，建立了一个又一个的政权。他的哥哥约瑟夫成为那不勒斯的国王，巴伐利亚和符腾堡的亲王晋升为国王，巴登亲王升为大公爵，他甚至安排了很多场政治婚姻：欧仁迎娶了巴伐利亚的一位公主，约瑟芬的前夫的一位侄女即将嫁给巴登的王储，而符腾堡的一位公主成为他最小的弟弟热罗姆的妻子。由德意志南部和西部16个诸侯国结成的莱茵联邦纷纷俯首称臣，向皇帝纳贡并负担军饷。这16个日耳曼君主迫切地希望从这笔大买卖中分得一杯羹，因此他们争先恐后地赶往巴黎，表达他们永远效忠皇帝的决心。除此之外，他还取消了12个小侯爵的领地，将它们分封给属下塔列朗、贝尔蒂埃和贝尔纳多特。

　　"荷兰还没有行政长官，"他又简明扼要地说，"但它必须有一个。我将让路易亲王来统治它。我们会订立一个条约……我认为，这早已是定局，荷兰这个国家，要么被路易亲王统治，要么成为法国的领土……这是一件刻不容缓的事情。"为何会刻不容缓？早已经失去独立地位的荷兰，现在不过是需要一个拥有国王头衔的封臣罢了。"让路易亲王来统治它"这句话清楚地表明，荷兰只是处于拿破仑政权的附庸地位而已。荷兰人如果不愿意就只能面对被吞并的命运，因此他们很快就做出了抉择。然而路易亲王称他不喜欢荷兰的天气，身体也欠佳，不愿意接受这个任命。但是，"作为荷兰国王而死，胜过作为法国亲王而生"，他又不得不接受这场命运的安排。约瑟芬极力催促奥坦丝必须成为王后的事情。荷兰人民必须正式地提出呈请：希望皇帝莅临杜伊勒利宫仁慈地倾听。想必在他看来，这定是一件充满了讥讽和蔑视的事情，因为在接见仪式结束之后，他当着在场的众位宫廷贵妇的面，命人将青蛙找国王的寓言讲述给他的侄儿，也就是新国王路易的儿子听。

接下来要做些什么才好呢？他听见妹妹们在抱怨，也明白她们在耍阴谋。如果所有的王国都已被分封完，那么事情就会变得糟糕起来，因为至少得腾出几块领地以封给大公。于是，缪拉和卡洛丽娜得到了克利弗的封地，卡洛丽娜成了大公爵；托斯卡纳的大公爵由爱丽莎来担任；美丽的波丽娜则成为瓜斯塔拉的侯爵，但她哭着抱怨："为什么会是那么个小村庄？为什么我要成为那里的侯爵？"不过不久，她就沉醉于瓜斯塔拉成堆的珠宝和情人之中，忘记了抱怨。

在权力重新被分配后，拿破仑的家族却很难有一个成员能够胜任自己的新角色。约瑟夫刚刚即位就出了洋相，在他颁发的第一封诏书里，他用法国人民对其皇帝的爱来比喻事实上前一日才见过他的臣民对他的爱，这使得皇帝勃然大怒。面对与英国的战争，路易国王不得不对国家贸易采取强制性措施，因此，这位国王整日里总是唉声叹气。他并没有派遣荷兰兵员去法国，而是写了一大堆信向拿破仑诉苦。拿破仑回信训斥他："你总是给我找一些不必要的麻烦，这一切不过是因你狭隘的思想以及淡薄的兴趣造成的……不要老是抱怨你的苦难与不幸！……男人应当果断，而不是像女人那样整日里哭哭啼啼……由于你统治国家的手段不够强硬，我必须得自己承担全部的军饷……你应当争取拥有一支三万人的军队。你不能总是想着自己，你必须学会明智与大度……请将你的精神拿出来！"

爱丽莎控制着丈夫的一切，她在托斯卡纳颁布宪法，检阅军队，不停地更换情人。"我已经消灭了全部的反动势力，成功地执行了陛下的所有命令，臣民们对于我的统治恭顺并且知足。我很满意参议院的表现，议员们也十分尊重我的权威。"这是爱丽莎模仿拿破仑的口吻说的话，让拿破仑觉得十分好笑。拿破仑也如往常一样批评了缪拉盲目的热情："你发布的所有政令都让我觉得无聊透顶。你的理智似乎已经全部丧失！……统治，你的脑袋里能想到的不过是这两个字罢了！"

艺术家卡诺瓦为波丽娜塑造的大理石雕像，令这个美丽任性的女人永垂青史，而这尊雕像存在的时间也超过了拿破仑的任何一个王国。

在此期间，成为海军见习生的年轻的热罗姆去了美国，在未征求家人意见的情况下，就和一位平民女子结了婚。拿破仑得知这一消息后气急败坏。他无比清楚他的王冠总数远远超过他的兄弟姐妹的人数，因此他绝对不会允许他的兄弟再离他而去。他让母亲出面解除这场不相称的婚姻。热罗姆搭乘的船刚刚在里斯本靠岸，就被团团围住，除热罗姆一人之外，其余人都被禁止上岸。热罗姆不得不与自己年轻美丽的新婚妻子告别，只身去往巴黎，但他发誓会与她白头到老，矢志不渝。然而，热罗姆最后还是为了亲王的尊荣和海军上将的职位，也或许是为了有朝一日能够成为国王，在皇帝的威逼利诱之下，抛弃了他的妻子。他的妻子曾多次试图登上欧洲大陆，最终徒劳无功，不得已去了英国，在那里生下了他们的孩子。在英国，她还遇见了与热罗姆一度患难与共的伙伴吕西安。由于受到了英国人的礼遇，吕西安偕妻子和孩子迁居到这座小岛。他写过一首名为《查理大帝》的史诗。

拿破仑的继子欧仁是这个家族里唯一勤勉、严肃、忠诚，并且大多数时候都很明理的人。拿破仑十分喜爱这位继子，一有机会就会当众称赞他。欧仁现在已经是意大利的总督，并且迎娶了巴伐利亚的公主为妻。拿破仑曾给他写信说："你太沉湎于你的工作了，我亲爱的儿子。这当然是不错的表现，但是不要忘了你年轻的妻子，她有着自己的希望……为什么不每周去一次戏院，抽时间多陪陪她呢？这又不会花掉你多少工作时间。我过着和你一样的生活，只是我的夫人已不再年轻……并且我比你需要做的事情还要多。"因为奥坦丝的儿子只有一条命，而皇族的血统需要充足的保障，因此，他要求他的儿媳务必生下男孩。于是，他又给欧仁写信道："我不希望生下的又是女婴，我听说每天多喝点纯葡萄酒有助于生下男孩，不知你会不会相信我！"然而，他的儿媳生下的仍旧是一个女婴。拿破仑对此却并未表现出不快，只是安慰他们说："如果头胎生的是女孩，那么她以后一定能生下一大堆孩子！"

拿破仑不愧是一个优秀的修辞大师，善于应付任何场合，使用所有动人的修辞来对付那些违背他的意志的人，哪怕是最亲近的家人，他也能做到时而恫吓，时而赞美，时而鼓励，时而惩戒，时而游说，这多么令人惊叹。

现今栖居巴黎的皇帝的母亲，在儿子许可的范围内，尽可能严肃、低调地生活着。她细心地关注着一切，充当子女之间的调和剂。皇帝请她入住特利亚农宫，并给她每年100万法郎作为生活费。尽管如此，在旁人眼里，她仍是一个节俭的人，甚至显得吝啬，而她也的确是一个吝啬的人。"我们科西嘉人经历过很多次革命，"对于旁人的不理解，她解释道，"若是现在所有的繁华美好如烟云消散，我都不敢想象我的孩子们会怎么样。比起向陌生人求助却得不到理睬，求助于他们的母亲要好很多吧！”她有时候也会款待宾客，一举一动流露出天生的威严，比起她那些贵为国王的孩子，更能彰显出皇室雍容典雅的风范。当人们争论着她手中的玻璃珠的价钱时，她却笑着说："哦不，别人并不能影响到我的生活方式。我的女儿们喜欢摆公主的派头，但我可不喜欢那样做。"然而，贵为法国皇帝以及一群国王和公主母亲的她，却经常叹息没有一个知心可靠的人伴在身边。闲时无聊，她不过是和老友们打打牌，或者和自己忠实的婢女在夜晚谈起"往日的快乐时光……在所有人的眼里，我就是这世上最幸福的母亲，只是他们不会理解我的痛苦，我每日里都在担惊受怕。我每一次听到战报，都会因为害怕皇帝战死疆场而忍不住颤抖"。

每周日，她都会与子女们在杜伊勒利宫一同进餐，这是她的贵族世家的习俗。她不是一个事事都遵从皇帝命令的人，如果受到皇帝的强迫，她就会表现出不快。皇帝也十分清楚，母亲的骄傲绝对不允许他们母子之间保持这种关系。他在照镜子时，发现自己与母亲长得越来越像，尤其是额头、嘴、眼睛和双手。有时他会同母亲开玩笑说："对于这样的宫廷生活，不知您是否觉得无聊？您并没有必要存钱，您可以向您的女儿们那样，花光它们。"而他的母亲就会回答说："那你给我的生活费就不应是100万法郎，而是200万法郎。节俭是我的天性，你不要试图改变它。"

她觉察得出谄媚之徒的目光，敏锐得仿佛是另一个拿破仑。若是有必要，她就会提醒儿子远离小人。她的索取从来都不是为了自己，但她会为了前来找她的科西嘉人向皇帝求情，尤其是对待她的家族世交，更是费心尽力。不过某一天她还是对拿破仑说出了心中由来已久的愿望，希望将科西嘉的首都从科特迁到阿雅克修。皇帝十分理解她，知道她想要表现家族的自豪感，就颁布了一道法令，帮她实现了愿望。母亲离开房间时，他说："我很幸运能够拥有这样一位天生具有治国之才的母亲。"

然而，对于吕西安的遭遇，她却始终无法让皇帝为他做任何事情。她说："我最爱的人就是吕西安，他的境遇让我觉得非常难过。"皇帝却不为所动，他说道："在帝国的荣耀面前，任何感情都必须让步。只有站在我这边的人，我才承认他是我的亲人。我不允许任何与我不同路的人成为我们家族的一分子。"

13.普鲁士战役

走进巴黎拿破仑的书房，一座青铜像会自然地跃入你的眼帘，这座青铜像会是谁呢？他怎么会有资格陪伴着拿破仑，并注视着他的一切呢？更为意外的是，他竟然不是一个法国人，而是普鲁士有名的腓特烈大帝。

在拿破仑很小的时候，他就听说过这位伟大的普鲁士统帅的威名。当时，几乎那个时代所有的将军都学过这位大帝的新作战艺术，他也不例外。只可惜在腓特烈大帝去世时，他还只是一个小小的尉官，而不是将军。现在，从普鲁士国王腓特烈·威廉三世——腓特烈大帝目前的继承人，指挥普军与法军交战时的情形来看，威廉三世远没有腓特烈大帝的帅才。尽管如此，他仍然一如既往地敬佩着陌生的普鲁士军队，也正是出于对这支欧洲18世纪唯一赫赫有名的军队的佩服，他选择了与愚蠢软弱的威廉三世结盟，以便从普鲁士与奥地利和俄国的矛盾中渔利。随着普鲁士隐藏其强势的军事而向他展示较弱的政治开始，这种尊敬也慢慢地减退了。

去年，他向普鲁士提出结盟，那时奥斯特里茨战役尚未打响。本来按照常理，普鲁士是可以阻止奥斯特里茨战役发生的，然而在特拉法加战役后，弗兰西斯和亚历山大却向普鲁士频频示好，这下可让威廉三世犹豫不决了。为了能获得好处，威廉三世采取了中立的态度。现在，法国已与以前大不相同，也成了欧洲的强国，但普鲁士打着"去年拿破仑率军在安斯巴赫附近穿越了普鲁士领土"的旗号，选择了在这个时候对法国开战。

事实上，普鲁士国王内心真正的想法是对民主人士的情绪和国民的愤恨有所顾忌；另一方面，他对几位好战将领的忠诚也有所怀疑。有一次，一位书商在法国按照条约驻军的地方传播了一些对法军不利的言论，不料却在纽伦堡的军事法庭上被判处了死刑，继而被执行枪决。从形式上看，这个判决算是合理的，然而由这份判决所引起的道德激愤似乎更占优势，聪明能干的拿破仑又怎么会想不到这一点呢？于是，他建议双方都撤兵以避免战争，并且派特使转告威廉三世，如果他对驻威斯特伐利亚的法军的行为不满的话，可以直说。为了显示他的诚意，他接着就给国王写了一封亲笔信："我坚定地维护我们神圣的联盟……然而如果您不想让这种同盟关系继续下去并且想要诉诸武力的话，那我势必会应战。不管战争结果如何，我维护同盟的态度是鲜明的，那时我仍然会建议讲和，因为不义之战是为大家所不齿的。"

做过这些表面的事情后，他暴露出了自己真实的一面，对普鲁士充满了恼怒和蔑视。他不能理解，"为什么普鲁士会这么疯狂……为什么它的内阁形同虚设？为什么它的君主像是个傀儡？为什么它的朝政被一些有勇无谋的军官所左右？"

就这样，拿破仑一直不相信战争会真的爆发，直到开战前的两周，他才知道他错了，彻底地错了。

原来，普鲁士军队和法军曾交战过多次，在腓特烈大帝时期，普鲁士的贵族们曾打败过法军，然而后来他们成了法军的手下败将。如今，遇到这么好的时机，他们当然不会错过报仇雪耻的机会。就这样，在民族意识的煽动下，民众们听从了他们认为的救世主普鲁士王后的号召，准备孤注一掷与法军作战。为何这位王后会有发动战争的强烈要求呢？这要追溯到她与沙皇在俄国的会面。那时，王后觉得沙皇比她丈夫更有男子气概，因而心里特别想扬眉吐气，杀杀法军的威风。同时，在奥斯特里茨战役后，沙皇就迅速退回了本国，以寻求报仇的机会。如今机会真的来了，他又怎会袖手旁观呢？

那么当拿破仑知道战争即将爆发时，又是怎样的反应呢？根据塔列朗的讲述，"拿破仑心中对此次战争充满了不安，急得如热锅上的蚂蚁"。毕竟，在从小就受腓特烈大帝军队威名影响的拿破仑看来，这支军队简直就是个神话。"我想，对付普军将会比对付奥军困难上好几倍。"如此就必须以最快的速度渡过莱茵河！既已做好决定，法军就马上开始了急行军。一个星期后，战争打响了，他向敌人发动了猛烈的攻击，也就是在这场战争中，普军的将领路易·斐迪南德亲王在萨尔菲尔德附近阵亡了，虽然他的阵亡让双方都感到意外。

由此，普鲁士军队溃不成军，陷入了混乱中。试想，一支曾经所向披靡的军队怎么会落到如此地步？唯一的原因就是指挥不当。对此，普鲁士国王自身是难辞其咎的。因为沙恩霍斯特将军曾向他提议提前两周向法军发动进攻，可是这位优柔寡断的国王并没有听从这个建议，而是一等再等。同时，在指挥方面，国王也显得缺乏经验：他任命不伦瑞克公爵为军队的总司令，然而却没有把指挥权交给他，更让人不能理解的是，在最后时刻他竟然亲临前线，以致军队不知道真正应该听谁指挥。此外，除了国王之外，霍亨洛厄亲王也不会听命于一位公爵，如此军队就被划分为三部分，成了一盘散沙。除去这些普鲁士的内部原因，作为敌人的拿破仑在主战役打响前兑现了自己的承诺，他再次写信给国王，希望能讲和：

"我直到现在都不敢相信战争就这样开始了，我虽然没有大的谋略，但您的幕僚在政治策略中所犯的错误我还是知晓的。我不知道您的内心是怎样想的，为什么我们要牺牲自己的臣民去进行这种无谓的厮杀呢？我从不害怕战争的失败，所以我敢这样跟您说话。但是，我同时也要告诉您，您将会被我打败。届时，您将难辞其咎，因为您无谓地放弃了自己安静的生活和臣民的生命……我对陛下您一直以来都无所求。我觉得这场战争是毫无政治意义的。如果我的这封信让您觉得难堪的话，那我表示抱歉，但我又不得不把话挑明。我把自己的想法说给您……我衷心希望您能让您和您的国家重归安宁。即使您永远不再相信我这个盟友，但是我还是想说，我不想发动流血战争，尤其是同在政治和工商业上都不与我为敌的国家。"

还记得普鲁士的王后路易丝吗？就是那个强烈呼吁发动战争的女人。本来这个女人的本性是爱好和平的，其程度已经超过了那些野心勃勃的将军所能忍受的限度。然而即便是她也无法理解拿破仑的想法，她和将军们

拿破仑调动军队，大胜普军

一样认为拿破仑写此信的目的仅仅是害怕自己大祸已近。也许，上天想要和平地解决这场争端，所以才会让她来帮助自己无能的丈夫摆脱困境，可是没想到她居然也是一个鼠目寸光的人，在她看来，拿破仑只不过是一个卑微的地狱魔鬼，只有地狱才是他最好的归宿。

接下来就让我们来看看这位所谓的"魔鬼"在干些什么。原来他正在给他的妻子写信："一切都在我的控制之中，普鲁士的国王和王后现在正在埃尔富特，他们将会经历一个恐怖的场面。虽然每天行军要长达20到25英里，但我一点也没有瘦。有时半夜醒来，我睡不着，会想你现在会不会和我一样也睡不着呢。我们肯定能打胜仗，所以安心在家等我凯旋……"不知不觉已经到了开战前的最后一夜，尽管很累，但他没有一丝睡意。到了3点，他还盯着地图，一名军官请他去休息一会儿，他却头也不抬地吼道："不行！我的计划还没有落实在地图上！"不过一会儿，他就部署完了，叫来那名军官，吩咐道："我现在迫切需要一处可以纵览战场全局的地方，请你马上去找，我6点钟就过来。"随后，他便呼呼大睡了。

就在这天夜里，法军有了大规模的调动，普鲁士军队本来已经得知这个消息了，无奈那些幕僚却盲目自大地以为第二天再商议对策就行，全然不知机不可失、失不再来的道理。相比之下，法军的皇帝亲自前往前线给士兵鼓气，似乎胜利势在必得。

后来，事实证明了拿破仑的睿智，他在耶拿附近取得了决定性的胜利，而达武也在奥尔施塔特获得了大捷。

一切都是那么顺利，在不伦瑞克公爵遭到致命的失败后，普军中就没有人

敢于接着指挥战争了，由此，普军变得混乱不已，只能夹着尾巴经萨克森向东逃跑了。

深夜，他又开始思念他的妻子，不知不觉中他已开始给她写信报告这个好消息了，"亲爱的，这场战役的结果果然在我的意料之中，我们胜利了。看着那两万名俘虏和一些大炮、军旗，我知道我不是在做梦，这是真的……这两天我很好，露天过夜让我更加兴奋，请你为我保重身体，安心等我回去"。

再后来，他遇到了两个不同寻常的女人，一个是魏玛的公爵夫人，另一个是哈茨菲尔德伯爵的夫人。说起这位魏玛的公爵夫人，原本她只是一个从不干涉政事的普通妇人，但是耶拿一战把她推向了浪尖。她的丈夫卡尔·奥古斯特公爵是一位对普鲁士有着狂热喜爱的主战派，因为刚愎自用，不听忠告，决意站在拿破仑的对立面。经过耶拿一战，她的丈夫似乎在人间蒸发了，没人知道他去了哪里，整个宫廷就只剩下了这位公爵夫人和大臣歌德。当皇帝见到她并对她表示同情时，这位普通的女子却能够以不卑不亢的态度回答得既清楚又简洁，特别是当她谈起自己的丈夫与普鲁士之间那份长久的友谊时，皇帝不禁对她产生了敬慕之情，完全抛开了自己曾经对女人执政的反感。也许在很多年后，皇帝在不经意间还是会想起这位夫人的高雅内涵。晚上，拿破仑也拜访了这位夫人，并向她承诺：他们必须废除这个公国，但保证会对她的这块领地秋毫无犯。就这样，一个普通的妇人在无意中拯救了她的国家和王朝。

打了败仗就只能向胜利者提出谈判，这次代表柏林与战胜者谈判的是哈茨菲尔德伯爵。和魏玛的公爵夫人一样，哈茨菲尔德伯爵的夫人也是由于她的丈夫才与拿破仑相见的。原来，哈茨菲尔德伯爵在给一个败军之将的信中，不小心透露了法军的实力，凑巧的是这封信居然被截获了，可想而知，皇帝知道时是多么生气，想要下令处决他，另一边，拉普拉斯也在尽力地平息拿破仑的愤怒。正是这样，这位伯爵夫人被带来见拿破仑，当她匍匐在他的脚下，用真诚的声音念着那封被截获的信时，他完全被打动了，这些在他写给妻子的信中都得到了充分的体现，尤其是那句"你看到了，我爱这位善良、质朴和温柔的女子"。

试想，怎能轻易用一个"爱"字来表达所有呢？他，是一个高高在上的胜利者，而她，只是一个微不足道的女子，平凡到让他都没有去关注她的外表和服装。然而，在人类的本性中，真性美永远都是那么具有折服力，正是伯爵夫人的那份柔情，那惹人怜爱的泪水与沉默，让这位伟人动容。于是，他把那封信付之一炬，给了她的丈夫一条生路，而这，都是她的功劳。

拿破仑其实就是这样一个真性情的人，所以他才会被这两位德意志贵妇人的真情流露所打动，而她们在挽救了自己的丈夫的生命的同时也赢得了美名。

虽然前面提到的两位贵妇人都得到了拿破仑的欣赏，然而这并不代表拿破仑喜欢德意志女人，其中的一个典型就是那个曾和丈夫亲临前线的普鲁士王后路易丝。拿破仑很不喜欢她，甚至曾经在一份正式的公告中对她进行了嘲弄："她只是一个花瓶，只有容貌没有头脑……如果不是她干涉政事，策动她的丈夫发动战争，那么也就不会有那么多普鲁士臣民失去生命，而人们也将会获得安宁与幸福。所以无论她怎么备受良心的谴责，也无法消除她的罪孽……"他本是一个很有风度的男人，若不是这位王后一有机会就向他挑衅，他是不会这样为难一个女人的。

后来，他攻入了柏林，走在大街上，你也许都认不出来他。因为他和往常一样戴着一顶上面别着一个大约值一便士徽章的小帽子，穿着也是非常简朴。由于他从小就对腓特烈大帝充满了敬意，所以当他进入无忧宫，手握腓特烈大帝的利剑时，很是激动，觉得这是自己得到的最宝贵的战利品，

法军攻占柏林

无论别人拿什么跟他换，他都不会换的。然而，他毕竟是一个爱憎分明的人，对腓特烈大帝的崇拜消除不了他对普鲁士王后的不满，以致他又忍不住在公众场合攻击了普鲁士王后：

"女人本就该守本分，不干涉政事，然而咱们的这位王后不是这样，她的居室里放着沙皇送给她的画像以及他们往来的书信，这些都还只是她干涉朝政的一点点证据，我们不知道的也许还有更多。我能想象到这个国家的文书和女人的绣花丝带以及其他的零碎物件混在一起，并且伴有麝香的气味，如此，我越发同情那些容许自己的夫人干涉政事的人了。"

瞧瞧，这语气有多么恶毒啊！他肯定只记得王后的不好而忘记了王后的爱国热情，不然怎么会如此嘲讽王后。听着这些嘲讽，如果你能想起当时最优秀、最伟大的非普鲁士籍的普鲁士政治家施泰因男爵对王后所进行的描写，那你便能很好地体会皇帝的心情了。即使这样，人们好像还是不能原谅他如此嘲讽一位女子。

胜利者总是会有胜利者的姿态，他要向普鲁士国王展现他的王者风范。在草诏中，他打算废黜普鲁士国王；另一方面，迫于沙皇的压力，他又不敢摧毁整个霍亨索伦王室，所以只得保留了王室。他已经完全沉浸在了胜利中，居然把欧洲当作了整个世界来看待。在欧洲的易北河和奥得河畔，他得到了印度企业、西班牙的殖民地和好望角。其实，这些宏伟的词句只不过说明了他宏伟蓝图的开始。在夏洛滕堡宫时，他再次发表了强有力的宣言："如果我不能用武力踏足英国这个岛屿，那我就向英国关闭所有欧洲大陆的港口，让英国也无法踏足欧洲大陆。我还要禁止所有来自或运往英国的物品，并且所有在欧洲大陆上的英国人届时也将成为我的战俘。"这真是一封他有生以来最伟大、最不带有血腥味的，同时也是最危险的宣战书。

他本身是一个有野心的人，而他所设计的蓝图也是宏伟的，但是如何才能实施呢？这似乎成了一个难题。毕竟在以前，他只要下达命令便能立即被执行，然而这次的计划迫使他需要和各国签订协议，尤其是与相对强大的奥地利和俄国。他该怎么办呢？波兰是个各种势力错综复杂的地方，奥地利占着它原有的领土，俄国也想从波兰分一杯羹，波兰呢，也有自己的想法，它不想听命于任何一方，它想要的是独立，所以波兰人眼巴巴地盼着拿破仑这个救世主早点到来。现在，这位主张所有民族都享有自由的法国皇帝犯难了，他在沉思，想着怎样做才能达到目的。

"我该让波兰这个民族重生吗？让它重生是最好的选择吗？没有人知道谜底。"就这样，他在告书上签了字，也许只有上帝看到了他当时那种神秘的微笑。之后，他又做了三件事：首先，他提出波兰人必须提供军队，不然就不配享有国家的称号；其次，他向奥地利人提议，希望他们能用加里西亚换取普鲁士—西里西亚；最后，也就是解决波兰问题最关键的一步，他要求土耳其和苏丹将俄国人赶出摩尔达维亚，并且与他在第聂斯特河上会晤。这样缜密的盘算，也许只有他才能做到，他乐在其中，想象着几天后把俄国和奥地利都控制在多瑙河下游地区。

现在，他坐在无忧宫腓特烈大帝的书房中，独自玩着棋子，想象着下一步棋该怎么走，生怕一着不慎满盘皆输。灯光照在他的身上，望着画像中朝他微笑的伏尔泰，他的视野仿佛突然变得越来越宽阔、越来越清晰了，在他的脑海里浮现的先人突然变了样，鼻子没有以前那么高挺了，黄褐色的大胡子也消失了，眼神中的信仰也被勇敢所替代，仿佛原来的查理大帝变成了亚历山大大帝。他的头脑越来越清醒了，他决定了，他要去印度打击英国，一统天下。

然而，计划赶不上变化，西班牙突然发生了叛乱。听到这个消息，他猛地站了起来，脸色铁青。他没有想到事情会这么棘手，如今，他只能急忙奔赴华沙去支持正在起义的波兰，从而使自己在欧洲大陆能有一个坚实的据点来击败俄国，再进一步通过和俄国结盟来消灭英国。

在这段时间里，他的脑子里都是世界各大洲的命运，心中不禁觉得寂寞。别人都只看到他表面的威武，却没人能理解他内心的焦灼。到了夜晚，他又开始给他的妻子写信了："亲爱的，你还好吗？我真的很爱你，特别想念你……虽然波兰也有一些法国女人，但我从不看她们一眼，因为在我的心里只有一个女人。你想知道她是谁吗？我想聪慧的你应该已经猜到她是谁了，她就是你，我美丽的妻子。我不知道下面该说些什么了，因为我对你的思念已经达到了极点，漫漫长夜，我备感孤独！"

也许，拿破仑忘记了女人都是敏感的人，他的妻子约瑟芬怎么会读不出信中所暗示的情敌的存在。同时女人也是冲动的，她说她现在就要到拿破仑身边来。见到回信后，拿破仑有点生气了，他在信中回复说："你们这些女人真是不知道天高地厚，你们以为想要什么就一定能达到目的吗？你们只知道自己的心思，却不知我才是全人类被奴役最重的人，就连事物的天性对我也毫不同情。"

就在他快要写完这封信时，信差给他带来了一个好消息，这下他可乐坏了，像个小孩子一样。原来在去年冬天的时候，他与卡洛丽娜给他介绍的一个漂亮女子幽会了，并且在他离开时这个女子已经有了身孕，如今时间过得真快，她已经分娩了，而且是个男孩。他知道这是上天对他的恩赐，此刻，他再也掩饰不住内心的狂喜，转身对他的心腹大叫了起来："迪罗克！我有儿子了！我有儿子了……"

14.华沙之恋

这是一个令人难忘的夜晚，华沙旧皇宫的舞厅里的灯光与波兰的许多美丽珠宝和女人交相辉映着。在这个夜晚，站在大厅一角的他时而看着那些欢快舞蹈着的女人，时而穿过贵宾的行列，愉快地与人们攀谈。而人们则努力地用波兰的民族舞蹈、音乐和斯拉夫女子的诱人秋波，向这位法兰西的皇帝展示他们民族的风情。他会对这一切表示赞赏并心驰神往吗？他会因报纸上的那些崇拜、谄媚他的言辞将自己凌厉的眼神放柔和些吗？乐天派们认为，这一切都是这个民族命运的决定性因素。而他想念的却是七年以来每年1月份都会去的巴黎。

突然，他的思绪和目光都戛然而止，停在一个猎物身上。众多宾客的眼神也跟随着他的目光向猎物的方向转移，他们都在关注究竟哪个是今晚最幸运的人。很快，他便微笑着向对面的一群宾客逐一问候，在公开场合中，他很少能表现出这样规矩的礼貌。然后，他将他中意的那个女子请出人群。她今年刚刚18岁，虽然看上去比其他贵妇打扮得简单，但却是个娇小玲珑、举止优雅文静的金发美人，她那蓝汪汪的眼睛充满温和的眼神。他被她那优雅大方的举止和娇滴滴的声音甚至那结结巴巴的法语深深地吸引住了，他与笑靥如花、心中恍恍惚惚的她跳了一支令在场的其他人羡慕不已的舞蹈。此时此刻，她的芳名便开始在宫廷里传开，她就是瓦莱夫斯卡伯爵夫人。

随后，拿破仑询问他的好友迪罗克："她是谁啊？"他竭力了解她的身世。原来，她是个出身贫寒的女子，被迫嫁给一个岁数比她大很多的富有伯爵（连那伯爵最小的孙女都比她足足大了10岁）。

次日清晨，他便写信给她："我的眼里只有你一个人，我只是出于对你的尊敬和欣赏，希望你尽快回复我的信，以浇熄我胸口燃烧的那团爱火。"然而，后来，迪罗克却两手空空地回来了，没有带来任何关于她的消息，更别说回信。拿破仑一下子愣住了，心想："这是怎么回事？12年前我碰到这样的钉子也就算了，自从我当了皇帝之后，从未发生过这样的事情啊。那些贵妇或者女伶都巴不得在我身边伺候着呢！"在他的眼里，断然拒绝的她，就像少女一样脱俗，这更加令他心驰神往。

拿破仑接着又给她写了第二封信："我希望我没有让你产生厌恶的感觉。是你最初的热情消退了吗？然而，我对你的感情却有增无减！我为你而坐立不安！我这可怜的心需要你赐予的一点快乐和幸福。现在你已经欠我两封信了，难道你认为答复我是件如此之难的事情吗？"这次，他并没有署上拿破仑这个鼎鼎大名，情书的风格不失浪漫，但显得很不稳重、不动情，但也不专横、不浮夸，因此，倘若将它放在一堆情书里头，谁都猜不出这是拿破仑大帝写的！然而，她在世俗的要求下，再度无视了他的疯狂追求，他的第二封信还是石沉大海了。受皇帝的委托出使的这位副官，两次都两手空空地失败归来，可怜的他将面对难堪的处境。心中极度不满的皇帝将怒火暂时抑制住，心中萌生一计，"既然自己的恳求和地位都不能撼动这个温柔的女子的心，为了达到目的，不妨对她许下一个不一定要履行的诺言"。于是，这个狡诈的皇帝写下第三封信，"我现在强烈地感受到，其实在我们的生命中，身居高位简直就是一种负担……我们之间横亘着障碍，只有你能将它冲破。我的朋友迪罗克会帮你解决困难的。来吧！来吧！只要你愿意，我将会帮你实现你的一切愿望！只要你愿意怜惜我对你的一片心意，我还会更加看重你的祖国。"

这次从字里行间的外露霸气中，人们纵使没有看到信上代表他的签名"N"，也能看出它绝对出自皇帝之手，同时，人们也看出了他们的皇帝尽管拥有强大权力，其内心却是如此孤寂！拿破仑用自己的智慧写就了这第三封情书，最终，它帮助他成功地俘获了这个女人。然而，情书背后呈现了拿破仑一生命运的本质，他为自己设计了进程，并想沿着它前行，他把自己的人生幸福全部奉献给英雄式的狂热。此时此刻，他正倒背着双手，踱步于富丽堂皇的宫殿中。这几个星期以来，内心充满渴望的他一直觉得无比寂寞。他在这些日子里从来没接触过任何女人，而今，他却跌入了情网。正因为如此，被爱情扰得心神不宁的他将自己的秘书打发出去，就像一只停摆的时钟一样，突然停住他一手创建的一切机器的运转。他不接见他的将军以及外国使团，也不骑马外出。宫廷、军队、巴黎、欧洲都在等待他！37岁的他对他那40多岁的妻子早已失去了痴迷之心，现在的他转而深爱着一名年轻貌美的女子。在她那里，他两番遭到了拒绝，但他仍不泄气，反而以恢复她祖国的自由为诱饵，将她俘获。固执刚毅的他从来不会屈服于事物的定式。感情沉寂了近10年的他第一次为一个年轻貌美的女子倾注了最大的情感。

当时，这位深深吸引了皇帝的伯爵夫人正被他那强烈的欲望困扰着，她坐在自己的亲戚朋友中间，听他们劝说自己为国家牺牲，为波兰的利益答应他的要求。最终，她答应了。晚上，她与他相处了三个小时，他轻轻地安抚哭泣的她，使她恢复平静。因而她惊奇地发现，他不仅是个令人害怕的铁汉，也是一位温柔的追求者。

次日清晨，她收到了他的又一封来信，上面写着："玛丽，我可爱的玛丽，你是我第一个想到的人！晚餐时，我要和你见面。我会信守承诺的。请将这束花收下，它将在人群中秘密地传递我们之间的感情，让我们在人群里依然心灵相通。我把我的手放在心上，我感觉到，我的心完全是你的。请你将花贴近你，以作为对我的回应。来吧，我迷人的玛丽，请紧握你手中的那束花！"

三天之后，她成了他的人，之后，每晚都与他相伴。另外，她还跟随他出席所有盛会，如果她不肯去，那么他也不会参加。这样的女人简直罕见，因为她从不向他索取宝石、宫殿、王冠、金钱等财富，却将自己的一切献给了他。除了他的母亲之外，她是这个世界上唯一对他无所求的人。在拿破仑心灵深处，瓦莱夫斯卡伯爵夫人就是他所寻找的那种可爱而又恬静的绝佳伴侣。他说："她是一个天使，秀外慧中，人美，心灵也美。"所以，他不会过一小段时间就让她离开。

在出征埃及之后的征战途中，他的将军们常常闹出各种风流韵事，而他自己从没带过情妇。而现在，这场华沙之恋必然会在巴黎被夸张地传开，并隐秘地传到约瑟芬那里。约瑟芬要来了吗？他笑了。她一直在等待着他的召唤。不过，她的丈夫却用了一种最优雅的方式欺骗了她：行军路途漫漫，周围的气候十分恶劣，治安状况又那么差，她不可能来这种地方生活！他假惺惺地说："其实我真的希望，在这漫长的寒夜中，有你能与我相伴……我无法忍受懦弱的人，我担心你来到后会一直哭泣，让我觉得你没有勇气，不够坚强。你是皇后，所以你必须有勇气！"

之前她欺骗了他，不过现在倒过来了，他开始欺骗她道："我看到你在信中是这么说的，你之所以想嫁给一个男人，是为了能与他长相厮守。看完后，我笑了。我认为，女人生来是为了男人，而男人生来则是为了家庭、国家和荣誉。请原谅我的无知，但我总能从漂亮的女人那里学到东西……更何况现在我根本没办法找到一个像样的女子与我保持书信来往。我可以向你保证，倘若这世上真的存在这样一个女子，那么她一定如初绽的玫瑰一样美丽。你在信里说的是这样的女子吗？"

这番话真是一语双关，为此，他十分快乐。有些时候，沉浸于革命事业的他会突然变得无比风流、无比轻松，那一刻，仿佛这世上根本就没有革命这种东西存在。几个星期之后，他将再次出征，他答应他的波兰情人，会与她再见。

现在，他正第一次在俄国广袤无边的辽阔疆土上前行，在他的眼里，这片土地就像一片没有人烟的沙漠，放眼望去是一望无垠的草原，除了上面覆盖的白雪和泥浆，几乎没什么道路。路途漫漫，而他们又缺少粮食，这里不像富裕的德意志，连仓库都没有。几次小战之后，沙皇慢慢撤走了军队。他一直在思考是否可以追踪他们？他会把我们引向什么方向？谁提供粮食给我们的军队？幸好有几百个精明的波兰籍犹太投机商人与他们进行了交易，部队才幸免于难，不致在1807年初就全军覆没。向普尔塔斯克进发时，因马车无法前行，拿破仑改为骑马，不过，士兵们的怨言传到了他的耳朵里。他早已忘却了这样的声音，这还是他自从八年前攻打阿克之后第一次听到这样的怨言。从将军们的报告中，他得知，军中有的人自杀了，有的人因为饥饿逃跑了，有的人四处抢劫。然而，对此无能为力的他也只能沉默不语。他说："我了解我的士兵们，对他们来说，远征是件十分艰难的事情。我们的法国真是太美丽了。"

在这样的情形下，人们自然不会对他迫使俄军交战而第一次未能获胜的事实感到奇怪了。在普鲁士—艾劳战役中，虽然他没被打败，但双方都损失惨重，只好退兵。这无疑是警告拿破仑不要再进攻俄国的第一条信息！战后总结报告记录了士兵们争抢土豆，战马吃茅屋上的枯草的情形，军队中的伤兵很多，上校们都不知道自己还剩下多少士兵。对此，拿破仑说：

"我们还要在这里多留两天，然后后退几里。维斯瓦河上的所有桥梁都要有重兵把守，除伤病员外，任何人都不许过河。不要盘问那些掉队的士兵，也不要处罚任何人。"面对这种难堪的景象，再加上他过去偶尔犯过的胃痉挛突然发作得更频繁，他感到前所未有的苦恼。他身上带着的其实是一种家族遗传病，他，还有他的祖父、父亲、叔父，以及后来的吕西安和卡洛丽娜，都死于这种疾病。他说："我身上的早死迹象决定我将和自己的父亲一样，因同一种疾病而死去。"

在给兄弟的私人信件中，他写道："在冰雪和泥浆覆盖的草原上，我们没有葡萄酒、面包和白兰地。"就像当年在意大利那样，他跟士兵在奥斯特洛特的一间谷仓里同吃同住，士兵吃什么，他就吃什么。在谷仓里，他向巴黎传回俄国人已被击溃的捷报，同时也只报了三分之一的死伤人数，并说，如果一切顺利，他们可在俄国驻留一年。

就像当年在埃及一样，他意识到他天生就没有忍受等待的神经，他认为，停顿简直就是一件可怕的事。他辉煌地统治了15年，但之后也只有一次出现如现在这样在一个远离巴黎的地方等候两三个月的情况。在焦虑的等待过程中，他一边小心缓慢地权衡与谈判，一边将自己封闭的心灵打开，用诗情画意和内心的汹涌情感充实自己的生活。

此刻，坚固的普鲁士城堡芬肯施泰因成了他的活动场所。他在这儿等待路上的冰雪消融，等待敌人的心肠变软。夜晚睡不着时，他喜欢看着那几个大壁炉里跳动的火焰，以此给自己带来慰藉。这里有足以用来接待各国信差、使臣的厢房和庭院。10个星期里，他在这里统治了世界的一部分，他甚至还让人在他的卧室里另外支起自己的那张铁制行军床。

而那位波兰的伯爵夫人就住在他的房间里，这件事除了贴身侍从贡斯当以及那位名叫卢斯塔姆的马穆鲁克外，没被任何人发现。她几乎一直都在房间里待着，偶尔在晚上出来一下，大部分时间都在看书、刺绣，以打发这漫长的等待时间。他每天都会抽两段时间抛开公务，进来陪她单独用餐。拿破仑的主要活动区域便是他和她的这两个房间。他在这儿寻找梦中的生活，远离了巴黎皇宫的争风吃醋，远离了购买珠宝的账单，远离了改朝换代的愿望。这里，一个18岁的温柔女子默默地从眼神中表达出躲开尘世的唯一要求。显然，她在尝试着去爱他。

他对她说："我知道你宁可离我而去，我知道！然而，你的美好、温顺，你内心的纯洁，都是我每天短暂快乐的源泉，难道你连这个也要夺走吗？别人还以为我是这世上最幸福的人呢！"

这时，他收到了一个突然的消息，他的侄子，路易国王的儿子，也就是他的继承人，去世了。从他给约瑟芬的信件中可以看出，这件事给他带来了沉重的打击。但他此刻却不能将这个想法告诉她。当初，他多么希望那个在开罗认识的交际花可以为自己生儿育女，而现在，如果他也希望眼前他所深爱的这位美丽女子为他生下儿子的话，结果会是什么样子呢？也许，他还会封她为皇后。然而，这一切都只是假设，他看着她，却什么都没有说出口。

至于巴黎那边又是怎么说这事的呢？

谣言从波兰草原那里传来，他听到了人们的恶意嘲讽：公债下跌了，而我们那些英勇的年轻人都到哪里去了呢？绵绵细雨淅淅沥沥地下着，随时都有可能转为暴风雨，而能驱赶暴风雨的人却不在巴黎，远在国外。如今，普鲁士虽被打败了，但其王后依然坚持拒绝同拿破仑讲和，坚持与俄国沙皇联盟。他又向奥地利发出同样的请求，但依然没有成功。

周围遍布敌人的拿破仑却开始重新拾起对付亚历山大大帝的计划。他派遣信差带着密函，从芬肯施泰因宫骑马前行。此时，"万王之王"的波斯王的使节则跋山涉水来到北方的军营中，向这位西方的皇帝鞠躬致敬。次日，双方达成协议，波斯王将鼓动坎大哈人和阿富汗人袭击在印度的英国人，并为他们武装一支攻打印度的军队，一旦拿破仑的军队也到达印度，他们就会开放边境，让其通行，而拿破仑则会逼迫沙皇将格鲁吉亚还给波斯。

波斯使节刚刚离去，土耳其的使节就带着金光闪闪的礼物以及一封信威风凛凛地过来了。在一位戴眼镜的东方学家的翻译下，坐在波兰式大壁炉前的拿破仑将东方式的夸张表达归纳为几条简明的项目，并以口头形式向苏丹王回复道："我很遗憾您没有向我要求上千人的军队，只要求了500人……请您提出您的确切要求，我将立刻为您提供这一切需求。波斯也是俄国的敌人，因而请您跟其国王也保持着联系……您的使节拒绝接受我向您提供的军队和炮兵，是因为他担心接受之后会使穆斯林的那些教徒的脆弱感情受到伤害……我的权力足够强大，我也十分关心您是否能取胜，我不会拒绝您的要求，因为这不仅是出于与您的友谊，更是出于政治因素。"

弟弟路易从他新上任的王国向拿破仑发出了几乎绝望的请求，对此，拿破仑回了一封足足有五页的信给他，这封信简直就是对国王们的训导。另外，他还写信给在那不勒斯的约瑟夫，教他该怎么做；他又给在布雷斯劳的热罗姆去信，质问他为何分派了600人、400人在斯威尼兹、布里格驻扎，为何一直都没有呈上一份完整的报告，为何没有好好统率军队，还整天跟漂亮的女演员鬼混。"为了正确了解你的处境，任何事情你都必须一一向我汇报。"同时，他知道自己与教皇之间的争执让他们的良心日益不安，因此，他写信给所有法国主教，让他们举行感恩自己取胜的弥撒，利用个人势力对教会的每一个人进行控制。

此外，他还给富歇下了涉及贵族区沙龙和施泰尔夫人及其影响力的12道命令。他还询问了关于巴黎两大剧院的状况、剧目、经费等问题。次日，他又问起图书管理员的事情："我的图书管理员哪里去了？是死了，还是去乡下了？他这算做了什么工作啊！我不是命令过他要把所有新出版的文献和书刊的目录都给我吗？为什么他却什么消息都没有？"在历史研究方面，他计划建立一所新的历史大学，让年轻人在研究古代历史的同时，也可以研究现代史。他给内政部长写信道："我们应鼓励文学的发展，请您为我提供一些建议，以促进文学的发展。"他还询问了玛德莱娜大道和新证券交易所的建造情况。他说："国立图书馆中的许多宝石还没被打磨，我们应让巴黎最好的雕刻家去打磨它们，让他们有工作做，同时也促进工业的发展。"他思考着如何筹措600万法郎，好好地利用它们促进手工制造业的发展，同时私底下动用其中的200万法郎为自己修建宫殿。他还下令让巴黎报社在报刊上发表描述俄国绝望处境的文章，并扬言这些文章皆来自梯弗里斯和布加勒斯特。

他微笑着对他安静的女人说："你是不是很惊讶我的日理万机？这是我必须履行的职责。我从之前的一粒橡树种子，成长为现今一棵壮实的大树，人们会从不同的角度审视我这个高高在上的君主。每个人都不能总保持自己的本色，他需要扮演一些角色，我也一样，不过，你是唯一能让我愿意再度成为种子的人。"他用平静的语气说完了这段简单的话。此夜是他们共度的最后一晚，冬天已逝，火炉已熄，5月已至，田园诗般的生活也即将结束了。明天，他将重返战场。他俩都知道，他们还会重逢，但是，她还是送给他一枚戒指，以便哪天他已忘了她时，还能看到上面刻着的话：

"如果你已不爱我了，请别忘记我还爱着你。"

15.与俄国签署《提尔西特和约》

6月的朝阳下，一只树干和木板上都铺着地毯的大木筏停靠在涅曼河中游流经提尔西特的地方。木筏中间支着一座彩色的帐篷，上面飘扬着法、俄两国的国旗。两国的近卫军也驻扎在河的两岸。从两岸驶出的小船同时驶进河流中央的这座帐篷，帐篷中，昔日为敌的法、俄两国的君主正在进行议和谈判。10天前，双方士兵还在互相打打杀杀，而今，当他们的君主已成为朋友时，最靠前的士兵将道贺的话往后传，一下子，成千上万的士兵站在了一起，欢庆这一时刻的到来。

按照拿破仑的惯例，他向在弗里德兰战败的对手伸出了援手。因为苏丹人不怎么听话，所以第一次预备性谈判时，他暗示可能有一天，沙皇会把十字架放到君士坦丁堡的圣索菲亚教堂上。他知道，沙皇是个兼具神秘主义与浪漫主义的人，而沙皇本人将于次日听到这番谈话。不久之后，沙皇便与拿破仑友好起来。所以，他对苏丹的这句暗示影响重大。当初，他俩在奥斯特里

俄军与法军结盟的第一次会见。两军隔岸而立，拿破仑在河中间的木筏上建了一座华丽的房屋，两边各有一扇门通向室内

茨与弗里德兰战役中你死我活地厮杀，现在，他俩却面对面地站着，拿破仑的灰蓝色的眼睛沉静地停留在这位他在欧洲大陆上唯一的对手身上。沙皇其实长得有点偏女性化，他的身材很纤弱，面色也很红润，而且视力和听力都不怎么好。他打量了沙皇两眼后，就断定自己完全可以把他争取过来。

在短短两周之内，他们便化敌为友，这究竟是怎么一回事？

不爱读小说的拿破仑曾暗含批评意味地评价沙皇："他和蔼可亲，是小说中的英雄人物。"随后，他又补充道："他年轻、漂亮，也比我想象中更加聪明。"

经过日后的交往，他对沙皇也有了更进一步的认识，"他极具吸引力，身材挺拔，总会给和他交往的人以美好的印象。只可惜我不赞同他骨子里的某些特质，否则，单凭印象的话，我也会由衷地喜欢上他。我感觉他的言行似乎总缺少

了什么东西，最特别的是，这一缺失总是不停地变化着，使我很难从具体事例中预料他所欠缺的东西究竟是什么。"拿破仑很看重他与沙皇之间的这段友谊，他似乎也认为沙皇长得跟女子一般，他会用恭维的话总结他对沙皇的评价："如果他是一名女子，我一定会追求她。"

强者诱惑俘虏，而后来又背弃俘虏，这样的事情发生在如此女性化的人身上，根本没什么好奇怪的。梅特涅对沙皇的描述简直贴切到极致，"他就是一个糅合了男性优点和女性缺点的人。他缺乏三思而后行的理智，常常没经过深思熟虑就冲动地产生一些观点，事后，他又很快就会反悔。所以，他总是动不动就承诺，而后又深陷于失信的困扰当中。他没有多大的野心，但他对纯粹意义上的虚荣又不够淡泊。他不太像一国之君，反倒像个通晓练达的人。他的冷淡与热情以五年为一个周期，新的想法循环着出现，忽而消失，忽而又出现新的想法。起先，他追求着自由，后来，他又开始敌视法国，再接着，他又被法国人影响了。"

今天刚好是又一个五年周期结束的日子，他们又撕破脸开战了。

也许早在与沙皇在那座帐篷中进行两个小时谈判的时候，拿破仑就已预料到未来这种结局了。当时，他俩一起骑马，一起乘车，一起吃饭。拿破仑看出控制这位皇帝已经不是什么难题。起先，他的表现非常绅士，极力称赞俄国人的英勇。接着，他又说着甜言蜜语，为了防止自己的大臣被沙皇的魅力所迷倒，他必须让他们围在自己身旁。吃饭时，这位平时从不说运气的命运宠儿竟然谈起自己的运气，以迷惑眼前这个人。他讲述了自己在埃及的故事。有一次，他在睡觉时身边的一堵古墙突然倒下，然而他安然无恙。等他醒来之后，他发现自己手里竟然多了一块石头，而且还是一块刻有精美绝伦的奥古斯都头像的石头，当然这是他后来发现的。没有一位剧作家能写出他在饭桌上杜撰的这个故事，而正是这个故事，悄然打动着沙皇这位信仰神秘主义的半理想主义者。

知事甚少的沙皇认真地听着他讲述自己的传奇故事。他承认他不似拿破仑那样，是名副其实的君主，任何事情他都依附于自己的将军们。之后，沙皇开始不厌其烦地向拿破仑咨询一些关于战争艺术的问题。他俩骑马溜达时，沙皇甚至十分天真地向拿破仑请教道："这里是什么样的地形呢？这样的地形又需要怎样攻守呢？"拿破仑一一向他做出解释，接着狡诈地煽动他说："如果你愿意与我联手攻打奥地利，我就让你在我的指挥下率领三万士兵，借此机会学习战术。"

没有一个女子曾这么被人追求过。不久之后，法俄双方便达成了同盟攻守的协议了。

双方签订的协议中的秘密条款是这样写的："应把涅曼河与易北河之间的领土作为分隔两国的缓冲地带，以避免两国因小矛盾发生冲突。"为此，拿破仑牺牲了波兰，而沙皇也放弃了普鲁士，这两个分别向某位女子保证其祖国领土完整的人都

结盟晚宴上，俄皇向拿破仑介绍他的近卫队

违背了各自的承诺，一切的给予皆是为了其更重要目标的实现。这两个人就像演戏一样，在波罗的海边的一座无名城市的一间小屋子里，对着地图，用几近怪诞的从容神态斟酌着如何分割他国的领土。拿破仑从沙皇那里得到了爱奥尼亚群岛和加答罗，而沙皇也从他那里得到了考堡、梅克伦堡和奥尔登堡。不过，拿破仑拒绝了沙皇获得博斯普鲁斯海峡的要求，在他眼里，君士坦丁堡关系着全世界的统治权。这一矛盾在条约的正文以及附款的背后都有相关字眼体现。看来，分割世界的两位皇帝在合作的同时依然忘不了争个高下。

缺乏威望和机智的普鲁士国王一直被这两位皇帝瞧不起。他这次也被召来，因为担心普鲁士日后存亡的问题，他绞尽脑汁，最后还把王后也请过去了。拿破仑骂普鲁士国王是个无才、无性格的呆瓜，恶意地评价包括其服装在内的所有方面。不过，对于王后，这位美丽的敌人，他却充满好奇，于是通知接见她。随即，他又以处于中立地带为借口，没有前去招待，但他早已为她准备了一间用于会面的漂亮房子。此时，她正站在台阶上，迎接这位骑着马过来的皇帝。他周围的侍从个个穿得光彩照人，而他自己却穿得很简单。

她那天穿的是白色丝质裙，戴着古香古色的珠宝，甚是美丽，但眼神中充满怨恨。然后，她用几乎毫无恶意的话语打破了僵局："陛下，望您不介意这里如此狭窄的楼梯。"

他立刻表示，自己能来这里即可，没什么不能迁就的。他又问她身上的丝绸是否产自西里西亚。而她则庄重地提醒他，他们此番会面并不是用来讨论这些琐事的。她以女主人和母亲的身份亮相，想将他那勇敢博大的心争取过来。

"不知您是否乐意重返柏林？"

"不一定乐意，您的决定完全决定了我们能否毫无痛苦地回去。"

"这件事情，我很乐意为您效劳。"

正当她要接话时，他又突然用严肃的口吻质问道："夫人，请您告诉我，为什么普鲁士要参加这场战争？"

"在腓特烈大帝威名的震慑下，我们高估了自己的能力。"

"但是我多次要求你们议和，你们却无动于衷，要知道，在奥斯特里茨战役之后，奥地利变得更加聪明了。"

"今日，请您允许我们献上我们由衷的谢意。"

"难道您不觉得是你们破坏了我与普鲁士之间的友谊吗？"

"我知道，您是一个雍容大度、心灵高尚、为人光明磊落的大人物。"

"抱歉，虽然我是个随和的人，但我做事还是讲究原则的。"

"虽然我不是那么精通政治，但是，对于一个女人来说，没有必要因为这件事情遭到羞辱，如果我向您发誓的话……"她继续滔滔不绝地讲下去，而他则似乎对此饶有兴趣，听得津津有味，还面带微笑，这让她感觉到成功的希望。就在此时，普鲁士国王走了进来。

虽然这两人之间的谈话并不怎么涉及政治，但两人谈着谈着，却很大程度地发展了彼此之间的私人情感。皇帝曾带着些许卖弄的成分对沙皇说："当时，普鲁士国王也来了，这很好。她简直就是一个让人不舍得摘掉她的王冠的迷人女子。我差点就要应承她了。"后来，他又和她进行了一次对话，之后，他在给约瑟芬的信中提道："她是个迷人的女人，简直可爱至极，当然，请你放心，你不需要嫉妒，我不可能因此而拈花惹草，否则，我将闯下大祸。我知道，如果那样的话，我会付出巨大的代价。她确实受到了应有的惩罚，不过，她的不幸倒是折射出她本质中的许多优点……我必须承认，她说的话很有意义。"

而他对她的影响更加令人诧异。之前恨他恨到极点的她曾一度把他叫作"地狱恶魔"，经过交谈之后，她却这么评价他："他有一个长得很匀称的脑袋，他看上去就像思想者一样，又像古罗马的皇帝。他微笑时的表情看上去十分和善。"

显然，一个女人用寥寥几句话将他动人地描述出来，这就是拿破仑的最大胜利。尽管如此，在她卑躬屈膝之时，他依然面不改色地不为之动容，丝毫不肯退让，因此，她还是有恨他的理由的。后来，他被她激怒了。最终，皇帝签署完所有的文件，将普鲁士王国的大部分领土分割了出来，不过还是以"看在与沙皇的友谊"的名义上让普鲁士王国保留下来了。尘埃落定之后，普鲁士王后仍然不死心地想通过自己的软磨硬泡让他改变主意。在她即将登上马车回去时，她仍然追问他："陛下，您如此伟大，可您为什么要拒绝我对您的永远感激呢？"皇帝听完后，略带讽刺而又不失礼貌地回敬道：

"夫人，那您到底还要什么呢？我确实挺让人同情的，那只是因为我命不好而已。"

16.占领罗马

而现在，巴黎的人们又在说些什么呢？

他已经离开法国10个月了，之前，他从来没有离开过这么长的时间，然而，这丝毫不影响他对国内政权的控制，相反，出于对那些难以驾驭、喜好责难的巴黎人的担心，他更加强化了这种控制。他说："不管我离开多远，我都不会让那些企图破坏政权的首都人民得逞！"巴黎人对他的印象不是很好，整座城市充斥着对他的冷嘲热讽，如今，当他远征在外时，人们又开始借题发挥，用怀疑的口吻嘲讽他的举动。所以，拿破仑动用了一种"戴着绒手套的铁拳"，让那些巴黎人分别尝试这两种截然不同的滋味。这种对付方式无疑是正确的，然而现在的这个铁拳头的绒手套已经被磨损得有点破旧了。此时此刻，人们又会制造出怎样一种松散的氛围呢？是不是他们很想回到当初的督政时代，好让他们一个个都能随随便便地说话或者发表任何意见呢？

为此，拿破仑建立了新的更为严厉的新闻检查制度。他规定，现在只能演关于远古时代的历史剧，就算上演的是高乃依这个拿破仑所崇拜的偶像的剧本，他也会大力删减剧本的内容。之后，但凡即将上演的剧本的选题、创作内容等都必须交给他审查，他禁止了一切关于宗教信仰的作品，反而推崇与神话故事有关的作品。厌恶耶稣会的拿破仑依然按照耶稣会学校的模式，创立了一所规模宏大、耗资巨大的新大学，这里的老师可以不用服兵役，但要求保持一定程度上的单身。夏多布里昂曾在反对派的沙龙中引用了历史学家塔西陀的话，宣称已经向暴君尼禄报了仇，进而抨击现在的拿破仑大帝。因此，拿破仑极力攻击他，禁止发行他的作品《法兰西信使》。

施泰尔夫人屡次向他请求，想重返巴黎，不过一次次都被拒绝了。拿破仑说："这是出于她优秀的能力，她能让那些从来就没有学过如何思考或者是忘了该如何思考的人去思考。"他命令大宰相将R伯爵召来，对他说出其夫人的闺房已成为巴黎人的笑柄的事实。继而，他又与富歇谈话，批评巴黎的警察没有做好自己的工作，从而导致恶意的流言蜚语的散播，要富歇留意富瓦咖啡店和西第尼大饭店中人们的谈话内容。他要求法国所有的儿童都要朗诵颂扬他的童谣，"我们必须尊敬、爱戴和遵从拿破仑一世，我们必须献出自己的忠诚，加入他的军队……为他的社稷真诚地祈祷……因为不管是在乱世，还是在和平年代，上帝都将所有的才能集中到他身上了，他就是上帝在人世间的化身。"通过这样的方式，他让年轻人意识到，到底谁才是上帝真正的宠儿。

不过，在这条路上，他似乎走得太远了。三年前，他在自己的加冕仪式上就承认过，如果他自吹自擂，说自己是上帝的儿子的话，恐怕就连那些卖鱼的妇女都会嘲笑他的。而现在，他却真的这么吹捧自己了，可能历代王朝的继承人都会相信这些，但其他人呢？至少他们中间总有相当一部分人是不会相信的。

难道说他已经不再是原来那个在个人之事上从不铺张的人了吗？他拒绝了人们花钱装修他的书房的打算。他的书房十分简陋，里面只有一张巨大的写字桌、一个木榻、两个高高的书柜、一对枝形烛台和一尊腓特烈大帝的半身像。他口头传达命令时，不是来回踱步，就是靠在他那张木榻上。他的另外一间房间的陈设同样也非常简单，里面放有一尊恺撒大帝的铜像。他之所以拒绝了装修的建议，是因为他对着账单，想起当年自己还是尉官时这些装修东西的价格，他说他不想比别人花更多的钱来干同一件事，因为当年的价格比现在便宜很多。当人们又提出装修皇宫中的剧院大厅时，他说："我记得我在加冕仪式上动用了大量的财力才把那些软垫椅和枝形烛台买了回来，现在，它们一定被放到某个地方去了。"

皇帝从各方面节省开支，甚至还将因超支使用了两万法郎的主管皇帝御衣的雷米扎辞退了。之后，皇帝委任了新的主管，亲自给他开了张清单，以节约财物。拿破仑说："其实我们完全可以再节约一些，你吩咐裁缝仔细做衣服，做完之后交给我检查，如果合格了，就把衣服放到衣柜里边。至于制服，虽然说是每个季度要做一套，但这种衣服其实可以穿上三年的嘛……除此之外，我还有48套马甲和白短裤，这些衣服每套的价格是80法郎，总共就需要耗费3840法郎，每周交一套这样的马甲和白短裤，这样我也可以穿上三年了……另外，每两周上交一双鞋，总共24双鞋，一共耗费312法郎，而我也可以穿上两年。"至于他的衬衫，他每周需要12件，不过这是大量定做的，所以他可以穿上六年之久。

和他当年带兵打仗时的个人生活态度一样，现在的他还是那么节约，丝毫没有享受奢华生活的作风。然而他也不惜耗费巨资和宝贵的时间，更重要的是牺牲了自己的自尊和自由，倾注于宫中那些有繁文缛节的庆典以及他所摧毁的旧政权的过时排场。

他不再嘲笑那些来朝见他的贵族，而是表示出发自肺腑的欣悦。少年时期的穷孩子拿破仑曾被学校中的贵族同学嘲笑，如今这些贵族却纷纷加入了这个科西嘉人的朝廷。所以，人们能理解他对贵族带有的某种不满情绪。贵族们现在一个个卑躬屈膝地供奉着他，就连之前那些宣称与他势不两立的拉泽维尔家族、诺埃尔家族、纳博纳家族、蒂雷纳家族、蒙莫勒内家族、孟德斯鸠家族等，也都纷纷进宫朝拜他。穿着德意志式服装的莱茵联邦州的王公贵族们、梅克伦堡的人们也都来这里献殷勤了。巴伐利亚和巴登的王位继承人获得了出席参政院会议的权力。以上这些旧贵族自然把这一切仅当作消遣娱乐，但皇帝可不是这么天真地认为，他想让这些旧贵族效忠于自己，因而这一切其实是一种政治手段。

不过，出于这样一种政治目的，拿破仑犯下了一些错误。之前，拿破仑对士兵的筛选十分严格，丝毫不亚于筛选自己的衣服。不管是不是高官的亲戚，他从来没有提拔过任何无用的人，只重视那些立下军功的人。这位当过尉官的大帅与士兵们同吃同住，扬言要摒除世袭的旧观念，在自己制定的法典里，将不可能出现门第特权这样的血缘等级分化。这些改变曾打乱了整个欧洲社会，然而当初这位只把象征最高荣誉的亲王、伯爵、侯爵等爵位册封给那些最勇敢、最能干的元帅、大臣和参议员的皇帝，现在竟然把这些爵位册封给一群无所事事的新贵族！这些贵族的子孙后代，不仅游手好闲，胡作非为，还可以免费享用一代法国人为之奋斗了十几年才废除的种种不平等特权。对此，拿破仑的解释是："人们都有这样一种观念，那就是将自己的财产和荣誉都留给自己的子孙。"

这样一来，就连荣誉军团也被他的创造者糟蹋了。起先，只有国家的功臣才有机会成为荣誉军团的成员。而现在，这些成员的子孙，不管有没有功劳，都可以继承其父辈的荣誉，享受父辈的爵位和封号。虽然这种世袭的继承并不等同于特殊的公民权利，然而它违背了《拿破仑法典》的精神。拿破仑在颁布这部法典时曾在私人信件中写过："只有少数天赋高、能力强的人才有自由的需要，我们限制其他人的自由，其实并没有什么危险。其他大部分人都是热爱平等的。我在给他人册封爵位的时候，忽略了对门第出身这种旧问题的考虑，因此，我也没有对他们的感情造成伤害。任何人都有机会得到我所赐予的平民王冠，聪明的人会懂得如何通过自身的行动鼓舞自己领导的人。我们的国家必须像我的取向一样向上奋进……因为我知道那些贵族们想独立，想依靠自己的等级精神脱离我，所以，我才给他们这样高的赏赐，然后跑在他们之前，超越他们。"

其实，拿破仑犯了一个极为罕见但又极其严重的错误。在短短几个月前，他还对自己的弟弟在荷兰设立贵族制度的行为表示不满，而现在，他自己也陷入了这样的误区。当然，这也许也有理由能够解释：法国与以商贸为主的荷兰不同，它以军事称霸欧洲。其实，这种军事帝国的称号正是拿破仑一手创造出来的，这也成为他的王朝的第一个危险信号。其次，他的皇位使他不可避免地将这种具有象征意义的古老权力散布到全国中，这成为第二个危险信号。

担任执政的他又随意同意他人加入荣誉军团，有随意获得爵位的权力。飞轮的巨大力量被他拆分到许多个国家小轮子上。当年，贵族的特权激起了民众的反叛，而现在，拿破仑颇有一种重蹈覆辙的趋势。他将封地赏赐给优秀的人才（当然对于二、三流的人，他只给封号而不给封地），并让他们获得爵位，还允许他们将这种爵位传

拿破仑首次为大臣颁发荣誉勋位

给自己的子孙。这样一来，不出一代，便有几千名贵族，三代过后，全国就有两万多名贵族，而且这些人的贵族身份大多是从自己的父辈祖先那里继承过来的，根本谈不上立下功劳，只不过他们拥有贵族的那种优越感罢了。纵使这样的贵族并没有多大的政治特权，但在社会中，他们总还是能享受到不同于常人的种种特权。

时候一到，拿破仑自然会意识到自己在这里埋下的祸根，忘恩负义的反叛必然会接踵而来。这种错误性的决策所带来的后果实际上比当年处决当甘公爵还要不堪设想。处决当甘公爵时，他只不过是将一位旧朝代的后裔杀死了，影响颇小，而现在，他却让一批新生的复活旧政权的贵族在国家中肆意地生活着。

尽管他的身上并没有发生什么不幸的事情，但这也许是他一生中最为沉重的一年。当时，他曾对一个民主主义者说："你不清楚自己的动机是什么，自己有别于他人的地方在哪里。其实，我们都是为了自己的利益做一切事情的。就说那个声名远扬的马塞纳吧，他就像缪拉和贝尔纳多特一样，仍然想成为亲王。这种野心总有一天会令他战死于沙场，法国人正是靠着这种野心的驱使而前进的。"

如今，他的态度渐渐变得冷淡了，就连他自己的兄弟都不能随便找他说话，除非他想召见他们。他的工作变得杂乱无章，没有规律，有时直到晚上12点，他

还在开会。他的业余生活中似乎充斥着的都是悲剧，因为他只允许人们在打猎欢宴之余，在枫丹白露宫中上演悲剧。他常常半夜突然起床，不再睡觉，而是叫来自己的秘书，对他口授到天亮。他的神经日益紧张起来，只能靠连续好几小时泡热水澡进行缓解。他的胃痉挛现在犯得更加频繁，更加严重了。

如同青年时期患病时的样子，有时候，短暂的忧郁会悄然爬上拿破仑的眉梢。在他的谈话中，大海的怒吼，狂风的悲鸣，成为他很长一段时间里的常用词组。他的表现着实令人感到诧异，例如，在欣赏意大利歌手的歌剧时，他会命人遮挡烛光。然而，大家都猜不透他的心思，只能将这种诡异的行为归根于政治上的困扰。其实，大家根本就不了解他的内心，这位看上去如愿以偿地实现了自己的抱负的大人物，此时此刻却在接受一种梦想破灭的失望的折磨。因为，他的梦想太晚才得以实现，而且他所得到的根本不是他所想要的那样。当时，有位大臣前来庆祝他成功签订了《提尔西特和约》，然而，他却大声地呵斥他道："你简直就是和普通人一样见识短浅，提尔西特算什么，签了《君士坦丁堡和约》，我才能成为世界的主宰！"

他满脑子充斥的都是那些称霸欧洲、称霸亚洲，甚至称霸世界的幻想。为了从文学艺术中找到自己的身影，他不停地寻找悲剧的英雄人物。其实，他不妨去欣赏下诗歌作品，因为它们才是他内心活动的真实写照。例如，德国诗人歌德便在诗歌中将浮士德内心的不安描绘得淋漓尽致，这种不安情绪，恰恰与皇帝此时的内心活动以及他在欧洲各国所制造的不安相吻合。

不过，一段时间之后，他便从焦急不安的情绪中恢复过来，继而又变得精明平静了。在给沙皇这个同样拥有辽阔疆域的皇帝写信时，他对自己的计划做出了描述：

"我们要建立一支由法国、俄国两个国家的士兵组成的五万人的军队，其中可以稍微加入一些奥地利人，然后带着这支军队进攻君士坦丁堡，继而进攻亚洲。只要我们的军队到达幼发拉底河，就可以逼迫英国军队投降……之后，我们会与英方达成协议，一个月后，我们就又可以抵达博斯普鲁斯海峡，威胁不远处的印度……当然，设想归设想，一切计划还得在和您进行商议之后方可定夺……我们将在3月中旬之前定夺这一切。5月份的时候，我们就可以率领军队，踏足亚洲，在斯德哥尔摩那里击溃英国军队，进而将形势扭转过来。您与我都赞成我们这两个拥有辽阔疆域的国家彼此共享世界太平的局势……然而，我们都知道，我们必须听从上天的安排，这样才是明智的选择。不过，那些目光短浅的人永远也不会明白，他们参考的那些当今时代的报纸文章根本没有作用，真想了解现在这个时代，就必须从遥远的历史中寻找答案……谨以这寥寥几字，陈述我的想法，表达我对陛下您的尊敬与真诚。"

所谓的真诚其实只是客套，或者说是被切割过的宝石，是幌子，他只不过是为了取悦这位稀里糊涂的理想主义者罢了，而后者的诸多理想带着七彩光芒，折射在众多的宝石平面上。不过，话说回来，这封信确实也提到了许多值得实施的地方。他刚刚接见了一位将军，这位将军曾到过印度，肯定了这份计划的可操作性。拿破仑听后，十分高兴，像抚爱孩子一样用手不停地抚摸着将军的脸。

这就是拿破仑，一个如此天马行空的想象大师。

他在现实状况的带动下，再次潜入查理大帝的世界当中。去年，他曾计划到罗马，给自己加冕，称"西方的皇帝"，并剥夺教皇的一切世俗权力，使其只享有数百万年俸的特权。当红衣主教们对此表示强烈反对时，他勃然大怒，恫吓道："我将让整个意大利都服从我的命令，我必然会威胁教廷的独立，除非圣父们能在世俗事务上予以我同样的待遇。你们必须清楚地认识到，在罗马，圣父是自由独立者，而我，却是他们的皇帝！"这样的恫吓带着加洛林皇帝式的反抗意味，违背了自己国家的法律。看来，不管到哪里，他从骨子里都是希望用武力解决一切，实现自己的野心的。

拿破仑自封为意大利国王

然而，他的历史幻想早已超越了现实的可能性，最终也给他自己带来了不堪设想的后果。表明这一预兆的迹象已渐渐明晰。

在罗马，至少他在当前还有一定的优势，但一贯趾高气扬的他忘了当初自己用来反对飞扬跋扈的督政官的道德准则，渐渐地迷信自己的武力，自以为那是不可征服的。当时他还将这些准则写进《教务专约》，这无疑给自己造成了丧失威望的危险。现在，他正在给欧仁写信，叮嘱他注意一位红衣主教所遗留的一本历届教皇史，并要求他查看里面的内容，如果涉及教皇对基督教、教会的伤害，则立刻出版这本史册。

占领了安可纳的拿破仑写信给教皇说："承蒙上帝的保佑，我一直拥有着荣耀的事业……圣父您有驱逐我的使臣的自由，我也不介意您因为我而接纳英国人，甚至君士坦丁堡的国王……我只是祈祷上帝让您多做几年圣父，多主持几年圣母教会。您虔诚的儿子，法兰西大帝，意大利国王，拿破仑。"

除了这些带有讽刺味道的威胁之外，去年，他的舅舅费什还接受他的委命，警告教皇别忘了自己现在的职责近似于当初的康斯坦丁皇帝。同时，他还提到中古时代的爵位封地之争，他说："我就像查理大帝一样，是法国和伦巴第的国王，我的帝国疆域辽阔，直达东方，所以，我就是你们教皇的查理大帝……我将会把教皇贬为罗马主教，除非你们有良好的表现……我相信，一切能让法国人幸福生活的东西，也一定会给意大利人带来功效，一个在某一国家没有用途的东西，到另外一个国家，它也是没有作用的。所以，我还会在意大利推广《教务专约》。"

这些话简直就像出自马丁·路德之口！他常常在人之世俗事务被历史神秘主义所迷惑时陷入幻想的世界，又常常在宗教神秘主义成为世俗事务的借口时变得无比清醒。出于政治考虑，他没能在法国推行路德的新教，然而，路德的新教却在他的理智的作用下成为其一生追崇的宗教。因为后来教皇仍然不肯背弃英国，所以，拿破仑毅然与教皇决裂。此后，为了最终拥有整个意大利，他决定将分割南北意大利王国的障碍清除干净。

如今，他还写信给意大利总督欧仁，以军令的方式告知他，现在教皇的权力太大了，僧侣们根本没有权力进行统治。这些权力本应完全属于皇帝，如今，这些权力却让他自己的属国变得不安起来，所以，他可能很快就会将教皇撤开，并将波兰、意大利、德意志的教会都召集过来，举行会议。他甚至想通过增加更多法国红衣主教的方式来以多胜少，当然，这一举动遭到了教皇的反对。后来，教皇决定退一步，答应将他加冕为"西方的皇帝"，以表和解。然而，加冕这一愿望对现在的他来说，已经没有当初的吸引力了。在他的眼里，他早就是西方的皇帝了，加冕与否都无所谓了。教皇只好在金钱上也做出一些让步，没想到，拿破仑居然得寸进尺地索取更多的财物，并威胁他们要将意大利的这些领土合并到法兰西帝国中，将查理曼允诺的礼物收回来。

由此看来，他不但不肯退让，反而更加猖狂，现在他连教皇的领地都想吞并了。这一下子激怒了教皇。教皇终止谈判后，拿破仑带兵将罗马攻占下来，于4月份将教皇的领地贬为一个行省。

这个驰骋沙场的大将到过无数地方，从马德里到莫斯科，从开罗到维也纳，他也常常待在意大利，然而不知是因为命运的安排还是他小心谨慎的性格，他从儿童时期便对罗马没有任何印象，以致后来他一直都没去过这座被他视为永恒之城的城市。现在，他的军队将它占领了，周围的人都表示赞许，只有一个人对此感到极为恼火，那就是他的母亲。过去，对于儿子的一切辉煌，她顶多只是怀疑地祈祷这一切都能长久，而现在，她成为看穿这是一个极大错误并成功预见严重后果的人。她烦恼不安地对自己的好友说：

"我感觉到他闯祸了，他所做的这一切将给他和他的家族带来严重的灾难。他没有对他现在拥有的一切感到满足，他的欲望如此之大，想要拥有的东西太多了。这样下去，总有一天，他会失去他拥有的一切！"

17.荒唐的法联邦君主

当拿破仑最小的弟弟热罗姆受封为威斯特伐利亚王国国王时，拿破仑向他写信阐述了自己托付给他的伟大使命。他说："为了彻底消除统治者与无产阶级之间的各种奴役关系和隔阂，德意志人热切地盼望那些并不是贵族但有才能的人在担任公职和观念方面有同等的权力。你的君主制度完全由《拿破仑法典》所带来的种种好处以及审判和陪审制度决定。这里，我将对你说出我心中的所有想法：我对于上述的那几点的重视要甚于对战役胜利的重视，因为我想巩固自己的君主制度。你必须让你的子民享受他们之前从未享受过的平等和自由！比起易北河，比起众多的城堡，或者比起法国给予的保护，这种方式的统治更能给你提供与普鲁士抗衡的有力保障。因为体会到自由政府好处的人民将不会再甘受普鲁士的统治。"

这封信第一次使革命的基本概念出现于德意志，也向热罗姆宣布了他应当完成的任务。如今，他要让原本只知道如何服从的德意志民族懂得如何自治。历史上的意大利人和荷兰人对自治很是熟悉，但莱茵联邦的君主们对此却很陌生，他们缺乏传统和人才，并没在国家内部做出什么改革，尽管他们可以采用新的法典。拿破仑向他们家族中最年轻的成员阐明了他肩负的历史任务，那就是在他统治的地方实行民主政治，将原本为臣民的这400万德意志人变成公民。德意志民族如果真的实现了转变，在解放战争后，将不再受君主的欺凌！

不过，拿破仑还是高估了自己的弟弟。这位年仅23岁的家族成员自小便养尊处优，热衷于挥霍金钱和精力，将当国王视为风流游戏。风流成性的他欺骗了自己的妻子，在外面包养了许多情妇，到处留情，债务、私生子等丑闻也紧跟其后。这样一位只知道享乐而不知道体恤民情的国王亵渎了选拔贤才的革命思想。在德意志人眼里，如果必须让一位王子来执政，那他至少必须是生下来就是王子的人。热罗姆无视兄长的忠告和世人的讥讽，继续逍遥荒淫地生活着。

就如父亲疼爱自己的小儿子一样，拿破仑依然无比偏爱他。热罗姆的潇洒生活很符合他自己的生活节拍，而且他为人和蔼可亲，不怎么爱生气。有一次，拿破仑听到他提出的想获得最高指挥权的要求后，训斥他道：

"你在开玩笑是吗？这件事得等你出征次数达到六次，你身下倒下了六匹战马后才能谈。"然而，热罗姆对这样的训斥并不介意，他出征时，几乎带着整个后宫，只有王后被他留在宫里。他用路易十四的口吻向世人颁布公告。拿破仑对他做出申斥：

"你当日下达的军令简直太可笑了。注意！你是国王，是皇帝的弟弟！你必须拥有作战的优良品质！你看看你的兄长，在军营里，我根本不需要奢华的生活和众多的大臣。你也必须这样，与先遣的部队同吃同住，天天都在战马上，及时获得敌人的情报。否则，我建议你最好待在宫中。看你那样，就像东方的总督一样！难道你这些都是从我这儿学到的？你看看我作战时又是怎样的？我总是身先士卒，不允许任何人跟随……既然你提出了这么多的要求，那你必须先有使这些要求获得满足的资格，拥有一定的才干和优秀品质，然而，我觉得你的胡作非为把这些东西都毁掉了。而且，你现在还这么狂妄自大、一无所知！"

然而，热罗姆依旧不以为意。这位年轻的国王读完拿破仑的信后，便一笑而过了。可怜的拿破仑苦口婆心地劝诫他，却始终无济于事。然而拿破仑是否意识到是自己亵渎了权力呢？如果他将大权交给更加称职的人，也许情况就不会这么糟糕了。然而，他却一手将这些金光闪闪的王冠和徽章送给这样一个昏庸的家人，从而制造了腐败的王室。他有没有想到过，人造小人会从玻璃瓶中溜出来，然后嘲笑他自己的主人？[①]他总是会在家族的问题上扮演一个好好先生的诡异角色，以兄长的口吻对自己的弟弟们下达命令，之后却总是自己让步。他像书写戏剧对白一般在国家要事上进行这样的训令："弟弟，请随信件附上你的王国的宪法。"

———————————

①欧洲中世纪的炼金术士曾经想要制造霍蒙库鲁斯（Homunkulus），即人造小人。歌德在《浮士德》一书中写道，瓦格纳曾在玻璃瓶中制造出了霍蒙库鲁斯。

如果刚好他那天心情不错，他还会在写完一封满是指责的信时再补充一句："我爱你，我的朋友，不过你真的太年轻了，年轻得让我觉得可怕。"

是啊，他已不再年轻。因为负担过重，他待人接物的态度随着他的计划的扩大而越来越僵硬。12年前他作为征服者从阿尔卑斯山越过时，他的盛名已经传遍伦巴第平原。那次远征因为他的青春而充满浪漫的气息，也因此吸引了那个时代的人。一开始，山中的溪流狭小而又湍急，之后渐渐发展为载着装满世界各地宝藏的大船的大江。随后，大江流进海洋，即将与世界上所有的水汇合在一起。他的野心所带来的重负已在他的脸上留下了重重的痕迹，也在他的心中刻下了记录。而且，他已经很难得到宁静、欢乐和好心情了。他对自己的伟大使命持着愤世嫉俗的豪迈态度，这也使他在人们心目中成了一尊雕像。

当年，在巴黎的那条街上，他曾被约瑟芬深深地吸引，而今，出于迷信，他又在那个地方准备了一套房子，让他的情人，那位波兰的伯爵夫人住进去。他命令自己的御医每天都到那里去看望她。这件事情已为大众所知晓，不过，她还是喜欢待在屋子里，而不喜欢去剧院专为她准备的那个包厢里看戏。即使是在巴黎，她也不能时常与拿破仑见面。这只不过是这场田园诗一般梦幻的恋爱与下一场恋爱之间插播的曲子罢了。根据他的法则，他希望她能为自己生儿子，不过，现在看来，这样的希望很可能会带来比以往更加严重的后果。

出于孩子母亲的缘故，他并不接纳他的第一个儿子。好长一段时间，人们甚至对他的生育能力普遍产生了怀疑。还好，这个孩子诞生了，使之前的怀疑有所消减，而拿破仑自己也总算松了一口气。拿破仑回到巴黎后，知道了孩子的母亲想见他的要求，然而他拒绝了，并让人转告她，他不接见任何未蒙召见的人。此后，他将一套房子和一笔钱送给她，便与她断绝了往来。不过，他留下了她生下的那个男孩，常常逗他玩，他甚至曾想领养他。然而，他最终无法享受这种人间的天伦之乐，因为他那无形的主宰（用他自己的话说就是"事物的天性"，偶尔也被称为命运）禁止了这一行为。40岁的他终于有了自己的亲生儿子。然而，这位"西方的皇帝"没有将他立为继承人。他不能在众人面前称这个孩子是自己的儿子，不过，他还是将自己的名字的一半——莱昂[1]，送给了这个男孩。

不久之后，也许是出于对孩子母亲感情的完全丧失，也许是出于对这个孩子品性不良的预感，拿破仑将立莱昂为继承人的念头完全驱散了。这半个拿破仑在他看来，将来会成为半个罪犯和十足的二流子。

---

[1]莱昂（Léon）是拿破仑（法语为Napoléon）这一名字的后半部分。

　　然而，他自己的年岁已经越来越大了，继承人的问题一直没有着落，为此，他焦急地希望缔结一段新的婚姻。他和约瑟芬在理性与伤感之间长谈了许多次。后来，不仅约瑟芬在流泪，有一次，他也近乎欲哭无泪地哀叹道："没有继承人是多么可怕的一件事啊！"然而，他始终依恋着约瑟芬。他生来是个保守的人，对她的爱有偏向固执的执着。塔列朗一直催促他赶紧离婚，但拿破仑却对他说："倘若我真的离婚了，那么一位迷人的女士将从此在我的家庭中消失。而且，我与皇后都很了解对方，彼此都很有默契，如果我再找一位年轻的妻子，就必须从头开始学习适应她的好恶。再说，她给我提供了那么多的帮助，我要是现在跟她离婚的话，多少会被人认为是忘恩负义的。"由此观之，他和普通人一样，在对待前妻的问题上，充满理智、轻松、高尚和柔情。正是因为如此，一直以来，他和妻子的关系还是长时间地维持着。

　　不过，他也不得不采取一些必要的措施，来解决当前越来越多的困难。因为在法国，约瑟芬的受欢迎度比他还高，如果他与她离了婚，势必会在道义上使法国人民掀起巨大的波澜。因此，离婚这条路是行不通的。有没有什么可以一举两得的方法呢？最终，他想到了这个其他人都没有想到的方法。他决定将一个人召来。之前，他就很需要那个人，此刻，这种需要的程度更强了。那个人就是他的弟弟吕西安。他的母亲一直都在这两个儿子之间进行调和，为吕西安求情。而现在，拿破仑在意大利巡视时，召见了自己的这个弟弟。

　　这次兄弟会面后，吕西安将两人的对话记录下来，他写得如此真实生动，将拿破仑的形象刻画得十分逼真。因此，这也成为拿破仑流传于世的谈话中最有意思的一次。

18.政治与尊严

　　在12月的一个晚上，已30出头的吕西安来到曼图亚宫，他的心情忐忑不安，他为哥哥的召见而恐惧，他怕被逮捕。房间里烛光耀眼，这使得他进去时什么也看不清楚。然后，他听到卢斯塔姆轻声说："陛下，您的弟弟吕西安来了！"

　　只见拿破仑一动不动地坐在一张大圆桌面前，似乎对仆人的禀报无动于衷。他左手托着脸，右手拿着彩色大头针，其前方是一幅欧洲大地图（根据吕西安的记录，他是第一次见到这么大的一张地图），他正用这些大头针标注师团或者集团军的位置。几年未相见的兄弟俩总算碰头了，吕西安觉得，眼前的拿破仑变化很大，以至一开始他呆呆地站在原地几分钟，甚至不敢相信这位就是他的哥哥。

后来拿破仑直起身来，一边打哈欠，一边靠在椅背上挠痒，然后摇一摇旁边的小钟。吕西安迟疑了一下，才向前走去，客气地说：

"陛下，是我，吕西安，您吩咐我过来的。"

拿破仑站起身，亲热地牵住弟弟的双手，尽管他有些不自然。吕西安拥抱了拿破仑，但拿破仑似乎已不大习惯这种亲密方式，他漠然地站着。然后，拿破仑再度拉住弟弟的双手，将他轻轻往后一推，打量着他。

"真的是你吗？你和家人都还好吗？你什么时候离开罗马的？一路上还顺利吗？教皇他还好吗？他喜不喜欢你呢？"

这一连串问题让吕西安突然陷入了尴尬中。不过，他还是老老实实地一一回答，并客气地寒暄道："看到陛下您身体健康，我感到非常高兴。"

拿破仑听后，拍了拍自己的小肚子，吸了一下鼻烟，用锐利的目光盯着他说："是啊，还好还好。我变胖了，而且我很担心自己会一直胖下去。那你呢？不知你知道不知道，其实你长得挺好看的，只不过以前太瘦了，现在看上去很不错，几乎可以称为英俊了。"

"噢，陛下，您真喜欢开玩笑啊。"

"怎么是开玩笑呢？这是真的。来，我们坐下来说话吧。"于是，他们面对面坐下，中间隔着那张巨大的地图。这时，拿破仑开始摆弄那些大头针，而吕西安只好静静地看着他，等他开口说话，然而，后来他还是等不及了："陛下……"

"怎么了？你想对我说些什么？"

"我希望您能原谅我。"

"那得看你自己能不能争取到我的原谅了。"

"只要不伤害到我的尊严，我愿意做任何事情。"

"好啊，但是什么叫作'不伤害到你的尊严'呢？"

"就是不伤害到我的天性和我信仰宗教的权利。"

"哦，那么政治呢？难道它跟你没有什么关系吗？"

"虽然还是有联系，但对我来说，我只不过是个普通的老百姓，已经不过问政治的事情了。"

"好吧，能不能得到原谅完全取决于你的表现。其实你完全可以像你的兄弟们一样，做个国王。"

"可是陛下，我不得不提起我的妻子的尊严以及我的儿女的地位……"

"和你说话总是离不开你的妻子。你必须清楚地意识到，从过去到现在，从现在到将来，我永远都不会承认她，她从来都不是你的妻子。"

"唉，陛下，别这样……"

"永远都别想改变我的看法。你是我的弟弟，所以我可以原谅你。但是，我只想诅咒她！"于是，他开始接连不断地责骂，直到吕西安插嘴说：

"陛下，请您控制自己的情绪！俗话说：'望弥撒的行列每时每秒都在变化着，然而圣灵却永恒地存在着（吕西安将这句话翻译成法语了）。'"

"哼，她简直就是一个声名狼藉的女人……"

这时，吕西安有些生气了。于是，拿破仑只好稍微做了些让步：

"好吧，我承认这其中有部分可能源于他人的谣言中伤，但无论如何，我是不会承认她的。另外，你别忘了，我们国家的基本法里面，有一条内容与萨利法典相同，那就是皇族成员的婚姻必须经过皇帝的认可，否则该婚姻就是无效的。"

"可是陛下，您似乎也忘了，我结婚是在您称帝之前。"

"没错，但你知不知道，这部法典是因你而颁布的！"

拿破仑的逻辑让吕西安笑出声来。然而，拿破仑却怒斥道："笑什么笑？有什么好笑的？我知道，你，还有你的妻子，我的敌人，都在议论这件事情。你唯一的朋友是我的敌人。然而，你要知道，所有善良的法国人都不会赞同你的作为……只有像热罗姆那样拥护我的事业，你才有可能重新赢得大家的支持。"

命运被皇帝捏在手里的吕西安只好忍气吞声地克制自己的情绪。然而，最终，他还是忍不住跳起来反驳自己的兄长："陛下，是您错了！您想想，您的朝臣不过是出于他们的职责才赞同您以这种态度对待我过去对您的效劳。如果换作是我的仆人，那就绝对不一样了，他们一定会觉得我是对的！"

"这就是我们家族的人那种狂怒的表现啊！"拿破仑紧锁眉头，颤动鼻翼，用闪光的眼睛盯着他说。

然而，吕西安对此不予理睬，继续滔滔不绝地辩解道："陛下，您有没有想过，我为国家做了那么多，而国家有没有给过我回报，给过我感激？国家欠我多少呢？它有没有按照应有的原则将我视为拯救国家的恩人呢……最值得我骄傲的事情是什么呢？是法国人将我和您相提并论，而不是和热罗姆相提并论！陛下，您可知道，公众的舆论比什么都要强大，相比之下，帝王根本算不了什么。不管朝臣赞同与否，强大的舆论都会将每个人放在其相应的正确位置上！"

说完这段话后，吕西安开始担心拿破仑会不会突然暴跳如雷。不过，还好没有，拿破仑显得很平静，他回答道："看来塔列朗说得没有错。谈问题时，你总是那么狂热，就像在政治俱乐部里一样。不过，我不得不提醒你，这种口才现在已经不流行了。我知道，你确实在雾月十八日的时候给我提供了很大的帮助，但是这不代表你就是我的救命恩人。没有你，我也可以存活下来。没有充分证据能证明是你救了我。然而，为了拯救法国，我要求统一权力，这时，你却跟我争吵起来。我和约瑟夫费力地说服你保持沉默……最后，我们终于取胜了，可是在此后，你却又极力反对我个人的晋升。这样看来，我还需要感谢你吗？更何况，你有没有想过，当年在圣克卢宫的时候，你来搭救我的时候不也是身陷险境吗？当时我还将掷弹兵派出来，让他们将你从敌人的阴谋中抢救出来。否则，你也不会活到现在。可是，你这个弟弟，对兄长不义不忠，自甘堕落，居然想让议会通过决议将我的权力剥夺了。你真觉得我是那么愚蠢的人吗？难道我真的会乖乖地束手就擒？难道我不是承蒙上帝的照顾，受到众多人的拥戴，他们一起捍卫我这个注定戴上诸多王冠的人的项上人头吗？"

后来，他开始转移话题，不知不觉又谈论了一个小时。他谈起前几天曾帮助过他的科西嘉人，谈到他的将军的忠心，谈到兄弟之间因持不同观点而产生的政治冲突。他表示自己的观点总是正确的。渐渐地，兄弟之间的关系开始亲密起来。最后，他又改变了话题，说："然而我想已经够了。就像雾月十八日那些伟大的日子一样，这些都是陈年旧事了。我找你来也不是为了说这些东西。"

长时间沉默之后，拿破仑又开口说道："吕西安，你给我仔细听着。我们都不要激动起来……大权在我手里，我也不想大发脾气了。我知道，你来见我的时候是心怀信任的。你的这位法兰西大帝不至于将科西嘉人热情好客的传统美德给破坏了。所以，你放心，在这里，你绝对安全。"之后，拿破仑不停地在大厅中踱步，继而又走向吕西安，将他的手紧紧握住，说："这里除了我们以外没有别人，我们的谈话也不会被其他任何人听到。我知道，对于你的婚姻，我有错……我知道你是个执拗、自尊心又很强的人。在你的眼里，自尊就是人世间唯一的美德，就好像君主总把那些让自己狂热不已的事情统称为政治一样。我知道我本不该对你们俩的婚姻有所干涉……我总是听到人们对你妻子的诋毁，当然，也有例外，比如我们的母亲，她很喜欢你的妻子，觉得她能让你幸福，也尽了一个母亲的责任……勒布伦对她更是赞不绝口，让约瑟芬忍不住猜测他必定爱上了她……约瑟芬是个很有意思的人，她很会耍脾气，不过在我面前她很少这样。我没有贬低你的妻子的意思，我讨厌她，是因为她让你着迷，从而将我最能干的兄弟夺走了。不过时间久了之后，你就会发现，她的容颜会渐渐变老，直到让你失望不已。到那时，你就会回到你的政治舞台上，继续反对我的政策。不过你别忘了，我曾说过，如果你跟我站在不同的立场上，那么我一定会采取措施来对付你。所以，到那时，我也将不得不在你身上采取一些必要的措施。对我们俩而言，欧洲实在太小了！"

"您这是在笑话我。"

"不，你误会了，我是认真的。非友者，则为敌……相比当时，你现在更容易做出决定。当然，你也不必感到惊讶，你很快就会看到，我的家庭政策已经发生了改变。过去我很排斥你的子女，不过现在，他们对我来说很有用，不过前提是他们能得到朝廷的认可。如果一桩婚姻得不到承认，那这桩婚姻带来的孩子也无法拥有继承皇位的权利。如果你是我，你会怎么做呢？请你现在告诉我答案。"

"可以通过议会决议，让孩子们得到继承权。"

"不，我绝不会这么做，事实上，我不该这么做。正如你之前所说的，公众舆论是很重要的东西。如果我真像你说的那么做，那么，舆论会怎么议论我呢？他们肯定会说我出尔反尔，从而给我带来比打败仗还要严重的伤害。"

吕西安心想，自己可能确实没办法为自己的婚姻辩解，从而博得他的原谅了。于是他改口说："陛下，我这一生都将对您表达我的感激之情，做您最忠实的仆人，只要您能答应我一件事，那就是承认我的妻子……"

吕西安说了很久，拿破仑一边听着，一边从烟丝罐里取出鼻烟丝，吸了又吸。天生神经质的他居然有点被他的弟弟说动了，突然，又有点慌乱，最后，他恼羞成怒地嚷嚷道："喂，你别逼得这么紧好不好！是的，我的确挺脆弱的，但还没有达到让议会做出你要的那个决议的地步！总之，我是不会承认你的妻子的。"

"陛下，您究竟要我怎么样啊？"吕西安这时已经不知所措，近乎绝望了。

"很简单，你离婚吧。"

"可是您不是一直都不承认我的婚姻吗？没有婚姻，我又怎么能离婚呢？"

"这个问题我早就想到了……你有没有想过？如果你离婚的话，就说明你之前的婚姻已经被承认了。当然，就算如此，我也不会承认你的妻子。离婚之后，你的孩子就会获得继承权。所以，就像你过去一直拒绝而我却反复坚持要你去做的那样，你现在就赶紧离婚。"

"不，这简直极大地侮辱了我和我的子女的尊严，我绝不会答应离婚的！"

"你这么聪明，怎么就看不出我的前后建议的差别呢？如果是之前的建议，你的婚姻就是无效的，而且你的子女也会被认为是私生子女！"

"不，我的子女的皇位继承权与民权是有区别的。您可以将王位分给您想给的人，这一点，我不管。然而，作为合法的公民，无论是根据教会规定，还是根据法律，我的子女都完全拥有继承他们的父亲那点微薄家产的权利。这一点，您也无法剥夺。教皇甚至替我的女儿取了含有她的母亲名字的名。"

"别激动……你要知道，如果离婚了，就代表你的婚姻已经被承认了……我没有逼你非得和你妻子分离不可，只不过我想她要是愿意牺牲私人的利益而捍卫我的政策、法兰西的利益的话，她会立下功劳的，我也会为此给她奖赏，甚至还可以亲自拜访她，以表谢意。你们这么做可以带来很大的好处，而不这么做的话，恐怕后果很糟糕。因为你们为了个人的利益，牺牲了子女的大好前程，必定会遭到谴责，死后都会遭到咒骂！"

正当吕西安十分激动时，拿破仑接着说道："你看看你，如今真是执迷不悟得无可救药了。醒醒吧，别以为什么都是悲剧，我可不要悲剧！"

在接下来的谈话中，吕西安屡屡提到自己的尊严的问题，还几度要告辞，而拿破仑又一次提到王位分配的问题。他说："我暂时先让欧仁管理意大利，不过在我的心目中，你才是统治意大利的最佳人选。我一直想把意大利赐给你……奥坦丝，还有不少人简直都是满腹牢骚，讨厌死了……波丽娜是个时尚漂亮的皇后，在名利上，她倒是最为理智的人。而约瑟芬已经变老了，正担心是否会离婚呢。"

拿破仑见吕西安安静地听着他看似闲聊的话语，便继续说："她消化不良时就会哭，杞人忧天地担心那些要我离婚再娶的人给她下了毒。唉，太可鄙了。不过，最后我还是会离婚。如果我早点离婚的话，我想现在我已经有长大了的孩子了。我和她一直都没有孩子，当然并不是因为我的问题，其实我已经有好几个孩子了，其中有两个肯定是我的。"他提到了莱昂的母亲，还让人惊讶地提到了那位波兰的伯爵夫人，"嗯，她确实挺迷人的，就像一个天使一样……你在笑我坠入爱河的样子吗？没错，我一边处理政治问题，一边在谈恋爱。她建议我再娶一个公主作为妻子。不过，在心底里，我还是希望我爱的那个女人能成为皇后，但我不能这么做。你看看我，在政治与妻子之间，我还是倾向于前者，而你也一样，必须更加看重政治才好。"

"嗬，陛下，倘若我的妻子只是我的情人的话，我一定会听您的话的。"

此时，拿破仑变得更加激动，他用坚决的口吻说："这婚我离定了！谁也别想阻止我！……我真后悔把巴伐利亚的公主许配给欧仁了，他根本不关心她……其实，我早就应该把你的女儿许配给阿斯图里亚斯的王子或另外某个亲王，甚至国王了……离婚这件事，你帮帮我吧！你应该这么做的，在我之前离婚，或者我们同时离婚。这样一来，人们必定会更加关注长期拒绝离婚的你，而把我也离婚的事情暂时搁置了。这样我离婚就不会受到多少关注和议论了。"

看来，这个要求确实很无理取闹，拿破仑已经对他承认，他之所以希望吕西安离婚，目的是想减少别人对他离婚的关注。吕西安不禁笑了笑，拿破仑有些尴尬，不过丝毫不肯让步地继续说道："亲爱的议长（注意，拿破仑在此突然这么称呼自己的弟弟了，先前吕西安曾担任五百人会议的议长），为什么不这么做呢？只有这样等价交换，我们才能实现双赢啊！而且，这次我一定会感激你们的！"

听着听着，吕西安觉得自己已经深陷于某种梦幻之中，而且这种梦幻还不失甜蜜。他尽可能委婉地拒绝道："抱歉，陛下。我的妻子还年轻，完全可以生育。"

他说出了自己的有利条件，不过，这并没有惹怒拿破仑。拿破仑回答道："你没有听到我的通知吗？我将给你做出第一步的提升：你的妻子，是的，你没有听错，就是你的妻子，将成为巴马女公爵，而你们的长子，将继承她的封号，不过暂时还没有继承权。以后我再根据具体情况做出进一步的提升，也许我可以给你一个独立的王位。"

听到"独立"这个词，再想起他们兄弟之间所扮演的角色，吕西安忍不住又笑了起来。拿破仑看着他，顿时两眼发光，用手猛拍桌子上的那张地图，义正词严地说："没错，就是独立！你是一个懂得如何统治的人……你唯一需要事先做好的就是进行选择！这件事情，我绝不会言而无信，我拥有这一切，或者说，我将很快拥有这一切。我现在随时可以发号施令，让你担任任何王国的君主！那不勒斯怎么样？如果你喜欢的话，我会让约瑟夫退位，让你过去接任的。意大利怎么样？我一直认为意大利简直就是我的皇冠上最璀璨的明珠了。你完全可以过去当那里的国王。你不必理会欧仁，他只不过是个总督而已，虽然他一心想当那里的国王，但我是不会同意的。他也希望在我死后能当上国王，不过这不可能，因为我会活到90岁，会活得比他还长，我需要足够的时间巩固帝国！其实，只要我和他的母亲离了婚，他也自然不能再留在意大利了。西班牙怎么样呢？因为你所喜欢的波旁王朝有负重望，它已经归我管辖了。你曾经当过那里的公使，难道不想做那里的国王吗？到底要哪个，你随便挑，跟我说就是了。只要你答应先于我离婚，我就会将你想要的一切赐予你。"

拿破仑一口气说了这么多，让吕西安一下子呆住了。缓过神之后，他坚决地说："陛下，恐怕要让您失望了。因为就算您把美丽的法兰西赐给我，我也不会答应您的要求的。我永远都不会离婚的……"

此时，拿破仑也已经猜出他要说什么了，于是，他用干巴巴的口气，傲慢地威逼利诱道："你对比一下吧，一个是普通人，一个是拥有众多王国的我，你觉得哪个更加安全？……你就这么信任你的教皇朋友？你觉得他能像我一样为你提供安全保障？如果我打算对付你，他能保护你吗？请你记住，离婚会给你带来众多好处，只要你离婚，你就会得到所有你想得到的东西，否则，你将失去一切，一无所有。"

吕西安再也按捺不住了，他很想离开这里，他瞥了一眼房门，似乎是想向拿破仑表明他的去意，但拿破仑却将他的手拉住了，说："如果离婚，并不是只有你和我。约瑟夫也是这么想的，他也想离婚，所以一直在等我离婚。他的夫人朱莉只会生用来缔结联盟的女孩，而不是我想要的男孩。另外，你好像对我提起过你那14岁的长女。是的，这年龄挺合适的了。如果可以的话，让我们的母亲来给她安排婚事吧。我不会把她当小孩一样拧她的耳朵的，你让她别害怕，我们会成为朋友，她不会一无所得的……我需要更多的侄子侄女，不过离婚后的约瑟芬，也就是奥坦丝子女的外婆将会是我合法的子女和养子们的敌人……嗯，不，一定是这样子的。要想削弱路易和奥坦丝子女的势力，我也没有其他方法了。"

接着，这位皇帝又开始谈论起他的非婚生子女来："我想认领他们……啊！难道你怀疑我无法将他们合法化吗？不可能办不到，你看路易十四都能宣布自己那双重通奸而生下的私生子为王位继承人……"

后来，他又提起约瑟夫离婚之事，吕西安对此表示怀疑，而拿破仑则高兴地搓着手说："对的，对的，我们三个人都要离婚，最好我们可以在离婚后在同一天再娶。"之后，他越说越开心，见吕西安一脸严肃的表情，便转而说道："你怎么会露出这种表情呢？不知道的人还以为你是古时候的智者呢。我让人在我隔壁房间给你搭张床，你就在这里多待三天吧。"

吕西安再也待不住了，他怕兄长再度引诱他，就再三推辞，甚至借口说自己的孩子生病了，不得不回去看望。

拿破仑也只好作罢，"好吧，不过你记住，如果你不按我说的去做，那么我就得跟咱俩的友谊计划说再见了。"

"陛下，其实我的妻子一直因为您对她的厌恶而感到痛苦，我很担心她有一天会因为受不了这种焦虑和不安而死去。"

"是吗？那最好别在离婚前死去。要不然你们的孩子就无法合法化了。"

"陛下，我回去会好好考虑您今天给我的建议的。"吕西安假装答应道。

"好吧，那我就不留你了，看样子你很急着回去啊。可别把你今天的承诺忘了。"拿破仑说完，与自己的弟弟握手道别，并将脸颊凑过去让他亲吻了一下，不过这并没有包含多少真诚的手足之情。当吕西安走到前厅时，听到拿破仑在后面大声地喊他的名字，然而害怕再次被囚禁起来的吕西安不由自主地加快了步伐。

历史上，不管是历史学家，还是诗人，谁都没能像吕西安这样将拿破仑的表现如此生动形象而又不失真实地描述出来。那天晚上，进退维谷的拿破仑在谈话中流露出自己需要弟弟吕西安这个在某些方面与他不相上下的人帮忙的意思。通过吕西安的绝妙记录，拿破仑的性格非常鲜明地展现出来，就好像他在人们眼前表演着。

为了说服对方，拿破仑极尽诱惑之能事，精心策划了每一个步骤，威逼利诱，使对方的野心因此而更加膨胀。你看，接待吕西安时，他先是对着地图思考欧洲事务，然后寒暄几句，接着开始恫吓他。恫吓之后，拿破仑又开始拉拢他，用亲密的语气跟他谈心。接着谈论他们争执的焦点，即吕西安的妻子，拿破仑先诋毁，后褒扬。后来，他搬用雅各宾派的词汇，把弟弟称作"公民"，紧接着又把科西嘉与他们的共同种族提了出来，并讽刺地提出挑战，说欧洲对他们两个太小了。再后来，他又搬出他们的母亲、波丽娜、约瑟夫、路易那些可以唤起儿时记忆的人来。看上去，拿破仑挺懂得动之以情的。

然而，在谈话中，我们还能看到他另外的一面，那就是其流露的天性、闪烁的思维以及跳动的心。他再一次证明了自己是个富有想象力的人，面对自己的公开对手，他毫不介意地说出自己的私事，包括他的妻子和他的情人，还有他的继子继女、他的将军们。然后他承认了自己的过错，还说到了自己之后更加深远的新计划。他为什么要这么做？

这是因为，在拿破仑的心里，他的这位对手，毕竟还是他的弟弟，而且是像塔列朗一样聪明的弟弟。拿破仑天生有很强的家族观念，因此，他还是很信赖这个优秀的弟弟的。然而，吕西安屡屡拒绝拿破仑的挽留，并不是因为他非走不可，只不过是缘于内心的不服气。他一直都不想服从于自己的皇帝哥哥。他们之间的竞争从一开始就有很浓烈的火药味，这次会面看似是因为离婚或爱情，或者是荣誉或王位，但实际上是因为他们各自的灵魂最深处的自尊。七年前吕西安拒绝听从哥哥的安排，而今天，他依然认为自己可以做得比哥哥更出色，也依然不愿听从哥哥的安排。

然而，他毕竟是自己的哥哥，所以，吕西安还是爱着他的，尽管爱的方式有些古怪。每当他对哥哥说出一句话时，他虽从不愿让步，但也流露出自己爱恨交织的复杂情感。每次提到雾月十八日的旧事，这两个现实主义者都重复着陈旧的句子，说着法兰西的安全和伟大，其实，这无非是源自于他们的狂热。这两人争着在人民面前卖弄身姿，只可惜徒有好看的外表而没有实在的内心。

拿破仑是一个富有四海，拥有无数王冠，思维很敏捷，又富有想象力的"西方皇帝"，但是他在后期被自己的命运折磨得十分难堪。然而他似乎不愿意承认这些，依旧编织着一切，终于作茧自缚。他是欧洲帝国的主宰，拥有无边的权力，但又成为难以捉摸的舆论的奴隶，他不允许弟弟娶心爱的女人，不能承认弟弟的孩子，不能与弟弟和解。然而，纵使他权力再大，可以做任何事，却不敢做，只能用嗟叹来表现自己的无能为力。兄弟俩阔别多年，今日相见，分外高兴。如果弟弟能帮哥哥管理某个王国，这该是多好的事啊！要是吕西安能留下来，哪怕只有三天，他们兄弟俩也能达成和解。"天哪，你逼得好紧，而我很脆弱。"

当晚，吕西安还提到他们父亲的遗产的问题。统治法国的这位皇帝是科西嘉人，不是法国人，这一点，他一直不愿意让他人提起。不过，在这次谈话中，他却将科西嘉人的阴影勾了出来。也许，他正是希望借用故国的神明来保护吕西安这个敌对队营的谈判者。所以，这次的夜谈也成为历史上的又一个传奇。是的，是这个个头不高的科西嘉少尉的生命之线纺织成的传奇。最初只是一根很细的长线，配以颜色和图样，织成一幅地毯，地毯的图案也越变越大，最后变成了布满国土和王位、海洋和名士的鸿篇巨制。

整幅画卷以人间最自然的方式编成。没有奇迹，依靠的只是对天赋的运用。这一晚，拿破仑大帝企图用自己的唇枪舌剑赢得另一个人的支持。虽然他想活到90岁，但时间还是很紧迫的，所以，他不能容忍兄弟们只有女儿而没有儿子，或者和他们心爱的女人在一起。如果侄女们太多，他就需要侄子来与她们对抗。如果有谁的妻子忧郁而死，也应该等到离婚后再死。如果他的兄弟们最终离弃他们不能生育或只能生女儿的妻子，他们就会在离婚当天再娶。他毫无忌惮地规划着，仿佛任何人的命运都可以被他操纵在手里。想着想着，他似乎已经忘记了时间，殊不知，天已经亮了，新的一天又开始了。

19.手腕歹毒的塔列朗

一切正如拿破仑所预言的那样，西班牙离败落的日子已经不远了。这次谈话后，两国便开战了。西班牙的波旁王室竟然堕落成这样：国王无耻地遮掩妻子的丑行，王后就像古罗马的梅沙林娜一样臭名昭著，大臣不忠不义，父子之间互相仇视，王室里充斥着贿赂与腐败。摧毁这一王室的办法便是以牙还牙。在这件事上，拿破仑无所顾忌的脚步从未如此粗重，对手的腐败也从未如此让他有正中下怀的感觉。他平时都是根据对方的特点对待这个人的，因此，他也愉快地对已经被腐蚀得差不多的西班牙王室采用了阴谋手段，使对方苟延残喘，痛不欲生。然而，拿破仑却在此做了件令后来的自己无比后悔的事情——他忽略了西班牙民众，他们根本就不需要对王室的堕落负责，不能把他们与后者相提并论。

根据凡支持英国者即为我敌的原则，拿破仑已将葡萄牙王室拉下王位，而现在，同样支持英国的西班牙也成为他敌视的王国了。蓄谋已久的他暗中挑拨离间，让国王与王储互相斗争，自己渔翁得利。他将西班牙王位据为己有的方式其实很简单：先将王储推出来，接着又逼他退出，恢复其父亲的王位。最后，他在贝荣纳召集各方人士聚会，通过威逼利诱，西班牙国王最终将王位交了出来。而他之所以发动对英国的战争，乃是源于其膨胀的野心。是的，他发誓一定要将从直布罗陀海峡到加答罗的地中海拿下，这里至少要是他的海岸线。

起初，他的军队取得了胜利。他得意扬扬地对梅特涅说："我选择进攻西班牙，是因为我不想腹背受敌。"其实，幸好那真是他的腹背，否则他可就危险了。

在最为关键的一天，他与西班牙各大公谈判完毕，决定先软禁他们。这一天，他有些忘乎所以，而西班牙曾经拥有的广大殖民地更是给他带来了新的征服动力。当时的一个目击者称，那天这位法国皇帝滔滔不绝地说了很多之后，就像奥西昂一样吟唱着诗歌……就像一个敞开心扉的人……他提到秘鲁和墨西哥的国王强大的统治和影响力。之前没有一天能和那天一般，让他兴奋到显示出如此丰富的想象力。看来他的确是个卓越非凡的人。

吕西安的不合作使西班牙的王位一直空着。唯一的解决方式是，像官场调动那样每人都往前移动一步。拿破仑下定决心，将荷兰从国家降级为行省，并将路易召回。这一决议惹急了路易，他抗议道："我不是省长，上帝赋予了我身为国王的神权……这简直就是要我违背登上王位时向荷兰人民许下的誓言啊。我都失信于人民了，怎么还能期待人民遵守誓言呢？"家族王朝带来的问题在此暴露无遗。试想一下，如果当时拿破仑不重用家里人，而是让将军或官员管理行省，那么现在让他们回来就不是难事了。可问题已然摆在拿破仑面前，他给家族的傀儡们穿上了豪华的大衣，让他们参加加冕典礼、弥撒和涂圣油等仪式，以致使他们内心深处那些曾想埋葬的观念渐渐苏醒，并给了小小的路易国王现在拒绝交出王位的权力。

那不勒斯国王约瑟夫算是比较合作的。贝荣纳阴谋发生后，他进入了西班牙的首都。不过在他到来的那天，民众只设立了礼炮和仪仗队，看来民众并不十分欢迎他。在妹妹卡洛丽娜的纠缠之下，拿破仑委任其丈夫、无产阶级的儿子缪拉为新一任的那不勒斯国王。此后，那不勒斯成为这一对显赫的夫妇玩弄权术以及后来叛变的基地。

然而，作为一场极端刺激的大冒险，西班牙事件造成了严重的后果。西班牙的骄傲的民族，无法容忍未经反抗便被侵占国土的情况发生在自己的身上。因此，事件过后，"皇帝背后"充斥着各种各样的怨恨之声。为了避免遭受与西班牙一样的命运，莱茵河对岸所有仇恨拿破仑的奥地利人和普鲁士人，便纷纷对他发起反攻。显然，拿破仑在西班牙塔古斯河的行为一下子在多瑙河畔也招来了新敌人，尽管他曾在柏林自豪地宣称，他在易北河征服了恒河。真正解决西班牙问题并非易事，他知道，在这件事上，也只有沙皇能帮他牵制住意大利。然而沙皇的性格犹疑不定，于是为了争取到沙皇的帮助，拿破仑只好像两年前在提尔西特那样，采取必要的手段对他施加影响。不过这次他放弃了惯用的战争手段，采用了会谈这种和平新战术。之前，离开法国的他总是带剑而行，用战争为和谈开路，这次他特地在德国埃尔富特与沙皇会面，并精心准备了会议桌。

拿破仑十分重视这次会议，他对大臣和名流说："我的这次旅行意义非凡，一定要很气派，我要用大人物的气魄，豪华的聚会，震惊德意志！"他认为，此次会议

拿破仑在西班牙的马德里受降

的核心人物是沙皇和自己这两大巨星，两大巨星的会晤必然会吸引周围所有的小星星。因此，这次会议关系重大，务必要让聚会的影响力达到顶峰。拿破仑反复斟酌，觉得戏剧是一大看头，能抓住帝王的心灵。所以他精心安排了聚会的剧目单、演员以及台词，还特地提醒与他交情甚好的演员塔尔玛应该强调戏中的哪一部分。"你的表演面向的不是普通观众，而是诸位国王！"显然，这一切都是特地为这群特殊的观众准备的。

在拿破仑的精心策划下，剧院每晚的演出真的成了埃尔富特会议的高潮。东西方的皇帝坐在包厢里，在场的观众包括4个国王、34个亲王，以及他们身旁那些争相炫耀的随从。几乎每个晚上演的戏剧讲的都是传说或故事中的国王们如何宣讲、受苦、斗争等。演员塔尔玛扮演的是俄瑞斯忒斯，他大声地朗诵着：

众神！统治着我们这个时代，

但是只有我们的双手才能创造荣誉。

我们为什么要害怕上天的恐吓？

树立起勃勃雄心，在人间追求不朽，

成为你们命运的主宰！

第二天晚上，剧院上演了一部深受皇帝喜爱的戏剧，那就是伏尔泰的《穆罕默德》。皇帝几乎没有离开过包厢。戏剧中扮演先知门徒的演员大声地喊道：

人类生而平等，其命运却大不相同。

命运好坏与出身无关，却与功业和力量有关。

天才靠着自己的力量取得胜利，

而不是依赖祖先的余荫。

我只选择这样的人担任大家的领袖。

只有这样的人，才能拥有世界！

在场的人都在为包厢里那个身着绿色旧军装的叛逆的化身而激动不已（当然也有可能是出于对他的憎恨、敌视）。众多王公贵族皆不敢微笑，更不敢正视他，仿佛为了找到共识而彼此环视着。面对那些坐立不安的王公贵族，这位戏剧的策划者却默默地注视着情节的发展，心中有数地等待着穆罕默德道出更可怕的话：

我看着罗马帝国四分五裂，

那四肢脱离腐烂的身躯，

辽阔的东方崛起于废墟之中，

新兴之神用光明将黑暗驱散。

戏末的台词含蓄地表明了皇帝此时以及日后的政策，而在场的观众也听出了这一暗示：

谁赋予了他国王的位置？

只有胜利给他加冕！

他不满足于征服者的名声，

他还想成为和平的缔造者！

此时，拿破仑发现众人的目光都集中在自己身上，似乎想从他这里得到答案。他微微一动，对他们做出“回复”：“没错，这确实表达了我的意图。”这个回答让戏剧的幻象一下子变成了现实的政治状况。第二天晚上，他们观看的是《俄狄浦斯》。当演员们朗诵着“伟人的友谊是众神赐予我们的礼物”时，两位皇帝站起身来，互相握手致意。

当然，这些顶多只是逢场作戏罢了，拿破仑心知肚明，这所谓的友谊并不是众神赐予的礼物，他也压根儿没把亚历山大放在伟人的位置上。他这么做，只不过是为了通过心理暗示，争取得到眼前这位皇帝的帮助。沙皇举棋不定，因此，为确保计划正常实施，让沙皇保证按那封信中的设想瓜分世界，从正式的、书面的形式扩大《提尔西特和约》的内容，他每天都要为沙皇做不同的心理诱导，减少沙皇独处的机会，像追求女人那样千方百计地"呵护"他。在这一过程中，塔列朗是唯一被批准在拿破仑身边协助的人。

外交家塔列朗一瘸一拐地跟随着拿破仑，但就在不久前，他们之间的对立还导致了严重的后果。

不过，这位老练的行家是第一个看出拿破仑体系裂缝的人。一年前的普鲁士—艾劳战役让法俄两军损失惨重。而当时，政治家塔列朗便对拿破仑在俄国的战斗有了先见之明，他预料这场战争拿破仑可能会战败。不久之后，一项政治家式的叛徒的使命便经过他的引申而浮现出来。需要仰仗沙皇的拿破仑与亚历山大之间暗地里安排着征服世界的计划。他的野心夹杂着加洛林王朝的梦想和恺撒大帝的思想。塔列朗对拿破仑征服世界的异想天开的计划表示反对。然而，他始终对主子不离不弃。后来，两人达成了一个共识，默许了一种双赢的调节方式。塔列朗借着冠冕堂皇的理由，辞去外交大臣一职，担任另一宫廷大臣，享受着优厚的待遇。这样一来，两人各得其所：拿破仑希望这样能更好地监视塔列朗，而塔列朗则希望能更清楚地窥探其主子的内心世界。接替塔列朗担任外交大臣的香巴尼则成了拿破仑嘲弄的对象。这样分开之后，塔列朗非但没有因此而失去皇帝面前红人的地位，反而通过耍弄各种阴谋诡计，获得了更大的权力。

早在看出拿破仑打算掠夺西班牙时，塔列朗便意识到这将带来灾难，而后来的西班牙局势也证实了他的怀疑。为此，他极力鼓动拿破仑大胆地去冒险。塔列朗称，自路易十四以来，法国的统治者实际上便拥有了西班牙的王冠。这简直就是个站不住脚的歪理，然而拿破仑真的信了，他十分激动地做出攻占卡塔罗尼亚的决定，一直到与英国休战。如今，塔列朗却转而批评这一举动，当他接到拿破仑的命令，接待被关押在瓦朗瑟宫中的西班牙王子们时，他暗自笑了。

为了更好地监视被软禁的王子们，塔列朗要求保持消息的绝对机密。不过他的政治生涯指明了他接下来该走的道路——他要反叛。一方面，他通过王子们得到英国方面的情报；另一方面，他又通过王子们向英国提供情报。此后，他又开始将"秘密消息"泄露给奥皇的驻法大使梅特涅和沙皇的驻法大使托尔斯泰。身为皇帝的重臣、高官和亲信的他居然做出了这样与其所担负的职责不相称的事情。

拿破仑与塔列朗之间曾进行过这么一段对话：

"看，他们都在我所布的天罗地网之下了。"刚从西班牙回来的拿破仑踌躇满志地对塔列朗说。

"陛下，我认为在贝荣纳，您的谈判结果有得有失，而且失大于得。"

"为什么？"

"举例来说吧。假设有这么一个人，他身份显赫，却因对妻子、朋友的恶意相待而受到人们的谴责。不过这不要紧，因为他完全可以用自己的权力和财富重新获得社会对他的好评。然而倘若他在打牌时作弊，那可就不一样了，没有人会原谅他，永远不会。他将被逐出上层社会，一辈子都得不到翻身的机会。"

根据塔列朗在其回忆录中的描绘，当时皇帝脸色发白，之后整天都没再跟他说话。然而，被这个落魄贵族进行了道义谴责的拿破仑却没有将他放逐到西印度群岛，也没有将他从亲信的圈子中驱逐出去，而是继续把他留在身边。难道说塔列朗在回忆录中撒了谎？这不可能。他的回忆录是他在20年之后写下的，当时法国王朝已经复辟，他自己也说，写回忆录的目的是为了表明他之前对皇帝的三心二意。没错，事实上，他同情正统王室，一直都扮演着两面派的角色。所以这部回忆录是完全可以相信的，后世之人完全可以相信塔列朗确实说过那些话，确实冒犯了一个其他人对之几乎不敢讲实话，更别说侮辱性言语的人。到底是什么原因使拿破仑依然留着他呢？

拿破仑的一句话道出了理由："塔列朗是唯一一个理解我的人。"一般人要么讲究原则，要么有所顾虑。而肆无忌惮、毫无廉耻的塔列朗却对良心的谴责毫不在意，这为拿破仑实施政策提供了自由驰骋的余地。这个狡猾的投机分子对金钱有天生的贪爱，作为现实主义者，为了平息他丰富的想象力，他总是不断地提出新计划，成为另一个现实主义者的最好顾问。因为他虽然没有等级或时代偏见，也不能像拿破仑那样条分缕析地思考问题，但会在混乱之中把握机会建立自己的王国。

事实上，拿破仑一直没有仔细研究过这个叛徒的背叛行为，他们之间所谓的相互理解，只停留在表面。

这个两面派在埃尔富特找到了出卖主子的大好时机。他知道，必定会有人拿出重金以及政治上的好处，以换取关于拿破仑的情报。因此，当德意志的王公贵族围坐在他的周围，向他打探皇帝的情况的时候，他视若无睹。他根本就瞧不起这些小角色。

沙皇已从他派驻巴黎的使臣那里获得了不少情报，他对这个法国人的好奇程度与对法国皇帝的好奇程度不相上下。于是，塔列朗马上向沙皇发出了信号，当然，他只需稍加暗示即可。不久之后，沙皇的身影便出现在图恩－塔克西这位德意志公主的会客室中。每晚剧院演出结束后，公主都会接待各国的贵宾。塔列朗几十年后在回忆录里写道："所有我本想用来争取沙皇的手段都没什么用了。因为我刚要开口，沙皇就知道我想说什么，而且跟我想的真的一模一样。"这一段读起来就像是《浮士德》中的梅菲斯特所说的话。

两人的默契在交谈中体现得淋漓尽致，他们的话语总有言外之意。第一天，塔列朗便对沙皇说："陛下，您不妨思考一下您来这里的意义。您承担着拯救欧洲的责任，但是恐怕您难以成功，除非您先对付皇帝。在法国，我们的民众早已开化，而我们的统治者却依然没有开化；在俄国，则恰恰相反，他们的君主早已开化，而臣民却还没有开化。因此，已开化的人应该联合起来，即俄国君主应联合法国民众……陛下，您应像我的主子那样，承担自己的责任，而不应受唆使，去对付奥地利啊。"

以上的一席话很短，但二人相伴的夜晚甚长。他俩有时饮酒，有时品茶。深通诱惑之道的塔列朗向沙皇灌输了自己脑海中准备的所有道理和希望，试图打动沙皇的心。这位外交家不惜以牺牲法国利益为代价，沙皇自然也表示默许，奖励了这位法国皇帝的亲信：他答应将东方最富有的女继承人，一位俄国公主许配给他的侄子。

沙皇亚历山大临行前，家人的话已加重了他对这次会面的猜忌和谨慎。现在，他又受到了塔列朗的影响，因此，他拿出了对抗拿破仑的勇气。尽管在埃尔富特，这两位君主的会面大部分是在私底下进行的，但他们却都在设计如何欺骗对方。当年在提尔西特，两人相交甚好，感觉就像蜜月期一般，而现在，沙皇早已失去了对皇帝的迷恋。

深感意外的拿破仑命令塔列朗起草新的联盟条约，之后转交给他，由他亲自书写清楚。为此，拿破仑真是煞费苦心。修改好后，他又将它交给沙皇，并要求他当面发誓，绝不将这份机密文件的内容泄露给其他人。当天晚上，发过誓的沙皇便违背了这一誓言，让塔列朗过来看修改过的条约。塔列朗由此知悉了拿破仑对他当初起草的条约做出了怎样的修改。最终，这份条约未能成功签署。

晚上，塔列朗被召去与他的主子见面。塔列朗真是一个专业的两面派，出色地扮演了挑拨离间者与内奸的角色。拿破仑对他抱怨道："我与沙皇的意见不一致，我认为他的目光太短浅了。"

"陛下，您必须想到，他可是被您的魅力所折服的呀！"

"你被他骗了，那不过是他的表面功夫罢了。他要真喜欢我，就应该在条约上面签字。但是，他却没有这么做。"

塔列朗心跳加速，似乎有些紧张，因为接下来他要在他的主子面前编造出巨大的谎言来。他说："其实他还算守信的了，他这样的性格远远比条约更能束缚他的行为，能使他赶紧兑现自己许下的诺言。"

"别让他以为我对这件事情很感兴趣，我是不会再向他提起了。通过这次秘密会晤，奥地利一定会相信我们已经缔结了秘密条约……我不知道你干吗那么喜欢奥地利，它的一切都跟我们的旧政权一样！"

塔列朗总喜欢在谈及基本原则时发表自己的见解："我倒是觉得，奥地利的一切都跟我们的新政权一样，我甚至觉得它的一切其实正与您奉行的政策一致。为了捍卫文明，人们都信赖您，陛下。"

拿破仑在壁炉前停下脚步，突然用柔和的口吻回应道："文明！……那为何没有人愿意直接与我面对面谈判呢？这是因为什么事都是我一个人干的，我没有可以协助我的子女。现在的人都害怕我，但也都想从我身上捞到好处。这种情势对全世界都是不利的，我必须改变它。"

几天过去后，这两位皇帝依然像朋友一般互相往来。他们之间不需要什么宫廷礼仪，可以随便地进进出出。不过，拿破仑却悄悄地为对付"朋友"布下了天罗地网。他对亚历山大说："没错，我需要安宁的生活，需要家的温暖，但是我没有子女，我的妻子比我大了10岁（约瑟芬实际上仅比他大六岁而已，他在这里给约瑟芬加了四岁），这样一来，我怎么会有所谓的家呢？很抱歉，我之前说的话听起来确实挺可笑的，然而在您面前，我无法掩饰我内心的激动。"他沉默了一会儿，又说："现在离晚餐还有一定的时间，我得过去跟樊尚男爵告别。"

在客厅里，王侯们总喜欢讽刺拿破仑是个军营里的粗人。然而晚餐前，这个军人总会巧妙地将话题转移开，让人们没有空闲去讨论这个话题。晚上，塔列朗被拿破仑叫到床前，拿破仑跟他谈论，提出质疑，下达了一个个看似毫无章法的命令。最后，他脱口说出离婚的字眼。他解释道："没办法，我的命运和法国的安宁决定了我必须这么做，否则我将没有继承人。约瑟夫不是一个合格的继承人，再说他只有女儿而没有儿子。所以我必须建立新的王朝，再娶一位皇室的公主做王后。我觉得亚历山大的一个妹妹的年龄刚好合适，你去找鲁缅采夫，告诉他，我将西班牙的问题解决之后，就要处理瓜分土耳其的事情了。此外，你再给我找些理由，我知道你一向是支持我离婚的。"

次日，塔列朗便直接将这件事情告诉了沙皇。昨晚，沙皇被拿破仑的忧郁情绪影响到了，直到现在他还未摆脱这种干扰。他动情地说："没人能真正了解他，其实所有由他引起的不安，都是他所处的地位导致的必然结果。没人了解他其实很善良。我知道你很了解他，你是怎么个看法呢？"面对这样的提问，塔列朗始终不愿将自己的真实想法说出来，但聪明的他知道现在有必要让沙皇知道自己主子的想法。沙皇听后马上表态："我个人认为，这件事情挺值得支持的。可是除非我的母亲同意，否则我不能把妹妹许配给他。"

之后，这两位皇帝进行了长时间的亲密会谈，还邀上塔列朗一起喝茶。他们在埃尔富特聊了好几个晚上，所谈内容涉及联盟的扩大和联姻，不过，这些都未能得出定论。尽管很受沙皇的敬重，拿破仑最终还是竹篮打水一场空，没有签订条约，也没有得到俄国的新娘，他很是失望。至于塔列朗，他算是满载而归了，他侄子的新娘可是位拥有数百万家产的俄国公主。

当时，拿破仑及其随从给38位王公贵族的待遇可谓大相径庭，有的褒奖，有的冷落，有的恫吓，有的笼络。塔列朗在其回忆录中写道："在埃尔富特，我看到没有人敢于面对皇帝这头猛兽的锋利爪子……最后一天，他被那群王公贵族包围着，因为他早就把他们的军队或俘获或歼灭了，并剥夺了他们的国家存在下去的权利。然而他们都不敢对他提出任何请求。他们只希望拿破仑能看见他们，最好能在最后一刻看到他们，这样就能成为他记忆中的清晰影像。"

自信满满的拿破仑根本不知道塔列朗早就把他出卖给梅特涅了，他一直都以为，奥地利人会以为他与沙皇之间已经缔结了盟约，因而会感到恐惧，最终完成条约不能完成的事情。事实上，奥地利人根本没有这么想，因为塔列朗早已对梅特涅说："现在，您是唯一能够将俄、奥两国的关系恢复到奥斯特里茨之前的亲密状态的人。要想挽救欧洲的独立，就必须让俄、奥两国结盟。"这句令梅特涅狂喜的话最终也被他写进报告里，"我们最终还是迎来了新生。我们已经拥有在法兰西帝国内部为我们效劳的盟友了。"

告别时，拿破仑与沙皇表现得宛如兄弟一般。当着众多王公贵族的面，拿破仑吻别沙皇，两大统治者之间的友谊打动了在场所有的人，当然除了塔列朗。这个在德意志公主邀请大家喝茶时便成功破坏了两大统治者友谊基础的人，手中拿着一顶礼帽，嘴角挂着让人难以察觉的微笑。

四年之后，他将让今天这一切作为产生空前壮大的效果，而他的主子拿破仑将在这场灾难中沦陷。

20.会见歌德

微不足道的德意志王公贵族却有光芒万丈的德意志精神。拿破仑在魏玛和埃尔富特与这些真正的德意志王公贵族一起度过了几个晚上。临行前一晚，他对魏玛的知识界的人们说："在这里，你们给我带来了唯一使我有成就感的东西，那就是你们对我的愉快想念。"他们和这位皇帝一样没有显赫的祖先为自己撑腰，只是靠着自己的天赋获得了眼前的一切权利和地位，因此，拿破仑与他们十分亲近。他在这里持续待了足足两个星期，经历了一系列事情后，他对人类产生了更加极端的蔑视，不过，日耳曼精神在他心目中高大了许多。实际上，这位皇帝只知道德意志大师们的名声和他们在法兰西帝国与德意志的地位，他就是以此为标准把他们选出来的，至于他们的杰作，他根本一点都不熟悉。

其实两年前，拿破仑就在波茨坦与一位重要人物进行了一次具有重要意义的会谈。这个人便是效力于普鲁士的瑞士人约翰内斯·封·缪勒①。而缪勒对此事的低调态度也体现了这次会谈的重要意义。当时，拿破仑离开自己的将军们，直接去与缪勒见面。在会谈中，拿破仑凭着善于区分所有材料的精确思维，没有任何铺垫地便将让所有历史学家都十分感兴趣的问题抛出来。很快，他们俩就开始讨论最深层的历史问题了。

从起先的塔西陀，到后来的人类文化的几个重要阶段，拿破仑热情地谈天论地。说到罗马文化没落的问题时，拿破仑说，正是这个时候，希腊文化借助基督教最终恢复了自己的地位。之前在耶拿战役结束后，拿破仑也与一位普鲁士学者谈到过希腊在复兴上耗费的巨大精力，希腊是依靠自己的精神力量复兴起来的，对此，那位学者也表示赞同。两人越谈越亲密，拿破仑对缪勒越来越和气，最后竟然提出让缪勒替自己写传记。这是一个他从未向法国人提起过的建议。之后，拿破仑又提起一切宗教的基础及宗教存在的必要性。在缪勒的记录中，他以令人惊讶的话语结束了对这次见面的描述："我们的谈话涉及了各方面的内容，涉及了世界上几乎所有的国家和民族……他说话时有个习惯，当他对某个话题越来越有兴趣时，他就越会压低自己的声音。所以到后来，我差点就要把耳朵贴到他的脸上去了。"由此可知，这是一位何等严肃谨慎的历史学家，同时也可以推断出

---

①缪勒（Johannes von Müller，1752—1809）：瑞士历史学家，曾经担任普鲁士的撰史家，代表作有《瑞士联邦史》。他被同时期的人称为"德意志的修昔底德"。

皇帝在社会名流面前谈话的坦率。

现在拿破仑关注的是身在魏玛的年迈的学者维兰德①，将他尊称为当代伏尔泰。尽管如此，皇帝依然不会放过对他的任何一项质问，他指责维兰德将历史与小说混为一谈的行为，说其作为博学的学者，不应该犯这种区分不了二者，最终还将它们混淆，造成混乱的错误。

然而他要表达的并非仅限于此。维兰德机智地替自己滥用历史的行为辩解，后来还提到了道德典范。皇帝借题发挥，打断他的自我辩护，说"如果频频在文学作品中颂扬美德的话，人们就会以为，只有文学作品中才会出现美德这种东西。这一点，难道您不知道吗？"

塔西陀是一位一直深受拿破仑关注的罗马史学家。后来，他和维兰德也谈到自己对人类行为的看法。他批评说："对于事物的起因及内在的动机，塔西陀并没有做出充分的研究，他也没有深入调查人类行为的神秘性和人类的思想意识。因此，他未能留给后人不偏不倚的评价。要知道，一个合格的史学家是不能这样的，他应当按照自己所处的时代和环境，如实地反映人类和民族的情况，并实事求是地进行评价……塔西陀能使君主专制下的国王都害怕起人民来，因此，有些人对他十分欣赏。实际上，这恰恰是给人民带来不幸的祸根啊！您说是吧，维兰德？也许我现在所说的话让您觉得很不爽，然而，别忘了，这不是我们今天谈话的目的。看，亚历山大陛下跳的舞蹈真是优美啊！"

维兰德一直等待的时机终于来了。他开始按照计划，用自己事先准备好的讲稿，通过替那位昔日的罗马人辩护，反驳眼前的这个新罗马人。维兰德说得十分精彩，在场包括魏玛名流在内的人都听得津津有味。

之后，大家将目光从维兰德身上转移到这位皇帝身上，猜测他会说些什么。拿破仑会彬彬有礼地从这场辩论中退出吗？只见他像在战争时一样，先略略沉思一会儿，对对手的言论进行一番详细的剖析。他发现这个对手的这一番言论绝非临时发挥，而是经过了一番精心准备的，但他为何恰恰在塔西陀这个话题上发动攻击呢？因此，拿破仑回想起这两年来与众多人进行的无数次对话中的一次，即两年前他和缪勒的那次谈话。

当维兰德结束了自己的慷慨陈词之后，拿破仑不得不承认："您真是我的一大对手啊。您充分利用了您的每一个优势。难道说您与缪勒先生也有书信联系？"

---

①维兰德（Christoph Martin Wieland，1733—1813）：德国作家。从1772年起，他在魏玛宫廷担任卡尔·奥古斯特公爵的教师。

维兰德等在场的所有人听到这一番话后都笑了起来，维兰德说："好吧，我承认我确实是从他那里听说的，您不喜欢塔西陀。"

皇帝听后，说："很好，那我还是没有输给您这一劲敌的。"接着，他更加大胆地、更淋漓尽致地讨论希腊与宗教问题，他认为维兰德对此总保持着怀疑的态度。他刻意对维兰德轻声地提醒道："您有没有想过，耶稣真的存在于这个世界吗？"

拿破仑与维兰德简直就是截然不同的两个人。正当壮年的拿破仑是在理性主义的废墟上疯狂地对基督教进行着改革创新，但现在与教会有些许不和的征服者，而年老体衰，在谈论过程中一再找椅子靠背的维兰德则是一位主张以理性对抗宗教的诗人与异教徒，他被拿破仑誉为现代的伏尔泰。面对拿破仑对耶稣是否存在的怀疑，这位被大众认为是半个世纪以来德意志国家里最机智的人用自己的聪明才智进行了绝妙的反驳："陛下，这就好比有人怀疑恺撒大帝是否真的存在，或者怀疑陛下您是否活着一样，总有这么一群想法荒唐的人有这样的怀疑。"就这样，维兰德用法国式的说辞，向这位皇帝证明了日耳曼人完全有能力对抗法国人，同时也不失对德意志礼貌和耶稣历史性的维护。不随意对这两件事发表意见的拿破仑便拍着维兰德的肩膀，称赞道："好，说得很好。"继而他又对在场的人大声说道，"你们都听着，我现在要让你们明白基督教在维护国家稳定方面的价值……"后来维兰德因实在无法站得太久，最终提前结束了这次会谈。如果当时准备两张椅子，就不会出现这样的情况了，说不定他俩还能聊得更久。

在这次会谈中，有一个人默默地在人群中倾听他俩的对话，若有所思。那个人就是歌德。

几天前，歌德刚刚和拿破仑在埃尔富特某大厅里进行了一个小时的会谈。在这次会谈中，两位同样富有智慧，在其各自领域内皆为最伟大的人物进行了思想力量的交锋，不过他们并没有流露出多少自己内心的想法，只是将大部分时间用于赞赏对方。歌德是一个有异于常人的人。他能从大自然中学习一切，但在人类的实际生活中，往往又是他所预见的图像被发现并得到证实。这次谈话，在拿破仑看来，只不过是一次普通的会谈。然而，在歌德心目中，它却无比重要。

10年以来，拿破仑一直深受歌德的崇敬和关注，他惊叹于拿破仑的奋斗旅程，甚至在自己晚年的时候还对拿破仑做出了那个世纪中无人能及的深刻评论。只可惜拿破仑对歌德知之甚少，尽管他读过很多遍歌德创作的《少年维特之烦恼》，但他也不过是为了拿这种少年时代的心绪填补自己的空虚幻想而已。因为歌德很少向别人提及自己对拿破仑的仰慕之情，在拿破仑本人面前更是只字未提，所以拿破仑并不知道歌德内心对自己的敬仰。尽管我们现在所熟知的歌德是一位在世界上享有很大声誉的文豪，然而在那个年代，德意志人中能对他的价值有所辨识的人超不出100个，在法国，那更是寥寥无几。由于歌德在本国的名声并不怎么响亮，还没达到妇孺皆知的地步，所以拿破仑对他缺乏了解，只知道他出的几部还算有影响力的作品（拿破仑身边的人还都不怎么了解这些作品）。再加上歌德在耶拿战争时就已是萨克森统治者卡尔·奥古斯特的大臣，而拿破仑对这个统治者十分愤怒，很显然，这样的最初印象对他俩之间的对话产生了一定的影响。拿破仑对他的期望值绝对没有对缪勒或者维兰德的高。

然而歌德始终是个天才，而拿破仑又是一个善于挖掘天才的天才。因此，对话刚开始，一眨眼的工夫，拿破仑就看出对方的分量了。那时刚好是皇帝与群臣用餐的时间，他左边坐着达鲁，右边是塔列朗。年近60岁的歌德走到大厅门口后站住了，直到皇帝叫他站近一点。皇帝仔细地打量着眼前这位年迈的老头，发现他不仅精神饱满，潇洒英俊，而且十分泰然，处于一种难得的和谐状态。这让拿破仑看得很吃惊，过了一会儿他才缓过神来说："确实是个人才。"

这句颇似第一印象而非评价的话就像一支金箭一样，照亮了全场。当然，这也是有原因的，因为拿破仑只知道自己是帝国的主宰，而不知道在他面前的歌德也是一位世界统治者。拿破仑发出了过去从未对任何人发出的感叹，这样的评价他此后也未再发出过。此后，这两位仿佛冥冥中有血缘关系的世界主宰开始各展才华，直至彼此接触。时间很快过去了，他们不得不分开。这次会面堪比第欧根尼①和沙皇亚历山大之间的会面，也只有后者才能与之比拟。

不过，为人一向小心谨慎的歌德并没有当即记下这次令他终生难忘的会面，只在多年后才不完整地记下些许回忆。而在别人的回忆录中，人们也只能读到些片段。

当时拿破仑夸了歌德写的《少年维特之烦恼》后，还补充了一句"我不喜欢你这部小说的结局"。歌德听后，近乎威胁地回应道："嗯，您说的我都信，陛下。因为您不喜欢小说有结局。"拿破仑用平静但又带着责备的语气说："我觉得导致这场不幸的原因不单是维特的爱情，还应该有他的野心。"歌德听后放声大笑。要知道，在皇帝面前有这种举动是很不寻常的，也是很放肆的，这件事情后来也在歌德的两封信中被证实了。他接着说："陛下，我承认您的批评很正确，但

---

①第欧根尼（Diogenēs）：古希腊哲学家，犬儒学派的代表人物，这一学派的主要观点是禁欲主义的自我满足，要求人们放弃舒适的环境。

是我认为，作为艺术家，我完全可以采取一些技巧，让读者摸不着头脑。"

显然，第一次交锋过后，拿破仑略胜一筹，他心里很高兴，因为文学本来就不是他很在行的领域。之后，他们又聊到戏剧。在歌德眼中，拿破仑就像一位专注于研究悲剧的人，他的评论十分精彩，而且还带着法官审判案件时的精神。他沉痛惋惜法国戏剧将真实和自然分离，并强烈抨击命运剧，说它们是黑暗时代的产物，在政治就是命运的今天谈论命运已经没有什么用了。

没过多久，这句话就成了现实。拿破仑转而与在场的达鲁以及刚进来的苏尔特讨论起了征税事宜。之后他继续与歌德聊天，并十分在行地阻止了他与其他人的交谈。歌德一五一十地说出自己的私人情况。后来，拿破仑又问他是否喜欢这里。聪明的歌德知道这是一个很好的政治机遇，立刻回答道："是的，我非常喜欢这里，我也希望我这几天与陛下的相处能给我的国家带来一些好处。"

"噢，那你们萨克森的人民生活怎样，幸福吗？"其实说来，这只是客套话罢了，只不过拿破仑似乎把歌德当成一国之君了，因为他经常在接见各国君主时问出这样的问题，当然也有可能是因为拿破仑此时心不在焉，他一心想的是如何将这位文坛的天才收为己用，只可惜他会写的不是历史书而是小说。不过他转念一想，能写好小说或者剧本也不错啊，至少我还可以让他将这次会面完美地记录下来，或者描述我的罗马生活。这人写出的东西绝对比法国人写出的还要有价值。于是，他对歌德说："在会议结束前，您应该待在这儿，将您在这儿的伟大一幕的观感记录下来。歌德先生，您认为呢？"

拿破仑近乎改变了自己一贯的态度，倒是显得有几分诚恳，然而歌德却不领情，只是小心翼翼地回应道："抱歉，陛下。我没有古典作家的文笔。"

"噢，你们的公爵曾请我去魏玛。他之前有段时间心情不好，但现在看起来好像恢复了。"拿破仑这样说，心里却在想："这听起来挺有政治味道的。"

"陛下，既然他不开心，那也许说明惩罚过重了。然而就这件事情，我想我不该多说，毕竟我们还是要尊重他的。"

拿破仑心想："说得真好，比起他的主子他可要高明多了。这让我明白，其实他也知道公爵不过是头蠢驴。这个人一定要为我写我的'恺撒'传，这在法国的影响肯定比赢得一场战役还大！就这么定了！"

但他嘴上却说："嗯，国王和人民的学校才是真正的悲剧，诗人们能获得的最高荣誉也正在于此。您应该写写恺撒之死，写一部比伏尔泰的作品还要壮丽、有价值的悲剧作品，让世人都知道恺撒一旦拥有更多的时间，就能实现自己远大的计划，给人类带来更多的幸福，这也许能成为您最伟大的杰作。我向您发出邀约，欢迎您到巴黎获得更广阔的视野，拥有更充足的材料，从而为您的新作的完成奠定根基。"

"对此，我由衷感谢，我很荣幸能受到这样的恩惠。"不过，歌德还是无动于衷。拿破仑心想："难道这意味着我将一无所获吗？难道这次又会像当初和亚历山大的会谈一样，让人觉得我对这事的兴趣过大？奇怪，这人在我面前居然这么无所奢望，甚至不想在我面前表现自己。唉，到底该怎么把这个坚定不移的人拉拢过来呢？也许我应该让他看看我们的剧本和戏剧，这样可以激起他写出更好的剧本的好胜心。"

于是，拿破仑开始邀请他今晚一起看戏，并以能见到许多王公贵族诱惑他，劝他写点关于埃尔富特的东西给沙皇看看。然而，面对拿破仑的第三次暗示，歌德依旧微笑着拒绝道："陛下，我很抱歉，我怕自己后悔，我从未干过这样的事。"

有点挫败感的拿破仑又一次提到"太阳王"路易十四，并说那个时代的大作家都不是这么做的。而歌德则回答道："是的，他们的确没有这么做，但是他们是否后悔过，谁又知道呢？"

皇帝听后，心里不禁说了句"完全正确"。这应该是这个德意志人对他所作的反攻吧。后来歌德提出告辞，皇帝不再计较这一原本十分无礼的请求，让他随自己的意愿离去。

然而令世人吃惊的是，对会谈感兴趣的拿破仑有求于歌德却一无所获，而歌德则把这次谈话看作自己平生最伟大的会晤。理由非常简单：拿破仑需要歌德，歌德却不需要拿破仑。拿破仑想让歌德为他著书立说，歌德则早已从拿破仑的举止中看到了这个天才的内心深处，所以他无须再去巴黎。

几年后，拿破仑在落魄时想起了歌德这位他曾用"确实是个人才"这句赞语称赞过的诗人，尽管当初这位诗人曾屡次拒绝自己的邀请，也没有给自己献上诗歌，以表敬意。

21.沙皇的背弃

这次会谈已过去两个月，拿破仑在宫中各处走了一遍，仔细地看过了王宫，现在他又回到画廊，站在马德里腓力二世这位征服者的画像面前，久久没有离开。跟随他的随从也一声不吭地站着。透过画面，皇帝仿佛在同这位国王交谈，"在我的国家，太阳永远都不会落下去"。说是这么说，可他从来就没有过能够说出这句话的幸运。在进攻西班牙之际，他已取缔了宗教裁判所这类机构，他认为建立这样庞大的帝国，已不需要这些东西了。这是他的仁慈还是民主？在他所统治的十几个国家中，他剥夺了民众的自由，使其顺从自己这个独裁者，难道他不是这么干的吗？可是不管他说什么，画像中的马德里腓力二世依然用深不可测的目光盯着他，沉默不语，也许是因为他自己说得太多，写得太多了吧。看样子，他不是一个幸福的人。然而，谁又是幸福的？

皇帝来到这个国家的首都，完全是因为一场战争，而且这场战争还是灰暗无趣的。西班牙事件以阴谋开始，现在他们都遭到了报应。去年春天，拿破仑将国王和亲王们都废除了，这些人自然没有好下场。然而他用错误的眼光看待这个国家中的民众。皇帝把那些为了捍卫尊严而起义的西班牙人民当作可笑的空谈者，甚至嘲笑他们是堂吉诃德的同胞。愚昧、傲慢、残忍、懦弱，这就是我们眼前看到的西班牙人民。他说宗教裁判和僧侣使人民变得愚昧无知，讽刺西班牙的军队跟阿拉伯的军队一样，只会躲在房子后面，还讽刺他们的农民也不比阿拉伯国家多，僧侣无知而又生活放纵，又讽刺他们的贵族既无权势又无声望，堕落腐败。

错误的想法使他忽视了一点，他忘了：纵使现在他可以把他们征服，但也只限于今天罢了。西班牙是英国最大的基地，不久之后，西班牙人民将在英国的支持下，重新开始在自己的国家中抵御外敌，没人能阻挡他们的反抗。后来皇帝也意识到了这一大大的疏忽，然而为时已晚，他后来跟身边的亲信、早年的战友樊尚说过：

"进攻西班牙是我这一生中做得最蠢的事情！请你帮我想想，该如何摆脱这个困境。"

"陛下，那我不得不告诉您，您应该放弃这个国家，这样才有后路可退！"

"你说得容易！我的处境很艰难。作为篡权者，为了达到现在的地位，我必须争取成为欧洲最聪明的人，得到最好的宝剑。为了保住我现在拥有的一切，每个人都必须对此坚信不疑。我的头脑和我的利剑的威望决不能被削弱。我不能在众目睽睽之下承认自己的错误，然后将大军撤回。不行不行。聪明的你应该知道我是不可能这么做的。你还是再给我另一个建议吧！"

当初率领军队在八天内击溃腓特烈大帝的著名军队的拿破仑，此时明知自己犯了大错误，却又说无法更正和弥补，反而向老战友坦承自己的错误，并征求他的意见，这是年轻气盛的波拿巴还是日益衰老的拿破仑？在西班牙战争中，他耗时八个月，却毫无进展。他总是能够在那些有道路有城镇、能养活自己军队的国家中取得胜利，但却很难在没有道路的地方（如沙漠、波兰的草原、安达卢西亚的山区）打胜仗。在那些地方，他无法运用自己的数学天赋。

现在，他面临着十分严峻的形势，而他那个当国王的哥哥约瑟夫不断给他添麻烦。为了成为西班牙人，约瑟夫表现得很仁慈，以此赢得民心。为此，拿破仑十分恼火，与他发生了几次争执，最终兄弟俩不欢而散。不过约瑟夫已经觉得自己成了他人的笑柄，因为贵为国王，却不得不逃跑。现在，他不能动弹，只能躲在皇帝的羽翼下，相比之下，他显得更加狼狈了。约瑟夫的表现着实让他这位强硬的皇帝弟弟怨声累累，拿破仑曾向老朋友罗德雷抱怨道：

"为了得到西班牙人的爱戴，并获得他们的信任，约瑟夫表现得很温情。其实作为国王，他对人民的爱应该让人敬畏，而不应该是现在这样的……在我无暇分身之际，他写信来说他要到莫尔丰塔尼隐居，这让我陷入困境……他说他与其留在这片国土上，不如终老山林，在他看来，这些国土都是用非正义的流血换来的……天啊！这流的是法国的敌人的血啊！约瑟夫当初想当国王，我才让他当的。其实他当初完全可以在那不勒斯好好待着。现在倒好，他成为我的阻碍了。他敢阻拦我，那我也不需要他了……我不需要这群不要我的兄弟了，他们和我不一样，我是法国人，他们不是，只有我才是……现在，连荷兰国王也说要退隐。我们三人之中，谁是去莫尔丰塔尼的最佳人选呢？必然是我！"

而他之所以不与约瑟夫决裂，是因为他面对的这位苏尔特将军是众多将领中最受拿破仑赏识的将军，是法军驻西班牙的总司令。他不像对缪拉那样赐予苏尔特一顶王冠是有原因的。当时约瑟夫写信给他，表明自己愿意让那些比他强的人当国王。拿破仑对此表示肯定，但是他决不会论功行赏册封国王，否则他肯定早就选另外一个人当国王了。他之所以让约瑟夫当国王，并不是因为约瑟夫在他心目中有很高的地位，他只不过是需要用自己的家人来巩固自己的王朝，因为这是他的体制。

拿破仑在马德里发布的几道用来重建秩序的命令弄巧成拙，受欢迎度十分低，几乎没有人喜爱它们，反而受到英国的威胁和西班牙民众的痛恨。但是只要是他想做的事，他就一定会去做，任何事物都无法阻止他。10月，他给在魏玛的妻子写信，说："40岁就是40岁，我看着沙皇跳了舞，而自己却没有跳。"他经常自嘲，说自己越来越胖了。其实他的身体还是很结实的，就像当年在洛迪时那样年轻英勇。当时是圣诞节的夜晚，他在暴风雪中翻过了瓜达拉玛山。正如当年在弗里德兰，他无法追击俄军一样，现在他将英军击败了，但是泥泞的道路将他们乘胜追击的念头打消了。当时他看着逃上军舰的敌人，心里愤恨不已。他要不要去追山里的另一支英军？如果真的去追，会不会使自己的军队更加远离法国？

在卡斯蒂利亚等候消息的时候，巴黎又会散播怎样的言论呢？

信使将记载国内发生的事情的信件送到了阿斯托加的军营。现在他正读着其中的一封信。读着读着，他突然气得发抖。周围的亲信不知道发生了什么事，只见他沉默着踱了一个小时的步子。后来他忽然下达命令，参谋部让全体人员返回国内。至于他自己，在将军队交给手下的将领之后，便匆匆赶往瓦拉多利，从那里回到法国。

一路上，皇帝一直思忖着："看来，腓力国王那深不可测的目光确实蕴含着大道理啊！我真不应该取缔了西班牙审判异端的宗教裁判所，而且还应该推广它，在法国也建立这样的机制！在巴黎居然出现了阴谋活动，并且不是由敌人策划的！富歇和塔列朗这两人总是互相仇视，互相监视告发，不过现在看来，他们已经和解，开始联手对付我了！亏我还重用他们！缪拉居然也参与其中！"

写这封警告信促使拿破仑临时决定回国的人，正是欧仁和莱蒂齐娅。现在，当年活跃于举行庆典的莱蒂齐娅年事已高，不过她倒是在危险逼近时又活跃了起来。身为科西嘉人，这个女人有责任保护自己的孩子们，但她也只能猜测塔列朗阴谋的开始时间与进展。由于没有相关的文件，拿破仑也无法知道塔列朗曾建议奥地利驻法大使趁他远离法国时即刻发动对法国的战争这件事。不过，就算拿破仑知道了这件事，他也不会拘捕这两个地位如此之高的大臣。拿破仑不知不觉地将权力转交到他们俩手中，而现在这两个由他一手扶植，掌握大权的人反过来要对付他了。在回国的两周旅途中，皇帝越想越生气。

回到巴黎后，拿破仑立刻将许多参议员和所有的大臣叫来，召开国务会议。皇帝决定报复他们俩，并让这些与会者成为这出报复剧的观众。当然那两个让皇帝恨得牙痒痒的主角也在场。会议开始后，拿破仑便痛骂塔列朗："你简直就是个藐视一切礼法的窃贼和无耻之徒！居然连自己的亲身父亲也出卖了！我平日待你不薄，对你恩宠有加，当初鼓动我进攻西班牙的是你，如今借此四处公开指责我的也是你！当初告诉我当甘公爵下落的是你，唆使我对他采取严厉刑罚的也是你！而现在，你居然敢背叛我！……亏我信任你，让你看管被废除的西班牙王室成员，而你居然跟他们狼狈为奸。现在你口口声声否定整个西班牙事件，当初怎么不否定？你真是厚颜无耻，竟然还说你再三嘱咐过我……把我交给你的全部钥匙还给我！……你别以为我不会对你怎么样，我完全有能力将你像摔玻璃杯一样摔得粉身碎骨！只是你的卑鄙让我实在不屑于为你浪费精力！"

足足骂了半小时后，拿破仑才停歇下来。在场的人一个个目瞪口呆。保持沉默的塔列朗先向皇帝鞠躬，然后告退。在外面，塔列朗碰到一位朋友，他微笑着说："我表示非常遗憾，像陛下这样的大人物，竟然会做出这种没有教养的事情！"而此时，在会议中，皇帝又开始指责富歇没有对公众舆论进行引导，而且还支持自己的敌人。

这又惊动了在场的所有人。富歇也深深鞠了一躬，不过他并没有告退。这里的所有高层官员都在皇帝的要求下放弃了言论自由，此时此刻，他们只不过是拿破仑思想的工具。皇帝继续威胁道："是的，怀疑不就是反叛的开端吗？持有异议便是不折不扣的反叛。"此时此刻，皇帝的暴政正渐渐壮大着。

当时整个巴黎的人都以为皇帝会将这两个背叛者放逐或者监禁，但是实际上，皇帝非但没这么做，而且也没有罢黜他们！富歇的位置无人能代替，因此他继续留任原职。嬉笑如常的塔列朗只被撤销了宫廷职务，其担任的国家职务依然保留着，继续在宫廷中出入。皇帝每天都能见到这个总是出现在星期日的宫廷招待会上的罪恶分子。而且他还总是抢着回答皇帝向他的邻座提出的问题。这些都是拉纳对塔列朗评价的证明，"在与人交谈时，就算背后有人踢他，在他脸上也看不出任何异样的表情。很快，人们就在庆典的灯光照亮杜伊勒利宫的时候，看到他跛着脚跟着主子从舞厅出来，然后他俩还一起走进书房。拿破仑再一次将他视为自己唯一可以与之交谈的人。"

然而拿破仑要处理的棘手事情还有很多。当时已经觉醒的德意志正慢慢地行动着，所有人都关注着奥地利的反应。奥地利又与英国结成同盟，这次还联合土耳其进行第五次备战。施泰因男爵因一项来自马德里的命令而被驱逐出普鲁士。至于普鲁士国王，他依然是一副犹豫不决的样子。与西班牙一样的兵变在蒂罗尔也发生了。因此在奋力抵抗后，萨拉戈萨失守似乎也没什么关系了。法国大军无法从西班牙撤离出来，困在西班牙的25万大军已无法对其他国家宣战了，除非西班牙的叛乱已被平定。正因为如此，奥地利才敢重新拿起武器对抗拿破仑。

此时，也只有俄国的威胁能给自己提供帮助了。皇帝在俄国公使鲁缅采夫动身返回圣彼得堡时，赠予他丰厚的礼物，并对他许下很多诺言。拿破仑还答应让法军撤离普鲁士，以讨沙皇欢心。他希望沙皇在他的请求下，让俄法联盟的消息在惴惴不安的中欧散布开来。

可是亚历山大一直犹豫不决。沙皇本人是个软弱多疑的人，尽管巴黎、维也纳以及柏林都向他做出了保证，他还是屈从于国内的诸位大公，他们都仇恨拿破仑。不过优柔寡断的沙皇又下不了决心完全倒向他们。沙皇一直保持中立，使得拿破仑在维也纳方面为某大公迎娶沙皇妹妹的努力也毫无进展。

沙皇背信弃义，让皇帝深受打击。这位给了对方过多信任的皇帝最终感到自尊受到了伤害，而且更让他痛苦的是，他之前的努力都白费了。走投无路的拿破仑只好使出最后一招——征募军队。他提前征召了第二年的预备兵役。西班牙事件直接导致公债跌至原有面值的78%，他只好动用其他一切手段筹措所需的军饷。而奥地利其实早就做好了准备，比他预计的早得多。敌人于4月开始进军，晚上10点，情报传来后，拿破仑被从睡梦中唤醒。他只好下令在午夜时分赶紧拔营出发。然而全体人马却在四小时后才准备好，这让他恼怒不已。

不过，"好运"还是带给他些许希望。在巴伐利亚，他看出了奥地利军队进军中的错误。据一位当时在场的人描述，两眼放光的他显得十分兴奋，大声喊道："哈哈！我捉住他们了！他们绝对会败北的！一个月后，我就会带兵将维也纳攻占下来！"实际上，他估计错误了，他们只花了三个星期就再度到达维也纳。在他的鼓励下，士兵们在40小时内前进了100多公里，而且越战越勇，在接连的五场战役中都取得了胜利。后来，他还称这五天的战役为自己最出色的演习。然而不幸的是，在最后一天，他的脚被一颗子弹射中了，而且他受伤的部位恰好是阿喀琉斯的脚踵部位[1]。之前，他的士兵们都相信他在战场上不会死伤，连他自己也几乎对此深信不疑。

他不顾伤痛，继续前行，横穿德意志。他那外表并不起眼的马车，里面的布置却很舒服，他夜晚可以在里面睡觉，白天可以在里面办公、处理政务，跟在杜伊勒利宫和军营里没什么区别。他是第一个设计在行进中减少摩擦装置的人。虽然无法与我们现在的旅行速度相比，但与当时的其他人或前人相比，确实快了很多。他只花了五天时间便从德累斯顿到达了巴黎。马车车顶的一盏灯可以照亮整个车厢。车里还有许多抽屉，它们都上着锁，里面放着许多备忘录、报告以及信函。他还特地在前面挂了一张列着他必须经过的地方的地名及在何处需更换马匹的路程表。马车不停地前行，而贝尔蒂埃或其他军官必须在信使到达时写下最为紧急的命令，完成之后，信使们就策马赶往四方。

卢斯塔姆独自坐在车夫座上，两名车夫在他前面赶着六匹快马。一大群骑着马的侍从、信使和轻骑兵簇拥在马车周围，人马众多，也让道路立刻变得狭窄起来。白天，他们经过的地方总是热气弥漫，尘土飞扬；夜晚，则是一片烟雾迷蒙。农民们挤在道旁，目瞪口呆地看着这一大队人马疾驰而去。他们确信伟大的

---

①希腊神话中说，阿喀琉斯出生以后，他的母亲握着他的脚踵将他的身体在冥河水中浸过，因此，除了没有浸到水的脚踵部位以外，他全身刀枪不入。后来，他被阿波罗用箭射中脚踵部位而死。

拿破仑被魔鬼附身了。马车和随行人员的马蹄印能使人们判断出他们的去向。途中他总是小心翼翼地将所有无处堆放、要扔的纸或者信封，以及他只在闲暇时浏览的报纸和书籍，从车窗里扔出来。

只要他的马车停靠，侍从们便会为他准备热水浴。皇帝喜欢把夜里2点说成凌晨2点，他要是在那时进行口授，就会持续两小时，然后睡觉，直到7点。下车后的拿破仑由四名轻骑兵呈正方形包围着，以对他进行保护。白天，当他拿着小型的望远镜对着远方的战场进行仔细的观察时，他们也随着他移动。如果运用大型望远镜进行观察，周围的侍从们的身体会成为望远镜的支架。不管身居何处，他总是随身带着地图。包括贵为纳夏泰尔亲王的贝尔蒂埃在内，他的随从们必须及时在地图上找到他想研究的地方，否则拿破仑就会大声怒斥他们。他的地图上遍布彩色的大头针，以此为标记。晚上他会让侍从在地图周围摆上二三十支蜡烛，在地图中间摆上一个指南针，然后虔诚地祈祷着，显然他将这视为自己的圣坛。这才是他这个无家的人真正的家。

这是他第二次未发一枪便占领了维也纳，并搬进了枫丹白露宫，数十年前，他曾经在那个房间里居住过。然而这并不意味着战争的结束。

实际上，他统治的广阔帝国发生了许多对他极为不利的事情，而这些事情刚好让他的敌人变得更加蠢蠢欲动。欧仁在意大利北部作战失利这一不利消息传入他的耳中。此时缪拉应从那不勒斯带兵出发了，于是就像当年对霍亨斯陶芬家族所做的那样，他对教皇不再客气。四年前的他在同一张写字桌边，下令将那不勒斯王室废除了。现在他用同样的方法来对付教皇。他不得不使用武力，因此也实在顾不上所谓的政治或道德后果了。他发布这个危险谕令的目的基本上只是为了将他在意大利的军队集合在一起。

当然他的恼怒也是原因之一。年初时，在西班牙的拿破仑曾对罗马表示不满，"去年，教皇给各国君主寄送了圣烛，竟然没有给我们寄，这是十分无耻的。写信告诉罗马，说我和我家族里的那三个国王不要什么圣烛了。告诉教皇，每年我自己的神职人员总会给我送来圣烛。圣烛的价值并不似红衣紫袍，也没有什么权力象征。阴间的牧师也不差于教皇啊！我的神职人员所祝福过的圣烛与教皇赠送的一样神圣！我家族里的所有国王都不会接受他的圣烛，我一点儿都不稀罕他的圣烛！"

当时正在西班牙泥泞的道路上战斗的拿破仑将教皇当成一个新教教徒或革命者一样对待了。现在在枫丹白露宫的皇帝还让教皇谪居于梵蒂冈，并将他的世俗权力也剥夺了，不过每年倒还发给他200万法郎养老金。

皇帝的随从中有许多人是虔诚的天主教徒，他们大为震惊，因为离圣灵降临节只有五天了，他们觉得皇帝简直就是在向上帝挑战。于是这些对上帝虔诚得几近迷信的人的预感得到了证实：在圣灵降临那天，也就是五天后，拿破仑第一次吃了败仗。

在阿斯佩恩和埃斯林的一战中，说双方不分胜负倒还行得通，而要说拿破仑打了胜仗，那绝对不妥。正如当初拿破仑在洛迪、利沃里、马伦哥及其他战役中一样，多瑙河上的大桥只是巧合地倒塌了，于是他从上帝手中夺得了胜利。不过这一次，他损失了青年时代的一位战友——拉纳元帅。元帅临死时的眼神、言语，都蕴含着自己对拿破仑的怨恨。那晚，拿破仑茶饭不思地在饭菜前独自沉默地坐着，也不想见任何人。

他静静地坐着思考："什么是被战胜了？什么是可战胜的？也许那个射手比塔列朗射得更准，真的将阿喀琉斯的脚踵击中了啊。唉，这还是我自己引起的吧。谁让我做这么冒险的事情呢！居然让大军暴露在敌军面前强行渡河！拉纳说已经渡过一半了，他说的是对的。现在巴黎人在说些什么呢？我又该怎么向巴黎人民说这件事呢？"想来想去，他的心情更加烦躁了，只好回到敌人国土上那座庞大空寂的宫殿——枫丹白露宫。他的波兰情人，美丽的瓦莱夫斯卡夫人如果在他的身边该有多好。而她现在也在波兰的一座宫殿里独自思念着他。去年她本想给他生个孩子的，结果这个愿望还是未能实现。

想到她后，他立刻派人把她接了过来。

此时拿破仑收到了来自罗马的意想不到的消息。原来教皇以牙还牙，在拿破仑废黜他时，就将拿破仑逐出了教门。然而皇帝不为此感到吃惊，他只是淡淡一笑，还对天主教的中世纪作风进行了一番冷嘲热讽。这样一个主宰自己命运的军人心想：

"当年我在巴黎圣母院加冕，我将他手中的王冠夺走了。这会不会是他对我实施的报复呢？什么东西才是神圣的呢？耶稣真的存在吗？这是令人怀疑的。我们只能肯定他存在的意义，人们都需要他。然而在这个文明的时代里，除了无知妇孺，没有人会害怕诅咒。我不是曾在雾月十八日以及科西嘉被宣布不受法律的保护了吗？没想到我居然因此而获得了好运！"

想到这些之后，他的精神又开始振奋起来，于是又开始做向马齐费尔德的敌军发动反攻的准备。就像他在过去的30场战役中一样，拿破仑在瓦格拉姆再次取得了胜利。被逐出教门的拿破仑还是将虔诚的天主教教徒查理大公打败了。两天下来，战斗进行得很顺利。不过拿破仑已经十分疲惫，只好吩咐卢斯塔姆在战场上就地铺上熊皮，让他睡20分钟的觉，然后叫醒他。20分钟后，他又变得神采奕奕。战争的结束标志着商谈停战协议的开始。次日，他写信给妻子报捷，说太阳晒黑了自己。看来拿破仑已彻底恢复了原来的霸气，他的心情也很开朗。

他回到了枫丹白露宫，他的波兰情人正在里面等候他。过去这里的秘密小门和僻静房间中曾穿梭着许多美丽的女子，为哈布斯堡王室成员承欢侍宴。现在来自地中海的冒险者拿破仑每晚都会吩咐侍从安全地将住在附近的伯爵夫人接到宫中。这是他俩第二次共同生活，这段时间持续了三个月。当初在芬肯施泰因，他曾向自己和她保证日后还会与她在一起，至于何时何地，就不是他能决定的了。

几个星期过去后，伯爵夫人怀孕了。她真希望这会给他带来期盼了12年的礼物。到目前为止，他只有一个儿子。怀孕为田园诗般的爱情注入了新内容。8月15日的午夜时分，拿破仑躺在她的怀里，等待着自己40岁生日的到来，想着第二天清晨在法国和他统治的各国中都将为他鸣钟庆祝。为此他还特地让教皇将这一天定为拿破仑日。这个年方20岁的美人是第一个祝贺他生日的人，这是多么美妙呀！她不怎么会讲他擅长的意、法两种语言，但与言语相比，她的眼神更能传情。此时他可能在想10年前自己从埃及回国，在海上听天由命的情景。当时，英国海军完全可以轻易地将他俘获。现在的他已不同往昔，但他没觉得自己变得有多幸福，因为他总是"事物的天性"的奴隶。

现在，他也不再是两年前在芬肯施泰因时的样子，他不再是世界帝国的缔造者，也不再是东西方国王争相顶礼膜拜的君主。如今的他只能转攻为守，也不敢高估自己的胜利了。

在瓦格拉姆获胜那天，拿破仑的属下却做了一件让他很生气的蠢事。他们将教皇逮捕了，他们应该逮捕大主教，而让教皇在罗马过安稳日子。他曾认为"逐出教门"只是一句虚无缥缈的空话，没什么象征意义，法国的主教完全可以将之驱散。然而他是一个政治家，有敏感的政治神经，他立刻意识到逮捕和驱逐教皇将给自己带来巨大的危害，这个愚蠢的行为将陷自己于不义，因为一个被流放的教皇要比一个流放别人的教皇更为强大。

除此之外，西班牙也有人寄信给他，表示弥补了损失的英国已经恢复了实力。看得见和看不见的西班牙人联合英国人，在丛林中武装着，抵抗法兰西的侵略。坏事接踵而来。他得知巴黎那边的富歇越来越放肆，到处召集人民组成所谓的国民自卫军。他的目的很明显，就是想掀起民众对英国的恐慌情绪，让新兵产生不满。

现在越来越多的困难堆积在一起，涉及面也越来越广。来自罗马和巴黎的信件写于一周之前，而西班牙的信则更早，已经有16天了。也许当瓦拉多立特收到他发自枫丹白露宫的新命令时，整个局势已经发生了变化。如果命令能迅速传到前线，那他无须赶往战场，只需在这个屋子里便可统治世界！而如今拿破仑只能抓紧时间谈判，然而奥地利受到了英国和匈牙利的鼓动，故意将谈判的时间拖延了几个星期。奥地利毅然拒绝了胜利者提出的割让三分之一的国土和900万人的要求。于是他只好再来一遍。他以旧式外交永远难以理解的坦率向对方说明了自己的困境，这次拿破仑与维也纳的巴布纳伯爵谈了七小时之久：

"我知道，是我造成了阿斯佩恩一战的失败，对此我受到了惩罚，但士兵们的信心没有动摇……您的军队常犯一些致命的错误……开战前一天制订作战计划是很仓促的，知己知彼才好，否则你们也不知道该占领什么样的阵地。而我呢，从不在作战前发布命令，在战斗前夜会分外小心……天刚亮，我就派人侦察地形，直到心中有数，否则绝不分散兵力……等我准备好这一切后，我才命令军队向敌人冲过去，只要地形有利，就展开攻击。没错，我确实因使用大炮而造成大量伤亡。但是除此之外，我别无他法。我那些渴望和平的士兵已经十分疲惫了。因此我不得不更多地使用枪炮，尽量避免白刃战。

"说到那些盟国的情况，我现在可以信赖沙皇，但谁能保证这种情况会维持下去？我早就知道普鲁士一直举棋不定地在你我之间摇摆……好吧，我同意在割地要求上做出让步了，割地数量可以减半，我会将当初我的大臣提出的要求取消……其实我们完全可以建立法奥联盟啊……"

其实他是被逼无奈才这么做的，他必须返回巴黎，只好提出新的谈判基础。奥地利同意分别割让部分土地给俄国和莱茵联邦，任凭拿破仑使用通往巴尔干的通路。又过去了几周，拿破仑虽有些焦躁不安，但他的情绪总能从他的波兰情人那双美丽的眼睛中得到缓解。

10月时，枫丹白露宫举行了一场规模宏大的阅兵仪式。一个举止异常的年轻人挤了进来，后来被拘捕起来。他的身上带着一个年轻女子的画像和一柄厨房用刀。后来这个18岁的金发青年被关进守卫室受审。然而他表示，除非亲自见到皇帝，否则拒绝做出任何回答。皇帝召见了他，用法语向他问话，拉普拉斯充当翻译。这个叫弗里德里希·斯塔普斯的年轻人一脸坦率，神情严肃，勇敢而又有礼貌。据称，他是一位新教牧师的儿子。

"是，我恨不得把您给杀了。"

"年轻人，你真的不是病了，就是疯了。"

"不，我一切正常，没有发疯，也没有生病。"

"那为什么想把我给杀了？"

"那是因为您的恶行，您在毁灭我的祖国。"

"你的祖国？"

"是的，那是我乃至所有德意志人的祖国。"

"是谁派你来的？"

"我不是谁派来的，这只是我自己的意愿，没有人指使我。我的良心让我来，为了德意志，为了欧洲，我要杀了您。"

"你以前见过我吗？"

"有，那次是在埃尔富特，我见到了您。那时我单纯地认为您将停止一切战争。所以那时我无比崇拜您。"

这时医生被召了进来，拿破仑希望医生说他是精神病患者，好为他开脱。然而医生检查并询问后，表示他一切正常，不是精神病患者。

"陛下，您看，我真的一切正常！"

此时皇帝十分不安，时而恢复常态，时而焦躁不安，但他不忍心处死这个坦率勇敢的年轻人。很难猜测他的心里到底藏着什么想法。他面对的只不过是个理想主义者，而不是党派成员、理论家，或者想摧毁一项原则的阴谋家。几个手持厨刀的布鲁图被德意志派了出来。

拿破仑有史以来第一次对一个谋杀犯这样说："年轻人，你太偏激了。你可知道刚才的话差点毁了你的家庭？你必须承认自己悔不当初，请求我原谅你，那么我就饶你不死！"然而，这个年轻人依然顽固地抵抗着，拿破仑的话似乎已经失去感染力了。

"您不需要原谅我，我也不需要！我一点儿也不后悔我现在所做的一切。我遗憾的只是自己没能成功地杀了您。"

这句话惹怒了皇帝，他喊道："呸！难道你觉得犯罪根本就不算什么吗？"

年轻人彬彬有礼地回应道："那要看刺杀谁了。刺杀您这种人就是功绩而不是犯罪！"

"这画像画的是谁？"

"她是我爱的那个女孩。"

"难道她会赞成你这样的冒险行为？"

"她跟我一样仇恨您，她会为我没有获得成功而感到遗憾。"

看着手中的画像，皇帝心想："这女孩很漂亮啊，难道我真要败在这个年轻人手下了？不行不行，就算他仇恨我，我也要挽救和宽恕他。反正对我来说，这也没什么损失。"他握着手中的画像，再次望着斯塔普斯说："你说，要是我宽恕你，她会感到高兴吗？"

"您完全不必这么做，因为只要我还活着，我总有一天要杀死您！"年轻人坚定地说，那双深蓝色的眼睛睁得很大。

皇帝只好转过身去，命令人将他押走。香巴尼当时也在场，他俩开始谈论一些关于光明会①的事，一直谈了好久。这时，他突然转移了话题：

"讲和，我们必须讲和，必须这么做。我很信任你，你负责讲和吧。待会儿你赶快回城召见奥地利人。除了战争赔款，我们差不多已经在主要问题上达成了协议。还有5000万的出入，把我们的赔款减半吧！最后那份草案我看了，我对它较为满意。你补充一些你认为比较合适的条款吧。"

这个年轻人给拿破仑的触动非常强烈，这种触动介于惊骇与警告之间，让他的心灵蒙上了一层阴影。在三个月的谈判后，他为了节省一天的时间，命令大臣负责讲和事宜。此外狂热分子斯塔普斯又一次被审讯，但他依然不开口。次日早上6点，前夜谈妥的协议被送到皇帝手中，他瞧了瞧，十分满意，赞赏了负责此事的大臣。

那天早晨，那位狂热分子被枪决了。

"他是个年轻的德意志人，是个受过良好教育的新教教徒，却犯下这样的罪行！他简直是个先例！他临死前说了什么呢？"军队开拔前，皇帝又谈起了这个话题。然而属下的回答顿时让皇帝沉默不语了。"他对着枪口喊着：'自由万岁！杀死暴君！'"

后来，那把德意志厨刀也被他带回了巴黎。

22.政治联姻

只见约瑟芬忽然晕倒在地，拿破仑召来宫廷的内侍长，让他将皇后抬进房间。他手拿着蜡烛，走在前边，在楼梯处，过道很狭窄，拿破仑只好将蜡烛交给侍从，帮忙抬约瑟芬。他的情绪十分激动，他小心翼翼地将她放在床上。他刚刚一脚踏出去，约瑟芬就睁开了眼，原来哭闹、晕倒都是假装的。后来内侍长透露了这件事，因为她当时还在楼梯口抱怨他抱自己抱得太紧，让她感觉很疼。

然而她确实是痛苦和惊慌的，因为拿破仑要求她离开杜伊勒利宫。这天晚上

---

①光明会：原文为erleuchtete Menschen（英译为Illuminates），1776年由威斯豪普特（A.Weishaupt）成立于巴伐利亚的秘密组织，它的宗旨是通过启蒙原则来促进世界公民思想，反对君主制。歌德就曾经是光明会的成员。从1785年起，该组织受到迫害被迫解散。1896年又重新成立。1925年在柏林成立"世界光明联合会"（Weltbund der Illuminaten）。拿破仑怀疑这个刺客是光明会的成员。

皇帝和这位做了这里10年女主人的皇后摊牌了。拿破仑也是痛苦的，从枫丹白露宫回来后，他就对约瑟芬说，所有人都盼着他死，外有德意志人的行刺，内有富歇和英国人相互勾结，他需要一个继承人，而且这个继承人必须由一位皇室公主所生。现在的他根本不知道这样一个能为自己送来继承人的女人到底是谁，怀有他孩子的波兰情人不可能成为皇后。也许，这也是他心中理想的一种报复吧。

拿破仑与无法生育的约瑟芬离婚，约瑟芬泪如雨下，拿破仑深感内疚

拿破仑召来自己的兄弟姐妹、母亲以及自己的皇后约瑟芬，召开家庭会议。拿破仑的家人都是一副兴高采烈的样子，他们终于如愿以偿了：她终于被驱逐出去了。激动的皇帝用异样的声音宣布道："因为皇后自始至终都无法为我生下儿子，而我必须拥有继承人，所以我不得不与她离婚……我想也只有上帝能明白我走出这一步是多么艰难……可是法国的利益高于一切，为了国家利益，我甘愿牺牲一切……与皇后相处的这15年，我感谢皇后给我带来了幸福美好的生活，我曾亲自给她戴上后冠，让她保持皇后的头衔和身份。就算到了今天，我依然感谢她，我希望我们俩永远都是最好的朋友。"最终，约瑟芬同意了他离婚的决定。她变得很镇定，让国务秘书替她宣读同意离婚的声明。

后来大家都在离婚协议上签了字。拿破仑这次的签名比往常的清晰有力，容易辨认，签到最后一笔时，他刻意将它拖得很长，看上去就像给整个名字加上了下划线——他就这样十分富有男子气概地解决了这件极为严肃的事。而约瑟芬则比较激动，她签字时双手在不停地颤抖，她在紧靠拿破仑签名的右边签了字，似乎想再次寻求他的保护。接着皇太后也签上了自己的名字，她写的"M"①看上去和自己的儿子签名中的"N"相似，最后一笔也很相似。

那天晚上，拿破仑发现约瑟芬出乎意料地来到自己的床前。只见她披头散

①莱蒂齐娅的全名为Maria Laetitia Ramolino—Bonaparte，所以她的签名中有字母M。

发，双眼湿润。次日，在拿破仑的搀扶下，她向梅内瓦尔提出了一个十分愚蠢的请求：尽量在皇帝面前提起自己。最后她带着无限的哀伤，坐上马车前往马尔梅松宫。

之后拿破仑一个人在空荡荡的特利亚农宫中居住了三天，什么也不做，不接见任何人，不下达任何命令，既不阅读也不记录什么。他就好像在祭奠自己破裂的婚姻。15年来，这个滚滚前行的车轮今天却停滞了下来，因为这件事在拿破仑心中意义重大，就好像一位佛门高僧替拿破仑做了三天平时的工作。世上没有哪个男人如此隆重地哀悼过死去或永远无法相见的爱人。不久他便奔到马尔梅松宫看望约瑟芬。回来后，他写道："我的朋友，我知道你今天的心情比我想象的还要糟糕……其实，我希望你不要太忧伤。身体要紧，不要因此伤害了身体，这样不值得。我还是那样关心你的身体健康。你要是爱我的话，就坚强点吧。我对你的眷恋从未停止，请你不要怀疑。你幸福，我才可能幸福；你不幸福，那我也不会幸福……知道吗？当我一个人在杜伊勒利宫时，我看着那么大却那么空荡的宫殿，心里十分惆怅寂寞……亲爱的朋友，我希望你好好地生活，保证良好的睡眠。你要记住，这是我所希望看到的。"他的言语确实充满了真情实感，对她十分感激。然而他还是甩不掉自己身上那种发号施令的习惯。

然后是没完没了的账目，每年都给她300万法郎的金钱，另外替她支付红宝石首饰的费用，大约是40万法郎。"为防止被珠宝商欺骗，我还得找人估一下价。在马尔梅松宫中的柜子里面的五六十万法郎都给你了，你可以用来购置银器和衣服。我为你定做了一套十分精美的陶瓷餐具，他们会去听取你的吩咐，以便做得更精美……今天早晨，听到一个侍从说你又哭了。我会独自去用餐……难道你去了马尔梅松宫后，真的失去了所有生活的勇气了吗？"他后来给她写信，说："至少对我而言，马尔梅松宫见证了我们的幸福和感情，这份情感永远不会改变，也永远不能改变，对我来说是这样……我好想见见你，但是我必须先知道你是否坚强。我也很痛苦，而且也有些脆弱。你一定要好好地生活下去，我的朋友。晚安。"

信里的语调充满忧伤，当初他在米兰担任统帅时曾给自己那位留在巴黎的对自己不忠的妻子写过很多充满激情的信。他现时的伤感就好像当年的澎湃激情转变成了哀伤的小调，好像当年那首乐曲从管弦乐团的合奏变成了大提琴的独奏，在冷寂的杜伊勒利宫回荡着。

不久之后，拿破仑便去参加由大宰相举办的假面舞会。在舞会上，一位夫人闯进了拿破仑的视线。她的丈夫是曾担任奥地利驻法大使的梅特涅。那天晚上，她被一位穿着连帽化装斗篷的男人抓住胳膊拉到一边。虽然拿破仑平日的内心世界很是让人猜不透，但当他戴上面具之后，却很容易被人从人堆中认出，这位天才悲喜交加。他和她开始愉快地聊天，时机一到，他立刻转换话题，询问她："你说奥地利公主会不会接受我的求婚呢？"

"很难说，陛下，这个我无法确定。"

"如果换成是您，您会答应我的请求吗？"

这位维也纳夫人听后，笑着回答道："那我必然会拒绝啊。"

"看上去这样做并不是那么友好啊。请您就此事写封信给您的先生吧，让他回信说下自己的看法。"

"陛下，我觉得您不如向施瓦岑贝格亲王说一下这件事情，他现在是驻法大使。"

从那天开始，拿破仑恢复了大革命时期直截了当的作风，开始了自己的求婚。

当天晚上，拿破仑委派欧仁在第二天早晨去拜见奥地利大使，尽管哈布斯堡家族对拿破仑这种速战速决的行为十分不理解。皇帝则认为，这种快速简单的作风是很自然的。沙皇一直没有回音，而他自己还要安抚在四次战争中都被击败的维也纳。也只有这个解决方法最为直截了当而且有效了。如果不立刻尽最大努力实现无法实现的事情，那还离婚干什么呢？如果迟迟不再婚，他对孩子的渴求很容易成为他人的笑柄。

而这次，这个拥有强烈科西嘉家族观念的人又一次举行了家庭会议。事实上，他连军事会议都很少召开。六个星期前，他们一家人以及所有皇亲国戚和达官贵人都围坐在桌边参与会议。现在他又一次召开了这样的会议。据一个与会者回忆，在场的人都有点窘迫。皇帝宣布道："是的，诸位，我需要一名继承人。如果可以按照我的个人意愿行事的话，那我会在法国英雄的女儿中，会在荣誉军团成员的家族中选择新娘，让她成为皇后。然而我必须考虑现在所处时代的风气与其他国家的习俗，以配合政治上的考量。有些国王想与我结盟，而且我相信每个欧洲王室都会答应我的求婚。现在有三个可供选择的王室，它们分别是俄国、奥地利及萨克森。你们怎么看呢？"

这个独裁者的头脑又被正统主义的想法占据了。这个想法是一块礁石，他会在那上面撞得粉身碎骨。他没有选择自己心爱的瓦莱夫斯卡伯爵夫人。就算非要从法国人中选择，他也没有选择某个被册封为亲王的英雄的女儿。彻底摧毁了旧世界的拿破仑曾亲自为自己戴上两顶皇冠，他常常让世袭君主在前厅等他。拿破仑甚至还废除过一个世袭国王，取而代之的是一个旅店老板的儿子。难道说他所做的一切都只是为了今天这样，离开自己熟悉的、心爱的人，为了拥有继承人而去"适应所处时代的风气"，以适应他在这之前所打破的习俗吗？

不过处于这个气氛冷漠的帝王厅室里的所有人都受了他的影响，他们绝不会说出这种言论，而是异口同声地反对他娶法国女人。当塔列朗和欧仁对他娶奥地利公主表示赞成时，缪拉却提醒道："奥地利公主出身的路易十六的王后玛丽·安托瓦内特，可是给法国带来了不幸。"接着，有几个人赞成娶萨克森或俄国的公主。众人意见纷纷，观点不同，拿破仑一一细心倾听。最后他结束了会议，并按计划开始行动。那天晚上他立刻将信息送到维也纳。参加家庭会议的人中，除了一位大臣，没有人清楚地看到拿破仑急切地表示应该与俄国联姻。而至于为什么，他不敢明说。在私底下，他偷偷向人透露，两年内自己一定会跟这三个国家中没有联姻的那两个发生战争。而这三个国家里头，奥地利是最好对付的。

从当年在埃尔富特开始，皇帝就向俄国求婚了，不过最终他还是结束了这一篇章。皇帝派人通知圣彼得堡，俄国让他等得太久了，而且在杜伊勒利宫安置东正教牧师也不方便。最后别人告诉他，安娜公主今年才15岁，尚未发育成熟。如果想要她生育小孩，必须等上两三年。而皇帝已经不能再等下去了，这完全有悖于再婚的目的。

后来他得知哈布斯堡家族子孙众多，所以无须担心生育问题。他从中选择了一位新娘，人们告诉他这位新娘的母亲足足生育了13个子女，她的祖辈分别生育过17个，甚至26个孩子。拿破仑十分高兴，说这就是他需要的人。他相信弗兰西斯皇帝和他那位18岁的女儿都会接受自己的求婚。在梅内瓦尔的协助下，他写了第一封信，有些地方的字迹还难以辨认：

"我亲爱的表妹，你简直才貌双全。我十分倾慕你，我愿意献出自己的后半生为你效劳，让你与我同享荣华。因此我致函你的父皇陛下，请他将你许配给我。我希望你能接受我诚挚的爱慕。你的终身大事必须由你自己决定，而不只是因为你父母的意思……放心吧，你只需要保留对我的那么一丝好感，因为我一定会尽自己的全力去培养我们之间的感情，我一定会想方设法地取悦你，让你开心，希望终有一天能得到你的垂青……"

没有一个天才写过这样幼稚可笑的信。他知道自己还有其他更重要的事要去做，没有必要去讨好这个女孩。她唯一的优点就是有幸生于哈布斯堡家族，除此之外，她既不漂亮，也不聪明，既不勇敢，也不热情，看上去毫无可取之处。但是，此时此刻，拿破仑正处于矛盾中，因此他不得不写了这样一封信。写归写，事实上，他自己比谁都清楚，其实她对自己这个魔鬼根本不可能存在一丝好感，只可能出于父母之命接受求婚。她在小的时候就领略到这位掠夺者的猖狂野心，他掠夺了她父亲的一个又一个省份，她也憎恨他，以致只要听到他的名字就会在胸前画十字。

皇帝的朋友贝尔蒂埃将作为他的代表参加在维也纳举行的婚礼。拿破仑以苏丹式的奢侈委托他给新娘捎去些爱情信物——价值150万法郎的珠宝和镶在钻石里的拿破仑画像。在霍夫堡举行的婚礼上，代表拿破仑的是新娘的叔叔，曾在12次战役中被拿破仑击败的查理大公。

而皇帝自己则抛开国事，越来越关心婚礼筹备事宜，精心挑选材料和家具。他将价值500万法郎的聘礼献给了自己的嫁妆不过50万法郎的玛丽·路易丝。为防止失礼被哈布斯堡家族嘲笑，他对当年玛丽·安托瓦内特嫁到法国时的行程路线进行了仔细的研究。他让专业的裁缝为他缝制时尚礼服，向鞋匠定制带扣的鞋。为了让自己瘦下来，他还外出骑马、打猎，甚至重新学习跳舞。

后来，玛丽·路易丝在去巴黎的路上收到一封信，信中的字迹难以辨认，除了信末的签名"N"，其他的她什么都看不懂。她每天都会收到鲜花。明天，她将在贡比涅与传说中的那个可怕的人及其家人会面。

不同于紧张的她，拿破仑却忽然觉得青春再次回到自己的身上，革命者坚定的意志将古老礼节的樊篱打破了。他脱下新制的礼服，穿上旧军服，叫上缪拉，跳上一辆没有纹章的双马四轮马车，迎向新娘的队列。然而在路上，他们遇上了一场倾盆大雨，于是他们只好换上马匹后接着前行。本想给新娘一个意外惊喜的拿破仑被车夫认了出来。车夫十分恭敬地喊了一声："陛下驾到。"他上了马车，屏退婢女，坐在她的身边，吻了她一下，然后大笑，因为一场大雨让他全身都湿透了。尴尬中，她恭维地说："陛下，您简直和画像中一样漂亮！"

他心想："她并不漂亮。她的眼睛呈水蓝色，脸上有雀斑，嘴唇有点厚，胸部倒比较丰满。不过她有着青春的活力。"

当晚，宫廷司仪们准备了几个星期的欢迎典礼全被打乱了。他们任意走动，不拘泥于礼节。因为冷得发抖，所以献花的女孩子不得不缩短她们的祝词。卡洛丽娜陪同这对新人一起享用了临时准备的晚餐。凌晨1点，当所有人都上床休息后，皇帝却把他那当红衣主教的舅舅拉到一旁，问他："维也纳婚礼后，玛丽·路易丝是不是已成为我的妻子了？"这位神父回答道："是的，陛下。按照民法的规定，她已是陛下您的妻子了。"看样子，神父似乎已经预料到将发生的事情了。

次日早上，皇帝让人将两人的早餐送到皇后的床边。一小时后，大家都知道了此事。

这个夜间，拿破仑如在战场上一样发动了突袭，征服了正统主义的世界。这位征服者将哈布斯堡的堡垒攻了下来。

次日，他给岳父写了封信，信中的话语十分尖刻，还语带双关，后者对

1810年，拿破仑与奥地利联姻，年仅18岁的奥地利公主玛丽·路易丝成为法国皇后

刚刚发生的一切一无所知，"我全部的希望都能通过她得以满足。我们互诉倾慕之情，我们情投意合……感谢您赐予我这可爱的礼物"。后来，当他隆重地回到巴黎时，皇帝的舅舅才为他们主持了正式的婚礼。过去和约瑟芬在一起时，他俩的正式婚礼过了八年才补办，而这次他们只延误了两个星期。

皇帝认为自己的新娘很迷人。他对亲信们说："娶妻就要娶温柔、善良的日耳曼女子，她们像玫瑰一样娇艳。"新娘和他的家人相处得很融洽，这让他非常高兴，"家庭和睦"对他而言是件新鲜事。当她坐在自己的梳妆台前时，他总会上前摸着她的脸颊，叫她"我的小东西"。

几个星期后，他的波兰情人将在枫丹白露宫怀上的男孩生了下来。这时有一种无法言说的感觉在拿破仑心中升腾起来。此时此刻，他的新一任妻子也来自这座宫殿，却还没有怀孕。心中动摇不定的他决定将他的波兰情人接到巴黎。不久之后，玛丽·路易丝也怀上了他的孩子。梅特涅向维也纳汇报时说："皇帝的喜悦之情难以形容。"很快这个消息也正式向参议院和全国宣布了。大家都要为这个未来的皇位继承人祈祷，并决定举行隆重的庆典。

到达巴黎的瓦莱夫斯卡夫人得到了她想要的一切，拿破仑抱了她的儿子，封这个孩子为帝国伯爵，让宰相当他的监护人。然而除此之外，他们之间并没有更多的往来。拿破仑成了安分守己的丈夫。

拿破仑在各个方面的事业似乎都超越常规与传统。此前曾与他有感情纠葛的女子之间也产生了新的关系。过去约瑟芬十分憎恨波兰伯爵夫人，而现在却邀请她去马尔梅松宫。瓦莱夫斯卡夫人还将自己的儿子带过去给约瑟芬看。约瑟芬

正是因为无法生育才被迫离婚的。青春貌美的波兰伯爵夫人出身于没落的波兰贵族家庭，被迫嫁给一个年迈的富翁为妻，因一次舞会上的偶然邂逅而被拿破仑宠幸，从此改变命运。而已人老珠黄的约瑟芬出生于西印度群岛，曾度过铁窗岁月，后来又贵为法国皇后。这个男人先后爱过她们，最后又无情地抛弃了她们。他娶了哈布斯堡王室的一个蠢丫头，只为了使自己名垂青史。其实他早已让自己千古不朽了。

皇后临产时，他面临着艰难的抉择。巴黎，乃至整个法国都知道，皇后即将分娩。在他的孩子尚未出生前，他的敌人就害怕起来，普通老百姓习惯于忠君，他们此刻都在为这对母子的平安祈祷着，所有人都焦急地等待着皇太子的降生。拿破仑整夜守在妻子床边。然而医生却给他带来了坏消息：胎儿的胎位不正，分娩时母子俩都有生命危险！

这个消息使他计划中的整个皇朝大厦似乎都摇摇欲坠了。当医生问起保大人还是保孩子时，这个具有钢铁意志的人究竟会做出怎样的选择？也许他会说保孩子。因为不只是他，还有外面无数的人都期待着婴儿的呱呱落地。至于玛丽·路易丝，相比之下，她就不算什么了，为他生一个健康的男孩不就是她唯一的使命吗？

玛丽·路易丝和小拿破仑

拿破仑慎重地对医生说："先保母亲！就当在为一个普通女人接生吧，该怎么做，就怎么做。"

两个小时后，婴儿诞生了，母亲也平安无事。之后礼炮声响起，21响是公主，22响则是王子。[①]全巴黎的人都一心一意地数着：19,20,21……22！全城的人民欢腾起来，围着波旁王朝的旧王宫狂热欢呼。这时，当初曾为炮兵少尉的皇帝正站在窗边，根据炮声的高低判断大炮的口径。看着外面的人群，他不禁回首往事，也幻想着更遥远的未来。

他的贴身侍从看到，他那灰蓝、冷峻的眼睛里噙满了泪水。

---

①拿破仑沿用法国旧王朝的制度：公主出生时鸣礼炮21响，王子出生时鸣礼炮22响，教堂也是按照这个数目来敲钟的。

第四章 海

必须再一次将此人消灭了啊！……不过在这世上，不同的事物遵循着各自的规律，蚂蚁虽小，数量一多，也能咬死大象，再强大的拿破仑受到接二连三的灾祸打击，最终也倒下了。

——歌德

1.子嗣咒语的破灭

理智与梦想、数字与幻想之间的斗争在拿破仑灵魂深处早已存在好长一段时间了。正是这场内心的斗争，最终促使他做出觊觎世界霸权归属的抉择。

人生道路已达巅峰的拿破仑决定与哈布斯堡家族联姻，这个家族是欧洲最著名的贵族。为了得到合法的继承人，使自己那传奇般的王朝得以巩固，他最终还是背弃了与他相伴十余年的皇后。结下新姻缘的拿破仑与11年前确保了法国内部建设所需稳定的马伦哥大捷时一样，人生道路变得自由顺畅起来。他成功地将所有党派控制在自己手中，将各种阴谋粉碎干净。从意大利的里乔，到挪威的哈默费斯特，欧洲大部分国家都已与法国结盟，拿破仑已经成功地控制了他们。但还有几个国家比较难对付，其中俄国对法国还算友好，倒是英国和西班牙还没有被彻底征服。此时，他完全可以从容地做出自己人生的最后一次重大抉择。

可以说，拿破仑就是一个幻想家与一个善于用数字理性计算的天才的结合体，这样一来，他便有可能自我否定，给自己带来危险。假如他只会幻想，那么英国只会成为他进攻印度的借口，他的军队将再一次踏遍恒河流域，像亚历山大大帝那样；假如他只善于用数字理性计算，那么他一定会因查理大帝留下的这片帝国而殚精竭虑。不过，正因为他的理性计算，这位终日思考着军团大炮的统帅忽略了一个至关重要的因素：德意志人与西班牙人强烈的民族情绪。这是一个无法用数据精确演示，而且高度现实的因素，正因为如此，他的想象力不得不接受这个至关重要的因素的挑战。

这两种基本力量占据着拿破仑的内心，使他在拥有子嗣之后具有决定意义的几年中，一直处于摇摆不定的状态。当他准备做出再次发动战争的决定时，两股力量总是相互斗争，哪一种心绪占了上风，他的行动就会取决于那一种心绪。不知他是否能受到幻想的警示，意识到愤怒的民族中所潜藏的危险；也不知他是否能利用自己精于计算的头脑，嗅到潜伏于远处的危机。在这两种力量的作用下做出决定，如果他的决定最终是错误的，那么后果将十分严重，他将被彻底毁灭。

他觉得自己已经心智成熟。在他的内心中，第三种力量凌驾于两种基本力量之上，正在悄然滋长。从前有些话他还不知道意思，也很少有机会表达，现在，已然成熟的他可以清晰明确地将它们表达出来了。他说："我感觉自己正在被动地靠近一个我并不知道的目标。不过要是我真的顺着那样一种推力，走到那个目标指定的地方，被它逼着完结我的使命，那么我将陷入危险的状态，因为那时候，我将弱得连一粒微小的原子都抵挡不了。我知道我离那完结的日子已经不远了，但是在此之前，谁都不可能打败我。"

是啊，日子已经不多了。这些话显示出他内心对被颠覆的一种隐隐的预感，尽管前路还笼罩在迷雾之中。他内心的澄明智慧之光已经黯淡不清了，他正迷茫地走向终结的悲剧之路。他甚至还用富有言外之意的"第五幕"①称呼远征俄国一事，尽管他当时并没有意识到。30岁时，拿破仑曾在尼罗河畔说自己已经走到万事尽头。当时他还很年轻，而现在当初的语调又响起来了。40岁的拿破仑在参议院里宣称，所有这一切将与自己共存亡，他甚至表示自己死后很可能只会给儿子留下四万法郎的年金。

同时，激情却在他心中熊熊燃烧，越来越旺！埃及战争后，他就认为自己加速释放了天才的脑力，最终必定会将一切都耗尽了。此后，宗教般的信念开始在他的脑海中扎根，并鼓舞着他，他坚信命运必然会让自己成为世界上的第二个亚历山大大帝。现在是他第一次拥有足够力量来实现野心的时刻，统治世界是他最大的梦想，因此，与梦想相比，数字根本算不上什么，他绝不会因为数字把自己多年的梦想摧毁。在接受宰相的新年祝贺时，仿若突然间青春焕发的皇帝突然表示自己必须变得更明智些，好让宰相在今后的30年里依然能重复这一祝贺。

事实上，拿破仑的个性中从来没有"明智"这两个字，然而，"聪明"二字对他却再适合不过了。在认识到商业战争给自己国家带来的不利后，他经过深思熟虑，认为英国对法国不可或缺，而且巴黎人需要的某些奢侈品也需要从英国进口，于是他便打破自己制定的禁止从英国进出口货物的规定，为人民颁发从该国进口某些原料和染料的许可证。然而，事情并不如想象中那么顺利。不久之后，许可证的数量越来越多，渐渐地在所有国家都遍地皆是。这样一来，波罗的海与北海的走私者便开始利用这一便利措施进口皇帝禁止进口的主要敌人经营销售的殖民地产品，并因此成为暴发户。那帮走私贩子居然连他这个最精明的欧洲人都敢骗，而且还真的骗成功了！不行不行，他顿时明白这下得杜绝这种生意了，否则覆水难收。于是他开始动用关税的力量，企图压制这些走私贩子的商路。在他的命令下，所有输入欧洲大陆的殖民地商品全部抬高了50%的关税，这些关税通通收归国库。此外他还下令在全国范围内禁止贩卖英国的棉纺织品，凡见到英国棉纺织品，一概将其烧毁。然而成千上万的人看到了其中蕴藏的牟取暴利的机会，纷纷跃跃欲试，尽管它是非法的，一旦被发

---

① 西方传统戏剧以第五幕为最后一幕。

现就免不了一场严刑。很快这些从事贸易的人开始与皇帝周旋，犹如当时西班牙人对抗皇帝的游击战一样。

在这个过程中，伦敦也采取了相应的报复手段。当他们得知巴黎禁止买卖英国产品后，便征收所有在封锁港口靠岸的中立国船只的高额许可税。后来，巴黎随之反攻，再次宣布拦截所有不顾禁令在伦敦或马耳他靠岸的中立国船只。然而，伦敦一方十分狡猾，它的商船总是悬挂着其他国家的旗帜在欧洲大陆靠港。于是巴黎下令，地中海所有来往的中立商船都必须接受巴黎政府的彻底排查。当美国禁止其公民与欧洲大陆发生贸易往来甚至私人交往时，拿破仑却承诺美国商人可以获得各种类型的许可证，前提是他们不再去英国港口。看样子，这次的贸易调整命令实际上也是一场谕令之战。这真是荒唐，为了整顿海上贸易的混乱局面，拿破仑居然运用了各种让人匪夷所思的手段，还企图借此控制海洋贸易自由。

不过在贸易战争中，拿破仑依旧燃烧着心中的希望，而且越烧越大。当时贬值的英镑只能兑换更少的法郎，1英镑只能兑换17法郎，因此，危机开始在英国银行业中蔓延，在野党又在议会中不断地发出反对声，要求英国停止作战。乱世之中，拿破仑提出了新的和平建议，可惜的是他最终遭到了拒绝。西班牙的局势令英国政府保持强硬的态度，而这种态度使西班牙的局势继续混乱着。

拿破仑手下的25万法国及其属国的部队一直驻扎在西班牙，这支部队虽然人数很多，却对西班牙束手无策。西班牙境内到处都潜藏着游击队，他们在军官或僧侣的领导下，不断射击法国入侵者，给拿破仑的军队造成不少的损失。因此，直到现在，法军仍然无法赶走威灵顿统率的三万英国人。皇帝和教皇之间的分歧也大大加强了僧侣们对当地人民的观念导入。在位于比利牛斯山脉北麓的法国，僧侣们告诉广大儿童，宝座之上的拿破仑就是上帝的代表；而在南麓的西班牙，僧侣们却告诉儿童，法国皇帝拿破仑就是魔鬼的化身，在大人们的怂恿下，少年儿童都怀有杀死法国人，好让上帝高兴的使命感。

这是一个狂热的国度，在西班牙，法军面对的都是非正规的军队。拿破仑的将领对此都不知如何是好，而且其内部还互相倾轧。拿破仑收回了约瑟夫国王的四个行省。当约瑟夫到巴黎质问拿破仑时，他却诡辩，说是约瑟夫自愿放弃这四个行省的。此后，他开始将古罗马的军事统治制度运用于这四个被收回的行省中。在他的安排下，每位将军负责管理一个省，这些将军又都受到同一位作为最高统帅的元帅的管辖。他之所以如此变革军事，是因为经过长时间的考验，他渐渐对自己的家族尤其是自己的兄弟们失去了信心。当时，马塞纳被拿破仑派到了葡萄牙，进行了激烈的战斗，由于战斗损失、饥饿与疾病，马塞纳的军队最终被迫撤军。拿破仑十分愤怒，只好将他召回。

不知拿破仑最终有没有认识到自己的作用。他清楚地知道那些元帅、军官，尤其是士兵，都热切地企盼着他的到来，然而他却没有采取任何行动。难道说他担心那个疯狂的民族有一天会把自己暗杀了吗？或者说他担心国内再次出现像当初他的军队在阿斯托尔加驻扎时出现的阴谋吗？此刻正是他率领整个帝国在统治世界的梦想之路上迈开大步前行的时候，而这个南部的小角落，真的会再一次将他绊倒吗？他心想："西班牙算什么呢？就让我早年的老战友马尔蒙去结束西班牙的这一切吧。"

此时，他的另一个弟弟兼国王路易也无缘无故地宣布退位。之前，莱茵河左岸的荷兰领土已经被拿破仑收回，剩余的王国领土也被要求不得对法国征收关税。拿破仑又严格限制以经商和航海著称的荷兰人对英贸易，这一举措十分不妙，一下子把荷兰人民给激怒了，民族情绪给他带来了许多不利影响。拿破仑曾经对自己的兄弟们抱有很大的希望，期盼他们能控制和打击自己所统治的王国中的这种民族情绪。只可惜这种民众感情的力量并没有他想象中的那么容易对付，他甚至高估了自己那两位被迫戴上王冠的国王兄弟的荣誉感。其实拿破仑完全可以派遣军事总督解决以上这两个问题，因为国王必须担心继承者的问题，也会因此而产生更多的顾虑。

再也无法忍受皇帝压制的路易只好让次子继承自己的王位，自己退位，并连夜逃出王国。拿破仑的密探找遍了整个欧洲，最后在奥地利找到了他。身为兄长的拿破仑只好压抑住自己内心的恼火，承认自己要比弟弟担负更大的责任。路易最终也没有受到什么惩罚，拿破仑甚至还十分体贴地给他请来了自己的御医，好为他治病(实际上，路易只是以生病作为让位的借口)。拿破仑又写信给自己的母亲："请母亲放心，不必担心，我已经将路易找到了……我知道，只有疾病才能合理地解释他现在的这种行为。您亲爱的儿子拿破仑。"

过去，他的书信总是充满自己强烈的意志，以致常常会把收信人吓得浑身发抖。不过，上面这封同样由这位欧洲独裁者寄出的信中却充满了不同往昔的措辞。至于那位逃亡的路易国王，他现在总算退了位，感到松了一口气。他开始了自己的隐居生活，他在格拉兹隐姓埋名，进行平静的文学创作。《玛丽或爱情之烦恼》便是他当时创作的一部三卷本小说，主要以他自己的爱情故事为原型，表达自己的感情自由被皇帝横加干涉的无奈。看着弟弟路易过着如此"逍遥"的不食人间烟火的隐居生活，约瑟夫也蠢蠢欲动，试图摆脱掌握在皇帝手中的傀儡国王身份，隐居在自己的宫殿里。然而这一企图被拿破仑的铁腕遏止了。拿破仑不允许自己这位倾向民主的兄长在巴黎为所欲为，依然硬塞给他一个名义上的国王称谓。对战事一窍不通的约瑟夫不得不重新过问这些他根本不感兴趣的东西，并一次次地惹恼自己的皇帝兄弟。

热罗姆和波丽娜是他们家族中最轻狂的成员，正当皇帝为国事忙得焦头烂额的时候，他们却整天沉溺于风流韵事，败坏自己兄长的名声。心怀不轨的缪拉和卡洛丽娜则每天只知道和皇帝耍阴谋。爱丽莎阅兵狩猎的事情频频传入公众耳中，将皇帝的名声败坏了不少。他可以容忍她的作为，却痛恨她那好出风头的个性，不过他也只是在内心默默地提醒她：没有哪个欧洲人会关心托斯卡纳女大公的日常行为。

此时家族里对他威胁最大，也是最危险的人并不是他的兄弟，而是他的一位叔父，拿破仑似乎并没有意识到这一点。当时拿破仑迫使和英国修好的原瑞典国王将王位让给对自己忠心耿耿的叔父，并让他率领军队讨伐英国。但是他的这位叔父现在年事已高，也没有后代。拿破仑在王位继承人上坚定不移的观点是：皇帝的亲戚是最能取悦皇帝的人，他们才是继承人的不二人选。贝尔纳多特与约瑟夫有连襟的关系，他曾参加瑞典属地波美拉尼亚的战争，并在此期间善待瑞典战俘。后来，暗藏阴谋的富歇帮助他成了瑞典王储。这是一件出人意料的事情。尽管拿破仑曾险些在雾月政变中被这个人推翻了政权，旧恋人也嫁给了此人，拿破仑也没办法反对他，他甚至觉得自己没什么理由拒绝让一位法国将军做外国的王位继承人。拿破仑粗声粗气地称赞他是个好军人，接着改口挑剔他的缺点："他并没有什么统治的才干。他是一个和其他雅各宾党人一样古怪的人，正因为如此，他无法在自己的王位上长久地待下去……不过我知道我没有理由干涉这一切，因为我想打败英国，所以最好能将一位法国的将军捧到古斯塔夫王朝的宝座上去…… 我很高兴我能甩开他。"

过去的他总是将那些居心叵测的人置于巴黎，让自己紧紧地看着。而现在，他真的敢这么放心大胆地放开手吗？

不久之后，痛恨拿破仑已久的贝尔纳多特终于也成了国王。他丝毫不感激拿破仑，反而写信给他昔日的统帅，用一种酸溜溜的得意口吻炫耀道："我现在已是瑞典的王储，所以我可以随意提供士兵和武器……而您，却要为此付钱。"聪明的皇帝哪里读不出这其中蕴含的意思，不过他只是一笑而过，根本不答复。后来贝尔纳多特却受到了拿破仑的一番奚落：他收到了来自拿破仑委托人的信件，称皇帝从来不和国王继承人有书信往来。贝尔纳多特将此暗暗记住，发誓两年内会报复现在的这一切！

拿破仑对家族观念的偏执，使自己辛苦构建起来的帝国如今已危机四伏，对此拿破仑心里非常苦涩。在亲信面前，他时常表现出对自己亲属的失望："我错了，从一开始，我就不该将缪拉和我的兄弟们册封为国王。不过话说回来，吃一堑长一智！……我应该把财产收归国有，而不是发还给那些逃亡的贵族，对于这种人，一点儿退休金就够了。那群旧制度的遗老态度轻浮，我的个性很严肃，与他们这样的作风格格不入，所以我很不喜欢他们。别人的财产我是不会动用的，最多收回一些无主的产业。除了任命总督和省长以外，我已经放开了任命权。还有我的某些元帅竟然有什么伟大和独立的梦想，太荒唐了。"

现在他才意识到做皇帝的危险！他要保住自己的皇朝，于是他那当初造就其成功伟业的天才思想和叛逆精神将迈入正统主义的中庸之路，而对皇朝的维护正是他所有麻烦的根源。他的烦恼偶尔也会使他的坚强意志变得软弱，不过，他处于坚强有力的时刻，仍然对自己的伟业和英明的永垂不朽深信不疑。对兄弟们失望透顶的他甚至认为，根本无须依靠血脉延续就能实现流芳百世。是啊，不久之后，那些借助于他的光环而飞黄腾达的兄弟、妹夫和元帅将造成怎样的恶果啊！当初使他们扶摇而上的拿破仑现在江河日下，光芒渐渐黯淡下去，而他们此时却不自量力地企图再次从拿破仑身上偷取残余的力量去震慑欧洲！

拿破仑内心深处最大的幻想便是将自己的好运传承给自己的儿子。他为自己出生不久的儿子举行了盛大的诞生庆祝招待会，邀请了包括奥地利驻法大使施瓦岑贝格夫妇在内的所有名流贵宾参加。因为施瓦岑贝格为法奥联姻做出了不少贡献，拿破仑特地将一枚自己在古埃及法老王墓中发现的圣甲虫胸针献给施瓦岑贝格夫人，以表达自己的感激之情。拿破仑表示这枚胸针十分珍贵，这些年来他一直把它当作护身符带在自己身边。"而现在，我已经不需要它了。请您收下吧。"拿破仑说。

这是多么可怕的言语啊！在一般情况下，拿破仑根本不会如此亵渎神灵，就算心中有此想法，也不会表现得这么傲慢。而现在，这样一个迷信的天纵奇才竟然对外人说出了这样一番话。儿子的出生确实让他欣喜万分，他自信满满地认为，从儿子出生的那一刻开始，周围的一切情况都一定会好转起来。这是上天的安排，是命中注定的，而原来祈祷用的护身符已经没有什么作用了，所以他脱口而出，说自己不需要它了。

他认识到了自己的错误：他不应该将兄弟们册封为王，当然以前是不得已，因为他子嗣艰难，只好暂且如此。而现在，他的亲生儿子已经诞生了，他还需要兄弟干什么呢？而多年不孕的约瑟芬的危害愈加明显。拿破仑付出了太多，为了让子嗣在他的体制中发挥重要的作用，他不停地克制自己，否认自己。他左顾右盼，可是儿子却姗姗来迟！42岁才有儿子，这确实挺晚的，因为按照拿破仑快速的人生节拍，22岁的他只是个尉官，35岁的他便当上了皇帝。然而，如此快速的人生节拍也加快了他消耗宝贵精力的速度，很快他将远离人世，至于自己的亲生儿子真正接替他的位置的场景，他已经没有那种福分活到看到的那一刻了。

这位加速衰老的人每天都陪伴着企盼已久的小家伙，构建着一幅幅打动人心的画面。只见他把儿子放在自己的膝头抚弄着，给孩子戴上自己的帽子，他甚至允许孩子在吃早饭时爬进自己的书房玩耍。这个小不点儿常常会被带到拿破仑工作的地方，拿破仑总是亲自走到门口，将孩子接过来，因为按照规定，保姆不得跨过他房门的门槛。他将儿子放在地板上的演练用木棒旁，只要儿子喜欢，他就甘愿让儿子把自己布置的、用于演练如何给西班牙的威灵顿以迎头痛击的"战场"搅得七零八落。他对儿子的溺爱就如对自己的溺爱一样。看着儿子，他由衷地大笑。为了逗孩子欢笑，他在镜子面前扮鬼脸，为这个两岁的孩子佩戴自己那把征服欧洲的军刀。拿破仑是个具有演员本能的人，而现在，当他与孩子在一块玩的时候，他已分不清严肃和嬉戏、幻想和现实的界限了。

拿破仑与儿子

后来，他写信给他的前妻约瑟芬时，用一种带有小市民口气的单纯言语（拿破仑只会对她一人使用这样一种口吻）说："我发觉我这个孩子天生就是个骄傲而敏感的人，而这正是我所希望的……我的儿子长得十分结实健康。他的嘴巴、眼睛甚至嗓门都和我很像……我希望他长大成人之后会和我一样有出息。"而约瑟芬给他的回信总是带着一种尴尬生疏的客气，她在离婚后便在信中一直尊称他为"陛下"，失去了过去那种亲密的口吻。对此他十分不满，称她所写的信都是不近人情的。他说："我的朋友，我还是从前的那个我，我对你的感情一直没有改变……我也不多说了。我还是先请你比较下我们各自写的信，然后你就会看出在我们两人当中，谁更把对方当作好朋友看待。"约瑟芬很可能是除了被拿破仑称为"妻子"的贝尔蒂埃之外唯一能听到他如此率直坦诚的话的活人了。然而约瑟芬长时间债台高筑让拿破仑一直很恼火。他建议约瑟芬将她那300万法郎的年薪省下一半，好让她在10年后能给她自己的孙子攒上1500万法郎的财富。"我真希望能听到你说你现在的身体已经恢复了健康，就像一个好样的诺曼底农妇一般健壮。"不过，约瑟芬把拿破仑的话当作耳边风，仍旧挥霍无度地生活着。拿破仑只好下令限制她的花费，吩咐她的管家，如果她的欠款还没有结清，就不要继续为她付账。

尽管他经常给她写信，却几乎没有再去看望过她。对于婚姻，他的态度一直都像个意大利的普通市民。因此，不仅仅是约瑟芬，他昔日的女友也纷纷遭到他的疏远冷落。他这么做似乎也是出于给臣民树立一个榜样的考虑，毕竟他身为一国之君，一些作风还是要保持的。没有民族偏见的玛丽·路易丝个性迟钝、脆弱而且随便，她转眼间便被法国化了。这样一来，她和拿破仑的相处倒也融洽。如果有空，拿破仑就会陪她学习骑马，鞍前马后地跟着，小心翼翼而又耐心地指导着。向来都不耐烦等人的拿破仑现在也会等着她一起用餐，不管她迟到了多久。个性单纯顽皮的她对他没有什么畏惧，她甚至觉得拿破仑倒是有点怕自己。至于拿破仑，他也不在乎这些鸡毛蒜皮的小事。出于政治考虑，他也会经常在维也纳散播妻子生活幸福的信息。毕竟给维也纳的宫廷留下好印象是非常重要的。为此他甚至特地让梅特涅亲自去见识一下皇后的幸福生活。拿破仑单独让这两人在锁紧的房间里待着，一小时后才将他们放了出来。当时，他还狡黠地笑问梅特涅："现在你是不是觉得皇后生活得非常幸福呢？"

当然，拿破仑只是开开玩笑罢了。此时的他正处于需要做出重要抉择的紧要时期，但他依然悠闲地调侃着，好让负担过重的自己得到短暂的舒缓放松。玛丽·路易丝的青春活力也为他带来了一定的慰藉。当然，这也是她唯一能做的贡献。

让拿破仑失望的是，政治局势并没有因为婚姻而有所缓和。习惯于从联姻当中捞取好处的奥地利人原来一心希望能通过这场联姻，从法国那里捞到几个省份作为聘礼，最后却什么都没有得到。狡猾的弗兰西斯皇帝仔细地琢磨了一下，发现这次通婚对自己而言简直是一种大大伤害王室尊严的耻辱。为此，觉得自己蒙受了巨大屈辱的弗兰西斯十分仇恨拿破仑。他心中的正统思想企图寻求安慰，于是弗兰西斯派人仔细地从托斯卡纳旧档案中搜寻关于拿破仑的祖先的记录。后来他俩再次会面时，他告诉拿破仑："我们的家族谱系悠久无比，可以追溯到11世纪的特雷维索时代。"而拿破仑却巧妙地回答道：

"谢谢陛下，不过与其如此，我倒宁愿做我家族的鲁道尔夫一世①。"

这位世袭的弗兰西斯君主一下子被眼前这个出言不逊的新贵皇帝的话语刺伤了。这次奚落将会给未来奥地利皇帝在选择支持或是反对女婿时起到不可低估的影响。起初拿破仑并没有意识到这一点，等他后来意识到时，为时已晚。他自己承认，如果当时自己假装好言奉承奥地利皇帝，那么自己就很可能会让莱比锡战役的敌兵减少足10万兵马。

不过奥地利这位正统帝王却拥有某些让拿破仑赞不绝口的作风。有一天，他的妻子在给她的父亲写信，她对父亲的称呼是"教皇祝福之皇帝""神圣的陛下"。这些词被拿破仑看到了，他当即表示十分赞赏这种用法。在赞扬的同时，他心里一定偷偷想起那个曾宣称自己是宙斯之子的亚历山大大帝。

拿破仑对教皇的控制日益加剧，他将教皇软禁在萨弗纳，还撤走了教皇在罗马教教义方面的顾问，拿走他的文件，以逼他就范。在拿破仑的种种胁迫下，教会随时可能会被分裂。因为这些问题，拿破仑那位受他祝福的皇帝岳父对他的行为十分生气。因为由费什宣布的拿破仑与约瑟芬离婚的这件事一直不受教皇承认，所以当初拿破仑举行婚礼时，有13位红衣主教故意缺席。后来拿破仑变本加厉地让人将宗教档案箱从梵蒂冈迁到巴黎，看样子，在他的心目中，巴黎才是基督教的首都。他召开了一个所有欧洲王国主教都必须与会的会议，会议上，他强行颁布谕令，禁止教皇在与皇帝政见不同的情况下，自主任命神职人员。最终在拿破仑的胁迫下，教皇被迫签了字。于是这道谕令至少在法国是有效的。

因为这个问题，整个欧洲闹得沸沸扬扬的。俄国和波兰听说罗马教皇过着在拿破仑欺压下的难堪日子，基本上都很高兴。英国和普鲁士听到这一消息后，表示可以接受这一事实。至于意大利，当地的教皇属地的公民居然扬言支持皇帝！这简直令人难以置信！当初这个小小的国家曾一度遭受统治者的双重剥削，人民生活在水深火热之中。而现在，这些群众居然满怀感激地接受了《拿破仑法典》以及拿破仑大帝所带来的理性的行政管理、现代国民教育、彭当沼泽地的排水工程以及积极有效的道路建设。早些年前，拿破仑大帝曾将古罗马精神推广到巴黎，而如今，他又将巴黎的革命实践带到了罗马。在两座名城之间，精神与革命在拿破仑的努力下架起了交流的枢纽。

当年，教皇曾将皇帝驱逐出教。所以皇帝千方百计地想让教皇受到惩罚。

---

①鲁道尔夫一世（Rudolf I，1218—1291）：哈布斯堡王朝以及弗兰西斯皇帝的先祖。这里，拿破仑想表明的意思是，他宁可当波拿巴王朝的创立者。

他吞并荷兰后接见神职人员，当着许多新教教徒的面责问主教："你们信仰的是什么呢？是不是格利高里七世的宗教啊？我不像你们，我信奉的是耶稣基督的宗教。基督曾说：'把原本属于恺撒的东西还给恺撒。'基于这一教义，我也知道要把原本属于上帝的东西还给上帝。我的权力，我的皇位，我手持的尘世的利剑，都是上帝赐予我的！只有我才知道这把利剑该如何使用，是上帝把我扶上宝座，而不是我自己把自己捧上去的！而现在，看看你们这帮妄图顽抗的可怜鬼，就因为罗马的神父把你们伟大英明的君主驱逐出教，你们竟然就不为你们的君主祈祷了？难道你们认为我会亲吻教皇的脚趾吗？……好啊，除非你们这群懦夫能证明，是耶稣基督确定让教皇作为他的代表，并赋予他权力将一位君主逐出教会！……你们只能做安分守己的好公民，乖乖地在《教务专约》上签字！还有您！省长先生，难道您不应当采取相应的措施来杜绝类似事件再度发生吗？"

拿破仑内心的思想竟然也会在特殊情况下被他自己夸张地曲解了。刚才他那样的官腔，原本是他在私底下一直瞧不起的腔调，而现在被愤怒冲昏头脑的他居然自己咆哮出那样的东西来了。事情发生之后，他甚至一度不相信自己做出了这样的事情。不过他估计也没有忘记当初自己自行戴上皇冠的时候，罗马教皇也是在场的，因此这个皇位仍然有那么一层君权神授的色彩。现在戴着这样一顶皇冠，坐在这等皇位之上的他却如此捉弄教皇，难道他不会觉得尴尬吗？当然这一切也许只有他自己知道吧。

2.《提尔西特和约》的破灭

拿破仑质询军务部长，为什么斯特拉斯堡一带盐价上涨了一分钱。随后他又写信给海军部长，命令他在三年内务必建立起两支强大的舰队，包括一支对付爱尔兰的大西洋舰队，以及一支对付西西里和埃及的地中海舰队。一旦西班牙战局有所好转，法国就可以在1812年远征非洲好望角，他提出派六万到八万的军队进攻苏里南及马提尼克岛，以避开敌军的巡洋舰。到时法国的兵力将会在东西两个半球均衡分布。

一直以来，征服世界都是拿破仑的梦想，为了这个梦想，就在现在的幻想即将成为冒险时，他仍然执迷不悟地预备执行这一狂热计划，原本精确的观察力也与之联系在一起。这个梦想令他心中升腾起强大的精神能量——然而也是最后一次。

拿破仑眼中闪烁着异样的光彩，他滔滔不绝地分析自己冒险的理由、未来可能遇到的困难以及对应的解决手段，最后又描绘出光明的前景。他说："有些人一直在探寻我们的前方在哪里。不是欧洲，欧洲只是其中的一部分罢了，我会先将它了断，再好好收拾下那些劫掠者，他们不值得担心，因为他们根本没有我们的军队勇猛。而我是他们这群劫掠者中的劫掠者，英国人已经占领了印度，那我就从他们手中把印度抢过来……我在进攻阿克要塞之后一直提醒自己，当年的亚历山大大帝都未能打过恒河。但今天的我不同，我必须从欧洲的一端一路杀过去，把印度抢过来，打击英国的后方……想一想，到那时，莫斯科已经被我们控制，沙皇已经投向我，也有可能他会被他的臣民杀死，我们可能需要一个新的朝廷，把它也变成依赖于法国的属国。到底能不能做到呢？法国大军在第比利斯援军的协助下，是否可以改写亚历山大大帝的历史，打过恒河，将整座英国贸易大厦摧毁？只要我们在这一战中成功地击退敌人，法国就可以称霸西方和整个海洋！独立和自由永远是属于我们的！"

这一年来，拿破仑一直被一个问题所困扰着，那就是沙皇到时会向自己妥协，还是会被臣民杀死。无论是出于理性的计算，还是感性的预想，拿破仑都希望自己能与沙皇亚历山大成为朋友，如果双方成为敌人，就算将俄国打败，他也不会因此捞到什么好处。而只要沙皇按照先前的承诺与法国结盟，双方一起参与到最后的伟大战争中来，那他就会竭力避免与俄国开战，因为他不喜欢被迫作战。然而沙皇在拿破仑的关注下，对他的种种暗示与启发无动于衷。后来拿破仑意识到了自己努力的无效，在给一位莱茵联盟的君主写信时，说出惊人之语："看来，这场战争必将爆发。无论沙皇和我秉承什么样的意志，两国分别有什么样的利益，这一切都无法避免了。"

这是拿破仑第一次用这种惊人的口吻将战争的不可避免一语道破。他将法俄战争归结于命运的安排，因为这场战争本身缺乏内在的必要性和理性。早在当年这两位皇帝在涅曼河上的帐幕中议和并最终握手称友的时候，这两个国家之间的战争已经悄悄地露出了苗头。随着他们俩友谊的发展，这一苗头也在渐渐发展。后来阴谋外交家塔列朗又使它成长的速度加快。在埃富尔特时，他们俩相互拥抱，看上去十分亲密，实际上他们都已明显地感觉到双方关系中已经出现某种裂痕。因为沙皇对拿破仑并不信任，拿破仑与俄国之间的联姻计划既非偶然，也非故意地泡汤了。这种不信任感在各种事件中已经多次被充分证明了。两位君主都想要瓜分欧洲，谁都不愿退让一步，自然不愿割让欧洲的另一半领土给对方。纵使当初他们俩联盟的意图是真诚的，但看现在这种情势，他们根本不可能让这种意图实现。最终，这场战争还是不可避免地来临了。拿破仑黯然神伤地认识到，沙皇是唯一能对自己构成威胁的人。更何况，现在的他年事已高，日渐衰弱，而他的对手却依然年轻，精力充足，而且会与日俱增。出于这样一种担忧，拿破仑在复杂的心绪下继续前进着。

其实政治上的因果关系完全可以解释他这种宿命的观点。

此前不久，沙皇与法国出现一些小摩擦。为了给英国"一个致命的打击"，拿破仑要求俄国配合他，将中立国船只扣押下来。沙皇考虑到这将给俄国的海上航运造成巨大的危害，便没有执行，照旧除了被查获的违禁商品之外，不没收其他东西。因为拿破仑也需要进口中立国的殖民地商品，只好任凭这个"东方漏洞"一直存在着，自己则加紧对德意志沿海地区的来往商船进行管制。此外，拿破仑以抗击英国人而不得不采取新保障措施为由，"根据实际情况的需要"，占领了自由汉莎同盟的各个城市、易北河和魏泽河的入海口及汉诺威的一部分。他还吞并了奥登堡公国，而那里的王储是沙皇的近亲。

皇帝的强硬手段是这种所谓的新政策的依靠，但沙皇也因此十分愤怒。《提尔西特和约》中规定，奥登堡的主权和领土将受到保护。而现在，拿破仑分明违反了这一规定。因此，沙皇认为拿破仑的行为是对和约的破坏和对欧洲的打击。在沙皇给欧洲诸强国发出抗议法国对俄国皇室进行侮辱的通函的那一刻，俄国相当于已经对法国宣战了。沙皇在通函中质问拿破仑，如果不严格遵守他们所签订的盟约，他们之间同盟的价值何在？然而沙皇仍然在通函的结尾强调，俄法同盟依然牢固持久。对于这种自相矛盾的说法，收到通函的欧洲各国都嘲笑不已。随后，沙皇开始颁布一些抵制法国商品的敕令，在俄国境内允许殖民地商品的自由进入，却加重法国商品（葡萄酒和丝绸）的税额。

拿破仑和亚历山大各自在自己宫殿的桌上，对着摊开的地图，审视良久。他们都在思索着在某个地方布点，以最有效的方式给对方制造麻烦。沙皇正在土耳其方面争取议和，以谋求对方的帮助，而拿破仑则在怂恿奥地利攻占塞尔维亚，之后再往摩尔达维亚和瓦拉西亚方向挺进，他还表示自己绝不会干涉奥地利的行动，他心想，只要奥地利同意了，他就可以牵制住沙皇的行动。虽然梅特涅对此表示同意，但他实际上并没有行动。拿破仑当时已经将加里西亚并入华沙公国中，可是他自己也无法保证波兰王国是否还会重现。法国驻俄大使科兰古对沙皇十分钦佩，而且他自己也是个和平主义者，便自愿表示为此做担保。然而拿破仑却不愿公开保证，只准备在私底下承诺对方。他必须让复国的希望在波兰人心中永存，因为一旦俄法双方的矛盾激化，最终引发战争，那么波兰就是法国攻打俄国的重要基地。而沙皇也考虑到了这一点，于是为了彻底打消波兰人的希望，沙皇要求公开缔约。

当拿破仑先后得知马塞纳在西班牙战败以及科兰古归国的消息后，他的疑心更重了。科兰古将沙皇的和平愿望做了一番积极的描述，为其大力辩护。拿破仑耐心地听他滔滔不绝地夸赞完沙皇之后，开始详细地盘问科兰古在俄国所知道的一切，包括沙皇、俄国宫廷、宗教及俄国贵族和平民的情况等。科兰古就这样被他盘问了上千个问题。询问过后，拿破仑亲热地将科兰古的耳朵拉近自己的脸，悄悄地问他：

"看上去，你好像爱上他了啊？"

"不，陛下，这只是出于我对和平的热爱。"

"我也热爱和平。然而没有人可以随意摆布我。要我从但泽那里撤兵？哼，没门儿！要是我真同意了，那人就会得寸进尺，说不定等我在美因茨阅兵的时候，还必须得到沙皇的许可！……傻瓜！你就是一个大傻瓜。我这只老狐狸怎么可能不知道我的对手心里在想什么……不行，为了防止沙皇和他的游牧部落再次向南扩张，我们必须采取相应的行动……我会往北挺进，你等着瞧，欧洲昔日的疆界将会在那里重建。"

这些都是借口、理由和幌子，它们根本就没有任何依据。科兰古临走前，沙皇要他向拿破仑转告自己的话，以此警告拿破仑。于是，科兰古这样说道："沙皇要我对陛下您说，您对他的教诲让他从中获益，他称赞您是当之无愧的大师。不过，他特地警告您说，俄国那边的气候十分寒冷，他们的人早已习惯这样的天气，但法国人却不会这么耐寒，所以万一真打起仗来，气候将是他们御敌的好助手。他知道奇迹总是会在陛下您亲临的地方出现，只可惜您也无法做到无处不在啊。"拿破仑听后十分激动，不停地在屋子里来回踱步。好几个小时过去了，科兰古对拿破仑所提问题的答复一直都那么含混，拿破仑无法将科兰古的言论驳倒。而这些言论背后实际上是他各种宏大的幻想与野心：

"我将会打一场胜仗，而你的朋友亚历山大，他所做的美梦，将会因此而全部被销毁……他是个野心十足、虚伪做作而又软弱无能的人，就像一个希腊人一样。是他挑起这场战争的，我完全是被动的。他发动这场战争还有一个很隐蔽的目的……因为我没有娶他的妹妹，反而与奥地利联姻，所以他恼羞成怒，最终导致我们之间产生了分歧。"对此，科兰古提出了一些证据反驳他，而他却借口自己已经忘记了有关细节。这样一个精明的人可能忘记吗？他一向是个实事求是的人啊！只是现在面对这些对他不利的证据，感到自己处于劣势的拿破仑不得不刻意将其抹去。

后来，另一位更强硬的大使被拿破仑派遣到俄国谈判。当拿破仑得知沙皇提议交换华沙与奥登堡的时候，他的声音顿时抬高了八度，他以威胁的口气警告俄国大使："我们不要任何一个波兰村庄！"

然而这些问题只不过是命运采取的形式而已。拿破仑宁可将他的奇伟计划以及吞噬他灵魂的内心愿望透露给危险的敌人（如富歇），也不愿将其透露给聪明的科兰古。这个神父出身的雅各宾党人一直在他身边纠缠着，怎么也甩不掉。去年，富歇与英国的勾结过于明显，拿破仑一怒之下将他的警务大臣职务撤销了。不过，如同之前平息政变一样，拿破仑除了在信中流露出自己对君臣斗争的警惕之外，依旧宽宏大量地对待富歇，还将他任命为参议员。"派人时刻监视你，这不是我的义务，对此我也十分疲惫，我虽然没有怀疑你的忠诚，但却必须这么做。"拿破仑如是说。

尽管拿破仑曾经罢免富歇的职务并派人监视他，但却依然离不开富歇，他甚至还将自己内心最隐秘的事情对这个危险的人说了出来：

"有人以为，结婚后的我就是一只睡着了的狮子。真的吗？我根本没有睡，总有一天，我会让他们亲眼看到我睡了没有。现在，我得到了我所需要的80万大军，这样一来，我就可以掌控整个欧洲。有了这些军队，我可以任意摆布这个看上去就像老太婆的欧洲……我记得你也曾说过，天才无所不能，你自己会听任天才任意驰骋，对吧？不是我主动的，是一股巨大的力量让我成为世界的独裁者，这是无法改变的命运，连我自己也没有办法改变！所有那些批评过我，劝我成为温和君主的人，包括你，当初不是也曾帮助过我吗？我的事业刚刚开始，我还没有完成我的使命，而我希望它能顺利地完成。在整个欧洲，我们需要推行统一的法律，推出一部欧洲法典，建立一个欧洲上诉法庭，统一欧洲货币以及度量衡……欧洲的所有民族到时都将合为一体……公爵先生，我唯一感到满意的就是这个办法了。"

说完这些之后，他突然一声令下，要富歇退下。

这时，建立欧洲合众国的非凡构想在拿破仑那里已经被非常明确地提出来了，它依赖于拿破仑非凡的想象力。然而，这一切伟大的设想却是被一个宁愿破坏拿破仑声誉的人记录下来的。此时的欧洲已经今非昔比，不再是米兰和里佛利时代的狭小鼹鼠丘了。那时的他还很年轻，只是一个将军，却已经将所有敌人视为微不足道的弱者。15年过去了，现在的他已经成为皇帝、立法者以及伟大的统帅，他从无政府主义中脱胎出来，并最终成为无政府主义的劲敌。他的权力遍布整个欧洲，肆意地将欧洲打造成自己喜欢的模样。这些年，他的精神历程是必要的。他将想要看到的建设性结局作为奋斗目标。这条奋斗的道路是血腥的，许多人因此付出了巨大牺牲。查理大帝统一欧洲的伟大设想一直是拿破仑的精神支柱。同时，他又时刻都在面对着涌现出的各种新情况。而这位如同恺撒大帝一般的君主也清楚，武力最终敌不过精神。他自己也说过："我在80万大军的威力下建立起来的体系，将来有一天，它会基于理性和内在必然性自愿地联合为一体。所有的民族到时候都会合而为一。"他对此充满渴望，正如他的讲话：

"公爵先生，我唯一感到满意的就是这个办法了。"

3.法俄之间的口角

在拿破仑向富歇介绍自己的各种设想时，俄国沙皇正拿出大量的黄金向塔列朗献殷勤，因为塔列朗给他提供了许多宝贵的信息。塔列朗计划将沙皇给的这笔重金与富歇平分。这笔重金是通过俄国使馆新任秘书涅谢尔罗德伯爵之手，从俄国银行汇到法国银行的。拿破仑应该可以通过法国银行的汇报得知俄国的这笔款项到底是给谁的。几个月悄然过去，沙皇依靠这种简单的手段获取了许多法国备战的情形以及备战结束时间的宝贵消息，他偶尔还会赠给塔列朗俄国贸易许可证作为报酬。这个许可证作用很大，有了它，就可以在俄国港口进口英国商品。对于英国商品有很大需求的巴黎人来说，这可是天大的好处，在巴黎，这一许可证准能以高价卖出。想到这些，这个瘸腿魔鬼总会得意地笑起来。

难道沙皇与拿破仑相比，他更加富有？事实上，沙皇根本没有拿破仑那么富有。早在俄法刚刚结盟的时候，俄国的国内市场便已被沙皇封锁了。俄国是法国久负盛名的埃尔佛葡萄酒的主要出口国之一（西班牙和英国早已不买法国酒了），因此俄国市场的封锁给法国酒的销售带来了很大的影响，法国工业面临着巨大的危机。不过此时，拿破仑却反对财政部长为稳定混乱的财政状况所提出的和平主张。"不！我们不能这样，相反，正是因为现在财政状况十分混乱，战争才是唯一能解决这一问题的办法！"

然而，拿破仑没有想到，他这种观点在过去十分有效，如今却已经过时。当初，督政府债台高筑，还是身为将军的拿破仑从意大利送钱给督政府作为补贴；在成为第一执政和皇帝后，拿破仑自己也能从战争中捞到不少金钱。不过，拿破仑在法国颁布的封锁政策却是搬起石头砸自己脚的行为，这一政策让法国成为最大的受害者。现在，国家财政已经出现问题，首次出现了财政赤字（尽管尚不到

5000万法郎）。但拿破仑一直都反对发行国债，他强调，这会给自己的子孙后代增加负担，是不道德的行为。不过对于增收间接税和实行产品专卖政策，他倒是表示同意。俄法战争成为他心中企图获得新市场及稳定财政的依靠，当然，这一设想是有可能的，只不过前提是法国必须打赢这场战争。

在商会上，他兴高采烈地向在场的人阐述自己对于法国市场的规划，他批判英国的封锁，称英国必然会自食其果，欧洲大陆人民从英国的这一举措中反而会学会如何不用英国货，连英国产品都可以不吃了。"几年后，我们便可适应新的食谱。我们很快就会有足够的甜菜糖，完全可以代替蔗糖。法兰西银行是富有的，存满了白银，国家的税收也很充足，我每年只会动用九亿法郎，还有三亿法郎存在王宫的地窖中。至于英格兰银行，它一无所有。自从《提尔西特和约》签订以来，法国已经获得了10亿法郎的赔款。看看我们周围，奥地利刚刚破产，没什么钱财，英国与俄国也将走向和奥地利同样的道路，只有我最有钱。"

只是他的这番话语显得有些夸夸其谈，谁都不相信他所说的这一切。世界征服计划在他的脑海中扎的根越来越深，他为此加紧征兵，组建军队。同时，他越来越注意国内局势的稳定，独裁统治进一步加剧，这样一来，民众的抱怨就更多了。为了压制人民的暴动和反抗，法国开始了一场全国范围的镇压。无论是在哪个省份的哪个角落，只要人民对统治者表示不满，便会被抓起来。就这样，3000多名"罪犯"因为不同原因（有的是"仇恨皇帝"，有的是"坚持宗教观点"，还有的是"在私人信件中诋毁政府"）遭到迫害，不经审判便被投入监狱。一个美其名曰"公共舆论局"的新闻检查机构在法国政府中登台亮相，用来制造政治氛围。当时一家荷兰报社便被这一新机构打压下去。因为他们刊登了有关教皇可将皇帝驱逐出教门的报道，报社不久就被迫关门，写那篇文章的作者也被捕入狱。新机构严厉检查各种书刊的内容，比如，当时某本书的一段文字就因为对英国宪法进行赞美而被迫删除，而书籍《波拿巴史》也被迫改名，成为带有颂扬皇帝意味的《拿破仑大帝征战史》。

拿破仑一边压制人民群众的思想，一边渐渐地加重法国的帝国化，他将国家中的爵位数量增加到空前庞大的地步，诸如蒙热、拉普拉斯、盖兰、热拉尔之类的学者名流及出色的帝国艺术家们都被赐予爵位。然而不是所有学者都这么好运。在汉堡，席勒的法文版《强盗》被禁止发行，最后一批共和党人的处境十分尴尬，眼见现在的难堪状况，再回想起20年前的大革命时代，席勒因同一部戏剧而被赋予法国公民权，此时他们一定觉得心中苦涩，对差异明显的局势感到啼笑皆非。

然而，皇帝才不会关心这些看上去毫无意义的意识形态。只有平生的目标——扩张自身势力才是让他最感兴趣的事情。当年在与教皇斗争时，一向重视公众对自己的道德印象的他不小心忽视了这一点，而现在，他正在犯同样的错误。他改变了先询问公众意见再做出决定的习惯，反而让公共舆论局去处理这些决定。"我何必理睬他们，那些都是沙龙中饶舌者的言论。"唯一能引起他关注的只有农民们的意见。过去，由于拿破仑替农民保住了财产，使之免受革命的危害，因此他们是他最忠实的支持者。人们都争先恐后地入伍参军。然而拿破仑如今征兵的次数越来越频繁，之前的西班牙战争已经吞噬了农民中许多年轻人的生命，为了保住最后一个儿子来经营祖产，农民们开始阻拦自家儿子去前线作战。拿破仑因为这一情况下令，除非缴纳一定的费用（最多时要缴纳8000法郎），否则不可以免服兵役。成千上万的青年只好远走他乡，逃避兵役。征兵的困难越来越大，政府只好通过稽查队去威胁农民的家人和所在乡镇才能征来士兵。

难道拿破仑就不会对如此之大的转变感到惊讶吗？要知道，正是这位波拿巴将军把革命思想传播给那些曾经在帝王们的桎梏下呻吟的农民，使他们重新站起来成为自己的主人的。在后来的一系列包括奥斯特里茨、耶拿和瓦格拉姆战役在内的自卫反击战争中，也正是这位第一执政和后来的皇帝将周围帝王们的联合进攻一一击退，捍卫了祖国的自由，并从敌人手中夺取了大片土地。这位天才依靠自己的天赋为自己赢得了胜利的成果，同时也让自己的国民军的心中燃烧起建功立业的信念。对于英国，毕竟英法两国之间的矛盾已经延续了几个世纪，所以，法国人都能理解他们与英国之间的敌对与较量。然而在西班牙和俄国方面，普罗旺斯的农民永远都不会明白皇帝对其发动的战争中所蕴含的政治意义。至于建立欧洲合众国的事情，农民们更是无法理解，因为就连皇帝自己也无法向他们解释清楚。他们只知道法国进行了一次又一次的战争，自己的儿子们战死在安达律西亚河以及其他自己都不知道叫什么的战场上，因此，农民们不得不花钱赎买儿子免服兵役的特权，好让自己老了之后还有依靠。不过，大量金钱的流失，着实令他们义愤填膺。

拿破仑写信给莱茵联盟的诸位君主，以主人的口吻进行训斥，要求他们务必尽职地履行自己服从战争支援的义务，如果让他感觉到他们联合防御的态度有一丝不忠，便会遭到他的严重惩罚。"比起公开的敌人，我更憎恨心怀叵测的朋友。"德国农民"分遣队"在本国国王命令下追随外国皇帝征战南北，美茵河谷里的众多农民被迫在西班牙厮杀，奥地利的三万威斯特伐利亚人被迫前往奥得河驻扎，萨克森人被迫在维斯瓦河把守，符腾堡人和巴伐利亚人被迫前往东方进行支援。他们这些人又会怎么想呢？不过，拿破仑对哈布斯堡王朝还算客气，他甚至还对国王说："如果你们好好干，顺利完成一切的话，我就会将西里西亚割让给你们，以此作为你们效忠于我的回报。"

拿破仑将小国林立的德意志视为自己进行交换和拉锯的最佳地点，如果因为需要他不得不出让一些利益，他就会牺牲这些地区。他任凭自己的喜好随意将南方三国的疆土和人民用于割让和交换。欧仁将原本属于自己的王国让给皇帝的儿子"罗马王"，作为补偿，皇帝在这一地区临时拼凑起"法兰克福大公国"，任命他做大公。

至于普鲁士，拿破仑当年签署《提尔西特和约》时之所以留着它，完全是为了取悦沙皇。如今，想要消灭沙皇的他还会留着它吗？其实在战争之前，拿破仑就应该瓦解普鲁士。这位天才皇帝难道不知道一年前普鲁士与沙皇秘密签订了协议，沙皇承诺援助普鲁士以抵抗法兰西的威胁？不管怎样，自由军团、反抗歌谣、陈词滥调的道德联盟论调以及大学里的声讨已让这位法国皇帝心生厌烦，他不想再听下去了。他不得不小心了，千万别再犯和进攻西班牙时同样的错误，错将北部德意志人视为较宽容和冷静的人，否则他很可能重蹈覆辙。他认为，现在应该先充分利用普鲁士军队，再消灭它。

"陛下，现在一切迫在眉睫！不得不采取行动了啊！"沙恩霍斯特急切地对懦弱的普鲁士国王说。然而，这位忠心耿耿的普鲁士将军却在维也纳被梅特涅的虚情假意欺骗了。沙恩霍斯特提议普鲁士与奥地利结盟，而梅特涅却直接劝普鲁士与俄国结盟。梅特涅的阴谋是将西里西亚再度占为己有，而要使阴谋得逞，关键是让沙恩霍斯特将军成为他的敌人，让普鲁士成为奥地利的敌人。普鲁士内部的哈登堡还是像往常一样屈从于维也纳的一切指挥。胆小怕事的普鲁士国王甚至将拿破仑视为不可战胜的对手，于是决定与法国结盟。然而，当他开始做出这样的决定时，过晚的时机使他无法得到任何有利于自己的结盟条件。法国重兵驻扎到了西里西亚和波兰，将普鲁士重重包围。普鲁士只得任凭其他国家的军队在自己的国土上横行霸道，听任法国征粮征物，将东部要塞拱手相让，将城堡辅助军团的指挥权交给他国元帅，彻底地成为法国的附庸。见此，梅特涅十分高兴，写信给自己的主子，说："看来普鲁士已经毫无还手之力了！"

然而，拿破仑似乎依然不是很有把握，还是对自己的作战缺乏信心，尽管他曾在1812年初将从卡普亚到提尔西特的大片的欧洲土地都纳入自己的战旗下，尽管他现在的疆域已经从费尼斯泰尔延伸到了布科维纳，他还是这样想。据说拿破仑曾经当着赛居尔伯爵的面，用统计表格进行演算。算着算着，他突然跳了起来大喊："天哪！这场远征现在还不能开始，我还没准备好！我还需要外加三年的准备时间！"

战争并不是说要暂停就能暂停的，一旦它的齿轮开始运转起来，任何东西都无法阻挡它前进的步伐，包括拿破仑在内。拿破仑也在不断地前进着，他在内心渴望的激励下，在他全部发迹史及往昔岁月的阴影的推动下，毅然地迈步前进。放眼四望，他建立了那么多的港湾，都是为了在天气恶劣时为军舰找到避风港口。颇具讽刺意味的是，现在的他又将置身于始料未及的惊涛骇浪之中。从前，他一直运用政治家的理智指挥前进，现在不同了，他已经成为一个大胆狂热的冒险家。他强调自己的声誉，曾因此向自己的弟弟发火道："难道你不知道吗？以前帮助我登上这个宝座的是我的声誉，而现在，依然还是我的声誉使这个皇位得以维系。我是一个白手起家的人，必须永不停止地前进，否则我现在拥有的一切将会被毁灭。"

容易激动的拿破仑常常因此而心神不安，摇摆不定。对于战争，他内心是矛盾的，既希望战争，又害怕战争。他同往常一样，用先礼后兵的态度以及颇为友善的言辞写信给沙皇。他还会见了一名俄国上校，而该上校现在是潜伏在巴黎的俄国间谍。他对上校说："我知道，因为我和沙皇都还能活很长时间，所以我曾认为我们之间的友好感情将会长久保持下去，并起到维护欧洲和平安定的作用。要知道，我对沙皇的感情一直都很深厚。如果命运安排我们这两个世界上最强大的国家因为那么一点女孩子气的口角而发生战争，那我将服从命运的安排，既没有敌意，也没有仇恨地全力以赴作战。如果可能的话，我建议和沙皇一起在两军阵前吃早餐……直到现在，我仍然希望这场战争可以避免，不要因为区区一条缎带的颜色的分歧而大动干戈，让成千上万的勇士白白牺牲！"

看上去，他似乎抓住了亚历山大那略显女性化的天性，想借此打动沙皇放弃战争。但实际上，看上去无比堂皇的辞令却是他掩饰自己内心不安的外衣。没有人会想到像他这样一位旧时代的终结者，怎么会提出这样富有骑士精神的挑战。于是乎，一场由两大世界帝国挑起的血统和天才之间的伟大较量，即将在由铁与血铸成的战场上一触即发。而这位做了20年梦的拿破仑大帝，也终于到时候看见自己的梦想从云端坠下了。然而，他故作轻松地把这场战争比为女孩子间的口角，或是缎带的颜色引起的争执。实际上，这种措辞的背后，背负的却是整个世界的命运。

4.远征俄国

这时候，沙皇心里又在想什么呢？

之前，在政治和宫廷生活中发生的这一切，都让沙皇拥有足够的理由说服自己冷淡地对待拿破仑这个曾经的朋友：母亲责怪他，贵族疏远他，寄托在索菲亚教母身上的希望也落空了，他的对手扬言要解放波兰，波兰的前途不容乐观。梅特涅曾对沙皇情绪转变的期限做出断定，他认为是五年。而从《提尔西特和约》签订到现在，就真的刚好五年，也就是说，这个期限已经到了。沙皇本人的性格略显神经质，也比较容易感情用事，但他可以赋予这场战争崇高的意义。这位世界大帝国的皇帝没有什么远大目标和崇高思想。他是个保守的统治者，而且过分脱离实际，所以这场战争对他而言并非为了自由，也并非为了夺取世界霸权，甚至也并非为了战胜"战神"拿破仑，从而享有更高的世界声誉。沉浸于神秘主义中不可自拔的他只是在某种难以捉摸的神秘力量的驱使下，失去了昔日对拿破仑的好感而已。

他在政治方面成功地实施了两个措施，其中一个因为符合人类的性格而颇具成效。首先，他想方设法让土耳其苏丹保持中立，因为他需要保持国家南北边界的平静，好让自己有足够良好的环境积蓄自己的力量；其次，他成功地与瑞典结成同盟。在俄国边境，沙皇与贝尔纳多特会晤，第二次为这个法国革命者的魅力所倾倒。在政治利益上，瑞俄两国有许多相通之处。瑞典希望将此时正由亲法的丹麦统治的挪威纳入本国国土，同时又担心英国对自己实施报复。俄国因此与瑞典达成协议，只要瑞典在战争中援助俄国，俄国就会保证协助瑞典得到挪威。

然而，贝尔纳多特对此依然不是十分满意，他还想要法国的王位。当年，贝尔纳多特在拿破仑不情愿的情况下当上了瑞典国王，成为靠着拿破仑恩典而登基的众多国王中的一位。正因为如此，他并没有对瑞典臣民给予多么深切的关怀。至于沙皇，他也能大致预见到，只要同盟国瑞典能为俄国提供援助，自己必能将拿破仑打败，并最终摧毁拿破仑的军队。所以，答应贝尔纳多特帮助他登上法国王位是很有好处的。于是，沙皇应允了贝尔纳多特的这一要求。就在此时，拿破仑正率领着有史以来最庞大的军队缓缓向东前进，企图将俄国吞掉。而沙皇亦是跃跃欲试，磨刀霍霍。两国军队即将展开一场激烈的搏斗。

就像四年前在埃尔富特一样，皇帝邀请各国君主到德累斯顿参观阅兵典礼。然而，在当年来宾的名单中却少了一个名字，那就是将与自己发生战争的老朋友沙皇，取而代之的是只在奥斯特里茨战役的第二天见过一次面的哈布斯堡皇帝——他的岳父。当年，拿破仑先后两次占领奥地利首都，并将战败者的女儿娶回巴黎。

此刻，坐在金碧辉煌的餐桌前的玛丽·路易丝正和身边的丈夫以及父亲一同进餐，看似和谐美满的画面实则暗藏着钩心斗角。虽然拿破仑承诺与岳父的国家结盟，委任自己的妻子为摄政王，但是拿破仑却怎么都无法阻止玛丽在席间暴露自己的愚笨。这位巴黎的皇后不停地炫耀自己强于继母的首饰，还因其丈夫的阻止而号啕大哭，她也因为自己只有很小的珍珠而伤心绝望。两国原本在政治上就纠缠着许多矛盾恩怨，如今连这种鸡毛蒜皮的家庭琐事也加剧了两国之间的矛盾。朝臣们只好尽力掩饰这些丑闻。只有当众人举杯祝福维系四个人关系的"罗马王"的健康时，席上这四个人才隐藏起各自的想法，在觥筹交错中假惺惺地造作下去。

12月，拿破仑与他的岳父在奥斯特里茨的一间磨坊中第一次相逢，第二年5月，他们又在萨克森王宫中再一次重逢。此后，他俩便再也没有来往过。

此时，50万大军正驻扎在莱姆堡与哥尼斯堡之间，而军队统帅却到了波森才宣布"第二次波兰战争"开始。据官方解释，拿破仑挑起此次战争的目的是要从沙皇手里把波兰夺过来，也就是说，拿破仑想最大限度地夺取直至斯摩棱斯克的欧洲领土。拿破仑曾对自己的亲信说："我将在那里或者明斯克停止军队的前行脚步，让军队在维尔纳度过漫长的冬天，组织建立立陶宛国家，然后让俄国人来供养我们。如果沙皇还不求和，我将会在第二年带兵直取敌人的心脏地带，一直驻留在那儿，直到得到和平。"按照这个计划，拿破仑为自己的军队一一部署工作。不过，他企图让俄国人养活自己军队的想法甚是令人怀疑。他是否了解俄国？他知道能从俄国这个陌生的国家得到什么资源吗？

拿破仑在古比宁向一位普鲁士官员咨询关于军队面粉储备的问题。他企图将在德意志港口征集到的粮食运到科夫诺，于是他询问那位官员科夫诺的磨坊的数量是否足够。

"很抱歉，陛下，那里的磨坊很少，并不足够。"

这时，拿破仑用疑惑的眼光盯着身边的贝尔蒂埃，他的疑惑成为他不久之后在涅曼河对岸的陌生旷野上遭受美梦幻灭打击的先兆。他不单单为磨坊的缺少而感到不安，他更忧心的是他竟然对此事一无所知。拿破仑耗尽了一年的时间准备这次规模宏大的战争。他分别从包括莱茵联盟的七个国家中征兵，调用各国的兵工厂以及预备役，在炮兵上下了很大功夫，包括设立了拥有1400门火炮的攻城炮队。此外，他还组织了一支庞大的桥梁部队，派人修建浮桥等。他下令将波罗的海沿岸的八座要塞改成仓库，派人制造负责向前线运送面粉和小麦的大量船只、马车。这些车辆有一部分是用牛拉的，这些牛的命运十分可悲，到达目的地便会被宰杀。而士兵们又何尝不是如此呢？他们被迫走上战场，流血流汗，在激烈的战斗中不幸身亡。然而，人们都没有意识到，这个国家居然缺少必要的磨坊！建造磨坊需要耗费巨大的人力和时间。而在战争中，未来是个变化不定的未知数，谁都无法预料前方究竟还有多少意外。他们只好一直等到青草已绿的6月再出发，因为他们不可能将15万匹战马所需的草料输送到目的地。然而，拿破仑有没有想过，要是俄国的草原根本无法给他的军马带来草料，那他将何去何从？如果士气低落，他又能采取什么办法？

边境上的士兵们果然开始抱怨。有人说，这些被迫上战场的年轻士兵忍受不住长途跋涉及令人难耐的炎热。缪拉在德累斯顿向拿破仑提出请假的申请，不过拿破仑没有批准。皇帝在但泽与拉普拉斯、贝尔蒂埃一起吃饭。他们三个默默无语，各想各的心事。拿破仑则一如既往地思考他那征服世界的计划，突然，他向拉普拉斯问道："从但泽到西班牙卡迪斯的距离远吗？"此时，拉普拉斯大着胆子回答道："陛下！不得不说，这路程真是太远了！"拿破仑却对他们说："我的先生们，我已经看透你们的心思了。我知道，你们都没有打仗的欲望，一心想着停止战争。不是吗？那不勒斯的国王一心只想回到他那美丽的王国中去享乐。贝尔蒂埃，你也一样，宁可在格洛斯—布罗斯打猎，也不愿意跟随我到战场上厮杀。拉普拉斯你呢，更是一心祈祷早日回到巴黎，享受那儿丰富刺激的生活！"

拉普拉斯和贝尔蒂埃都默默地听着，不敢出声。是的，他们心里想的正是皇帝现在指出的那些。拿破仑自己也不舒服，因为他还是第一次碰到这样的情况。

涅曼河是俄国边境上的一条河，到达这里之后，拿破仑十分兴奋，跨越俄国边境对他而言具有重大的象征意义，因此他策马狂奔，成为第一个渡过大河的人。当年，恺撒发动内战时，也是这么激昂地越过罗马界河卢比孔河的。现在，他似乎又在效仿自己的偶像，用同样毅然决绝的表情渡河。这位征服者不停地往前跑，直到跑出一英里后才慢慢地转身回到桥头。他下令三支大军向波兰的腹地挺进。他亲自指挥主力军，并委命欧仁指挥第二支军队，委命热罗姆——这个在战场上出尽洋相的门外汉指挥第三支军队。尽管有元老宿将做顾问，但他这样决定还是很危险的。他真的放心吗？实际上，拿破仑信心满满地认为自己的军队人数远远超过对方，敌军最多只有40万人，所以他这次完全可以冒这个险。

实际上，敌人的军队一共只有17万人，他们分为两支，一支由巴克莱将军率领，另一支由巴格拉吉昂将军指挥，在立陶宛的大后方驻扎。拿破仑对敌人兵力的估计显然过高了，以致做出了派遣如此庞大军队的灾难性决定。倘若他能正确估计到敌军的真实兵力，一定会缩小自己部队的规模，这样也就好解决给养问题了。重视人数优势也暴露出如今拿破仑的缺陷。要知道，他当年曾经使用各个击破的战术，以四万兵力以少胜多啊！但如今，他的权势虚荣心掩盖了当年的优秀军事头脑，只知道动用庞大的军队来保证战争的胜利，同时又忽视了振奋士气这一重大问题。在利沃里时代，这位名帅在沙场上风光无限，难道此时他的英雄光环已经消失殆尽了吗？

当然，他的某些精神还是没有改变，纵使他现在率领着一支如此庞大的军队，也没有被军队在人数上的优势而冲昏头脑，他仍然知道要使用突破方式。他的计划原先是派遣第一军团从提尔西特向维尔纳方向挺进，从而切断两支俄军之间的联系，然后再派遣第二、三军团分割开敌军兵团，将俄军歼灭。然而拿破仑忽视了俄国土地的辽阔无垠，这会削弱自己军队的作战优势。过于广大的土地导致战线的延长，就算拿破仑再有能耐，也不可能分身在每一个地方出现。此外，他手下的将领之间缺乏沟通，不能相互照应，只是各自进行战斗。内讧时时发生，比如拿破仑手下的达武和缪拉就差点决斗。将领们对拿破仑有很强烈的依赖心理，拿破仑是整个大军的神经中枢，没有他的号令，任何行动都是无效的。他这次真的是陷进苦恼之中了，而他的苦恼竟然源于缺乏快捷的通信工具。要是当时有电报的话，可能就帮上拿破仑的大忙了。

至于俄军的那两位统帅，他们一直不敢与法军正面交锋。因此，出于对拿破仑大名的敬畏和对法军优势兵力的恐惧，为了使自己这两股力量在后方会合，他们不约而同地向后撤军。这一决定无疑是非常正确的，但和战术没什么关系，因为他们都是无意识地做出这种决定的。作为任凭命运摆布的人，他们所谓的谋略也只是被他们的命运所决定的，而不是像拿破仑一样出自自己天才的头脑。

然而他们的这一举动却被拿破仑视为陷阱。在维尔纳，他对众人说："巴克莱如果认为我会追击敌军一直到伏尔加河，那他就彻底错了。我们的军队最远只会跟到斯摩棱斯克和德维纳河，因为我们会在那里取得战役的胜利，从而为我军赢得新的立足点……我们今年是不可能渡过德维纳河的，现在渡河只是自讨苦吃。我准备在冬天到来时撤军到维尔纳，派一些法兰西剧院的话剧、歌剧演员过来表演，帮我们的军队过冬。除非在今年冬天我们便能用和平的方式解决两国的纠纷，否则等到第二年的5月，我们将再出动，彻底消灭敌人，以辉煌的胜利结束这场战争。"

　　外面传来的关于各国的消息也让拿破仑兴高采烈。美英两国终于爆发了战争，在海战上，美国还取得了一定的胜利，让拿破仑的死对手——英国吃了一些苦头。而在英国，伦敦主和的反对党势力也日益扩大。至于西班牙，据说那里的战事进展得还算顺利。这些无疑给拿破仑注入了兴奋剂，他情不自禁地大喊："前进！前进！胜利！胜利！"

　　拿破仑亲自带着一名军官到科夫诺寻找渡河的最佳地点，在那里，他吃惊地发现，对岸居然没有一个俄国人！他开始焦躁不安地思考：这群俄国人到底藏到哪里去了？俄军的后撤使得拿破仑大军在前进过程中没有遇到任何抵抗，因此，大军推进的速度快得令人担心。俄国的环境条件十分恶劣，暴雨和酷热折磨着军队，路面也十分糟糕，他们只能在泥泞的道路上挣扎。一部分受气候折磨的军队与后援部队失去了联系，也因此失去了唯一的给养来源。沙皇不久之前还在维尔纳，而现在，他早已消失到一个不为人知的地方去了。拿破仑收到来自后勤部队的糟糕消息：运送给养的车辆因路面有泥沼而被困住，船只也搁浅在河里，更令人头疼的是草料问题，已经有一万匹马因为吃了毒草死去了。一个个坏消息很快在军中散播开来，士兵们在得知军队粮食供应不足之后，开始疯狂地在周围城市中劫掠，导致后到的部队甚至找不到一点可用物资。

　　尽管拿破仑以惯有的恩威并施的方式感化当地人民，但形势依旧没有改善的迹象。士兵们的劫掠让他心中恼火，他十分清楚，要想赢得民众的爱戴，就必须阻止士兵们的劫掠行为，否则必定会引起巨大的骚乱。立陶宛人注意到，直到现在，拿破仑依旧没有履行自己的诺言将王国献给波兰。这个民族不似当年的伦巴第人，他们根本不认为拿破仑是来解放他们的。因此，他们将处境不利的拿破仑置之不理，不愿意帮忙，也不提供任何东西。皇帝派人在巴黎印制了几百万张假卢布，以此作为诱饵哄骗立陶宛人，不过他们依然无动于衷，只是祈祷着。

　　拿破仑无比焦虑，因为现在正是争取沙皇的绝佳时机，而他自己的军队居然因为粮草问题而深陷泥潭。他开始给沙皇写信，说："我觉得，直到现在，这里所发生的一切与陛下您的性格，以及之前您对我所表示出的尊重完全不相称……就像我在历次战争前夕所做的那样，我在渡过涅曼河时，曾想让我的一名副官去见见您。"之前沙皇拒绝接见拿破仑所派出的使节，他据此继续写道："因此，我明白了，只有万能的上帝能决定这件事，因为只有他的权威能让我尊重……我只恳求您相信我，一直以来，我都怀着不泯的善意对待您，除了这一点，我对您也没有其他什么想法了。"

　　不过，这封信充满了虚伪，拿破仑言不由衷地说着那些话，当然，他尴尬的处境和宿命的思想倒是真的。写信前，他曾对一名被俘的俄国将军说："麻烦你帮我个忙，替我将这封信转交给你的陛下亚历山大。"皇帝用极富喜剧色彩的恫吓方式让这个俄国人屈服，他说："我真不知道沙皇到底为什么非要打这场战争不可，他到底想从中获得什么呢？要知道，我可是毫无损失地将他最美丽的行省占领了，究竟是什么原因让我们开始发生争执的呢？我们俩都不知道答案……你们这些俄国军官，可知道自己犯下了哪些错误？为什么你们不守住维尔纳呢？……难道你们不感觉羞耻吗？"他花了一个多小时反复地责问那个俄国人，这是他一贯的做法，就好像在给他派往西班牙的将军训话那样。接着，他开始赞扬波兰人："他们就是一个拥有视死如归气概的优秀民族。"实际上，他只是说说而已，平日里根本没有关注过波兰人。他又开始吹嘘道："要说我的兵力，那可是庞大无比的，相当于沙皇兵力的三倍，金钱就更不用说了，多得数不过来，绝对能支撑我打上三年的战争。"这位假装愤怒的皇帝肆意地编造谎言，大吹大擂，而那位俄国将军也用同样的方式向拿破仑吹嘘："陛下，我们俄国已经准备得十分充分了，就算要打上5年的仗，我们也不怕。"面对对方的回应，皇帝又转而变得坦诚起来，对他说的一番话，其实是想借他之口传到沙皇的耳朵里。

"作为一个善于权衡的人，我自然希望我可以像当年在埃尔富特一样，经过权衡确认，与俄国修好关系。我本以为现在也可以如此，因为它至少好过和沙皇翻脸……那时候整个俄国都反对沙皇和我之间缔结和平协议，如今，沙皇和我撕毁了和平协议，准备开战，俄国上下却又希望和平安定了。而沙皇是个高贵的人，怎么能被国家中那群目光短浅的人操纵？他不应该随随便便就听了俄国战争委员会的话，决定发动战争。……如果我在凌晨2点想到一个好主意，我可以在第一时间将命令传达到部队中去。半小时后，我的先遣部队便已经开始执行命令了。如此迅猛的速度，你们有吗？"随后，皇帝将一封从俄军指挥部截获的信交给他，说："这封信就给你在归途中当消遣看吧……麻烦你向沙皇转告我的意思，让他明白，现在正有55万大军在维斯瓦河的西岸驻扎着。你告诉他，我是个不会感情用事，'做事一向权衡利弊的人，虽然现在局势很不稳定，但我仍欢迎他静下心来找我谈判。要知道，如果我们之间的关系一直维持下去，他将拥有何等辉煌荣耀的统治权力！"

俄国将军听后，心里有些忐忑。后来，他随着皇帝及三位元帅共进晚餐，在饭桌上，他发现别人对他的态度很傲慢。尤其是皇帝，他对他的态度就像一位旅行者考察当地土著一样，拿破仑盘问他，俄国有没有吉尔吉斯兵团。对此，他不慌不忙地答道：

"没有，不过其他的兵团，如巴什吉尔和鞑靼兵团之类的，我们已经开始操练了，那些士兵和吉尔吉斯人差不多。"

拿破仑接着盘问道："我听说沙皇在维尔纳时每天都会和一位美丽的女士喝茶，不知道她是谁？"

"陛下，我很抱歉您误会了，实际上，沙皇对所有女士都很有绅士风度。"

"我还听说沙皇曾和施泰因男爵一起进餐？"

"陛下，这没有什么好奇怪的，施泰因男爵是个高雅的人，而我们沙皇总是会邀请高雅之士。"

"施泰因简直就是块石头①，沙皇怎么能容忍他坐在自己旁边呢？一个是天使，一个是魔鬼，难道他还真以为施泰因那家伙会对他有好感吗？他俩简直难以为伍啊……对了，莫斯科有多少户居民？多少所房屋？多少座教堂？"当俄国将军说出一大串数字时，拿破仑惊愕地回问道："怎么有那么多？"

"那是因为我们俄国的人民都是虔诚的。"

"可是现在这个社会，人们已经没有以前那么虔诚了啊。怎样去莫斯科最近？"

"陛下，我认为条条大路通罗马，这完全看您的个人喜好。当年查理十二②是取道于普尔塔瓦。"将军恶意地回答道。

这时，皇帝开始变得紧张起来，不得不尝试改变话题。然而这位聪明的俄国将军早就觉察到皇帝的不安，他在心中铭记这些细节并在日后一一禀告给了沙皇。

急于交战的拿破仑的紧张情绪不但没有舒缓，反而与日俱增。而此时，俄军却一直没有战争的意愿，总是避开法军。巴克莱的撤退毫无目的，只是想和巴格拉吉昂会合在一起作战。然而巴格拉吉昂误以为自己面对的是法军的主力部队（其实是门外汉热罗姆的军队），因此没有来和他会合，而是将军队撤退。行动过于迟缓的热罗姆失去了追击的机会，达武一直在等待与其会师，却被热罗姆部队行军的速度所累，只能无奈地看着敌人逃走。热罗姆的行为激怒了皇帝，他下令撤销自己这个弟弟的职务。热罗姆只好将军队交给达武指挥，自己十分委屈地回到卡塞尔。然而现在的这些举动已经无法弥补过错了。皇帝过于偏爱热罗姆，然而他却是个轻浮的人，纵使有决战的良机，也只会让其流

①施泰因（Stein）为德文，意思是石头。
①瑞典国王（在位时间为1697年至1718年）。1709年，俄军在普尔塔瓦将其打败并俘虏。这里是暗示拿破仑日后会重蹈覆辙，遇到类似于查理十二世的这种失败。

失。形势已经越来越严峻，拿破仑只好让军队快马加鞭地前行，但这形成了一个恶性循环，越是快马加鞭，战争的形势就越严峻。军队严重缺乏给养，不久之后将全部耗尽，雪上加霜的是，俄军在撤离时居然还将所有仓库都烧光了，坚壁清野以断绝法军的粮路。拿破仑的军队只能找到一些可食用的肉，至于想吃的面包、蔬菜则根本没有。周围的环境也十分恶劣，疟疾在法军中肆虐，士兵和马匹都被感染了，许多战马因为吃房顶的茸草而中毒倒毙在路上。士兵们的情况越来越差，巴伐利亚的统帅估计过他的军团每天损失的人数，居然有将近900人，而此时他们还一仗未打！

巴黎的舆论现在变成什么样了？

拿破仑始终得不到巴黎的信息，连皇后的信都没有。他们似乎丧失了传递消息的信使和邮路。好在后来皇太子的家庭教师从杜伊勒利宫向皇帝传来消息，汇报了孩子的状况。对此，拿破仑回信表示，自己很希望不久后能听到孩子的最后四颗牙都长全的好消息。同时，他还要求家庭教师转告保姆，既然自己说过给她所需要的一切就会履行诺言，让她放心地照顾孩子。

在大草原上，皇帝在骄阳的烘烤下坐着，望着前面那些他尚未涉足但已被焚毁的村庄。这里的环境实在太恶劣了，到处是腐烂的尸体，一直散发着难闻的恶臭。炎热的天气和不正常的饮食触发了他的老毛病——胃痉挛。现在他总是和所有的参谋人员一起步行，因为他不能骑马，用车的话又走不了太远。他现在唯一的念头就是寻找一个合适的战斗地点，然后立刻开战！信使不断减少，他变得紧张不安，就算偶尔有人来向他汇报，他也无心关注。他在稍事休息的时候总是在帐篷里来回踱步。而他旁边沉默的秘书也把工作重点从以往发布命令、调动军队，转为用笔记录皇帝对儿子那四颗牙齿的生长的关心。这位年幼的、还缺四颗牙的"罗马王"现在正在遥远的宫殿中吃力地咬东西。他思念着自己的亲人。

"前方就是魏特伯斯克了，离巴黎有多远？"

"陛下，那里离巴黎太远了。"有人回应道。

好在最终他们还是找到了巴克莱，因为缪拉将这支俄国军队截住了。据说，明天巴克莱的部队即将向斯摩棱斯克撤去。这的确是个很好的时机，皇帝正想趁机发动战争，可惜天不遂人愿，他居然在这个时候病倒了。他开始犹豫起来，不能下定决心开战。此时的他变得空前慎重，他甚至考虑到士兵们行军已经十分疲惫，担心此时让他们马上去打仗太无情了。他想集结更多的军队，让奥斯特里茨战役的历史重演。因此，他一直等待着，直到天亮。

然而，就在他的等待中，俄国人已经依靠晨雾的掩护成功地从法军眼皮子底下撤退了。到了中午，皇帝还是没有找到俄军的影子，他们已经消失了。皇帝生气地将宝剑扔在桌子上大嚷：

"我就停在这里不走了，我要集结更多的军队！1812年的战争就这样结束吧。"对此，缪拉回应道："陛下，为何不继续前进呢？"拿破仑回答道："这场战争将持续三年！1813年，我们的大军将挺进莫斯科！1814年，我们会占领圣彼得堡！"

不过，现在拿破仑正面临着一个很严重的问题，那就是他那混乱不堪的军队，是时候该重新整编了。已经有三分之一的部队因各种因素折损，可是他们至今还没有进行过一场战斗。俄国如此广袤无垠的土地着实让法军吃了大亏。他们根本不知道侧翼军团、麦克唐纳率领的普鲁士军队以及施瓦岑贝格率领的奥地利军队的具体位置。这是个多么巨大的国家啊！任何一支军团都离他们非常遥远。此时，拿破仑唯一能做的事情就是等待。在开罗有许多追随他的学者，埃及又是个神秘的国度。皇帝现在感到如此无聊和郁闷，他的秘书在给巴黎的图书馆馆长的信中这样写道：

"请给我们寄几本消遣性的小说或者回忆录来，我们现在空闲得很，需要打发一下时间。只要是皇帝还没有读过的好的小说，或是比较轻松的回忆录，我们都欢迎。"

此时，身穿旧绿军装的拿破仑正站在帐篷前吸着鼻烟，并时不时举起望远镜，对着远处的平原眺望。后来，一个士兵将一张字条递给他，他读过后便将字条扔在一旁不管。在帐篷的阴影里，他那两个秘书都像驯服的动物在等待主人指示一样，木然地站着，四处张望。卢斯塔姆穿着土耳其式衣服，似乎不受炎热天气的影响，安然地坐在一旁。拿破仑十分无聊，因为现在根本无法进行任何活动，前进后退都不妥。拿破仑只好让梅内瓦尔帮他弄几本小说来消遣。

终于有新消息了！但这是个糟糕的消息。英国分别与沙皇和西班牙摄政王缔结了条约。新的反法联盟让皇帝更加着急，因为这意味着法国将面临其他国家的包围。他待在这里干等有意义吗？如果再这么耗下去，说不定欧洲就要奋起反抗自己了！或者我先停战，等欧洲入睡后再发动进攻？两支俄军一定已经在前方的斯摩棱斯克会合了。那是俄国自己的土地，这样一来，他们也应该不会再像在波兰和立陶宛那样将物资都转移了吧。在斯摩棱斯克打一仗并取胜对拿破仑来说至关重要，因为胜利意味着顺利进攻莫斯科或圣彼得堡。不过，拿破仑手下的将领都劝说他不要轻易出动。对此，拿破仑回应道："我敢肯定，俄国不会再拿任何城市作为牺牲品，而我也只能通过一场大战逼迫亚历山大进行谈判。到现在我们都没有打过一场像样的仗，我一定要找机会开战，然后打到莫斯科去！"

然而，拿破仑却将部队转移到河的另一侧，准备在那里作战。因为他要打的不是寻常之战，所以在河的这一侧打不合适，而且也会让俄军在战后有安全撤离的路径。现在，两支俄军已经成功会师，决定按计划撤退。与他们相比，法军已经十分疲惫，但还是在命令下往城墙冲去。俄军奋力抵抗，令老兵们回想起13年前，拿破仑攻打阿克时相似的情景。最终斯摩棱斯克在一片火海中陷落，拿破仑赢了，但他只得到一片城堡废墟，饱受饥饿之苦的法军在这里什么都找不到。这个民族的精神力量十分强大，俄国人的情绪日益狂热，看着那些焦土，拿破仑意识到这一点了吗？俄国人绝不会将自己古老神圣的宝贵财富留给敌人，他们宁愿把它们一把火烧掉。

皇帝就像荒野中的李尔王一样陷入了窘迫的境地。他身上的权力在碎裂，正受到理智世界的嘲笑。鉴于上次从维尔纳写的信至今仍然毫无音信，他又找了一个使者——另外一个被俘的俄国将军贝尔蒂埃。在观察那个将军很长时间后，拿破仑突然对他说：

"我让你给沙皇写封信，你能做到吗？"

"陛下，不能。"

"不能？你的哥哥在总司令部，你总可以写信给你的哥哥吧！你帮我一个忙，告诉他你见到了我，并说是我委托你给他写信的。如果你哥哥能够亲自或者通过他人向沙皇转告我最大的愿望——和平，那我将对你表达感激……战争到底是为了什么呢？你们又不是英国人，和我无冤无仇。如果你们想要买到便宜的咖啡和食糖，那我可以为你们安排这些。但我恳请你们的国家战争委员会仔细估量一下形势，你们不可能轻易地将我击败。不过，你们要真的非打不可，那就请你们挑个战场吧，我们早日交锋……否则，我就要打到莫斯科去了，我也无法保证莫斯科这样一个堂堂大国的首都不会毁于战火。你们就这么甘心让自己的首都沦陷？如果沙皇要和我议和，下面的人总不能反对吧。"

求人这种事他向来不会去做，他从来只会下命令，就算是给国王写信，他也总是用命令的语气说话。这些年，他只在他请教皇为他涂圣油登基加冕和请求奥地利皇帝把公主嫁给自己这两件事情中用过"请"字。然而，今非昔比，现在的他却在低声下气地恳求被俘的军官。那位俄国将军当时是什么感受呢？他会不会对这个请求自己的皇帝感到惊讶？事情到底到了怎样一种地步，世界的主宰居然不得不找我帮忙？为什么单单找我不找别人？咖啡和食糖算是造成几十万人阵亡的祸根吗？他难道把战争当成象棋对弈的艺术吗？我伟大的祖国明明正处在水深火热之中，一座座城市化为焦土。

贝尔蒂埃审阅了给哥哥的信后，同意把信件送走，却依然没有得到任何回音。拿破仑十分生气。当拉普拉斯向他请示军队进退问题时，拿破仑时而犹豫时而果决的间歇性性格突然显现了。他表示将进军莫斯科："我当皇帝已经够久了，现在我要当一次将军！"

此时正值9月初。巴克莱的继任者库图佐夫在博罗迪诺附近神圣的草原上停止了撤退。拿破仑准备在双方势均力敌的时候对决。明天，一场酝酿已久的战役即将拉开序幕。拿破仑甚至都能幻想到金色的莫斯科拜倒在自己脚下的远景，一切苦难都会随着胜利消失。半夜，巴黎的信使给

拿破仑在使法军损失惨重的博罗迪诺战场上

他送来一份西班牙的公文：威灵顿在萨拉曼卡战役中取得了胜利，这也是对马尔蒙的决定性胜利。看后，拿破仑一声不吭地继续研究地图。欧洲最东端，即欧亚两洲交界处正是他与俄国人交战的地方。所以尽管英国人在欧洲最南端获得了胜利，但现在他也没心思关注它。天一亮，他就将带领军队开始战斗。

信使还从巴黎带来他的儿子的画像。那些久经沙场的老兵一个劲儿地赞美皇太子的美丽可爱，因为他们还没有听说法国在西班牙战败的事情。当画像送回拿破仑的帐篷后，他却像个诗人一样吩咐人们把画像收起来，说是因为孩子太小，不适合见到战场的血腥画面。

随后，两军开始交战。双方反复争夺重要据点，攻守形势不断转变。近卫军请求皇帝像之前一样在莫斯科瓦河畔展开决战，但拿破仑却不同意。此时的他很痛苦，疾病的困扰让他平生第一次在作战时没有离开自己的位置，因为他的腿已经肿胀。他此时正在发烧，呼吸困难，时而咳嗽着。拿破仑犹豫不决地坐在马上，近卫军似乎可以控制住局势，但他仍对明天可能出现的恶战担忧不已，无法决定该派谁出战。晚上，俄军撤退了。这次交战使拿破仑遭受了有史以来最惨重的一次打击：七万人阵亡和重伤。对此，皇帝说：

"我经常将幸运之神比喻成妓女。现在，我更是对此说法深信不疑。"

好在他们还是打通了通往莫斯科的道路。只不过，先前的50万征俄大军此时只剩下10万余人。斜阳下，拿破仑登上高峰，疲惫地远望着一座城市，那儿有上

千个圆顶建筑，市中心的小山上耸立着一个东方城堡，那儿就是克里姆林宫。他悄悄地对自己说："是莫斯科！我们就要渡过难关了！"

5.火烧空城莫斯科

"城市的钥匙和负责交接的市政官员在哪儿？"

任凭军队从身边穿梭，拿破仑用整个下午的时间等待城市的钥匙。他总是个胜利者，不管是在维也纳、米兰、马德里，还是在柏林，他都是从城门处以高贵的罗马风俗进城的。眼前的那些鞑靼人竟然没有任何动静，难道他们不知道这些规矩？尚未被完全击败的库图佐夫士兵中响起嘈杂的声音，他们正忙着从城中撤退。而拿破仑的军队则正拥进城来。俄军的殿后部队与法军的前锋差点儿又短兵相接。此刻的莫斯科已经变成一座空城，周围静悄悄的，什么动静都没有。疲惫不堪的士兵们看到周围还有很多房屋，都想从那里找食物填饱肚子，并美美地睡上一觉。

周围寂静得令人不安，拿破仑和参谋部正向前方充满异国情调的克里姆林宫走去，大家人都惊叹着打量这座宏伟的宫殿。他发现所有的门户都被打开了，里边虽然金碧辉煌，却没有一个人，显得孤独凄凉。他们走进一个大厅。发现它的窗子都被木板封住，士兵只好用枪托砸开，这时他看到了华盖，这原来是沙皇的加冕厅。只不过沙皇宝座被罩了起来。

此时此刻，除了和平尚未达成，一切都是那么圆满。可是他只得到了胜利，其他的一无所获！正是这片辽阔陌生的土地骗取了他心爱的胜利果实。他懊恼着，自己为什么不采用解放阿拉伯人和立陶宛的农奴时的做法？假如他现在开始这样做的话，也许情况会好些。如果他现在召集附近的农民，争取他们的支持，情况会如何呢？人民会明白自己还是国家的主人，而且神秘的法兰西帝国还可以满足自己的愿望。

虽然已经很晚了，拿破仑却还不想睡觉，他叫科兰古陪他一起工作："我们放松一下。"在波兰地图面前，他向科兰古说明自己不在波兰停留的原因，表示将会在六周后进入圣彼得堡。随后，他又拿出他每次出行都会随身携带的，如同《圣经》一般宝贝的部队花名册，他翻看它以提醒自己手下的兵力还剩多少。他突然变得非常精神，乐观地说，几周后将在这里集结25万人，发动新的战斗，同时还能保证每个人的住处。"但是食物方面怎么办？城市四周都是沙漠，很难解决粮食问题。"

这时，窗外突然一片亮光，着火了！不过拿破仑已经习以为常了，因为昨天就有几处地方不小心失火了。然而，这次的情形似乎不同了，数百条消息同时传来——整个莫斯科城都着火了！绝对是有人放火烧城，否则怎么会有这么大的火，而且城里的所有水泵都消失了。他们居然想亲手将自己神圣的莫斯科首都烧毁吗？面对这一情况，拿破仑该做出怎样的决

损失惨重的法军进入了烈火熊熊的一座空城——莫斯科

断？赛居尔当时正和他在一起，他后来将这一情景记录了下来：

"当时火势很大，拿破仑受到很大的打击，他坐立不安，来回走动，不停地拿起紧急公文，放下，又重新拿起来，反反复复，然后走到窗前推开窗户大喊：'这是多么可怕的情况啊！这些疯子居然敢放火烧毁这座神圣的城市以及它的宫殿！他们该下多大的决心啊！没人能猜到这一点！谁都无法想象这都是些什么人！他们就是一群斯堪特人①啊！'

"突然，有人说克里姆林宫下埋有地雷。仆人们被吓得惊慌失措，但卫兵们仍然保持冷静，等待上级的命令。对于这个消息，皇帝并不相信，他只是微微一笑，坚定有力地走着。每当经过一扇窗户，他都会停下来向窗外望去，看着那被大火包围的桥梁和宫门。烟雾和灰烬弥漫在空气中，让人十分难受，而秋天的狂风令这场大火不断扩大。

"缪拉和欧仁闻讯后，匆匆赶到拿破仑面前，拼命劝皇帝离开这个危险的地方。然而，终于成为沙俄皇宫主人的皇帝却不愿这样做，面对烈火，他始终无动于衷。就算有人喊道克里姆林宫起火了，他也要面对……

"人们在火药库的塔楼里抓到一名俄国宪兵，把他带到拿破仑面前。这个人承认自己就是奉命放火烧克里姆林宫的人。拿破仑愤怒地打了手势，让人将他拉到广场上处决。此后，他命令我们从北楼梯下去，带他出城。无奈火势过大，宫门都被封住了，后来我们总算在岩石间发现一条弯弯曲曲的沟堑，它通向莫斯科瓦河，可以帮我们逃离宫殿。但走到河对岸时，我们又困住了，怎么渡河呢？此刻烟尘弥漫，狂风呼啸，我们茫然地伫立在一个陌生的地方，不知所措。放眼四

———————
①古代的游牧民族，主要在黑海以北的南俄罗斯草原上活动。

望，只有一条弯曲的小路通往外面。而此时，两侧的房屋已开始燃烧，要想经过这里，就得快一点。

"于是，皇帝毫不犹豫地带头走上这条道路。噼啪作响的房梁和屋顶带着火苗从上面掉下来，我们快速穿越，随时都有生命危险……周围的炙热空气让我们喘不过气……幸好当时第一军团中正在劫掠的几名士兵认出了拿破仑，将我们带了出去，否则我们都不知道在向导也迷路的情况下该如何逃出火海，保住生命。

"我们在莫斯科瓦河边遇到了负伤的达武。这个人坚持让人抬着他出去，要么找到皇帝，要么为皇帝殉葬。皇帝见到他，十分感动，达武也很惊喜地抱住皇帝。此时，临危不惧的皇帝依然保持着镇静的神色。"

在郊外的一座宫殿里，皇帝静静地等待大火熄灭。四天后，他回到了并没有遭到多大损害的克里姆林宫。第五天，心中仍不踏实的皇帝忍耐不住地又一次给沙皇写信。这次，他还是不得不求助于一名被俘的俄国军官，因为他无法接收到所有与敌人有关的消息。拿破仑在加冕厅接见了他，他是一个没什么地位的俄国上尉，此时却正代表神圣的俄国与令整个欧洲都为之颤抖的法国皇帝谈判，这个场景看上去实在是充满英雄式的荒诞。皇帝正与上尉攀谈、谈判、提条件，好像上尉就是沙皇一样。

拿破仑对上尉强调道："这完全是一场纯粹的政治性战争，要知道我只不过是为了让沙皇能早日按照我们之间的条约行事。如果我攻占了伦敦，我是不会迅速离去的，但我将很快撤离这里。沙皇应该告诉我他是不是真心想要和平……我可以释放你，但前提是你得代表我去圣彼得堡会见沙皇，作为莫斯科近况的目击者，你的任务就是向沙皇禀告这里的一切。"

"陛下，我很抱歉，沙皇是不会见我的。"

"你去拜托内廷大臣托尔斯泰，这个正直的人会帮助你。不行的话，你可以要求内廷侍卫为你通报，或者在沙皇散步的小路上等候。"

上尉听后十分不舒服，因为皇帝的意思好像在收买他一样。他一直战战兢兢地不敢答应，最终无奈的皇帝只得让他把自己的信转呈给沙皇。这是皇帝写给沙皇的最后一封信函，而且这封信是通过如此尴尬的方式传递的，十分奇特。信中说：

"尊敬的皇兄……当年宏伟美丽的莫斯科已经消失了……我对你们这样的举动感到无奈，显然这些做法是让人憎恨的，而且就算你们这么做也毫无意义，因为我不会因此失去藏在这里的给养，它们都被储存在大火烧不到的地窖里。莫斯科是多么美丽的城市啊，简直就是这几个世纪中人类最不朽的杰作，而你们却为了这些政治上的小目的，不惜毁了这个杰作！……我从人道主义和陛下的利益出发，将对这座被俄国人放弃的城市进行新的统治，让它恢复生机。我起码会让市政当局和民兵团留守此地，当年我在维也纳两度失守时，还有在柏林和马德里时，就都是这么做的。甚至当年苏瓦诺夫领军进驻米兰，法军失利时也是这样做的……我想，您既然有如此高贵的思想和善良的本性，一定没有同意火烧莫斯科的卑鄙恶行，因为您是一个伟大的统治者，俄国是个伟大的民族，放火实在丢了你们民族的面子。您看，俄国人居然只知道将灭火设备搬走，却不知道这里还有150门大炮，这不是很愚笨吗……我之所以与陛下您作战，并不是因为我恨您，只是因为在上次战役前后您没有做出任何表示。其实，如果您当时有所表示的话，我现在完全可以停止前进，甚至会为了您而放弃占领莫斯科的念头……如果您现在还是眷念我们当初的友情，那么我希望您再考虑一下这件事情。不管怎么说，是我将目前的情势告知于您的，所以您还应该谢谢我。"

这封信看上去就像老师写给自己的学生一样，表达着一个孤立者的恼怒和怨恨，为了打动收信人而不惜笔墨，仿佛是道德家为流氓而斟酌写出的内容。整封信虽然冗长，但说的主要还是那几个字——好好考虑这封信上的话，这也是拿破仑的目的和希望。只不过，这次的信难道就会起作用吗？还是像之前那样石沉大海？

在圣彼得堡，人心惶惶，法国大军越来越近，莫斯科又烧起大火来。沙皇朝廷日益狼狈，是和谈的最好时机，朝廷也有这个倾向。鲁莽的康斯坦丁大公和皇太后都对拿破仑十分厌恶，皇太后当初还拒绝与拿破仑联姻，并在提尔西特会谈后大骂自己的儿子。不过他们现在都建议沙皇与皇帝和平谈判。

然而，优柔寡断的沙皇这次态度很坚决，他不想和谈。仇恨拿破仑的法国人贝尔纳多特在芬兰与沙皇再度会晤，在谈话中，沙皇拒绝和谈的决心被这个人又一次加强。贝尔纳多特还把帮助瑞典攻占挪威的俄国援军送回给沙皇，支持他战胜皇帝。当然，贝尔纳多特是个野心勃勃的人，这么做的条件当然是沙皇承诺的那顶法国王冠。

还有一个德意志人也让沙皇更加坚定了这一信念。他是德意志民族在救亡斗争中孕育出来的精英。这个人就是曾为帝国男爵，但后来被拿破仑驱逐，一直背井离乡流亡的施泰因。现在他成了沙皇的顾问，处处与拿破仑对着干。他要让沙皇决定与拿破仑决一死战。

这次，痛恨拿破仑的施泰因取得了胜利。

6.圣彼得堡大撤退

这17年来，许多国家的有才之士都纷纷反抗拿破仑，不过他们没有成功，拿破仑也没怎么把他们放在眼里。不过，有两个人却不容小觑，那就是塔列朗和施泰因。拿破仑对这两个人十分头痛，因为塔列朗是个阴险狡诈的天才，他能巧妙地瓦解拿破仑的意志，而施泰因是个内心拥有强大道德力量的人，拿破仑无道德的活力会因此遇到敌手。施泰因身上带有德意志人的良好品德，与之相比，拿破仑则体现出意大利人的天赋来。如果施泰因像卡尔诺一样是法国人，也许会成为拿破仑最得力的助手，因为他们各自的优点——荣誉感和务实精神能让他们相互理解，相互补充，从而使自己与对方很好地合作。

尽管如此，他们之间的疏远感依然十分强烈。拿破仑向来没有任何祖国意识，他想做什么就做什么，他可以随自己的意愿在任何国家做事。他只是碰巧当上了法国的皇帝，才会对法国人如此重视。而施泰因则不同，他心中涌动的是对祖国的热爱之情，祖国故土就是他的动力，他的灵魂沉重而丰富，但拿破仑的性格却是机敏灵活的，二者格格不入。施泰因只忠心于自己的国家德意志以及德意志人民，他主张的东西很简单，那就是将说着同一种语言，写着同样德文的德意志人统一起来，对抗侵略。拿破仑则不同，他的野心是整个欧洲和全体欧洲人。二人的共同点是都必须与那些君主进行斗争，只不过目的不一样，一个是为了自己的国家和民族，一个是为了统一欧洲。

施泰因是个独立的小国的国君，他有无数的先辈与他在同一块日耳曼热土上兢兢业业地治理国家。他之所以离开自己的国家，是因为他心中怀有报效国家的信念。对于德意志其他邦国的人，他一向报以不信任甚至蔑视的态度，因为这些人没有像自己那样热爱自己的国家，他们还会将国土和自由让给别人，将臣民甚至自己出卖给征服者。而来自破落贵族家庭的拿破仑没有施泰因那样的家世背景，没有自己的故乡值得眷恋，他早年就被迫从父亲的葡萄园离开。他掌权时也同样对那些臣服自己的小邦君主抱着蔑视的态度，反倒暗暗钦佩个别不肯妥协的君主。

拿破仑非常蔑视那些腐化堕落的欧洲君主，他觉得很可笑，但施泰因对此感到十分沉痛。君主们的无能激发了他的自信心，但对于施泰因而言，这却是件坏事，因为它打击了他的自尊。如果说科西嘉人不断取得成功，向世界大胆地证明新时代来临，那么德意志人只能通过自己在贵族阶层的遭遇，悲哀地向世界宣告旧时代的崩溃。他鄙视普鲁士国王，就像他憎恨皇帝一样。

当初，拿破仑宣布将施泰因流放。这件事反映的是两个不同的民族、不同的阶级和不同的时代之间存在的差异和矛盾。施泰因男爵更能代表正统信念，如果他当上了国王，一定会超过哈布斯堡、霍亨索伦或其他失败的王室。撇开不伦瑞克亲王和几位较年轻的王子，他是当时唯一能挽救德意志民族尊严和价值的人。德意志民族拥有能与拿破仑相抗衡的捍卫正统信念的热忱的斗志。

现在，施泰因赢来了属于自己的伟大时刻，他终于可以让对手遭到自己给予的回击了。不久之后，他将会给他的对手拿破仑带来致命的厄运。施泰因投奔沙皇是被逼无奈的，他只是要把沙皇争取过来和拿破仑对着干。所以，施泰因也成为沙皇身边最能使其保持坚定的人。他拥有无限的勇气和热忱，沙皇也喜欢倾听他的意见。关于这一点，拿破仑也不是不知道，他知道施泰因投靠了沙皇，这将给自己带来不利，因此，他才会在那位被俘的俄国将军面前恶意诋毁施泰因。不过，诋毁归诋毁，他在内心中还是对施泰因充满害怕的，因为施泰因的确是位实干的理想主义者和无所畏惧的君主主义者，只要他想，他就能在关键时刻决定沙皇的意志。要知道，缺乏决断的沙皇是个理想主义者，他很容易接受他人的恫吓和规劝。深谙人情世故的施泰因肯定知道沙皇对恪守道德法则的生活的渴望，因此必然会在沙皇面前说些对拿破仑不利的话，比如谴责拿破仑对道德的蔑视。施泰因总是劝导沙皇应当坚持原则，而不是建议他扩张领土，他希望沙皇听从这些，成为一位比德意志诸侯更懂得保护世袭君权的现代君主。

这个德意志人是沙皇朝廷里唯一敢于诚恳进言却不求私利的人。施泰因早年被拿破仑驱逐，心中十分恼火。沙皇也了解施泰因的为人，知道他没有谋求高官显位的意思，虽然是个外国人，但他的地位超然，而且总是能给自己提供不掺杂任何个人利益的好建议。因此，他在这次的俄法战争中对施泰因表现出超乎其他大臣的信任。施泰因在餐桌上就莫斯科大火的消息举杯说："在我这一生中，行囊已被丢弃过三四次了，而我们能做的就是将这些抛在脑后，并习惯这样做。我们每个人都会死去，既然如此，为何不勇敢地活下去呢？"

他的敌人拿破仑也很快在莫斯科做出了将过去种种事情抛在脑后的决定——撤退。拿破仑之所以这么做，是因为直到现在，他依然没有得到来自圣彼得堡的音信。他已经在此地浪费了五个星期了，再这样等下去，冬天就要来临了。在等待的过程中，拿破仑感觉十分沉闷，军中气氛也十分阴郁。他不时会翻看在克里姆林宫内找到的东西，因为他还没有收到当时向巴黎要的小说。但他有些读不下去。他延长了用餐时间，这一行为很反常。有时，他会在吃完饭后躺着拿着一本书发呆，一待就是好长一段时间。

他无法在这座被大火焚毁的城市中安排任何娱乐活动，顶多在一两个晚上让一个没有撤离的剧团表演一些法国的戏剧以娱乐自己。后来，他转而将时间用在仔细推敲法兰西剧院的章程上，还向巴黎下达了修改的命令。此外，他还发布军令，这些命令看上去很明智，和往日一样是一个精明者而非疲惫者的准确决断。但就算如此，拿破仑所面临的形势依然很不乐观，随着冬天的渐渐来临，军中储备的粮食已差不多耗尽了。10月中旬，深知只有一条路可走的拿破仑召开了军事会议。

会上，达律建议让军队在莫斯科过冬，等被解放的立陶宛将补给运过来。等今年寒冬过去，明年春天到来之后，再向圣彼得堡进发。拿破仑沉思良久后说道：

"这是一头狮子的建议。然而，你有没有想过巴黎人的想法？谁都无法估计我离开巴黎六个月，法国将会发生什么变化？这么漫长的日子，法国人会因此而不习惯，而普鲁士和奥地利更会趁我不在有所行动。"他向大家暗示，只有全军撤退才是唯一能下的命令！至于撤退时要带上什么战利品，他想了又想，决定命人从城堡的拱顶上取下圣伊万教堂巨大的黄金十字架，他想把它带回巴黎，并安放在巴黎残废军人大教堂上。但要想对付沙皇，还必须找到更好的报复方式。愤怒的他第三次在众人面前失态：他下令炸掉克里姆林宫。

在莫斯科城外，他花了三个小时的时间等待爆炸的消息。大军中有许多伤病人员，再加上士兵们还必须带上沉重的战利品，所以尽管他们休息充足，但纪律松散，军队行走得十分缓慢。拿破仑的苦心等待并没有换来好消息，他听到的是爆炸失败的消息。沉默不语的拿破仑不顾严寒下令前行，拉普拉斯找到他，对严寒表示出忧虑。拿破仑发怒了，他大声训斥道："今天才10月19日，天气这么好！你不觉得今天很幸运吗？"

忧心忡忡的他第一次说出这样的话来。他知道辎重影响行军速度的事，不过士兵带些东西回家也符合常情，他不忍心不同意。此时法军已被俄军团团包围，甚至一度将缪拉的骑兵逼退至城中。拿破仑当初在往东进发时只考虑打仗的事情，根本没有想过会西撤，此刻的他反而担心回程中会打仗。现在情况窘迫，他只想赶快退回斯摩棱斯

拿破仑撤离俄国

克过冬。

这难道就是他的事业的终点？一个和自己的起点相呼应的终点？他的大军就如当初在埃及一样，在行进的过程中将辎重放在中间，不停地警惕敌人的突袭。有一次，拿破仑惊险地躲过被俘虏的劫难，这也多亏部下将领的沉着机警。"前方的灌木丛里有哥萨克人！"拉普拉斯劝拿破仑赶紧掉头，但拿破仑仍然向前走。拉普拉斯只好拉住马缰绳把拿破仑的坐骑牵回，坚持让他掉头。拿破仑第一次听到有人对他这样说话。他会怎么办？现在最理智的做法应该是逃走。

然而拿破仑还是无动于衷，他准备好剑，等待40步外的哥萨克骑兵的进攻。拉普拉斯和贝尔蒂埃、科兰古等人也只好照着做。在随从和军官们的掩护下，拿破仑拼死抵抗，还好近卫军骑兵队赶到，驱走了哥萨克人。

之后，拿破仑又冒出新的念头。如果被俘，说不定沙皇会将他绑在凯旋的战车上。于是他做了准备，万一遇到那种情况，他就会喝下他让医生给自己配的一剂毒药，那毒药他一直随身放在脖子上挂着的黑色丝袋中。俄军司令部颁发画有拿破仑画像的通缉令，命令所有军团司令注意身材矮小的人，看是不是拿破仑。现在所有的俄国骑兵都在寻找拿破仑，并以取得他的首级作为战功。

相比埃及的酷热，俄国的严寒更能摧残拿破仑的军队。近万名士兵因为寒冷而被冻死，战马也纷纷倒毙在冰冷的雪地上。大炮被牢牢地冻在地上，弹药车也带不走，只能炸毁。骑兵被迫在冰天雪地中步行，步履维艰。

最后，剩下的不到五万人（原兵力的十分之一）的军队终于到达了斯摩棱斯克。军队中的物资储备已经耗尽，挨饿受冻的军队根本无法在这里过冬。拿破仑只好取消原定计划，带着这支疲惫不堪的部队继续后退。为了快点到达目的地，成千上万的士兵被迫丢下武器，近卫军也丧失了士气。拿破仑到步兵中为他们打气：

"你们都看到我这支无组织无纪律的部队了吧！看吧，这些人居然连武器都扔了，他们难道丧失理智了吗？这是多么可耻的行为啊！如果你们把它作为自己的榜样的话，我们就根本没有任何胜利的希望了。记住，是你们撑起军队的未来！"接着，他走到队伍前面，亲自率领这支毫无生气的队伍步行前进。将军们也在前方领路，除了少数人骑着马，其他人都在雪地上用自己的双脚行进着。他们的衣着非常破烂，脸如土色，瘦得不成人形。他们沉默地前移，弯腰的样子显得十分疲惫，就像命运的囚徒一样。由军官组成的神圣军团跟在将领后面，大多数人脚上缠着破羊皮，手里挂着杖。骑兵卫队的幸存者则跟在他们后面。

三个步行的男人也过来了，分别是那不勒斯国王、拿破仑和意大利总督欧仁。那不勒斯国王顾不上打扮了，没有穿上他那漂亮的孔雀羽毛衣裳。而身穿波兰皮衣、头戴火狐皮帽的拿破仑，这个最为矮小的男人，正拄着一根桦木杖，默默地在俄国的辽阔大地上走着。

7.动荡的时局

就像旅人不知道在家的妻子是否对他不忠一样，拿破仑不知道此时在巴黎散播的是什么消息，他不知道他的首都发生了什么事情。这是他自埃及以来第一次毫无根据地对巴黎的情况进行猜测。躁动不安的他在给维尔纳的大臣马热写信时说，自己已经两个多星期没有接到音信，表示自己不知道现在法国和西班牙发生的一切事情，并对自己已经散架的部队表示担忧。军队至少需要两周时间进行重新集结，也许老天爷不会赐予他如此宝贵的时间，说不定过不了多久，维尔纳就会失守。他现在能做的就是祈祷敌人在第一个礼拜不发动进攻。至于食物，那更是一大问题。"在维尔纳不能出现任何外国使节，军队目前的状态会被泄露出去的。必须将所有使节都转移出去。"

在苦苦等待后，他终于接到信使带来的消息，然而这一消息却让皇帝一下子陷入苦闷中。这是怎样可怕的消息啊？难道巴黎发生的事情比他在战场上经历的还要恐怖？英国的报纸、信件和流言等让法国人早已得知拿破仑征俄战争失败。只有属于皇帝的新闻公报对此一言不发。既容易狂热也容易绝望的部分巴黎人早已放弃了对皇帝的信任，他们将那些恶意的讽刺、可怕的消息传遍整个城市。不过，现在又出现了什么新闻？

有人策划政变！最终虽然失败，但也成功地揭示了当时的时代背景。马勒，一名共和时代因卷入阴谋而被捕的将军，他在疯人院中利用皇帝远行在外以及火烧莫斯科的消息制造出各种恐慌，趁机从那里逃离。之后，他与同谋伪造了一份电文，散布皇帝已亡的谣言，不久他们扣留了警务大臣，说服了国民卫队、部长们和老将军们，立刻成立新的临时政府。不过最后，司令部中的两位军官发现此人的虚伪面目，便勇敢地将他们逮捕并向外界高呼"皇帝万岁"，结束了这场荒诞的闹剧。

而此时，皇帝正在冰天雪地中惊恐地看着这封写满恐怖谣言的信。是的，他十分焦虑，因为这些消息的严重性远远超过法军近日在西班牙战败的消息。虽然这场闹剧以谋反者被枪决，巴黎得以稳定下来作为结尾，但毕竟这些胆大妄为的人当了短时间的法国主人，拿破仑对此不能不感到惊恐。事情发生时，贵族们都不敢上街，因为工人们都在欢庆皇帝的逝去以及共和国的诞生。皇帝感到十分震惊，他看完信后，陷入沉思，手中的信纸随即滑落下去。之后，他对亲信说：

"我的王朝何去何从？难道就没有人考虑到我在巴黎的妻儿吗？还有法兰西帝国的整个机构，难道就没有人想到吗？天哪，不行，我得马上赶回巴黎去整顿！"

闹剧暗示着无边的危险，他清楚地意识到这一点，因为他脑海中浮现的都是那些工人嘲笑他的样子。皇帝十分痛苦，他将自己视为民众的代表，称自己宁愿为了民众而牺牲自己的毕生精力和时间，为了治理好国家，让民众过上幸福生活而日夜操劳，废寝忘食。他甚至还放弃了自己心爱的女人，转而为了社稷迎娶公主。他花了数年的时间，好不容易才将这个王朝建立起来，希望它从此不朽。没想到现在居然蹦出这样一个不知名的、胆大妄为的军官来扰乱自己的伟业。他还没有死，却已经看到当他死后民众嚷着回到共和国之类的笑话了！难道所有摄政王、皇储以及参议院都不能发挥统治者的作用？他从这件事中见识到人心叵测的一面。他随即决定按照卡佩王朝①的成例，在自己活着的时候就为皇储加冕，并在巴黎召集忠诚的支持者。

被新危险刺激到的皇帝十分警惕，他开始重新为了统治权而拼搏。虽然他现在已经没有当年的年轻气魄，脸色苍白，但神色依然如当年一样从容，他也从来不把内心的痛苦或烦恼写在脸上。身体好转之后，他率领现在的部队向别列西纳河靠近，之后把军队收缩得更加紧密，因为他感到侧翼部队的情况不是很对头。为了匀出马匹运载剩余的大炮，他命令将所有剩下的辎重都烧掉。他现在唯一的希望就是能顺利过河，所以他时刻都在祈祷河上的桥还在，因为一旦桥被敌人占领并烧掉，他们将无法过河，从而面临更大的灾难。

次日，拿破仑率领大军到达河边，眼前的一幕让拿破仑顿时备受打击——河上已经没有桥了，连船也没有！此时，俄国的两支部队正在对岸严阵以待，他们的兵力远远超过此时的法军。拿破仑放眼四望，岸边只有沼泽地，不知他们能否逃过此劫。

就像当年做将军时那样，他冷静地急中生智，决定用佯攻为俄国人设下圈套，好诱开他们借机逃离。他的近卫军此时已经七零八落，其中有1800名骑兵没有坐骑，只有1100人手中还有武器。不过，他不会因此而失去信心，他将他们分成两部分，命令部下将所有兵团的鹰旗都烧毁，这是因为拿破仑强烈的荣誉感，他就算被俘虏，也不愿象征自己荣誉的军旗落到敌人手中。午夜时分，他终于可

---

①法国封建王朝，存在时间为987年至1328年。

以歇息一下，突然听到迪罗克和达律在偷偷讨论现状，认为他们躲不过此劫了。拿破仑突然听到"政治犯"这几个字，他摸摸脖子上挂着的那装有毒药的黑丝袋，忽然起身对他们说：

"你们真以为他们敢对我们这样做？"

达律有些惊讶，但很快镇定下来，回答道："陛下，我实在不敢相信敌人会用宽宏的胸怀放走我们。"

"可是，你们有没有想过法兰西？法兰西！他们会怎么做？"

"陛下，您最好赶快回到巴黎吧，因为也许您在那儿会比现在更好，更有可能拯救我们。"

"你的意思是我现在是你们的累赘？"

"陛下，不得不承认这是事实。"

"政治犯……难道你们想做政治犯？你们毁掉大臣们的报告了吗？"

"陛下，您到现在都没有下达过这个命令，因此我们不可能将它们毁了的。"

"不！必须将它们全部毁掉。要知道，我们现在的处境十分艰难。"他就像垂死的人在交代后事一样对他们吩咐着。这是这几个星期以来皇帝第一次向亲信承认情况的危急。不过尽管运气不好，他的乐观天性让他很快又睡着了。

次日清晨，俄国人在法军的引诱下追往河流的下游，拿破仑下令放炮，很快就将俄国人击退。之后，拿破仑下令让工兵们利用浮冰临时修建两座浮桥，包括骑兵在内的25000人开始渡河。拿破仑自己在岸边，时时刻刻都面临着被俘的危险，但他一直坚守在那里。两天后，大军总算顺利渡河，他才在老卫队的簇拥下来到了对岸。之后，还有一些掉队的士兵赶来，但他们不知道，未来几天的冰雪和炮火将给他们的生命带来更大的威胁。

渡河之后，皇帝先后两度从死神的手中逃开。当时，他们又一次遭到当地哥萨克人的袭击，逃离他们的追捕后，他们又遇上内部叛乱。12月5日，拉庇少校在皇帝的帐篷前鼓动普鲁士荣誉军团的军官们反抗拿破仑。拉庇提出由最年长的普鲁士上尉执行重大任务——先刺死那个马穆鲁克仆人，然后刺死他的主人拿破仑。在德意志时，这些人应该都看过席勒的剧本《华伦斯坦》①，因为普鲁士人将这一重大的行动又推还给法国人时，拉庇说："很抱歉，我现在依然

---

① 《华伦斯坦》(1799)三部曲是戏剧家席勒以17世纪30年代德国战争为题材创作的戏剧作品，主人公华伦斯坦是真实的历史人物，作者在他身上寄托了德意志民族统一的心愿。最终，主人公遭遇失败，作者也解释了原因。

对我的手下很不放心，让他们做这样的大事恐怕不太好。"这时，科兰古从人群中走出来，看着这些人的表情和手势，他疑心顿起，大喊："先生们，我们该出发了！"

而对于这一切计谋，皇帝却浑然不知。那天晚上，他正与元帅们在帐篷中开会商讨事务，他表示自己更适合在杜伊勒利宫中讲话，对于率领一支被严寒摧毁的军队，他觉得力不从心。他甚至还提到波旁王室的人，称他要是生来就世袭王位的话，现在会更少犯错误。随后，每个元帅都在他的召见下与他进行单独的会谈。在会谈中，拿破仑十分耐心地倾听他们的意见和建议，时而恭维赞扬他们，时而鼓励微笑，他的目的很简单，那就是防止军中出现叛乱。

之后，欧仁在他的命令下宣读了暗示法军遭遇灾难的最新公报，这也是公报中第一次提及此事。公报评论某些不够坚强的人无法摆脱命运变化无常的控制，失去了平静和勇气，被不幸和失败控制了情绪。公报中赞扬了面对一切危难凛然不惧的人，希望军队的人都能始终坚持自己的信念与斗志，不怕新的困难，而是要将现在的困境视为获取荣誉的新机遇。

在公报中，征俄失败似乎也只是因为天气过于严寒罢了。"皇帝的身体从未如此健康。"

在命运与健康面前，拿破仑借用公报铿锵有力的语气找回了自己作为波拿巴将军时的气魄。全文透露出一种英雄式的犬儒主义色彩，由于这份公报也会传到巴黎去，他便在最后略显突兀地加上强调自己身体健康的一句话，让巴黎的老百姓对自己的现状有更好的了解。他决定用英雄的姿态结束这次为期刚好半年的远征。之后，缪拉接受了皇帝赋予的军队指挥权，负责将剩余的部队带回法国，不过其中只有9000名士兵还有武器。

皇帝拥抱了所有在场的将军。这也算是新鲜事吧，他是想当个骗子吗？为了防止他们动摇，连这一招都使出来了。当然，也有可能是他真的抑制不住激动的心情。那晚，每个被皇帝拥抱过的人都能感觉到皇帝心脏的跳动。

为安全起见，皇帝借用秘书的名字——雷内瓦尔作为自己的第五个名字，和达律及科兰古一起登上雪橇出发。

在波兰的雪地上，他们向前飞奔。路经一个十字路口时，他停了下来，因为这里离瓦莱夫斯卡伯爵夫人的城堡不远。他便想去那里拜访一下这位情人。逃离俄国的拿破仑心中充满震撼世界的计划，他只是出于巴黎对他的需要及他对巴黎的需要才单独离开军队，逃出俄国。而此刻，他突然悔恨起自己错失了幸福的生活。不过，刚刚产生诗意想法的他便被同伴提醒了——现在只有两个雪橇，他们仍然十分危险，周围的哥萨克人随时会干掉他们。他只好打消这一念头，转而睡下。

五天时间不知不觉地过去了，他们到达华沙城外的桥边。中午，皇帝与科兰古走进城里。不过他们不能让人认出来，万一真有人怀疑，他们也只能不承认自己的身份。同伴接受拿破仑的命令，前往法国大使馆。而拿破仑为了掩盖身份，去了一家小旅馆，而它偏巧叫英伦旅馆！这是一家很简陋的旅馆，房间低矮，屋内很冷，木头都是新砍的，很难燃烧。为了保温，拿破仑没有脱下皮衣皮帽，继续穿着自己的皮靴。两位波兰贵族前来觐见，此时，皇帝正在房间里来回踱步，好让自己更加温暖。两位贵族看到这个场景十分惊讶，不敢相信这位伟大的皇帝现在居然住在这么简陋的地方。拿破仑却笑着对他们说：

"我还真忘了自己是什么时候到达华沙的。一周了吗？嗯，好像没有吧，也才两个小时之前啦。我现在很可笑吗？是啊，从伟大到可笑也只有一小步而已。不知你近况如何，斯坦尼斯拉斯先生？这里危险吗？不！不危险，倒是挺紧张刺激的，不过也好，这样我的身体又能活跃起来了！要知道颠簸总能让我的感觉变得越来越好。我不似那些在宫殿中尸位素餐然后发福的傀儡皇帝，我整天骑着老马打仗，不过我也胖了啊……这边有危险吗？听说你们的军队很不错！我现在手下还有12万兵力，俄国人对此十分惧怕，他们很胆小，一直不敢和我们对打。军队打算在维尔纳过冬。现在，我正想回到巴黎去，因为我要回去再集结30万大军，六个月后，在涅曼河上将再次看到我们宏伟的军阵……

"打了这么多仗了，还有什么可担心的。在马伦哥，我在下午6点之前一直被敌人压着打，不过之后我就翻身了，占领了整个意大利。我还在埃斯林根成为奥地利的主人，那个该死的查理大公怎么可能像他想的那样阻挡我呢！要不是当初多瑙河水一夜暴涨16英尺，我早就将哈布斯堡王朝消灭了。不过，上帝眷顾我，要我娶他们的一位公主……

"现在俄国也是这样。我不能控制那里天寒地冻的气候。真是幸福的远征啊！我们的诺曼底马不如俄国马耐寒，我每天早晨都接收到夜间一万匹战马倒毙的报告。士兵也是不堪一击……有人指责我在莫斯科待得太久，其实你们不知道，我是在等待和平啊。这就是场政治戏剧！从伟大到可笑，只有那么一小步！……我也没料到后来会有火烧莫斯科的事情发生啊，谁又能料到呢！……我从未像现在这样有如此好的感觉，如果我被魔鬼抓住，也许感觉会更好！"

拿破仑就这样用了两个小时对他们高谈阔论。他的勇气从未因为他遭受的难以描述的巨大损失而丧失。

冒险家拿破仑知道波兰人会到处传扬他所说的话，因此他尽力夸大自己军队的厉害、气候的恶劣和战斗的激烈。其实这些都是假的，他的军队已经非常潦倒。严寒的气候让他的军队牺牲了许多残兵败将的生命，而且他们也没进行过什么战斗。世界历史上的一些例子在他口中一一吐出，就连刚刚结束的事情也被他拿来作为历史陈述。他认为是上天让他失败的，反复说着从伟大到可笑只有一小步而已，因为他不想受到他人的种种批评。他是位伟大的现实主义者，从现在开始，整个世界及他的所作所为都只是一出戏剧罢了。时运不济的皇帝也不得不成为被高度讽刺的人物。

不过，这两个波兰人很迟钝，他们根本没有感觉到这些话语中包含的信息。波兰的债务很重，他们只想从他手中得到钱。到了晚上，拿破仑终于停下来，不再滔滔不绝地说话，下令法国的国库司库迅速给波兰支付600万法郎，让波兰人依然对自己抱有好感。两位波兰人向他鞠躬，有点嘲讽意味地祝福他旅途愉快。拿破仑不再久留，踏上雪橇远驰而去。

他们马不停蹄地在白雪皑皑的德国境内向西行进，此时他想的都是关于英国的问题，考虑着能不能战胜英国。情况不是很乐观，现在英国可以在波罗的海自由贸易，英国的商品还能进入意大利以东的地中海国家和加迪斯港。看来他不得不放弃征服印度的计划了。不过就算如此，他不会改变其他的计划。莱茵联盟呢？不知它们现在还会不会像以前那样恭维自己。他在俄国的失败显然是件难以启齿的事情，他必须找到一个合适的方法去解释，但惨败毕竟不可能一直掩饰下去。他这次回法国就是想再征12万士兵，好让自己再度上战场厮杀，可是，法国还有这么多士兵吗？他决定提前征召明年的适龄青年士兵。此外，他还得与西班牙人、教皇媾和，防止后方再出现什么事故。国民卫队是大革命时期的构想中最成功的一个，他认为需要发起这样的军队，这样3个月后就会拥有100万手持武器的公民战士……

深夜，皇帝在换马时问道："我们到哪儿了？"

"陛下，我们到魏玛了。"

"到魏玛了？哦，那公爵夫人和歌德先生都还好吗？"

8.德意志也有精神

战败的主人到达德意志领土，他下车看着他向来轻视的愚蠢又软弱的40个官员，他们鞠躬欢迎他的到来。他把这些人当作一群只想受人统治的懦夫。不过，他的注意力放在这金笼子的墙壁上，他决意在那里进行自我封闭。巴黎人民早已厌倦他，开始反感他，而他却对此一无所知。青年时代的他十分坦率，总是自觉承认自己犯下的错误，知错就改。不过现在不同了，他不再那样做，反而在那些对他毕恭毕敬的官员面前以恺撒自居，态度十分傲慢，责备气候的不尽如人意。而在昨天以前，他还一直自认为是气候之神。

他原本还怀着冒险家式的忐忑不安的心情，但从华沙到巴黎的这九天，他抛弃了这种不安的心情，恢复了皇帝自高自大的心理。今年俄国的冬天来得很晚，但他仍然将其归为自己失利的原因，说是因为冬天来得太早才导致军队蒙受巨大损失。他还指责那不勒斯国王指挥不力，批评道："我一离开，他就不知所措了。"不过，他依然认为自己保有300营士兵，而且不打算从西班牙撤军。

他一下子编造出这么多谎言，这实在让人难以接受，看来他对别人的轻视已经超乎寻常了。不过，这群接受唾骂的朝臣也觉得自己应当为未能及早挫败10月中发生的变乱负责。受到良心谴责的皇帝此时非常乐意当谴责者，因为他心里还在恼火，别人在紧急关头竟然忽视了皇后和皇储。他第一次在宫中接见群臣时就意味深长地说：

"我觉得这一切都应该由那些天赋人权的信徒负责。因为没有人会像他们一样宣称造反也是一种权利。给予他们无从运用的权利？哼，不过是为了讨好民众罢了。他们这么做简直就是视法律的尊严为粪土。什么国民大会？它对于行政和法律一无所知，根本没有遵循事物的本性，居然还有人说它至高无上？想重建一个国家的前提是依照与之相反的原则进行活动。历史是人心的参照，通过历史，我们可以得知立法的利与弊……法兰西的事业是我这一生的重任，我知道我现在需要时间。毕竟重建要比破坏缓慢得多。国家中的官员都应是勇敢有为的。我们的先辈们一直信奉'老王已死，新王万岁'的格言，因为正是这一点，我们得以知道君主制的好处。"

如果不是因为这段话中夹杂着关于历史、人心的谈论，大家就会认为它是奥地利的皇帝弗兰西斯说的，老式君主政体的教科书也会将这些话记录进去，成为装点门面的装饰品。自从革命之子登上皇位、皈依传统之后，无论王朝继承人姓波旁，还是姓波拿巴，传统与变革之间的分歧已经解决。其实这两个家族的祖先都很相似。不过，拿破仑后来又与旧式君主进行联姻，这就带来了更加复杂的问题，天才拿破仑的名誉也因此受损。

也许他自己就是这样半信半疑的。出征前，他就十分坦率地对梅特涅说：

"让立法机关听从我的指挥，我只要掌管立法大厅的钥匙就行了。法兰西不像其他国家，它不太适用民主道路……我现在又要出征了，等我归来后，参议院和参政院将会变成上议院、下议院，我将亲自委任大部分的议员，让一个真正的人民代表机构在这里诞生。我绝不会邀请那些空头理论家，只有富有经验的专业人士才能出席。就算法兰西将来出现一个无能君主，到那时我也不担心了，因为通过这些机构，国家将得到很好的治理，君主不必过于费力，他只需接受普通的王储教育就足够了。"

这些是典型的恺撒式思想，君主主义和怀疑主义在拿破仑的脑子里并存。面对儿子的画像，他对人夸耀道："我的儿子是这世上最漂亮的孩子！"其实他心里明白，就算众多人会恭维他，但自己这个天才很快也将逝去。他研究过所有国家王室的衰亡历史，预见到自己的王朝以后也会重蹈覆辙。因此，他清除动摇分子来巩固继承人的地位。君主制的矛盾是他心中的一根刺，他不得不建立拿破仑式的君主制度了。

要想稳定他的王朝，就必须重新使用武力手段。当初他横扫整个欧洲大陆的计划让他驱使数十万人遭受折磨。整齐的部队花名册一次次宣判青年们的死刑。只有少数人因为杰出而得到拿破仑的赏识。如今，只有突破敌人防线的400名老近卫军以及800名近卫军骑兵队成员到达哥尼斯堡，这些人再加上外籍军团所组成的侧翼部队，便是当初那支庞大军队剩余的兵力了。内伊元帅就像希腊悲剧中的英雄，他从俄国逃出，回到普鲁士。当他找到第一处法军办事机构后，面对众人的怀疑和猜测，他虚荣地回答道："我为大军殿后。"

拿破仑必须在几周内完成组建新军的工作，但他遇到了困难：法国只有14万1813年的适龄入伍人员，远远不够征集的数目。当然皇帝是无所不能的，只要他需要兵源，他只需颁布一项新的法律，从而让国民自卫军成为现实，再从法国的属地征召8万士兵。他还会提前一年招募明年的适龄青年，再额外征召10万最高服役年限的士兵。这些加起来便有50万兵力了。拿破仑对普鲁士使节说："法国人民都会听我的话，就算是妇女，如果我到时需要，她们也必须武装起来。"

不屈不挠的拿破仑又制造出各种用于战争的机构。不过，现在敌人根本还没有来入侵法国，他还没有想好要怎么对民众解释他现在所采取的这些非常措施。

不过幸运之神还是眷顾他的。这一年年底，自作主张的普鲁士将军约克居然与邻国俄国缔结了他的部队退出战争并恪守中立的条约。德意志的军事转变由此开始，这既是德意志民族翘首企盼的，也是皇帝所需要的。因为这位征服者想通过这一事件煽动法国民众的爱国情绪。虽然背叛的盟国让他少了两万兵力的援助，但还算因祸得福，他借用这个机会在巴黎发表新的宣言，写信对莱茵联盟的君主们进行恫吓：他根本不需要他们的帮助！他强调他的军队撤退只不过是因为约克背弃了盟约。

拿破仑所料不差，法兰西上下积极响应他的征召，而且包括哈布斯堡王朝在内的德意志君主们也开始再次为他招兵筹款，甚至还有人谄媚地说，为皇帝服务是自己最幸福的事情。普鲁士国王更是撤销了约克将军的职务并表示自己对皇帝的忠诚，但这只是表面功夫罢了，他在暗地里却一直在跟沙皇联系，甚至亲自去波兰的布雷斯劳与之会面。普鲁士国王在法俄之间摇摆不定时，鼓舞着青年、政治家和诗人们的激昂的民族热情已经喷发，人民要求推翻这位软弱国王的声音越来越大。而在哥尼斯堡代表沙皇与波兰国王进行谈判的不是别人，正是施泰因男爵，他负责全权处理一切。

这一切都在皇帝眼前发生，他密切地关注着事情的发展。他写信给德意志小邦的君主们，提醒他们提防某些人，"他们企图通过颠覆与革命改变德意志的形象"，同时警告他们必须禁止这些人在莱茵联盟中渗透他们的思想，否则后果不堪设想。

此时，一种陌生的精神被皇帝发现，他直到现在才意识到，德意志人的民族情感与西班牙人一模一样。拿破仑在出征俄国之前，对这个民族并没有多大的防备，"虽然德意志人和西班牙人一样懒散、怠惰、迷信，到处充斥着僧侣，但它既没有像美洲那样有广大的殖民地，也没有什么值得利用的海洋，在地理上也没有什么要塞，更不像西班牙那样有很多英国人在那里驻扎着。德意志人顺从理智、冷静耐心，他们不喜欢任何不法的活动。在战争期间，我们的军人没有谁在德意志境内被其人民谋杀。这个民族有什么好怕的！"

正如拿破仑所说，德意志民族就是这样的民族。不过，拿破仑似乎忽略了德意志人的浪漫特性。也正是因为这样，使他不能真正理解和鼓动这个民族的激情。拿破仑是个热情四射又富有想象力的人，他很难对安静而没有激情的民族进行控制和把握。他只了解到德意志人在感情上倾向君主主义，因此他心中一直将控制德意志君主与控制德意志人民等同。

然而，德意志实际上算不上一个民族。早在10年前，这个形式上的帝国已在神圣罗马帝国最后一个皇帝被迫退位后宣告终结了。直到现在，它仍然只是个抽象意义上的观念，它曾经暂时统一起来，但只有短短的两年时间，之后它们又将在拿破仑战败时重新散开。它们就这样分散着，直到下一个拿破仑在半个世纪后出现，显示出强大的武力，它们中的一部分才得以统一①，重新聚合在一起并最终成为一个国家。在德意志诸邦国之间的争吵与嫉妒中，欠缺民族精神的拿破仑只将德意志民族视为一个永久分裂的民族。显然，他忽视了很重要的一点，那就是家族势力间的相互猜忌才是造成这些兄弟部族无法统一的唯一阻碍。

尽管这位天才书写了许多生机勃勃、光彩四射的历史长卷，但历史有时还是会与天才的意志背道而驰。尤其是在这些年里，时代精神迂回地重新回到原点。当年以自由的名义打击君主王公并唤醒民众的拿破仑现在却遭到各国人民的群起反抗，而且他们反抗的义就是为了自由。多讽刺啊！整个欧洲的宿命因为许多卑微的愿望和小圈子而显得模糊不清。他是唯一一位凭借自身力量而登上皇位的君主，而那些软弱、不团结、腐败的反法同盟君主，根本无法与他相比。

然而，西班牙和德意志的君主却在人民的逼迫下不得不奋起反抗拿破仑。因为他们具有正义性，所以拿破仑的结局不再是纯粹的悲剧。也许正是因为这样，当后世人了解到这位英雄被众多人围攻并最终倒下的历程后，心里才觉得比较好接受吧。

9.反法同盟

莱蒂齐娅的儿子紧锁着眉头，一副心事重重的样子，而她也满心忧郁地看着他，可是她能怎么办呢？她唯一能为他做的就是找个可靠的人来帮他解决问题。但她很清楚地认识到周围的人根本都靠不住，只能靠自己的兄弟，即使他们的才智对他而言尚嫌不足，但拿破仑现在需要得到足够的忠心，而其他人根本不可能真正支持他的事业。于是，她开始写信给远方的几个儿子，企图通过自己来缓和几兄弟之间的关系，帮拿破仑争取到他们的帮助。在母亲的帮助下，失和多年的兄弟俩——拿破仑和吕西安终于又言和了，有一天拿破仑收到了那位野心勃勃的弟弟吕西安的来信。在信中，吕西安表示自己愿意听从拿破仑的任何差遣。

不过皇帝却不愿意承认现在的自己居然需要别人的帮助，他太自大了，认为身为法国皇帝不应该如此。他也承认吕西安确实是自己最有能力的兄弟。不过就算如此，他还是不愿意给弟弟重要的委托，只想通过一个形式上的安置应付他。于是，帝王的派头再度出现，他通过母亲对吕西安做了回复，表示自己确实因为他的信而在心中激起共鸣。他将册封吕西安为托斯卡纳国王，统治佛罗伦萨，希望他重现梅第奇时代的辉煌胜景。拿破仑这样的安排是出于对弟弟热爱艺术的特

①1870年普法战争爆发后，德意志被统一为一个国家，奥地利也属于日耳曼民族，却被排除在外。

性的考虑。不过，这样的回应还是十足地表现了这位皇帝高高在上的姿态。另一个兄弟路易则对他表示，只要能够保持他的尊严，他也愿意为国尽力。他还送给拿破仑他最近创作的诗歌，不过，拿破仑却给他回了一封更加傲慢的信。皇帝说："我的处境并不是像你设想的那样，你简直是大错特错了。要知道，我的军队十分庞大，100多万武装部队和2亿法郎军费都在我这里。而且不要忘了，法国一直拥有着荷兰……你也不用担心，我仍有抚养你长大的责任。作为兄长，我还是愿意接纳你的。"

母亲听完皇帝念的回信后，随即给路易写了一封长长的附函："我的孩子们，你们都是非常可爱的孩子，你无论如何都要回巴黎来啊……皇帝忘了让我看看你的诗。我会跟他要来看的，下次回信时我会谈谈我的读后感。"她企图用自己的口吻再次缓和皇帝在信中表现出的强硬态度。

次日，这位老母亲在政府机关报上看到一篇文章，尖刻地要求那不勒斯国王召回他在维也纳的使臣，于是她向亲信询问这篇文章的实际意思，亲信十分含糊地解释，受了妻子误导的缪拉暗中与维也纳相互勾结，他们这对夫妻此时正扮演两面派的角色。莱蒂齐娅听后，对她的女儿发出了十分严厉的警告。因为约瑟夫总是认为自己在西班牙战争中没有获得充分的支持，她便安排长媳对约瑟夫进行劝解，接着又安慰被皇帝怒遣回家的热罗姆。最后她又劝奥坦丝同意她的丈夫路易回到巴黎。

这位已经65岁的老夫人十分操劳，在儿子、女儿、儿媳、女婿之间不停地调和关系。她对这个家族的显赫富贵有着深刻的认识，这个家族不像别人所艳羡的那样光彩夺目，富贵带来更多的是不和、嫉妒、傲慢、放逐和背叛，她不由得对科西嘉岛产生怀念，在那里，宗族总是团结一致地抵御其他家族。她依然目光如炬，深深地感到自己的家族气数将尽。

不过现在的皇帝根本不会从感情出发去接纳这些人，他总是从政治的立场去思考问题。缪拉和卡洛丽娜在他眼里很可能都是叛徒，不过他也很希望自己能取得缪拉军队的忠诚和支持。所以，他最终还是用和解的态度给自己的妹妹写了封信，让她告知自己的丈夫战争即将爆发的消息，并要求她的丈夫及时调用军队为自己提供援助。缪拉夫妇都以为这次皇帝会再一次取得胜利，他们要是不妥协便会有立即被废黜的危险，于是缪拉同意出兵帮助拿破仑。然而，他们这群人左右逢源，在暗地里还与英国和被他们驱逐的西西里国王勾结，在私下里与他们签订了只要他们转变阵营便可得到相应支持的秘密协议。

至于贝尔纳多特，皇帝认为此人与缪拉一样，既是亲戚又是叛徒。他只愿意拿出波莫瑞作为结盟和胜利的奖赏。于是，想成为法国国王的贝尔纳多特对加入反法同盟表示出更大的热忱。在他的眼里，法国的价值自然超过波莫瑞。所以，对皇帝十分敌视的他最终在柏林施泰尔夫人的舞会上与普鲁士结盟，这位法国同胞从此与一群受压迫的普鲁士人成了盟友。

皇帝还想在这紧张的几个星期里拉拢被囚的教皇。为了战争的胜利，他将教皇请到枫丹白露宫进行会谈，忠于自己的主教们正在宫中积极地对教皇进行游说，之后，拿破仑亲自出场，对教皇进行威逼利诱，他满怀激情地向教皇描述自己将整个德意志重新天主教化的未来，以及赐予教会的庞大势力。他一如既往地使用狡猾的手法和在形式问题上细微让步的手段，迫使年迈的教皇妥协，双方缔结了新的政教协定。在主要问题上，拿破仑最终还是赢得了胜利。随后，他开始在所有属地内利用各种大型宗教庆典征召天主教士兵，好扩充自己的军队。签字一周后，教皇开始反悔，皇帝却微笑着告诉他："教皇陛下的决议永远都是正确的，怎么可能会犯错呢？"

和平的呼声在这短短几周内便传遍了整个欧洲。教皇和梅特涅的愿望不同，前者希望能在波兰的维斯瓦河畔签订协议，而后者则希望在伦敦进行。曾在维也纳枫丹白露宫与拿破仑谈判过的布伯纳伯爵来到巴黎，维也纳现在无兵可派，却不能拒绝皇帝的要求，因此他向拿破仑提出和平的建议。这一年的2月，只要拿破仑一声令下，法国就可以达成协议，实现最终的和平，然而他偏偏在此时提出了不现实的条件，摧毁了这些美好的计划。这到底是为什么？

他最初的胜利已是多年前的事情，这10年来，他一次又一次地被迫接受战争的挑衅。早年的他便对战争有十足的渴望，而如今的他危机四伏，孤军奋战，这种渴望愈加强烈。他并不是个追求战争的人，哪怕他总是战无不胜。现在的他遭受了严重的挫败，然而这样的命运却使他开始产生对新的胜利的渴望。然而，无论他希望挽回在对俄战争中遭受的损失的心愿有多么强烈，无论他渴望再度创造法国与自己辉煌的声望的愿望有多么迫切，这些都只是他为自己的宿命论找的借口。对于和平，他总是表面热忱，心里抗拒。1813年，他举行了三次会议，并在这些会议中重复了这些借口。他本性中的所有因素，他那种"按照事物的天性"的做法使他不顾任何人的阻拦，走向一条指向最终覆灭的道路。

既然不得不进行战争，那就前进吧！他开始在同盟国中征集兵力，扩军备战。不过现在，瑞典、普鲁士等国都与英国结盟抵抗自己，沙皇为了拉拢普鲁士，放弃了对东普鲁士的要求，使得普鲁士也加入了反法的阵营，而且普鲁士还号召整个德意志起来反抗法兰西帝国。之后，奥俄两国停止战争，试图与萨克森、巴伐利亚，甚至与热罗姆签订同盟协议。弗兰西斯又借口说要为皇帝的下一次远征积蓄力量，将援助法国的军队撤回克拉科夫。

获悉这些事情之后，皇帝忍不住大声痛骂这些背弃盟约的人，声称这些举动就是他们背叛自己的第一步。如今，他唯一能做的就是将在维斯瓦河驻扎的剩余部队撤到奥得河去。他在维也纳再次表示，自己愿意将西里西亚交给奥地利，却遭到了对方的婉言谢绝。在这个过渡时期，奥地利一直扮演着武装调解人的角色。3月中旬，所有国家都已经做好战争的准备，普鲁士第一个对法兰西宣战，塔列朗在他公开的庇护所里得知了这一信息，得意地说："很快拿破仑就不是皇帝了，最多只能当法兰西国王。"

这一妙语十分富有见地，只可惜这个说话的人根本就不希望出现如此理性的局面。此时没有人对战争的双方采取理智行动抱有希望。部队军备和人心准备都已经为战争拉满了弓。大家都知道此时已经是箭在弦上，不得不发，这将是皇帝最后的决战，而且是无可挽回的最后毁灭。只有一个人能阻止它，不过可惜的是，这个人偏偏不愿意这么做。种种新的迹象表明，他此时已经身不由己，疲惫不堪地前进着。

他简化了自己的出行，裁减了随行人员以及随行用品。同时，他不再想住原来的宫殿，而是让人修建一座舒适的小宫殿，要求周围有花园和庭院，像富有的绅士住的房子一样，适合休息度假或者年老退休之后在那里生活。

1805年是拿破仑的事业巅峰期。他自己承认"一个人不可能作战那么长时间"。他还自白："我顶多再打六年仗就要退役了。"但这一说法没有兑现，如今距离拿破仑对俄战争结束回国仅四个月，他又开始准备回到战场了。在圣克卢宫内，沉默不语、思虑重重的他再次登上马车，他背靠椅垫，手压前额开始思索着现实的一切。这时，他忽然对陪侍在旁边的科兰古说出自己内心的痛苦："我舍不得路易丝和可爱的孩子，我甚至很羡慕那些最贫穷却可以与家人在一起的农夫。在我现在这个年纪，他们早已服过兵役，完全有幸福地待在家里和妻儿一起生活的权利，只有我被神秘的命运驱使着，不得不放弃这些幸福回到战场上。"

这个日渐衰老的人不想再用仆从，却一直期盼着能回家与妻儿一起共享天伦之乐。1805年时他就已经确立了退位计划，现在七年过去了，他依然只是在想，却没有切实落实这一计划。他的心里充满了种种无奈和矛盾，感到人生的剧本已经上演到了第四幕，这些阴影一直笼罩着他。这些消极的想法都是征俄失败导致的吗？它不正是他新的失败的最内在原因吗？这种想法完全表现出一个早衰之人的模样。病痛缠身的他因为病痛而影响工作。年过四旬的他开始向往凡俗的生活，然而这样一个病痛之人根本无法像母亲和兄弟一样长寿。他曾在出征俄国时在但泽的餐会上怒斥那些贪图安逸享乐的将领，现在，他自己也希望过上这样的生活了。20年光阴过去了，他已经工作了大半辈子，对于一个把勤劳的蜜蜂作为家族纹章的人来说，他最终还是认为这样的生活才是自己的愿望。

不过，命运女神总会让成功与代价保持平衡，少年得志的人在前半生拥有如此辉煌的成就，那么他势必要用自己颓唐的下半生作为代价，他已经不可能对安享成果有任何指望了，他曾向诸神挑战过，现在，命运之神真的来到他的身边了。

10.大臣的阴谋

在美因茨第一次阅兵时，拿破仑发现这里只集结了18万人，而不是他想得到的30万大军。这支军队严重缺少骑兵，装备也由于时间仓促没有准备齐全，最好的大炮要么丢在了俄国，要么正陷在西班牙。参谋部大幅减员，救护和管理系统漏洞百出。皇帝将这些缺陷都看在眼里，但这支残缺的军队却让他回忆起往昔的辉煌岁月和幸运。他回忆起当年在夏纳和尼斯的日子，他在那一年的4月接管了一支食不果腹、衣不蔽体的军队，率领他们越过高山，取得了战斗的胜利。如今，距那时已经过去了17年。往事在拿破仑心中翻腾着，他抖擞精神，说出了那句豪迈却不祥的宣言："我将作为波拿巴将军来指挥这场战争。"

这是一个信号，它既代表着奋进，又同时意味着放弃。带着这样的信号，他投入了第一场战斗。在卢岑，他比以往更加奋不顾身。在战斗的第一天，他根本没有睡觉。第二天，战争进展顺利，他便让人在马尔蒙军中铺上熊皮毯，倒下就睡着了。一小时后，人们把他唤醒，报告说已经取得了胜利。拿破仑翻身跃起，用嘲讽的语气说道："瞧，好事总在人们睡觉时发生！"

作为将军的波拿巴还没有完全取得胜利，作为政治家的皇帝已经跳出来大张旗鼓地利用此次战果：他向各方发出信函，宣扬这个消息，迫使动摇不定的萨克森国王下定决心与他联合行动；他向莱茵联盟的君主们谈起天意和这次战争，目的是坚定他们的信心；他派使节到俄军前哨，唐突而又非正式地向沙皇提出，将波兰划分给俄国用来换取普鲁士，并提出了其他领土分割的安排，以使沙皇软化；他甚至以异乎寻常的自我夸耀的口吻写信给弗兰西斯皇帝："尽管我亲自指挥军队的所有行动，并多次突进到榴霰弹的射程范围内，却连一丁点儿意外都没有发生。"只有一个色厉内荏的人才会这样说的。此后，命运的警钟不断敲响，而且日益强烈。

不久之后，他在鲍岑再次获得胜利，却没有捉到任何俘虏。开战的第二天，他又骑马来到火线视察，陪同他的依旧是科兰古和好友迪罗克，后者10年来一直在战场上与他形影不离。他的周围不断有人倒下，但他仍然纵马奔上附近的一处高地，副官紧随其后，地上烟尘飞扬，他身边一棵树被炮弹击断。拿破仑纵马疾驰而过。一位年轻军官追上他，结结巴巴地说："迪罗克大人阵亡了。"

"不可能！他刚刚还在我身边！"

"把树击断的那颗炮弹打中了大人。"

皇帝听到结果之后异常缓慢地策马回营。他说：

"何时命运才会长眼睛？何时这一切才能了结？科兰古，我的雄鹰们再次获胜，可我的命星却日渐黯淡。"

迪罗克并未当场阵亡，但已经濒临死亡。拿破仑看着垂死的同伴，重伤的迪罗克身上的景象十分可怕。他与皇帝彼此祝福、告别，两人都泪流满面。垂危的人喃喃地说着："我在德累斯顿就告诉过你会发生什么；这内心的呼声……给我一点鸦片……"

听着好友的语调，听着他突然称自己为"你"，听着一个不畏死亡的人的最后请求——皇帝再也无法控制自己，他踉踉跄跄地走了出去。

在谷堆后的农家小院旁，他停下脚步，又来到好友倒下的地方沉思了一会儿，然后绕道走上一个土坡，那里是近卫军的驻地，军营排成四方阵形，中央就是皇帝的营帐。当晚，他披着灰色大衣，伤感地坐在那儿，听着军营中的声响。卫兵们此时正在做晚饭，他们的喧闹声传到了这边，狙击兵团的士兵在唱歌。5月的夜晚并不幽暗，篝火在空气中燃烧着，两个被战火殃及的村庄里大火熊熊燃烧着，像是两支巨大的火炬。一个军官向拿破仑走来，他欲言又止。看到那人的神情，皇帝明白：迪罗克死了。

第二天，他让人买下一块土地，要在那里立一块纪念碑。他写下题词："这里长眠的是迪罗克将军，拿破仑皇帝的内廷大臣，在战场上不幸身中炮弹，光荣战死。他在他的朋友拿破仑皇帝的臂弯中与世长辞。"

作为波拿巴将军，他在以前一般是无暇顾及这些情感的。他隐藏起内心隐隐作痛的感觉，依然勇往直前，即使在失去妻子的爱情时也是如此。此刻他肩负的任务应该是率领军队长驱直入西里西亚，乘胜追击俄军并进入波兰。在此过程中利用同盟国的疑虑，有效、快速地攻击，迫使动摇的奥地利彻底倒向自己。后来他承认，当时没能这样做是他一生中最大的错误。作为皇帝的顾虑再次阻碍了作为将军的拿破仑的进取：他从亲信由巴黎寄来的信中，读到的都是和平的呼声，而令人更加在意的是，"决定我行动的关键因素，是奥地利在备战和争取时间上的愿望，它们使我中断了胜利的进程"。6月初，他同意在西里西亚停火六个星期，这个决定给了敌人充分的时间，使他们通过在赖兴巴赫和布拉格的两次会议达成一致意见。

拿破仑难道不知道那些德意志小邦君主的内心在动摇吗？当然都知道，拿破仑对那些人了如指掌。"萨克森人和其他德意志人一样，都把普鲁士人当作榜样。国王忠实于我，但我不信任他的军队，而奥地利的厚颜无耻简直无法形容。他们想用甜言蜜语从我这里把达尔马蒂亚和伊斯蒂利亚骗走……天底下再没有比维也纳宫廷更虚伪的东西了！要是我今天满足了奥地利的要求，明天它就会得寸进尺，向我要意大利和德意志。"此刻，当拿破仑发觉哈布斯堡王朝的统治者将会投向敌人的阵营时，才为时已晚地意识到自己犯了多大的错误。这门亲事不但没有给他带来任何好处，反而让他失去很多。他从自己富裕市民式的家庭观念出发，认为奥地利皇室也会顾念骨肉情分。于是，在拿破仑自由而又宽广的心灵里，我们再次听到了以往那种蔑视世袭君主的声音。他一再向亲信坦言他对世袭君主们的看法：

"那些世袭君主毫无骨肉之情。弗兰西斯皇帝根本不会因为他的女儿和外孙的利益有丝毫动摇，他只会对内阁的决议唯命是从。这些人血管里流的不是血，是冷酷的政治！这些奉天承运且受我恩宠的君主，他们就是十足的小人。我的宽大就是一个错误！在提尔西特，我完全可以把他们击溃，可惜我当时太宽宏大量了。历史给了我教训，这些腐败堕落的王朝根本不配得到人们的效忠和信任！如今英国用金钱拉拢他们……但是，作为政治家，我将证明自己比那些从未离开过金丝笼的世袭国王伟大。"

拿破仑的周围都是那些既不愿顺从他又不敢反抗的君主，就连空气中也充满了阴谋的味道。在这种情况下，叛徒就成为他器重的亲信。

于是，皇帝召见了富歇，对他说："你的朋友贝尔纳多特和梅特涅是我的敌人，而且是最危险的。贝尔纳多特对我们危害无穷，因为他会把我们的战略关键泄露给敌人，并把我们部队的战术告诉他们……正统君主们的奉承冲昏了他的头脑。"在这个地方，我们再次从他口中听到了"正统"一词，拿破仑本人一半的动力和不安都要归因于这个词蕴含的神秘力量。他提到正统君主就会禁不住地颤抖。实际上，拿破仑对正统君主既蔑视又嫉妒。无论他模仿他们，还是羞辱他们，这个暴发户的内心经常被出身和门第问题所困扰。

欧洲各国民间的呼声不断高涨，很快就压倒了君主们的空谈。拿破仑却对这些不屑一顾，他只是幸灾乐祸地注视着各国内阁的频繁活动：英国在援助普鲁士问题上的吝啬；沙皇亚历山大和弗兰西斯皇帝如何议论盟友普鲁士国王的懦弱；那个普鲁士国王害怕革命，解散了热情爱国的国民军，拒绝重用顾问中最勇敢的沙恩霍斯特和最能干的施泰因，又因为施莱尔马赫在一次讲话中勇敢地说出了人民的心声而将他解职放逐了。皇帝交给富歇一项秘密使命，让他去参加布拉格会议，其实说白了，就是让他去做间谍。

在这期间，尽管两次胜利使拿破仑巩固了自己的地位，但在西班牙，约瑟夫的军队却在维多利亚一战中被英国的威灵顿打了个落花流水，这位西班牙国王也仓皇出逃。出席布拉格会议的君主们得知法国南部已经成为英国可以直接进攻的地方时，都有些幸灾乐祸，更加坚定了抵抗拿破仑的立场。皇帝当初把最好的将领留给了约瑟夫，现在却听到惨败的消息，他狂怒不已："他应该负全部责任！"拿破仑在致巴黎的信中写道："英国的报道表明，约瑟夫的指挥极为愚蠢幼稚！简直是闻所未闻！当然，他不是军人，但他必须为此负责任。要知道，插手不熟悉的事物就是最大的错误……告诉国王，在我回国前他不准见任何人……否则他在巴黎的寓所将成为阴谋的中心。如果那样的话，我一定会把他逮捕，因为我已忍无可忍。我再也不会为了迁就既非军人又非政治家的那群蠢货而损害我的事业了！"

哥哥约瑟夫是拿破仑最亲近的人——但是眼下，皇帝却认为约瑟夫留在巴黎的宫殿里远比在马德里当国王要可怕得多！拿破仑会真正吸取这次教训，就此不再任用约瑟夫吗？不可能！因为即使是拿破仑最小的弟弟热罗姆也再度领兵，并再次把事情搞得一团糟：热罗姆给某位将军发布进军命令时，还说他是在遵照皇帝陛下的指示行事。等到拿破仑获悉此事时，事情已经无法挽回了。"我不想再仔细描述你的行为了，总之一句话，我不想再容忍了！如果你再假传谕旨，我一定会在全军发布通告，让任何人都不再听从你的命令……你的这种行径会打乱我军的前进计划。这是地地道道的欺骗！"

不久之后，跟随拿破仑最久的战友之一朱诺得了疯病，这个人在伊利里亚打了败仗，在一阵狂乱中突然跃出窗外。曾经因侵吞公款而一度被解职的布里昂，在出任汉堡代办以后，再次因贪污而被免职，"如果他敢再干预政务的话，我就下令逮捕他，让他把在汉堡侵吞的所有赃款通通吐出来！"贝尔纳多特这个最无信义的小人，已经带领瑞典军队在波莫瑞登陆，挑唆反法的盟友们反抗。实际上，这个人只是在利用他们。皇帝旧日的死敌莫罗将军也投入了敌人的怀抱。当初，这个莫罗将军是因为谋反而被放逐美洲的，现在他已起程要站在法国敌人那一边了，这个人会同贝尔纳多特一起成为祖国的叛徒。

在这种形势下，皇帝似乎已经陷入了进退两难的境地。他太过审慎了，没能将既有的胜利所带来的优势充分利用起来，可是倔强的他又不甘心接受媾和的所有条件。于是，他重新采用他的老一套手法，把梅特涅请到德累斯顿，想用启发暗示的手法争取梅特涅站在自己这边。这次会见是典型的拿破仑式会见，中间没有停顿地进行了九小时。不过，皇帝最终也没能从这次会面中得到什么好处，倒是后世因为梅特涅的见证而从这段历史中获益颇丰。

拿破仑腰上悬着佩剑，腋下夹着帽子，站在房间中央准备接见这位大臣。两个人见面后，拿破仑先礼貌性地问候了他的岳父，随即开始进入正题，发动了攻势：

"你们想要打仗是吗？很好，你们会迎来战争。我在卢岑消灭了普鲁士人，在鲍岑击败了俄国人。你们是不是也想成为其中之一？可以，我们将在维也纳再次见面。人真是不可救药。我三次支持弗兰西斯皇帝重回宝座，已经允诺与他永远修好，娶了他的女儿。那时我就告诉自己，你在干一件蠢事，可是我还是那样做了。结果呢，我如今非常后悔。"

我们可以看出来，拿破仑就是一个生性直率的人，他不懂得委婉说话。拿破仑应当尽力争取梅特涅——他的岳父的使节，结果拿破仑对待他，竟然比在奥斯特里茨胜利翌日对待弗兰西斯皇帝还要直接和粗鲁，毫不客气。梅特涅在会面中谈到了世界和平，他说，只有皇帝同意合理缩减自己的权力范围，这一设想才有可能实现。皇帝应当把华沙归还给沙皇，把伊利里亚还给奥地利，让汉萨同盟的诸城市自治，以扩大普鲁士的领土。

拿破仑当然不会买账。"你们竟然指望我自取其辱！我宁可死也不会放弃自己手中的任何一寸土地！你们的世袭君主可以在失败20次之后依然待在王位上度日。我作为幸运之子，却无法做到这一点！一旦我的力量不再强大，无法让人畏惧，我的权力也就会随之消失……虽然在俄国的严寒中，我失去了一切，但是我没有垮掉，我无上的荣誉还在……现在我有了一支新的军队，您可以仔细看看他们，我会为您安排一场阅兵仪式！"在这里，我们又一次看到，拿破仑始终保持着天才军人的骄傲，这种骄傲一旦面对世袭君主就会痛快淋漓地表现出来——这就是波拿巴将军。面对拿破仑的火气，梅特涅仍然冒昧进言，他指出恰恰是法国自己的军队在寻求和平。皇帝打断对方的话，坦率地说道：

"不是军队要和平，是我那些将领想要和平！其实，我现在已经没有什么真正的将领了。莫斯科的严寒让他们全都失魂落魄，在那里，连最勇敢的人都被折磨得像孩子一样号哭。如果是在两周之前，我还可以同意媾和，但是如今我已经取得了两场战争的胜利，不能再言和了。"

梅特涅急忙说话，准备向拿破仑摊牌："陛下，整个欧洲和您将永远都不会谈到一块去。您签的和约从来都只是停火协议而已，无论战争结果是胜是败，它都会促使您继续作战。这一次，整个欧洲将奋起与您为敌。"

皇帝纵声大笑："你们想组成联盟来毁灭我？同盟国的先生们，你们究竟能找来多少国家呢？4个、5个、6个、20个？来得越多越好！"他进而提醒梅特涅，想纠集同盟，就别把德国计算在内，法国的驻军早就约束了那里的民众，而那里的城邦主们也因为害怕奥地利而亲法。拿破仑提出建议，希望奥地利在布拉格会谈期间严守武装中立，而梅特涅则要坚持武装调解的立场。整个会面不乏老式的外交辞令和手腕，这些都只是为了掩饰两国间已经出现的裂痕。随后他们又在双方军队的规模的问题上纠缠了一个小时之久，双方都宣称掌握了对方兵力的准确情报。

"我手中有非常详尽的贵军的军队名单，"皇帝对他说，"我有一大批谍报人员在前线工作，他们无所不在，甚至报告了你们军队里有多少名鼓手。不过，谁也没有我明白这些情报的价值。我可是在更精确的数据基础之上，用精确的数学演算得出推断的。说到底，人拥有的东西不会超过他能够拥有的。"皇帝随即就摆出了一本奥地利部队的花名册，给这位奥地利大臣看。要知道，这些部队直到昨日还是法国的盟军呢。他让梅特涅检查那些数字到底是不是准确的。皇帝一说起征俄战争就滔滔不绝，居然向梅特涅讲了几个小时。梅特涅发现一个问题：皇帝的士兵年纪普遍比较小，于是他问拿破仑："假如连这些孩子也被战火吞没了，您该怎么办呢？"皇帝突然怒不可遏，脸色发白，面容都扭曲了。他冲着梅特涅咆哮道：

"你从未当过军人！你根本就不知道士兵的心中会想些什么！我是在战场上长大的。对于我这样的人来说，就是死100万人也根本无关紧要！"拿破仑气冲冲地把帽子丢了出去，帽子掉落在房间的角落里。这真的惹恼了拿破仑，因为梅特涅那番话击中了他的要害，点出了他灵魂深处无法回避的事实。因为拿破仑心肠很软，看到濒死的马匹都会脸色苍白，他难以忍受任何人在他面前死去。可是他在审阅部队花名册时，却不得不把成千上万的人名从一栏移到另一栏，勾抹掉阵亡者的名字，补上新兵的名字。拿破仑对于这一切都表现得无动于衷——他必须无动于衷。所谓的战争不就是双方在拼人命吗？战争的结局不就是累累白骨吗？拿破仑的内心被战争的真实性深深地刺痛了，他只得把自己当作一个需要工具进行创作的工艺大师，不应该因此受到责备。可是现在，奥地利使臣梅特涅的一番话很轻易地就在道义上战胜了拿破仑，他真希望刚才拿破仑失态的咆哮，全法国都能听见。

皇帝平静下来之后说："法国人没有理由抱怨军中的伤亡。为了照顾他们，我牺牲了德国人和波兰人。在俄国，我的军队损失了30万人，可是法国人只占其中的十分之一！"说这话时，他自己走过去，拾起了那顶帽子，这种亲自动手的事他已经有10年没做过了。他的行为此刻变得比较理智，符合将军的风度。但是拿破仑突然又傲慢起来，他走到梅特涅面前说：

"我真是办了件蠢事，竟然娶了奥地利的公主……我原本设想的是将新与旧合而为一，让那些旧有偏见逐渐适应崭新的时代。可是事到如今，我才发现，自己犯了多大的错误！这个错误要付出的代价很可能就是我的王位——即使如此，我也会把整个世界都埋葬在它的废墟之下！"

这个富有悲剧意味的自述是会谈的高潮，同时也成为会谈的重点——是战是和问题的转折点。拿破仑一直以来对于自己所犯错误的悔恨使得他丢弃了一切理智，不顾后果，即使反法同盟国的力量是自己的三倍也要作战。他像是一个伟大的赌徒，尽管已经发现自己犯了不可挽回的错误，却依然以魔鬼般的坚决态度孤注一掷。他就是想证明，自己就算犯了错也依然能够胜利。

送梅特涅出门时，拿破仑的情绪不再暴躁，已经完全恢复平静。他手扶门把问梅特涅："你回国前，我们还能见上一面吧？"

梅特涅回答说："悉听陛下吩咐。不过我对完成这次使命已经不抱任何希望了。"皇帝注视着他，轻轻拍了拍他的肩膀：

"你知道将会发生什么事吗？你们不会和我打仗的！"

这次会谈持续了三天，梅特涅准备起程回国，但皇帝害怕最终决裂的出现，于是又一次宣召他，并邀请他清晨时在花园里会见。梅特涅到了之后，两人在花园里来来回回散步。

"好了，你不必装出一副委屈的样子了。"10分钟后，双方谈妥了延长停火的时限，并约定在布拉格做进一步会谈。不容乐观的是，一切都没有最终确定下来。在签署备忘录时，皇帝承认了自己岳父目前的位置——武装中立，尽管那只不过是参战的过渡形式而已。随后，拿破仑驱车前往美因茨，去看望他的妻子——她的另外一个重要身份是奥地利皇帝的女儿。他再次命令这个女人待在巴黎做摄政女王，但是加上限制，明令禁止不得把某些方面的文件拿给她过目，借口是"不能让某些细节污染了年轻妇女的灵魂"。

如果这位哈布斯堡大公的公主在两个身份上能够平衡好，做拿破仑坚强的妻子，做自己父亲明智的女儿，那么此刻她就应当站在维也纳，努力让翁婿之间和解。事实上，这对翁婿除了性格不同以外，他们之间并没有其他障碍。就在几周前，皇帝还向她的父亲保证："她在摄政位置上的表现让我再满意不过了。"因此可以推测出这位女性并非毫无政治头脑，她是有一定理解能力的。何况在如此紧要的关头，拿破仑也不可能向妻子隐瞒面临的危急情势，他确实不会隐瞒，因为就算不让她帮忙，仅仅要确保她在法奥关系破裂时站在自己丈夫的国家一边，也应该告诉她一切。然而这个愚蠢的女人在这种环境中竟然毫无动作，她只惦记着向奥地利的亲戚们赠送贵重礼物，炫耀自己的富贵。

在布拉格，各个参加会谈的国家相互牵制。富歇则四处放话，搬弄是非，给他的主子造成了不小的危害。贝尔纳多特怀着坚定新朋友反法立场的心思，也和这些新结识的国家要员加深了来往。拿破仑在最后一刻准备让步，这一举动让沙皇和普鲁士国王大吃一惊，他们趁火打劫，迫使梅特涅向法国提出更为苛刻的条件，因为他们认为良机难得，这次一定不能错过。皇帝被他们惹怒了，愤而退出会谈。停战协订到期的第二天，他就收到了岳父一方送来的宣战书。不过，拿破仑也并非对战争没有准备，在这段时间里，他已经得到了莱茵联盟的援军，不过他已不再信任他们，所以不得不派人去监视他们。他在萨克森和西里西亚部署了军队，从正面和施瓦岑贝格统率的三支军队对峙：一支由布吕歇尔统率，一支由贝尔纳多特统率，分别据守在西里西亚及其以北地区。与施瓦岑贝格在一起的还有莫罗，这位将军刚从美洲赶来，世事难料，他上一次离开德意志的时候还是法兰西的将军、德意志的征服者。

这场战争参战双方的人员组成真是奇妙无比：被法国皇帝统领的三位德意志的国王在同一位德意志将军对阵，而这位将军不久前还是皇帝的部下，并且参加了俄国远征军；与拿破仑这个法兰西皇帝交战的人居然是两个法国将军，其中一位正率领着普鲁士军队对抗多年来一直提拔他的拿破仑，与其说这个人是保王党人，还不如说他也是革命之子。在对阵的人当中只有布吕歇尔是百分之百的敌人，他从未与皇帝并肩作战，也从不拥护皇帝的事业，而且在七年前曾被拿破仑击败过。有一些事情很耐人寻味，敌方的三位君主总是不自量力地插手和干预施瓦岑贝格的军务，但这三位与西班牙国王约瑟夫一样是军事上的外行，他们的混乱倒成了战局中唯一对皇帝有利的因素。

8月底，皇帝以德累斯顿大捷为契机，开始了新的征程。第二天，按照拿破仑的计划，他本该乘胜追击并歼灭盟军部队，然而意外发生了，剧烈的胃痉挛袭击了他。他被痛苦折磨了整整一个小时，他怀疑是被人下毒了。这使他斗志涣散，没有再追击敌人，反而下令撤军，并因此损失了一个军团。这次意外的后果是严重的，追随拿破仑左右的达律后来就说，正是此事"导致了1813年的厄运"。莫罗在抗击死敌拿破仑的第一场战斗中阵亡了，这莫非是个好的预兆？皇帝得知这个消息后，从他青年时代时就一直舞动的争强好胜的火焰再次升腾，他一下子斗志昂扬，在心底呐喊着："莫罗死了，我的吉星高照！"

但实际未必如此。与此同时，卡茨巴赫河畔爆发了战斗，他的另一支部队被布吕歇尔击败了。此时拿破仑开始以一个政治家的身份和头脑考虑，而不是用将军的身份计算，他计划着：我怎样才能分化对手？因此，他认为最好不要进军波希米亚，因为惨淡的战局已经足以让奥地利人惊慌失措。他更想突袭柏林，通过这一军事行动把普鲁士人引出西里西亚。

然而，以前沙皇那句话说得好：奇迹只在皇帝亲临的地方发生，但是拿破仑又不可能无处不在，因而他想出的伟大计划屡屡受挫，军中士气不振，给养匮乏，侧翼部队甚至不时有士兵开小差。这迫使拿破仑不得不频繁视察出事的地方。由于经常看到他风风火火地来回奔走，人们甚至给他起了个"鲍岑信使"的绰号。军队的给养日益短缺，士兵们不得不就地寻找食物，可他们驻扎的区域太狭小，士兵们很快就把当地吃喝一空了。

而且拿破仑手中的兵力依然严重不足。1814年的适龄青年早已入伍，但仍然不能满足需要，他只能要求参议院征召1815年的适龄青年，为了填补缺口，就连年纪较大本该免于服役的人也被征召了。在开战之初，拿破仑告别妻儿时说了一些哀叹自己命运的话，说自己不能像那些农民一样与亲人相伴，因为他们再也不用上战场了。但是此时，那些农民也同样被征召到战场上来。但这些新增的士兵何时能到达？谁来训练他们，何时能够训练完毕？一系列疑问出现了。9月底，拿破仑向岳父派去一名使者，希望双方能议和，他准备好为此做出重大牺牲，"只要您愿意和谈"。但弗兰西斯态度坚决，他还在拿破仑后院的莱茵联盟中成功地打开一个缺口：他说服了巴伐利亚国王脱离拿破仑的掌控。看到压顶的乌云越来越沉，拿破仑这个愁眉不展的棋手只能正视现实，他对老战友说出了他从不愿承认的话：

"马尔蒙，我的棋局乱了。"

这番无奈的供述表明，皇帝已经雄风不再。

11.欧洲大会战——莱比锡战役

杜本草原上坐落着一座萨克森城堡，也就是杜本堡。某日清晨，皇帝坐在里面，正在拟订作战计划，准备用突然袭击柏林的战术彻底打乱敌人的部署，先打败贝尔纳多特，再进攻布吕歇尔。

正在这时，有人通报说一群将军求见他，拿破仑便走出房间去接见他们。这些人的来意是什么，他已经知道了。因为亲信们早已经向他汇报说将领们人心浮动，不满情绪在日益增长，他们只想在莱茵河边安度一冬。而且内伊元帅不久前向他报告："我已经不再是我的军队的统帅了。"总之，这些来访者的心思都是一样的，他们都想劝说拿破仑放弃进军柏林，转向莱比锡。于是，拿破仑就看到了这幅景象：自己的一名属下壮着胆子，吞吞吐吐地提出各种牵强的理由，其他人随声附和，所有人都点头表示同意。

皇帝默默地听着他们的劝说，内心却在疑惑：难道我的权力消失了？最后他答道："巴伐利亚脱离掌控已让事态变得十万火急，如果我们向莱比锡进军就意味着后退，此举会令我们的士兵感到绝望。不过我会考虑你们的意见的。"整整一天时间，他都把自己一个人关在房间里，蹲在地图前面研究，不许任何人靠近。守卫的科兰古在外面留神倾听里面的动静，但除了古堡外10月的大风吹得窗子嘎吱作响的声音，他什么也听不到。最后他获准进入房间，走进门就发现皇帝在屋内来回踱步，似乎是在自言自语着："法国人受不了挫折。"随后，皇帝就陷入了沉思当中。

第二天早晨，拿破仑宣布向莱比锡进军，那天是10月15日。下达进军命令之后，大军情绪高昂，喜形于色。拿破仑与马尔蒙谈论了一会儿哈布斯堡王朝统治者最近采取的行动，他得出结论："我喜欢信守诺言、有荣誉感的人，不喜欢那种所谓的凭良心办事、恪尽职守的人……弗兰西斯皇帝做了他认为有利于臣民的事，他是一名恪尽职守者——却没有荣誉感。"

第二天，欧洲大会战就打响了。皇帝只有18万兵力，却要迎战反法同盟国的30万大军。战斗进行到傍晚，他才取得局部胜利。等到了第二天清晨，敌方的贝尔纳多特的援军到了。情况不妙，拿破仑开始有撤退的打算，却无法下定决心——如果这样撤退，自己就会给人留下战败的印象。他再次尝试谈判，想寻求一条出路。拿破仑找来被俘的梅尔费特将军，要他向弗兰西斯皇帝转达他的停火建议，该将军发誓一定传达后，拿破仑归还了他的宝剑。

拿破仑是这样说的："我将撤至萨尔河另一侧，俄国人和普鲁士人则撤往易北河彼岸，你们奥地利撤至波希米亚，至于萨克森，他还是保持中立比较好。"此时的拿破仑再次兴致高昂起来，仿佛不是要与敌人媾和，而是在向敌人透露自己对新欧洲的设想：汉诺威还给英国，北海沿岸辟为自由区。任何想离开莱茵联盟的成员国都可以自行退出。波兰、西班牙、荷兰可以独立。唯一保留的是意大利，只有它不能交给奥地利。拿破仑对梅尔费特将军解释完之后说道："您去吧！您肩负着伟大的和平使命。如果幸运的话，您将赢得一个伟大民族的拥戴。但是如果你方拒绝和平，我们也懂得如何自卫！"

将军听了这番话之后，非常惊愕地离去了，把这个消息带到了要收听的人的耳朵里。弗兰西斯难以相信：什么？拿破仑皇帝在战争过程中竟然愿意放弃半个欧洲，并让抓到的俘虏转达他的意见？我们没想到，他孱弱到这个地步了！

另一方面，皇帝急切地等待着梅尔费特回来，因此他一直等到当天深夜都没有下达任何命令。他花了很长时间去谈论亲戚、妻子和儿子。突然，他的胃病发作了，脸色惨白，靠着营帐慢慢坐倒。身边的人要去请医生，被拿破仑阻止了：

"不！所有人都在看着我的帐篷！只要我坚持工作，每个人都会坚守岗位。"

"请躺下，陛下！"

"不！我死也要站着死！"

"把医生叫来吧，陛下！"

"我说过了，不行。我可以下令让一个生病的士兵入院治疗，可谁能对我下令？"

拿破仑一直忍受着，直到痛苦的感受渐渐消失。"我好点了。注意，不要让任何人进入帐篷。"

半小时后，拿破仑开始下达命令，但不是撤退，而是让部队向莱比锡靠拢。现在，敌军的兵力是他的两倍。

第二天，他停在一个磨坊旁。敌人从三面袭击法国军队。因为贝尔纳多特说服了萨克森军队倒戈，那些人掉转炮口对准法国人，所以中间乱作一团。皇帝愤怒地大骂："无耻！"周围回荡着一片同样内容的怒骂声。忠于皇帝的萨克森军官气得都折断了自己的佩剑。警卫队中的一个龙骑兵掉转马头，喊道："我们一定要干掉那帮浑蛋！我们法国人还在这儿呢！皇帝万岁！"整个警卫队都随他冲了出去。一名年轻的军官夺得了一面萨克森鹰旗，他策马回奔，想把这面鹰旗交给皇帝，却因为受伤倒在了地上。

"真是法兰西的好男儿！"皇帝看到此情景，不由得轻声说道。

战役持续了两天，六万法国士兵阵亡——他战败了。尽管如此，即使是德国的评论家也认为在这次战役中"反法同盟并未取得与其优势兵力相称的压倒性胜利"。

当大军潮水般地穿过莱比锡城败退时，皇帝向贝尔蒂埃口授了撤军的命令。目击者说起了当时的情景："有人给他搬来一把木椅，他疲惫地坐在上面打盹儿，两手无力地放在膝间。将军们情绪低落，一个个都站在篝火旁沉默不语。在不远处，军队正在行进。"

联军强攻莱比锡城

追击的敌军第二天早上就蜂拥而至，莱比锡大街上秩序大乱。在一片混乱中，撤退的部队匆忙炸掉了一座桥——但是他们炸得过早了，负责殿后的部队没有了退路，被迫投降。这个错误引发了严重的后果，一位元帅泅水过河侥幸逃脱，而另一位元帅却不幸淹死在河里，部分将领受伤被俘。麦克唐纳本来一直在等候与奥热罗会师，当他遇到奥热罗时，奥热罗却嘲笑道："您以为我会这么傻，白白让自己死在莱比锡郊外？我绝不会为了个疯子去送死！"

我们第一次看到拿破仑早年的战友开始漠不关心他们皇帝的胜利和荣誉，而只考虑自己是否能够苟且偷生。这种态度对于士兵而言，还算无可厚非，但他们可是法兰西的元帅，本应该临危不惧，这样做可以说是非常说不过去的。同一天，拿破仑青年时代的另一位战友就功劳问题给皇帝写了一封信，埋怨在前一天的战报中他的战绩被忽视了，因为他在阵地上坚守长达10个小时，功劳却被记在了另一个人名下。他愤愤不平地说："我此生从未像这次一样对您如此尽忠尽力……陛下，要是在这样的时刻被忘却和忽视我可受不了。"信的署名是马尔蒙。

两个老战友在同一天发出了让人不舒服的言论，这实际上也是日后发生变故的先兆，在将来的关键时刻，马尔蒙和奥热罗都背叛了拿破仑。

在拿破仑的军队陷于水深火热的同一天，在战场的数英里外，魏玛的歌德寓所中，拿破仑的画像突然从墙上掉了下来。诗人耳畔不断传来莱比锡的阵阵炮火声，拿破仑战败的第一条消息已经传播开来。这条消息真出乎人意料。虽然盟军将领谁也无法断言，拿破仑是否还能收拾残兵重整旗鼓，在几个月后卷土重来，虽然歌德自己在几个月前还曾坚称拿破仑是不可战胜的，但此时此刻，诗人已经预感到了拿破仑惨败的命运。法军撤退那天，歌德挥笔写下了慷慨的诗句，就仿佛刚刚经历的这一切是发生在几百年前的，已成了不朽的传奇：

> 王者的胸中勇气激荡，他毫不犹豫，欣然踏上
>
> 通向宝座的艰辛之路，明知险阻，却无所畏惧
>
> 闪闪金冠也是千钧重担，他无心估算；坚定而又镇静
>
> 他把它放在天才的头上，兴冲冲戴上
>
> 怡然自得，仿佛头顶花冠，这正是你的作为。
>
> 就算天高路远
>
> 你也能从容夺取
>
> 无论前路荆棘密布，你明辨、思索、洞察一切……
>
> 欢乐的日子向你召唤，众人齐呼你名，一切从此改变……
>
> 你岿然挺立，无论预感如何，无论敌人如何猖狂
>
> 无论战争，抑或死亡……
>
> 世人无不惊愕，议论纷纷，胡乱猜疑——
>
> 除了一场游戏，他们何曾关心什么……
>
> 这个卑劣的世界，一直向我们索取财富、恩惠，甚至是地位，
>
> 即使你与所亲之人同荣同贵，它仍不断提出要求，
>
> 整个王国才是他的梦寐。
>
> 这位也曾如此！——大声宣告吧！
>
> 他们把你的一生传扬到四方。
>
> 世间之人，无论是谁
>
> 幸运终有尽，末日会来临。

如同歌德有感而发一样，与此同时，哲学家谢林也写了一些东西："我不相信拿破仑的末日就在眼前。如果我的估计正确，他将躲过此次劫难。哪怕众叛亲离，他依然不会在这一战中死去，他要活着尝尽命运的苦酒。"紧接着，巴伐利亚宣布倒戈，倒向了同盟。另外一名著名哲学家黑格尔写道："在纽伦堡，民众欢迎奥地利人入城，其欢呼之状，实在可恨……没有什么比市民的思想和行为更无耻的了。"

上面的内容就是三位杰出的德国思想家对莱比锡大会战的见证，他们的感想就摆在历史的长河里。

然而，末日还远未来临！皇帝一边撤退，一边战斗，还取得了不少胜利。

在埃尔富特，缪拉向皇帝辞行，请求他必须回到自己的王国去。皇帝批准了，并说："到明年5月，我会在莱茵河畔再聚起25万军队！"虽然正在败退途中，但拿破仑的头脑、智力和想象力却一如既往的宏大，仍然以10万为单位计算着一切。在美因茨，祸不单行的军队突然流行起伤寒来。他连忙把剩余部队撤到莱茵河对岸。撤退带来的事情千头万绪，他每天都要从清晨三四点钟一直工作到深夜11点。

同时，挺进中的盟军总部里挤满了背离拿破仑的君主王公。一切都被忘记和宽恕，只有一个正直的人一针见血地指出："您是如何看待这些可怜虫的行径的？……他们不配享受这样的礼遇！……所有这些君主王公都是窝囊废，他们的行为根本配不上他们所享受的荣耀生活……他们眼里的主权，不过是妄自尊大、寻欢作乐、权欲熏心的代名词。为了保住这样的主权，他们牺牲了无数臣民的鲜血。"

这就是德意志男爵施泰因对德意志诸侯们做出的评价。

12.誓死奋战

莱蒂齐娅坐在火炉旁，手里拿着一封信，那是她的儿子从美因茨寄来的，里面有拿破仑对她为路易求情的答复。拿破仑在信里所提的条件她并不在意，令她着急的是信里的一句话，"目前的情况是，整个欧洲群起反对我，我忧虑重重"。以前，她从来没有提醒过儿子警惕危险，因为她的骄傲不允许她这样做，他们母子是一样地矜持。不过她经常向亲信吐露她的担忧："但愿这一切能长久。"莱蒂齐娅从不为自己的不幸烦恼，她关心的只是儿女们。她问自己："如果灾祸降临，谁会来帮助他们？皇帝能从哪里得到依靠？"

现在，当他回来时，莱蒂齐娅痛苦地看到，祸起萧墙，背叛的阴谋竟然出在自己的子女中间。那个一直听命于聪明的卡洛丽娜的缪拉，与英国签订了停战协议，并与奥地利缔结了盟约，这是背叛拿破仑的行为。爱丽莎聘请了富歇做贴身顾问，他对皇帝的妹妹说："现在能挽救我们大家的方法只有一个，那就是皇帝死去。"这个富歇要一直等到皇帝垮台后才回到巴黎。而另外一个女儿伊丽莎在写信给母亲时，却只询问巴黎入冬之后举行什么样的舞会！路易在奥地利再也待不下去了，干脆不顾禁令，未经允许就跑回巴黎。拿破仑要惩罚他，将他驱逐到距巴黎40英里以外的地方。直到母亲出面调停，这两兄弟才见了一面，结果关系被弄得更僵了。热罗姆在做什么呢？他毫无责任心地丢下了他的国家和人民，化装逃出卡塞尔。至于约瑟夫，他不顾二弟的一再请求，坚决拒绝接受保卫巴黎的任务。吕西安对过去的事情依然耿耿于怀，隔岸观望。

这就是拿破仑的兄弟姐妹，这就是10年来皇帝苦心孤诣、力图让他们成为王朝柱石的骨肉同胞！还好，母亲是一直都最钟爱这个受苦最多的儿子的，可是面对这样的情形，她的心情又会是怎样的呢！

此时的莫尔枫丹却还是一片欢声笑语：约瑟夫，这个失去了国土的西班牙国王坐在那里；他的旁边是热罗姆的王后，与约瑟夫一样，她的父亲早就投靠了敌方；前西班牙宗教审判所的大法官正在教堂做弥撒；还有两位来自印度的主教在这儿；还有一群来自失去了宫廷的德意志、西班牙和意大利的廷臣——他们是这座金碧辉煌而又高雅华贵的社交场合中的贵宾。他们就如同一群看客，在等候一出戏剧的落幕，等待着剧中的演员步入客厅。其中只有一个人从危机中看到了希望，那就是贝尔纳多特的妻子，约瑟夫的妻妹，曾经在20年前被皇帝抛弃的女人。她知道，贝尔纳多特作为反法盟军的统帅已经率领大军抵达莱茵河。她因此有些飘飘然，幻想着能够在不久之后，置身于巴黎圣母院，由丈夫把曾属于约瑟芬的后冠戴在自己美丽的褐色鬈发上。

在这座乡间别墅里，种种针对拿破仑的阴谋正在进行，而别墅的主人约瑟夫对此却并不了解。他本人并不是阴谋家，只不过是个贪图安逸的虚荣之辈。等皇帝终于认识到自己亲人的真正作为时，已经为时太晚了。他对亲信罗德雷说：

"这是我的一大错误，我原本以为，我的皇朝需要我的兄弟们。但是事实上，没有他们，这个国家反倒更安全。我的皇朝自诞生起就站在风暴中心，它的发展只需要依赖事物的天性。我只要有皇后就足够了……在过去的一年里，世事太平，但只要约瑟夫一到巴黎常住，就会闹得鸡犬不宁……他总是惦记着自己是家里的长子，荒唐！记这个有什么用！又不是继承先父的葡萄园！……他感兴趣的是女人、房产、家具，喜欢的娱乐要么是打野兔，要么就是和女人玩捉迷藏。我没什么喜好，无论是女人，还是房产都不能引起我的注意，我只对儿子比较关心。"

家人对拿破仑的打击实在不小。在危机四伏的那几个星期里，拿破仑的偏执狂倾向因此日益显著。可以看出，其余的一切，包括朝廷，对于拿破仑而言都只是一场游戏。他只关心自己内心的一种激情，除此之外，一切都无关紧要——他的儿子除外。

拿破仑当机立断，决定释放费迪南，让他重新拿回西班牙的王位，前提是西班牙议会必须批准这个条约。这条建议出自塔列朗，他现在重新被召进了杜伊勒利宫。这个叛徒坚持让西班牙议会批准，目的是为了拖延时间，以便牵制住法国南部的军队，从而削弱法国，让反法同盟得利。约瑟夫当然会提出抗议。

"我现在的处境不允许我再考虑统治任何国外领地。"皇帝回信给约瑟夫说："如果缔结和约能让我保住法国旧日的版图，就已经万幸了。如今我周围的一切都面临着崩溃的危险。我的军队被摧毁，损失难以弥补。荷兰已经丢了，意大利也快被夺走……比利时和莱茵省的情况不容乐观，西班牙的边境已经被敌人控制。在这样危急的时刻，怎么还能想着国外的王位！"当警察总监劝他把精锐的国民自卫军留在巴黎守卫时，已经失去信心的拿破仑反驳道："谁能保证他们会忠于我？难道我会把这么庞大的兵力留在后方吗？"

绝望！这个词最能形容拿破仑现在的心情了。他的家庭、盟友以及自己的首都，对于他来说都变得不再可靠。莱比锡战役之后，拿破仑的情绪彻底变了。邮政大臣拉法莱特伯爵是巴黎最忠诚于拿破仑的一个人，拿破仑晚上经常在卧室里接见他。有一天，拉法莱特伯爵去看望拿破仑，发现他站在壁炉旁，伸手烤着火取暖，情绪显得异常低落。拉法莱特是个敢于进言的人，他建议拿破仑媾和，并劝告说法国人善变。但当他进而提到波旁王室，说起皇帝的衣钵可能会由他们继承时，拿破仑默不作声了。他转身离开火炉，躺在床上。几分钟后，拉法莱特走过去一看，发现拿破仑已经睡着了。

拿破仑已经预感到自己在劫难逃，他的垮台就在旦夕之间，然而他仍然不愿意听到波旁王室的事情。被他取而代之的波旁王室如今居然有可能复辟了，拿破仑被这弄得很不耐烦。这对他来说是最无聊的话题，所以他睡着了——拿破仑这种健康的反应是他即将重振勇气的表现。

一觉过后，拿破仑的精神重新振奋起来。他认识到北方诸省对波旁王室的同情是一个危险的信号。同时他也注意到公债跌落到了50法郎，法兰西银行的股价只有原始价的一半。他曾经不顾反对，试图征募新国民自卫军，结果这个设想也迟迟没能落实。在现实面前，拿破仑选择欣然接受盟国在法兰克福会议上提出的建议。如他所愿，反法同盟内部并不团结。作为政治家，梅特涅认为最好不要占领巴黎。俄国沙皇则是位浪漫主义者，叫嚷着要炸掉杜伊勒利宫，以报莫斯科之仇。最终，奥地利获胜。反法同盟给法国的建议是：该国应保持其天然疆界，即以四周的莱茵河、阿尔卑斯山和比利牛斯山为国家边境线。皇帝知道后如释重负，毫不迟疑地接受了这一建议。马雷此时甚至已经拟好了给盟国的回函。

突然之间，拿破仑改主意了。怎么回事呢？或许是议会里的反对意见激怒了他。15年来一直听命于拿破仑的议员们第一次表现出了勇气，拒不屈从。他们宣布："除非政府同意军费只用于防御，皇帝保证贯彻一切保障自由的法律，否则我们再也不会批准任何军备预算。"这些话赢得了全场雷鸣般的掌声。拿破仑怒不可遏，他带着对议会的憎恨，禁止印发这些议员的发言，并且宣布解散议会。

元旦这天，拿破仑召见了几名议员，严厉指责他们：

"皇位不过是块覆盖着锦缎的木头而已。我，只有我才是代表人民的，我就是国家。如果法兰西要另外制定一部宪法，那就请另找一个皇帝吧。你们认为我太狂妄？那是因为我有这样的勇气，法兰西有今天这样的规模都要归功于我。"拿破仑说这番话的口吻让人不由得联想起了法国历史上的"太阳王"路易十四。随后，拿破仑又当面恐吓这些议员，说要对他们实施秘密监控。

就在同一天，布吕歇尔渡过了莱茵河。

拿破仑与反法同盟的举动具有鲜明的对比性。经过了20年的努力，在经历了六次大战之后，勉强团结起来的欧洲各国以这位普鲁士元帅为代表，古老的帝制思想跨越了革命的界河。而在革命的发祥地法国，现代思想的继承者拿破仑却在驱散作为现代思想代言人的议员，并威胁要剥夺他们的自由，这真是意味深长的对比。同样颠倒的逻辑也作用在两个不同世界的宣言上。在巴黎圣母院，20年来人们听到的只有感恩之声，现在，人们却不得不第一次为法军的胜利祈祷。反法同盟那边，长期以来只听说法军的胜利是他们被征服民族获得解放的先声，如今，情形反过来了，改由他们向被征服的法国公开强调：他们是法国的"解放者"。

正统主义者最终从他们伟大的敌人那里学会了作战和宣传的艺术。而如今他们之所以能够利用这些打败了强敌，只是因为他们拥有的优势兵力，以及法国整个民族已经疲惫——在经历了20年的辉煌荣耀之后，法国只希望得到休息。

同盟一方最初因为要求过多而削弱了自己的优势。他们只愿意承认法国1792年时的边境。拿破仑生气地决定中断和谈，他亲临前线准备抵抗敌人。尽管困难重重，他仍想巩固阵地。拿破仑的精神在这个过程中重新振作。有一位虔诚的伯爵劝他让皇后偕侍从女官去亲吻圣徒热纳维埃夫的遗骨，拿破仑听后哈哈大笑："那里根本不缺祷告的人。我会打赢的。"

但在这样的危急关头，他能把首都托付给谁呢？谁能得到他完全的信任呢？

竟然是约瑟夫！拿破仑的兄长约瑟夫对战争是个彻底的外行，而且姑息了很多皇帝的敌人，现在他竟然被任命为法兰西军队的中将和巴黎总督！这个任人唯亲的家庭和约充分暴露了皇帝此时的孤立，说明他不信任下属，只执着于家族感情。在出发前，他冷酷地责令兄长对两件事做出选择：公开宣布自己是摄政皇后的朋友，或者被逐出巴黎。他警告道："只要我活着，你就可以在你的乡间别墅里平静地生活。如果我死了，你就会被杀死或囚禁。在那里，你对于我、对于你自己的家人、对于法兰西都将毫无用处，但最起码你害不了我。你选择吧。个人感情也好，友善也好，敌对也好，都是一无用处的，也不合时宜。"

拿破仑的语气就像一个为挽救皇位而苦战者的语气。他已经想到了自己的死亡，于是焚烧了许多重要文件，妥善安排了自己的私生子的生活：给小莱昂安排了一笔固定年金，送给波兰女伯爵的儿子一大笔不动产。而他的合法子嗣已经快三周岁了。拿破仑抱起他向国民自卫军的军官们告别："我现在把我最宝贵的财富托付给你们。你们一定要对他负责。"再一次地，他嘱咐约瑟夫要坚强，并再一次任命皇后为他们儿子的国家的摄政。第二天早晨，拿破仑便离开了巴黎。

这一去，就用了一年多时间，几经曲折与漂泊，拿破仑才终于又回到这座城市。

13.生死存亡与背叛

没过多久，他被击败了。

最初的几次战斗都还算顺利。在布里埃纳，拿破仑逼退了布吕歇尔。他冒着生命危险亲临前线，有时还为了自卫而拔出佩剑。他想起了那棵树，就站在树下，并且认出了那棵树。"在12岁时，我曾经坐在这棵树下读塔索的著作。"他又回到了自己梦想开始的地方，这真是一次浪漫的邂逅。在这样的环境中，拿破仑的历史使命感膨胀到了令人不可思议的程度。

好景不长，随后不久，布吕歇尔就在拉罗蒂埃打了胜仗，战火烧向了巴黎。皇帝的力量似乎已被摧毁。科兰古写信恳求他让步，马雷当面劝他，也让他妥协。拿破仑一开始对马雷的劝说不以为然，他心不在焉地翻着一本孟德斯鸠的著作，然后叫过马雷，指着书中一段让马雷把它大声地读出来。马雷只好读道："我不知道能有什么事比当代某位君主的决定更崇高，他宁可葬身于王座的废墟之下，也不愿接受国王所不应听从的建议。"

马雷高喊着反驳："但我知道比这更崇高的事情！——那就是您应该牺牲自己的荣誉，去把那深渊填平，否则法兰西将与您一同被埋葬。"

"好吧，"皇帝说道，"媾和吧。科兰古可以去和谈，并在和约文件上签字，我愿意承担这一耻辱。但是休想要我侮辱自己，我绝不会亲自口授这份文件。"马雷立即写信告诉待在夏蒂荣的科兰古，要他与对方重开和谈。科兰古接到消息时还吓了一跳，请求皇帝给予明确的指示，想知道皇帝是否真有此决心。可就在这个时候，皇帝又改变了主意，他写信给巴黎的约瑟夫，告诉他："你要勇敢地守住所有城门！架起两门大炮，让国民自卫军负责镇守住每一处……在每一个城门处都要配备50名手枪队士兵，100名鸟枪队士兵，100名长矛队士兵，这样，每个城门共计可有250名士兵把守。"

富有的国王变成了乞丐！仅仅在六个月以前，不，三个月前，拿破仑还可以在"250"这个卑微的数字后面添上三个零。但如今，法国已经被同盟国部队重重包围，他能够拿出来守卫巴黎的只是两门大炮和150支枪！拿破仑似乎已经认识到这一点，因为当天晚上他显得非常消沉，马雷借此机会成功地劝说他口授了媾和条件：比利时和莱茵河左岸重获自由，必须放弃意大利；波拿巴时期与拿破仑时代所夺取的一切都会归还。只有这样他才能保住巴黎和那块"覆盖着锦缎的木头"——皇位。拿破仑告诉大家说明天再签字，他是这么说的，可是大家的心情却无比沉重，一想到他就要大笔一挥把浴血奋战得来的一切拱手让人，所有钟爱他的人都很难过。

但是，命运放过了他！夜间最新消息传来，敌人的处境比前一天更糟。于是，这位"战神"头脑活跃起来，再次想入非非。第二天早上，当马雷走进来请皇帝在文件上签字时，看到他正站在地图前，根本没有留意到来人。皇帝急匆匆地说了两句话：

"现在完全是另一码事了！我能打败布吕歇尔！"话音刚落，约瑟夫的信到了，通报了巴黎危急的战况。拿破仑在发布军令的间隙，口授了一条指示，这是抱着必死决心的人说出的斩钉截铁的誓言：

"如果巴黎被占领，我便会随之结束自己的生命……我曾命令你采取一切必要手段来保护皇后、"罗马王"和我们的家族……我有权要求家人帮助我，因为在过去我曾经多次帮助他们。

"如果塔列朗认为，皇后在任何情况下都应留守巴黎，那这就已经是个阴谋了。不要相信他！我已经和他打了16年的交道，给过他不少恩宠。可他回报我的是什么？在幸运之神不再眷顾我们的家族时，他便毫不迟疑地变成我们最大的敌人。一定要牢记我的劝告！我对世事的了解自然要胜过年轻的一辈！如果我战败而亡，你会是第一个知道的人……我想，母后到威斯特伐利亚王后那里避难比较合适。但看在上帝的分上，请不要让皇后和"罗马王"落入敌人的手里！这样一来，皇后的娘家奥地利就会失去对战争的兴趣，并且把它们曾经的公主带回维也纳。它的退出会使英俄两国获得反法同盟的主导权。如果是它们来宰割法国，那我们的事业就完了。

"也许几天之后我会同意媾和……有史以来，世界上还从未有过君主在不设防城市被俘的事情。只要我有一口气，人们就必须服从于我。要是哪天我死了，请保护好王储和摄政皇后，就当是为了整个法国的荣誉，也不能让他们被敌军俘虏。应该集合最后的士兵，撤退到最偏远的小城镇。否则人们会说，我把自己儿子的帝位葬送了。

"想一想腓力五世的王后①说过的话吧！……如果他们两个都被敌人俘获，那么你和所有的反叛者也会得到同样的下场。我宁愿儿子被杀，也不要他成为奥地利亲王，在维也纳的王宫中长大。我每次观看《安德罗玛克》②一剧，总忍不住为阿斯蒂安纳克斯③的命运哀叹。我认为他的父亲先死一步是一种幸福，因为他不用目睹这一惨事。你不了解法国人民！一旦出现这类大事，后果会不堪设想！"

这个被追逐的人紧张得喘不过气来，他的心脏狂跳不已。这是他自青年时期以来第一次如此近距离地看到死亡或崩溃，二者都已经近在眼前了。当他下令让约瑟夫为两种事态的发生做好准备时，构成他性格的两种禀赋又开始混乱起来，并且都迸发出火花。拿破仑擅长计算的天性使他预见到一种可能：一旦奥地利对战争失去野心，后果将是可怕的。但是，他对亲人命运的设想又使他斗志昂扬起来。如果他明天就阵亡了，这封信就会成为他英雄般的想象力的见证，他在生命最后关头迸发出来的依然是名誉与光荣。但今天却和往常一样，拿破仑依旧将自己的命运和历史进行对照，历史上那些激情四射的先辈激励了他的一生，驱使他走入伟大人物的行列。

这封信里交织着冰与火，成为彰显政治家的冷静思索、诗人的万丈豪情的历史文献。也只有这样的情怀，才配得上拿破仑这样的伟人，配得上他的毁灭。

拿破仑直到最后仍然是位伟大的军事统帅。他把他残余的军队一分为二，发挥

---

①西班牙国王腓力五世的王后伊莎贝尔·德·法内西奥（1692—1766），曾长期干涉朝政，操控西班牙政局。她的后裔即为现在的西班牙王室。

②法国作家拉辛所创作的悲剧。剧本梗概是特洛伊英雄赫克托尔之妻安德罗玛克以及其儿子在城破后被阿喀琉斯的儿子擒住，成为其俘虏。后来，安德罗玛克为保护儿子而与阿喀琉斯之子展开重重周旋。

③特洛伊王子，赫克托尔与其妻子安德罗玛克的儿子。特洛伊城破时，希腊人将其从城上摔下，就此死去。拿破仑是借此暗示万一自己此次作战失败，"罗马王"会遭遇特洛伊王子般的命运。

他"战神"一般的雄才大略，派出一半兵力大胆进攻，击败了布吕歇尔。这支军队从尚波贝尔打到蒙特罗，九天之内打了六仗。军队一路狂飙突进，气势如虹，丝毫不减波拿巴将军当年的雄风。不过他们走过的地方全都是在法国本土，这一事实已经说明了现状：战争已经转入了法国国境以内。而在以前，拿破仑的胜利从来都是出现在外国的疆场的。在蒙特罗，拿破仑再一次充任炮兵，像当年他在土伦那样亲自调炮。他喊道："前进！同志们！打死我的炮弹还没造出来呢！"

拿破仑打败了布吕歇尔的部队，接着就该对付施瓦岑贝格了！但是奥地利人害怕自己的英名受损，决心避免决战。奥地利人直接写信给贝尔蒂埃，建议双方在夏蒂荣签署停火协议。皇帝读到此信时正雄心勃勃，他甚至亲笔写信给约瑟夫，纸上洋溢着信念、机敏和勇气：

"你已经和我妻子谈过波旁王室的事了，不过以后请尽量注意避免这类话题。我不想生活在妻子的庇护之下，那只会给她造成坏的印象，导致我们的关系不和……我不是舞台上的戏子，并不想赢得巴黎人的恭维……而且，真正代表巴黎的并不是那狂热的3000人，他们只能制造噪音。当然，解释不该征兵的原因，要比实际去征兵容易得多……我拥抱你！"

多少年来，拿破仑都不曾在信尾写上这样的话了！自马伦哥之役后，他对任意一个兄弟或任何一位将领（约瑟夫既是兄弟又是将领）都没有再用过这样的结尾了。拿破仑的心在猛烈地跳动着，将自己的意志贯彻在兄弟和将领身上的想法持续激励着他。第二天，警察总监萨瓦利在汇报中提到，有人向各国君主递交请愿书，并且提到了摄政和人们的恐惧，以及充斥在巴黎内部的种种阴谋。拿破仑的回信如同疾风骤雨般，比原信更加激烈，说明他内心有着很强的冲动：

"你们应该知道，我依然是当年瓦格拉姆和奥斯特里茨大捷时的那个人！我不允许国内有任何阴谋……我告诉你，如果有人擅自递交针对政府的请愿书的话，我将逮捕约瑟夫国王以及所有签字人员……我不需要什么民众领袖！我自己就是最大的保民官！"

与此同时，盟国方面正争得不可开交。沙皇提出由一位俄国总督接管巴黎，直到法国选择贝尔纳多特或别人做国王为止。奥地利则只坚持波旁王室复辟。施瓦岑贝格要求立即媾和，他不想参战，宁可保持"一种军事姿态"。可是，已经重整旗鼓的布吕歇尔却高呼"前进！"而且真的已经开始向前挺进了。当同盟一方再次提出建议，要求法国保持天然疆界时，皇帝大怒，他气呼呼地说："我很愤慨，这种建议简直就是对我的侮辱。"看到皇帝的态度，有人连忙提醒他，敌人的兵力是他的三倍。皇帝虽然知道这个现实，却非常豪迈地答道："我现在有五万人，加上我自己就等于有15万人。"

此时正是3月初，在这生死攸关的时刻，拿破仑不想放弃战斗的机会，准备再次向布吕歇尔发动进攻，但是他要分兵就必须为另一半军队选出优秀的统帅，便于联合作战。他选择的是他最早的伙伴——马尔蒙。

然而，拿破仑身边的反叛情绪不断高涨。早在去年秋天，拿破仑在杜本古堡时就已经领教过那些异心了。入冬后，在他的兄弟身边，反叛情绪又开始发展，已经扩大到了战场上。马尔蒙这个人具有非凡的象征意义，他在活着的人当中是第一个投奔拿破仑的，也是第一个背叛了他的。欧迪诺和麦克唐纳在奥布河畔的巴尔一战中败北，当时马尔蒙明明有机会支援，他就驻扎在拉昂，却不管不问，把大炮闲置在城内的空地上也不加入战斗，使他的主子丧失了取胜的机会，听任部队在自己的营地里遭受敌人袭击。贝尔蒂埃因此愤怒地说："皇帝就是一刀杀了他也不过分，但皇帝太宠信他了，只在表面上骂了他一通，还让他统率着大军。"

拿破仑的举动其实也很自然，毕竟，在这样生死存亡的关头，他除了年轻时的伙伴实在无法再相信谁。受他姑息的叛臣不止马尔蒙一个。当年在意大利利沃里同拿破仑并肩作战的奥热罗此时竟然也开始与奥地利人暗通消息，擅离职守。拿破仑是怎么处理的呢？只是责备而已，而且责备得不痛不痒。拿破仑用自己已经不太习惯的昔日战友的口吻给他写信，信是这样说的：

"什么？六小时的休息时间你还嫌不够？……奥热罗，你的借口太让我伤心了！你会没有钱，没有马？我命令你，收到信后12个小时内奔赴战场。想一想你自己，如果你还是当年卡斯蒂廖内时代的奥热罗，就接着统领这支军队。如果你担忧自己年过花甲，难以胜任，你就把指挥权交出去，给你军中年龄最大的将军。我们的国家正处于危难之中！……就算面前是枪林弹雨，你也应该冲上前线！我们大家都必须全副武装，拿出1793年时那种不顾一切的勇气来。让你军帽上的羽毛永远在前方飘扬，这会给法国士兵无比的勇气，他们将追随你到任何你想去的地方。"

此时，我们又一次看到了波拿巴将军的英勇气概。落日的余晖如血般灿烂，丝毫不逊色于旭日东升的光芒。

马尔蒙后撤导致皇帝在奥布河畔的阿尔西孤立无援，残余的数千兵力与敌人的大军周旋，实力悬殊，失败在所难免。当战斗进入高潮时，一阵旋风突然在战场卷过，上千名龙骑兵一见到新的参战者，全都惊慌失措地转身就逃，口中大叫着："哥萨克人！"皇帝策马到前方阻拦："龙骑兵们！回去！你们要逃跑，但我必须留下！”他勇猛地拔剑冲向敌阵，身边只有参谋人员和近卫兵追随。他的战马在战斗中被击中了，便换了一匹继续战斗。最终，6000名哥萨克骑兵逃离战场。拿破仑征战无数，这却是多年以来第一次率领骑兵进行攻击。贝尔蒂埃报告说：“很显然，皇帝想战死疆场。”

但是，求死却不能死，拿破仑的命运就像恺撒、克伦威尔和腓特烈大帝一样，注定无法拥有痛快的、英雄般的死亡方式。他们不仅是军事统帅，肩上还担负着作为民族领袖的使命，即使有时他们必须同自己的民族对抗。拿破仑的辉煌终将过去，以后，他会不断经受打击，而每一次都具有象征意义。

不过，如果人们最终离弃了这个蔑视人类的人，又有什么好奇怪的呢？他把手下的士兵封为王侯，这些人更爱爵位，变得不愿再奋勇杀敌，战死沙场，哪里又值得惊讶呢？一位出身名门的公主，被迫下嫁给一个暴发户，后来暴发户垮台，她便立刻离他而去，选择重新回到哈布斯堡娘家，这又有什么可大惊小怪的呢？他深信不疑的兄弟们，在大难临头之际只顾自己，却忘了他这个最大的恩人，这又何必惊奇！

他在给皇后玛丽·路易丝的最后几封信中，恳求她给她的父亲奥地利国王写信，皇后勉强同意了。她没有像祖辈玛丽亚·特利莎①那样，抱着皇储拼命呼吁，她只提笔写了几封冷冰冰的信件。这些信反倒给了她的父皇和梅特涅足够的暗示。反法同盟总部得到消息，英军已经在法国西南的波尔多登陆，那里已经飘扬起了波旁王朝的旗帜。他们还截获了皇帝写给皇后的一封信，里面说他决定把军队撤到马恩河一带。反法同盟得到的情报已经够充分了，大家一致同意进军巴黎。

拿破仑已经被重重包围，回天乏术，但在危急时刻，他还有最后一个大胆的计划：把农民武装起来作为战时后备军。在他看来，农民们一定乐意听从他的调遣，因为他们非常痛恨入侵的外国人。但是，马尔蒙再次被击败的消息却在此时传来，皇帝听说马尔蒙正和莫蒂埃一起向巴黎撤退，不由得焦急起来，就像听到自己家的后院起火一样。他将军队的指挥权交给贝尔蒂埃，只带着卫队策马赶回巴黎。最后，他为了加快速度，抛下一切，同科兰古登上驿车拼命赶路，一心希望还能来得及把大权夺回来。巴黎越来越近，却已物是人非，当年多少次凯旋之

---

①玛丽亚·特利莎（Maria Theresia），神圣罗马帝国查理六世唯一的女儿。由于“罗马王”仅有她一个孩子，故将王位继承权交给了她，但因为她的女子身份，在继位过程中矛盾重重，曾导致奥地利王位继承战争和“七年战争”的爆发。她一度在战乱的危急情况下，抱着自己的幼子向臣民呼救，请求臣民援助皇室。奥地利弗兰西斯皇帝为其孙。

时，他都是这样驱车穿过首都的城门，但是如今呢？过去的每一次，他的思绪中都有一些问题在翻腾：巴黎在说什么？那里的情况怎么样了？但这一次，他心中只有一个疑问：我将国家的安危托付给这三个人：摄政皇后、巴黎总督约瑟夫和最强大军团的统帅马尔蒙。这些人能坚持到我回来吗？

深夜的时候，皇帝在驿站换马。正好遇到一名军官带着一队士兵走来。军官向皇帝报告说："我们奉莫蒂埃将军之命，在为撤退的军队寻找宿营地。"

皇帝一听到撤退的字眼就着急了："军队正在撤退？皇后在哪儿？约瑟夫国王又在哪儿？"

"皇后已于昨日偕'罗马王'逃往布鲁瓦，约瑟夫国王今天也离开了巴黎。"

"马尔蒙在哪里？"

"我不知道，陛下。"

听到他最信任的三个人的消息，皇帝大为震惊，他的额头冒出了冷汗，他的嘴唇神经质地抽搐着。他突然疯狂起来，下令："前进！明天卫队就能赶到这里！国民自卫军还拥护我。只要进入巴黎城，我不战胜，便战死！"

科兰古费了很大的劲儿才打消了皇帝的这个疯狂的念头。皇帝下令让马尔蒙的军队在埃淞河对岸布防。说完，他便转身对自己的外交大臣科兰古说："迅速赶往巴黎！停止和谈！我已经被背叛和和谈出卖了，现在我全权委托你。我就在这里等你！目标并不远。快去！"

站在这个地方，他只要驱车几百步，就可以看见塞纳河水。但那里是什么在发出光芒？原来是敌军警戒用的烽火，在塞纳河对岸，入侵者的哨兵正在做饭唱歌，而这边的皇帝，却只能和几个仆人一起伫立在黑暗中。

他下令掉转车头，驱车慢慢向枫丹白露宫驶去。

14.在枫丹白露宫签署退位诏书

第二天早晨，塔列朗坐在自己宫殿的卧室里，仆人站在他的身边为他梳洗打扮。这位曾经在革命时代风光无限的政治家，在此时的环境下仍然衣着考究，头上戴着洛可可风格的华丽假发。忽然，房门开了，俄国伯爵涅歇尔罗德出现在外面，他等不及仆人通报就急匆匆地走了进来。他此行是来问候这位老朋友的，而且精心打扮了一番——按照塔列朗的说法，这位伯爵从头到脚都敷着香粉。涅歇尔罗德的到来只是一个前奏，两个小时之后，俄国沙皇也出现了，因为害怕爱丽舍宫会有炸弹，他以贵宾的身份住进了他的密友塔列朗的府邸。拿破仑的这位大臣，在不辞劳苦奔走六年之后，他等待的时刻终于来到了，所有的努力都没有白费。在府邸中，笑逐颜开的胜利者们握手言欢，心头产生一股强烈的道义感：正义终于获得了胜利！

时隔22年之后，巴黎的城门终于向这些正统君主敞开，他们为了这一天做了极大的努力。此刻正是他们人生中最伟大的时刻：反法同盟的君主们骑马入城，一小队波旁党人把他们视为解放者，追随着他们欢呼喝彩，圣日耳曼区的贵族们夹道欢迎。与这种热闹形成对比的是巴黎其他城区的一片静寂。目击者写下了当时人们的心理：居民们都在自己家中静静地等待，等待看明天的统治者会是拿破仑还是波旁王朝的路易十八。

在巴黎被反法同盟军队围困的时刻，怯懦的约瑟夫仓皇逃跑，尽管皇帝曾经发出警告，他还是没有把塔列朗带走，结果这个最聪明也最危险的敌人便留在巴黎呼风唤雨。从这以后，皇帝失败的命运就已经注定了。导致皇帝失败的，并不是民众的反抗，也不是那些对他的命运从来都没有达成过一致的同盟国君主，他是被不忠的臣仆和叛变的朋友合力摧毁的。而站在他们背后的不是别人，正是那个"臣仆"兼"朋友"——塔列朗。他因为有沙皇支持，便在巴黎陷落之后的10天里成了这些投降者的精神领袖。这个八面玲珑的人物现在正春风得意，施展出了他浑身的本领。

昨天他又接待了一个客人。实际上，塔列朗并不憎恨皇帝，但他只爱慕权势，在拿破仑初露败象时，他就背弃了主子，好让自己往上爬。拿破仑已经被困在枫丹白露宫了，塔列朗却有了刺杀的心思，这并不是想对一个囚徒施加报复，他也没有报复的理由。但他想到，如果能让这个扰乱和平的人彻底消失，他就可以省去很多麻烦了。于是，塔列朗重金收买了毛布莱，此人曾经在波旁王朝统治时做过军官，干过一些不光彩的勾当。塔列朗给了他一个指令："去枫丹白露宫执行一项重要任务。"可惜事与愿违，这个冒险者在最后一刻害怕了，只袭击了热罗姆勇敢的夫人，并抢走了她的首饰，却没有伤害拿破仑的性命。与此同时，布吕歇尔也做出了同一举动，他主动派遣小分队，明令他们干掉拿破仑，但同样无功而返。

"法国到底需要什么？"沙皇问这位饱经世故的主教——塔列朗。虽然塔列朗对于让波旁王朝复辟蓄谋已久，但此刻他却不动声色地反问沙皇，是否有合适的建议。沙皇犹豫地说出了"贝尔纳多特"这个名字，有让他掌权的意思。塔列朗微笑着说："法国再也不需要军人执政了。如果我们需要的话，我们就会保留现在这一位。他可以说是世界上最出色的军人。换成别人坐他的位置，恐怕根本不会有他那么显赫的地位，贝尔纳多特连100个追随者都不会有。"此时皇帝被困在枫丹白露宫，处境不妙，他根本不能想象从这样的人嘴里竟能说出如此推崇的话，而且是当着获胜的沙皇的面。

第二天，塔列朗召集参议院举行会议，法国的立法机构很快就批准了皇帝必须退位的决议，拿破仑看起来大势已去，因为所有的人都表示赞成。只有一个科兰古，他是唯一替拿破仑辩护的人，还试图把沙皇争取过来。沙皇怀有一颗多愁善感的心，有一段时间他真的被科兰古的说法触动了，想起了昔日老友的形象。于是，他动摇了，承诺说会在其他盟国那里尽力为"罗马王"保住皇位。

但是事情哪里会那么顺利呢。正当无权无勇的科兰古试图说服游移不定的沙皇，尽其所能地挽救波拿巴家族时，4月3日，塔列朗的做法再次使拿破仑的处境雪上加霜，他把马尔蒙元帅请来了。马尔蒙在塞纳河对岸还驻防有12000名士兵。这在盟军主力还没有进入巴黎的情形下，可是一支不可忽视的力量。

马尔蒙是最早跟随拿破仑的军官，而此时这个拿破仑最亲密的战友正坐在最早侍奉皇帝的大臣对面，与之谈话。外交家塔列朗正同军人马尔蒙冷静地分析局势。马尔蒙没有让他多费口舌，他早已厌倦了这一切。早在三年前的西班牙，马尔蒙的信仰就已经动摇。他当时就已经想到："难道我应该和一个死人一起前进？老王既已死去，新王当立！当年在军官学校的时候，我们就是保王党的成员。拿破仑的失败不就是波旁王室有权复辟的证明吗？如今的选择有两个：是被迫支撑即将倾覆的旧墙，还是主动站到旧王朝的宝座一边。当初的效忠誓言？那个已经取消了。长期的友谊呢？那又有什么。就在不久前，他还为了拉昂的事情骂了我一通呢！"在塔列朗的建议下，马尔蒙写信给盟军的统帅施瓦岑贝格，他在信中说道：

"经参议院决定，法国军队与人民已经解除了效忠拿破仑的誓约。我愿促成人民与军队间的谅解，防止内战发生。"就是在这个借口之下，皇帝最早的元帅做出了毁灭皇帝的举动。后来，他还用爱国主义来为自己辩护，这是所有叛徒一贯的可耻作风。奥热罗也紧随其后，发表了声明，背叛了皇帝。

这个时候，皇帝在哪儿呢？在塔列朗争取马尔蒙的时候，皇帝正站在枫丹白露宫检阅他的卫队。他鼓动他们："我们绝对不允许流亡分子的白色帽徽出现在巴黎！……几天之后，我们攻向巴黎，消灭敌人！"兴奋的军官们挥舞着佩剑："进攻巴黎！皇帝万岁！"他向这些人挥手，露出笑容，在几个身穿绣花大氅的大臣的簇拥下走上台阶，脚步很轻快。

没过多久，一辆马车驶进了枫丹白露宫的院子里。彻夜未眠的科兰古走下马车，他脸色苍白，走过去见皇帝。贝尔蒂埃问他："喂，亲爱的朋友，情况怎么样了？"科兰古没有当即答话，因为他不喜欢贝尔蒂埃说话的腔调。难道连最亲近的人也打算离开吗？他看到皇帝正忙于工作。

"他们到底要我怎么样？"皇帝急切地问道。

"要想为您的皇储保住皇位，就必须做出重大的牺牲。"

"意思就是说，他们拒绝和我谈判。他们想把我变成任人宰割的奴隶，杀一儆百，警告所有靠天才统治人类，使世袭帝王恐惧发抖的人！"

这正是当年他作为波拿巴将军的铿锵之声！皇帝在科兰古到来之前一直在检阅近卫军，翻阅部队的花名册，研究地图，他正在做的这些工作让他的情绪高涨，勇气倍增。但现在不同了，科兰古带来了沙皇提出的最温和的要求：拿破仑必须让位给"罗马王"，然后再讨论摄政的条件。不过，他又提到了波旁王室复辟的可能性。皇帝当即跳了起来：

"他们疯了！波旁家族靠着外国人的施舍生活了20年，还公然与祖国的基本原则相抗衡。他们竟然回法国了！他们在法国一年都待不住。全国九成的民众无法容忍这些家伙，我的士兵也不会效忠于他们。参议院的成员，要么当年曾亲手把路易十六送上断头台，要么就是那些弑君者的子嗣。而我！我是新来的，并没有任何宿怨要报复，我唯一的工作是建设国家……他们可以从我的垮台中获利，可以放逐我和我的家人，但是要波旁王室回来——休想！"

拿破仑在脑海中回忆着自己的丰功伟绩，它们一幕幕闪过，像一首狂想曲让他心情激荡。他心里充满了对他以前继任、如今又将接替他的波旁家族的蔑视。接着，他又露出了军人本色："他们要我退位，这样一来就能确保皇位属于我儿子吗？我身边还有五万军队。我的人要追随我向巴黎进军！等我取得胜利之后，再让法国人民做出选择。如果到时全体法国人民要我走，我就会离开。"我们看到，以政治家的身份来说，他已决定让位给儿子；但是作为军人，他依然想为自己保留一切。

但是，就在军中斗志昂扬，士兵们的士气与自豪感大增之际，元帅们却普遍心怀不满。虽然他们此时还不知道马尔蒙背叛了拿破仑，但他们心中已经动了同样的念头，只要能顾及他们的面子，他们就都愿意解除对拿破仑的效忠。将领们这种与普通士兵截然相反的情绪，仿佛是对拿破仑的惩罚。当年拿破仑称帝后加官晋爵，把将军册封为元帅，如今却换来这样讽刺性的结局。第二天，拿破仑最早册封的元帅们，内伊、麦克唐纳、欧迪诺和勒费弗尔等人表现得很团结，这种团结令人心寒，因为他们都在用尽可能谦卑的语言，婉转地向拿破仑陈述退位的好处。

看这里！皇帝让他们看地图，他指着上面密密麻麻地插着的彩色的小针告诉他们，敌人处于不利的位置，并详细列举了己方的对策和实力。可是这一切都枉费心机！因为将领们一年前在杜本城堡透露出来的想法，现在已经变得无比坚定，如今的他们与皇帝是背道而驰的人了。拿破仑默默地示意他们退下，此时，他脑海中盘旋着一个主意。他在心里把

拿破仑在枫丹白露宫签署退位诏书

所有的兵力计算了一下，发现情况还不错。因此，有条件的退位至多不过意味着停战或拖延，这样就可以争取时间。

元帅们走了几小时之后，他召见科兰古，指给他看桌上自己亲笔写的文件，"这是我的退位诏书，带到巴黎去吧"。

身为外交大臣的科兰古读道：

"同盟各国既已宣布，拿破仑皇帝是欧洲大陆通往和平道路上的唯一障碍，拿破仑皇帝为了保障祖国的利益，以及与法国利益紧密相关的皇太子的权力、皇后摄政的权力和帝国法律，他恪守誓言，宣布愿意退位，离开法国，甚至牺牲他的生命。"

多么巧妙的文体！这是一份标准的外交文件，用词谨慎，造句严谨，含义却又模棱两可，一派旧式外交家的风格。这根本不是拿破仑的文风。科兰古因为使命重大，请示加派两名元帅一同前往。

"带马尔蒙和内伊去，"皇帝说完又补充道，"马尔蒙是与我相处最久的战友。"

"马尔蒙不在这里。"

"那就带麦克唐纳去。"

三个小时后，当天深夜，三位全权代表在爱丽舍宫与同盟国君臣谈判。谈判主要是在科兰古与沙皇之间进行的。科兰古坚称，全体法国人民都由衷地反对波旁王室复辟，这种坚持颇见效果，给对方造成了一定印象。谈判持续了很长时间。忽然，谈判桌上有人用俄语宣读了一则通告，法国人听不懂。沙皇就告诉

他们："先生们，你们所依靠的只有贵国军队对帝制不可动摇的忠心，但是很不巧，我刚接到一条消息，贵国的先遣部队，第六军团已经背离了皇帝，他们已投奔我方阵营了。"

此话一出，同盟国方面的底气立刻足了，他们轻松了很多。他们要求皇帝立即无条件退位。在胶着的时刻，皇帝从枫丹白露宫接二连三地送信给科兰古：

"如果他们拒绝与我协商，那怎么能说是个条约呢！……我命令你取回我的退位诏书！……我不会在任何条约上签字！"

第二天早晨6点钟，皇帝正与贝尔蒂埃一起工作，一名上尉走来求见，他是莫蒂埃的副官。

"有什么消息？"

"第六军团已向敌方投降，现在正向巴黎挺进！"这个消息似乎打击到了皇帝，他抓住上尉的胳膊，死命摇动着说道：

"马尔蒙？你肯定吗？士兵知道他们被带往哪里吗？"

"他们是在夜里被带往奥地利军营的。士兵们得到的命令是，他们在向敌人进军。"

"想从我手里拉走军队，他们得用骗术才行！出发时你见到马尔蒙了吗？"

"没有，陛下。"

"骑兵也走了？"

"是的，以密集队形出发的。"

"莫蒂埃呢？"

"他派我来报告您，他的军团无论生死都将对您效忠到底。他在等候陛下的命令。青年近卫队已经准备好随时为您捐躯。年轻的法国人全都做好了准备！"

皇帝走近这名青年军官，望着他的眼睛，友善地把手顺着军官肩章的流苏滑下，仿佛要触摸他的肩膀。年事日高的拿破仑又一次得到了青年法军的支持。

当科兰古带回同盟国提出的新要求时，和他一起回来的只有麦克唐纳。

拿破仑发问："内伊到哪儿去了？"

屋子里一片沉默。停顿许久之后，拿破仑听到了同盟国的新条件。它们刺痛了他。居然让他放弃皇朝！10年来，建立皇朝一直是他孜孜以求的目标！

"我一人退位还不够满足他们的野心？难道必须要我签字剥夺我妻儿的继承权吗？我办不到！我以我的功勋为他们赢得了皇位！"这种想法在他心里是如此根深蒂固，以致他都感觉不到它的存在。于是被激怒的拿破仑又重新计算起自己的兵力。

"我这里有25000人，我可以很快从意大利调来15000人，富歇那里有18000人，苏尔特那儿也有40000兵力。我要打下去！"

确实，剩下的这些军队是忠诚的，但是将领们已经厌倦了战争，人民只想过和平的日子。为什么他不亲自统率近卫军呢？因为封建王朝的氛围已经把他与基层的忠实可靠者之间的联系切断，他现在只能想到利用元帅们。

他们又都来了！他们警告他，连贝尔蒂埃也同意大家的看法，说枫丹白露宫很容易受到包围。拿破仑神色严肃而庄重地听他们说话。然后他突然问他们愿不愿意与他一起向卢阿尔河进军，或是去意大利，他们在那里可以和欧仁的军队会师。这个建议的背后隐藏着这个冒险家的新计划。

但是，站在他面前的元帅们是法国人，他们谈起了"内战"的可能性，都劝他退位。他们告诉他，已经为他争取到了厄尔巴岛作为居留地，他最好迅速做出决定！拿破仑让他们都退下，然后说道：

"这些人都没有良心，没有感情！击败我的不一定是运气不好，而是我战友们的忘恩负义。真是无耻，一切都完了。"

外面的客厅里满是高官重臣，大家都在轻声交谈，仿佛是肃立在国王的灵床前一样。他们全都在等皇帝签字——皇帝心里清楚这一点，他不准任何人进屋，他要让那些人一直等到天明。经过一夜痛苦的煎熬，谈判代表们看到皇帝身穿睡袍坐在火炉前，心灰意懒，令人怜悯。

代表们给拿破仑带来了那晚在巴黎签署的文书，告诉了拿破仑他退位后的待遇：他将得到厄尔巴岛，每年200万法郎的年金；他可以保留皇帝的头衔，拥有400名近卫兵。塔列朗曾警告盟国，把这头猛狮流放到离法国这么近的地方将是一个巨大的威胁，他建议把拿破仑流放到科孚岛，甚至是遥远的圣赫勒拿岛。富歇则不想让皇帝从高处缓慢下落，他想加速这个过程。于是，他写了一封措辞漂亮的信，建议拿破仑直接去美国。在那里，他可以成为那个新国家的自由公民，重新开始生活——当然，距离欧洲海岸越远越好。

这一切都令皇帝感到心寒。在这时候他发现了一些不一样的东西。那就是麦克唐纳的忠贞不渝。他在心里把这位将军与那些忘恩负义的家伙做了比较，发现自己对此人的赏赐还不够。在即将签字的时候，他对麦克唐纳很过意不去，对他说：

"我一直没有很好地赏赐过你。现在的我即使有此心也无能为力了。你把塞利姆苏丹送给我的宝剑拿去留作纪念吧。"在场的所有人都在等他签字，他却不理不睬地叫人取来那把镶金的土耳其弯刀，并深情地拥抱了这位将军。然后，他才开始签署退位诏书，内容如下：

"同盟各国既已宣布，拿破仑皇帝是欧洲大陆通往和平道路上的唯一障碍，因此拿破仑皇帝愿意恪守自己的誓言，宣布他本人及其后嗣放弃法兰西和意大利的王位。为了法国的利益，他愿意做出任何牺牲，甚至牺牲自己的生命。"

所有的人都松了一口气，他们终于如愿以偿！将军和大臣们都离开了枫丹白露宫，所有人都匆忙赶往巴黎，就连贝尔蒂埃也投入了临时政府的怀抱——塔列朗和富歇在那里共掌大权。拿破仑这里只有大臣马雷一个人留了下来。

签署完退位诏书的拿破仑

皇帝在宫中又住了九天，不过他并不孤单。忠心不贰的近卫军仍然站在他身后，人数达到了25000人。还会有其他人吗？他的兄弟们早已溜之大吉，约瑟芬人在马尔梅松，她在做什么呢？她痛哭流涕地发誓要追随废帝，可实际上她很快就殷勤地接待了拿破仑的征服者，并摆出种种哀痛的样子让人怜惜。沙皇则想做风流的骑士，拜倒在前皇后的石榴裙下。但是她的女儿奥坦丝却对这些人很冷淡。沙皇一走，她就迅速赶往枫丹白露宫与皇帝待在一起，直到他离去。

一开始，拿破仑的母亲在这里陪着他，但是为了母亲的安全考虑，他劝她与热罗姆离开这里，告诉她说他们以后会团聚的。当皇后玛丽·路易丝向莱蒂齐娅告别时，她说了一些礼貌的客套话，祝她的婆婆安好，但是老太太早就把这个女人看透了，知道她只关心安全与享受。于是她回答这位哈布斯堡的公主说："这一切都要取决于你和你未来的所作所为。"

皇帝写了很多信，安排了不少信使，却没有得到妻儿的只言片语。拿破仑自己已经对土地和金钱不感兴趣了，他完全在为妻子的利益打算。根据条约，她将成为帕尔马的女大公，他写信劝她除了帕尔马再另外对托斯卡纳提出要求，至少也要得到靠近厄尔巴岛的某些地区，这样方便夫妻间进行联系。他写信嘱咐了她一系列细节：路上最好在何处停留，哪里的温泉有利于她的健康，御医会给她建议，她可以随身带上她个人的珠宝。然后他又给内廷总管写了一封信，告诉对方，所有不属于他和皇后的钻石都应该归还国库，因为它们属于法国。

在此期间，政府已委托使者前往杜伊勒利宫，奉命搜刮皇帝的财富。所有的金子和有价证券，折和约15000万法郎的个人财产都被查封，说是查封，其实就是强行窃取，因为这些财宝都是拿破仑14年来从自己的薪俸中节省出来的。所有值钱的东西，银器，个人物品，从金质鼻烟盒到上面绣有"N"字样的手帕都通通被拿走。这个搜查令的签字者之一就是塔列朗。昨天拿破仑还是欧洲最富有的皇帝，今天却只能带着300万法郎走上流放厄尔巴岛之路。

拿破仑的情绪很平静，现在哪里还有什么可以让他失望的事情呢？在他退位的第二天，吕西安就给教皇写信，被册封为罗马的一个亲王。在最近的几周里，富歇耍弄阴谋诡计，唆使缪拉进军罗马，把部队开进托斯卡纳，入侵他的妻姐爱丽莎的领地。缪拉和以前一样，又一次被妻子卡洛丽娜挑唆着与英国相勾结，导致英国占领了托斯卡纳。爱丽莎对形势估计错误，在最后关头下错赌注。她选择效忠于皇帝，只得在妹妹的军队入侵之前出逃，不久就在山间的小旅店里生了一个孩子，在到达博洛尼亚后被奥地利人俘虏。拿破仑的这群家人中只有热罗姆夫妇表现较好，没有做什么难堪的事情。

最后几天是在不祥的沉寂中度过的。一听到有马车驶入庭院，大家都会竖起耳朵，是不是有人来向拿破仑道别了呢？但除了那些来处理事务的人以外，这里就没有来过其他人了。就在拿破仑出发的前几天，一天晚上，有个戴着面纱的贵妇人来到这里，没有人认识她，她也就没有被召见。她其实是瓦莱夫斯卡夫人。她在那里等了整整一夜，第二天早晨她留下一封信。拿破仑知道后派人去请她回来，但她已经离开了。拿破仑为她写了封信：

"玛丽！……你的眷恋深深地打动了我，这些真情实意只有在你那美好的灵魂和善良的心地中才能出现……请带着爱恋思念我！永远不要怀疑我！N。"

皇帝重新获得了心灵上的平静以后，他又鼓起了勇气。自己不是还有一个岛吗？那里仍然可以成为他的用武之地。谁知道未来的事情会变成什么样呢！他走出的科西嘉不也只是地中海的一个小岛吗？他特意随身带了一本专业书籍，研究厄尔巴岛的地理和统计资料。"那儿空气清新，居民诚实可靠。我希望路易丝会喜欢这个地方。"他挑选了400名卫兵随他走，但是所有的近卫军都希望追随他，即使抛妻弃子也在所不惜。在他们当中，有很多人从22年前他在土伦做上尉时就忠心地跟随他，一路从开罗打到莫斯科，前后经历了大小60次战役。

拿破仑的情绪因此又高涨起来。他与内廷大臣讨论天命，谈起最后几次战役，说到自己是如何九死一生的。随后，他补充道：

"轻生是怯懦的表现。用这种方式逃避责任，在我看来，就如同一个赌光了财产的人，根本看不出有什么伟大之处……自杀有悖于我的原则，也不符合我在世界上所处的地位。"他们在阳台上默默地走来走去，过了一会儿，他微笑着说："我们私下里说过一句话——活着的鼓手也比死了的国王有价值！"

一切手续已经办妥，陪他前往厄尔巴岛的同盟国专员有四人，已经到齐。当天下午就要出发了。他很平静地写了封信向妻子告别，把出发的事情告诉她。在信的结尾处，他写下了一句话："再见了，亲爱的路易丝。请相信你丈夫的勇气、冷静和对你的爱恋。"末了，他又加了一句，"给小'罗马王'一个吻！"

起程似乎很简单，因为没有人来送行。

不过，还有人在等着向拿破仑告别。老近卫军在院中集合成方队等候着他。当拿破仑走下台阶时，千百双眼睛都注视着他。

在枫丹白露宫，拿破仑和追随他十余年的近卫军告别

他必须向他们说几句话，可是，他又该说什么呢？他没有遇到过这种场面，20年来，他一向都是在战役前或胜利后才对他们训话，或是激励或是感谢。只有现在是一个特殊时刻，他们没有获胜，但他还是要为过去的上百次战斗感谢他们。他移步向他们走过去。士兵高喊起来："皇帝万岁！"他走到士兵当中，对他们说：

"我的老卫队士兵们！我向你们告别。20年来，我一直陪伴你们走在荣誉与光荣的大道上。即使在最近的这段时间里，你们也像往昔一样，始终是勇敢和忠诚的模范……但是如果继续下去，可能会发生内战。为了祖国的利益，我已经牺牲了自己的一切。我要离开了……但是你们，我的朋友们，请继续效忠于法兰西。过去我唯一想到的就是法兰西的幸福。如今，我把这一愿望寄托在你们身上。不要为我的命运惋惜，我之所以继续活下去，那也是为了你们的光荣。我准备把我们过去共同取得的伟大成就记述下来。别了，我的孩子们！我想把你们所有人紧贴在我的心头。至少让我吻一下你们的军旗吧！"

一位将军擎着军旗走上前去。拿破仑拥抱了他，然后亲吻了军旗，进行最后告别："再一次别了，我的老伙伴！"拿破仑登上了马车。伴随着士兵们"皇帝万岁"的呼喊，他的车渐渐远去……

在后面，那些身经百战的士兵站在原地，呜呜地哭泣着，像一群孩子。他们的父亲走了。拿破仑从未对他们说过如此动情的话。古罗马式的庄严与激情的感染力，他展现在公告中的那些热情的慷慨激昂的形象，都随着战争的狂热一起消散。在士兵们的眼中，这个皇帝说话像个统帅，这个统帅说话又像个队长。他的话语不多，非常简洁，语调中透着男人的刚毅。当他亲吻着军旗时，动人的姿态无与伦比，他之前从来没有做过这个动作。在这一天过后，近卫军的战士们会把伟大的皇帝——同时也是他们的队长的话讲给孙辈们听，孙辈们再把这些讲给他们的孙子听，一直传下去。

他就是在这样的军人氛围中长大的。拿破仑刚刚离此远去，便遇到了暴民的袭击。近卫军士兵的哭泣声还没有消失多久，拿破仑就听到外面传来一片叫喊和咒骂声。车队飞快地穿过普罗旺斯，车外人们雷鸣般的叫骂声冲击着他们："打倒暴君！杀死他这个无赖！"他们在乡间换马时，一群愤怒的妇女围住车子，向他尖声喊叫，向马车上丢石头，强迫车夫喊"国王万岁"。在某个村子里，民众居然在绞刑架上挂了一个稻草人，稻草人身上披着类似拿破仑穿的军装，上面涂满了污泥和血块，用意为何不言自明。他们在拿破仑耳边高喊："打死杀人犯！"因为这些刺激，车队不得不加速赶路，前往居留地的旅行变成了逃窜，拿破仑有生以来的第一次逃跑。

皇帝神情冷漠地看着，听着。这些难道就是当年飞奔到车旁，争相目睹皇帝风采的那些人吗？就是这些人！农民和市民，也就是书面上所说的人民。当初他们看见他的时候，不都是把法国的伟大归功于他吗？当年他第一次进驻巴黎时，万众欢呼迎接他这位胜利者。那个时候，他就以藐视人类的先见之明，先一步预料到今天可能会发生的一切。此时，他蜷缩在车子的角落里，默不作声，面色苍白。每到一个停留地，盟国的专员都会跳下车来，护在他身边。难道他真能无动于衷地忍受这一切吗？他会拔剑自卫吗？现在的他身上没有佩剑，穿的也只是市民的深色便服，他还可以离开法国，但绝不能穿绿色军装。过去他仅仅有一次类似的经历，发生在雾月十八日。那时他遭遇了困难，激进分子纷纷向他挥拳，那时的他和现在一样，面对暴民束手无策，也没有拔出剑来反抗。因为他的职业和天赋都无法胜任击退或是说服暴民的工作。他不是护民官，他是一个皇帝。他只擅长于发号施令，也只适合统率军队。对于皇帝而言，一旦他奋起斗争，就意味着一场战争。

运动！空气！在一条寂静的路上，拿破仑命令车子停下，把驾车的马匹卸下一匹来。他在圆帽上加上一个大大的白色帽徽，改成骑马走在马车前头。他的仆人尾随其后。他一路骑马到了埃克斯城，在离城不远处勒马停住，走进路旁的一家小店，自称是英国上校坎贝尔——这已经是他的第六个化名。

过来在桌前伺候的是一个普罗旺斯女孩，她喋喋不休地说着最新的消息："人们要在他出海之前干掉他！""坎贝尔上校"频频点头，对她所有的话都连连称："当然，当然！"当他与仆人单独在一起时，他疲倦地把头靠在仆人的肩上打盹儿，因为他已经有两夜没合眼了。他倒头就睡。睡眠，这是仁慈的大自然赐给你最伟大的战士的最美好礼物啊！当他醒来时，不久前还环绕在身边的叫喊声和群情汹汹的景象重新浮上他的心头，他不由得打了个冷战，轻声说道：

"不行，再也不回来了！我去厄尔巴岛会比以往任何时候都幸福。今后我只做科学研究工作，再也不做别的了，不要欧洲的任何王冠了。你也看见了人民的真面目，还能说我鄙视人类不对吗？"

当马车抵达旅店时，因为想到路上的一系列遭遇，拿破仑换了服装。因为时间紧迫，他穿上了奥地利将军的制服。衣服是科勒专员的，而军帽则是普鲁士上校特鲁赫塞斯的，他还在外面披上俄国专员苏万洛夫的大衣。这样一来，他就集三个盟国专员的衣帽于一身，穿着这身狂欢节式的装束，皇帝把自己搞得像个落荒而逃的小丑。拿破仑皇帝一路就是用这样的方式离开他的国家的。

终于到弗雷瑞斯了！这里是他从埃及回来时登陆的港口。那个时候他是以败军之将的身份回来的，他在埃及丧失了法国的全部战船，本应受到军事法庭的审判，但他依然受到了缺少领袖的民众的热烈欢迎，因为人们对他在意大利取得的辉煌胜利记忆犹新。那一次，他在回巴黎的路上遇到了不知多少万众欢呼的场面。但是这一次，他逆向从原路南下，一路上却充满风险，几乎被乱石打中，最后只能依靠伪装逃脱。一个国家获得了重生，一个民族获得了荣耀，只用了15年！在这15年中，欧洲纷争不断，墓中士兵的尸体早已腐烂，英雄凯旋被人民夹道欢迎，平民当上了元帅，从酒馆走进了宫殿，这就是这段历史。对于胜利的民族，有人拥护，也有人反抗，人们的精神受到了极大的冲击。人们不会忘记，曾经有一个来自地中海小岛的外国人，凭借着自己无比自信的鲁莽和大胆，将金叶皇冠戴在了自己头上。

15.重返科西嘉

科西嘉岛地域辽阔，岛上的山峰高峻挺拔。巴斯蒂亚是一个优良的港湾，在这里用望远镜就可以看到港口的炮台。如果有人从岛的东面进攻的话——

每次，当厄尔巴岛的统治者骑着马登上山丘的时候，那些发生在故国家园中的一幕幕剪影就会清晰地浮现在他的眼前。隔海远远望去，那边的一切都明显比这边大。比如，土地面积要大40倍，而人口也是厄尔巴岛的10倍之多。所有这些数字，他都记得清清楚楚的。在他眼中，厄尔巴岛只不过是一个小小的鼹鼠丘罢了。

他在5月一个很晴朗的早晨登陆。那天，他受到了费拉约港的农民和市民代表的热烈欢迎。当地人腼腆地准备向这个新的统治者致敬问好。然而，令他们吃惊的是，他并没有接受为他自己举行的盛大的欢迎宴会，而是径直跳上马去视察岛上的防御工事。从第二天开始，这个沉寂了很久的小岛渐渐开始忙碌起来，一条接一条的命令不断地传达下来：皮亚诺萨有必要增修两座炮台；防波堤必须再进行延长；所有的路况都必须改善。当这400名步兵登陆时，这个地方就好像突然来了一个外族部落，令小岛上看到他们的居民目瞪口呆。不多时，他又新建了一支外籍部队，把他们组成一支国民自卫军，由此兵力得到大大加强——现在他又拥有了一支千余人的军队了。待这些工作完成之后，他又着手建立了一支小型舰队，用来给国民自卫军提供保障。然后，他成立了参政院，由贝特朗和德鲁奥这两位陪同他一起流放的将军以及12名当地居民共同组成。而拿破仑本人则是参政院的主席，负责宏观的调控。他们在一起研究如何改进铁矿和盐井的问题。你们岛上难道没有种植桑树吗？在里昂，养蚕这个行业是非常赚钱的。当然，如果法国政府向我们征收关税的话，我们可以选择把商品卖到意大利去。

节约！我们实在太穷了，而法国方面又难以兑现关于年金的承诺。这所白房子比家乡阿雅克修的老房子还要小，也过于简陋，但却没有资金进行修缮。"宫廷总管"贝特朗开出了一张关于褥垫床具的清单，他的主人指出了其中的错误。因为他已经把所有的财产都深深记在脑子里了。

这个似乎永远都不知道疲倦的人统治着小岛上的一切，管理着微型军队，经营着迷你房子。难道他没有感觉到这种单调生活的可笑吗？丝毫没有！在厄尔巴岛上，他始终保持着旺盛的精力，全身心地投入到这一全新的事业中去。他意识到，能够激起他工作激情的并不是民众。不论是发布命令，还是实施建设，或者改造人民，都是受到了他艺术家式的灵魂的驱使。但是改造人民并不是一件十分容易的事情，他筹划的建设也进展不畅，难以完成。因为人们并不是任人揉捏的黏土，即使被战胜，反抗也从未停止，一直在继续着。因此他只能采取强硬措施，强迫和征服人的灵魂，发布命令，提出意见，不断警惕，不断改造。总之，就是要不断加强对民众的统治来完成自己的使命。他从来都不是半吊子和暴发户。因此，与当年推动整个地球时一样，他今天推动这个小轮子时依然认认真真、兢兢业业。

没过多久，岛上的大部分工作都已步入正轨。他却觉得自己有些倦怠懒散，甚至在研究数学问题的时候也是如此。这些改变，迫使他开始重新考虑自己的处境。

他这样写道："要使自己习惯于沉思的生活并不困难，只要有足够的自我积累。我在书房努力工作。当我走到室外，看到我的老卫兵们，这种感觉就是幸福……那些世袭的国王，一旦被废黜，就要忍受极大的痛苦，因为对他们而言，奢华场面和宫廷典礼，已经成了生活中不可或缺的组成部分。而我从来都只是一个军人，由于偶然的因素才成为皇帝。因此各种场面和典礼对我来说都是一种负担，只有战争和军营才适合我。回首那些伟大的过去，唯一令我抱有愧疚感的就是我的士兵们。在我的珍宝中，有两套别人留给我的法国军服，对于我，那是最为宝贵的财富。"

这是一个神秘国王的情感流露。人们会不会相信他的话呢？在这个小国里，他还像煞有介事地保持着他的皇朝，欧洲会不会取笑他呢？不久之后，欧洲开始怀疑岛上是不是有什么秘密。多少年以前，当他还是位年轻将军的时候，便凭借着与生俱来的尊严赢得了世袭贵族的尊敬。今天，他依然可以震慑那些心里想要嘲笑他的来访者。人们都赞赏这位孤独者简朴的天性。他虽然身居陋室之中，却仍然能够保持"皇帝陛下"的尊称。既无宫殿设施，也无朝廷大臣，在这座岛上，围绕他的只有功勋的光环。

这次回归故里也给他以心灵的慰藉，因为厄尔巴岛也是意大利的一部分。农民们用他的母语回答他提出的问题。哺育他的地中海，海岸边静静的小岛，这一切难道还不足以勾起他童年的回忆吗？五针松、无花果和悬崖峭壁，葡萄园里的白色平房，船帆和渔网，家族的尊贵和礼拜堂里人们戴着的头巾。这里的一切，就像一双温柔的手一样将他拉回到童年的美好时光。他那饱经风吹雨打的神经终于得到了片刻的安宁。在这里待了几个月，皇帝渐渐恢复了健康。有时，眼前的一切让他神情恍惚，就像来到童年的幻境中一般，进行了一次梦幻般的旅行。只有当他重新审视老卫队士兵的时候，他才真正体会到，从科西嘉到厄尔巴岛，这中间确实发生了很多的事情。

"皇帝非常满意岛上的生活。"他的一位陪同曾这样写道，"他似乎已经忘记了那些过去，布置他的房间花了很长时间。同时他也在找地方盖乡间别墅。我们一起骑马、坐车、划船，玩得不亦乐乎。"

因为他有大量的空余时间，同时又必须学着节俭，于是他就事必躬亲，甚至连小细节都不放过。之前在杜伊勒利宫的时候，他就亲自列出衣物清单。来到厄尔巴岛，他对贝特朗说："我的衣服管理乱成一团，甚至有一部分还未开箱，也没有做上任何记号。请你传令下去，把所有衣服都放进衣橱。凡是来领取宫中物品的，任何人都要填写收条。另外，房间里还缺少些普通的椅子，请你派人去比萨挑一个样品来，每把要低于五法郎。"

欧洲王室听说这件事情以后，大笑不止。后人也为拿破仑这般节制简朴而震撼。

仅仅有这么一次，人们听到了一声他极为短暂的叹息。那是一个傍晚，他站在山上，俯视着他全部的领土，说道："我们必须承认，这个岛实在太小了。"这句话道出了一个人的命运，就像是远处轰鸣的雷声。他的想象力是如此宏伟雄奇，却被局限在欧洲这一相对狭小的范围内，禁锢在19世纪普通民众的智力水平上，其内心的苦闷是可想而知的。

正是夏天的时候，他的母亲过来了。她是唯一对拿破仑目前的处境感到高兴的人。因为在她的眼中，现在的儿子不会再受到暗杀或者战争的威胁。这里和平安宁，温暖如春，几乎和科西嘉一样美丽。能够与儿子朝夕相处，使她重温了昔日的天伦之乐。事实上，她的到来是非常及时的。因为她一个人就节省下数百万的家财，她给儿子解决了最迫切的需要。当他接到她的钱款时，我们不难想象那一刻母子相视而笑的情景。就在他的命名纪念日那天，她还特意为他筹备了一个小型的乡间宴会。

过去在巴黎，她曾经亲历过十余次拿破仑命名纪念日。残废军人荣养院里发射礼炮和焰火，参议院议员和大臣们、宫廷官员和外国使节都聚集到杜伊勒利宫来。尤其到了晚上的时候，宾客满座，音乐声中，珠光宝气的法国各界名流来回穿梭，美女如云。燃放的烟火将8月的夜空照得通亮，上千盏小灯组成一个宏伟巨大的字母"N"。国王们围绕在莱蒂齐娅的身旁。她静静地站着，雍容华贵。"但愿这一切能长久！"她情不自禁地想起了这句古老的警句。今天的她很是高兴，甚至还把这里快乐的气氛与故乡阿雅克修小城相提并论。今天，她第一次这样想道："我们现在做得很不错。"

在罗马的时候，莱蒂齐娅平复了不少曾经的心灵创伤，其中许多是因为意气用事引起的。教皇重新返回了罗马，并且原谅了昔日敌人的母亲。满朝的官员，都投奔到了复辟的波旁王朝那边，甚至包括她的科西嘉秘书。对此，她并没有感到惊讶，因为她有这样的预感。只有她的女儿卡洛丽娜，她拒不接见。

波丽娜是莱蒂齐娅的另一个女儿，她得到了母亲的极大宠爱。她性格活泼开朗，在这个家庭中一向是最可爱的，而且聪明过人，对王冠并不感兴趣，只是偏爱钻石和情郎。自从她搬到这个岛上来以后，就和母亲一起为哥哥排忧解难，还给大家带来了很多的趣闻逸事。

拿破仑几乎没有任何其他兄弟的音信。有一次，吕西安给他寄来一封信。他能向这个被放逐的兄长提什么建议呢？他在罗马享受着亲王的豪华生活，他会慷慨地送钱给拿破仑吗？他会利用其影响为兄长奔走吗？这个教皇新近册封的"加尼诺亲王"会在信中说些什么呢？现在，他正在经营冶炼厂，恰巧厄尔巴岛有铁矿可以供他的熔炉冶炼。于是，他请求哥哥给他矿砂。想当初，他可以拒绝不要王冠和黄金。而现在，他的哥哥手里只是拥有些铁矿，他却想好好利用一番。他也许自认为是一个诗人，对于创作熔炉炼铁的滑稽戏情有独钟吧？这不是很好吗？至少有人还能想到他。谁还会写信给他呢？

约瑟芬去世了。就在拿破仑离开巴黎的几周之后，她死在了马尔梅松。谁也不知道她在给拿破仑的信中写了些什么，只知道她留下了高达300万法郎的债务需要拿破仑来替她偿还。奥坦丝已经和丈夫分手，同时她还被封为女公爵，就在她们母女曾经统治过的宫殿里，对着波旁家族大献殷勤。小莱昂在罗马与莱蒂齐娅住过一段时间，据说他和他的父亲长得很像，性格也颇为相似，很勇敢，也很顽皮。这些就是他所知道的有关家人的全部情况。

一位贵妇乘坐一艘英国船而来，她就是那晚前往枫丹白露宫的瓦莱夫斯卡伯爵夫人。皇帝在栗子树下的营帐里接见了她。两天两夜，他们难舍难分。拿破仑在发布命令时才出来了一下。而那个身穿波兰民族服装的4岁小男孩，此时正在草地上与老卫队士兵玩耍着。皇帝原本打算让伯爵夫人留在自己身边，可是又怕妻子路易丝以此为由拒不前来。其实，对于妻子，他一直还抱有幻想，所以，他宁愿在哈布斯堡公主的祭坛前，再次牺牲自己的幸福。她乘船返回途中遇到风暴，拿破仑得知后坐立不安，很是担心，直到她从利沃诺捎来消息，他才将一颗悬着的心放下来。

人世间的事情还真是奇妙！这个45岁的男子，用魔力巧妙地将不同的时代与风俗紧密联结在一起。现在的他是地中海中一个小岛上的国王，他的爱人渡海过来看望他。维也纳枫丹白露宫的皇家宫殿，是他们最后一次相会的地方。那时候他还是那个国家的敌人，如今他再次成了该国的敌人。从同一座宫殿里，他还把另外一个女人带到了巴黎，并最终娶她为妻。然而今天，他早已被抛弃。他的私生子在波兰境内的一座孤独的城堡里出生，现在却身穿异国的服饰，在南方的树下玩耍。那是皇帝曾经许诺要解放的国家。谁又能相信所有这一切的改变都是发生在短短五年之内的呢？也许，这些变故的发生原本应该需要100年时间的。那用传奇之线编织而成的网，谁又知道捕捉上来的会不会是传说中的金鱼？也许很久以后，人们会把这一切当成一个美丽的传说：1000年前，一位伟大的皇帝被放逐到一个岛上，一个悲伤的美丽女子，从遥远的国度远涉重洋而来，给他带来了他们的儿子。

事实上，妻儿都远离拿破仑而去了。失去亲人与权力，对他来说，都同样残酷。前者对他的打击甚至是更加深刻的，因为他一直在用很保守的市民意识看待婚姻。即使是在最后一次穿越法国的伤心之旅中，他还是一如既往地写信给玛丽·路易丝。甚至在来到岛上以后，他还特意为她准备了住处，并亲自设计了一套新居。然而他一直没有得到答复。于是他认为，信件是被人中途扣留了。最后他不得不请求托斯卡纳大公替他转达消息，因为"我希望殿下还能对我保留一点友情，尽管近来发生的一些事情让许多人改变了其本质……在这种情况下，我还想请求您能够对这个小岛持友善态度，岛民一直都是敬爱殿下的，就像托斯卡纳一样。"唉，一个小岛的统治者，手下不过两万臣民，竟然敢用这种口吻给大公写信。大公的反应当然是置之不理。

在拿破仑意识到世态炎凉、人心难测之后，他的心中再度升腾起昔日的抗争精神。要不是为了妻子，他才不会写出如此谄媚讨好的信来。在遭到冷遇之后，周围的人们终于放下心来，因为他们再次听到了他那铿锵有力的声音："这些帝王，想当初毕恭毕敬地向我派遣使者，有的甚至宁愿把亲生女儿送到我的床上，还称呼我为'兄弟'。现在他们却骂我为篡权者，他们啐不到我本人，就啐我的画像。他们彻底糟蹋了一个帝王的威严。皇帝的称号算个什么！如果我除此之外别无他物遗留于世，一定会遭到后人耻笑的……在古希腊和罗马时代，征服者会将战败者的孩子掳走，在庆贺胜利举行入城式的时候，就会让那些孩子在前面游街示众。"

就在那混乱而又可耻的一天，他四岁的儿子曾经激烈地拒绝离开父亲的皇宫，当拿破仑得知后，他又会做何感想呢？当小"罗马王"第一次看到他的外祖父时，还天真地说道："我见到了奥地利皇帝，不过他长得并不好看。"而这个，正是拿破仑希望避免的。这个男孩注定没有办法逃离阿斯蒂安纳克斯的命运，虽然他很受宠爱，但他可能已经意识到，他再也不能提到父亲的名字了。虽然他被象征性地命名为"拿破仑·弗兰西斯"，但这个名字与他身上流着的血是一样的，都体现着两个敌对世界并不幸福的结合。但是很快，"拿破仑"这个名字就被摒弃而不再使用，他就像是一只可怜的小布谷鸟，寄居在哈布斯堡的巢穴里面，理所当然地只能保留"弗兰西斯"这个名字。后来，当皇后的秘书将要离开维也纳，前来向皇后辞行的时候，孩子将他拉到窗角，用很低的声音匆匆地向他说道："请告诉我父亲，我非常爱他！"

奈普堡本是一个微不足道的奥地利军官，他被载入史册的唯一原因就是因为他进入了一位哈布斯堡公主的卧室，而这位公主若不是嫁给了拿破仑，也同样会名不见经传。当拿破仑得知此事时，他又会有什么感想呢？命运的打击令他陷入了无比的痛苦中。看到拿破仑在儿子的画像前哭泣，他的那些亲信都十分同情。

幸运的是，波丽娜来了，她风姿依旧，情绪很好。为了逗拿破仑开心，她故意模仿岛上那些裁缝和鞋匠受皇帝垂询时的神情和动作。皇帝每个星期都要接待一些岛上的居民，询问他们有几个孩子，是否需要建一个医院等。时光流逝，越来越多的意大利人开始拜访这个小岛。当然，如果有人带着有力的推荐信，皇帝就会考虑亲自接见他们，这些人中有历史学家、诗人、贵族，甚至还有英国人。他们一说就是几个小时，但对未来只字不提，只谈往事。他喜欢听来访的人对奥地利卷土重来，在意大利又恢复了统治表示不满。但是有些阴谋家希望拿破仑能去意大利领导他们起事，这时，拿破仑就会把他们打发回家。因为他的心思一直在另一个海岸上，相关的计划正慢慢形成。

巴黎正在说些什么呢？

这一点，对他来说，依然是最最重要的问题。一周两次的报纸，外加来访的客人，都会给他带来法国的消息，同时也让他考虑新的可能性。但是，不要以为拿破仑在开创新的纪元，实际上这都是按照早已确定的计划进行的。在厄尔巴岛登陆的时候，他都不知道自己会不会离开这座小岛。但是自从在莫斯科失败之后，他已经转变成了一个冒险家。促使他振作起来的，也正是冒险家通常的直觉。"活着的鼓手也比死了的国王有价值！"随着情况的变化，他开始制订计划，接着又予以否定；然后重新制订，再加以修改。巴黎和维也纳的情况就是计划的着眼点。

巴黎对波旁王室有怎样的议论呢？按照国王们的习惯说法，拿破仑刚走，波旁王室就"光复"了首都。由于拿破仑时代有着严格的新闻检查制度，报纸上因此满纸谎言。但即使他远在小岛，还是能够了解真相的。当时四个人是挤在一辆小车上来到巴黎的。巴黎人本来就爱讥讽，这下终于找到取笑的对象了。国王就坐在马车上，装束很是奇特，身着便装，但上面却缀着硕大的肩章。肥胖的国王有三个下巴颏儿，他向好奇的群众微笑致意。他身旁坐着一位贵妇，那便是安古勒默女公爵。她面容憔悴，回首往事，泪水打湿了她的双眼。年迈的孔代亲王以及波旁公爵坐在对面。他们穿的是旧王朝的制服，是年轻人从未见过的样式。这辆马车载回了22年后终于复活的鬼魂，护驾的则是神情不悦的拿破仑皇帝的近卫军。在路易十六与路易十八的马车这一出一进之间，曾经发生了多么波澜壮阔的斗争，他们身上布满弹孔的军服就是最好的证明。

皇帝急切地询问皇位继任者的生活习惯等情况。他欣喜地听说，路易十八直接住进了他的皇宫，没有做任何的修改。看上去，路易十八并没有什么王者风范。按照当时一位德国人的描述，路易十八"非常肥胖，胖得几乎都走不动路。他脚穿黑缎色长靴，两手都要扶着拐杖才能走路，即使一根草都可能会把他绊倒。他身穿蓝色长袍，上有红色翻领，挂着老式的金质肩章"。诸如此类的描述让皇帝变得愉快起来，这种愉快持续了一个小时之久。12年来，英国报刊一直在发表种种漫画，借以讽刺拿破仑在波旁王宫中的军人习气。现在，英国一手扶植起来的这个正统国王，却成了一幅地地道道的国王讽刺画。路易十八又做了些什么可以取悦人民的事情呢？

他颁发了一部宪法。但是不久又有消息传来，说这件国王恩赐的礼物依然停留在纸面上。昔日的不平等、等级特权，那些导致当今国王的哥哥被送上了断头台的东西现在又全都悄无声息地恢复了。贵族不需要服兵役，出身卑微者无法跻身高位。新贵族遭到轻视。路易十八是个老好人，做事合乎理智，但他一切都听从自己的弟弟——性格阴郁的阿图瓦伯爵的指使，而伯爵又受身边报仇心切的流亡贵族的影响。那些人纷纷要求归还大革命中被没收的财产，但是现有法律又保障实际所有者的权利。于是，国王为了安抚他们，就册封他们为贵族院议员，并赐给他们大量年金。

这又算什么？教会再度掌权？僧侣们与旧贵族沆瀣一气，他们利用地狱焚身的恐怖恫吓濒临死亡的人，迫使他们立下对财产原主人有利的遗嘱。虽然新宪法保障宗教自由，但每逢礼拜日，街道两边经营的百业都必须停业，否则就会受到处罚。而且有关宗教仪式的游行又出现在大街上。有一个女演员，其生活浪漫多彩，受到很多巴黎人的喜爱，但教会在她死后却拒绝为其施行天主教葬礼，这件事引发了复辟之后的第一次暴动。

没过多久，民众就开始领略到外国解放者给他们带来的"好处"。被放逐的皇帝兴致勃勃地观看了一幅漫画：路易十八骑马跟在一名哥萨克骑兵后面，踩着法国人的累累尸首回到法国。威灵顿曾在西班牙击败了法国军队，因此在他作为英国驻法公使在巴黎闲逛时，人们都用憎恶的眼光看着他。但新政府是怎样对待成千上万的退伍军人的呢？军官仅能拿到一半薪水。拒不信奉天主教的人都被免职。由贵族子弟组成的新皇家卫队却待遇优厚，这与普通军人形成了强烈的反差。贵族的军官学校重新开办，而荣誉军团军官的孤儿则受到安古勒默女公爵的庇护，新旧政权在这些事情上倒是出现了融合的趋势……失望的情绪席卷法国，其速度之快连拿破仑也始料未及。

不过，在厄尔巴岛上盛行的并不是雅各宾式的论调。拿破仑此时也未放弃他的政体主张，即使他承认了自己的错误："法国需要贵族统治。但是要进行这样的统治，人们需要时间和传统。我册封了很多亲王和公爵，给了他们土地和财产，但是由于他们出身贫贱，我无法将他们改造成真正的贵族。所以，我就让他们与旧贵族家庭通婚。如果上天能赐给我把法国建成伟大的国家所需的20年，我可以做很多事情。可惜命运不由人。"

总的说来，他就像一个棋手，在棋局下完之后，坦率地承认了导致自己失败的错误，他甚至不分对象地承认自己的失误。比如，他对来访的陌生英国人说，在德累斯顿时他就应该议和。当英国人问他为什么不在夏蒂荣缔结和约时，他傲然答道：

"我不能签订有辱法国尊严的和约。在我当政期间，比利时就属于法国。那些被我占领的国家，我可以分出去。但是难道让我割让所有一切，退到原来波旁王朝的疆界？绝不！……我天生就是一个军人。突然之间，我发现自己已经置身于大革命之中。国王的宝座上空无一人，我只不过坐上去，尽可能长久地保住王位而已。而现在，我回到了当初的位置，恢复了一个军人的身份……当人们看到别人的痛苦之后，只有胆小鬼才会害怕那些痛苦。"

熟悉拿破仑秉性的人都可以从他此时的心态中看出，他还未被打倒。令人惊讶的是，他现在可以完全自由地谈论往事。在厄尔巴岛上，拿破仑从未表现出篡改自己历史的企图。不过，在最初的几个月里，他以为此生他的事业已经走到了尽头，再也不想发动什么暴力侵袭，而更多地考虑去英国当一个名誉法官。"假如我去了英国，人们会怎么对待我？他们会不会向我扔石块？伦敦的暴民可是个危险的因素。"与他交谈的英国人向他保证说，英国是好客的国家。他就把这一点记在了心上。

推动他采取行动的第一个因素是维也纳会议。四位君主联合起来对付一个共和国，在10年后终于消灭了它。如今是5位君主结成同盟，聚集在一起，重新建立欧洲新秩序。他们已无须再提防任何真正的敌人。但四个半胜利者（波旁王朝只能算半个）的同盟很快就因为内部的相互嫉妒而失和了。为什么呢？沙皇不是要把整个波兰都据为己有吗？普鲁士不是想得到萨克森吗？那样一来，加里西亚怎么办？波旁家族的亲戚萨克森国王怎么办？裂痕不可避免地出现了。会议开始三个月后，时值新年，联盟宣告破裂。同样是这些大臣和君主，他们在不久前还共同举行了一系列的活动庆祝胜利，如今却已经开始相互欺骗：哈布斯堡联合了英、法两国对抗俄国和普鲁士，而在不久前，双方还在一起并肩战斗。

按照施泰因男爵的描述，梅特涅的轻浮、懒散、虚荣和玩弄阴谋的天性支配了全局。"他把那些善良的、获胜的君主玩弄于股掌之上。"一个萨克森贵族从维也纳写信来说，"普鲁士国王看上去总是满腔愤怒……丹麦国王颇具善意，有时也很机敏……巴伐利亚国王却像个粗鲁又性情乖戾的车夫……巴登大公长得伟岸、黝黑又结实……魏玛的老公爵还和以往一样，生活得无拘无束。"

厄尔巴岛上的流放者一直关注着这一切，心中的希望不断地升腾着。他思索着：一旦会议破裂，我的机会就到来了！从此以后，他经常得到一些秘密情报，尤其是忠实的马雷提供的关于维也纳的情报。这次会议恰似一艘张灯结彩的游船，摇晃颠簸。在所有人忙于耍弄阴谋或庆祝胜利之际，拿破仑的宿敌塔列朗却坐在瞭望台上担心地注视着一切，他保持着很高的警惕性。他在意大利的利沃诺布置了间谍，由他们负责记录并汇报每一艘去往厄尔巴岛的船只以及乘客的名单。

这两个宿敌就这样隔着群山和大海，透过外交文件，互相窥探着对方，监视着对方。全世界重要人物云集维也纳的目的，似乎只是为了衬托两位大师博弈，看他们如何一争长短。他们两个人可还曾记得雾月十八日前夕的深夜，当时他们还在一起策划政变，却都被街上响起的马蹄声吓得脸色惨白，以为有人前来逮捕他们？

不过，有一点是肯定的，那就是塔列朗善于识人的眼光再次得到了验证。他认为缪拉也是个危险人物，便建议把拿破仑与缪拉都送到距离欧洲大陆足有500英里的亚速尔群岛去……但是他的贪婪最终阻挠了这个计划的实行。缪拉也是个诡计多端的人。在维也纳会议上，缪拉孤立无援，为了保住自己的王国，他答应用巨款买下塔列朗在贝尼凡特的封地，塔列朗因而放弃了流放缪拉的计划。他又想出一招——绑架皇帝，但在利沃诺的间谍报告说，要想实现这一计划，必须收买统率拿破仑船队的四大舰长中的一个。

当拿破仑获悉这些阴谋后，科西嘉冒险家的血液再次涌上了他的心头。他命人加强岛上的防御工事，训练炮兵使用手榴弹。"我是军人，随时准备着被枪决，但我绝不愿再被人流放。他们想做什么，除非先攻下我的堡垒！"但是那些人最终并没有来。在维也纳，各国又达成了谅解，会议破裂的趋势也有所减弱。

但是在法国，民众的不满情绪却日渐高涨。所有这些都促使皇帝做出了决定。他有了一个想法：

"如果在维也纳会议上所有的条约都得到签署，各国达成了和平协议，那么敌人就会再次组成严密的阵线。不过，目前他们的联盟却并不稳固，一有冲击便会土崩瓦解。法国人民对波旁王朝怨声载道，巴黎正在嘲笑他们，作为波旁王朝保护人的同盟国遭到了人们的一致痛恨。上百个迹象表明，以前的军队依然忠于我——他们的皇帝。波旁王室的人胆小无比，一定会逃走。我一旦重新坐回那个位置，他们就会把我的儿子还给我。"

他不停地筹划、计算，从未像现在这样冷静地筹划过。虽然他对数字计算非常精细，但最终还是需要依靠心理因素。他告诉亲信："我打算发动突然袭击。面对勇猛的行动，人们会措手不及。面对重大的新闻，所有人都会大吃一惊。"他接着补充道，"是我造成了法国的不幸。我必须弥补过失。"

2月底，他召见宫廷司库，询问道："你还有很多钱吗？价值100万法郎的黄金有多重？一个装满书的箱子又会有多重？……你拿几个箱子来，把所有的金子放在底下，上面盖上我的书。我这里会安排仆人把所需的书送来。你要辞退当地的仆人，遣走他们，把他们的行李装好，付好工资。所有这些都要秘密进行。"

这个人惊慌万分地跑到德鲁奥将军那里，两个人对望着，谁也没有说话。第二天，拿破仑下令所有船只都不得离港。一切都在静悄悄地准备着，如同当年远征埃及那样，只不过规模要小得多。

在离岛的前一天傍晚，他还在与夫人们玩纸牌。但他不久后就起身离开去了花园，却没有出来。据他的母亲回忆说，她在无花果树下找到了他。拿破仑迟疑了片刻之后，把手放在母亲的额头，动情地说道：

"我要告诉您一切。不要告诉任何人，包括波丽娜。"然后他用昔日的口吻，仿佛是对贝尔蒂埃说话一样，"我必须告诉您，我将在明天夜里动身离开这里。"

"去哪儿？"

"巴黎。"拿破仑说完停顿了片刻，又说道："我想听听您的意见。"

刹那间，母亲的心停止了跳动。在过去的半年里，她得到了平静、安全和天伦之乐，这下子一切都要结束了。但莱蒂齐娅是个要强的女人，也是个聪明的母亲。她知道，没人能够改变儿子打定的主意，而担心的话只会影响他的决心。于是她说道：

"听从命运对你的安排吧。上帝不会让你中毒而亡或者碌碌无为地老死。他也许就是要你拿着剑战死疆场。愿圣母马利亚保佑你！"

　　停留在岛上的最后一晚，皇帝把所有高层人物召集起来，向他们宣布他即将离岛。"我在这里生活得非常愉快。在离开之前，为了表示我对你们的信任，我决定留下自己的母亲和妹妹，

拿破仑离开小岛

同时也把我异常珍视的这个国家托付给你们。"总督和市长在拿破仑发言之后都为他的离去表示遗憾。这一切都好像是在为一位贵宾送行。拿破仑就像一位贵宾，在美丽的小岛上休养了几个月，现在到了回去的时候。

　　随后，他登上船出发。在晨曦中，7艘小帆船载着1000多名士兵和几门大炮向法国海岸驶去。拿破仑站在指挥台上，看着远处他曾经平静地居住过的厄尔巴岛，还有他当年寻求飞黄腾达的科西嘉岛，它们的轮廓都渐渐地消失在他的视野中。透过3月第一天的晨雾，戛纳与尼斯的海岸线在人们面前逐渐变得清晰起来。这时，皇帝心里正在想：

　　"最坏的结果是什么？失败和死亡。最好的结果是什么？欧洲的全部权力？不要再想欧洲了！欧洲合众国的梦想已经化成泡影。100万法国人民，以及其他欧洲民族都还没有准备好。我必须为法国制定一部宪法，经由两院治理国家，与议院一起制订预算。独裁的时代已经过去了。何况我们现在还没有到巴黎呢。不知道军队发现我们回来会有什么反应呢？"

　　他已经45岁了，他所拥有的更多的是过去，而不是未来。虽然他的思想还能跟上时代的脚步，但他的年龄却已不足以掀起一场惊天动地的风暴。但他也没有老到必须垂死挣扎的地步。在勇敢与无奈彷徨的矛盾心情中，拿破仑又一次靠近了熟悉的海岸。

16.不负众望

　　群山齐鸣，声音在山谷间回荡！拿破仑的队伍就这样经过了一个又一个的阿尔卑斯群山中的山村，这支队伍是他的近千名士兵在戛纳港集结成的。他们所经之处都会有一大群热情的群众夹道欢迎。这些老近卫军沿着历史的大路前进，心中并没有什么忧虑，也没有什么喜悦之情，坚若磐石。这些农民，也就是大山的

儿子在很久以前在同一个村落曾见到过这个人。不过当时个子瘦小的他还是一位名不见经传的将军。那时村落当中有一支纪律涣散的军队，他们压迫着当地的村民，后来，拿破仑镇压了他们，解除了压迫。之后，他率军翻越阿尔卑斯山脉，走向胜利。这些大山的儿子是最早目睹他创造奇迹的人。从那之后，他们就认为他是从他们的村子里发迹的，并一直引以为傲——而现在，这个让他们引以为荣的胜利者又回来了，而且，他还率领着1000多人的队伍。这支队伍一定有什么非凡的魔力，就像是先知或救世主在行进。

这些人从山里走出来，在他们身后还跟着一群妇女和孩子。有人编唱了反对国王的歌曲。当时，在许多小城中，有些鲁莽的人还逼迫市议员迎接新的客人。拿破仑率领军队走了50多英里，遇到的除了农民还是农民。

不过，拿破仑对现在所发生的事情早已有所预料。艾克斯和阿维尼翁是保王党势力强大的省份，因此他绝不会取道那里。如今为了尽快抵达多芬内，他宁愿把为数不多的大炮丢弃在白雪覆盖的山间小径上。大革命时期，那里的农民曾经从政府手中得到了原本属于贵族的土地，他们痛恨国王、僧侣和流亡贵族，因为这件事过去了25年后，这些人竟然敢对土地所有权的问题提出异议。大革命难道不是保护穷人利益的吗？大革命难道不是农民和无产者发动的吗？第一执政从未将属于他们的东西拿走，当了皇帝以后也只不过将他们的儿子征走了。皇帝在他们缓慢而且固执的头脑里，一直都是自己人。然而这位国王又跑回来了，还有人开始跟他们争夺土地。

幸福的出现固然让农民们开怀，然而如今幸福已经发生了逆转，于是，他们开始变得心事重重。他们自发地出来迎接皇帝的到来。回想15年前，情形大致也是这样。当时的他以埃及征服者的身份坐在小船上成功登陆后，整个法国南部的人民都将他当作救世主一样来欢迎。而如今，谁也猜不出这短短的10个月内到底发生了什么事，竟足以使那些诅咒他、唾骂他的人如此兴高采烈地欢迎他。拿破仑逃走时，经过的是另外一个地方。再说，总要有一只替罪羊在整个国家面临灾难时承担责任。就如同对待拿破仑

拿破仑"众望所归"

的失败一样，民众对他的怨恨其实也是相当短暂的。然而他们对他的信赖却像他那不世的威名一样天长地久。

我们会受到最先遭遇的军队怎样的对待呢？拿破仑曾在离别时亲自嘱咐他们，让他们效忠祖国，而祖国就是国王。如今，他们身上戴的是波旁王朝的白色帽徽，拿着国王的军饷，而那些贵族的军官却一直在跟他们细数他们昔日领袖的罪恶形象。是啊，谁支持他呢？他的影响力和说服力是决定他的支持率的重大因素。从海岸向内陆进发时，拿破仑心里忐忑不安。当他离开戛纳时，瞧见了左边的昂蒂布炮台，也许他已认出当年罗伯斯庇尔垮台后曾囚禁自己的高塔，现在它围着栅栏。如果他明天无法用他的神情和演讲来吸引军队，就像今天这样，那么他或许会被波旁王朝关在这样的塔里，他也会被欧洲逼入这样的绝境。

拉缪尔与格勒诺布尔相隔不远，而就是在这个地方，他遇到了第一支国王的军队。他们奉命彻底消灭皇帝，就像当年向皇帝宣誓一样，他们已经宣誓效忠国王。如今，他们下令进攻。要知道，避免发生流血的内战正是拿破仑这一生竭力而为的大事，而现在，恐怕这场内战非打不可了。难道这条公路要变成战场吗？拿破仑跳下马，从队伍中走了出来，向他们喊道：

"第五军团的士兵们，你们认出我是谁了吗？你们当中要是有人想杀死皇帝，那就请他尽管动手吧！"说完，他就将自己身上的那件灰大衣敞开了。

四下里一片寂静，谁也不知道接下来会发生什么事。

他的确是我们的将军，那边也的确是我们的兄弟！在山头上，营地里，烈火旁，他的身影曾经多少次在战斗中出现。新近立下的誓言难道不能在人性与旧情面前推翻吗？此时，士兵们对着拿破仑大声喊道："伟大的法兰西皇帝万岁！"近卫军也跟着回应道："伟大的法兰西皇帝万岁！"接下来，军官们互相看了看，也跟着大喊："伟大的法兰西皇帝万岁！"紧接着，两支队伍合并成一支队伍，士兵们都将自己的军帽挂在刺刀尖上，他们宁愿波旁王朝的蓝色制服多几个洞。一个小时后，拿破仑身后的士兵就由1000人变成了2000人。

这次在格勒诺布尔公路上的遭遇中，他在千钧一发的危难时刻的呼喊、目光，都具有决定性的意义。拿破仑靠自己的实际行动赢回了领导权，这个中年战士再次倚仗自己的眼神和话语重新获得了权力和国家，也挽救了自己的生命。就这样，他来到格勒诺布尔，为表明自己的思想发表了宣言：

"我的法国人民！……巴黎沦陷让我感到心碎。然而，尽管如此，我的精神却从未动摇……我的生命是你们的，并将再次服务于你们。我知道，你们在我被放逐的时候发出了痛苦的申述和呼唤……你们责备我酣睡了太长的时间，说我为了个人的安逸牺牲了祖国的利益。而现在，我冲破重重危险，跋山涉水，再次来到你们中间，要将属于我的权力要回来，那也是你们的权力。

"我的士兵们！难道我们失败过吗？不，我们没有！……要怪只能怪马尔蒙的叛变让首都落入敌手，从而动摇了我们的军队……现在，我，你们的将军，通过全民投票而登基的皇帝，深受你们拥戴的领袖，又回来了。士兵们，请重新戴上属于我们胜利时代标志的三色帽徽，举起你们的鹰旗，团结在这位领袖周围吧！我们的军旗是多么神圣！它曾伴随你们走过乌尔姆与奥斯特里茨，耶拿、艾劳与弗里德兰，爱克米尔与瓦格拉姆，斯摩棱斯克与莫斯科河，卢岑与蒙特米莱，现在，让它再次飘扬在高空中吧！……至于你们还有你们的子女的财产、地位和名誉面对的最大敌人，就是那些外国人强加给你们的王公贵族……在风暴里，胜利的信息将成为指引我们前进的向导，我们的鹰旗从一个教堂尖塔飞到另一个教堂尖塔，并最终抵达伟大的巴黎圣母院！"

"皇帝万岁！皇帝万岁！"此时，在格勒诺布尔的驻军，高举旧日皇帝的鹰旗投奔了他。接下来他准备进军里昂，其中有7000人追随他。拿破仑也将里昂争取了过来。马塞纳曾经侍奉过路易国王，他也从马赛赶来向皇帝宣誓效忠。

"内伊现在在哪儿？"没人回应，四下里一片沉默，十分尴尬。"难道他现在跟国王在一起？"

他了解了巴黎军事委员会的情况。而那个胖国王以及他手下那些弱小的朝臣听到这一可怕的消息后，都吓得坐立不安。政府公报15年以来一直替拿破仑说谎，现在替国王说谎，宣布皇帝已死。就在大家商讨该如何应对时，年迈的孔代伯爵走进来，问国王："您是否可以不亲自去主持复活节前一天的礼拜四洗脚礼？"此时，国王正在给自己的军队写公告。而国王的得力助手，波旁军队的真正统帅正坐在他的身边，他是谁呢？

他就是内伊元帅。在从俄国撤退时，他与队伍失去了联系，仿佛失踪了。对此，拿破仑十分焦急，他喊道："内伊失踪了！我情愿将杜伊勒利宫地窖里的两亿黄金全部拿出来，以换取内伊的性命。"如今，内伊却与路易国王的全权代表一起从绿色的桌子旁站起，他嘴里念念有词，好像在骂着什么，并发誓要将他的老上司消灭。然而，当他注意到群众的呼声越来越高时，他忽然转向让他的部队重新将象征拿破仑胜利的三色帽徽戴上。他曾在贝桑松举行会见前托人向皇帝转告自己的意思，他向皇帝表示，他将为自己的行为进行书面辩解。然而皇帝对此并不在意，他说："我依然爱他，明天我还会拥抱他。请将这些话转告他。"

这一招多么巧妙啊！不过即使他原谅了内伊，却一直让内伊惴惴不安。次日，内伊十分惊慌地来面见皇帝，并战战兢兢地对他说："陛下，我十分爱您，然而，我是祖国的儿子，我被迫在那头肥猪面前委曲求全，并且接受圣路易十字勋章。要是您不回来，我们也会将他赶走的。"

皇帝开始询问他，心里却掠过这样的想法："真有意思！我的脸色这样苍白，他又是这样容易动摇。"

就在近卫军马上宣誓要与阿图瓦伯爵同生共死的那天，阿图瓦伯爵逃走了。这群近卫军到了中午便投奔到皇帝的麾下了。对此，拿破仑并不欣赏，因此，他对这部分近卫军敬而远之。然而拿破仑却对其中的一个人十分赞赏，因为他始终效忠波旁王室，一直护送他们到安全地点。拿破仑召见了这个士兵，并颁发给他荣誉团的勋章。

然而变化真大啊！在向首都进军的一路上，前来投诚的士兵越来越多。不过，现在这位皇帝的发言却越来越平易祥和。他总是会在经过的城市中对当地的市议员和市民表明自己对和平和自由的向往之情，他说："其实，战争已经结束了。如今，我们需要的是和平，是自由！所以，为了大家的利益，我们必须将革命的基本原则捍卫到底，坚决不让流亡分子损害它。我们也必须信守与欧洲各国签订的协议，大家和平共处。我们根本不需要任何战争，就能让法国重新站起来，赢得荣耀。我们的国家必须安于成为世界上最有声望的国家，而不去征服其他国家。"

只是，谁也不知道人民到底有没有体会到他讲话中所带的新的色彩。就算他们感受到了，他们也不一定会相信他的真诚，对此也不一定能感到满足。在没有战争硝烟的条件下就能为国家重新赢得荣耀吗？他们都是一群思想愚昧的市民和想法单纯的军官，拿破仑对他们反复言说，却并未取得什么效果。值得庆幸的是，在行军途中，拿破仑遇到了一个旧相识，他是个高级官员。总算有那么一个聪明的听众出现了。于是，拿破仑开始就政治的问题对他做出详尽的解释：

"事实便是，民众的精神已今非昔比了，他们的改变很大，从之前的只考虑荣誉和名声到现今对自由的注重。想当年，我曾给他们带来了荣耀，现在既然他们需要自由，那我也不会控制他们的这一追求。当权力建立在一部良好的宪法之上时，人们才能充分享有自由……但是，绝对不能有无政府主义！那会让我们退回到混乱的共和时代，在那时，每个人都随意干涉政治。我只需保留正当统治所必需的权力就可以了。"

这句结束语略显天真，同时也引出一个新的问题。他已经明确地展开了该问题对于自己所开创的民主的基本理念，他决心亲自巩固。雾月十八日政变时，他不要政党政治，而现在，他依然不要，这也是唯一与那时相同的地方。有人曾对他提出宽恕变节者的建议，他却拒绝了，并回答道："我可不会写信给他们。因为我要是这么做的话，必然会让他们认为我将对他们有什么承诺。杜伊勒利宫那边的情况怎么样？"

"没什么变化，就连鹰旗也没有更换。"拿破仑听后十分高兴，心情变得好了些，笑着对他们说：

"也许他们将那个当成装饰了。剧院现在在上演什么？塔尔玛怎样？他还好吗？宫廷呢？你最近有没有去过？听说波旁王室看上去就像一个暴发户一样滑稽，不知道如何说话，也不知道如何行事。"

他对这些事情抱有好奇的态度，喜欢幸灾乐祸，然而他在心里又对巴黎的气氛充满迫切的渴望。这个曾经长期被人嘲弄的人现在也试图用嘲笑进行报复。有人将国王财政紧张的信息报告给他，还将一枚20法郎的硬币呈上。

"看到上面刻着什么了吗？他们又将'上帝保佑国王'这几个字刻上去了！当时我让人刻的字是'上帝保佑法兰西'。现在，他们居然将这样一句神圣的话去掉了。这群只为自己、不为法兰西考虑的愚蠢的人啊！"之后在短短的三分钟内，他连续询问了20个人。当有人告诉他奥坦丝被封为女公爵时，他异常平淡地说：

"其实，波拿巴夫人这个称谓更加适合她，不是吗？与其他称呼相比，这个称呼更宝贵。"

他的话里有新时代的气息。其实他现在就可以成为法兰西国王，只要他真的称自己为波拿巴，颁布宪法，将给予人民充分的自由，只要他真的只保留正当统治所需的权力。那么，在统一欧洲的计划失败，吸取了被放逐的教训之后，他仍然可以成为奉天承运的现代君主的幸福典范。根据形势的变化而进行统治是他一直以来所奉行的统治模式。现在，再度当权的他在光芒万丈的太阳逐渐接近地平线时，仍将证明自己的王者风范。大门是敞开的。

而通往巴黎的门也一样是敞开的。国王走了之后，绝大多数人都支持皇帝。没有人会担心与国王的残余部队正面交锋，除非那人高估了他们的实力。在他们离首都还有40个小时的路程时，王室的最后一支近卫军也已从巴黎逃离了。皇帝的军队虽然追上了国王，但只截下了他的60车银子以及大炮，却让他逃到港口去了。当时，几乎一半的法国人望着远处狼狈逃离的国王的肥胖背影嘲笑个不停。当年，身在英国的国王在外国军队的护送下回到了巴黎，现在，身在巴黎的他却在本国军队的追赶下，又灰头土脸地从巴黎逃回英国。

此时此刻，巴黎静悄悄的。这个城市早已学会了顺从，已然将如何自主行动忘得一干二净。在这20天里，皇帝从登陆到抵达首都，新闻界对此做了如下记录：

"恶魔已经从放逐地逃脱"——"科西嘉狼人已在戛纳成功登陆"——"老虎已出现于加浦，军队已前往进行阻截，亡命之徒现已潜逃至深山之中"——"阴谋操纵者竟已抵达格勒诺布尔"——"恐怖伴随暴君一同抵达里昂"——"急速前进的波拿巴永远都无法进入巴黎"——"次日拿破仑将兵临城下"——"皇帝陛下已抵达枫丹白露宫"。

最后，皇帝的部队兵不血刃地就将巴黎控制住了。13个月前，拿破仑被迫离开杜伊勒利宫，而现在，他又回来了，并重新踏上这里的台阶。至于那些流亡的贵族，他们早已跟随国王逃走了。他意识到周围十分寂静，他仔细倾听着周围的舆论。他说，他们让我进来就像他们让别人离开。

然而现在的他正面临着人生的第一次失望！他一直自叹于向巴黎进军的历程的完美，将这段时间视为自己生命中最辉煌的一段。可是在这座最终决定其命运的城市里，在这座他一直曲意逢迎却从未真正征服的城市里，他却遭到了道德上的重重抵抗。这座城市就像一个美丽女子，他苦苦地追求她，但她虽已和新朋友路易分手，却对拿破仑变得无动于衷，好像他们之间太多的激情已经让她没有了爱的力量。但不论如何，既然已经走到了这一步，他还是会不顾一切地走下去，采取进一步的行动。

他转向维也纳，那里有什么表示呢？

筹办庆典的梅特涅在拿破仑从戛纳登陆后的第八天凌晨3点才上床休息，而6点时，一个信差又将他唤醒。这是一封从热那亚总领事馆寄来的信。被吵醒的他生气地将信扔在一边，几个小时之后，他才将信笺展开："英国专员坎贝尔刚才过来问，有没有人在热那亚见过拿破仑。他已经从厄尔巴岛消失了。"

这一消息对梅特涅而言无疑是晴天霹雳。昨日还钩心斗角的人们在这一刻忽然变成了患难之交。他们一再违背自己立下的誓言，现在又重新信誓旦旦。五年前曾被拿破仑宣布为非法的施泰因男爵是第一个想到要宣布拿破仑不受法律保护的人。于是，大家开始针对这一问题进行讨论，与拿破仑有姻亲关系的哈布斯堡王朝一直举棋不定，他们想先征求玛丽·路易丝的意见。在玛丽·路易丝与丈夫这四年的婚姻中，他们甚是相爱，从来没有对任何人抱怨过丈夫。她又有什么可以抱怨的呢？拿破仑一直都对她百依百顺，对她的一切要求都予以满足。他对她十分宠爱，让她既富且贵，堪称最可靠的好丈夫。平日里，他们夫妇二人经常会与儿子一起嬉戏。她会不会替拿破仑说话呢？

而此时，这个奥地利军官的情妇竟然做出这样的举动：她愉快地向维也纳议会写下了宣布自己与拿破仑再无任何关系的正式声明，将自己置于盟国的保护下。当年她难产时，拿破仑选择保住母亲的性命，而这就是她的报答！连他自己的妻子都对他投出了反对票，拿破仑被宣布为非法的。"同盟各国宣布，拿破仑·波拿巴置一切民法与社会关系的束缚于不顾，是世界和平的敌人与破坏者。他将受到公众对他的普遍制裁。"

拿破仑不为所动。其实类似的情况已经发生过三次了。当年他与家人被驱逐出科西嘉，在圣克卢宫的花厅中，这些话也有人向他喊过。教皇也曾将他驱逐出教。然而他的铠甲是如此坚实厚重，纵使有再多的诅咒，对他也没有丝毫损伤。因为对于诅咒，他似乎有十足的免疫力。不过这一次，情况可就不一样了，他被击垮了。

他继续将希望寄托在哈布斯堡家族身上。他宣布召开帝国大会，还使用法国洛林王朝的词汇，将这次大会称为五月校场大会。他还想在那里给自己的皇后和儿子加冕。其实他这么考虑是因为他想借此来拉拢奥地利，得到一个坚实的后盾。于是，他写信给自己的妻子说：

"我主宰着整个法兰西帝国！全国人民和军队都非常受鼓舞。除了那个所谓的国王逃到英国去了……我十分期盼见到你和儿子，希望你们4月份能回来。"

皇朝思想已经在他头脑中根深蒂固，抑制了他最自然的情感，因为他已将它出售给了旧世界。此时，他的岳父刚刚将他逐出法外，他就给其写信，说："任何东西，任何人都阻挡不了命运对我重返国都的召唤。在这一刻，我希望能与我的最爱——我的妻儿重逢。这也是我最大的愿望……我的妻子现在肯定也怀着与我同样强烈的感情，我们深深地思念彼此……我现在所做的一切努力都是为了巩固我的帝位，全体人民将这一神圣的使命赋予我，如今，又把它重新交给了我。我要尽一切努力，将它建立在不可动摇的基础上，然后在将来的某一天再交给我的儿子……所以，我必须通过一切努力得到持久的和平，因为这是实现这一重大而又神圣的目的的先决条件。在我的心中，我最向往的莫过于与所有的国家和平相处。"

这是可笑还是崇高？拿破仑只想保有法国，他放弃了战争，放弃了征服欧洲，这是他的真心话。那些战胜了拿破仑的君主，又结成了新的联盟，宣布他并不受任何法律保护，而且剥夺了他所有的权力。弗兰西斯皇帝在维也纳亲自签署了这项判决，并且事先得到了他的女儿的明确授权。她在拿破仑上次失败之后，就已离他而去，放弃了摄政权，尽管她曾发誓将其履行到底，还将孩子劫走了，与另一个男人开始了新的生活。皇帝对她的所作所为十分清楚。不过他并没有与曾推翻他、让他失望的一切一刀两断，并从此开创一个新纪元，反而一个劲儿地乞求推翻他的新王朝和旧王朝，期望能与之达成友谊和亲缘关系。

正是这个禁令，这个剥夺权力的判决，将拿破仑第二次推向了毁灭的深渊。

17.新的反法同盟

一下子，拿破仑从原来的冒险家，变成现今的诱鼠者[①]！

聪明的波旁王朝十分懂得求贤纳士，邀请了所有有才干的人入朝，为其服务。只要国王的赞歌奏响，人们都会心悦诚服地跟在他的身后。如今，突然回来的拿破仑让其中的个别人开始举棋不定了，他们不知何去何从，只能静观其变。拿破仑向来是个只知道发号施令，却从来不懂得笼络人心的皇帝，现在，他居然在自己的唇边放了诱鼠笛。他明白现在该是需要暗示和微笑的时候了。诸如马雷、达武、科兰古这些立场坚定、与皇帝一起遭到流放的人，在与皇帝握手之间便官复原职了。

那些忘恩负义者归附波旁王朝之后做出了各种难以对皇帝启齿的事情，而拿破仑心里也十分清楚，但他依然没有什么特别的表示，仅仅根据他们各自的具体言行予以接纳。他把他们都算作他原来的阵营。皇帝一到，朝臣权贵与文武官员又都纷纷来参加朝会。此时，当年一个曾被拿破仑从放逐之路上召回并被封为参议员的旧贵族伯爵也来凑热闹。波旁王朝复辟时，他又背叛了皇帝，成为国王手中的棋子。拿破仑走近这位伯爵，这位伯爵却两眼看天，不说话，那样子就像在对皇帝说："陛下，我很抱歉，不过我的所作所为是受上帝不可思议的意志支配的。"皇帝对他笑了笑，也没有吭声。不过日后谁都没有在宫中再见过这位伯爵的身影。但是，当马尔蒙手下的一个将军（他曾在马尔蒙元帅决定叛变的作战会议上做过关键性发言）结结巴巴地试图辩解时，拿破仑却停止了微笑，斥责道："你想让我做什么呢？你难道没有看出来，我根本就不认识你！"

后来欧迪诺出现了。他是这20年来一直与波拿巴保持友好关系的好伙伴和得力干将。"欧迪诺，你可曾听说，洛林人就像崇拜上帝一样崇拜你。就在去年，洛林的20万农民还表示愿意效忠于你。如今呢，我却要反过来保护你，因为如果没有我的保护，恐怕你早就遭到这些农民的伤害了。"

[①]出自中世纪一则民间传说。在鼠患严重的哈墨恩市，有一个捕鼠人到当地后，用笛子将城中所有的老鼠都引诱出来。后来因为居民不付报酬，他又吹奏笛子将城中所有的孩子拐走。

　　紧接着，犹豫了很久的拉普拉斯也出现了。站在皇帝面前，他依然显得不是很确定。"拉普拉斯，你居然让我等了这么长的时间。你别告诉我你真的打算跟我开战啊！难道你真的这么想吗？"

　　拥有一半德意志血统的阿尔萨斯人拉普拉斯考虑得最多的不是如何讨人喜欢，而是如何履行自己的职责。因此，他回答道："陛下，恕我直言，我之所以这么做，完全是因为我身上的职责，我被逼无奈。"

　　"呸！我今天真是活见鬼了！士兵们就不应听从你的指挥，你们阿尔萨斯人就应该拿石头砸你。"

　　较真儿的拉普拉斯反驳道："陛下，当时的处境很危急，我不得不那样做，这一点您也是清楚的。您已经退位，并从法国离开了，当时您还劝我们效忠于国王，然而您如今却又回来了……"

　　"你经常来这里吗？他们是怎样对待你的？是不是一开始十分恭维你，之后又找机会将你扔出门外。当然，你们有这样的遭遇也是正常的，这是你们的命运……夏多布里昂的小册子你看了没有啊？在战场上，难道我真的跟一个懦夫一样吗？那些人抱怨我有野心，是因为他们找不到其他借口。试想一下，如果一个人日夜为野心所驱使，恐怕他也没有我现在这样肥胖的身材吧？……我必须对你再重复一次，我的拉普拉斯将军，为法国效力是我们最大的责任！只有这样做，我们才不会愧对我们的祖先。"

　　他的姿态鲜明而又动人，然而这位勇敢正派的拉普拉斯将军也不甘示弱，继续反驳道："陛下，您难道忘了德累斯顿战役后没有议和的情况吗？那简直就是一个极大的错误啊。您根本不理会我那些关于德意志民众情绪的报告。"听到这些话，皇帝急忙回应道：

　　"和谈意味着什么你根本就不知道！"之后，他的语气瞬间缓和了一些，就好像两人身在军营中一样，虽然这种语气不太适合宫廷会面的严肃气氛，但却将拉普拉斯的心打动了。"要不就是你对新的战争充满恐惧……这15年来，我一直十分信任你，你是我得力的副官。从埃及回来时，你也不过是个普通的士兵罢了，是我把你提拔起来的。我现在允许你对我提出任何要求，我都会满足你的……在莫斯科，在但泽，你表现得十分出色，立下了赫赫战功，这些我永远都不会忘记。对我而言，内伊和你都是难得的人才，你们都有坚强的品格。"说完，皇帝突然拥抱了他，并深情地吻了又吻，然后拉着他的小胡子说：

　　"我的将军啊，在埃及和奥斯特里茨战场上功勋卓著的勇士啊，难道你也要离开我这个对你如此厚爱的人吗？我在日后与普鲁士人及俄国人进行谈判的时候，你就负责统率莱茵兵团吧。我希望你在两个月后去斯特拉斯堡把我的妻儿接回来。过去的就让它过去吧，从现在起，你就是我的副官。"

"遵命，陛下。"

在德意志境内，拿破仑看过那部叫作《华伦斯坦》的戏吗？他是否还记得当年在波兰意图对他行凶的刺客？他一定要把拉普拉斯留在自己的身边，因为拉普拉斯为人十分忠实可靠，而且十分勇敢。他是拿破仑下属的这么多军官中负伤最多的。他主要是出于责任感才投奔了国王，利诱对他是不起作用的，这一点，拿破仑心里也很清楚。就在这短短的一刻钟内，拉普拉斯又回到皇帝身边，成为皇帝的人，而且还承担起皇帝副官这一军队领导的职务。他的想法是，就目前的状况来看，皇帝现在最匮乏的便是别人的忠诚。

此时，从拿破仑回来的第一天就开始为他效力的内伊的情况较为复杂。这些天，他一直受着良心的谴责，这让他彻夜难眠。后来，他索性怀着极其不安的心情去见皇帝，语无伦次地说："陛下，也许我的事情您已经知道了。是的，之前……在我去贝桑松前，国王召开了……作战会议……在杜伊勒利宫里……我……我答应了国王……"

"你答应他什么了？"

"我……我答应……把您给抓住……并装进铁笼子，送到他的御座前……"

皇帝听后愣住了，不过很快便回过神来，他怒斥道："这是什么话！你简直就是在胡说八道。作为军人，你怎么可以有这样的想法啊！"

"陛下，您误会了。"内伊急忙回应道，"您别生气，先听我说完吧。当时，我确实对国王说过这样的话，但是陛下……我隐藏了我的真实想法……"

面对愤怒的皇帝，内伊只好赶紧退下。事后两个月，他才再次回到战场上。经历了长久的战争之后，这些原本如同钢铁一般的军人已经把坚强的意志都消磨殆尽了，他们承受着责任与感情之间的冲突与折磨，痛苦得几乎要发疯了。曾侍奉过路易国王的贝尔蒂埃，如今也同样备受战乱的折磨。

皇帝在提到这个参谋总长的时候依然喜欢用"笨伯"这样的字眼来称呼他，口吻中带有以往的宠爱意味。拿破仑一直称赞他是个不错的人，"只要求他穿上国王卫队的制服来见我"。但实际上，贝尔蒂埃却在皇帝回到巴黎后每晚都在府邸里跑动。他如同朱诺当年那样，在暮年时从阳台上跳了下去，死在地面碎石之上，而不是沙场上。

拿破仑意识到自己的军队不能再这么耽搁下去了，现在务必前进！还有谁不在？施泰尔夫人又出现了吗？拿破仑收到自己这位老对手的信，这个女人表示，她愿意为法国辩护，如果拿破仑能将法国曾经欠其父亲的200万法郎还给她的话。这一句话便让这位原本拥有勇敢的巾帼形象的女性失去了自己在史书上的美好声誉。拿破仑回信了，恶作剧般地告诉她："夫人，我被您的真诚打动了，然而我必须很抱歉地说，我现在并不那么富有，所以，您现在提出的要求我恐怕难以满足。"

在她之后又有谁遭殃呢？是马尔蒙还是奥热罗？皇帝宣布这些将国家出卖给敌国的人从此被剥夺公民权。至于塔列朗，他总算得到了报应，同样被皇帝赶出法国。这君臣二人一直在互相攻击，不管是从维也纳到巴黎，还是从巴黎到维也纳。算下来，他们之间这种充满敌意的友谊已经长达18年了。然而，这两人暗地里却都异常冷静，惋惜对方聪明绝顶却为敌人效力。

富歇是"帝国双奸"中的另外一个人。现在他又上台了。皇帝再次将他任命为警务部长。毫无悔改之意的富歇依然利用他的职务暗地里从事各种背叛主子的事情。当他提起皇帝的时候，他说："大家都不欢迎皇帝的归来。我们现在要做的就是密切地监视他的举动……"他认为皇帝回来后的表现比他离开之前更加张扬，甚至恶意地估计，"我想他也待不了几天了，过不了三个月，他就会坚持不住"。这段时间里，富歇一直与梅特涅保持着密切的联系，然而身为警务部长的他也有一些仇人。他的所作所为被拿破仑之前的谍报人员揭发了。皇帝知道这些阴谋后，怒骂他道："叛徒！大叛徒！"当时，拉法莱特正好在门外等候皇帝的召见，门是半掩的，因此他听到屋里的一些对话。皇帝生气地说："既然你这个贼臣就只想着如何出卖我，又为什么要接受我赐予的警务部长职位？你以为我不知道吗，你通过巴塞尔的银行官员暗自与梅特涅通信！我完全可以判你绞刑，就算我真的这么做，全世界也没有人会反对！"至于当时富歇是怎么回答皇帝的，却没有任何记录。

在罗伯斯庇尔时期，富歇形成了过激思想，后来也因此得到了职务。皇帝之所以想要他成为内阁的一员，是需要用他来吸引更多的民主人士。然而，这位将主子出卖给梅特涅的叛贼还是个两面派，他又将梅特涅出卖给极端主义分子，因为他有野心——建立一个以他自己为首的共和国。还有卡尔诺，他比拿破仑更反对国王，这是他自督政府时代以来第一次成为内阁成员。

然而，有着精神领袖地位的拿破仑成功地将本杰明·贡斯当争取过来了。这个老牌民主主义者是他的宿敌，也是施泰尔夫人的朋友，在皇帝刚刚回到巴黎不久后，他还在报纸上猛烈攻击他。在他的笔下，拿破仑被比作当年的匈奴王阿提拉和蒙古国的成吉思汗。如今，在拿破仑同意进行议会统治的时期，这批1813年的民主派人士便成为他需要吸纳的贤人。于是，拿破仑亲自召见贡斯当，这是时隔15年后他们的第一次会面。皇帝与他一同就目前的形势与发展问题进行深度的探讨。后来贡斯当还用整整四页纸将自己与皇帝这次会见的过程记录了下来，他的这份宝贵记录清晰地显示出政治家拿破仑的最后转变，以及造成转变的各种现实政治原因。

"人民再次要求我设立讲坛和集会。他们从来都没有过这样的要求，现在为什么又提出来？我上台的时候，他们都拜倒在我的脚下……我现在所使用的权力还不是国家赋予我的全部权力。如今，一切都变了。宪法、选举，还有言论自由再次成为民众呼声中最响亮的话题。我认为这只是群众当中少数人的要求罢了，因为你们大多数人需要的还是我……无论是士兵们还是无产者和农民，他们都需要我这个皇帝……因此，无论发生什么事情，人们最后还是会回来支持我。对于国民，我的要求十分严格，不会去讨好他们，但他们依然高呼着万岁，因为我与他们已经是密不可分的整体了……

"至于贵族，他们要另当别论。这群人跑到我这里，乞求我赐予他们各种官位……然而，我和他们根本没有任何共同利益。训练有素的马匹在骑师面前都能乖乖地俯首帖耳，不过我还是能感觉到它的颤抖……我正努力建立世界帝国，如果没有无限的权力就根本办不到。你们当中的任何人要是和我站在同样的位置，也会要这样的权力的！正是这个世界鼓励着我这样做下去。无论是哪个国家的君主还是我国的臣仆，都需要在我的权杖之下跪着……然而，如果单纯只想统治法国的话，我只需要制定一部宪法就可以了。

"你的观点是什么呢？请你告诉我！是言论自由，还是选举自由？抑或是责任内阁？还是出版自由？……以上所说的，不单单是你们需要的，同样也是我现在迫切希望实现的，压制出版自由的国家是多么荒唐……我是皇帝，是你们的皇帝。人民所需要的自由我一定会给他们……现在的我已经不像以前那样只知道征服了。我十分清楚自己可以做到什么。而我现在唯一想做的就是重建法国，让法兰西帝国从此成为一个符合民意的政府。

"我并不讨厌自由，虽然我现在依然对它敬而远之。我正是在这样一种思想的熏陶下长大的。我这15年来打造的一切已经付诸东流。如果现在要再来一次，至少还需要20年以及将近200万的人力。我需要的和平是建立在战胜别人的基础上的。我希望你们不会因此产生错误的幻想，一定会有一场可怕的战争。我需要人民的支持来完成这次战争，人民会因此提出要求自由的条件。好吧，我承认，他们应当有权利享受自由……现在，我的处境已经发生了改变。45岁的我也在衰老着，已经没有30岁时的那种力量了。我现在倒是比较适合立宪国王的那种清闲生活。我的儿子也会同意我这么做的。"

以上便是拿破仑从厄尔巴岛回到巴黎之后所产生的想法，现在的他放弃了征服整个欧洲的野心，转而只想统治法国。他所想的完全符合他的内心世界，他的动机的现实性也证实了这些想法的纯洁。他并没有假装回心转意，也表现成一个在与上帝对话后变成圣人的人，他做的仅仅是根据情况调整自己的统治方式，遵从公众的意见。新时代已经悄然来临，并非由他开创，却因他的失败而到来。拿破仑意识到，在经历了天才的非凡独裁统治后，再也没有一个国家想恢复世袭君主的独裁统治了。如果革命的精神化作一尊石像，在石像倒塌之后，人们就必须在原有的废墟上重新设计新的结构与秩序，新的石像是不同的，可能地基会更宽阔一些，石像上面的尖顶更小一些。事实上，就算这位革命之子变成暴君，取代他的也不能是一个号称君权神授的世袭帝王，只能是民主。

所以，如今的皇帝比以前更加反对流亡贵族。他没收了流亡贵族的财产，又将国王的卫队全部解散，取消了封建爵位，摆脱旧贵族的纠缠。其实这些事情都是他在执政之初就应当做好的，贵族虚假的恭维曾一度造成伤害，现在到了政治生涯的末期，他才真正地解决了它们。现在，他发布了各种谕令，让革命精神有了新的光彩。甚至可以说，他现在所做的这一切，远远胜过过去11年的统治成绩。之后，他向各个部门发布如下的通告：

"正如当年我从埃及回国那样，我今天回来的原因很简单，就是为了拯救情况日益恶化的法兰西……我不想再有战争，我们必须忘记我们曾是世界霸主的历史……那个时候，建立庞大的欧洲合众国完全占据了我的心灵，成为我追求的最大目标，也因此忽略了国内建设，我现在才意识到，要想让国民过上自由的生活，就必须加强国内的建设。所以，我现在认识到，保持法国的和平，保护国民的私有财产和保障思想交流的自由才是我这个皇帝应该做的事情。因为一国之君就是国家的第一公仆。"一年前，在那个灾难时刻，他说出的可是与这些内容反差很大的"朕即国家"，现在还有许多人记得这句话。尽管如此，民众还是对由贡斯当起草的新宪法寄予了希望。

新修的宪法终于出炉，人民却大吃一惊，因为他们看到上面居然有"宪法附加条款"。于是，民主派人士对皇帝产生怀疑，生怕这是他再一次欺骗国民。与此同时，维也纳那边也传来了各国向拿破仑宣战的消息，据悉，这些国家开战针对的只是拿破仑一个人，而不是法国。这20年来，法国的所有国民都在寻求和平，现在总算有和平的趋势了，难道又要被拿破仑打乱吗？一名参政员向皇帝讲述了民众的现状："陛下，我必须将我所知道的消息告诉您。事实上，女人们已经公开地宣称您是敌人。这些反对者在法国对您很不利。"现在，他很难招到愿意入伍的士兵，实际上也只征召了6万人的兵力，与他原先设想的25万兵力相比几乎是个讽刺。

不过，盟国的宣战也只是体现了各个国家君主的意思，而各国的人民却根本没有权力和机会去表达他们的心情。其实，其他国家的国民也和法国人民一样，对和平与自由充满渴望。哈布斯堡王朝一直都希望有朝一日能报复拿破仑，他坚持将拿破仑的各项权力都剥夺的做法应该归为面子问题而非一种政治姿态。但不管怎样，拿破仑的权力着实因为这项决议而被彻底摧毁。虽然在一开始时，法国人民还愿意支持他，但其他各个大国都对拿破仑表示反对后，人民就不想再为他做任何牺牲了。公债曾在他抵达巴黎之初上扬，现在又下跌了。

惊慌失措的皇帝询问亲信征兵的事情进行得怎样，那个人告诉他："陛下不会一个人战斗的。"听了这话后，皇帝却说："我估计过不了多久我确实就要孤军奋战了。"

现在的他再也没有当初那样活跃的思维了，外表的变化也很大，显得更加臃肿了，面部皮肤十分松弛，精神状况不佳。他必须泡很长时间的热水浴，人也变得嗜睡。他的一个亲信记录了皇帝当时的情况："他一副忧心忡忡的样子，虽然说话的时候还算自信，不过已经没有当年那样的威严语调了。"

从他刚刚回归巴黎到现在仅仅过了四周，原本精神饱满、神采奕奕的他已经变得这么颓唐，他的所有才智和气魄都倒退了。

对自己妻子所作所为的失望恐怕是让他一下子衰老的首要原因。皇帝先前曾截取了一封从维也纳寄给拉法莱特的半匿名信，信中说的都是玛丽·路易丝嘲讽皇帝的风凉话以及她现在与奈普堡的热恋。皇帝一个人坐在光线暗淡的房间的火炉旁，看着这封不堪入目甚至还提到某些可耻细节的信，久久地沉默着。

秘书梅内瓦尔曾接受拿破仑的命令，陪伴皇后去奥地利。他回来后，在这时局一直动荡不安的几周里，时常注意到皇帝常常坐在沙发上，陷入沉思。在他回来当天以及第二天的前半天，拿破仑一直在细心倾听秘书关于他在维也纳所见的详细汇报，长达几个小时。梅内瓦尔说，他眼前的皇帝一直在沉默，眼神显得十分痛苦无助。现在的他再也没有了当年的坚强意志。"我被皇帝的那种表情深深打动了。从皇帝流露的眼神里，我读出了他内心对胜利抱有的自卑感。之前，他对运气的信心一直都是支持他坚持下去的信念。然而自从重返巴黎后，他便将这种信念渐渐掩埋了。"拿破仑让梅内瓦尔细说关于小'罗马王'的每一个细微之处。5月，年迈的皇帝独自一个人静静地在花园里踱步，心中十分忧郁。他的儿子现在到底怎么样了？他自己无法亲自得知，只能从一个陌生人那里获取一些信息，他现在自己也搞不清孩子到底像他的外祖父，还是更像他自己。

他的心情十分沉重，内心的冲突也因此越来越大，这无疑是更让人觉得悲哀的事情。如今的他若不成为民主派的一员，便不可能符合时代精神。外界的威胁让他几乎喘不过气来了，即使他具有要求民主和自由的意愿。如果没有人帮助路易十八，那么皇帝现在也许会好受一些，可以安心地管理法国境内的政事，他的人民便有机会得到他允诺赐予的自由。可是那些大国已经重新拿回了自己在大革命后失去的东西，没有领土被扣在法国手中。但是为了遏制欧洲革命风暴之源对他们世袭王位的威胁，他们还要与拿破仑交战。只要波旁王室依然站在英国海岸上眺望祖辈曾统治着的法国，他们就无法安心入睡。

维也纳会议的决议让皇帝感到战争的威胁正步步逼近，他前所未有地紧张起来。这将是他这一生中所遇到的最严重的危机，现在，他迫切地希望得到快速与明确的独裁统治。他从未如此紧迫地想要控制舆论，否则后果不堪设想。此刻，其他人渴求安定，而他却不得不做出与他们截然相反的事情，征兵备战；他想给人民自由，然而他的行为已经受到阻碍。一面是正统主义君主，一面是这个曾经辉煌一世的天才，他们之间的战争蓄势待发。当年他曾因为斗争而变成一位正统主义者，如今，即使他不再想当正统君主也已经来不及了。战争又逼近了。他已经没有机会重返自由了。

他一心开启一场新的伟大革命，却被掐死在摇篮中。他将宪法的附加条款留给"拥有最高权力的人民"去决定，这种做法就和他当年对待其他重大法令一样。

不过，不得不说的是，贡斯当的67条宪法条文覆盖了所有新颖的民主因素，可以说，法国宪法比英国宪章更具有进步性，是整个19世纪的宪法之最。其中，宪法规定：未经法律手续，任何人不得拘捕或放逐任何人；任何人都不得随意撤换法官；国家立法机关变为下议院，国家参议院改为上议院，取消之前的特权；任何人都有宗教信仰自由以及出版自由；议事都需公开于外；两院都具有制定法律、否决预算的权利；内阁成员必须对议会负责；法律解释权归议会所有。

这些都是这部宪法规定的新权力，都是针对独裁者的。这些内容，拿破仑大部分都表示同意，但有两条，他与贡斯当展开过激烈的辩论，事后，他便将自己的两点方案运用于具体实践当中。首先，他规定了关于贵族世袭的问题。贵族的后嗣可在获得一到两次的军事胜利后获得特权。其次，"为了对抗党派，防止自己被他人攻击而不能进行适当惩处的事情发生"，皇帝具有没收权。

不过，这些与"附加条款"一样，都带来了负面影响。拿破仑一直以来都不能容忍别人和自己争论，所以现在所实行的公民投票的方式只不过是走个形式罢了。于是，民主人士们又开始议论纷纷，怨言不断。与之前他在举行全民公决中得到的400万张票相比，现在的投票情况实在尴尬，巴黎只有五个城区参与投票，绝大多数公民一直在保持缄默。

有几个勇敢的人发出了反抗的声音，诚实的卡尔诺便是其中的一个。他呐喊道："陛下，您没有发现人民根本就不喜欢您在宪法中的附加条款吗？人民是不会接受它的。陛下，请答应我，将它们都修改了吧！说实话，您的宽容是决定您和我们命运的关键。"他正义凛然地说着，这令拿破仑十分惊愕，因为自从他做中尉以来，还从未经历过这样的场面。于是，他不大情愿地表示自己无能为力。这时，卡尔诺继续对他说："陛下，也许我说的话会让您感到惊讶。不过，这是您需要面对的事实，您务必要对自己的人民表示宽容。"

身为一个老兵的拿破仑回答道："你没有看到敌军已经逼近了吗？我现在最需要做的就是通过别人的帮助，赶走这些敌军。之后我才有时间考虑你所提到的关于人民自由的事。"其实，直到现在，他依然不知道该如何与人民协商。协商这件事对他而言也是不可能的，虽然他意识到这是新时代对他的新要求。

拿破仑不会协商，只会下令！

18.滑铁卢战役

在一个风和日丽的早晨，巴黎郊外草地的五月大校场上人山人海，新老军队会聚于此，而前方的主席台上，三色旗正迎风飘扬。今天正是拿破仑在迎战盟军前宣誓忠于新宪法的日子。数百名上议院贵族和600名下议院议员正在主席台下等候皇帝的到来，这也是这两三年来祖国第一次让人民尽情欢乐的日子。当年国王路易十八统治时，人民的生活比现在还要单调，他们每天除了虔诚礼拜，没什么好做的。

今天的主角什么时候到来呢？每个人都在翘首等待着，希望目睹到身着戎装的皇帝，因为他将在几天后重新率领自己的军队与外国交战，以保住皇位和国家的安全。据说皇帝会穿他那套绿色制服，它是人民最喜欢的装束。

然而，人民惊愕了，他们所见的居然是另外一番景象！

最先出场的荣誉团缓缓前行，鹰旗和各色旗子紧随其后，身穿彩衣的传令官和宫廷侍从随后跟上，看上去就像童话中的景象。接着，八匹骏马拉着的皇帝加冕车缓缓地出现。身穿白绸华服、头戴鸵鸟翎帽、外披加冕斗篷的拿破仑就坐在里面。

这就是我们的皇帝吗？人民都愣住了，他们没想到居然会看到一场让人大开眼界的表演。在这个举国欢庆的日子里，人民失去了与自己的君主亲近的机会，他们的君主变得如此拒人于千里之外。车队缓缓驶过人群，他们发现拿破仑没有带上自己的妻儿，也没有让侍从待在自己身边，而是显出一副孤寂的样子。

拿破仑还是顺利地举行了盛大的弥撒典礼。之后，新议会议长对皇帝说："我代表人民表达对您的信任，是的，您的誓言让我们很受触动，我们都相信您的誓言，我将好好组织议员们进行明智的法律修改工作，宪法是国家的最高法律，其他法律都需要与其相符。"这番话意味着什么呢？告诉皇帝宪法之事其实还未结束，因为群众不仅仅需要修改宪法的附加条款。之后，这位公民大声地对人民说道："大家要英勇作战，祈祷我们的军队早日取得胜利，早日凯旋！"

而此时，尴尬的皇帝只好勉强笑了一下。接下来，他让人宣布法兰西帝国的新宪法，并对新宪法宣誓。之后，士兵们在他的号召下欢呼起来。然而这群年轻的士兵几乎都无法认出他们那位伟大的皇帝。他在他们心中的形象一直都是那个穿着绿色军装，佩戴三色帽徽的将军，而不是像现在这样戴着黄金和羽毛。士兵们的欢呼声并不怎么热烈，"皇帝也注意到了，这些欢呼根本就不是奥斯特里茨和瓦格拉姆的欢呼。"

一个星期之后，他召开了议会，并尽量避免提到关于民众在五月大校场大会上不满的事情。会上，下院做出了全力保护国家的承诺。不过就算统治者获得胜利，他也不能过分地利用自己的意志，更不能让战争超出自卫的限度。上院的代表也在会议上进行演说，并含沙射影地警告统治者："就算我们取得了胜利，我们法国的政府也不能走偏了道路。"听着他们一言一语的拿破仑一直在沉默，心里十分生气，恨不得现在就将这些人撵走。

后来，他的弟弟吕西安终于决定与哥哥联合，加入了参议院。他们见面并握了手，二人之间又变得十分亲近了。他们互相称呼对方为"亲王"和"殿下"，这也是他们彼此之间第一次这么称呼。吕西安现在一直在皇帝身边服侍，帮助皇帝进行包括科学院报告在内的各种演讲，并挣回许多金钱。路易抱病在身无法前来。热罗姆也对其兄弟表示自己有随时候命的真诚之心。在皇宫中，奥坦丝成为替补的皇后。没有儿子的皇帝对她的儿子给予了重大的关注。侄儿们被拿破仑抱着走到阳台上，仿佛是为了向法国人民表明自己还有继承人。不过，曲折的命运又一次打算与挫折重重的拿破仑皇朝开一个以悲剧收场的玩笑。

一天，皇帝带着奥坦丝前往马尔梅松，在那里，他独自来到约瑟芬病逝的房间里，沉默不语，之后又默默地离开了。

明天就是交战的日子了。此时，他正祈祷自己经历这次战争之后再也没有战争。事实确实是这样，只不过，这个终结是一场悲剧。

卡尔诺得知了皇帝的作战计划，力劝他考虑现在薄弱的兵力，不要急于发兵，等到援军到达后再发动总攻。卡尔诺分析，在7月底前，俄军和奥军都不可能到达指定的地点。作为盟军的英国和普鲁士也会因为俄奥未到达而不敢轻举妄动。这样一来，法军完全可以在未来的这六个星期中重新整顿军队，让军队数量翻一倍之后再进军。到时候，法国必然变成军营。他还提议在巴黎的开阔地点加筑防御工事。不过，对于这些提议，皇帝都拒绝了，并对他说：

"你说的这些我都知道。不过我不需要这些准备，我就是想打一场干净漂亮的胜仗，干脆利落地结束这一切，所以就别这么婆婆妈妈的了！"

他当然也深知自己现在面临着极大的危险。所以，他认为先发制人才是最好的方法。然而，这位曾经的胜利者却失去了以往的耐心去积蓄力量，选择了没有多少胜利把握的仓促应战。这位被击败的冠军急于扳平一切，所以他需要的是一场伟大的胜利。他这样的心理是很正常的。除此之外，他还有一个将军的设想。当年的他没有预备队，巧妙地利用小兵团使用极其迅猛的行动作战，这是十分冒险的行为，当然这一切也只有在青年时期才做过。他为了不给四个对手留有会师的时间，便准备将最近的两个敌人各个击破。于是，正如当年名不见经传的波拿巴将军在米莱齐莫与奥地利和意大利交战一样，如今的拿破仑皇帝在沙勒罗瓦与普鲁士和英国军队展开了战斗。一个是他生命的最后一战，一个是最初一战，二者居然如此相似。

然而，这位战争大师有什么战术早已被欧洲所有的统帅知晓，20年的时间会让别人更加了解他，他自己却已经过度消耗，现在到了竭尽心力的地步。虽然在此次进军中，他的速度依然十分快，不过已经比不上当年的水平了。优柔寡断一直以来都是最阻碍他前进的因素，而现在，他依然改不了这种致命的毛病。占领沙勒罗瓦后，他太多虑，在次日放弃了乘胜追击布吕歇尔。他分给内伊一半的队伍，让他向布鲁塞尔进军，而英军就在那里驻扎着。当天下午，他才知道原来对面是普鲁士的全部军队，他大吃一惊，心急如焚地将内伊召回，要他包抄敌军，然而已经太晚了。内伊已经在瓜特布拉与威灵顿展开战斗，根本抽不出多少兵力，无奈之下，他只能将一个军团调出安排到了没什么用处的地方。而自己在与英军的对抗过程中，因为兵力的减少受到了极大的损失。

　　当天在里尼，拿破仑居然还能凭借自己的另一半军队战胜了对方。不过可悲的是，这是他生命中的最后一场胜仗。在这场战役中，普鲁士的布吕歇尔的坐骑受到了伤害，他自己也从马上摔下，据说人已经失踪了。临危不惧的格耐森奥尽力对这次撤退进行补救，他及时地向盟军发出通知，要求各部队明天在瓦弗会合。不过暂时取得胜利的皇帝并没有乘胜追击。他怎么变得这么迟钝呢？是啊，他年事已高，身体已经一天不如一天了。之后几天，他才派格鲁希率领三万人追击前方的普鲁士军队，然而就算现在追逐也没有当时乘胜追击那么有效果了。普军在这短短几天里已经迅速重整旗鼓，与英国军队会合，但拿破仑不愿意相信。现在除了昨天他单独将普军打败的事实之外，没什么能让他相信了。他甚至十分自信地认为明天自己完全有能力用七万人马击败与友军断绝联系的英军。然而格耐森奥的冷静与布吕歇尔的顽强却是他从未料到的。

　　之前，他从来没有被彻底击败过，无论是在弗里德兰，还是在阿斯佩恩，或是在拉昂，甚至是对俄一战，他也从未输过。而在莱比锡和奥布河畔的阿克西，他是因为自己兵力不如敌军兵力而失败的。因此就算当时他失败了，也没能让任何一个国家的统帅自豪地宣布自己将拿破仑给打败了。而这一次不同了，这是他第一次低估了对手的能力，这个错误令他的计划彻底瓦解。

　　低估对手的拿破仑自然也就高估了自己的实力。所以，他还是自信满满地认为自己一定会取胜。他的计算因此忽略了重要的一部分。他这一次的失败显然也不能归罪到他的骄傲上，因为就算是现在，他也没有将自己的军队指挥权交给其他人。要是格鲁希的部队还依然在他身边的话，那么他拥有的兵力与敌人的是差不多的。不过从整场战役的过程来看，他的失败除了计算的失误，还有更主要的原因。

　　其实，真正导致他彻底失败的，不是别的，正是因为他老化的身体和衰退的脑力。

　　病痛折磨着他的身体。滑铁卢战役的早晨，他因病痛而无法及时对军队发号施令，军队便没有发动进攻。6月的晴天里，清晨的太阳在连日大雨后在地平线上升起，射出柔和的光线。泥路直到现在还是泥泞的，而拿破仑心想，久经沙场的法国军队在行军速度上必然不会败给普鲁士人，既然普鲁士军队可以在泥路上行军，那么法军也是可以做到的。但是拿破仑为了把大炮放置在更坚硬的土地上，他坚持等到了中午。当年在耶拿战役中，拿破仑鼓动士兵趁着10月清晨的浓浓雾色，及时向前进攻，将正在沉睡的敌人打个措手不及。现在的他难道忘记了当年的做法吗？他居然等到了中午。

这被耽搁的半天时间成为彻底摧垮他的致命点。随后，骑着马的他来到一个叫作"美好的同盟"（这个名字对拿破仑来说很不吉利）的小山丘上，并在这里将自己手下的部队分成三支队伍，在前线纵马奔驰，发表了慷慨的演说。拿破仑一心想着如何将敌人的防线冲破，紧接着再向布鲁塞尔冲去，干脆利落地战胜敌人。他甚至已经事先准备好向比利时人民宣读自己胜利的文书，他认为只是耽误了一个上午的时间而已，对战局不会有影响。

下午，战斗正在如火如荼地进行着，拿破仑听到了传来的消息，普鲁士的比洛军团正在挺进。这个消息一下子让拿破仑脸色大变，他急忙让格鲁希马上撤回军队。而格鲁希就算是立刻接到皇帝的命令，此刻也赶不回来了，他自己现在面临的敌军也不好摆脱，怎么可能让他的军队就这样轻易地撤回呢？紧接着，这次战斗到了最为关键的时刻，它决定了接下来所要发生的一切。拿破仑意识到，自己必须在普鲁士的援兵赶来援助盟军之前打败英国军队。于是，他开始动用自己的骑兵，骑兵们飞快地奔向英军的中央阵地，发动猛烈的进攻。然而面对敌人，英军一直保持原地不动，这让拿破仑十分费解。后来，他又开始考虑是否要动用老近卫军士兵，但因为觉得现在时机还不够成熟，便打消了那个念头。此时，普鲁士的比洛军团已经到达，他们开始向法军发起进攻。拿破仑的处境越来越危险，除非他能保证有一条通畅的退路，否则必将全军覆没。他不得不率领军队不惜一切代价与敌人大战，以确保退路的畅通。下午5点左右，他们已经消灭了一半的英军。这时，威灵顿对普鲁士统帅说："我们现在处境危急，如果贵军不继续前进并不停地进攻，那么我们必将失败。"此时就拿破仑一方而言，其实正是老近卫军出击的最佳时刻，他现在只要动用自己手下的老近卫军，也许还能给自己杀出一条道路。然而，拿破仑优柔寡断的性格再一次让他在战场上发生失误，在如此关键的时刻，他认为对面普军的第二军团已经开始进攻，所以连派出老近卫军的勇气都没有了。

这是一个多么让人心寒的决定啊！这是他最后的赌注了，这一天，他千万不能输，否则将遭受灭顶之灾。下午7点左右，他才终于同意让自己的最后5000名老近卫军士兵向敌军发起进攻。老近卫军一走，留给他内心

滑铁卢战役

的除了绝望还有什么呢？

"皇帝万岁！"这种喊声曾在整个欧洲的上空回荡。如今，他似乎已经好久没有听到这响彻云霄的声音了。在过去的10年中，这些不可思议的回声曾让他身上神奇的力量充分地爆发出来，笼罩着整个大陆。然而任何事物都是会改变的。马伦哥时代胜利的鹰旗是不可能永远飘扬在空中的，而这样的喊声也一样，它很有可能会随着夕阳的消逝而渐渐失去光彩，最终陨落。而明天，这一声巨大的呐喊将成为拿破仑大帝生前的绝响。

老近卫军正面临着强大的普鲁士第二军团的猛烈炮击，不得不后退。更糟糕的是，敌人的优势兵力正不停地增加着，而自己的兵力却在不断减少。8点时，普鲁士第三军团已经抵达战场，成为第二军团的援兵，两支军队合并为一支拥有12万兵力的盟军，而法军现在的兵力只有他们的一半，敌强我弱，法军被打得落花流水，四处逃窜。这是他的军队第一次发生如此狼狈逃跑的景象，也是拿破仑生命中第一次和最后一次目睹自己的军队如此溃逃的样子，十分悲壮。法军仅有两个残余的方阵，拿破仑一路躲闪着英军的枪林弹雨，飞奔向自己仅有的两个方阵，一个小时后，他终于到达方阵，情况稍微有些缓和。然而随着敌军的到来，仅存的方阵也越来越支撑不住了，不一会儿，方阵也被敌人攻破。强忍身体痛楚的拿破仑只好与两名骑马的步兵一起从田野飞奔逃出。第二天清晨5点，他才渐渐停下飞奔的快马，在破车里休息了一会儿。

难道他现在已经灰心丧气了吗？

不！绝对不是！他想到的是，巴黎怎么样了。去年，他一直在反复地斟酌着战争的可能性，设想要不要在拉昂和苏瓦松征召队伍，或是自行退守堡垒。而今他心里只有巴黎，再无整个欧洲，因为巴黎才是让他产生动力的源泉。他心想："就是现在，我也依然能够筹集到15万兵力以及30万国民自卫军，这样一来，阻止敌军前进也不是不可能的事情。"于是，他将自己毕生的最后一道号令发送到巴黎那边，并用"勇敢""坚定"等字眼作为号令的结束语。

两天后，他又重新来到爱丽舍宫居住，并思考着整个战役的过程，他甚至怀疑眼前所见的只不过是一场梦。因为在短短九天的时间里，这个花了长达九年时间才打拼回来的帝国居然就这么失守了。

19.再次退位

直到现在，他依然没有彻底失败！

　　内阁和国会在意见上不统一。为了解决内部矛盾，拿破仑决定在自己的兄弟和大臣之间召开一次会议。心力交瘁的皇帝坐在那里咬牙坚持着，他的疲惫却已然写在脸上。难道要与议会携手合作吗？不，他的建议正好相反——独裁。他需要完全的行动自由来拯救全民族面临的危急境况。当然，所谓的独裁也只是暂时的，否则会带来更大的后果。这时，有人告诉他，议会中已经没有人对他抱有任何信任了。随后，他那年轻气盛的弟弟吕西安起身，要求皇帝将议会解散并宣布巴黎处于紧急状态，之后再动用国内的一切武力去征召国内的队伍。"陛下，恐怕这是唯一能解救法国的办法了！"

　　拿破仑耐心地听他把话说完。眼前的这个人——吕西安，正是当年雾月十八日在圣克卢宫提出同样建议的人。也正是那个时候，拿破仑因为他的建议而幸免于难。后来，皇帝被他高高地抬起，以至超出了自己的预想。现在，皇帝同样对他的建议表示赞同，不过他也没有及时采取措施。他又倾听了其他人的看法。军务大臣达武表示不能将残余部队交给皇帝率领。针对这件事，议会中的人争执起来。就在这时，议院传来宣布议会将长期开会，如有任何人宣布解散议会，则将被视为叛国罪的最新公告，如果有人敢那么做必定会受到他人的弹劾。老拉法耶特在讲坛上大声喊道："你们看到了吗？现在，只有一个人是我们争取到和平自由的障碍物。没有了他，我们的和平自由必然会来临。"

　　难道人民的呼声就是这样的吗？城市里静悄悄的。这不仅仅是从被解放的民主派口中呐喊出来的，更是这个热爱变革但无法承受挫折的社会的呼声。之后，上院在投票中选择的内容基本上与下院相同。而皇帝出席议会成为众多人所提出的共同要求。然而为什么他不按照要求去做呢？现在谁能公然反对他呢？后来，他曾说："是啊，我原本是要那么做的，但我现在已经十分疲惫，没有足够的勇气去解散议会。其实我和你们一样，也只是一个普通人罢了。我一直担心自己会重蹈雾月十八日的覆辙。"

　　皇帝违背人们的希望，禁止内阁大臣们出席议会。对此，议会告诉皇帝，如果不能让大臣出席议会，那么他将被废黜。他只得让步。拿破仑还委命吕西安和其他部长到下院说明皇帝已组成了议和委员会的事情，并进行游说。然而面对这一切，两院的态度让拿破仑很失望，他们大声喊道："不，各大国是不可能同意跟他进行谈判的！"现在，他们的要求就是让他退位，他的各项权力早已被他们剥夺了，除了退位，他别无选择，如果不退位的话，他们就要亲自罢免他。

　　会议期间，在花园里，皇帝与自己的得力助手贡斯当一起散着步，他们看上去都显得很不安。后来，他觉得心中迸发出一股激情，觉得不那么疲惫了，便开始滔滔不绝地对助手说：

"其实不是我一个人，是整个法国都处在危难之中。他们不是要我退位吗？他们有没有想过如果我真的退位了，会给他们带来怎样的后果？要知道，我现在至少还拥有整个国家所征集的士兵。意识形态算什么呢？难道单凭它就可以让涣散的人民将意念再次集中吗？如果现在是我当年刚刚登陆时，我理解人民把我踢回去的心情，可是现在，法国面临生死灾难，敌人就在距离巴黎还不到25英里的地方。他们居然在大难临头的时候扬言要将现在的政府推翻，这是不理智的！这样绝对会让民众付出重大代价。两周以前，我将他们拒绝我的行为视为勇敢之举，可是现在我已经作为敌军攻击的一部分，就应该被法国人民保护。我为国家在战场上厮杀，如果没有我，法国还能撑到现在吗？罢免我的不是什么自由不自由的问题，而是滑铁卢战役，是缓解民众恐惧心理的问题！充当军队的统帅是我义不容辞的责任，我也会继续干下去。损失掉的一部分兵力可以通过工人的补充得到缓解，现在军队应当整装待发，随时奋起反抗。"

这时，他们突然听到有人在外面呼喊"皇帝万岁"！这最后一批呐喊皇帝万岁的人正是圣安东尼区的工人们。拿破仑对他们十分友好，从未忘记支援他们。这群工人认为平等就是自由，其实他们对受到压迫与获得自由这两者的区别已经没有多大的感受，在他们的眼里，只要平等即可。如今，他们都在花园的墙外面向宫廷花园的栅栏里面的皇帝大声呐喊着。声音穿过栏杆传进皇帝的耳中："支持独裁！支持国民自卫军！皇帝万岁！"

于是，他借机对贡斯当说："你听到没有？这些从未接到我给予的任何荣誉褒奖的工人居然在感激我，是我给他们带来贫困的啊，他们为什么还要支持我呢？他们出于自身的本能，纷纷来到这里向我呐喊。只要我愿意，我可以在一个小时内解散反叛的议会……只要我愿意，我可以杀死所有反对我的议员。然而我觉得如果仅仅是为了我自己，不应该付出如此大的代价。我不希望流血事件发生在巴黎内部。"

如同16年前的雾月十八日那样，他用近乎正义的自我抑制和对暴力的彻底否定在最后关头拒绝使用武力。关于谨慎，当年他作为政治家在事业开创之初这样做可以称之为理智，可以避免自己名声受损，但是现在不同了，他的过度谨慎让他失去了原有的冒险家气质。然而也必须承认他已经认清了要求多一些自由、少一些暴力的新时代精神，因为他果断地拒绝用刺刀将议会解散。

此外，秘密会议正在两院中举行。吕西安宣布皇帝的谕旨，并让议员们进行进一步的磋商。其中几位议员礼貌地将退位称为拯救法国的必要牺牲。诚实的卡尔诺则在危难时刻果断地登上讲坛，独自演讲，企图替皇帝辩护。而在以前，他也是唯一一个敢在皇帝面前公然批评他的不是的人。之后，说话像罗马人的西哀士也挺身而出为皇帝辩护。他表示皇帝现在已经吃了一次败仗，国家的当务之急就是将野蛮人从国家中赶出去，而只有皇帝才能担当这样的重任，如果成功地将野蛮人赶出去的话，我们完全可以再次审判皇帝的作为，如果他还坚持独裁，就判他绞刑。"可是今天的当头大任是什么呢？是帮助他打倒敌人！"

拉法耶特又一次到讲坛上进行演说："诸位，我想你们可能已经忘了，当年我们的孩子和兄弟的尸骨现在都被埋在哪里了吧？是的，这200万个与整个欧洲为敌的人，现在有的在非洲，有的在塔古斯河畔，有的在维斯瓦河边，有的却在俄国的冰天雪地中。我们已经受不了这样的战乱日子了！"直到次日凌晨3点，会议才算结束，并提出让拿破仑退位的决议。

听到这个消息后，皇帝开始犹豫不决。早上，他在内阁大厅里激动地对着亲信嘲讽雅各宾党人，并对他们说出自己的预言，说不久之后，将会有一个新的督政府出现。接着，他又接见了宫廷总监，后者受两院的委托而来。宫廷总监宣读议会决议时显得期期艾艾，不过拿破仑还是全部听懂了。其大意便是：议会命令拿破仑退位，否则将宣布剥夺他的各项权力。此时，萨瓦里和科兰古也进来了，连吕西安也放弃了，他们一起请求皇帝退位。皇帝对众人说：

"是啊，这些年来，常年的辉煌胜利让他们麻木，如今，只要稍微有一点点挫折，他们就承受不了。真不知道再这样下去，法国该怎么在世界上立足？"随后，他低声说，"我已经尽力了。"

中午，他口授即将向人民宣读的文告：他决定结束自己的政治生涯，从此退位，为全体法国人而做出牺牲。之后，他宣布让自己的儿子继承王位，成为拿破仑二世，幼主年幼无知，需要让两院成立摄政团对他进行辅佐。而记录这段如此沉重的话语的，正是他的弟弟吕西安，这个曾经在海峡对岸满心嫉妒地盯着首都和皇位的弟弟。

吕西安在骨子里有着诗人的气质，否则野心十足的他可能早已为自己的政治生涯笼络了一批不满皇帝的人，之后再找机会推翻现在的皇帝，让自己登上皇位。虽然他现在无法当上皇帝的继承者，但不管如何，他只需再努力一下便可以成为第二个波拿巴了。如今，年过四十的吕西安正端坐在那里。他也曾怀有勃勃的雄心壮志，希望能通过战斗得到属于自己的辉煌。然而艺术鉴赏和赞助他人的生活却成为他后续工作的重点。他在帝国亲王的位置上待了四个星期。此刻，他带着一丝不易察觉的微笑记录了自己的兄长口授的退位诏书。不过他现在也正为这件事感到伤心，这种心情也将两个人之间的矛盾一下子冲淡了不少。

现在的许多事情只不过是重新上演罢了。和当初一样，议会又提出要将拿破仑的所有权力都剥夺。接着又重新提拔了五个曾被拿破仑罢免的督政，并建立新的政府——"临时政府"。临时政府主席一职是通过投票决定的。而这个能从拿破仑手中抢过权力，并且自己投票选自己为主席的人，正是富歇！

然而随着议会情绪的渐渐平静，那些前些天还嚷嚷着要将拿破仑杀死的人，今天居然特意派来一个代表团，前来对他表示谢意。于是，皇帝对这群彬彬有礼的绅士说："如今我很担心这个国家的安危，国家不可一日无主，真不知道这样下去事情会变成什么样。真希望法国人民不会把我退位的目的忘记了，我之所以这么做，完全是为了国家社稷和我的儿子。法国人民要想获得自由和幸福，就必须接受我的皇朝的统治。"

而此时此刻，富歇等人却在考虑可能继位的人，是奥尔良波旁王族的旁支，还是不伦瑞克家族的一员，或者甚至是萨克森国王呢？在公告中，富歇只使用了"国家"这个词，因为这五个人被委任组织政府，而非摄政团。至于所谓的"拿破仑二世"，他似乎完全没当一回事，整篇公告都没有提到半个字。皇帝也注意到富歇所干的这一切，然而他能做的也只是默默无语。他为之奋斗半生的皇朝气数已尽，这一事实已经摆在他的眼前。巩固皇朝的梦想对他而言已经远不可及。晚上，拉法莱特来看他，他正在浴缸里，已经浸泡了数小时。

"您问我以后去哪儿？为何不选择美国？"

皇帝的回答似乎过于感情用事了。"因为莫罗曾经去过美国，所以我不去。"拿破仑真的没有考虑过将美洲作为自己的避难所吗？相反，他曾经很认真地筹划过。那时候，他甚至还曾要求政府建造一艘驶往美洲的战舰。然而有大量的群众拥向爱丽舍宫要求独裁，当时政府只希望他早点从巴黎离开。于是他烧掉许多文件，去了马尔梅松。

这两天，他都一直如梦般地在这座约瑟芬的庄园里住着。他的母亲、奥坦丝、科兰古、拉法莱特、吕西安以及约瑟夫是最后一批忠于他的人，现在，他们全都陪在他的身边。然而，似乎没有人愿意与他同行，因为众人的答案都闪烁其词。只有他的母亲愿意陪他一起走，然而考虑到母亲年迈多病，他不敢冒这个风险。拉法莱特家里的事情比较多，他的女儿还未成年，需要他的照顾，而他的妻子怀孕在身，不久将分娩，所以他也暂时不能跟从拿破仑了，只能等到日后再赶过去。至于曾随他一起被流放至厄尔巴岛的德鲁奥，现在也因有事在身而无法离开法国。秘书昨天还答应和他一起去，但他那失明的母亲不希望他离开，拿破仑只好同意让他留下来照顾他的母亲。

在上次出征之前，拿破仑曾将首饰珠宝送给波丽娜，而现在，出于对他多年赏赐的回赠，奥坦丝赠送给他一条钻石项链，不过这也与他那充满幻想的生活相符。他下令给奥坦丝100万法郎，但事实上它能否兑现很成问题。之后，他还赏赐吕西安、欧仁、小莱昂和他的母亲各一笔钱，数额依然很大。

事情正如一个人的衰老一样，都在悄然中发展。他一直都不愿谈论前几周所发生的事情，现在他谈论最多的是他过去的事，而且总是提起约瑟芬。"富歇要求我离开法国，我也答应了他，今晚就会离开。现在我已经厌倦这里的一切了，不管是自己还是巴黎，还是整个法国。你们都准备好了吗？我们要出发了。"

大家都在猜测拿破仑决定去的地方。他写了告士兵书，但语气让人悚然。

"诸位士兵！……我的心是永远和你们在一起的，不管我在哪儿，是在法国，还是在其他地方。这里的每个士兵都是我所熟悉的，你们的勇气让我很自豪，所以不管我们是胜利，还是失败，我都为你们喝彩！以后，你们依然要为国效力，好好听从我的安排，因为那就是报效国家。我是如此热爱我们共同的祖国，我能够得到你们的爱戴，也是因为这一点。盟国并不是势不可当的，我们只要重整旗鼓，再冲锋一次，就一定能将盟国打败！你们发动的攻击都将成为我辨认你们的标志符号。为了法国人的荣誉，为了人民的自由，我们战斗吧，前进吧！这20年来，你们一直保持着优良的作风，现在，只要你们同样保持下去，就一定能取得胜利！"

这个公告后来被政府禁止发表了。其实就算发表了又能怎样？它根本无法带来多大的危害。现在，他已经完全让自己的精神和身体分裂开了，他将自己置身于历史之外，他说起自己，就像在谈论一个毫不相干的人。

突然，从圣丹尼平原传来了敌军的炮声，他大吃一惊。人们没想到敌军居然已经离巴黎这么近了。军官和士兵们都感到前所未有的惊慌。先前沉醉在心灵梦幻中的拿破仑突然被现实敲醒，他听到敌人有两个纵队的消息后，决定分而歼之。这天早上，他带着被熟悉的炮声激发出来的残余的活力，像以往的将军风采那样给五个督政写信：

"现在敌军已经逼近，我请求再次担任军队主帅。因为只有我才能让士兵重振勇气，冲锋陷阵，将敌人歼灭。我是一名将军、一名士兵、一名普通公民，而我也发誓，我将在我们取得胜利后自动将统帅的职位辞去，只要战争结束，我绝不会多使用职位一秒钟。这次，我发誓不是为了自己而战，而是为了法国而战。"

说出这番激昂的话之后，难道他还不能战胜敌人吗？除非在最后一刻他阵亡了。如今，在死亡的气氛中，他为那个将他驱逐出去的政府写下了如此伟大的信。之后，拿破仑一直在花园里徘徊，等待消息。

叛乱者富歇趾高气扬的日子到来了。过去他便无比憎恨自己的皇帝，更别说现在，他甚至不想给拿破仑回信。皇帝等得心急如焚，恨不得现在就抄起武器率兵出征，而且这是他自成年后第一次向他人请求许可。不过如果他现在还以为政府成员会考虑他的请求的话，那他就真的大错特错了。

他身着便装，收拾起自己的行装。奥坦丝听从了他的要求，将她送他的项链缝在黑绸带里头。有那么一会儿，他突然想起了科西嘉岛。这无疑让希望回到家乡的母亲感到十分欣慰。然而，这个计划毕竟是行不通的。现在，他知道自己唯一能去的地方只有美国。确定去向后，他接下来要等的就是战舰。包括他在内的所有人都感觉到，随着时间的推移，拿破仑在自由上所受到的威胁与时俱增，据说越来越多的政府成员支持威灵顿提出的把拿破仑交出来的提议，所以他很可能会被囚禁起来。拉法莱特要求拿破仑立刻离开，而他却迟迟不肯行动。

"我是不能在政府对舰长下令之前出发的。"

"陛下，这是为何呢？您完全可以向水手们许诺，只要好好干活，到时就可以得到优厚的报酬，让船起锚，也不需要强求舰长同意，如果他拒绝，就让他上岸回去。因为再不出发，富歇就要将您交给盟国了。"

"既然如此，那麻烦你去见一下海军大臣吧。"于是，这位国务委员驱车赶到德克雷那里，对他说明这一切，但已经要睡觉的德克雷却懒洋洋地说：

"我无能为力，你还是去找富歇谈谈吧。"然而，谁能在这时候找到富歇呢？凌晨1点，拉法莱特回到马尔梅松，将皇帝叫醒。拿破仑仍然认为美国是最好的去处。然而，他依然有些犹豫。"要是在那儿，他们应该会送我一些土地，要是没有，我就自己跟他们买个庄园耕作作物，耕种田产并发展畜牧业。我会以那块人类的发祥地作为自己最后安眠的土地。"

秘书问他："那要是他们也把您给交出来呢？"

"要是他们敢这样，那就去墨西哥吧。我想那里的爱国人士会拥戴我为首领的。"

"可是那儿的领袖会反对您啊。"

"那我就到南美，到加拉加斯，或者去布宜诺斯艾利斯，或者去北美的加利福尼亚。反正，渡过大西洋是必然要做的事情。我现在急需一个避难所，而在大洋彼岸，没有同类能对我造成伤害。"

"陛下，如果英国人到美洲抓您呢？"

"必须冒险。不得不承认，这个一无是处的英国政府领导的民族还是很伟大且高贵的。我相信英国的人民会礼貌地对待我。而且，我现在也没有其他选择。我不可能继续留在这里等威灵顿来抓我。当年的约翰王①不也是被人拉到伦敦街头示众了？我现在可不想像他那样！我在这里派不上用场，所以只好离开这里。至于其他事，那就让命运去安排吧。"

"陛下，我觉得您不能逃跑啊。"

这时，他向秘书投去一个带有自豪意味的眼神，"什么叫逃跑？你说的是什么话？"

"我想英国人肯定已经准备好要来抓您了。既然现在已经失败，倒不如尽量寻求一种高贵的生活方式，好让人值得回忆。"

"你的意思是自杀？就像汉尼拔一样吗？恐怕只有软弱和精神不正常的人才会去做吧！我可不会！我绝不可能结束自己的生命，不管前面有什么命运等待我。"

"陛下，您误会我的意思了。我是说拿破仑大帝该有的行动，是为整个法国而将您的自由和生命交给敌人啊。"

"嗯，这确实是非常好的主意。不过……你说要把我交给谁呢？布吕歇尔？还是威灵顿？可他们都不是政府的全权代表。他们只会把我视为俘虏，然后把我和法国置于死地。"

"那沙皇呢？"

"哦，你对俄国人不了解。我还是再好好考虑一下这件事吧。我不在乎个人的牺牲，只担心我的牺牲不能给法国带来益处。"

显然，拿破仑正在逐渐遗失自己原有的政治家的气质。这位冒险家突然成了海盗，他迫切希望寻找到世界角落中的新航线。他没有自己的祖国，也没有属于自己的土地，勇敢无畏的他在船上任凭风吹雨打。他一次次地坚决排除自杀的打算，用单纯的现实主义对待自己的前途，他身上属于科西嘉岛传统的大无畏精神依然还在，还体现着这位昔日的皇帝不可征服的生命力。

动身前，他与自己的母亲进行了最后的单独交谈。但士兵塔尔玛不顾阻拦坚持进来，目睹母子二人的感人的告别场景，因为对悲剧人物的热爱使他觉得自己有必要亲临现场，而且他希望将这一幕以悲剧的形式搬上舞台。随后，浮躁的

---

①法国国王约翰二世，1350年至1364年在位，在英法百年战争期间被英军所俘，后来在伦敦监狱中死去。

理想主义者、年轻的将军古尔高带领拿破仑登上他的马车。贝特朗夫妇在厄尔巴岛时期就一直在皇帝身边陪伴他，现在他们也跟着一起离开了。还有两个陪同人员也跟在皇帝的身边。现在，他们正往罗什福尔港方向驶去，在那儿找到一艘军舰是他们最大的希望。不过，就现在的速度而言，根本不是一个逃亡者应有的速度。紧张兮兮的拿破仑总是回头望着，仔细倾听是否有人会在最后一刻将他召回巴黎去。显然，直到最后一刻他都没有死心。一路上，两支向北行进的军队正好与他们相遇，他看着士兵们向他欢呼，心中甚是欣慰。之后，部队的将军们与他协商关于是否在不反对政府的前提下向巴黎进军的问题。之后，拿破仑一行人继续往前方赶路，并最终来到了大西洋岸边。约瑟夫站在岸边敦促拿破仑在附近租一艘向美洲运烧酒的双桅船。现在，皇帝又启用了自己的第七个名字——米尔隆。这个名字倒让他想起了另一个海岸——岛屿众多的地中海、科西嘉，还有意大利的回忆。当年那个年轻而个子矮小的将军形象又浮现在自己的脑海中，他留着长长的头发，眼神依然冷静沉稳。而阿科拉桥正是当时决定了自己以及国家命运的地方。当年，年轻的副官米尔隆以牺牲自己生命的代价掩护了将军，米尔隆也因此名垂青史。现在重新燃起信念的拿破仑相信，一个新时代即将到来。他期待自己能够在海的对岸，在无人居住的草原上再度跨上战马，并发展自己的地产和畜牧业，如果在美国待不成，就到墨西哥当叛军的首领！

不过，人算不如天算，他还是斗不过上帝啊！

他此时一心要为他的一生描绘伟大的结局，让生命的悲剧色彩发挥到极致。上帝再一次将他的内心深处的冒险家气质抑制住。于是，他的内心再一次充斥着疑虑、协商和动摇，所以他又耽搁了整整10天的时间进行最后的思考。

他们朝一个小岛驶去，想订购两艘渔船，要求船上都有一根桅杆，这样可以骗过英国人，然而，皇帝却不想这么做。有两艘美国船只做好了运送他的准备，他们一开始还想过要用一艘丹麦的单桅帆船，海军训练学校的热血青年甚至试图用通信艇送走拿破仑。深夜，16个海军实习生悄悄地把他带出港口。在一间小屋里，皇帝同自己的新亲信拉斯卡斯针对此次计划展开了激烈的讨论。他斟酌着自己制订的这个冒险计划，反复思考着每个细微之处。在讨论中，绝大部分人建议皇帝回到军队中去，这主要是考虑到南方部队会支持他，那样局势应该会乐观一些。然而对于这个意见，他十分坚决地表示反对。

"我不能引发国家内战，我也不想和政治有任何牵扯了，安静的生活才是我所需要的，而美洲正好能满足我的要求。"

然而，话虽如此，他强大的自尊心却让他不肯伪装潜逃。

这期间又有消息称，波旁家族在盟军的支持下，又回到了法国。而且，海上出现一艘名叫"贝勒罗芬"的英国巡洋舰，挡住了皇帝的去路。这下子，他错过了乘船离开的机会。然而回巴黎的路和港口已经被封锁起来了，如果他现在回头，必然会被英军擒住，他会不会被关进伦敦的监狱呢？20年来，法国一直把英国当作长期的敌人。不过他们同样对英格兰民族十分认同，认为英格兰民族是一个伟大而优秀的民族。拿破仑坚信，对战败的敌人表示出骑士风度是自古以来令人钦佩的举动。要知道，即使在科西嘉，大家也坚守好客之道。

他突然让亲信记录自己口授的一封信，并寄给英国摄政王：

"尊敬的摄政王殿下！我波拿巴现在已正式退出政治舞台，因为我的国家内有党派纷争，外有欧洲列强侵略。正如当年的提米斯托克里斯①一样，我现在能做的就是投奔贵国，仅求一处安身之地。殿下是我见过的最强大、最守信也是最宽厚的人，我衷心希望殿下不会令我失望。拿破仑敬上。"

这封信一共八行，拿破仑特地用了三个"最"字来形容英国摄政王，并借此表达自己对他的尊敬，信中展现了一个在困难面前依然不卑不亢的君主的气度。然而拿破仑之所以有如此激情采取此种行动，是源于自己的过度设想，甚至已经将这种设想当作必然发生的事情了。信中的提米斯托克里斯这个词意味着他根本没有考虑敌人会不会给予他道义上的保证，他对历史先例有过分的自信。这是多么幼稚的想法，很难想象这样的想法竟然来自于这个拥有如此丰富经历的皇帝。直到现在，他还在做梦，认为会如同当年古波斯国王薛西斯②对待雅典的提米斯托克里斯一样，英国将把他当作贵宾，并热情招待他。他就如年轻时在过度的自信中决定投奔保利一样，再次因为同一心态做了决定。前者是他事业的第一个决定，而后者是最后一个。正是这个决定，将他彻底推向灭亡的悬崖。

次日，拉斯卡斯将拿破仑的这封信交给"贝勒罗芬"号的舰长，之后，他与舰长在船上商谈了是否在船上接待拿破仑的事宜。舰长是一名军人，富有英国人的道德，为人比较正直可信。在这次谈判中，奉命抓捕这名逃亡者的英国海军大将并没有出席。因为英国也在维也纳签署了宣布拿破仑不受法律保护的决议，所

---

①提米斯托克里斯（约前528—前462），古希腊雅典的军队统帅和大政治家。拿破仑的信里对此人有所提及，有些人对此十分赞赏，但有些历史学家认为这里使用的比喻并不合适。早在和平时期，提米斯托克里斯便开始同波斯一起秘密谋划反抗雅典，后来该阴谋被戳穿，提米斯托克里斯只好投奔到波斯阵营中。他是因变节而受赏，并不可取，而拿破仑的情况则与此完全不同。

②波斯的国王，在雅典政治家提米斯托克里斯投奔波斯时，曾对他表示友好，热情地接待了他。

以，从国家法方面来说，他们不能接待拿破仑。然而，事实上，一舰之长梅特兰早已允诺担保这位客人的自由。他宣称英国一向宽宏民主，他将保证拿破仑在英国受到适当的待遇。

当年欧洲的主人，今日的落魄者，居然登上了敌人的战船，并驶向对他而言充满危险的地方。在这一具有历史意义的事件中，双方仅仅在口头上达成了协议。然而拿破仑是在思考了良久后才做出这个决定的，这对他来说不是一时冲动，而是经过一番逻辑推论得出的最终结果。在过去20年的亲身经验中，他知道只要没有书面文字，所谓的口头协议都是无效的。然而他还是在采取这最后一步时没有签字，双方也没有盖章和交换材料，其实，这都是因为他已经没有时间等待英国的答复了。所以他索性选择了信任自己的敌人。其实，他在内心里真正相信的，是他这一举动会带来的道义效应。正是出于道义，他才会在登上战舰前写了那封给英国的带有英雄气概的信。

随后，穿着制服的拿破仑登上了敌方英国的战舰的甲板。

20.宣布囚禁拿破仑

这时，拿破仑走向站在甲板上的舰长梅特兰，并向他脱帽致敬。之前，他可不经常做这个动作，哪怕对面是君主。接着，他大声说：

"为了让贵国国王和法律对我给予保护，我特地来到这里。"之后，舰上的军官开始各自进行自我介绍，他一一询问他们："你们都曾参加过什么战役？"舰长可能将法文中的"陛下"和"先生"这两个词语混淆了，因为它俩发音很接近，所以，他一直叫"拿破仑先生"。不过拿破仑倒是对这个称谓十分满意，一脸自豪。然后拿破仑对历史的超然态度又一次体现出来。在谈论中，他们提起了英国和法国各自的海军。拿破仑表示他承认英国拥有更轻捷能干的海军。随后，舰长又与他就历次海战后海军的惩罚措施争论起来。他最后又提出一个整体性的问题。

"说实话，我一直都不明白你们的战舰居然如此轻易地就击败了我们，这到底是为什么呢？要知道，我们以前拥有的正是你们现在的那些漂亮的战舰。而且法国军舰在任何方面都更结实一些，而且还能装备更多的大炮，拥有更加完整的附件，并且能承载更多的人。"

"先生，很抱歉，之前我已经解释过了，这是因为我们拥有更有经验的水手。"

拿破仑听到这个答案后没有惊奇。这次交谈属于严格的学术交谈，其中还涉及各自的造船艺术问题。舰长后来说："当初，先生您要是敢乘着法国舰艇逃跑，那么我相信您会领略到我们英军那稳、准、狠的射击技术。"

拿破仑作为一个赌输了的赌徒，没有发出半句争吵和怨言。两艘装有几门24磅重炮的法国快舰居然不如对方一艘装有74门大炮的"贝勒罗芬"号，这是唯一让拿破仑否认的事实。不过不管怎样，在拿破仑面前，舰长还是成功地向他证明了英国舰队比法国舰队厉害的事实。紧接着，拿破仑在舰长的带领下参观了船上的英军火炮，并对他所见到的一切进行赞扬。舰长后来对部下说："拿破仑果然有着丰富的专业知识，我对他十分钦佩。"

在茫茫的大海中，战舰正缓缓地向英格兰前进。

此时此刻，那些所谓的正统主义的而又没有伟大胸襟和胆识的君臣正在讨论相关对策。他们根本无法在欧洲和历史面前展现伟大的一面。10天之后，"贝勒罗芬"号将在普利茅斯港登陆。7月的一个早晨，数以千计的小船停泊在港口，上面的人都在翘首等待，想目睹被囚雄狮的风采。现在，任何人都不得与这艘船有所接触，因为伦敦王室还没有就此事做出最后的定夺。不过这艘船上的水手却一直能见到这位伟大的人物，所以这也成为他们一生中伟大而难忘的日子。其中一些懂得说法语的人还能有机会与他进行交流。在岸上，小船上，许多人都在等待这位曾让他们闻风丧胆又唾骂讽刺的大人物出现。他们都希望自己能看清这样一个怪物！

待在船舱里的拿破仑并不想成为任人观赏的怪物。他相信不久后就会登陆，现在这种情况很快就将结束。之后他将重获自由，过上安稳的日子。最后，走上台阶登上尾楼的他想好好呼吸新鲜空气。这样一个被打败的伟大敌人就站在那里，穿着那套举世闻名的军装站着，他的周围没有什么人，他显得无依无靠。就在那时，他感到众多双眼睛正在往他身上打量着，他感受到无数炽热的眼神。

他的表情十分凝重，神色也一如既往地让人难以捉摸。此刻，这个囚犯感到自己已经被钉在了耻辱柱上，在痛苦中，他仍然固执地想保留自己的尊严。然而他此时突然看到了始料未及的一幕：眼前有无数人在脱帽向他致意，成千上万的人在做着这个动作。不过这位当了这么多年皇帝的人并没有觉得惊讶，倒是身边这个没有给皇帝足够敬意的舰长为这一场景惊讶不已。全体英国人民似乎愿意重新补偿他之前没有受到的尊敬。

这一刻，大不列颠民族对这位伟大人物所做出的仲裁显得无比动人。清白的人民在不久之后将无辜地背上陷害皇帝的罪名。在这三天三夜里，拿破仑一直在默默地等待着。直到第四天，他看着进入船舱的英国军官将英国政府的决定转交给他，而不是摄政王的答复。如下是政府文件的内容：

"为了履行政府对于英国及其盟国应尽的义务，英国政府不得给波拿巴将军以扰乱欧洲和平的机会。因此，政府务必限制拿破仑的个人自由。"紧接着，拿破仑便被遣送到与世隔绝的圣赫勒拿岛，据说那里有益于他的身心健康。英国政府允许他带上三名军官、一名医生和12名仆人一起前往。

据说当时拿破仑十分愤怒，他将文件扔在桌子上，思考了一会儿后，发出强烈的抗议声："这船上根本就没有公正啊！你们难道把我当成战俘了吗？我不是俘虏！……为了寻求你们的保护，我自愿登上这艘船，所以，要求得到相应的客人礼遇是我的权利。上船时我还看到高高悬挂在罗什福尔和波尔多上的三色旗呢。本来可以重返军队的我为什么要受到这样的对待？或者我还可以在忠于我的民众之间找到藏身隐居的地方。

"另外，你们别忘了我来到贵国是以私人名义来的。你们的军舰的舰长曾说他们奉有政府命令同意让我和我的随从赶赴英国。现在我感到自己上当受骗了。而你们这么做，只会给你们的政府带来不光彩的声誉，这将会给你们的国旗抹黑……过不了三个月，我就会在圣赫勒拿岛上死掉。以前我经常骑马往返30英里，我根本无法在这个世界尽头的小礁石上做自己想做的事情！所以，我是不会去的！……要是贵国政府想杀我的话，那就动手吧。本来还以为你们的摄政王会借用这个机会为自己的国家和政府的历史赢得光彩的一页，真没想到……作为贵国最大的敌人，如果我能受到你们的保护，你们将获得最高的荣誉……你们这样对待我，将成为大不列颠民族的极大耻辱！"

在那个小小的船舱中，他一怒之下喊出了这些愤慨的言语，这就是他提出的抗议。他在道义上的愤慨成为这份抗议和后来的书面抗议中最关键的一点。在他心里，他应该得到英雄的权利，至于国际法，他只是稍微提到了一点。后来，那些英国军官把这一幕记录下来，成为后世人传看的历史经典事件，其中有几句甚至成为后世传颂的佳句。这份脱口而出的话颇富历史意义，体现着一个有着伟大人格的人未得到世人认可的孤独无助，他的灵魂被伤害了。

其实在这一刻，自己的命运将会如何，他早已知晓。后世所有研究这位现代提米斯托克里斯的人都未必能深入阐释清楚他的命运。这位没有抓住机会完成一生中最伟大善举的人再次被出卖了。这群缺乏想象力的人只知道如何将自己软弱又残忍的拳头挥动起来，将这落入手中的伟大人物摧毁。

　　不过，不管怎样，他的精神却没有被他们摧残。这种自我克制的坚韧力量在他承受命运的折磨时不断地壮大，纵使他现在如何无奈，他也依然不会倒下。不屈的意志支撑着他在不公正的待遇中默默地坚持着。之后在普利茅斯的10天中，英国人拿走了他的行李和金钱，他忍受着巨大的屈辱，镇定自若，默默地看着这一切的发生。

　　最后，在8月的一个清晨，从甲板上传来了船只起锚时拉动铁链的声音，远方的"诺森伯兰"号正等待着拿破仑的到来。拿破仑和他的随从在两艘军舰的护卫下缓缓地登上大船，从港口驶出。拿破仑最后一次回头望着法国熟悉的海岸，然而，如今这片海岸变成什么样已经与他没有关系了。在更远的东部——那是巴黎，是他最热烈向往的地方。然而，这个让他如痴如醉的地方却拒绝了他。

　　那天晚上，他的视线中再无自己曾经驰骋过的欧洲大陆。他所见的是漫无边际的漆黑海水和辽阔海洋，在海洋对岸，是他从来没有踏足过的地方。此时，站在船头的他正如当年出征埃及时一样望着天空中的星星，既没有回头，也没有向前张望。

　　就这样，一个伟大的世界传奇终于进入了尾声。

第五章 岩

末日审判之时，英雄拿破仑最终站在上帝的王座前方。魔鬼叙述着波拿巴家族的斑斑罪状。圣父或是圣子在王座上大声呵斥：不得用这般德意志教授的口吻，在神的双耳边喋喋不休。要是你不敢与他对抗，就休想将他送入地狱。

——歌德

1.在圣赫勒拿岛

原本十分平静的海面突然涌动起来。这个男人站在海边的岩石上，凝视着大海，双手背在身后。这幅画面显出了一种浓浓的寂寞感。

从远处看去，这是一个肥胖的小个子男人，腿很短，看不出具体的年龄。他穿着一件绿色的外套，上面别着他平时总戴在身上的荣誉军团星章，手里拿着一顶三角帽。这个人的大脑袋上已经秃顶，后脑上却还长着浓密的褐色头发，居然没有一根变灰。双肩有力地托着他粗短的颈项。这个人的面部轮廓好像石头一样，泛出淡淡的黄色，仿佛古希腊经受风雨侵袭的大理石雕塑，却没有长出一丝皱纹。这原本应该是一张具有某种古典气质的面庞，却被一个臃肿的下巴破坏殆尽。按常人的眼光来看，这个人只有鼻子、牙齿和手称得上美。现在他的牙齿一颗都没掉。而手的美是因为他长期的保养，即使是在戎马倥偬的岁月里，他也一直精心地保护着双手。为此，他批阅文件时总是用铅笔，而不用墨水笔。

医生对他的身体情况略微知道一些：脉搏从未超过每分钟62次，胸部丰满，如同女性，体毛稀疏，阴部有如童子。拿破仑对自己的身体了如指掌，当初为了合理分配体力，他曾仔细研究过生命体这个东西。

"我从未听到过自己的心跳，好像我从来没有心脏一样。"他半带戏谑地说。能够保持健康是因为他坚持中庸之道。"大自然赐给了我两种宝贵的本领——随时入睡和适度饮食……偏食的人只会吃种类很少的食物，遇到喜欢吃的食物却会毫不节制地暴饮暴食。暴饮暴食会使人生病，但是吃得少却不会。"在他的生命中，交替存在着长年征战与内阁议事的事务，使他在呼吸室内空气的日子里，也常常误以为自己是在骑马或乘船出行。"水、空气和清洁是我的药库中最主要的药品。"

凭借着自己训练有素的强壮体魄，他可以连续乘坐马车从提尔西特前往德累斯顿，即使途中所费超过100个小时，他在到达时依旧精神抖擞；他也可以马不停蹄地从维也纳前往西梅林，在那里用过早餐，然后晚上再回到枫丹白露宫，继续他的工作；他甚至可以只用不到五个小时纵马狂奔80英里，从弗拉多里德赶到布尔葛斯；他可以连续骑马行军穿越波兰，在午夜到达华沙，并在第二天清晨7点接见新政府的官员。他还有许多类似的怪异行为，为的是恢复体力的平衡。比如在长期伏案办公之后，他会驱马狂奔60英里或是出去打猎一整天。而在耗尽力气之后，他又会连续24小时待在房间里。他认为，是自己充沛的精力救了自己的性命。他对梅特涅说："人之所以会死，有时是因为缺乏精力。昨天我从马车上重重地跌下来，在落地的一瞬间，我还以为一切都结束了。然而我依然利用这点毫微的时间给自己鼓了鼓劲儿：我不可以死。在这种情况下，换了其他任何人，估计都难逃一死。"

拿破仑肌肉发达，神经却相当脆弱。他已经习惯了发号施令的生活，所以不能受一丝一毫的限制。不管是身上的外套还是鞋子，只要让他觉得受到了一丝束缚，他就会立即脱下来，并甩给他的仆人一记耳光。在他必须穿朝服时，仆人们都会分外小心，观察给他穿衣时他的眼神透露出来的暗示。如果他在思索（不过他什么时候不在思索呢），他就会把眼前的早餐推开，把椅子踢到一边，来回走动，时而自言自语，时而大声下令。他写下的字就像是一连串手部剧烈痉挛的产物，有些像是速记字体，但依然跟不上思想。其中许多文字，即使是经过数百年的揣摩还是不能看懂。他无法忍受油漆和胶水的味道，就常常用一些香水去掩盖异味。他一般用热水浴来恢复疲惫不堪的神经。对英作战时，他与四名秘书一起工作了三天三夜，之后又去浴盆里泡了六个小时，泡澡时还一直口授命令。拿破仑认为，这种神经质和正在他体内缓慢流淌的血液构成了两个极端，"以我这样的神经结构，要不是因为体内的血液流淌缓慢，肯定会有成为一个疯子的危险。"

有人怀疑他患有癫痫病，这个说法实在是无稽之谈。他的同学中没有人记得他曾经犯过病，这就从反面否定了这一说法。要知道，癫痫病在一个人的幼年时一定会有征兆。更进一步说，拿破仑的一生都为世人瞩目，这样一来，如果他真的有癫痫病，应当会出现很多证明材料，可是事实却相反——仅有几个目击者，而且他们的证词还模糊不清，可信度自然大为可疑。

只要身体健康，他就认为自己能够经受一切紧张与不安。在拿破仑快要40岁时，他第一次遭遇胃病烦扰。在那个时期，人们把这种病症笼统地称为癌症。很显然，拿破仑的胃病来自于遗传。在他战争岁月的最后三年，在紧要关头，胃痉挛总是会出现，来扯他的后腿。就算当时处境再艰难，如果不是胃病一再发作，他的勇气和决心也不会受到负面影响，历史也有可能会被重写，他也许就不会走向衰败。

2.性格

主宰这一躯体的灵魂有三种动力：

自信、精力、想象力。

"我和常人不同，道德和习俗的规范对我没有约束力。"拿破仑用这些冰冷的词句肯定了一个"我"。在他青少年时期写的第一篇政治论文中，他也是用这个"我"开始的。他不爱慕虚荣，表达出一个30岁的人的坦白。"只有我，并经由我的地位，才能确知什么是统治，"他任执政时曾经说，"我深信，除了我以外，这个世界上没有人能治理法国。如果我死了，将会是这个民族的最大不幸。"这些话他平时很少会说出来，即使说，也只是对几个亲信提到。这种做法却表明他正用一种自然科学家的冷静态度关注着拿破仑现象。在侵略俄国惨败归国后，有人问他法国还有谁会庇佑这样的他，他回答："我的名字。"

与拿破仑同时代的人和后人，一般会把他的这种情绪看成野心。事实上，应当说这表明拿破仑是有自信的。常人的野心与拿破仑的自信心相比，就好像是一个躁动不安的动物和雄鹰的差别。按照自然规律，雄鹰翱翔时，飞行轨迹总是一条不断升高的螺线。拿破仑的追求既不是出于躁动，也不是出于嫉妒心理，那只是由于天性使然。他向任执政时的挚友罗德雷解释道：

"我没有任何野心，如果有，那也是我与生俱来的，和我的存在息息相关，就如同我血管中流淌的血液一般。这种野心从不教唆我超越我的同侪。我从来不必想如何去满足它，也不需要考虑如何去压制它。这种野心总是与环境和我的理想相得益彰，所以它并不会成为引领我前进的动力。"

早在拿破仑还是个年轻的将军时，理想和环境就迫使他萌生这个念头——他是重建法国之人。正是出于这种使命感，他曾对罗雷德说道："环境已经变了。我现在是开国者，而不是掘墓人。"还有一次，他谈到诗人高乃依，其实指的就是他自己："他在何处赢得了古典的伟大？从他自己还是从他的心灵？很好。红衣主教阁下，您知道这是什么吗？这就是天才。您看，天才是来自上苍的火焰，却很少能找到与之契合的脑袋……高乃依就是洞悉世界的一个人。"红衣主教指出，诗人从未看见过上苍的火焰，又如何认识它呢？皇帝轻蔑地回答道："正因为如此，我才认为他是一个伟人！"

就如同歌德曾经声称自己是天才一样，他也向世界做了这样的暗示。

权力意识是深深植根于他的内心深处的一种本能，而不是一种追求或思索。拿破仑认为，兴趣只不过是完成普通事业的钥匙，而统治的意志却是一种最强烈的激情。他这样描述天才的涌动："我热爱权力，是的，但是以艺术家的身份爱它，就如同一个琴师热爱他的小提琴，是为了用它奏出和谐的音乐。"

这就是他生性偏好发号施令的原因。"无论到什么地方，我要么主宰一切，要么默不作声。"他还应该在后面再加上一句："要么谈判。"因为他一生中四分之一的时间都用在了谈判上。在年仅27岁时，作为一名年轻将军的他就能让所有接触过他的人心生敬佩，这也表明他的历史就是从那个时期开始的。他从不知服从，生来就有君临天下的气质，犹如牛犊一出娘胎就会站立和行走。由于他拥有的与生俱来的指挥能力，所以从来不需要向别人求教。由于他的指挥能力超过了任何人，所以也从不指望他人的恩赐。

他的自信给他带来一种天然的威严。而正统的贵族为此感到惊诧和气愤，他们认为，只有拥有高贵血统又有教养的人才能拥有这种威严。他少时的同学奉他为战场之王，且能感受到他那高处不胜寒的孤独。所有的战友每次在谈论起拿破仑时，都会产生发自肺腑的敬意。他的一位好友曾经写道："在他讲话时，每个人都会侧耳聆听，因为他总能说得头头是道，即使他一言不发，大家也会对他充满敬畏之情。没有人会试图打破这种安静，不是因为害怕他发脾气，而是因为我们都觉察到，一种崇高的思想横亘在我们与他之间，他的心灵专注于这种思想，令人不敢与他狎昵。"这些情况在拿破仑从军的最初几年中表现得尤为明显，因为军营中的气氛一般是轻松随便的。有一次，拿破仑在马尔梅松宫和朋友及女伴休闲聊天时，他很认真地说道："我从没有觉得有什么东西是可笑的，权力也从不可笑。"

拿破仑善于分析人性，可以算是当时最伟大的心理学家。他了解自己的全部性情，因而能够把这些本能逐步扩展为原则。有一次，他在教导弟弟荷兰国王路易时说："帝王之道，在于保持帝王的威严而不是随意赐予……帝王在人民心目中享有的爱戴，应当是一种博大的爱，伴有尊重、畏惧和敬仰。人民要是称国王为'好好先生'，就说明他的统治很失败。"而他自己所赢得的爱戴与敬畏，收到了最大的实际效果。

不过，他这种带有些许隔阂的威严并不会让人感觉矫揉造作，而是显得非常自然。这种自然而不矫揉造作的威严随着拿破仑的成长和功业的积累而逐渐增强，且毫不僵化。他的手势和话语，以及充沛的精力，都显现出他的诙谐自嘲，也就是他天性中的坦诚。他经常借此发表激情洋溢的演讲。他曾对此做出深刻总结："一个真正的伟人不会自我满足，他总能不断超越已有的成就。"拿破仑对于自己的非凡成就了如指掌，却并不在亲友面前宣扬，而是一笑了之，许多人都提到过他的这种作风。拿破仑的一切表情都富有深意，从粗犷的笑声到嘴角优雅的笑意，无不如此。

在加冕的前夜，他还戏言："能和帝王们称兄道弟，这个结果有趣吗？"还有一次，他在派遣大使去圣彼得堡时，嘱咐他们说："我们的俄国皇兄喜爱奢华和游宴。那你就尽量让他们的钱有足够的发泄的地方吧。"某些时候，这种自然和率直已经违反了礼节，让权贵们尴尬不已。拿破仑在德累斯顿和王公们聚会的宴席上，开口说："当我还是一个不起眼的中尉时……"宴席上的人听了他的话之后都大为惊愕，所有人都低下头去盯着自己面前的盘子。拿破仑清一清嗓子继续说道："当我有幸成为瓦朗斯第二炮兵团的中尉时……"还有一次，他在提尔西特时与沙皇同桌而坐，勤奋好学的他隔着桌子直截了当地询问对方："您每年的糖税收入有多少？"据宫廷书信记载，他问出的这个问题让在座的所有人非常狼狈。为什么呢？因为他像一个大商人一样说出"钱"这个字眼，而帝王们只会索取钱财，却从不提钱字。

他不爱慕虚荣，因为自信，所以他在任何时刻都不讳言自己的错误。他经常说："明天我可能就会打败仗了。"他到每个营地都会向好友或专家征询意见。他经常即兴演讲，表现出一种不吐不快的迫切感。马尔蒙是当之无愧的见证人，他被皇帝公开谴责为叛徒之后很久才写了自己的回忆录。他写道："拿破仑有着非常强烈的正义感。只要没有第三者在场，对前来诉苦的人说错了话，或者表示出不恰当的怨愤，他都毫不介意。他不等对方开口就会考虑他们的请求。他同情人类的弱点，不愿面对悲哀的目光。只要时间和场合合适，人们就可以对他直抒胸臆。他喜欢听真话。虽然他不一定接受，但是于人们说真话本身并无任何妨碍。"

他洞察谄媚者的动机，根本不重视他们。毫无政治价值的谄媚姿态只会激怒他："我都无法保证一条渔船能安全出海，你又怎么能设计出法国雄鹰把英国豹撕成碎片的图案！赶快把它毁了，再也别让我看见这种破玩意儿！"

相反的，他却把直言之人记在心里。夏多布里昂曾经抨击过他，他却对其表示赞扬。在任执政期间，他经常在参议院会议过后邀请敢于直刺他的人一起进餐。一名被俘的俄国将军告诉了他莫斯科大火的真实情况，拿破仑听了大怒，下令把那个人赶走，但随后又命人把他唤回，还握着他的手说："你是一位真正的勇士！"梅玉欺骗过他，用自己的新作品冒充意大利的歌剧演奏给皇帝听，从而获得赞赏；帕西罗也耍过同样的花招，他悄悄地在自己作品里塞进了拿破仑讨厌的西玛罗萨的作品，使拿破仑击节称赞。后来拿破仑知道了这些事情，也只是笑笑罢了。

施泰尔夫人折磨了他长达15年之久，因为她大肆宣扬欧洲自由。拿破仑禁毁了她的书，把她赶出法国，即使是在对俄作战时也仍然不放过她，称她为挑动巴黎沙龙反叛的主力。可惜事与愿违，拿破仑的畏惧反而提高了这个政敌的声誉，在他的一些私人信件中，就能发现这一点。

有一次，拿破仑在巴伐利亚军官名册中发现一个以前军团战友的名字，那个人是铁杆的保皇派。他任命这位故友当自己的侍从官。他们已经14年没有见过面，如今却在战场上重逢。当这位故友前来报到时，拿破仑和他并肩骑马离开人群，下马后坐到一块石头上。那个朋友要为他牵马，拿破仑连忙说："不用，这不是你的事。"一个仆人过来牵走了马。拿破仑对故友说起以前的事："有一次在贝桑松的尉官席上，你将餐巾扔在桌上，喊着：'我绝不和一个雅各宾党的军官同桌共餐！'今天就让我们将这笔旧账一笔勾销吧。"随后他招手唤来随行人员，告诉他们："看，这一个是军校中出类拔萃的人物！我们曾经一起解过方程。"紧接着谈话就进入正题："你有足够的弹药吗？你的装备性能如何？什么时候所有工作能准备就绪？"

拿破仑一生中最不寻常的经历，大概要算1813年那次，魏玛总理冯·半勒在埃尔富特直犯盛怒之下的拿破仑。当时两名枢密官用密码通信被法军哨兵截获，通信者也被抓住了，缪勒因此被召来。拿破仑在他面前怒火冲天，扬言要火烧耶拿城，并枪毙那两名枢密官。缪勒强烈地抗辩道："不，陛下，您绝不可以犯下这样的暴行！不能让无辜者流血！这样做会给您的声誉涂上洗抹不掉的污点！"这个万分激动的德国人不由自主地逼近皇帝。皇帝心中一惊，手掌握住剑柄。缪勒立即被他的同伴拉了回去。拿破仑沉默片刻之后，对他说："你很大胆，不过也是一个不错的朋友。我会让贝尔蒂埃再调查此事。"后来，那两名枢密员被释放了。

这个情景再次显示了拿破仑天生的尊严，这种尊严历经风雨，不受侵犯。不过如果是被一支毒箭射中，它也会颤抖抽搐。荣誉感倒是他自信心最薄弱的软肋。

"如果法国人民想从我这里获得某些好处，"拿破仑在担任执政时说，"他们就必须容忍我的弱点，而我最大的弱点就是不能忍受屈辱。"他说过一句话："我宁可被杀，也不能被侮辱。"布里昂也曾经说过，拿破仑早年从不相信法律和道德，但相信荣誉。这种态度就足以弥补他没有道德意识的基本观念。荣誉感施加给他的本性的力量，使他完全不同于文艺复兴时代的佣兵首领，那些人绝不能与他相提并论。布里昂曾是拿破仑多年的挚友，又长期担任他的秘书。然而，当布里昂卷入一桩受贿丑闻后，拿破仑便毅然把他从身边赶走。在过了很多年之后，他仍然不批准布里昂进入荣誉军团，他对此的态度是："一个唯利是图的小人可以拥有金钱，却不配拥有荣誉。"当他的弟弟国王热罗姆签发的汇票遭遇拒付时，拿破仑训斥他说："卖掉你的钻石、你的银盘、你的家具、你的马匹，把一切卖掉，务必偿清债务！荣誉是至高无上的！"

对于这一点，他是如此敏感。拿破仑在加冕后，召来了一名公证人。因为在多年前，这个人曾劝约瑟芬不要嫁给拿破仑，说他品行恶劣。于是拿破仑特意将他找来，以恢复自己在这个人心中的名誉。在被流放去圣赫勒拿岛的途中，拿破仑想起当年在布里埃纳上学时，有一位德国老师很瞧不起他，就说："我只想知道，波利先生是否知道我有出息了。"

拿破仑崇尚荣誉，也推崇良好的社会风气。他说："当政者最糟糕的莫过于不道德，统治者要是不道德，就会有伤风化，毒害社会。"拿破仑重视道德，并非只是有感于波旁王朝和执政们的前车之鉴，更是出自他天生的气质，这是他的尊严的要求。从来没有人听说军人拿破仑说过或开心地听过任何猥亵不堪的笑话。他在担任执政之后，便禁止约瑟芬与她昔日那些轻浮的女友继续来往。多年之后，他听到约瑟芬又接见了塔利昂夫人，就写信责备她："我不想听任何的开脱之词。听说那个女人带着八个私生子嫁给了一个可怜虫，我现在比过去更蔑视她。以前她还不失为一个浪漫的妇人，如今完全就是一个庸俗的婊子。"

塔列朗与女友同居多年，拿破仑命令他正式娶那个女人为妻，否则就必须在24个小时内辞职。他封贝尔蒂埃为伯爵，却提出一个和上面相似的附加条件。拿破仑对他说："你的风流史拖得够久了。你现在50岁，以后说不定能活到80岁，之后的30年留给你过合法的婚姻生活。"法国大革命助长了人们铸造裸体神像的时尚，拿破仑对这股潮流很反感。当时在巴黎，人们在公开场合竖起一个女水神像，并让水从她的乳房中喷出。拿破仑很不满，下令将这些有伤风化的"奶妈"移走，他在命令中说："女水神应是处女之身。"拿破仑从不让自己的女友到处招摇，他给她们很多金钱，却不让她们利用和自己的关系获得地位的提升。他不像是一个中产阶级，他提倡夫妇共居一室，宣称："这有利于夫妻共同生活，能加强对丈夫的影响，保证他的忠诚，增进亲密和道德感。夫妇终夜共眠便不会使两人间产生隔膜。只要我和约瑟芬保持这一习惯，她就会熟悉我的心思。"

拿破仑自负的终极形式是感恩。这并非一般的仁慈，而是自命不凡的骄傲。凡是帮助过拿破仑的人，他都会回以厚报。他不愿意在任何情况下欠任何人情，这成为他引以为傲的政治原则：他自称不会利用任何党派，避免因此受到任何约束。我们不必以浪漫的眼光看待这些。事实上，拿破仑在掌权之后，他提拔的人中不仅有自己少年时代的朋友和军校的同学，还有其他各种各样的人物。他给了在布里埃纳军校做过校长的一位神父一个职位，让他退休后担任马尔梅松宫的图书管理员——其实那里一本书也没有。当年学校的门卫后来成了他乡间别墅的看门人。他做炮兵中尉时追求过一位贵族小姐，16年后这个人向他求助。拿破仑答应帮她，给了她的兄弟一份差事，还附上一封友好的回信。在拿破仑的遗嘱中，我们可以看到他写了很多对他有滴水之恩的故交。

拿破仑曾经与乔治娜有私情。在分手多年后，他听说她生活拮据，虽然她没有开口相求，但拿破仑仍然给了她一大笔钱。

到现在为止，我上面写的一些都是金钱或物质上的回馈。而在爱情方面，比如对于约瑟芬，拿破仑的报恩方式就不太一样了。马尔蒙曾经评价拿破仑，说他"有一颗感恩、仁慈，甚至可以说是重感情的心"。尽管马尔蒙是拿破仑的宿敌，但这话说得极为准确。在举行加冕典礼时，拿破仑就对罗德雷说："我怎么能为了发达就抛弃自己的糟糠之妻呢？我首先要做的，应该是一个正直的人。"不久后，他在给约瑟芬的信中写道："对我来说，忘恩负义是人类最大的弱点。"

3. 命运

拿破仑一直在革命和正统之间摇摆，真正的原因在于他的自负。拿破仑发迹完全是依靠了自身的才能，因此他看不起那些出身显赫门第的纨绔子弟，但如果有人因为确有成就而自负，他也会对那个人的自负表示尊重。不过事实上，拿破仑并不能做到平等地对待他人，但同时他又必须坚持唯才是举，必须顾及大多数人，取悦民众。拿破仑支持人人平等、关怀个人利益。这些与他性格的矛盾不可避免地引发了悲剧性的冲突。

在拿破仑看来，只有他用以进行生存斗争的两种武器——精神和剑才是最有革命性质的。"为什么法国军队所向披靡？那是因为贵族军官都逃跑了，士官取代了原本无用的军官，成了将军。士官们来自民间，所以这支由士官统率的军队是人民的军队。"多年以来，拿破仑一直拒绝向梅特涅和施瓦岑贝格颁发荣誉军团的大十字勋章。直到有一天施瓦岑贝格的住宅起火，两人拼命救火，才得到这一殊荣。拿破仑对自己的弟弟荷兰国王滥发勋章的行为非常不满，禁止受勋者在巴黎佩戴。他让手下寄给弟弟一份备忘录：

"我们怎么能随意滥发勋章给不认识的人呢？现在受勋的人也许不久就会被发现是一个无赖。一定要花点时间来认清你身边的人！颁发勋章不像是外出打猎，可以心血来潮出门，却不能因此决定颁爵授勋。授勋的首要标准是有杰出的功勋……你还不具有用你的肖像来授勋的资格。"

拿破仑很自负，他的这份自负使他并不强调门第。一次，几个溜须拍马的人请他追封他的意大利先祖。他叱责说这是一项蠢行。在维也纳时，有一次梅特涅把编定的托斯卡纳·波拿巴家族的世系表拿给拿破仑，他却说："把这破玩意儿给我拿走。"拿破仑下令在国家公报中为波拿巴家族的起源做出如下声明："波拿巴家族起源于雾月十八日。世人受到皇帝深恩，怎么能探究皇帝的祖先的起源呢？"有人曾为此与他争论，他生气地嚷道："我不能容忍把我视同国王，这是一种侮辱！"

但是后来，他的态度有了转变，冲突也越来越激烈。"我要做帝王们的布鲁图，做共和国的恺撒。"这一段话的语义很含糊。"我不知道什么是贵族，我只知道我放走了一批贱民；我也不知道什么是贱民，我只知道我扶植了一批贵族。"这段话的意义就非常明确了。"塔西陀之所以受到赞扬，是因为他使暴君畏惧人民——但这对人民来说很糟糕。"这句话的含义就表露无遗了。

面对拿破仑这样的一个灵魂，谁也不会轻信那些肤浅的流言，说他把信奉自由当作夺权的假面具，一旦大权在握就立即过河拆桥，背弃了这个假面具。相反，这里的矛盾涉及拿破仑的内心斗争，这也许是他这样一个完美之人身上存在的唯一问题，他一生都未能解决它。

"我来自人民，和民众血脉相连……贵族却永远冷酷无情，从不宽恕他人。"这些言论显示出他的本性，但他没有就此停滞不前。他后来一步步成为真正的天才政治家，这与他并非一个纯粹的理论家有很大的关系，但同时他也不得不压抑自己与生俱来的同情心。具有讽刺意味的是，向来只会重赏有功之人的拿破仑居然会把荣誉军团绶带挂在他的小儿子的摇篮上。此外，当西班牙被废黜的国王称他为皇兄时，拿破仑却让塔列朗转告他：他应该称我为"陛下"。拿破仑的这些弱点引人注目，但毕竟只存在于表面上。拿破仑已经认识到了这些弱点，在某些时候还可以收敛一下。有一次，他需要派人前往埃尔富特布置帝王会议，却犹豫不决，不知道应该派欧仁（新贵族）还是塔列朗（旧贵族）前去。突然，他果断地做出了判断："别人是否批评，我何必在意！我告诉他们，我无所谓。"

对于拿破仑来说，真正严重的问题是皇室王位继承的来源和法律程序。"称我为篡位者真是荒谬，我只是登上了路易无法保住的皇位而已。如果我是路易，即使革命会给人们的精神带来巨大进步，我也会全力阻止它的爆发……我的力量来自我的好运，我与我建立的帝国同为后来者。"这些结论显然有些混乱，但他仍然进一步发挥它。他在给弟弟路易的信中写道："我不允许别人毁谤我的前任，我对从克罗维①时代到公民委员会期间所发生的一切事情负责，凡是恶意诋毁历届政府的都将被视作对我个人的攻击。"

拿破仑竟然提出要对旧君主的行为负责！实际上，正是因为废黜了旧君主，他的道路才得以扫清。我们可以看出，为了维护正统王权，拿破仑的自负已经陷入了自相矛盾的境地。他几乎要滑落到君权神授的观念中去了。

在奥斯特里茨战役获胜的当晚，奥俄军旗、俘获的敌将和敌军文件等战利品被源源不断地送到拿破仑面前，但是他一看到巴黎的信使进来就抛开了这一切。他把来自巴黎的公函都推到一边去，只是为了读其中一封满是流言蜚语的来信。写信的妇人告诉他，圣日耳曼富人区的弗隆德人最近发誓再不入朝觐见。拿破仑看完之后很恼怒，他咆哮道："这些人自以为能斗得过我吗？好吧，你们这些失势的贵族先生，咱们走着瞧，走着瞧！"这种事就发生在奥斯特里茨胜利之夜！而他一生也都被类似的地位和身份问题所困扰。

就如同男人在一厢情愿地追求一个女子屡遭拒绝之后，常常由爱转恨一样，拿破仑的世袭罔替之梦也是这样。不论要付出多大代价，他都要争取赢得传统的精神！在上面的事情发生前不久的一天晚上，他把罗德雷从客厅带到台球室打球。开始打球之后，拿破仑开门见山地说："你们参议院对贵族没有感情，对帝制也缺乏忠诚。"

"陛下，它只忠于您一个人。"

"这不是我需要的。它应当服从我的衣钵。无论将来是谁继承了它，这件皇袍必须足以保障穿袍人的安全。这就是你们所缺乏的贵族精神，你们这些理想主义者！"

这番话谈论的正是皇位世袭的问题。关于继承权的问题直接导致拿破仑的第二次婚姻成了悲剧。拿破仑有两件事情一直无法解决：子嗣与出身门第。为此，他要求正统王室和他联姻，希望一举两得，解决掉两大难题。他并非真正的平民，而是一名贵族。就算他给自己这样定位，又有谁能反对呢？

在拿破仑16岁时，他正待在军校和巴黎的住宿学校。一小群贵族子弟经常奚落拿破仑。而被奚落后的拿破仑在自己的信件与文章中写下了这样几句话：

"我的处境特殊，世系研究者曾希望将我的家谱回溯到洪荒时代，与之对立

---

①克罗维：法兰克王国的建立者，墨洛温王朝的奠基人。该名字来源于其所属的半神化的家族的创始人。

的是有些人认为我出身卑贱。他们都不准确。波拿巴家族虽然称不上显赫，但也是科西嘉岛上的名门望族。即便是在最低限度上，我也比自以为能够羞辱我的纨绔子弟高贵。"

这些恶少当年带给拿破仑的羞辱让他难以忘怀。如果没有这样的经历，拿破仑政权的合法性、他的宫廷生活、他的婚姻、他本人以及欧洲的命运也许就会重写。

拿破仑的自负，不仅表现在与法国的斗争中，也表现在与贵族的斗争中。他对于贵族和法国人都存有一定程度的反感，只有部分的认同。他虽然是贵族，却不属于真正的上层贵族，因此他一直批判贵族阶层。他表面上算是法国人，却没有法国血统。他虽然征服了法国与贵族这二者，却无法对其中任何一方放心。

他在法国取得了巨大的成就，但在与血统斗争时取得的成就就稍逊了。拿破仑不是真正的法国人，所以法国也没有成为他真正的妻子，而只是他的一个情人。拿破仑知道这一点：他追求她，为她献身，最后却又将她抛弃。他曾经说过："我只有一种爱情，一个情人，那就是法兰西。我和她同床共枕，她从没有对我不忠。她为我抛洒热血，奉献资财。如果我需要50万名青年，她也会立刻毫无保留地交出！"他会责备这个"情人"，那只是证明了他的深情中也包含着嫉妒。他用"恩威并施"的方式治理她，他顺着她的性情，满足她的一切愿望；他比其他任何人都要高明，更知道如何用虚名和幻想来迷惑她。所以，当他凯旋时，她对他嫣然而笑，所以，她会把孩子们托付给他。

然而，两人之间的相互指摘和嫉妒从没有止息的一天。他们都想操控对方。且听一下这位专制的情人所说的誓言吧："我发誓，我做的一切都是为了法国！如果我没有给她更多的自由，那只是因为她已经不需要更多自由了！"拿破仑站在客厅中央向在座的客人说话，他的声音很高，并用锐利的目光扫视着每个人。在和亲信一起时，他的言语更加刻薄："真是本性难移的高卢人！还那么轻浮、那么爱慕虚荣！什么时候才能用真正的自豪感取代那些东西呢？"

同样的，法国人对他也持怀疑态度。他们认为，完全可以用拿破仑给他弟弟路易写的信中的一段话来形容拿破仑自己。他写道："登基以来，您已经忘了您曾经是个法国人。您煞费苦心地想说服自己，证明自己是荷兰人。外国的环境很合您的口味，让您高兴，但它终究是陌生的。"罗德雷曾经在谈到拿破仑时说："他想错了，他们对他并没有像对拉法耶特那样的热情，尽管后者从来没有给他们出谋划策。从根本上说，他们之所以赞赏他，敬佩他，只不过是因为他对他们有用。"

这样的一种关系最终只落得悲剧性的收尾。当他对她不再有用时，这个情人就抛弃了他。

拿破仑自负的最高体现，仍然是以悲剧收场。"我希望来生能成为自己的后人，读一读像高乃依这样的诗人对我一生经历的感受和评价。"从少年时代到流放岁月，从出生之岛到离世之岛，拿破仑的自负依托于攀比历史名人。他把历史看作唯一的哲学观，如果没有这种历史情结，他的事业可能就会不一样了，甚至有可能成为泡影。他在政治上卓尔不凡的统筹观来自于两样东西——历史和想象。历史是纯粹理性的，而想象是纯粹感性的。历史给了他肆意飞翔的支点，在拿破仑所处的时代，他是无与伦比的。只有从历史的洪流中才能找到与他比肩的人物或值得借鉴的事物，用来指导他的前进。当他是一个中尉时，他以恺撒为榜样，开始了自己的腾飞之路。在罗什福尔的港口，拿破仑过分相信自己能够达到提米斯托克利斯曾经的高度，可最终却失败了。

他在一生中曾经有过许多关于古代和现代历史的评论。有的实际上就是在表明他自己对现实的态度。为什么他会反对塔西陀和夏多布里昂？为什么他要谴责刺杀恺撒的行为？因为他要为自己处决当甘公爵的行为辩护。在担任执政期间，拿破仑还曾经试图写几篇与罗马史相关的内容，他只是想证明"恺撒从未想过要当国王。他之所以会被刺杀，只是因为他想联合各政党以重建秩序"。拿破仑还说，恺撒是在元老院被刺杀的，当时的元老院中，有40名庞培分子是他的敌人。他想借此暗示，他必须清理法国的参议院，后来他的确这样做了。

按照罗马风格，他让人在凯旋门上放上八块石碑，上面记载着他自己设计的显示他显赫成就的内容。碑文中只记史实，并无任何自我吹嘘之处。然而，石碑的设计手法依然显示出他的自负。他邀请世界各国的历史学家和作家，与他们促膝长谈，为的就是希望通过他们而让自己流芳百世。他觉得自己的画像过分逼真，便说，亚历山大大帝当年从不让画家阿佩勒画他的坐像，因此，大卫也应该给自己画一幅"身骑骏马，神态镇定自若"的戎装像。拿破仑喜欢坐在腓特烈大帝的书斋中签发军令；他在无忧宫宴请原来为腓特烈大帝作传的作家；在伦巴第参观奥古斯都门，在埃及观赏了庞培柱，并在这些东西上刻下阵亡将士的姓名；他在马德里和莫斯科研究西班牙国王菲利普和俄国女沙皇叶卡捷琳娜的起居习惯。以上所有事情，不全是因为兴趣。他是在体会英雄的生活。以上一切曾是他早年的梦想，现在他终于得到了自己真正的奖赏，可以与他们相提并论了。

他不断地谱写自己的历史。这位年轻的将军用命令一笔一笔记录下来的最初胜利，随着时间的流逝逐渐成为历史，而他则用艺术家的手法专注于这项工作，将目光放在了未来的每一次远征与战役，以期流芳百世。当人们献上意大利王冠之时，拿破仑回顾了自己五年来的成就，如同神话一般，他说："几年后，在尼罗河岸，我们得知我们的全部事业都成为泡影，我们因为厄运感到了极度的痛苦。但是由于我军不屈的斗志，在意大利仍以为我们驻扎在红海海岸时，我们又回到了米兰。"在此期间，他冒天下之大不韪，践踏了法国的宪法，就连亚平宁深山中的每一个牧人都知道他已经从埃及回国。

在与教皇较量时，拿破仑曾给欧仁写了一封长信，让他抄送一份给教皇。他写道："只有居鲁士和查理大帝才可以与拿破仑比肩。"在他事业的巅峰，拿破仑对奥地利公使说：

"你别搞错了，我可是一位罗马皇帝，恺撒的后裔。夏多布里昂却把我和格拉古①相提并论，那个人的辖区只不过是从罗马到卡布里而已。亏他说得出！图拉真、奥勒留②，他们的情形又是另一回事，他们自强不息，通过个人的力量改变了旧世界。难道你没有看出我的统治与戴克里先③的统治极为相似吗？普天之下，莫非王臣。在一个崇尚武功的国家中，文治却可以毫无疏漏……恺撒是天生的，只靠教育是培养不出来的。"

这番话既不是公开宣言，也不是政治信件，毫无蛊惑人心之意。这些话是在沙龙里说的悄悄话，没有目的，没有伪装，展现的只是一个纯洁自负的灵魂。

在获得了巨大胜利之后，他的历史感变得越发客观，那种感觉就如同化身为出于兴趣而不是利益要赢棋的棋手一样。他在获胜之后会和被他击败的对手探讨他们的错误所在，分析自己的谋略如何高出一筹。当他和被俘或求和的敌方将领说话时，他会说："你其实应该这样，然后……，从而处于有利地位，那会是绝妙的一着。"在瓦格拉姆大捷之后，他对巴布那伯爵说：

"我相信你们异常坚强，你们的打击非常猛烈。你估计我的实力如何？……很显然，你们的情报非常灵通。想不想参观一下我的部队？……不想？那你至少要看一下我在这幅地图上的布阵……埃斯林大捷中是我犯下了错误。我现在已经

---

①格拉古：罗马贵族，公元前133年当选为人民保护官，开始进行土地改革，但改革遭到当时保守贵族的强烈反对。后因行为有独裁色彩，给保守的元老们采取暴力行动提供了口实，在谋求连任过程中被借此事杀害。九年后，他的弟弟盖约·森普罗尼·格拉古继承他的事业，也遭到和兄长同样的下场。

②涅尔瓦（96—98年在位）、图拉真（98—117年在位）、哈德良（117—138年在位）、安东尼·庇护（138—161年在位）、马可·奥勒留（161—180年在位）并称"五贤帝"。在这些人的统治下，罗马帝国盛极一时，其中罗马帝国的疆域在图拉真时代达到最广。

③"五贤帝"之后，罗马走向衰亡。284年，罗马皇帝、杰出的军事家戴克里先开始重组帝国，成为罗马中兴的开端。

受到了应有的惩罚。"

只在一件事情上，拿破仑始终无法释怀——滑铁卢战役。在圣赫勒拿岛，一个英国军医参着胆子问他，英国人民想听听他对威灵顿的看法，对此拿破仑沉默不语。

荣誉是自负的拿破仑的最高目标，基本上也是他唯一的目标。他的全部精力都指向这一目标，包括他的自我意识、历史感、荣誉感、尊严、少年时期的梦想、青年时期的筹划，壮年时期的事业和被囚禁的不安。后世变成一个巨大的幻影，塞满了他的想象。他真正追求的是拉丁语中的"光荣"，而非法语中的"胜利"。前者使他流芳百世，而后者只能促使他在当世立下丰功伟绩。他在内心深处渴求着永生，尽管明知自己和其他人一样都会难逃一死。"人生一世，庸庸碌碌，毫无所为，不如永不出生。"

拿破仑修改了加冕誓言，宣誓在他的统治下，不仅要保护法国的疆土和福祉，还要保护人民的荣耀。在诺曼底国王亨利时代的一处古战场上，拿破仑命人竖起一根石柱，上面镌刻着"伟人们热爱与其相配的荣誉"。在他看来，腓特烈大帝的剑"比普鲁士国王的全部家当还要宝贵"。但拿破仑并不是只想在战场上流芳百世。有一次，他下令为失业者建造住所，在给主管大臣的命令的结尾，他写道："为官一任，必须造福一方，泽及后世，而不应当毫无作为，让后人无法看到他存在过的痕迹。"在拿破仑不得不结束皇帝生涯时，他拒绝在放弃部分领土的条件下签署和约，他的威名正是通过赢得了这些土地才成就的。在他离世之前，他打了一个比方："对荣誉的爱犹如一座桥梁，魔鬼撒旦曾经企图通过这座桥梁越过混沌，走向天堂。荣誉连接过去与未来，却被一条深渊横亘在它们之间。我留给我儿子的，只有我的名字。"这些话含义模糊、意境孤寂，正如他的命运一般。

4. 天赋

构成拿破仑性格的第二要素是精力。从什么地方能够看出这一点呢？

首先是计算。这不是什么天才的闪现，而只是反复衡量、考虑和摒弃。

"在筹备一次战役时，我会在内心与自己辩论，力求把自己驳倒。在制订作战方案时，我极其谨慎，总是对一切危险和意外做最坏的考虑。即使我表面兴高采烈，却依然无法掩饰内心的紧张，就像一个即将临盆的孕妇一样。"这就是艺术家进行创作时的心态。有一次，拿破仑用一种玩世不恭的语气向罗德雷讲述自己的谨慎：

"我不停地工作，进行最周密的思考。如果说我对每件事情都能了如指掌、应付自如，那只是因为在此之前，我就已经充分地考虑过了。即便是微不足道的细节，我也要详加考虑。因为这样我才能预见到即将发生的一切，而不是因为有什么先知在我耳边告知，传授给我预言和破解的方法。无论是在用餐或是在剧院，甚至是在深夜，我也会突然醒来，继续工作。"

这种连续不断的思考在拿破仑心中沉淀成一种他称之为"事物灵魂"的东西，就是精确性，这种精确性具有一种无与伦比的穿透力，使他能够洞悉一切。拿破仑的成功一部分来自于数字化思维，他将此归功于自己的数学天赋。他头脑中的信息都被重视起来。因为成千上万的细节汇集起来才能形成整个世界的架构。如果他手下的一名将领写信给他，只说命令已经执行。他就会打回这份含糊的报告，告诉对方：他需要知道所有细节，事情无论大小，他都要了解。他曾经在写给驻意大利的欧仁的信中说：

"你怎么能分发3747000份牛肉呢？……我可以大致算出你们所需要的干菜、酒、盐和酒精的总数。但我要求按照军队的编制来计算数量。我已经消耗了一半，甚至是百分之七十的军饷……你怎么能允许他们一下子算出了1371000份干草来？这些干草足够12000匹马吃了！但是我只有7000匹马。办公费用更是太高了：四个月居然要118000法郎，那不就等于一年40万法郎？这笔钱足够管理整个意大利的开销了！"

这只是众多例子中的一个。在拿破仑的信札中，有成千上万份这样的信件，它们均由他口授，再从战场或政府机构分发出去。不过，如果有人想从他的信札中寻找理想与激情，最终难免会大失所望。即使是在对意大利作战时，他也不忘写信回国，让手下伪造一封信，假装德意志爱国者的口吻谈论奥地利政治，并在德国境内分发传阅。有一次，他在战事的间隙，派人给那不勒斯国王缪拉送去一封信，教他如何在舞会、剧院中做到举止得体，应该邀请什么人，应该婉拒什么人。曾经在筹备埃尔富特会议之时，拿破仑忽然想起应当有一个人负责将女演员介绍给风流的大公们。最能够有力地证明拿破仑认为应该用数字概括生活的事例，莫过于下面这段他对社会生活的看法："每个家庭应生养六个孩子。因为按照平均数据，其中三个会夭折。剩下的有两个将接替其父母，最后一个可为国服务。"他的思维的精确度竟可笑到这种程度。

第三个能够展现出拿破仑超人精力的方面就是他办事的高速度。他曾几次在命令中亲手写道："行动起来！"普鲁士国王曾生动地谈到拿破仑在这方面的表现：看他骑马时，"他总是驱马狂奔，从不顾及身后发生什么事，是否有人堕马"。不过，拿破仑实干的能力比他骑马的技术要高明许多。他总要经过深思熟虑才会行动，即使能从容地做出决定，他也会提出口号——"分秒必争"。在他的直觉中，人在有限的生命中必须只争朝夕地做事。这种观念鞭策着他全速前行。他总是感觉要想达到事业的顶点，自己现在的速度始终太慢。有一次，正值作战期间，他写信给贝尔纳多特，批评他："由于你，我浪费了整整一天的时间，世界的命运或许就会因为这一天而改变。"

这种不知疲倦工作的做法，也忙坏了他的属下。不仅是在战争时期如此，有时对于一般政府需要几个月才能解决的事务，他也催促下属们要速战速决。在与俄国签订和约时，他只给塔列朗几个小时的时间起草对俄条约。为了向各国大使和执政解释他再婚的原因，他要求相关文件必须在当日完成。他曾经用了一个晚上的时间来思考如何美化巴黎。翌日清晨，他就问内务大臣："我要让巴黎的人口在10年之内达到200万。我想为这个城市做一些伟大而有益处的事情。您在这方面有什么建议？"

"陛下，那就为这座城市建造完美的供水系统吧。"大臣提出要将乌克河的河水引入巴黎。

"这个建议很好。把××叫来，叫他明天派500人去拉维莱特开凿运河。"

拿破仑还有一种有力的武器，就是他的记忆力。"我对自己的处境了如指掌。我记不住诗词的格律，但对军队的部署，我却可以如数家珍。"这是一种非常实用的记忆力。虽说拿破仑的发音有些不准，但他能说出所有重要地名以及所有征战过的国家。邮政大臣曾经说过，皇帝能随口说出某段路程的长度，而他自己却还得靠查阅资料才能知道。有一次，拿破仑从布伦营地返回，途中遇上了一队迷路的士兵。他查问了士兵们的番号以及出发地和起程时间，然后指着一个方向告诉他们："应该向那个方向走。"而此刻，确实有20万大军在那里集结。

拿破仑记东西有一定的技巧，那就是如同用箱子储存物品一样储存记忆。"当我想停止思考某件事情的时候就关上一个箱子，打开另外一个箱子。这样，箱子里的东西就会比较整齐，而不会变得杂乱无章。等到我想睡觉的时候，我就关上所有箱子，这样就能安然入梦。"

拿破仑根本看不上诸多暴发户钟爱的星星、守护神、圣贤、野兽等宗族图徽。他选中了蜜蜂作为自己的皇家徽记，并再次强调说，只有日夜勤奋努力，不懈地追求，不停地工作，才能拥有一切。所以他宣称：天才就是勤奋。然而有些浪漫主义的观点却用另一种方式解释了这个词。他说：天才就是勤奋，这实际指的是，勤奋只是构成天才的要素之一。对于拿破仑而言，工作是他的一切，他生来就是为了工作。即使他死后什么也没有留下，即使他的功业全部毁灭，但他的勤奋和荣誉仍然会激励着后世的青年。

不谈其他人的见证，仅他任第一执政时的好友罗德雷就曾经写道："他会一口气工作18个小时来处理一件事情或是接连处理好几件事情。我从未见过他的头脑有片刻懈怠。即使是在他身体疲倦，或做剧烈运动，甚至是大发雷霆时，他依然不会停止思考。他在工作时从不会被另外一件事分散了注意力。埃及战事的胜负传到他耳中后也干扰不了他正在进行的起草民法典的会议。他总是全神贯注于手中的工作，绝不会因为将要做的事而分散对当前要务的关注。没有人会像他那样固执，推开不是此时此刻必须处理的事，而留在恰当的时间再进行处理。"

拿破仑剥削了许多属下的健康和青春，他用自己那样严苛的标准要求属下，这令他们精疲力竭。他会在半夜召来私人秘书和自己一起工作，直至凌晨4点。结果到了早晨7点时，这位秘书又被派去执行新的任务，直到9点才完成。他们共同工作时，一个口授，一个笔录。每次用餐时，他叫来两个人的食物，和秘书在办公桌的一角就餐。这就像在战场上时，他会与副官一同坐在界石上进餐那样。拿破仑在担任执政时，有时会在傍晚6点召开会议，一直开到第二天早晨5点。他在枫丹白露宫逗留了三个月，居然发出了345封公函，用掉了整整400页四开的大纸。而且这还只是有关政务和管理的行政信函。除此之外，还有大量私人信件和口头下达的无数命令。

上面这些就是拿破仑精力充沛的主要外在表现。凭借充沛的精力，他得以征服世界。拿破仑的不凡之处在于能将它们任意组合。在他的计划与命令中，他喜欢使用"在当前的情况下"这一短语。他从不拘泥于任何教条，随时准备修改计划以适应实际情况，通过调整组合来操控局势的细微变动。他是一个意志如同钢铁一般的人，同时又有着灵活的智慧。他能将自己的意志强加于人，同时也能灵活地适应外部的环境。

拿破仑说过："一个船长的弱点在于他宁愿在公海上被人追逐也不敢冒险强行进港。这一点，再加上其他一些缺点，就是我没能改变世界的原因。如果我们能攻克阿克，就可以急行军向阿勒颇推进，就或许能得到基督徒、德鲁兹人和亚美尼亚人的帮助，从而快速抵达幼发拉底河，然后可以直达印度，将新体制推广到世界各地。"

这番话在历史上能否站住脚很值得商榷，但拿破仑自己对此深信不疑，这正表明了他的务实精神。拿破仑认为世界是由数字组成的，认为一切都可归因于当局者的所有举动。任何人犯下的职务上的错误，哪怕是一丁点失职，都会对全局形成无法预计的影响。因此他总是根据时势处理事务，根据具体情况制订对策。不过，他并不将自己的成就只归功于这个方面。他认为，时势造英雄，自己是遇到了恰好的时代，如果是生活在路易十四时期，他恐怕至多只能做一名像杜伦纳一样的元帅。

拿破仑的精力很少被感情左右。他的自信与尊严促使他控制好自我。他在面对突发事件时总是泰然自若。"所谓的大事，对我来说早已司空见惯。在刚听到旁人叙述的大事时，我不会有什么感觉，过一个小时之后我才会慢慢地感到痛苦。"这种状态使得他在处乱不惊方面的能力远远超出人们的预料，也超出他自己的预期。在奥坦丝的儿子夭折之后，拿破仑劝她节哀顺变，对她说："人活着就是要受苦受难，勇者应当不懈抗争，最终主宰自我。"

不过，拿破仑有时也会大发脾气。这种怒气出自他的自信、神经质以及创造性意志的急躁。他需要成千上万的人来帮助他完成伟业。据说拿破仑曾经对使节或大臣拳打脚踢，这些流言都是不真实的。然而贝尔蒂埃因为言语不当而惹得拿破仑大发脾气，这件事却是真实可信的。贝尔蒂埃受塔列朗这个魔鬼的教唆，在皇宫中跪请执政官称帝。拿破仑气得眼中喷火，嘴唇抽搐，他用手抵着贝尔蒂埃的脖子，一直把他逼到墙边，对他大声咆哮："是谁唆使你这样触犯我！你再敢说类似的话，我绝不轻饶！"

据说在盛怒之下，拿破仑依然能进行清醒的推断。他马上就明白过来：贝尔蒂埃这样的好好先生只怕不会动这样的念头。从心理学意义上来说，这一幕显得极为独特。

拿破仑偶尔也表现得像是一介武夫，既神经质又粗暴。窗户关不上，他就把窗户扯下来扔到街上；他会鞭打仆人；他在口述信件时会一边说事情一边咒骂收信人——当然，秘书绝不会真的记下。拿破仑在盛怒的时候，就算是主教监督在他面前，他也同样不给面子："是你们中的哪一位把主教这头蠢牛领到这里来的？"

有一次，长期外出的一位主教监督回来向他述职。拿破仑直接破口大骂："你这个贱坯去哪儿了？"

"在家里。"

"你明知那个主教是个浑蛋，怎么还敢在外面待这么久！"

更重要的是，拿破仑有时是佯装发怒，以便达到某种政治目的，有时，他会在事后说明真相："你以为我是真的在发怒？"有一次，拿破仑在华沙说："那你可就错了。我从来没有让愤怒超过限度。"一天，他正在与小侄子嬉戏，顺便和宫女们聊天，心情很轻松。正在这时，有人报告说英国大使求见。拿破仑的脸色瞬间大变，甚至有些发白，如同演戏一般。他大步走向英国使者，就在众人面前大发脾气，足足持续了一个小时。他确实讨厌使者打扰了他，但他后来则是借此发泄对英国的不满。那些愤怒的表情、动作和言语不过是些政治手腕而已。

人们从众多的例子中相信，拿破仑是个好发脾气的人。塔列朗一针见血地指出："这个魔鬼骗了我们每个人。他的把戏就是他的情绪。因为他懂得如何用它来表演，尽管其中可能掺杂着些许真情实感！"

拿破仑具有权力和神经质般的荣誉感，这本来会使他变得有仇必报，但他却从不爱报复，因为内心的自制和冷漠使他不愿那样做。他在处罚对手或叛徒时从未越轨，就算再讨厌某人，他也只是把那个人放逐了事，尤其是在对待败军之敌上，无论对方军职高低，他总是一律释放他们。这充分显示了他的骑士精神。

有一次，拿破仑在接见巴登使臣时，出现了这样一幕：使臣为不伦瑞克公爵请求补偿。皇帝当场愤然拒绝这个要求。据说拿破仑之所以拒绝，并非因为该公爵挑唆普鲁士对法国宣战，而是因为在1792年攻打法国时，不伦瑞克公爵在科布伦茨发表的那次著名演说中声称他一旦攻克巴黎，一定会把该城化为灰烬。在当时，拿破仑还只是个中尉。他很生气："这个城市怎么得罪他了？"这位20年后要成为皇帝的人愤怒地嚷道，"必须雪此耻辱！"

5. 兵法

作为征服者，拿破仑的充沛精力表现得最为突出。他明显有别于一般的军人，这种精力主要表现在精神力量上。"我绝少拔剑，我是用我的双眼，而不是用武器夺得战争的胜利。"拿破仑是这样说的。要了解这一境界的精髓，不一定要懂得他的战争艺术的新形式。重要的是要了解他的生命在战前、战后和作战期间所呈现出的各种形态。他也正是在这个方面才独一无二的。

在拿破仑身上，军人力量的源泉——勇气表现得独具特色。无论是在军事生涯的前期还是后期，他都表现得无比英勇。然而他依然认为，世上没有永远视死如归的军人。不过这种胆怯也必须成为制伏对手的手段。拿破仑认为，当今世上只有他才具备"凌晨2点的勇敢"，即那种泰山压顶而面不改色的临危不惧的勇气。能做到这样，需要有非凡的镇定与果敢。但是拿破仑鄙视个人逞骑士之勇的决斗行为，将其斥为食人族的残酷勇气。"既然你们已参加过马伦哥和奥斯特里茨两大战役，就无须用这些来表明你们的勇敢。女人多变，好运也同样无常。归营吧，我们将再次成为战友！"

拿破仑这位军队统帅善于区分人道与冷酷的界限。他曾经在书房里对梅特涅说："打仗是不需要在乎百万人的性命的。"同样是这个人，却在战场上万分痛心地说："如果各国君主能目睹这一惨状，也许他们就不会向往战争与征服。"还有一次，他在给约瑟芬的信中写道："这里血流成河，到处都是士兵的死尸。这是战争的另一种景象。无论是谁目睹了此情此景，都会痛苦不已。"在这里，理智与情感彼此矛盾。他用工作的责任感来为自己辩护："对战争伤亡太过心软的人，必定会将更多的无辜者送上这片刑场。"他正是力求避免这样的。为了最伟大的目标——占领整个欧洲，值得他牺牲100万条生命，但是如果为了最渺小的目标——攻占一桥一堡时，就必须力保最少的人力损失。"如果最多只需牺牲2人，却由于指挥的无知让10人牺牲，那么指挥官要对其他的8条生命负责。"

由于拿破仑参与战争，多是出于政治需要，绝非心存恨意，所以在战斗结束以后，双方就不再是敌人了。他在枫丹白露宫中写道："听说在乐堡岛上有18000名战俘正在挨饿，这真是令人惊骇。这样做不人道也不可原谅。请你立即送去20000份面包，另外再送同等数量的面粉去面包坊。"然而，拿破仑也做过类似这样的事情。他听说在停战后，心存嫉恨的蒂罗尔人仍在残杀法国士兵，怒不可遏，下令道："至少洗劫六个大型村落并把它们付之一炬……从而让山地居民终生铭记他们遭到的报复。"

对拿破仑来说，战争就是一种艺术，而且是"最重要的艺术，包含了其他所有"。他以艺术家的眼光宣称，战争艺术是无法传授的。"你们以为读过若米尼的兵书，就会懂得如何指挥作战了吗？……我经历了60多次战役，我能够肯定我唯一学到的东西就是：我什么也没有学到。恺撒在最后一战和第一战中所用的战术几乎完全相同。"拿破仑是一个典型的艺术家。他是该领域的权威，然而总是给出自相矛盾的说法。西班牙战役结束后，他告诫一位将军："能否战胜敌人主要取决于战略计算的能力，与它相比，物资力量的多寡简直不值一提。"另一次，他又认为取胜的关键在于优势兵力或高昂的士气，有时候，拿破仑甚至说胜负是由灵感决定的。"战争的胜负悬于一线。在关键时刻，一个突发的念头往往可以扭转战局。双方按照不同的预定计划行军，接近目标、交锋、最终决战。就在这个时候，一点灵感的火花突然闪现，于是，一支小小的后备队开始清扫整个战场！"

拿破仑认为，在初次交锋之后，人们很快就会知道决战的情况。这样的论断表现出拿破仑既具有理性，同时也不乏艺术气质。"那一决定性的时刻只会持续一刻钟……在每次战役的这一时刻，就连最勇敢的士兵都会心生怯意。只需稍加鼓舞，做做鼓动，就能够使他们重新鼓起勇气。"拿破仑就是通过这种鼓动赢得了数次战争的胜利，因为只有在针对士兵时，他的演讲才最有效果。他质朴，所以士兵们理解他。他甚至说"就如同一切美好的事物那样，战争是一门简单的艺术"。他可能把战争看成了艺术中最高级的形式。"军队就是共济会……我就是它的总管。"

他的个人魅力来自于他的崛起，每个士兵都熟悉他的这段历史。作为一名年轻将领，他懂得依靠文官的力量；作为皇帝，他可怜那些敌人，因为他们不懂得依靠文官。另一方面，拿破仑深知纸上谈兵的危险。他曾经在给约瑟夫的信中写道："如果国王亲自带兵，士兵将会感到自己一方没有统帅。他们向国王欢呼致敬，仿佛面前走过的只是检阅军队的皇后。如果国王自己不是帅才，就应当将军权完全交给元帅。"

拿破仑是欧洲唯一出身行伍的帝王。他从青年时代起就熟悉军队中的每一个细节和军官的心理。他自豪地说："有关战争的事务没有我做不了的。装火药，操作器械，放炮。"当然，他只在必要时才会亲自动手。有本书提到一则拿破仑的比较浪漫的逸事。说是有一次，拿破仑在巡夜时代替一个睡着的哨兵值班。拿破仑听说之后，笑着说："这是老百姓杜撰出来的，或是律师凭空臆造的。士兵们绝对不会承认发生过这种事情。"

拿破仑主张在军队中人人绝对平等，在这一点上他始终忠于革命。他奉行无功不受爵的原则。尽管拿破仑破例提升了自己的兄弟，但是在敕封了他们之后，他依然训斥他的国王兄弟们，就像训斥中尉一样。有一次，热罗姆从西里西亚送来一份报告，拿破仑回复道："顺便提一句，我觉得您的遣词造句过于文绉绉了，完全是多余的。在战争中我们要求的是精确、肯定和扼要。"约瑟夫在布伦大摆王公架子，故意站在索尔上将身边接见军官，显示威风。拿破仑责备他说："在军队中，任何人都不得超过最高统帅。在检阅军队期间，只能由将军而不是亲王设宴。检阅军队时，一个皇家上校就只是个上校。军纪不容有例外。军队是个整体，统帅之权至高无上。你的责任只是管好自己的部下。"

然而统帅在医疗上和普通士兵享受的是同等待遇。在艾劳战役中，法国损兵折将，拿破仑却不允许某位著名军医特意照顾一个受伤的将军。"你的病人是所有的伤员，并非只有一个将军。"有个德意志军官说，每次战役结束，拿破仑都会亲临前线看望伤员，看着他们被人小心翼翼地抬上担架，并且说"如果他能挺过来，我们就又少损失一个"。

在所有的回忆录中，我们都能读到，拿破仑在军营中经常和士兵聚集在营火前，关心他们的伙食情况，士兵们的回答经常会伴随着开怀大笑。有时士兵们会对他吐露心声，表达胸中的烦闷，或是用"你"称呼拿破仑。这并不是假装亲切，拉拢属下，而是一种人伦的父子温情。他称士兵们为"我的孩子们"，而士兵则把他称为"我们的小队长"，意思是自己的实际指挥官。一个老步兵想重回军队服役，拿破仑在写给他的信中说："亲爱的同志，你的来信已经收到。你不需要追述当年的战绩。你是军中最勇敢的士兵。我很希望再见到你。国防大臣会给你安排好一切。"

拿破仑从不让他人预知他的作战计划，但是在论功行赏时，他却非常重视下层士兵的意见。每次战役结束之后，他常会召集一些军官和士兵，大家围成一圈，依次发表意见。他会问谁作战最勇敢，并当场给予奖励，亲手颁发给他鹰章。目击这一切的赛居尔把这个过程概括为"军官提名，士兵核准，皇帝批准"。

是的，拿破仑酷爱战争，但他仅仅是把它当作一门艺术，就如同他热爱权力一样。有一次，一个旅行者告诉他，在中国的某座岛上没有任何武器。他笑了笑，表示不相信："你说什么？他们肯定有武器！"

"没有，陛下。"

"总该有长矛，或者至少应该有弓箭吧？"

"一样都没有。"

"总该有匕首吧！"

"也没有。"

"那里的人怎么打仗呢？"

"那座岛上从来没有发生过战争。"

"什么！没有战争？！"旅行者感到这个岛的存在似乎激怒了皇帝。拿破仑身体里的军人的血液导致他产生了这样的反应。

然而拿破仑其实也期待一个和平时代悄然来临，他也许不会喜欢这个时代，但他一定对它的到来有预感。他的高明之处就在于他认为运筹胜于蛮干。这使得他成为新时代最伟大的军人，也使得他远超过同时代的其他统帅。著名雕塑家卡诺瓦曾为他雕像，作品摆出的架势极具威胁感，显得很威武。拿破仑却轻蔑地说："这个人难道以为我的成就是靠拳头获得的吗？"除此之外，他还曾经定义过统帅应当有哪些超越士兵之处。他在担任执政时，曾在参议院中发表演说：

"统帅的高明之处在哪里？在于他具有的独特思维：远见、计算、决断、口才和洞悉人性的能力。这些也都是治理天下的要素……假如统帅只需要有足够的体力和勇气即可，那么任何士兵都可以征服天下了……如今，无论在何地，暴力都已经屈服于道义。得天下者拜倒在治天下者面前。我深深明白作为一个军队的统帅，同时拥有科学院院士头衔的重要作用：连最年轻的鼓手都能知道我想干什么。"

后来，拿破仑说得更加清楚：

"战争是时代的错误。总有一天，胜利将不再凭借大炮和刺刀来取得……谁想破坏欧洲的和平，谁就会挑起内战。"

记住吧，这句话出自统帅拿破仑。

6. 人性

拿破仑基本上不与天斗，不与地争，他把主要的精力用在与人斗上，但他每次都会输在与天斗上。因此，基本上，拿破仑只驱使人们为他征服山川和土地。拿破仑殚精竭虑，将全部的精力和想象力用在人这种实体上，这体现了一个艺术家的风范。他只能靠治理人来完成自己的伟大事业。与拿破仑相比，没有人能征服更多的人。他使得军队和人民向他俯首称臣，连卓尔不群的精英们也被他征服。

他的方法是瞧不起人，他的手段则是荣誉和金钱。自信心和经验促使他深信：利益是每个人行动的出发点。人之所以好利是出于人的享乐、占有欲和荣辱与共的家族观念。人之所以好名是出于虚荣、嫉妒和野心。他只有现实的手段，而没有出世超俗的动机。过于锋芒毕露的自负使得他蒙上了追名逐利的色彩，其实这是违背他的本意的。尽管他试图以名利来引诱他人，却不知道自己的人格其实正散发出更强烈的吸引力。"拿破仑并没有意识到自己生活在理想之中。他对理想矢口否认，但是他又不满于任何的现实，致力于实现自己的理念。"歌德说。

可是，梅菲斯特人性本恶的观点并不为拿破仑所接受，在这一点上他与歌德相同。他说："善因和恶缘并存于大多数人心中，英雄之气和懦夫之质也分别存在于他们之间。人的本性就是如此。所谓的教育和环境只不过是后天因素而已。"确保本性不受诱惑是其目的。20年来，对人心的这种认知，他每天都要使用上百次。他成功的首要条件，就在于他善于利用人的这种天性。人心是他所使用的手段中最为得心应手的。

"'为什么'和'怎么样'，是我最爱分析的，人们经常要用到它们，这些问题非常有用。"拿破仑就像一名精神病医生那样冷静而又理智，他能通过一切手段来探知他人的所有心理特点，相面术是他最精通的。因为"我能通过他们的反应摸清他们的灵魂"，所以他喜欢骂人。如果用手套敲打心脏，不会有任何回音，但是如果用锤子去击打，自然会有极大的回响。第一次见到他的人，总会为他的眼睛着魔。

拿破仑通过讲话和提问对各种人进行分类，并且会不时地进行补充。他完全不顾对方是否尴尬、迷惘甚至胆怯，总会追根究底，提出种种问题。有时候他的问题还会越来越幼稚。在无人可以交谈的时候，他会选择学习。拿破仑曾与一名医生在圣赫勒拿岛上同桌而坐，他是如何有效地利用这20分钟的呢？

"在您的船上患上肝炎的有几个人？害痢疾的有多少人？在英国要收多少钱的挂号费？作为一名军医能拿多少退休金？……如何定义死亡？什么时候灵魂离开躯体？什么时候躯体有灵魂？"

讲话是他的另外一种方法。他的一名亲信说皇帝唯一和真正的乐趣是讲话，或者说一言堂。可是这种乐趣则要归功于他的地位。在我们见过的实干家中，没有人像他那样能说会道！为给世界打上自己的烙印，他必须口若悬河，因为他总是要独自去直面这个世界。所以拿破仑经常用5或8个小时来与人交谈，有时甚至长达10或11个小时。但是大部分时间里他都是自己一个人在说。另外他的语速极快，且略带外地口音。这一切都显得罗马味儿较少，而意大利味儿更重。通常他将双手背在身后，很少使用手势。他只在激动时才会分开双手，且大有气吞天下之势。

他就像一个挥霍无度的东方君主一样对待属下，赐予巨赏也从不皱眉。可是他在个人花费上却极其节俭。"打了这么多次仗，必定会有一点财产，无论你是否情愿。我的退休金大概是8万至10万法郎。我在城里和乡下各有一所房子。我也不需要别的了。在我发现我对法兰西不满或是法兰西对我不满的时候，我会毫无后顾之忧地退隐……我身边的人都是小偷，大臣们都是意志薄弱的人，大批财富被他们私吞……可是又能怎么办呢？国家日渐腐败。媳妇熬成婆，便把令来行——向来如此。……为建造杜伊勒利宫，你们知道找我要多少钱吗？200万法郎！……必须削减到80万法郎。我身边的人全都是些无赖。"

罗德雷答道："连年的征战肯定比这些内贼耗费了更多的钱。"

"我之所以必须严格控制内务上的支出就是因为这样。"

一个30岁的国家首脑对金钱的看法体现在这段话中：他自己无欲无求，经常抱怨周围的人贪污和讲排场。他曾坦言自己发了战争财，但是经办人为装修宫殿索要200万法郎，他却一分钱也不愿意花，所以经办人被他骂成是个骗子。腐败在革命中滋生。他在官员贪污成风的时候，便与军需商和发战争财的人做斗争。可是在他通过严刑峻法扫清腐败之后，他又开始将巨额退役金发给有功将领，有人甚至拿到了100万法郎的年薪。尽管在拿破仑任执政期间，国家的蠹虫被扫清了，但是后来国家的负担却因为他的厚赏而增加了。

还有一些人不是直接通过他，而是凭借与他的关系来赚钱。"如果有一天我变得一无所有，我就要来找你了。你说实话，你从我这儿捞了多少钱？"他质问塔列朗。

"陛下，我也不富有，您可以支配我的全部啊。"

拿破仑对待人的方式与相当多的因素有关。只有将这些因素分为几组进行讨论，才能探究其中的种种诀窍。

有无穷机会立功的将军和元帅们最易就范，他们也因此得到了拿破仑的赏赐。控制那些强力的军官，为自己增光添彩——这是他用钱达到的双重目的。这些好像没见过钱的军人大肆挥霍导致了债台高筑，然后又向他寻求帮助是他最想看见的事情：在他的引导下，将军们因挥霍而走向贫穷，拿破仑又迫使他们从贫穷回到挥霍。与此同时，他们在军务上只需依附于他。他一人进行决断，将军们很少得到施展才华的机会。为了挑起将领们的虚荣和嫉妒，他也会在最合适的时间和地点，在战报中给出最合适的奖赏。

这一切使得他们对拿破仑既爱又恨，他们被这种感情牢牢地拴住了。当然，这比纯粹的热爱效果要好。只有贝尔蒂埃和迪罗克是真正拼死效忠于拿破仑的。他们的爱被他比作孩子对父母的爱和小狗对主人的爱。内伊说自己是一杆上膛的步枪，能在皇帝需要的时候射向需要的方向。同拿破仑一道白手起家的战友是他唯一信赖的一群人。在他的回忆录中，他为他们专门开辟了一个荣誉榜。拿破仑称赞莫罗本能高于天赋；德塞非常冷静沉着；拉纳起初勇猛多于指挥，但后来两者逐渐变得平衡；为了享受，克莱贝尔才追求荣誉；只有在火线上，马塞纳才能迸发出力量；缪拉"虽毫无思想，但却威猛无比！他既是一个蠢瓜，又是一个英雄"！拿破仑的怒火曾经波及他们每个人，但是他又不愿将这些旧时的同伴抛弃。马尔蒙被拿破仑骂得狗血淋头，因为他输掉了瓦格拉姆之役。可是仅过了15分钟，他又被任命为元帅。

有时候，拿破仑会流露出对尘世的厌倦之情。"让我感到极其痛苦的是，我甚至会怀疑自己的战友。所以，为摆脱这种情绪，我会使出浑身解数。"其实，他是知悉一切的。令他极度伤感的是拉纳之死，可是他未像报刊登载出来的那样，说出那些感人肺腑的话语。他对梅特涅非常信赖，曾对他说："拉纳肯定是恨我的。他在重伤之后呼唤我的名字时，我就知道，他必死无疑。就如同无神论者在临终前呼喊上帝一样，他呼唤着我的名字。"

这些将军与拿破仑青少年时代的友谊并不能使他们免受最高统帅的责骂。当他们做了愚蠢的事情或者内心充满恐惧时，拿破仑就会对他们破口大骂，就像教训孩子一样。"你真是前无古人的荒唐……你没有正确地认识你的军事职责，我真看不出这个人竟是你！"这是他写给朱诺的信里的话。"你的指挥使人们缺乏诚信，有的只是贪婪。我直到今天才认识到你原来是个懦夫。不要让我再看见你，给我从军队里滚出去！"这是他在给伦巴第的一位将军的信中写的话。曾有一位将军在西班牙战场上向敌军投降。可是半年后，在阅兵时他居然敢出现在拿破仑面前。一见到他就怒不可遏的拿破仑，据说连续臭骂了他一个小时："我们可以交出城堡。我们可能会失败，毕竟战争中的幸运之神是不可捉摸的。我们也可能会被俘，或许此事明天就会在我身上应验，但是我们不能主动放弃自己的荣誉！先生，在战场上作战是军人的天职，而不是投降。应该把投降者拉出去枪毙……献身是军人必须懂得的。死亡不是必将折磨我们吗？对你来说，投降就是犯罪。对于一个将军来说，这一举动是愚蠢的；对于一个士兵来说，这一举动是怯懦的；对于一个法国人来说，这一举动玷污了这一荣誉！"

拿破仑是个谁也不信的人，可是他的坦诚却令当时的外交家们震惊不已。"有人情味儿和打明牌，比起耍弄手腕能给外交带来更多的好处。旧时的外交家早已黔驴技穷，而人们也早已知道他们的那些猫腻……自曝其弱与玩弄手腕相比，并不显得更糟糕。"

再次对英作战之前，他为英国使节进行了分析：他要使法国能够挑战英国的海上霸权需要多少年，他扩军至40万需要多少时间。他在枫丹白露宫对奥地利谈判代表说："这是我的最后通牒。假如你们会赢，那么我提出的条件对你们也会更有利；但是假如我赢了，我将会提出更苛刻的条件。和平是我唯一想要的。"

如果他想对外国的大使施压，他会仔细斟酌每个细节。他之所以极力迎合哈布斯堡王朝的传统，就是出于这个原因。那天在他的生日宴会上，看到站成半圆形的使节们，他走到梅特涅面前说："大使先生，贵国皇帝究竟想干什么？他不会是想让我去维也纳吧？"他通过这种方式来恫吓奥地利大使，并向全欧洲公开示威。当梅特涅两天后私下来拜访时，皇帝却对他说："因为我们不是在众目睽睽之下交谈，所以没有必要再扮演法国皇帝和奥地利大使的角色，也没有必要用那些外交辞令来粉饰。"

拿破仑在第一次对奥缔结和约之前，把与败军之将艾尔兹大公的会面地点安排在狩猎场的一间小屋内而没有在枫丹白露宫，目的就是防止对方讨价还价。"我在那儿待了两个小时，吃饭用一个小时，谈论战争并互致敬意用一个小时。"拿破仑在任第一执政期间，曾经接见过科本佐伯爵。杜伊勒利宫由他亲自布置：将椅子撤走，把写字台放在角上，这样主宾双方便只能坐到沙发上，尽管这时已经是晚上了，但还是只点一盏灯，也没有吊灯。塔列朗带领奥地利伯爵走进房间，那时，他的面前一片漆黑。他几乎无法看清执政的位置，因为门与执政之间有一大段距离。可是他还必须坐到主人为他安排的座位上去，多么令人尴尬啊。

他曾用更绝的手腕来对付王公贵族。他偏爱在自己的府邸接见他们。其实，处于权力顶峰的那些年，他从未主动拜访过他们。他在提尔西特只做了两天客人就反客为主了。在德累斯顿时，他虽然是萨克森国王的客人，却常常以主人自居。他绝不会与皇后们往来。当普鲁士王后路易丝假惺惺地请求他维护公平时，他建议她先坐下，"一旦她坐下，悲剧立刻会变成喜剧，因为这是转悲为喜的最有效的办法"。

但是在和人民打交道时，他使用了拙劣的手段，只对法国人和意大利人还说得过去。他在任执政时曾在参议院会议中说："按照大多数人的意愿来统治就是我的政策。我认为，这就是尊重人民主权。我成了天主教徒，为的是结束在旺代的战争；我在埃及成了土耳其人；我变成极端教权主义者，目的是争取意大利人的支持。假如由我来统治犹太人，我会下令重建所罗门的庙宇。我之所以会在圣多明戈的解放区谈论自由，而在奴隶制区维持奴隶制，就是这个原因。"

拿破仑的政策在黑人共和国不如在波兰成功。他想用宴会和演说来赢得波兰。对付犹太人，他最拿手了。通过革命，犹太人取得了平等地位，但是有些人在莱茵河地区放高利贷，通过这一方法来剥削人民。拿破仑并未下逐客令，因为他很清楚他们有经商的天赋。他下令在巴黎召开了犹太人的最高层会议，并让他们自行决定，因为他想起了他们的习俗。要知道，这种会议数个世纪前就已被中断了。后来，这个权威机构宣布放高利贷有罪。在西班牙，他没有看到其中的危险，而是建议约瑟夫"以暴易暴，以悦民众"，结果铸成大错。

德意志人是最让拿破仑惊奇的。他在他们身上看到了自己缺少的一切。当然，德意志人也没有那些他所拥有的东西。所以，在他叱咤风云的那些岁月里，他始终对德意志人敬畏参半。他对他们感到恐惧。在埃尔富特，拿破仑试图用戏剧向德意志的大公们施加影响。他命令不要上演喜剧，"莱茵河那边的人都看不懂喜剧。但高乃依的《西拿》可以上演，那是一部趣味盎然的戏，里面有一个用以展现王室仁慈的场景，所以定然会获得很好的效果"。后来他开始引用《西拿》的台词，可是他记得不准确，雷穆纠正道："上天赐神座，把它授给王。承蒙天的福运，将其惠赐给下民。回溯过去的一切，都是公正无私的；远眺未来，将是自由而不羁束的时代。能够履行这个王位的职责，则不会受到惩罚和责备；王所做的事情，上天都会保佑。"

"好极了！"皇帝喊道，"这最适合给那些冥顽不灵的德国佬看了。他们到现在还在谈论当甘公爵的死！帮助他们拓宽道德视野是我们的责任。这对精神抑郁的人是很有好处的。这种人在德国数不胜数。"这时，他好像是在谈论他一点也不懂的德国音乐，其实他指的是德国哲学。无论是哪一种，都让他感到敬畏。意大利的咏叹调和伏尔泰的智慧是他喜欢的。他说："康德过于晦涩。"正是基于这样的看法，他并未想到，一个如此迟钝的民族也会迸发出激情。

也许是民族隔阂导致了这种误解。因为那时他还年轻，思想单纯，同情被压迫者，后来成了革命的先锋，所以他在意大利北部非常成功。拿破仑成为独裁者后，就不再向别的民族传递革命的火种了。然而人民大众始终是他的立足点。"统治要以人民为根本，而不考虑是否会使某某先生满意……圣人一般都会高瞻远瞩，超越一切党派。毕竟加入某个党派就意味着要变成奴隶了。"不过，他总是说一套，做一套。

法国人民对他的敬畏之情绵延了10年之久。可是当他被挫败后，怀疑也接踵而至。他说："统治者应充满威严地面对民众，不要曲意逢迎。不然的话，如果承诺不能兑现，群众就会觉得你在愚弄他们。我之所以恫吓人民，就是为了避免所恫吓的事情真的发生！"

可是，恫吓渐渐地背离了他的天性，也违背了群众的本能。拿破仑只能向他们展示皇冠、加冕、宫殿、大排场和王孙子弟，因为他无法用金钱和荣誉去引诱他们。人民感觉到正在与他日益疏远，他们在这一点上并没有被欺骗。

当巴黎的群众听说，皇帝要求亨利王在戏中只能说"我哆嗦"而不许说"我颤抖"时，他们对拿破仑大加嘲讽。因为国王也只不过是一个人，他也会颤抖，可是他却不敢承认。但是他们不知道，皇帝曾告诉塔尔玛该如何扮演恺撒：

"恺撒曾发表过有关反对帝制的长篇演说，他说：'我对皇位不屑一顾。'可惜他口是心非。因为罗马人正在背后看着他，所以他才会那样说。他只是想让他们相信，他是厌恶当皇帝的。不过那是他一直追求的目标啊。所以，不要把这段台词念得那么信誓旦旦。"

他用宗教和戏剧来麻痹群众。拿破仑任执政期间，曾在参议院精神饱满地说："宗教对我来说只是一种社会秩序，因而并不神秘。其实它是把平等和上天联系起来，以避免穷人屠杀富人。宗教能满足我们对神奇世界的好奇，保护我们不受欺骗，从这一点上来说，宗教和接种疫苗有相似的功效。因此，卡格李托、康德和所有德意志的梦想家都比不上牧师们的价值。没有财产分配的不均，就不会产生社会，而只有宗教才能维持这种不均。饥寒交迫以致冻死街头的穷人只能梦想还存在更高一级的权力，只能希望将会有另外一种秩序存在于永恒的世界里。"

他始终未能摆脱被视为暴民、暴徒的尴尬，尽管他也采取了多种救危扶困的措施。无论对王公还是民众，他对人类的蔑视既没有增加也没有减少。正如他利用其他的阶级一样，他只是在利用民众。他说："要想改变世界，不能靠对领袖施加影响，而要靠发动群众。因为前者只不过造就阴谋家而已，只能拥有二流的业绩，但是后者却能改造世界。"他与人民的问题就是民主。他对于议会制度有的只是批评，而无任何建设性的意见：

"作为国家形式，共和含有伟大事物的萌芽，能够振奋精神。可是也正因为它的伟大，它迟早会走向灭亡。因为它必须使用暴力才能获得统一的权力，而暴力则会导致独裁或贵族制。它其实是最糟糕的专制制度。罗马、威尼斯、英国甚至法国都提供了非常好的例证。只有中央权力依赖于议会中永久性的多数，共和国才能有所成就……而要达到这一点只有通过腐败，可是腐败又是民族之癌，也是中央权力手中最可怕的武器。君主立宪政体是自由主义者创建的。这是一种折中的好办法，它是有优点的，但是要有效地限制君权，必须由普选选出人民大会代表。"

尽管拿破仑将19世纪应当面临的所有问题都看到了，但是对于成就他的历史社会问题，他不能理解。

7. 理想

构成拿破仑本性的第三个因素是想象力，他的自信与精力也来源于此。他的幻想和他精密的天性不断地斗争着，最终毁灭了这个矛盾的载体。将诗人与政治家融为一体的是他的想象力，这一切使得他既能了解别人也能了解自己。这就是他识人和待人的秘密。但是，这一切又与他的精力产生交互的作用。为了分析的需要，常常不得不掐掉这根线头，接上其他的线头，从而将一个活生生的人的各种性格特点概括到一个体系之中。

"我会做些什么我并不知道。事物自身决定了一切的目的。我只是听凭事物自由发展，没有什么主观意志……越伟大的人，就越不能有自己的主观意志。人们总是依靠事件和环境。"在写给他的夫人的信中的这些话，表现出他具有清晰的想象力。因为只有敢于幻想的人，才能参与到时代的运动中来，任心灵自由翱翔，在前进中创造自我，而不受任何体制和原则的束缚。这样看来，他的发迹绝非偶然，而是正好相反的。他总会事先就将所有的细节谋划好。环境和发展促成了他的雄心壮志，这种结果有时突如其来。"任何理论都不会被实干家所重视。他的行为更像是一位几何学家，一切行动只是为了不丧失方向，而不是为了沿着事先画好的直线前进。"

政治家的基本思想就是这种方向，能做到这一点的人，必须既富于想象又精于计算。他最热切的梦想、最冷静的计算，以及他的政治目标、希望和雄心都在欧洲。因为各国君主都猛烈攻击欧洲第一个共和国，因此他只能通过武力来实现这个梦想。尽管他非常向往和平，但是他军人本性中的缺陷又使他无法容忍这一点。他运用了非常错误的方法，这一点可以通过时代、环境和性格来做出解释。不管怎样，他天才的高瞻远瞩是不会被抹杀的。更多的政治家在他逝去100年后，也为着一个大国家的目标而努力着。

"欧洲拥有3000万法国人、1500万意大利人、3000万德意志人、1500万西班牙人……一个简单而统一的民族国家是我想为每个民族建立的……统一的法律、基本准则、思想感情以及观点和利益，也许将有机会在我们之间得到贯彻……之后，我们要创建一个欧罗巴合众国，以美利坚合众国或希腊城邦联盟为模板……我们的未来将多么兴盛、强大和繁荣啊……我们已经实现了法国的统一，但统一西班牙还遥遥无期。我要花费20年的时光才能统一意大利，也需要更多的耐心去统一德意志。那些古怪的宪法必须进行简化。我会像统一我们的政党一样，做好准备去统一欧洲各国的利益……各民族的怨言我不会放在心上，结果最终会使他们拥戴我的……欧洲将会真正成为一个民族。每个人都会有在自己的祖国内部旅游的感觉……这定然是大势所趋。或早或晚，这种联合总会到来。这种潮流是不可逆转的。我相信，在现有体系消失以后，要使欧洲处于均势，只有谋求民族间的联合。"

此处所说的既不是靠独裁去加强各个民族间的融合，也不是靠狂热的兄弟友爱。这里的联合仅仅是因为有共同的利益。19世纪，因为各个民族忙于建立国家，所以为融合创造了条件。而20世纪，拿破仑的理想开始实现。

8. 情感

他能够很好地支配自己的精力和想象力，因为他的思维非常清晰。他是一个爱多恨少的人，尽管他不愿承认这一点，但是在战时，他的同情心是截然相反的。他对于100万人的牺牲无动于衷，但是一个流血的士兵就可以将他的心刺得生疼。他的幻想依赖于大众。有一天，约瑟夫对拿破仑说："唯一关怀您的人是我。""你错了。我需要五亿人都能爱我。"他回答道。这冰冷的话语就像是火山喷发一样。早已听见它发出的隆隆声的是他儿时的老师。

他抛开了一切会令他分心的活动，为的是治理好各个民族，因而剩下的就只有偏执了。他不赞成将爱情故事插入戏剧里。由于"在悲剧里，爱情只能成为主题，而不可能成为题材……它在拉辛的时代是生活的全部内容。只有在人们碌碌无为的社会中才会发生这种事情"。他会努力摆脱这种感情的侵扰：

"我不会像其他人那样为爱情而烦恼的……趋利和避害是人类所有行为的两种动机。爱情是既愚蠢又盲目的，请相信我……我从不对任何人产生爱意，包括我的兄弟——也许对约瑟夫有一点爱，但那只不过是出于习惯而已，当然也出于他是我的哥哥。我也爱既严肃又果断的迪罗克。我猜他从未流过眼泪……只有女人才多愁善感！要想搞战争和政治，男人们就应该心如铁石、意志坚定。"还有一次，他说："除了达律之外，我没有朋友。他和我一样既冷酷又无情。"后来在圣赫勒拿岛，他说："对于一个50岁的人来说，是不会再有爱情的……我的心早已如铁石一般。我并没有真正去爱过一个人，可能我对约瑟芬有那么一点爱，不过那时我才27岁。有一次，加桑对我说，他对生活的爱不足以让他改变生活。"

他总是让人感觉有些腼腆，又总是会突然冒出道歉的词，他的话中会经常带有"也许""有点"的字眼。——可是就是这个人，他说道："我是自己的奴隶，不管是在感情上还是在行动上。因为我认为，人的心灵要远高于人的头脑。"此处，他所指的是感情要比思想更重要一些，其实这种感情就是他的想象力。

如果一个人自视非常高，那么他更易于陷入嫉妒的火坑，而不是爱情的花园。他当时正妒火中烧，这是他在写给约瑟芬的信中明确表示出来的。在任执政若干年后的某一天，他去视察正在兴建的塞纳河大桥。那时，他和随从闪在了一边，为的是给对面驶来的车辆让路。他曾经的情敌伊波利特就坐在车里。那是多年前的往事了。一切都随着时光的流逝而远去，并得到了谅解。从未有人在拿破仑面前提起过这个名字。但是就是这样一个偶然的机会，让他们擦肩而过。此时，拿破仑变得脸色苍白，心神不宁，很久之后才恢复平静。

另外，拿破仑还有一种仁慈之心，虽然这并不是他想要的，也与他自己的言论相矛盾。他在意大利战场上看到一条哀吠的狗坐在阵亡的主人尸体边。"这条可怜的狗像是在寻求帮助或者找人复仇。它的苦痛深深地打动了我。那时候，我肯定会宽恕那些求饶的敌人。我在那一刻才明白阿喀琉斯会将赫克托尔的尸体交还给哭泣的普里阿摩斯的原因①。性情变幻无常是人的本性。当我将我的士兵派上战场时，我的内心却无动于衷。我眼睁睁地看着他们向前挺进，也不曾流下任何一滴眼泪，尽管数以千计的将士将一去不返，可是让我的心颤抖的却是一只狗的哀吠。"

在他的许多信件中有很多情真意切的话语。"当我听说你生病时，我感到非常不安。真心希望你尽快康复。也许你不吃药的话，身体会好得多……不管怎样，你都应该尽快恢复健康。就算是为了我们之间的友谊，你也要康复啊。"他在给康巴雷斯的信中这样写道。他也曾写信给科维萨："亲爱的医生，我恳请您能去看望一下大法官和拉西佩德，他们两人中有一个已经病了一周了，我害怕他的命将会被江湖医生断送掉。另一个人的妻子体弱多病。请你去医治好他们。请你一定要挽救一位名人和一位我爱的人的生命。"

长年写文章抨击拿破仑的薛尼，在穷困潦倒之时却得到了皇帝的接纳和保护。皇帝得知自己数十年的政敌卡尔诺债台高筑之后，就为他偿清了借款，而且连文契都懒得看。并且拿破仑命人算出卡尔诺作为现役将军应领的薪金，将一大笔退休金支付给他。当卡尔诺想为他做点事情的时候，拿破仑只是让他写了一篇军事论文，以免卡尔诺违背自己的意愿，勉强自己为敌人服务。

拿破仑曾在百日王朝期间，让人匿名将一大笔钱给了陷入困境的一些波旁王朝的亲王。有一天，他的秘书睡着了，他却显得精神抖擞，又恰好没有什么事情可做。于是，他便查阅了一下求助者的来信，并将他们应得的退休金数额批示在每封信旁边。拿破仑曾经非常生气地发誓要将几百名军官枪毙，但是事

---

①阿喀琉斯和赫克托尔分别是希腊和特洛伊军中最勇敢的战士。阿喀琉斯由于和希腊主帅阿伽门农发生矛盾，一度愤而离开希腊军队，导致他最好的朋友被赫克托尔杀害。他得知好友被害，于是重新披挂上阵，杀死赫克托尔为好友复了仇。但在普里阿摩斯的眼泪面前，阿喀琉斯动了恻隐之心，允许赫克托尔的父亲带回儿子的尸体。

后还是把他们留在了各自的职位上，尽管最终这些军官还是背叛了他。他曾命令幼弟热罗姆离婚，但他很快又觉得自己过于严厉了。略带威胁的命令发出后，他又赶快给自己的母亲写信，请她写封信给热罗姆："请您也对他的姊妹说一下，让她们给他写信劝劝他。毕竟，如果我下达判决，一切将无法改变，这将断送他的一生。"

让少数几位朋友绝对效忠于他是拿破仑的要求。在决定放逐蒙托隆时，拿破仑对蒙托隆说了一些话，这些话充分体现了他是一个以自我为中心的人。"我把你当成我自己的儿子一样看待。我始终相信，你会只爱我的。要不是这样，你就根本没爱过我。我们的天性不允许我们同时爱上数人，这是我的感情告诉我的。可是在这一点上，人们往往会自己欺骗自己。即使是对自己的孩子，他们也经常厚此薄彼。对我而言，只要是我所信赖的人，我都会去热爱和尊敬，但是他们也只能回报给我最热烈的爱。我无法将这种爱与人分享。分享就像是利刃一般会刺入我的胸膛。我天生是一个敏感的人，我因精神上的毒药所招致的损害比砒霜还要厉害。"

可是西方的妇女启蒙运动是他所讨厌的。尽管他未曾去过东方，但东方使他无限向往，因为"让女人做我们的奴隶是上天的命令。也只有当我们产生出妇女启蒙这样的怪异念头之后，她们才敢说是我们的主人……假若真的有一个女子能对我们产生积极的影响的话，那么至少有100个女人将会带领我们走向愚昧……男女平等绝对是个荒谬绝伦的想法！女人只不过是我们的财产而已，而不能反过来说。毕竟是女人给我们传宗接代，却不是我们为她们生儿育女。就像园丁独占开花结果的树木一样，女人是我们的财产……男女地位是有差别的，这并不是什么歧视。其实每个性别都是有优点和义务的。令人尊敬的女士必须依附于男人，尽管她们有美貌也有魅力。"

9. 悲剧

拿破仑的想象力终生都被有关造物主的思考困扰着。根据传说，竟然曾经有人统治过全人类，这让这位统治者无法释怀。他没有把自己当作神，他对一切神化自己能力的传说都一笑置之。但是确实存在一种不可驾驭的力量，不管将其称为上帝、命运或是死亡。自信又怎么能够超然于物外呢？

一开始，必须摒弃一切教条。"我坚定地相信，不管在哪个时代里，许多人因自诩为先知或弥赛亚而被处死，耶稣只不过是他们其中的一个而已。比起《新约》来，我自己是更倾向于《旧约》的。一个出类拔萃的人——摩西在《旧约》中被我找到了……况且，我怎能接受一个连苏格拉底和柏拉图都瞧不起的宗教呢？我不认为存在赏罚分明的神。由于我看到老实人都倒了霉，而流氓却活得很快活。塔列朗也会躺在床上安详地死去……假如一个牧师只想用恐怖的地狱让我就范的话，那我又怎么能保持自己的独立呢？一个流氓将因为这个职位获得多大的权力啊！在歌剧中，舞台上的赫拉克勒斯岂不是也受到后台根据自己的喜好来利用手中的灯光的灯光师的摆布？"

他在这个问题上是始终如一的。他从未做过弥撒。他一生都拒绝做任何形式的内心忏悔。他只是将他的功绩归因于健全的人类理性、果敢、综合、知人善用以及想象，拒不承认自己创造过任何神迹。像拿破仑这样的一个人，肯定不会相信《圣经》中的任何神迹。他用一名后勤军官的逻辑断言，200万人喝摩西泉止渴的传说是无稽之谈。

他害怕受审，因为那对他来说就像天书一样。只有与政治相联系时，他才会提及道德。也唯有在圣赫勒拿岛度过的最后的日子里，他曾对亲信们说："此刻我们是多么幸运啊！我可以向上帝倾诉内心的苦闷，并且期待他会将幸运和幸福赐予我！难道我没有这样的权利吗？无与伦比的业绩是我创下的，而我也并未犯下任何一种罪行。现在我可以昂首挺胸地走到上帝的审判桌前并期待他的判词。谋杀的念头从未在我心中萌生过。"

就这样，即使在逆境当中，他也从未动摇过。在去世前五年的一天，他曾说，他死的时候不用牧师。人之将死，其言行也真。这说明他那颗冷酷的心是始终如一的。

与这不同的是，不断变化的是他关于上帝创世记的想法。正如他逐渐从一个革命派变成了正统派，从一个唯物主义者变成一个有神论者一样。可是这两种变化只是基础的拓宽，并非一种转折。对于这种变化，他自己也从未否认过。这种自然的天性一生都伴随着他。"在狩猎的时候，我叫人把鹿解剖，结果发现它的内部结构与人体相同。其实人只不过比狗或树更高级一些而已。其实在生物链中，植物是位于开端的，而人类则位于末端。"当时，皇帝其实既不了解歌德的形态学，也未读过拉玛克的著作，他甚至拒绝接见后者。

更有趣的是他关于心理、物理方面的推断。有一次，拿破仑在圣赫勒拿岛上过圣诞节，他提出了这样的怀疑："上帝竟然容忍一个统治者随意地将成千上万的人送上战场，其实只不过是为了送他们去死而已。这种荒谬的事情实在太难以让人理解了！……哪里有儿童的灵魂？何处有疯子的灵魂？……电是什么？电学和磁学又是什么？这就是大自然的奥秘。我倾向于做'人是这些流体和空气的产物'这种假设。人的脑子吸进流体与空气，在其死后又会将这些东西放归自然，其他人的脑子又能吸收它们。"他发表了这段歌德式的思想后，好像也被自己吓了一跳，于是他突然停了下来。接着，就像是一个军人面对着一群军人一样，他说道："亲爱的古尔戈，假如我们真的死了，那就死了算了。"

有神论伴随着这种怀疑论不断地发展着，尽管他很少赞美前者。拉普拉斯是不信上帝的，皇帝对他说："由于你对造物主所创造的奇迹有着更深刻的了解，所以你应该比任何人都更乐意承认上帝的存在才对。假如说我们的肉眼无法看见上帝，是因为上帝不想让我们拥有如此宽广的知识而已。"还有一次他说："由于我们身边的一切都在昭示上帝的存在，所以我们相信上帝。"他在圣赫勒拿岛时说："其实，我从没有怀疑过上帝是存在的。虽然我的理智无法认识他，但是我的内心是能感受到他的。其实我的身心一直与这种感觉相一致。"

像这样一个灵魂怎样才能与命运相抗衡呢？他的自信决不容许任何人将他击败，只有命运能够击败他。其实他并不是在失败之后才有这样的感觉。命运和他一生相伴，就好像其他人想要生存必须学会敬畏、忠诚和信仰一样。拿破仑就是带着对命运的信仰，开始他英雄般的征服的。在他最辉煌的时候，他感觉自己好像身披铠甲，"大理石铸就了我的灵魂，闪电根本无法毁灭它，甚至不会起一点作用"。还有一次，他诗意地说："假如我们头上的天塌下来，我们只需要用矛尖就足以把它撑住！"

可是这是极其罕见的反抗时刻。在大多数时候，拿破仑习惯于听从命运的安排。这一点可以从他的成百上千句话中得到证明。譬如"万事皆有定数。上天已安排好我们的时日，没有人能让时间停留……谁也不能逃避命运"，"请相信我，一切由上天操纵。我只不过是它的工具而已"。这是他对魏玛公爵夫人说的。他对封·缪勒说："事实上，万物都是有联系的，总有一只看不见的手以一种不为人知的方式操控着它们。我的伟大只不过是因为吉星高照而已。"

在所有的话语中，认知到上帝的存在和对上帝的情感依赖好像融合成对自身使命的自豪感。先知的光芒从他的身上放射出来。但是他对自己钢铁般的意志太过自负，以致将这一光芒掩盖了。

其他许多人都相信上帝或者护身符，但是拿破仑不同，他并不相信自己的星座，甚至不能容忍别人通过强调他的好运来抹杀他的功绩。所以，他不是很迷信。正当路易丝为是否将一把名贵的刀献给拿破仑而犹豫不决时，没想到，拿破仑把刀抓了过去，说道："这破东西也就能切切面包吧！"约瑟芬因找人算命而遭到他的责备，但是他事后又好奇地问算命人说了些什么。他希望推迟几天再签订《普莱斯堡和约》，这样就可以与恢复使用旧历的那天正好重合。最终他没有这样做，而是用了令人意外的措辞："这将会使我非常高兴。"当听到施瓦岑贝格去世的消息时，他如释重负。由于在他第二次婚礼的那天，施瓦岑贝格的官邸着了大火，他便将其视作不祥的预兆。现在施瓦岑贝格去世了，他也就可以消除心里的阴霾了。

除了这些小事之外，拿破仑在叱咤风云的20年中，从未因迷信而推迟或者修改决议。与此不同的是，为了达到某些政治目的和修辞目的，他又特别喜欢使用星座和命运等字眼。因为他想以命运之神的形象出现在欧洲，故而寻找容易被左右的对象是他最喜欢的，例如沙皇，"命运要求我们干什么，我们就干什么，事物不可变更地向哪里发展，我们就向哪里前进。只有这样才是明智和实际的"。他的思想在命运、环境和机遇几个概念之间游走。尽管他也知道这些概念难以捉摸，但他相信通过精确的数字，可以把战争胜利的概率提前计算出来。"我们决不能在这一点上犯糊涂。一切都可能会因为一个极其微小的差错而改变……概率对于普通人来说只是一个谜，但对超凡的人而言，将会成为现实。"

有时他将才能、命运和权力混为一谈。一个精力旺盛的宿命论者的形象就通过下面的话展现在我们的面前，"我之所以不被谋杀是因为我的运气、我的天才和我的卫队能保佑我"。

拿破仑用男子汉的生命所发表的这段宣言，表示他在生与死之间大步向前了。

拿破仑高度赞扬了一出现代悲剧中对于一个男人的刻画，原因是他愿意去死，但是他又认为这段描写并不自然。"人必定要活下去，也必定要了解死亡。"这就是他从小和自杀行为做斗争的原因。拿破仑起初是在作文中，后来在日常命令中，再后来他一次又一次地提出如下的观点："自杀是懦弱的表现，尤其是在困境中自杀的人。"曾经有人谣传他在第一次逊位后企图自杀，但是据史料的记载，这纯属无稽之谈。即使有少数记载也只不过是二手的材料，因而并不可靠。拿破仑最重要的回忆录中丝毫未提及这件事情。尽管在最后几次战役中，拿破仑也曾试图在疆场上战死，但服毒自杀的想法从未在他心中出现过。

拿破仑在滑铁卢战役之后，确实有些厌倦人生，可是这并不代表他讨厌整个世界。其实，厌世情绪在他16岁的日记中和他30岁从开罗写给哥哥的信中都有所流露，但是在他精力日益高涨时，这些情绪便销声匿迹了。拿破仑是个天生就不会享福的人。即使是这样，在事业达到顶峰之时，他也曾有过满足，但是他也有疑惑的时刻：

"如果这个人没来过人间，或许更有益于法国的安宁。"他在卢梭的墓前说了这样一句话。

"执政官，这是为什么呢？"

"他为大革命做好了准备。"

"您不怨恨革命者吧？"

"未来会告诉我们，假如我和卢梭均未降生，是否会更有益于世界的和平。"

这些怀疑逐渐没有了，但是那魔鬼般的孤独感却无法被驱走。这种孤独感在他心里盘旋而上时，将他带向更为冷漠的大气层。"我有时候会呼吸困难，有时候又觉得生活难以忍受。"海对他来说是非常陌生的，毕竟它是他的敌人。只有在一个地方他才能找到他自己。沙漠对他来说就是无限的象征。一种至高无上的空虚在沙漠中展现出来。在千千万万片影像被打破以后，展现给他的也就只有空虚。

一个人坐在包厢中欣赏悲剧是他的爱好。这个时候，他便从自己的思想中彻底地解脱出来了。可以说，他的幸福不过如此。

能够引起他内心共鸣的只有悲剧，由于他付出的爱比平常人要少得多，所以悲剧性的寂寞是他注定要忍受的。这也是他自负的代价。有一次他说："因为生活谈不上幸福，当然也就谈不上不幸了。幸福者的生活就像是银色夜空里闪烁的黑色星星一样，而不幸者的生活则是在黑色夜空里闪烁的银色星星。"但是最能反映他孤寂内心的并不是这英雄般的图画，而是他在日常生活中所发出的尘世的回音。

"科兰古，对于这里发生的事，你真不能理解吗？我找来的都是一些只知道享福的人。但是这帮可怜虫并不知道，必须战斗才能获得人们渴望的安宁。你是在说我也有皇宫、老婆、孩子？但是我哪天不是在全力以赴以致身心疲惫呢？难道我没有把我生命中的每一天都献给我的祖国吗？"

他将生命奉献给了自己的事业，而他的祖国就是他的事业。有一次，他曾在岛上说："我一辈子都在用我的双肩扛起这个世界。这项工作确实让人感觉有些累。"在讲这话时，他虽稍微带着抱怨的情感，但是又极尽讽刺之能。

10. 致命的圣赫勒拿岛

这个岛是几千年前一次火山爆发造成的。一块黑漆漆的岩体从海中耸立起来。这是一座地势陡峭、直入云霄的海岛。黑色的峭壁由岩浆冷凝形成。那些峭壁深壑使人望而生畏，对于初次乘船来此的人来说，就像是地狱之门。天然的黑色围墙使大自然鬼斧神工的本事尽显。除了架在岩间的大炮之外，你找不出任何一丝人类的足迹。当你踏上这片土地时，地面会在脚下吱吱作响。这里是地震的遗迹，脚下则是冷凝的岩浆。它就是一条死亡之路。

大西洋中的这座死火山，距欧洲约2000英里，距非洲约1000英里。英国大炮布满了该岛，这就是圣赫勒拿岛。在这里，即使是无尽的生命也会像埃斯库罗斯的悲剧那样终结。这座岛成了一出悲剧的舞台，因为这里有虚伪的世纪复古者、狡诈的英国寡头们以及岛上刻薄的总督。

这座小岛在农夫的辛勤劳作和东印度公司的苦心经营下成为一块美丽之地。泥土、建筑材料及木材被数以百计的战舰不断地运来。若不是情非得已，谁会想着长期待在这个岩岛上呢？这个岛上大约有1200名黑奴和中国人，由他们服侍在这里只住上几年的500个白人。

没有人能够在岛上长期居住。因为岛上的气候异常糟糕，所以这里的人从来没有能活到60岁的，能活到50岁的也屈指可数。由于地处潮湿的热带，大暴雨总是与赤道的酷热相伴。一会儿湿热难当，一会儿便下起瓢泼大雨。刚才还热得汗流浃背，一会儿东南信风就让皮肤急速冷却。并且岩石还会将信风所带来的水汽留住。如果在外面暴晒一天后，想在晚上外出散步，立即会感到心慌气闷。在这儿住上一年的人，肯定会患上痢疾、眩晕、发烧、呕吐、心悸等疾病，而肝炎病是其中最可怕的。每一次新的一批海军将士前来换防的时候，肯定要死上几百人。船只不得不下海，从而继续前行。岛上的移民都患有不同程度的疾病。假如他们不能在岛上仅有的四五个避风所找到住处的话，那么全家就得搬走。

岛上居民会说，一块寒冷的、海拔500多米、孤零零地向风而立的平地是这个岛上最不适合居住的地方，那里雾气缭绕，终年都很潮湿。几棵橡胶树稀稀疏疏地长在那里。因为有信风的侵袭，它们长得歪歪斜斜的，随风而动。这片地带被人们称为死亡之林，也被称为长林。确保能杀死患病之敌是英国人选中此处的原因。这不是事先就决定好了要给一位皇帝居住的场所，也不是非常时期匆匆选出的临时避难所，而是皇帝健康地在岛上环境不那么恶劣的地方住过一段时间后，又给他重新建造的。

半个世纪以来，长林一直只作为一个马厩而存在。直到今天，它才被改建成住人的地方。黑奴和木匠开始铺木地板时连马粪都懒得清理。皇帝住进去不长时间，地板就腐朽变坏，臭水直往上溢。他只得从这个屋子搬到另一个屋子。皇帝

及其随从的住所都是用牛圈、洗衣房和马厩
改建的，其中归他使用的有六个房间。阴暗
狭窄的角落是他的卧室，房间里的墙纸已
经硝化，能够闻得见厨房的味道。他好像
又回到了30年前在瓦朗斯当中尉时的咖啡
店。但是在那里，至少他的书是干燥的，
而现在他的书都发霉了。餐厅里安了一扇
用以透光的玻璃门。一套红木家具被摆放
在客厅里，只不过有些虫蛀。仆人们居住的
阁楼经常漏雨，都可以游泳了。他们将油毡
铺在屋顶上。

被限制了活动范围的拿破仑

　　皇帝住在均长4米、宽3米、高2.5米的
两个房间里。卧室里铺着破损不堪的地毯，
挂着很薄的窗帘。另外，还有壁炉、油漆过
的木椅、五斗橱、沙发和两张小桌子。一张
桌子和几把椅子摆放在书房里。书籍堆满了粗糙的书架，旁边有一张床。他有时
会失眠，就在这里走来走去。一些他随身带来的小东西摆放在卧室里：一张曾经
在奥斯特里茨用过的行军床、一盏银灯和一个银制的脸盆。

　　给这些房间甚至整个房子增添生气的是一些老鼠。它们把小鸡咬死，把马的
腿啃伤，还啃噬贝特朗将军的手。就连皇帝去取自己的三角帽时，它们也会从帽
子中蹦出来。

　　屋子里除了这些老鼠之外，还有些其他的什么呢？

　　有三位伯爵、一位男爵以及他们各自的家属。他们都曾是军官或是宫中的贵
妇人。另外，还有两个仆人，皇帝的一些侍从及其家属。开始时差不多有40人来
到这里。但是六年之后，在拿破仑去世时，连一半人都不到了。

　　拉斯卡斯和他年幼的儿子只在这里住了一年。他比皇帝大，是富堡区的富家
子弟，是侯爵，也是流亡客。他是在百日王朝被封为伯爵后才成为拿破仑的亲信
的。这个人处事很老练，而且曾撰写过几本有关地理的书。其实他早已经预见到
自己日记的价值了，他知道数以百万计的收入将因这个笔记而得到。他的身材比
皇帝矮，但是与皇帝一样瘦。他是一个有修养、性格也很好的人，他能够随时听
候差遣。他在皇帝流放期间，是其最好的伙伴和秘书。他把巴黎人讥刺皇帝的笑
话讲给皇帝听。这也使这场悲剧有了某些喜剧的效果。他教会皇帝英文，使得皇

帝扩大了读书范围。他们有时会在房中用英文交换意见。这个时候，他总是标出皇帝的错误。但是后来，他用种种借口离开了皇帝。这就使得皇帝最后五年的生活出现了很大的空隙，而且始终无人能填补。

曾做过伊里利亚总督的贝特朗，虽然对皇帝非常忠心，但是他的性子太过急躁。这个人自命清高，不愿意笔录皇帝的口述。他除了有些怕老婆之外，其他方面倒还可以。他的漂亮太太是一个有一半英国血统的混血儿，同时也有一个年轻贵族的头脑。其实她起初就不愿随皇帝被流放，为此她甚至试图在普利茅斯投水自尽。开始的几天，她思念巴黎，缅怀自己的青春，而且还与敌人交往甚密。有一天吃饭时，皇帝看见她没有来吃饭，就说自己的房子不是旅馆。贝特朗第二天便没露面，因为他觉得自己受到了侮辱。皇帝也感到非常沮丧，他没有心情吃饭，而是低声说道："你们在长林不尊重我要比在巴黎不尊重我更使我感到痛苦。"

古尔戈同样让人觉得无法忍受。他曾作为副官参加了最后几次战役，因为忠诚而追随皇帝来到了这个岛上。但是他的这种激情过于迅速地消退了。上岛后几周，他便遇到了一个俊俏的女人。"自由啊，为什么让我成了个囚犯呢？"他在日记中写道。他精通地图和数学，因此皇帝可以与他讨论战略，所以他对于皇帝来说是非常有用的。可是古尔戈感觉不到任何自由。由于交际圈子过于狭小，所以他天生的虚荣心和嫉妒心在不断地膨胀。一系列荒诞的事情在皇帝来到此岛之后发生了，而这些主要是古尔戈造成的。他现在事事都要和拉斯卡斯抢，就像一只咬人的狗一样。皇帝的调停没有解决问题，有一次决斗甚至是以命令的方式被制止的。"你们来这里是为了安慰我。你们是应该成为兄弟的。你们不是还在受我的关心吗？难道你们不知道别人的眼睛正盯着你们看吗？"

皇帝在这座岩岛上学会了忍耐，当然主要是对古尔戈的宽容。他常像父亲一样劝他与同伴们和睦相处。他曾向古尔戈许诺，他将把一个富有的科西嘉侄女嫁给他。他就像对待自己的儿子一样，把他派到了一个小城去参加节庆："你会遇见施蒂姆男爵夫人和罗威女士。像你这个年龄的人就应该与漂亮女人多来往，这样你晚上会做个好梦的，便可以精力充沛地投入到第二天的工作中。现在，让我们来谈论一下对俄战争，你来做总策划！"他就像是一个来自地狱的巨人般说了这段话。可是到了第二天，因为一个随从在画集体画时把他身上的衣服画成了便装，所以古尔戈又觉得被轻视了。过了几天后，他又提醒皇帝，在布里埃纳附近曾经有个哥萨克人想刺杀皇帝，正是由于他将那人砍翻才救了皇帝一命，但是拿破仑假装早已忘记了此事。古尔戈对此非常生气，他说这件事情曾经是全巴黎的热门话题。"你确实是个勇士，但是有些太孩子气了。"皇帝笑了笑，说道。

有一次，拉斯卡斯的仆人把古尔戈的钻石十字架给偷走了，但是为了息事宁人，皇帝就把十字架放在自己的口袋里，亲自交还给古尔戈，并且说是自己拿的。后来古尔戈抱怨钱太少了，连自己的母亲都养不活了。这个时候，皇帝向他咆哮道：

"将军，此刻我们站在同一条船上，只有懦夫才会因钱少而当逃兵。我并不欠你任何东西！由于你也参加了1815年的那场战役，所以，如果你还留在法国的话，可能早就被处决了！"皇帝很少会如此宣泄内心的感情。皇帝曾对他说过：你可以随时离去。但是紧接着皇帝又会与其争论有关大炮、炮车和炮弹的问题。皇帝第二天说：

"你摆什么脸色啊，古尔戈！你去洗个冷水澡吧，会很管用的。别整天想入非非！否则你会发疯的。就像在多瑙河的源头，我们能一跃而过一样。如果我死了，剩下的就只有你们了，因为我没有家庭。尽管我不像以前那样富有了，但是还可以拿出几百万。你们还可以把我的手稿保存起来。你们的功绩我心里是清楚的，可是我希望你们能够使我快乐，而不是整天哭丧着脸使我更加悲伤。特别是当我夜里醒来时，看一看眼前的一切，想一想过去的经历，你们以为我就很舒服吗？"

当在餐桌上听到这段可怕的话时，大家都吓得一言不发，浑身发抖。大家有一种感觉，会有一种巨大的回声，就像火山喷发一样，从这个房间，从这幢房子，从这个岛上，传到欧洲的海岸去。于是，阴谋与敌对被迫沉寂了数日。可是一周过后，它们又在新的事情上突然爆发出来。再也不堪忍受这种辛苦的古尔戈，两年后开始和英国人交朋友。在他离开皇帝，离开圣赫勒拿岛时，他手上拿的是皇帝的死对头——岛上总督为他写的推荐信。

最忠心的要数蒙托隆伯爵了。他10岁时便跟波拿巴上尉学数学。以后，他又追随拿破仑参加了40多场战役，并经常出入宫廷。就算在拿破仑去世之后的几十年里，他仍对波拿巴家族忠心耿耿。他陪伴拿破仑在这个岛上度过了六年时光。后来，他又陪伴拿破仑三世——拿破仑的侄儿——在另一个堡垒里面过了六年。不过令人惋惜的是，他的太太与贝特朗伯爵夫人不能和睦相处。她竟然在公开场合宣称，贝特朗的孩子天生发育不良，原因是他母亲的乳汁太稀了。

贝特朗夫人推定，当拿破仑二世登基的时候，她的长子肯定会被封为大元帅的。因为在拿破仑一世被囚禁在荒岛期间，贝特朗是"大元帅"，蒙托隆负责管理厨房，古尔戈则管理马厩，所以宫廷里的人彼此之间都相互猜忌。因为他们的工作加在一起也用不了两个小时，所以一天就显得更加漫长了。在最后的日子里，因为超过250法郎的花费就足以挑起争端，所以在这个用木板和毛毡建成的宫殿里，大家竟然用书面方式进行交流。到了最后，蒙托隆夫人不得不带着她的孩子离开了皇帝和圣赫勒拿岛。

那么到底谁是真正的忠诚，发自内心的忠诚呢？

他们是三个仆从。一个名叫马尔尚的内侍，他服侍皇帝已经四年了。另外还有两个科西嘉人，是皇帝在离开法国时仓促之间把他们带过来的。于是，皇帝的出生之岛与终结之岛就这样联系在一起了。他们从未想过要串通英国人，即使英国人想从他们那里打听点拿破仑的消息。当然，齐普里尼是有特殊原因的：当他还是个下士时，就从卡普里岛总督的手中夺得了该岛，但是当时那个岛的总督就是现在圣赫勒拿岛的总督。桑蒂尼有时候请假到外面去打鸟，但不久人们就知道了，原来他是想先枪杀那个"魔鬼总督"然后再自杀。

皇帝听说后，一气之下禁止他外出打鸟。因为全欧洲的人都会将这笔账记在他的头上。然而在桑蒂尼离开房间后，皇帝骄傲地想："我们科西嘉人都是好样的！"

11. 恶魔看守

监狱之岛的看守——总督赫德森·罗威，是一个身着英军制服的瘦瘦的中年人，他有一头红头发，满脸雀斑，脸颊上有块褐色胎记，喉结凸出，淡黄色的眉毛横在眼睛之上，从不正眼看人，显得有些烦躁不安。

这个人住在岛上位置最安全的一栋乡间别墅里，四周环绕着岛上最古老、华丽的花园。在他第一次拜访过皇帝之后，皇帝评价他："面目猥琐可憎！真是一副奴才相，活生生一个威尼斯警察。他看我的眼神就像看一只掉进陷阱的鬣狗，可能他就是杀我的刽子手。"

并非是由于赫德森·罗威爵士的总督地位，被囚者才对他深恶痛绝，要知道，拿破仑与一些英国军官和海军将领都相处得很好。而这个罗威则相当于英国的富歇，他在意大利时曾担任过间谍头子。他也正是凭借富歇的精神接下了这项非常微妙的工作。毫无疑问，欧洲的和平有赖于他的警惕。在欧洲，人们更愿意能安稳地睡觉，而不稀罕发生什么大事，因此部分公众认为罗威确实更加残暴。

英国的报纸将这个囚犯与伦敦的小偷相提并论。这引起了极大的轰动。英国一家最有名的杂志侮辱拿破仑是杀死雅法俘虏的刽子手，他的妹妹们都是娼妇，缪拉以前不过是个伙计。英国还通过了一项法案，其中规定：凡是救拿破仑出岛的人，一律处以死刑。而且在行刑之前将被剥夺一切宗教上的安慰。摄政王曾馈赠给拿破仑几支鸟枪，这一行为也被认为是他想损害拿破仑的名誉。能稍微补偿大英帝国名誉的只有辉格党和上院中的两位议员的抗议。他们是苏塞克斯公爵和霍兰爵士，霍兰爵士夫人还给皇帝送过一些书和水果。还有一名贵妇，以前还试图组织一支娘子军来对抗拿破仑，现在却在伦敦勇敢地为拿破仑呼吁。一位著名的英国律师写了21篇文章，证明在和约签订之后还拘禁拿破仑是非法行为。在历史上，托马斯·摩尔和拜伦爵士也维护了英国的脸面。德意志对罗威的抨击经年不绝，这种做法也就拯救了自己的名声。

总督将整座岛都变成了一座大监狱。他定下24条禁令，告诫所有在此停靠的船只，一旦违犯便会被施以严惩。街上到处贴着通告，严禁岛民与法国人来往。不论是谁，没有通行许可都不得靠近长林。被囚者的一举一动都有人在用望远镜严密监视。在6年时间里，英国军官们目不转睛地盯着这块巴掌大的拘禁之地，他们最醒目的发现就是房顶的壁虎。信号旗将消息源源不断地送到总督处，"波拿巴将军越过4英里边界了"，"他有人陪同"，"他孤身一人"。还有一面蓝旗专供紧急之用，即报告"波拿巴将军失踪了"，不过这面旗从未使用过。

在距离长林4英里之处有一道围墙，每50步安排一名哨兵。晚上他们会紧围拿破仑的住所。晚上9点之后，如果贝特朗被皇帝召见的话，必须由两名刺刀出鞘的士兵押着他到那里去。根据规定，士兵们的刺刀"必须指向这个法国人的胸膛"。

30年来，皇帝已经习惯了骑马的生活，但是如今没有英国军官陪同，他就不准越界一步。即使他们来陪同，他的活动范围也只有8英里。拿破仑抗议道："我并非是讨厌红色军装而喜欢其他颜色的军装。在经受了战火洗礼之后，所有的军人都会变得相似，但我拒绝承认自己是囚犯。"在被囚禁在这里的初期，拿破仑兴致很高，有一次他曾与古尔戈避开英国人，纵马闯入一个农夫的花园。他对园主说："别告诉别人我今天来过这里。"在后期，他又打算骑马外出，但在命人备马时，他一看到陪同的英国军官就兴味索然，便收回了成命，重新回到自己的屋子。

缺少户外活动导致他的健康越来越差，并加速了他的死亡。仅仅是气候就足以使得他早亡了。由于不经常运动，他的两腿肿胀。而且一旦总督举行宴会，他就会几周都无法喝到新鲜的水和牛奶。拿破仑的胃病越来越严重。他想要一张宽一点的床，但是屋子太小了，放不下一张大床。他只得将沙发挪到行军床的旁边。

拿破仑和他的侍从们的钱全被总督扣留了。他写往法国的信件也被扣下了。无可奈何之下，他只得拿出一些自己的银器去拍卖。总督通过信号旗得知这个消息后，便一边禁止居民购买这些东西，一边派人低价收购。半年后，总督从报上读到欧洲对他的这些粗暴行径的批评后，勃然大怒，又增加了更为苛刻的限制条款，他甚至给被囚者供应变质的肉和发酸的酒。

罗威就像是民间故事书中的恶棍，总是想方设法来折磨岛上的这位被囚者。在滑铁卢战役周年纪念时，罗威故意在长林举行盛大的游行。他还曾在摄政王的生日当天，叫皇帝前来参加庆祝活动。有一次，他把皇帝叫来"见见劳顿的夫人"。当邮局给罗威寄来讽刺拿破仑的新作后，他会派人把它们拿给拿破仑的侍从。但是有一个崇拜者寄来一尊小'罗马王'的半身像时，他却予以没收，说里面可能会藏有信件。他扣留了皇帝写给英国摄政王探听妻儿消息的信。他拒绝让一名曾经见过小王子的维也纳旅客拜访长林。最后，由于女看守的恻隐之心和仆人们的忠诚，孩子的一束头发被辗转送到了皇帝的手上。罗威得知此事后，连忙写了一份报告向国内详细叙述这件事情的危险性。他认为这说明有人企图放走这个被囚者。

最开始的时候，这个看守——罗威也来看过几次被囚者。等他离开后，皇帝下令："把那杯咖啡倒了，刚才那个家伙曾经站在它的附近。"罗威从一开始就绞尽脑汁想耗费皇帝的生命。皇帝精力不足时，他就会把皇帝最信赖的英国医生调走，但这名医生除了向他汇报医务之外，不提供其他事情的任何信息。正因为如此，总督不得不提防着他。长林和整个岛上分布着无数暗哨。这些人起初的任务只是监视这些将军，到了后来，他们竟然彼此监视起来。不久，一张阴谋之网就包围了这个拿破仑所住的小房子。而在房子里面，还存在着另外一张网，这就是嫉妒之网，当年在杜伊勒利宫尽人皆知。

在拿破仑被囚禁的第三年，那个叫奥马拉的英国医生向伦敦汇报说，岛上气候恶劣，居住的地方极为潮湿，皇帝又缺乏运动，且饱受种种凌辱，导致了他的肝病急剧恶化。"他目前的身体状况已经是奇迹。病人一定是以顽强的精神在与病痛做斗争，并且非常注意保护身体，从不纵欲。"这份报告被呈送给英国外相，估计摄政王也收到了。尽管如此，皇帝仍然继续被关押在这个岛上三年，度过了人生的最后一段时光，而没有被迁往亚速尔群岛或其他条件更好的地方。这表现了囚禁拿破仑的人是典型的不仁不义者，而罗威只是一个执行者而已。

罗威的一份官方报告中的词句可以让我们了解到他恶劣的政治手法，他说："我会做出安排，让他能够再度骑马，否则他会死于中风。要是情形真变成那样，将会让我们无比难堪。我认为他最好是死于一种慢性病。如此一来，英国的医生就不难证明拿破仑是自然死亡的了。"

初到圣赫勒拿岛，皇帝就草拟了一篇长达12页的正式抗议书，上面罗列了各种抗议的理由。他把它秘密地抄在一块绸缎上，希望能设法把它送到欧洲去。在这份抗议书中，拿破仑强调，自己拒绝被称为"波拿巴将军"，因为这无异于否认了他的民选执政官和皇帝的地位。他说，他曾经建议双方彼此妥协，愿意对方用迪罗克或米尔隆来称呼他，而这两个是他已经去世的两位副官的名字，但是英国拒绝给予他这种"帝王特权"，总督甚至想将他原来的姓氏Buonaparte（波拿巴）中的"u"再送给他①。

就像是一出讽刺性的悲剧，拿破仑一生在使用了七个不同的名字以后，他的第八个名字使他回到了人生起点。

不久冲突爆发了。这个囚犯的好战愿望被再度煽动。以前，拿破仑并不常用言语来发泄怒火，因为那时的他只需将惹他愤怒的对象干掉了事。拿破仑的长林也有信号体系，虽然并不如旗语那样明了。一旦总督靠近围墙，皇帝接到信号就会急忙走进屋子，拒绝总督的探访，但是有一次，他们俩还是在花园中不期而遇了。总督告诉拿破仑，他的开销太大，必须削减。这时，皇帝的军人脾气猛地蹿了出来：

"你怎么敢向我提这些鸡毛蒜皮的事！你不就是个狱卒吗！你只够格指挥土匪和逃兵！我知道英国所有名将的名字。至于你，不过是布吕歇尔的一个秘书，一个未带过正规军的土匪上尉。别再给我送食物！我可以同你们53团的勇士一起进餐。他们中没人会拒绝和一个老兵分享食物！你想怎么处置我都请随便，但你制裁不了我的心！它在这个岩岛上仍然像从前那样高贵，就像当初整个欧洲都对我俯首帖耳那样。你野蛮粗暴，花招又多，无恶不作。如果你有勇气或接到命令，你肯定会把我毒死！"

总督一言不发，转身上马飞奔而去。皇帝对比了今昔生活，非常感慨，似乎他已将那个总督干掉了。后来，他说："如果还在杜伊勒利宫，我一定会为自己

---

① "波拿巴"一词原为Buonaparte，带有意大利色彩。在发动对意作战后，拿破仑去掉了姓氏中的字母u，使其不再像意大利语（见本书第二章第1节）。

竟然会发这种火而羞愧难当。"

这件事之后，总督依然严密监视这些被囚者，并为一切鸡毛蒜皮的小事与拿破仑的随从们交涉，但是他从此再也没有见到皇帝。一天，他前来拜访，遭到拒绝之后依然固执地要求：他必须亲眼证实皇帝还在岛上。仆人禀告了拿破仑。这时，总督在门外透过门缝听见皇帝嚷道：

"告诉他，只要他愿意，他可以带来砍头用的斧子。但是如果他想进来，就必须跨过我的尸体。把我的手枪给我！"

直到拿破仑死亡那天，总督才终于证实了他确实还在岛上。

12. 回忆录

皇帝尽量晚起，使自己白天的时光容易打发一些。他一按铃，马尔尚就会进来。他问一下天气情况，然后披上晨衣，头上戴着一顶红色的、整晚睡觉时戴着的马德拉斯小帽，它看起来非常像他曾经梦想的穆斯林头巾。他先洗个冷水澡，然后擦干身体，可惜没有香水了。接着，奥马拉医生会来看他，与皇帝用意大利语交谈。有时，皇帝会从他口中听到岛上的一些荒诞事。有时候喝咖啡，却没有糖。"邮船带来报纸了吗？""没有。""虽然是挤了一点儿，还是可以游泳嘛。""一会儿，古尔戈来为陛下的口述做笔录。""我们现在在哪儿？在金字塔旁吗？"皇帝在房间里来回踱步，桌上铺着一张埃及地图。

如果古尔戈在，皇帝会与他共用早餐。他们之间的话题涉及如何抵挡炮火的攻击。下午，皇帝待在卧室里，躺在旧沙发上读书。这种情形，如果是在科西嘉岛上的祖宅中肯定会使他更加惬意。他一般读的是几本报纸的合订本，看累了就把书放下，注视着伊沙贝为他的妻儿画的像。画的旁边有一个涂有白漆的木书架，上面摆着两座鹰雕，雕像上还有两盏小灯。那都是他从圣克卢宫带来的。两座鹰雕之间是他儿子的大理石胸像。在镜子的镶边上挂着的，则是他儿子的四幅小画像。除此之外，那里还摆着一幅约瑟芬的画像，一只曾在利沃里战役中使用过的金表——表链用玛丽·路易丝的金色发辫编制，挂在墙纸上。旁边还有一个腓特烈大帝的银质闹钟。这个小小的卧室，已经成为他一生的缩影。

拿破仑在晚餐时会穿戴整齐地出席。他上身穿一件旧绿上衣，佩戴着荣誉勋章，脚上穿着白袜子和盘着金色纽扣的鞋子。侍从们身着巴黎式金制服。在有些霉味儿的餐厅里，餐桌上摆放着著名的塞普斯瓷器餐具，上面绘着拿破仑以前指挥的一些战役。餐桌上还摆放了几只玻璃球，上面站着雄鹰。齐普里尼为皇帝切肉，服侍得极为周到，他们不时会用简单的话语交谈一下，谈论的内容多半是巴黎的物价，有时也会谨慎地谈到王权的代价。晚餐后，大家都到客厅读高乃依的剧本，但反反复复总是读相同的几本。皇帝的感情过于丰富，结果读得反而不太好。有些人会听得打起瞌睡来。此时，皇帝会说："夫人，你睡着了！"或"古尔戈，醒一醒！"

"遵命，陛下。"

有时，拿破仑会与贝特朗下棋或是与蒙托隆打打牌，之后就到了告退的时间了。

"现在几点了？"

"11点，陛下。"

"又一次取得了对时间作战的胜利，日子又少了一天。"

就这样，拿破仑度过了2000多个日日夜夜。而他在意大利、埃及和帝国中所用的时间，也只不过是这段时间的一半。

打发时间最好的方法是读书和口述。在过去的25年里，他一直没空读书。以前，他曾阅读点评了一个图书馆的书。现在他读些什么呢？

现在他读的主要是小时候没读过的书。那时世界之门对他紧闭着。他避开那些定论，而是注意四处搜集原始材料。他是一个讲求实用主义的学者。而现在，世界之门再次在他身后关闭。他开始重新审视这些材料。拿破仑是一个持怀疑论的哲学家。以前，他关心历史；现在，他开始研究诗人，特别是那些与自己命运相似的诗人。他创作了一部英雄史诗，在别人的英雄史诗中，他试图寻找自己的影子。

他读的书里面最重要的一本是《伊利亚特》。有时他会高声诵读至深夜："我现在终于理解了荷马。像摩西一样，他也是时代的产物。他同时兼任诗人、演说家、历史学家、立法者、地理学家和神学家……令人惊讶的是，在书中，那些英雄行为粗暴，思想却非常崇高。"这样一来，拿破仑就在荷马的著作中找到了慰藉。他不大喜欢《奥德赛》，只把它看作一个冒险故事，认为自己远远比一个冒险家高明多了。他欣赏索福克勒斯的《俄狄浦斯》，那是一个有关放逐的悲剧。还有埃斯库罗斯的悲剧《阿伽门农》、弥尔顿的《失乐园》以及《圣经》也都是他喜欢的作品。高乃依和拉辛以法国的笔调描写古代的英雄，这些英雄形象在30年来一直是他的榜样。《西拿》和《费德尔》这两本书，他百读不厌。大西洋上的浪涛澎湃，令他想起了奥西昂。他读的是意大利文的译本。除此之外，他还读一些讽刺欧洲社会生活的作品，如莫里哀的著作，当年他还在帕托斯时曾对此不屑一顾。他还读过博马舍的《费加罗》和《塞尔维亚的理发师》。最后，拿破仑还特别喜欢读新出版的回忆录或小册子，尤其是那些反对他的。

装着书箱的船只靠岸的日期，是拿破仑最快活的日子。在岛上，他渐渐搜集了3000多本书，全放在光秃而又潮湿的图书馆里。不幸的是，拿破仑读书读得太快，一目十行，有时一个钟头就能浏览完一本书。这样一来，他的仆人就不得不忙着把他前一天刚从书架上拿下来的书搬走，因为他读完或是懒得再看某本书后，就会把它往地上随手一扔。

最初，拿破仑在岛上还能保持以前的速度。30年来，他做任何事情都要比别人快上好几倍。可是他忘了，现在他的一切都应当放慢步调。否则他这个被囚者仅剩的工作恐怕也会很快结束。

当初他第一次告别自卫队时，他曾许诺在厄尔巴岛时会记下他们的事迹。那时的他只不过把这当作消遣时日的一个办法，所以在第一次流放时，他并未动手写。而今，在第二次流放的起初几年，他就口述了自己的回忆录。这件事就像其他事情一样，也是出于一时的冲动。拿破仑读了几本小册子，上面对他1815年在戛纳登陆的细节描述得不真实。他给奥马拉讲述了当时的真实情况。拿破仑来回踱着步子，边走边讲，还不断地向蒙托隆示意，让他记下自己从厄尔巴岛逃回法国的那一段。档案远在2000多英里之外，他的手边也没有任何文献可以参考。拿破仑就是凭借着精准的记忆和旁人难以比拟的动力，口述了百日王朝的全部故事。讲着讲着，他突然停了下来：记下这一切又有什么用呢？

有一次，来自下院的一则消息让他激动不已。于是，他一连口述了14个小时，中间都没有休息过。笔录者都累得支持不住了，中间换了好几个人替换着写。皇帝笑他们不中用，仍继续口述。有时他晚上睡不着，就让人把蒙托隆喊来，记录下他最近的回忆。

他沉湎于讲述自己早期的胜利史。他周围的人常常建议他："陛下，您也许可以回忆一下在意大利、埃及以及做执政时期的事情。"皇帝就开始回忆。周围的人们，包括皇帝本人，谁也没意识到，他回忆这些事就如同是在谈论30年战争。他早年用自己的智慧与激情取得了一切，他的思想遍及世界的每个角落，他的命令完全传达到了军队的每一个地方，被传达给战场上的每一名士兵。他只用了几周的时间就口述完了他在1796年至1799年间指挥的战役。他总是来回踱步，全神贯注地口述。门板开关的声音，人们谈话的声音，这些都让笔录者备受折磨，皇帝却一无所觉。他的叙说过程明确，语言简练。每次说到情绪激动之处，他的呼吸就会变得粗重又急促。

在记录完阿克勒战役后，拉斯卡斯高声嚷道："这比《伊利亚特》还要精彩！"皇帝做了个鬼脸，笑道："嘿！你还以为仍然在宫里啊！这一章我就是改上20遍也未必满意。"他说这番话也只是想讽刺一下那些溜须拍马的人罢了，因为他从没打算要修改它。只有在别人将记录下的稿子念给他听时，他才稍做修改。

但是他反复口述了很多遍滑铁卢战役。尽管他能冷静客观地对待历史，但他依然难以理解这场决定他命运的战役，所以他总是探寻着新的表达方法。几个英国军官同情他的际遇，答应帮他把手稿偷偷地运回欧洲。拿破仑因此多次修改滑铁卢战役这一段，目的就是要在欧洲大陆贬低英国人的胜利。但是他也说"这项工作总让我痛心疾首"。

在这些书中，免不了有一些错误。这也不能全部归因于记忆有误，而是因为拿破仑想要强调自己在历史上的地位。这些错误并不比恺撒的著作中多，甚至根本算不上什么严重错误。比如他说自己在任中尉期间曾解决过某个问题，并因此获得了里昂科学院的金牌。这项奖励帮助他母亲渡过了经济上的难关。还有，他在讲述战争时，有时会将下属的功勋记在自己的头上，比如谈到马伦哥战役时。在对俄战争之前，沙皇曾试图与他缔结条约，共同瓜分欧洲。在上面这些叙述中，除了几个人的性格被扭曲之外，大致还是无误的。当然，他按照自己的英雄观将发生过的事情理想化了。我们从今天的角度来看，这样做对他来说得不偿失。他可以描述自己飞黄腾达的历史，却无法捏造事实。他在前期攻无不克的事实必然会引起的结果是抬高自己，贬低他人。尽管如此，这部回忆录基本只记载了这位统帅叱咤风云的一面，对于真正认识他的意义并不大。要全面了解拿破仑，人们还必须参考那些跟随他被放逐的人记录下的与他谈话内容的回忆录。

不久，皇帝对口述的兴致逐渐消失。虽然他本打算在几周后开始口述1800年的那场持续了数周的战役，但他后来取消了计划，并把这项任务交给了古尔戈，要他搜集关于俄国战役的材料。这位亲历过1812年战役的将军，坐下来开始阅读，读的却是一本由英国人而非俄国人写的书。而此时，皇帝和他之间只有三个房间的距离，皇帝完全可以向他提供全部细节！

拿破仑的思路几乎总是从现实到理想，而不是从理想到现实。他在听到一条来自巴黎的消息后，会立刻口述应对方法，措辞得当，条理分明，他还会制订一系列的财政计划。从这个岩岛，从这座小屋，他回应着来自外界的声音。尽管这声音并非是在呼唤他，而他的回答也只会逐渐消失在空气中。他曾经想写一本关于战争艺术的书，但后来还是作罢了。他解释说："将来那些将军打了败仗一定会说，他们是因为使用了我写作的兵法才战败的。只要我真的去教，我可以教育出顶尖的将军，因为我是一个不错的教授，但是我绝不会把我的作战谋略写成书。"他从不相信任何系统化的学说。拿破仑这个人非常感性，只重视实际。比如他在读书的过程中碰到一个问题，他便让古尔戈计算一个小型灭火器的最大装水量，因为他想用这种东西做武器来对付火药。

聚会或拜访也可以使白天的时间显得短一些。英国的旅游者、学者和殖民地的显要，他都会予以接见。他们回到欧洲后，都会称赞拿破仑依然思维敏捷。拿破仑也愿意看到这样的效果。例如，拉斯卡斯的日记在回到欧洲后发表，激起了全欧洲对拿破仑的新的关注。

"你们也许会抱怨天下人负我！我本人绝不归咎于旁人！"他还补充了一句意味深长的话，"我要么发号施令，要么一言不发。"

这些拜访者间或会给他讲些趣事，其中就有一名英国海军上将，他率领的军舰在滑铁卢战役中就曾停靠在法国海岸。这个人告诉皇帝，当时由于布吕歇尔的援军未到，威灵顿都已经下令所有英军上船撤离了。事后，侍从们告诉拿破仑，这些敌国将领拜见过他之后，在离开时都兴奋不已。这个时候，拿破仑会以革命者的口吻说道："当然，这些人和我们是一路人。他们来自英国的第三等级，是那些傲慢贵族的天然敌人。"

在岛上，全体士兵都站在拿破仑一边。在岛上登陆后，有些英国水兵会上岸休息一两天，夜里会四处徘徊，一有机会就接近他。这些士兵会突然来到他的面前，手里拿着花，结结巴巴地说不出话来。这时，他会拍拍他们的肩膀。驻军换防时，他会接见全体官兵，就好像他们是法国的军队，而自己依然是他们的指挥官一样。这些士兵排成半圆形，皇帝问他们：服役多久了？受过多少次伤？他还说："我很欣赏你们53团，很乐意能听到你们的好消息。宾汉将军，这些勇敢的士兵要离开了，您肯定很难过。为了安慰您的心灵，您的太太一定会为您生个小宾汉。"士兵们听完后都笑了，将军的脸一下子红了。次日舰艇起航时，士兵们向这个被囚者衷心地连声高呼三次。三个月之后，这件趣事传遍了整个欧洲。

有一次，拿破仑看到一个上尉胸前佩戴着一枚勋章，他就用手拈起来，读着上面的标记"维多利亚胜利纪念"。他将其放下，一声不吭地走向旁边的客人。

英国的每个盟国在岛上都派有代表。他们来到这里不过是为了满足各自君主的好奇心。皇帝拒绝接见他们，于是这四位先生就留在这个荒凉的小岛上，一待就是几年，他们唯一的目的就是要见到拿破仑，却始终无法成行。出于无聊，他们决定成立自己的阴谋中心。其中只有一人获得了特许，那是一位法国的侯爵先生，他被允许与皇帝的侍从来往。他奉国王路易十八之命，来监视这个危险的前任。皇帝通过侯爵可以得到最近出版的杂志，皇帝会做一些摘录，并借书给他作为回报。波旁王朝的一位公爵遇刺的消息传来，波拿巴将军通过贵族后裔贝特朗伯爵向这位侯爵致唁，这个场面真是万分滑稽。

皇帝在情绪不错时也会找些别的事情作为消遣。他曾经花了整整一个晚上翻阅帝国的年谱。当他合上书时，整个人就像童话里着迷的神奇补锅匠："这个帝国曾多么美好啊！我曾经统治了8300万人民，比欧洲人口的一半还多！"一天晚上，他与拉斯卡斯聊起了年轻时的事，他们不时开怀大笑。皇帝兴致高昂，让人拿来了香槟，时钟的指针不知不觉就走到了11点。皇帝高兴地说："时间可过得真快。多么美好的时光！我可真是高兴，亲爱的伙伴，今天就到这里吧。"

这番话，比任何一种怨言都令人伤感。

他也会把蒙托隆七岁的儿子放在膝上，给他讲拉封丹的关于狼和羊的寓言。孩子听不懂这个故事，常把羊、狼和陛下搞混了，这样会给皇帝带来半个小时愉快的时光。又有一次，皇帝在吃完饭后在屋里来回踱步，笑眯眯地哼着一首意大利小调，因为他刚刚读过报纸，知道路易国王总是称他为波拿巴先生。

如果晚上难以入眠，拿破仑会让拉斯卡斯给他讲富堡区的历史，或者他会对古尔戈说："我们说说自己的罗曼史吧！我从没在女人身上花过什么时间，否则她们就会反过来控制我。"他要是在洗澡时觉得无聊，就会乘机向古尔戈证明，浮在水上的物体的体积等于物体排开的水的体积。还有一次，他在会客室和仆人们用手肘倚着客厅的门量身高。

有时候，拿破仑早晨起来不穿外衣，也不外出，而是将这两件事留到下午做。有一天晚上异常炎热，他在户外一直待到半夜才进屋，还说刚打了一场胜仗，因为他熬过了这几个小时。有一天，他爬梯子上了随从们住的阁楼，原因是他听说这个地方布置得非常整洁。他让人将衣橱打开，吃惊地发现自己有那么多衣服。他摸了摸担任执政时穿的衣服，这套服装是里昂市赠给他的；又看了看在瓦格拉姆战役中所用的马刺以及马伦哥战役时穿的大衣。看过以后，拿破仑一言未发，又静静地从梯子上爬了下去。

拿破仑在绝望中挣扎，想方设法地打发时间。难道竟没有人能走进他的心灵吗？

在这个岛上曾经有一个名叫多比亚斯的奴隶最合皇帝的脾气。他是个马来人，遭人绑架后被贩卖到这个岩岛上。皇帝经常看见他在花园里劳作，有时还会在路上遇见他。皇帝不断地端详他，每次都要给他一个金币。这个马来人每次都会用不纯正的英语对他表示感谢："好心的先生。"

"这个可怜虫。"皇帝对他身边的随从说，他似乎是从上帝创造出的这个有色生灵想到了自己的境遇，"这个可怜虫别妻弃子，背井离乡，被卖为奴，世上还有什么能比这更为邪恶呢？如果是船长一个人干的，那么这个浑蛋可真该死。如果是船员集体干的，他们却可以逍遥法外。法须惩恶，可又法不责众。约瑟的兄弟无法狠心杀死约瑟，而犹大却能出卖了他的主人。"

后来，拿破仑又一次碰上这个奴隶，他说："其实，人就是一架可怜的机器！外在皮囊不同，灵魂也不相类。谁要是认识不到这一点，他就会犯许多错误。如果多比亚斯是布鲁图，他也许就会自杀；如果他是伊索，现在可能已经成了总督；如果他是一名虔诚的基督徒，或许会为自己的枷锁祈福，但是他只是可怜的多比亚斯，所以他只能做出这样一副模样，老老实实地低头干活。"

两个人继续向前散步。皇帝说："当然，多比亚斯和理查德国王之间的差距何止十万八千里，但是人们对他犯下的罪行却不因为他的身份低微而减少多少。他也有自己的家庭、朋友，也有自己的生活。有人居然把他卖为奴隶，一直到死，这真是万无可恕的罪恶！"突然，皇帝站定，盯着拉斯卡斯说道：

"从你的眼神中能看出你的想法——他并不是这岛上唯一的一个。"拉斯卡斯点头承认。皇帝却突然像年轻了一样一边向前走，一边激动地大声嚷道："这种比较不恰当。是的，他们对我们的迫害更加隐蔽，我们成了高贵的受害者……全世界都在注视着我们！我们是不朽事业的殉难者！千百万人在为我们哭泣，祖国在为我们悲叹，荣誉在为我们哭泣。我们在这里为反抗上天的压迫进行着不屈的斗争……厄运也会带来英雄之气和英雄之名。如果我得以死在皇位上，临死前还大权独揽，对许多人来说，我将成为一个谜。而今，这一切伪装都已被剥掉。由于我的不幸，大家都能看到一个赤裸裸的我，每个人都可以依此对我进行评价。"

后来，皇帝把这个奴隶从他的主人手上赎了出来，想送他回故乡，可总督却不批准。他说："波拿巴将军显然是想赢得这个岛上的有色人种的心，妄想在这里建立一个圣多明戈那样的黑人共和国。"

于是，马来人多比亚斯，一个被囚禁在荒岛上的奴隶，他的经历就折射出了皇帝的影子。

13. 第一年

"我已垂垂老矣。我不知道自己是否还能承受2000英里的旅途。不过没关系，就算是在抵达目的地后就死去，我至少也死在了你的身边。"

这是皇帝的母亲写给他的第一封信，它被带到了圣赫勒拿岛。拿破仑在信件寄出后一年才收到，他读了又读。然而反法同盟各国都禁止他的母亲来岛上探望他，谁也不能确定这位老太太是不是想带给拿破仑自由呢。皇帝的全家都被逐出法国，她此生第二次回不了科西嘉岛——第一次是因为那里陷入了动乱，而这一次却是因为整个欧洲在阻挡她返回故乡。之后的岁月中，这位母亲一直住在罗马。在那儿，教皇给了她强有力的道德支持。她一直在四处奔走，设法让她的儿子迁往一个更有利于身体健康的地方。尽管俄国沙皇同意拿破仑迁居，但哈布斯堡和英国却下定决心要置拿破仑于死地。于是，情况最终无法改变。拿破仑的母亲和兄弟姐妹都被禁止向岛上寄钱。

各国君主在亚琛聚会时，这位母亲给他们写了封信，信中说："一个母亲正心如死灰，痛不欲生。她一直期盼着各位君主的聚会能使这位母亲获得重生。这次大会不可能不将拿破仑皇帝被囚之事列入议程。你们的宽容、权力和对于往事的追忆，一定会促使你们释放这位君主，来表现你们对他的友谊。我祈求上帝，也祈求你们，因为你们是上帝在人间的代表。国家利益总有限度，而后世的子孙在对我们做出评价时，将更加赞扬那些大度的胜利者。"

然而，这封信没有得到回复。

不久皇帝听说，他的母亲被这些国王诬陷在科西嘉岛上策划阴谋。他们说她拿出了百万巨款并走遍整个法国，就连教皇也派出自己的秘书去探视这位老夫人，顺便调查此事。这位母亲对使者说道："请你转告教皇，也顺便告诉那些国王，如果我真的像他们所说，有百万巨款，我才不会用它们去收买人心，因为他已经拥有了足够的拥护者。我宁愿用这些钱来装备一支舰队，去岛上营救我的儿子，不再让他遭受不公正的待遇。"

这番回答真是铿锵有力。做儿子的读到母亲的这段话，内心一定充满了自豪与骄傲！不过他并不知道，他的母亲在送一名奥地利贵族回家时，抱怨道："为什么我的儿媳还在意大利肆意享乐，而不去圣赫勒拿岛陪她的丈夫！"

那么，其他的行星又在围着哪个太阳旋转呢？报纸把那些人的消息带给了这个被囚者。

　　吕西安和约瑟夫去了美洲，热罗姆后来也去了。他们在那片土地上又获得了外国的爵位。西班牙革命者拥戴他们的前国王约瑟夫为墨西哥国王。这一消息让拿破仑兴奋不已：

　　"约瑟夫一定会拒绝。他太爱享受了，绝不愿再挑起王冠带来的重担。西属美洲问题以这种方式解决对英国来说是一件幸运的事情。因为如果约瑟夫做了墨西哥国王，一定会与法国和西班牙决裂。所以，他做西班牙国王对于我来说有百益而无一害。他爱我，一定会以武力迫使英国改善对我的态度。可惜，他决计不会接受做国王的。"被囚的前几年，拿破仑就这样看着机会来了又去。

　　他的其余的兄弟姐妹都默默无闻，只有热罗姆活得较久。他还在拿破仑三世当政期间又重新出入宫廷。拿破仑很少收到兄弟姐妹们的来信。卡洛丽娜曾向母亲要钱，被母亲断然拒绝："我的一切都属于皇帝，我现在的一切都是他赐予我的。"在给吕西安的信中，母亲写道："一个废王讲究排场，只会遭人耻笑。戒指可以装饰手指，但摘下戒指之后，手指还在。"就像当初在马尔梅松时那样，奥坦丝和波丽娜二人又上演了一出喜剧。

　　另外的一些消息让拿破仑心神不宁：贝尔纳多特登基做了瑞典国王，德西蕾——拿破仑年轻时的恋人戴上了后冠，她一直活到了第二帝国的建立。瓦莱夫斯卡伯爵夫人在丈夫死后，又嫁了一个法国贵族。皇帝对此举表示理解。他回想起她的遭遇，再想想她为她儿子所做的一切，放心地说："她一定还很富有。"可是当缺心眼的古尔戈说出皇帝曾每月给她一万法郎的事情时，皇帝红了脸，尴尬地问道："你是怎么知道的？"

　　缪拉国王和内伊元帅都被枪决了。皇帝将这两个人的结局视为一个军人的必然归宿。他唯一不快的是缪拉居然愚蠢到在卡拉布里亚登陆。但他在话语之中却没有表现出任何对命运的抱怨。即使是对在波旁王朝的统治下八面玲珑的马尔蒙，皇帝依然给予了客观的评价："我埋怨马尔蒙是因为我爱他。他不是一个坏人，他们对他动之以情，让他以为他将拯救他的祖国。因为这个缘故，他才做出如此不合情理的事。对他来说，自杀也许比当叛徒更好，但人性毕竟是脆弱的。"

　　可正是这个马尔蒙，他破坏了一切有利于这个被囚者的举措。法国上下对于波旁王朝的不满日益增加。流亡贵族和新兴贵族毫无贡献却身居高位。一个名叫黎塞留的人，他几乎在国外流亡了一辈子，对法国恨之入骨，现在却摇身一变成为商界显要。自由的斗士拉法耶特当上了无产阶级领袖，正在为革命做准备。他在俱乐部和学校集结力量，并在军队里寻找"未来人物"来推翻依靠外国势力的扶植才得以上台的波旁王朝。一些激进的省份甚至想要挂起三色旗并拥立拿破仑二世。此时正是马尔蒙，这个波拿巴的老战友，他镇压了这次起义，并借此当上了大臣。

皇帝聚精会神地读着消息。他读到国王路易十八如何解散了议会，议会中有一些人拥护奥尔良，还有一些人拥护拿破仑。他们的首领都被处决了。在这种形势下，波旁王朝最可倚赖的亲信是谁呢？国王最喜欢把谁叫作"我亲爱的儿子"？那是一个科西嘉的小个子，曾为了谋生做过莱蒂齐娅的秘书，现在却是个终日无所事事的闲人。这一切都发生在皇帝的身体还算健康的流放的头几年中。这使得拿破仑心中重燃希望，开始计划一次新革命的契机。

拿破仑叫道："命运真是残酷，他竟把我囚禁在这里！谁将站出来领导一切？谁又会来解救绞刑架下那成千上万的牺牲者呢？"他独自待了很久，第二天却慷慨激昂地谈起厄尔巴岛。不久以后的某一天，有几艘外国船只进入了海岛上人们的视野，英国的舰艇随即跟了上去。海上升起一阵烟雾，双方开火了。大家数着炮声，都不知道发生了什么事。皇帝马上让人去打探。尽管最后什么消息也没有打探到，但皇帝对此依然充满希望。另有一天，他说："我们在孩子眼中究竟是什么样的人？我除了做个好榜样，实在不能提供更多的东西了。如果我在美洲，我就除了自己的花园以外什么也不关心。"

实际上，他是死也不会去美洲的。他自己承认："如果我去了美洲，将和约瑟夫在一起，而不是在这里受难，但是那样一来，就再也不会有人惦记我，我的事业也就完了。可能我还能再活15年，但我注定只能死在这里，除非法国召唤我回去。"

这些希望并非不切实际。基于这种考虑，英国人仅仅为了看住他一个人，将守卫从200人增加到3000人。这些人每年花掉的军费高达800万法郎。尽管如此，这里也是防不胜防的，因为岛上所有士兵都站在拿破仑这边。有一次，六名来自里约热内卢的英国军官被捕，罪名是他们想用一种类似潜水艇的装置去营救皇帝。还有一次，两位前往印度的船长在船只在岛上靠岸后，向皇帝献计逃离此岛。拿破仑仔细听了他们的建议，但最后还是回绝了。有一天，皇帝正与古尔戈一起工作，蒙托隆闯了进来，说他搞到了一张通行证，还有一个小时就要过期，这需要皇帝当机立断。后来蒙托隆回忆当时的情况，说道："曾有人提出可将皇帝偷偷带往美洲，只需要到岸后支付区区100万法郎。此计划只要皇帝点个头就行。不幸的是，我们在这里不方便进一步说明此计划的种种细节，否则就会暴露策划者。此人对皇帝的那份深厚的忠诚，我也由衷地向他表示感谢。皇帝听完我的话，考虑良久。他在屋子里不停地踱步，不置一词。其间他不时向古尔戈提问，并征求我的意见，但他自己却没有参加讨论。最后他只说了一句话：'算了吧！'"

那时，他被囚不足一年，身体健康状况良好，还希望有所作为，但他被一个强有力的政府和一个总督所折磨。但在英国军官的帮助下，拿破仑依然有机会从岛上逃走。这次冒险对于这个惯于冒险的人来说只是小菜一碟。他会站在那儿，讲着自己年轻时的事。可就在他的生命即将走到尽头之际，一个朋友突然在他面前提出一项并不虚无缥缈的计划。拿破仑沉默片刻，又问上几句，接着半晌没有答话。最后的意见居然是"算了吧"。可是这究竟是为什么呢？

因为当时法国局势动荡，所以拿破仑决定留在岛上。他非常自信，以为人民的情绪将发生根本的变化。后来，有一艘船一边向港口驶来，一边发出信号。拿破仑对亲信说："这艘船也许就带来了接我们回去的好消息。如果摄政王死了，年轻的英国女王会召我到英国去。她一直反对把我送到圣赫勒拿岛来。"后来，巴黎再次爆发了暴动。人们议论纷纷，以为法国可能会召他回去。皇帝自己也这么认为，但他又说：

"他们要我回去做些什么呢？我还能再指挥军队作战吗？我已经太老了，做不了什么了。我还能继续追求荣誉吗？我已经享尽了荣誉！……可为了我的儿子，我最好留在这儿。如果耶稣不被钉死在十字架上，他就不会成为上帝之子。我的死将会帮助我的儿子重新夺回王位，如果他还活着。"

拿破仑对自己的王朝有着深厚的感情。到成年时，他建立家族王朝的这种意愿远远超过个人四处冒险、建功立业、扬名四海的意愿。

他虽然满怀期望，也带有某种视死如归的英雄牺牲气概，却不能掩盖心中时而出现的失落。他也会沮丧、绝望，屋子里发生的鸡毛蒜皮的小事都会成为他情绪波动的诱因。有一次，贝特朗发起脾气不来就餐，结果皇帝一整天情绪低落。"我知道，我现在是垮了台。可是这种感觉却是你们中的一个带给我的。唉……"拉斯卡斯打算从中调解，拿破仑又说："不必了，我不需要，我不过是随便说说，现在已经把一切都忘记了，就当作我从来没有理会此事吧。"在这种情况下，如果有人想求见他，他一定拒绝，说："告诉他们，死人不会客。"每天晚上都会有邮件例行到达。有时这些邮件也会导致他心情不好。有时他会一晚上闭门待在房里，不时叫几个人进去，说上一两句话就又打发他们走。

蒙托隆和古尔戈因为应该先装修谁的房间而针锋相对。皇帝不得不出面调停。蒙托隆夫人哭了，皇帝建议下下棋，吃吃饭，念一念《圣经》中的《以斯帖记》。有时岛上也会出现一些滑稽的场面：一头牛跑掉了，皇帝龙颜大怒，古尔戈吃饭时闷头不语。丢了牛，这事他有责任，皇帝生气也让他心里不舒服。饭后，皇帝谈到了伊斯兰教，称赞它的优点，一会儿又扯到基督教的"三位一体"。在离开客厅时，拿破仑尽量掩盖怒气，只是口中喃喃自语："莫斯科！50万人……"

有时，前一天晚上古尔戈看到皇帝的心情还很好，可等到第二天早晨来做记录时，却发现皇帝情绪低落。"他们会给我的儿子什么样的教育？他们会不会教他恨自己的父亲？想想都可怕。"而拉斯卡斯记录完关于滑铁卢战役这一章后，曾惋惜皇帝千古业绩的覆灭。皇帝没答话，而是用一种幽远的语调对拉斯卡斯的儿子说："我的孩子，取《在奥立斯的伊斐妮亚》来。我们现在要用到它。"或者，他会让人为他朗读拉辛的《安东马赫》。这会使他想起被迫退位之前，他的亲信给他的忠告。拉辛在诗中写道：

> 我亲至我儿被囚之所，
>
> 虽然只停伫一刻却已涕泪交流！
>
> 赫克托尔与特洛伊留给我的仅此而已！
>
> 愿主许我每天来见他一面
>
> ……

读到这里时，皇帝就会打断，嚷道：

"够了，让我一个人静一静！"

14. 持犁的皇帝

消遣越来越少，生活日渐无聊，这颗备受摧残的心也越来越痛苦。这部多音组的乐器越来越难以操纵，发出了越来越不和谐的音响。

他曾是皇帝。他怎么能因为现在他的臣下不足半打，而敌人又肆意贬损他而放弃皇位呢？为了抗议被称为将军，为了抗议遭到非法拘禁，他起初在出游时仍摆出皇家排场：用六匹马拉车，由身着戎装的侍从分随两旁护驾；他的臣下都穿着朝服去觐见他；他不发问，谁也不敢开口；在花园里散步时，他不示意，谁也不敢接近。客人来访，必须经由一个穿长靴佩利剑的副官通报。有一次，蒙托隆夫人走进来，古尔戈站起身，被皇帝指责有违礼节。

与此同时，拿破仑又嘲笑这一切。他戏称古尔戈为"我的赛马饲养场总管"，或在餐桌上说："我受了教皇的涂油礼，已经是主教了，所以我有权授你们为神父！"他翻阅了《贰臣传》之后，便经常用书中的人物来嘲笑自己现在所处的这个小社会。古尔戈脱口说道，皇帝本人也应被列入该书。皇帝问："哦，这是为什么呢？"

"因为您开始拥护共和，后来却做了皇帝。"

"你说得对……但最好的共和就是帝国！"

在三王来朝时，他让人为孩子们烤了一个蛋糕，封小拿破仑·贝特朗为国王。当他听人说岛上的肉很贵，要40苏时，他笑道："扯淡！你应该回答说：我们付出的代价可不止一顶王冠啊！"

皇帝过去从来没有像今天这样克制自我。贝特朗曾给总督呈送一份抗议，抱怨岛上无视皇帝的称呼和待遇，而总督却回复说，他压根儿不知道这岛上有什么皇帝。拿破仑心平气和地读完了回信的全文。然后他命人备马。古尔戈却告诉拿破仑，他三天没看见那匹马了。钉马掌的师傅坚持要他们支付三个拿破仑币才能取马。皇帝听后没有说什么。但到了第二天，他对着古尔戈大发雷霆："你为什么要羞辱我！为什么要提到和铁匠的那笔账！"这一刻的他着实可怕。前一天，他以超人的忍耐力压制了怒火，却越想越生气，感到自尊被彻底践踏，最终还是发作了。这名副官本身就是臭脾气，而他的这番话对皇帝的影响，不亚于当年奥地利的背叛。

有时，这个出生在欧洲南部的军人心中也会生出复仇的念头。有一次，送上餐桌的肉劣质得令人作呕，他只是说："我个人倒是无所谓的，但我断定总有一天，总有一个人会将我们所受的屈辱公之于世，让那些罪魁祸首遗臭万年。"

拿破仑的尊严在心中不断增长，试图以此缓和自己天生的叛逆。他说："在这儿，我如同生活在重压之下。这种重压将弹簧压紧，但未压断。懂得隐忍就是真正掌握了理性，是灵魂的真正胜利。"这个男人就是以这条原则为准绳来约束自己的。他说："不幸也有它好的一面。它教给我们真理……现在我第一次像一个哲学家一样审视过去。"

现在，他也能够心平气和地思考现状。在他初来岛上的几周，他曾有一次与一位美丽的英国少妇散步。他们谈论着各种话题：气候对肌肤的伤害、奥西昂、种植园。正在此时，有几个黑奴抬着沉重的箱子从他们的身边走过，那位少妇斥责道："滚开！"

这时皇帝说："夫人，请您想想他们正抬着重物！"

这让那位夫人狼狈不已。不过，在来圣赫勒拿岛之前，拿破仑·波拿巴可说不出这种话。拿破仑有时会故意在总督面前摆摆自己的皇帝派头，但他的生活却非常节俭，不仅不如当皇帝时，甚至还比不上当初做中尉时。有段时间，食物缺乏，他只能吃到菜豆。可皇帝却吃得津津有味，还不停地夸厨师烹饪得好。

"在巴黎，我用12法郎就足以应付一天的消费：一直待在阅览室里，吃午饭需要一个半法郎；晚上去剧院，只买最便宜的座位，我居住的地方每月需要20法郎，只用一名仆人；我只结交身份相似的人。无论如何，人都可以快乐地生活。当我还在襁褓之中时，我母亲摇着摇篮，唱着歌曲，歌词中没有一个字向我指出过未来。我相信，'波拿巴先生'可以像'拿破仑皇帝'一样幸福。生活中的一切都是相对的。"

有一次，奥马拉医生突然晕倒。当他醒来时，发现照顾自己的不是侍从，而是皇帝本人。皇帝把他扶上床，解开他的衬衫领口，跪在他的身边给他灌醋。在科西嘉仆人齐普里尼垂危之际，皇帝问医生，如果自己去看望他，是否有助于唤回他的生命。

"他将因激动而死。"医生答道。

"那还是算了。"

他为玩牌设立了一笔基金。这笔钱是为谁而设的呢？是为了帮这岛上的一个美丽的女奴赎回自由。有一天晚上，侍从们看到他坐在灯下，慢慢地、仔细地装订手稿。有时他从梦中醒来后，晃动着栏杆，突然说道："我希望他们把我转送到一个荒岛上去，让我可以选出2000名士兵，配给他们枪炮。我能够在那里建立一个辉煌的殖民地。它将成为全世界的榜样，我会把它作为养老之所。在那里，我无须费尽心思地思索如何与陈腐的观念做斗争。"后来，拿破仑竟真的筹划起来，并口授具体计划：建立这样一个殖民地需要多少钱财，必须有哪些储备物资。

然而，这样一个雕塑家的愿望却是难以实现的。与奇特想象并存的是他英雄式的淳朴。在初到岛上的时候，有一天，拿破仑与拉斯卡斯骑马闲逛，身边没有人陪同。"我们走到一片耕地旁边，皇帝跳下马，从农民手中接过犁。他犁了一条既直且长的垄沟，速度极快。在这个过程中，他一言未发。犁完后，他让我给了那个农民一个拿破仑金币。我们接着上马前行。"

虽然被英国送到了这个小岛上，但拿破仑的行事依然仔细。这位欧洲大陆的皇帝给了这片小岛以神圣的赐福。在百年之后，拿破仑曾经耕耘过的土地上，作物繁茂，硕果累累。它们就像他耕种过的欧洲大地的缩影。当时，田地的农夫站在一旁，惊愕地注视着眼前这一幕，手中捏着那枚拿破仑金币。事后，他将钱币传给了自己的孙子，并让孙子知道，那个陌生人虽然双手细嫩，没有自己祖先那样满手的茧，可握犁的姿势看起来却相当内行，丝毫不逊于自己的祖先。

15. 总结一生

"我的失败是咎由自取。我是自己最大的敌人，是造成自己不幸命运的始作俑者。"这句话是拿破仑被放逐后最深刻的反省，这表明他已经完全摆脱了中年时期的恺撒式幻想。如果他是虔诚的基督徒，这样忏悔可以在岩岛上为他赎罪，但他天生就不相信自己对上帝负有使命，他只认为责任感是对自己而发的。所以，这段话只表明一个伟人在与自己的命运做最后的清算，同时也表现出他极端的自负。拿破仑永远不肯承认这世上有能比他更强的事物，只有拿破仑才能击败拿破仑。

这些话并非出自一时的感慨。在他统治末年，拿破仑多次与亲信谈起自己的过失。现在，来到了这个岛上，这样的反省便越来越多。拿破仑的自我剖析有些太过分，有些太冷酷，而且幻想和现实交错出现。这就像一名忏悔者的心声："当我闭上眼睛，当年的错误便历历在目。如同一场噩梦！"或者说，"我的欲望太多……弓拉得太满就容易折断，我过分信任自己的好运。"

与此相反，他倒是能很冷静地讲述自己用人不当这一过失。他最终认同了当年一些极具洞察力的观察家所得出的观点。不需要过多说明，我们就可以理解下面这段话：

"我认为弗兰西斯皇帝是个好人，但他实在笨得可以。在梅特涅的操控下，他成了摧毁我的工具……我应该留住塔列朗，虽然因为他收下外国人的贿赂，我很痛心，但我本该派个人去监视他！只要示之以利，他便会尽忠为我工作。如果留住了他，我至今还可能稳坐在皇位上……如果富尔顿和他发明的汽船真的管用，我也许已经当上世界之王！可是那些笨蛋学究却瞧不起有关电的这类发明。实际上电和气中都蕴藏着巨大的能量！"

拿破仑很后悔，不应该在提尔西特时保留了普鲁士霍亨索伦王朝；他后悔在1812年过早地渡过了涅曼河，他应当先把未结束的西班牙战争了结；他后悔没能听从卡尔诺的劝告，过早地发动了最终决战；他后悔在滑铁卢战役中，没有及时派近卫军去增援。而最令他后悔的是：垮台之后他把自己交给了英国，而不是沙皇，或是应该逃亡到美国。如今，他一听到法国爆发危机，就会后悔当初没有去美国。

"在美国，我可以捍卫法国免受外侮与内乱。我随时能回国这一便利就足以威慑一切。在美国，我可以建立新法兰西帝国的中心。不到一年，我就能够募集六万人。美国是一个理想的避难所：在这片广袤无垠的土地上，人们可以自由自在地生活。如果我心情抑郁，我可以骑上骏马纵横驰骋，跑个数百里，像一个普通人一样隐身在万物当中，到处游历。我在欧洲实在太有名了，与每个国家都存在这样那样的麻烦。通过化装或逃亡，我肯定能逃亡到美国，但这两种方式会让我威信扫地。我最希望的是爆发一次危机。到时候，法国会视我为救命的稻草。这就是我在马尔梅松和罗斯福德滞留了很长时间的原因。我之所以被囚在这个海岛上，就是上面这些想法造成的结果。"

这是拿破仑最成熟的反省，但他一生中犯下的错误太多，导致了极其复杂的后果。他根本无法对每个错误一一寻根溯源。唯一可以断定的是，他在罗斯福德的最后决定把他推上了无法改变的流放生涯。他的脑子里还不断地想着其他可能。他幻想在美洲建国，想象着自己在那里纵马驰骋的情景。但拿破仑仍然以爱国为理由，为自己的错误进行辩解。看到这些，人们便不难明白人心难测了。

建立王朝的思想是拿破仑自我批判中最犀利的一部分。在帝国的最后时间里，他曾向几个亲信表示过自己的怀疑，到如今看来，为时已晚。

"在对待家人上，我是个胆小鬼。只要他们坚持，他们就能得到想要的一切。这铸成了大错！如果我的兄弟们能够治理好我交给他们的人民，我们完全可以统治世界！……我没有成吉思汗的幸运，他有四个儿子竭力帮他的忙。但如果我封哪个兄弟为王，他们便会自以为是上帝赐予他们王权。他们就像感染了瘟疫病毒一样！他们不再是我的代表，反倒变成了我的新敌人。他们不想帮我，只想独立，把我当作他们的绊脚石。他们很快都成了货真价实的国王，在我的保护下，他们尝到了统治的甜头，却把责任都推给我一个人挑。这群可怜虫！一旦我垮台，他们自然也要丢掉王位。"

他的悔恨到此为止。不管如何自我反省，拿破仑从未为称帝后悔。他一再回到他基本的社会思想上。"在革命与复古的斗争中，我是最天然的调停者。我的帝国有利于各国统治者和人民大众。我的目标是实现欧洲的社会复兴，可惜功败垂成。"他站在国王的立场上认为不应该杀死缪拉。他认为国王应向民众表明，他们自己是不受自己所创制的法律制裁的。虽然路易十六被送上断头台为拿破仑称帝扫清了道路，但他依然谴责篡弑行为。他并不认为波旁王朝是称职的统治者，这样做是因为他感到延续性也很重要。

他不会对欧洲的历史条件形成错误的判断。尽管他曾经梦想在美洲或一个乌托邦式的小岛上建立起自己的王国。但他知道，它绝不可能出现在欧洲。他一直认为，现实是过去的延续，是未来的开始。他从不主张彻底摧毁旧事物再另起炉灶，而认为只需着力挖掘旧有形式的潜力，让改革为新事物创造生存空间。他从来不想创建全新的事物，因此他绝不会摒弃原有形式，而是想让它不断为新思想创造活动空间。拿破仑只想拓展，不想舍弃。他能切实地感受到，一旦基础稳固，他最终能取得怎样的成就。"在我当权时，人们希望我成为华盛顿，说得轻巧！在美洲我也许能做到，因为那里在历史上没有帝制，但在法国，我只能做一名众王之中的华盛顿王。"

这就是拿破仑内心真正的想法。他蔑视代表皇帝的紫色，他也一定不会把它们带到美国去，就如同华盛顿当年拒绝部下请自己称帝的建议一样。拿破仑既不是无产者，也不是王公贵族，他来自一个破落的小贵族家庭，处于两大阶级的夹缝中。有一次，拿破仑与英国人谈论英国，他显示出了在阶级意识上的天真和对继承权的完全信赖。最后他用以下这段令人吃惊的话攻击了英国贵族：

"一个国家不是指一小群贵族或寡头，而是指全体人民。确实，一旦暴徒得势，便会为自己正名，自称是人民大众，但如果他们失败，人们就会找几个人当替罪羊，把他们绞死，把他们叫作强盗、暴徒。世事历来如此：成王败寇。一切取决于战争的胜负。"

读了伏尔泰的《恺撒之死》后，拿破仑说自己年轻时也曾想写一本《恺撒传》。身边有个人说了一句双关语：皇帝已经写过了。皇帝对他笑了："谁？我？可怜的孩子！是的，要是我能完全成功的话！只有一点不对，那就是恺撒的运气比我还差，他最后被人刺杀了。"

与反省相结合的，是拿破仑对于自己所作所为的评价。历史意识是他本质中的一种基本力量，使他能够客观而又清晰地认识自己。这一点恐怕很少有君主能够做到。拉斯卡斯说过，皇帝在评论自己这一生时就好像在评论300年前的某个人。蒙托隆伯爵夫人曾经激动地说："我感觉自己仿佛置身于另一个世界，在听死人说话。"

拿破仑固执地否认人们给他安上的那些莫须有的罪行——在雅法投毒，处死当甘公爵。有一天，他突然冲动地向一个英国船医讲述了当甘公爵事件的整个过程：作为执政，他随时可能被暗杀，因此反击是非常必要的。有一次拿破仑想了解奥马拉医生对自己持何种看法。他知道这个医生对他很忠诚，但始终能保持自己的独立性。于是，当两个人坐在一起喝着葡萄酒时，他突然问道：

"认识我以前，你以为我是个怎样的人？尽管说出来吧！"

奥马拉说，那时他把拿破仑当作一个为达目的不择手段的恶棍。

拿破仑说："我就知道会是这样！很多法国人可能也这么想。他们会认为：拿破仑的确是凭着自己的能力爬上了名利的顶峰的，但他爬的时候却是踩着别人的尸体的。"接着他竭力为自己辩解。

一天晚上，他又失眠了，思绪烦乱。他派人把蒙托隆叫来，帮自己把这些思绪记录下来。他说起自己一心向往和平，无论每次战前还是胜利之后，他都把和谈作为首选。他对比英法两国的革命，说："克伦威尔在盛年时已经实现了目标，但他靠的是狡诈和伪善。而拿破仑少年成名，靠的是自己的功勋，他的荣誉是一步一个脚印得来的。我有踩着谁的尸体前进吗？谁敢说站在我的位置上能做得比我好？有哪个时代在面临相同的困难时，会要求人取得业绩的时候毫无瑕疵？我相信，要让一个普通人达到这样的高度却不犯下一桩罪行，绝对是史上绝无仅有的。即使是死亡，我也不会为此事改口。"

的确发生了一些事，出乎我们的意料。拿破仑用六年的清闲时间来概括自己的一生。他没有把失败归罪于他人，没有因自己的不幸而怨天尤人。在他被流放的日子里，他的正义感日渐增长。他一生都认为人的本性是贪婪的，欲望总难以满足，后来，他居然变成了一名谨慎的分析家。掌权者已经变为哲学家。拿破仑变得善于容忍了。

现在，拿破仑声称，人性之中，知恩图报比忘恩负义更多一些，但人们在施恩帮助别人时，总是期求得到超出自己贡献的回报。拉斯卡斯说，拿破仑现在会用沉默来表达最严厉的责备，他甚至会替叛徒开脱。他说奥热罗、贝尔蒂埃不能胜任他们担任的高位。他原谅了他的兄弟们。从这些评价可以看出，拿破仑已经拥有一颗宽容的心灵。读读下面这段话，人们会以为听到的是身陷囹圄的苏格拉底的演说：

"正确评价一个人是困难的……他们能正确认识自己吗？那些背弃我的人，在他们人生得意之际从未想过有一天会离我而去。最后的考验已经超出了人类的理智。而且我只是在逆境里被抛弃，并非被出卖，全然不同于圣彼得不认耶稣。可能他们已为此流下了忏悔的眼泪。世上有谁拥有的朋友和支持者比我多？有谁可以比我更受人爱戴？……我的命运本来可能更加糟糕！"

16. 赫赫功绩

侍从们也写日记，皇帝是知道此事的。他还读过其中的一本，不过没有发表任何看法。他是一个现实主义者，他会用实用的眼光来为这些记载估价。他告诉他们，在他死后，出版这些日记能收到多少钱。然而他低估了这些东西可以赚到的钱。记录下了他口授的回忆录的秘书们，被他分别馈赠了所记录的部分。拿破仑还正确地预见到，这些侍从的日记对于后人研究他有着巨大价值。

他习惯口述，遣词造句时要斟酌良久，这也使得笔录者的工作变得容易。这都无形中提升了这些文献的价值。对于自己思想的总结也让他超然物外。拿破仑对历史的热爱驱使他做出这些综述。这种热情绝不亚于他关心后世对自己的评价的热情。

有时候，一连五天都见不着拿破仑的影子。他闭门不出，不读不写，不想未来。在这独处的五天之中，他回顾了自己的一生。他的灵魂因此受到震动。连续100个小时里，思想的光芒敏锐地照遍了他的人格。在此之前，他还没有做出如此彻底的反省。这个时候的他比在奥斯特里茨、在参议院里还要紧张得多，他感到自己就像是被缚的普罗米修斯。他想造福于人类，却又不是上帝，而是被困于岩石之上，只能独自呻吟。但他不过是一个穿着一件绿色的陈旧外套的小个子。20年来，他一心想实现的那些梦想现在只能被封装在概念之中。拿破仑创造了自己的一生，又成为它的注解者。

他得到了一本书，里面收集了他所有的宣言和政令。他在翻阅的时候突然把书扔在一边，在屋里来回踱步，他对拉斯卡斯说：

"每一个未来的历史学家都会站在我这边。事实胜于雄辩。我填平了无政府主义这个无底洞，结束了混乱与动荡；我清理了革命的污秽，使国内人民变得高尚；我强化了各国的王权；我唯才是举，唯功是赏，赏罚分明，将荣耀扩大到整个欧洲……看看这一切，有哪个历史学家不应该为我辩护？……要谴责我的专制？他会证明，当时的情况要求必须实行独裁；说我限制自由？他会证明，无政府主义依然存在威胁，说我好战？他会证明，我始终是被侵略者；说我企图征服世界？他会证明，这只是当时环境所致；说我狼子野心？不错，我的确有很大的野心，但它却无比崇高，我想要建立一个理性的国度，使人类的才能得到充分发挥，无拘束地享受一切。历史学家应该惋惜的是这种野心最终未能实现。"沉默片刻之后，拿破仑总结道："亲爱的，这短短一席话道出了我的一生。"

这就是他的自我辩解。不过，无论何时何地，人们都没有听过他炫耀自己的武功。六年的流放生涯，他一次也没有夸奖过波拿巴元帅如何了得。每次总结自己的成就，他总是说：

"我的英名并不是建立在40次胜仗之上的，也并非因为各国君主必须屈从于我的意志。滑铁卢战役就足以抹去所有这一切。最后一幕往往让人忘却第一幕。但永远不会湮灭在青史中的是我的法典、参议院的会议记录以及我与大臣们的通信。《拿破仑法典》简明扼要，比以往的法典更加完备。我设立的学校和创立的教育方法将培养出新一代人才。在我执政期间，犯罪减少，而英国的犯罪率却不断上升……我想建立一种欧洲体系，颁布一部欧洲法典，设立一座欧洲法院，在整个欧洲将只有一个国家！"

拿破仑有一次从一份英国报纸上读到一则新闻，说他藏匿了巨额财富。他突然站了起来，向旁边的人说道：

"你们想知道拿破仑有多少财产吗？是的，它们太巨大了，但它们没有被藏匿，谁都能看见。安特卫普和弗拉辛是足可停泊世界上最大的舰队的不冻港；敦刻尔克、里哈弗和尼斯的水利工程；瑟尔堡的巨型码头；威尼斯的港口；安特卫普至阿姆斯特丹、美因茨至梅斯、波尔多至贝杨的大道；连接起辛普隆、塞尼切山、科尼切和日内瓦山的山道，这些山道使得阿尔卑斯山四通八达。上述所有的建筑的成就都远远超过了古罗马时代的建筑。另外，还有从比利牛斯山通往阿尔卑斯山、从帕尔马到斯培西亚、从萨瓦诺到皮埃蒙特的道路；巴黎市塞纳河的大桥以及萨瓦、图尔、里昂的大桥……沟通莱茵河和罗讷河的运河，蓬蒂纳沼泽中的排水系统……重建大革命中被毁的大教堂；兴建各类新工业；修建新的罗浮宫、货栈、街道、巴黎的供水工程、码头……重建里昂的纺织业；建立了400多家蔗糖加工厂；用5000万法郎修建各处宫殿，私人出资6000万法郎装修各个宫殿；用300万法郎从柏林的犹太商人手中赎回了唯一的一枚王冠钻石；建立了拿破仑博物馆，那里收藏的所有珍品都是通过购买或签订和约而得来的；花费数百万扶植农业和养马业……这些全是拿破仑的财产，数以十亿计，而且将经久不衰。这些都是不容诋毁的丰碑。历史将会再次证明：这些成就全部是在长期作战的年代中取得的，没借过一分钱的债！"

在大西洋的这座小岛上，拿破仑在自己的陋室中捍卫自己的功绩。他把自己的功勋混为一谈：大道、蔗糖加工厂、王冠钻石、天主教堂！他预见到了历史对自己的批判，同时也充分认清了自己的价值。尽管这一切是在一个世纪之后，后人才认识到，确如他自己所言，这样的一名统帅的英名绝不能被滑铁卢战役的败绩一笔抹杀。

一天晚饭后，大家谈起了私人问题。侍从中有一个人好奇地问拿破仑一生中何时最幸福。在场的人都开始猜测。拿破仑则告诉他们，他对于结婚生子很满意，"不一定是幸福，仅仅是满意而已"。

"任第一执政时呢？"

"当时我对自己还缺乏自信。"

"加冕为皇帝时呢？"

"我想，还在提尔西特时，我就认识到了命运无常。普鲁士—艾劳战争就是对我的一个警示。尽管如此，我还是打了胜仗。我口授了和谈条件，沙皇和普鲁士国王都向我大献殷勤。哦，我说错了，这还不是最美妙的时候。最美妙的幸福时刻是在意大利取得了初期的一连串胜利，民众围着我高呼'自由万岁'。那时我才26岁，已经看到自己前途无量。我仿佛看到整个世界被自己踩在脚下，我的人飘飘然地升到了空中。"

突然，拿破仑停了下来，轻声哼唱起一首意大利歌曲，然后站起身对大家说："已经是晚上10点了，该睡了。"

比起以前的赫赫功绩，如今关于幸福的对话是何等苍白！拿破仑是只有在事业中才能找到生命真谛的人，幸福就体现在成功里。回首往昔，他偶尔也会对某个时刻说：停留一下吧！但他怀疑自己并非是感到幸福，而只是"满意"。最后，他的耳朵又听到了当年山呼万岁的声音。在想象中，他仿佛又回到了青年时代，又开始向上高飞。如今，他却已经处在生命的末年，在热带的阳光的残照中枯萎。荣誉的影像再一次浮现在他的眼前，这就是这位古典主义信徒一心追求的东西。

早在年轻时在科西嘉岛上，拿破仑就已经感受过荣誉的魔力。在这流放之岛，他依然被荣誉吸引。他知道自己名满天下凭借的正是赫赫战功。他曾问在巴黎是否有人没听说过拿破仑。其实他所想问的不是巴黎，而是全世界。拉斯卡斯告诉他，即使是在英国威尔士杳无人烟的山谷里，一个牧童也会向人打听法兰西第一执政的近况。中国人把拿破仑与帖木儿①相提并论。这些会使他暂时忘记在岛上遭受的羞辱和无聊，享受自己最幸福的时刻。在这种情况下，往往报纸上的一则小事就能使得他心神激荡：

"反动势力完蛋了！真理是任何东西都摧毁不了的。它在我们的壮举中闪

---

①帖木儿（1336—1405），西方史学家把帖木儿帝国当作成吉思汗帝国的再现。帖木儿是14世纪帖木儿汗国的建立者。他本人因脚部稍微有缺陷而被称为Tīmūr Lenk或Tamerlan，意即"跛子"。1397—1403年，帖木儿横扫整个小亚细亚半岛，他的事业达到了顶峰。他本可趁机侵入欧洲，但恰在此时，中国明朝发生朱棣夺权的"靖难之役"。帖木儿在小亚细亚得到消息后立即决定放过手下败将土耳其和埃及，回师中亚，准备远征明朝。他认为只有征服蒙古和明朝，才能名正言顺地成为全蒙古的大汗。但很快他就一命呜呼。帖木儿死后，他的帝国迅速解体。事见《新元史·帖木儿传》。

耀。以前的污点已经被荣誉之水荡涤洗清。真理将永垂不朽……这些真理会装饰我们的桂冠，为世人所拥护，为国际条约所认同，它将变得妇孺皆知，深入人心……它将统治整个世界，成为各国人民的信仰和道德准则。不管人们怎么说，这个新的时代已经与我的名字牢牢地联系在一起了。我点燃了第一支火把，无论是敌是友，都将齐聚在我的麾下，把我看作他们的首要代表。就算我死去，我也仍将是全体人民的权力太阳。拿破仑之名将是他们斗争的口号和希望的标志！"

然而，这种英雄情感没有好的下场。在政治上，拿破仑过高地估计了自我牺牲的价值，他的殉难拯救不了他的王朝。他并没有看到这最后一幕在人们心中产生的影响。他看见的只是一个军人的死亡。他在最后的战役失败后寻求一死。他在脑海中思索着自己的过往，看在哪一个时机结束自己的生命最为合适。他在谈话中经常提到这个问题，就像一位剧作家在思考自己戏剧的高潮那样。"我应该死在莫斯科，那样就可以永葆英名。要是上天在克里姆林宫给我一枪，将是多大的恩赐啊！我的王朝将会完全建立，历史会把我视作与亚历山大大帝和恺撒一样的英雄人物。但是现在，我却什么都不是了。"有时他又会想，在胜利到来之前死去，对后世产生的影响也许会更为深远。"要是我死在博罗迪诺也许会好些，那样我的死便可像亚历山大大帝一样令人惋惜。死在滑铁卢也不错，死在德累斯顿也许更好。不，还是死在滑铁卢最好！我将得到人民的爱戴与哀悼！"

有一次，拿破仑这样总结了自己的一生：

"总的说来，我的一生就像一首情节丰富、以悲剧收尾的叙事诗！"

17. 病入膏肓

旭日东升，屋里的人们仍在酣睡。有个人站在门口，他穿着白色上衣、红色拖鞋，头戴一顶宽边帽。只见这人一手拿着铁锹，一手摇晃着铃铛，催促屋里的人都起床上工。按照计划，他们要修筑围墙，挖深沟渠，还要填海造田。房门和帐篷门一扇扇被打开了，大家从四处拥出，聚到一起。他们手中拿着铁锹、钉耙和斧头，等候主人的命令，准备按计划开始大展拳脚。

他俨然一个百岁高龄的浮士德。

这是拿破仑生命的最后一年。他已经下定决心，无论发生什么事都要留在岛上。没有人愿意帮他建造一座绿化的岛。他斗争了一年，也没有获得批准。最后拿破仑决定自己建一座花园：要垒砌一道半圆形的墙壁来遮阳挡风，同时也可以阻挡那些看守的视线。他准备挖几个蓄水池来储存雨水。在花园内培土、种花，栽种24株大树，有桃树、橘树等。拿破仑在自己的窗前种的是棵橡树。这些树种来自于他在西班牙战争期间结识的英国炮兵，那些士兵连同他的老朋友都大力帮助他，为他从好望角运来了树种。中国园丁、印度苦力、法国仆人、英国马夫都前来为他工作。医生、蒙托隆和贝特朗也一块来帮忙。值勤的英国士兵走过来时，就经常会看见皇帝正从"御厨大臣"手中接过一块草皮，仔细地在地上铺好。拿破仑一向深知善待外国士兵的重要性。因此，他对于这些移植过来的草坪格外照顾，亲自勤快地给它们浇水。

这项工程历时七个月完工。小花园虽然建造得匆忙，却也被视为一个奇迹。连总督的女儿也曾偷偷地跑来看了一下。这就是拿破仑在生前创造的最后一个奇迹。

拿破仑已经知道自己时日无多，所以想在剩下的日子里过得舒服一些。人们时常可以听见他在吟诵伏尔泰的诗句："再一次看到巴黎？我此生已经不存这一愿望。"他将这年的生日视为自己的最后一个生日。他向小孩子们赠送礼物。"在晚饭时，孩子们围着他坐在桌子旁边，他就像是整个家族的族长一样对每个人微笑。"

在这座岛上已经整整四年了。这年秋天，他第一次越过边界，骑马出行，做了最远、也是最后一次郊游。

拿破仑如今只有在夜里失眠时才会偶尔口授一些东西。他谈起了蒂累纳、腓特烈、恺撒指挥过的战役，评论伏尔泰的《穆罕默德》、维吉尔的《伊内特》，他甚至探讨关于自杀的见解。他最好的秘书古尔戈和拉斯卡斯早已离岛回到欧洲。有时候，他会百无聊赖地用手持续敲击走廊的门，一敲就是一刻钟，他不时抬头望着天空中的海鸥和云霞。现在的拿破仑再也不用望远镜去找海面的帆船了，他只是在等死。

法国再次爆发了反对波旁王朝的政变，这是由军队发动的，影响极大。消息传来，拿破仑却不为所动。在他生命的最后半年，拿破仑两次拒绝了逃离的机会。他说："天意如此，我必须死在这里。如果去美国，我要么会被刺杀，要么会被忘却。只有殉道才能够拯救我的皇朝，因此，我将留在圣赫勒拿岛上。"

他已经病入膏肓。岛上的气候过于恶劣，对于肝脏正常的人都是一种折磨，更何况他身体并不健康。拿破仑的父亲死于肝病。他在30多岁时就预感到，自己会像父亲一样死去。在岛上，拿破仑的肝病不断恶化，总是说胃在火辣辣地疼。有时发作起来，他会痛苦地到处打滚。他感觉胃像刀割一样痛，浑身发冷，就算用六块敷布为他热敷，他还是觉得不够热。总之，在发病时，拿破仑感觉胃内如火烤，体表却无比冰凉——这种状况与他的身体和灵魂的关系何其相似。

他密切关注自己的病情，仔细琢磨其意义。不向他讲明药效，他就不肯服用药物。他有时会呻吟道："我如今已经流连床铺，就算给我皇位我也不换。我竟然会变得如此可悲？我向来不需要很多睡眠，如今却整日昏昏沉沉，就连睁个眼也得费很大的力气。过去，我曾同时向四个秘书口授不同的事情。那时的我才是真正的拿破仑。"他的情绪时而低落，时而亢奋。仆人告诉他，天空中出现了一颗彗星。他就说："那就是恺撒死前的征兆。"但医生告诉他，根本没看见彗星。他又说："没有彗星也一样，都会死人。"

他的医生是一个名叫安东马尔基的科西嘉人。因为拿破仑和总督吵了一架，导致在奥马拉走后的一年时间里，拿破仑都没有医生。他的母亲费尽周折，最终给他弄来一个医生、两个牧师、一个仆人和一个厨子。就这样，在被隔绝多年之后，皇帝终于得到了他母亲的一些消息。有一次，他简短地总结了母亲对于他的重要意义："无论是现在还是过去，我的一切都来自于我的母亲。她教给我为人的基本原则，教我养成工作的习惯。"

此时，这个孤独的病人身边有五个科西嘉人，其中只有两个能派得上用场：仆人和厨子。而那两个牧师，一个年老耳聋，行动不便，口齿不清；另一个则刚从神学院毕业，无知又欠缺教养。安东马尔基医生也是个年轻人，狂妄而浅薄。不过拿破仑看到自己的老乡，会勾起对故土的回忆。以前由于一心想做一个法国人，拿破仑一直压抑着对故乡的感情。直到这时，他的乡土情结终于复苏。拿破仑生是意大利人，死也是意大利人。

现在他常说意大利语，即使在讲法语时也会掺一些意大利语进去。某天，他在报纸上读到有一个议员攻击他，说科西嘉人连给古罗马人为奴都不配，法国人竟然从他们中选出一个人做自己的主子。拿破仑反而认为这是对科西嘉人的巨大认同。"连古罗马人都知道，科西嘉人不可被奴役。而且科西嘉位于法兰西与意大利之间，最适合成为两国统治者的出生地。"

一夜之间，科西嘉又成了他的祖国。"啊，医生，我何时还能见到科西嘉美丽的天空？我多么想飞回那里。家乡的人民一定张开双臂欢迎我的回归。那里曾是我的家啊。你认为同盟国能在科西嘉主宰我的命运吗？我们这些山民可是既勇敢又自负的！岛上的一谷一溪我都熟悉！"他表示，虽然自己以前忽略了自己的出生之岛，但是如今，他想当着全法国人的面，展现自己对故乡的热爱。只是不幸被囚于此让他无法如愿。他谈到科西嘉岛民伟大的精神，谈到他们血脉中凝聚下来的有仇必报的精神和对荣誉的推崇，他还谈到保利。"那里一切都好，泥土也充满了芬芳。我就是闭上眼睛也认得出来。我从未在别的地方找到过这种感觉……唉，我出生的房子已不再属于我，我没了家乡，也没了祖国。"

这个失去祖国的灵魂终于认识到了这一点，可惜时机太晚，太过痛苦，也太过间接了。海潮的一端冲击着圣赫勒拿岛的岩石，另一端拍打着科西嘉岛的礁石。而今，拿破仑的情感成为联系这两座岛屿的纽带。他曾拒不承认科西嘉是他的故乡，而他现在居住的圣赫勒拿岛却属于他的敌人。虽然该岛位于法国境内，周围的海域也属于法国，但是他却从未征服过这个国家。

那个科西嘉医生并不十分同情皇帝。他不相信拿破仑的病痛真的如此严重，认为皇帝无论做什么都必定隐藏着某种政治动机，只是想借病返回欧洲。尤其严重的是，他居然在皇帝发病时擅离职守。以前，皇帝为了达到一些政治目的曾经用称病做文章，如今只好自食其果。在他濒临死亡的时候，他的这位老乡却以为这种痛苦是夸张和做作的。两人之间存在严重的分歧。拿破仑想赶走这位医生。他给总督写信要把安东马尔基送回欧洲。总督知道后极为高兴，把它当作自己的胜利。总督趁着两个科西嘉人发生冲突坐收了渔人之利。拿破仑去世前四周，这个狱卒——罗威总督又想闯进来看他。这种刺激非常不利于拿破仑的病情。

忠心的仆人日渐减少，仿佛是在印证拿破仑蔑视人类的观点。在他生命的最后几周里，四个仆人和年老的牧师已经返回欧洲，另外两个病了，其余两名副官也在考虑归期，蒙托隆已经与夫人通信讨论寻找替身的事。贝特朗在家人的逼迫下，准备放弃陪伴皇帝，返回法国。为了留住贝特朗，蒙托隆告诉他，皇帝并不想因为自己身患重病而左右他的决定。贝特朗最终宣称留下，这让皇帝非常高兴，身体也有了点起色。只有一个人从未有过离开皇帝的念头，那就是仆人马尔尚。皇帝对他说："再这么下去，除了你和我就没有人留在这儿了。你会继续照顾我，等到我死了，你还得帮我合上双眼。"

令拿破仑难受的是，他最忠实的朋友突然吐露出心中的隐私。在一次争论中，贝特朗嚷道："废黜路易十六之后，如果国民大会拥立奥尔良公爵为王，那将是我平生最大的快乐。"皇帝听完后一言未发，但后来他痛苦地说："贝特朗可是我一手提拔起来的，他竟然反过来怪我！"

随着拿破仑的体力日渐衰弱，他开始想找些精神上的依靠。有生以来第一次，他去向他的亲戚请求帮助。他口述了一份关于自己病情的通报寄给了他最喜欢的妹妹波丽娜，上面写道："皇帝殷切希望殿下能将详情告知英国的当权者，他已经无依无靠，将会死在这可怕的岛上。他在凄惨地垂死挣扎。"

4月中旬，皇帝去世前的三周，他让人锁上门，向蒙托隆口述着自己的遗嘱。写完之后蒙托隆又把记录下来的遗嘱给皇帝复述了一遍，因为遗嘱必须经由拿破仑亲手书写才能免遭怀疑。皇帝坐着写了五个小时，最后全身是冷汗。这份遗嘱是一份显示了政治家的伟大和人类的情感的文献，也可以说是对他一生的概括。

18. 遗嘱

拿破仑在遗嘱中宣称自己信奉罗马天主教，他生于罗马教会的怀抱，在它重建之后将永远守护它，虽然他的内心从来不曾接受它的教义。接着，他想到了英雄之墓的荣耀。他虽然不是生来就是法国人，却被全法国选为法国人。他以法国人的口吻写道："我希望能把自己的骨灰埋葬在塞纳河畔，埋葬在我如此热爱的法国人民中间。"

他接着想到的是自己的儿子。他将身后的所有希望都寄托在儿子身上，希望把权力、财富、训示都集中传给儿子。他向他的"爱妻"保证，他对她的爱依旧，请求她将儿子视为心头肉。尽管他的儿子现在作为奥地利王子被抚养，但他不应忘记自己是法国人。他永远不能成为一个巨头压迫欧洲人民的工具。事实上，最大的压迫者就是这个孩子的外公。

遗嘱接下来的内容是对敌人的致命一击："我过早地死去，是被英国的独裁者和他们雇用的杀手谋害的。"他又用人民保护官的口吻煽动道："英国人民不久当为我复仇。"在这一部分的结尾，他说他之所以失败是因为"马尔蒙、奥热罗、塔列朗和拉法耶特的背叛"，而实际上"当时法国其实不乏支持者"。他又补充了一句："我宽恕他们。"可是这句话在基督味十足的面具后面闪动着挑衅的光芒，"祈愿未来的法国能像我一样宽恕他们"。

然后，他用一种贵族风格的文体来感谢他敬爱的母亲和兄弟姐妹，感谢他们多年以来一直关怀他。他原谅了路易的诽谤，这些诽谤曾在1820年结集出版。接下来是他对遗产的处置。

14年来，拿破仑省吃俭用，节省了内务府的不少皇室年金，这些构成了他的基本遗产。他还用个人财产为王宫购置了首饰、家具、银器，他在意大利也有财产，估计这些财产的总价超过2亿法郎。他说还没有什么法律能没收这笔财产。他将这笔财产的一半分配给了参加1792年至1815年的战役的官兵。分配的标准就是他们服役时的薪级。另一半则分给了那些在反法盟军入侵法国时遭受侵害的省市。这一举动旨在让新政府备受道德谴责，因为波旁王朝当年在拿破仑退位时，没收了他的钱和物。这也可以加强军队和民众对他的好感。他也希望这份遗嘱能有利于他的王朝，就如同安东尼当年公布了恺撒遗嘱所产生的效果。

接着，他列出了97名遗产受赠人。他用了10天时间才敲定了这份名单。他一直在思索着谁该受益。每天他都在回忆着谁曾服侍过他，以便加上名字。这笔钱比前面的内务府收入要可靠，大约有2000万法郎，其中有600万现金是他离开巴黎时存入的。

有哪些受赠人呢？

蒙托隆获得200万法郎，贝特朗和仆人马尔尚各50万法郎。马尔尚虽是拿破仑的仆人，却被当作朋友对待。这种事情绝无仅有。拿破仑补充说，希望马尔尚将来能与他的老近卫军军官联姻。他指定马尔尚、贝特朗和蒙托隆三个为遗嘱执行人，并命令他们在遗嘱的每一页上都盖上章。因此在拿破仑手写的最后文件上共有四个人的盖章：皇帝的鹰章，两位旧贵族伯爵的印章，还有那个普通老百姓的签名。因为马尔尚得到了皇帝的深厚信任，所以他将负责执行皇帝最终的意愿。"他为我服务，但给予我的纯粹是朋友式的效劳。"

凡是在圣赫勒拿岛上服侍过他的仆从，都得到了一份馈赠，几个医生也有份儿，这些医生中有一个被拿破仑称为自己见过的最有德行的人。然后，他将剩下的另外一半财产分成10万法郎一份的巨款，分赠给他亲近的将领、秘书、两名作家、厄尔巴岛卫队以及为国捐躯将领的遗孤，另外还包括马夫、仆人、传令官、猎手、一名埃及领骑官、一个看门人、一名图书管理员、科西嘉世交故友的后代和他的乳母的后裔（虽然拿破仑过去曾经多次接济过他的乳母，但她却总是容易陷入困窘）。此外还有他当年在奥克斯诺学习时一位老师的子孙，当初促成土伦战役胜利的统帅之后。有一位议员为了他能顺利实行土伦计划，不惜与整个参议院作对。阵亡副官米尔隆是在战场上为了掩护他而牺牲的。为了纪念他，皇帝用他的名字给一艘船命名，并在岛上让人用这个名字称呼自己。以上这些人的子孙也在受赠之列。还有一个下属康蒂隆曾被指控计划谋杀威灵顿，后来又被无罪释放，也被列入了受益者名单。皇帝评论说："他完全有正当权利杀掉那个寡头，因为威灵顿把我送到圣赫勒拿岛上来，他借口是为了英国利益，企图置我于死地。康蒂隆如果真杀了威灵顿，也可以辩解说自己是为了法兰西的利益。"

拿破仑以革命的呐喊结束了这份遗嘱中受赠者的名单。在给执行人的训示中，他罗列了下列物品：来自俄国的孔雀石家具、巴黎市赠送的金质餐具、波丽娜出钱在厄尔巴岛上购买的产业、存在威尼斯的总价约500万法郎的水银、威尼斯大主教遗赠给皇帝的财产、储藏在马尔梅松的黄金与珠宝，这些是一个国王也是一个冒险家幻想出来的财产清单。他没有把这些财物赠给约瑟芬，也许它们以后还能被找到。

拿破仑将一盏小银灯赠给母亲，它曾经伴随他在圣赫勒拿岛上度过了六年的不眠之夜。每个兄弟姐妹都得到了馈赠。约瑟夫和吕西安的名字被放在一起，好像他们之间从未有过芥蒂。每人获赠一件绣花的披风、一件上衣和一条裤子。虽然在生前，拿破仑送给哥哥的是一顶王冠，并向另一位许诺会送另外一顶给他。

拿破仑遗产的主要继承人是他的儿子。首先，他的儿子将得到拿破仑所有的武器、马鞍、马刺、纹章、书籍、衣物、行军床。拿破仑又在清单的最后补上了一句庄严的话："我希望他能珍视这笔小小的遗赠，以此纪念他众口传颂的父亲。"这份清单还提到了两条睡裤和两个枕套，以及"我在奥斯特里茨战役中使用的佩剑，在乌尔姆、艾劳、弗里德兰、吕堡、莫斯科以及蒙特米莱使用过的金质旅行箱，还有1815年3月20日在杜伊勒利宫路易十八的桌子上发现的四个匣子。我的闹钟是从波茨坦得到的，腓特烈大帝曾经用过，我把它放在第三个匣子里。还有一件蓝色大衣，那是我在马伦哥时期穿的。一把佩剑，是我任第一执政时用的，还有荣誉军团的绶带。"每一张物品清单之后他都会指定一名亲信保管，在他的儿子年满16岁时再交给他。

遗嘱中还有一段，他要求"马尔尚保存我的头发，请人编成手链，加上金质锁扣，赠送给母亲、我的诸位兄弟姐妹和皇后，每人各一个"。还加了一句"稍大一点的手链由我儿子保存"。他搜肠刮肚，对自己的儿子可能感兴趣的事物都尽力涉及。"回忆我将成为他的生命的荣耀。其他人会为他提供一切条件，使他能够顺利这样做。如果足够幸运，他可望重登皇位。我希望遗嘱执行人有义务向他解释，他对于我那些年长的军官、士兵和忠实的侍从，究竟欠他们些什么。"在遗嘱里，拿破仑对儿子寄予了很大的希望，遗嘱执行人为了见到他的儿子费尽心思，并竭尽全力想让他的儿子明白事情的真相和细节。在小拿破仑长到稍大一点以后，拿破仑的母亲和兄弟姐妹应当写信告诉孩子，他父亲的军官和仆人的孩子们愿意服侍他。小拿破仑的母亲应用一些珍贵的遗物教导孩子认识自己的父亲，例如通过他的画像、拿破仑父亲的画像或是一些珠宝，为儿子建立对祖父母的记忆。

拿破仑以如此朴素的情感结束了自己的一生。他还用非常动人的语言提到了祖父母。然而文件中接下来的一句话背后却隐藏深意："一旦我的儿子成年，如果没有什么不便的话，他就必须恢复拿破仑这个名字。"

他为他唯一合法的继承者做了极为细心的安排，最后在遗嘱第三十七款中给私生子们写了几行这样的话：他不反对小莱昂从事文职工作，希望亚历山大·瓦莱夫斯基成为军官，为法国效力。但是他没有想到，在他的合法子嗣夭折几十年后，小莱昂作为一个厨娘的丈夫在美国死去，结束了他浪荡而不务正业的一生。不过，另一个私生子瓦莱夫斯基伯爵后来却当上了部长，主导着法国的命运。他英俊潇洒，表现出天生的聪慧，也向人们显示出他是来自于何人的爱情结晶。

他还写了第二份遗嘱给他的合法继承人。在拿破仑去世前两周的一天夜里，他把蒙托隆叫来——这个人在最后几周中尽心尽力地伺候着拿破仑。蒙托隆回忆当时的情景，说："我走进去，他端坐在床上，双目炯炯有神，我担心他发烧了。"皇帝说："我没事。我和贝特朗谈过，我的遗嘱执行人见到我儿子时应该说些什么……我还是想再给他些建议！你写下来吧。"

接下来蒙托隆记录的这份政治遗嘱长达12页，其中没有一个字涉及战争，满纸都是谈和平。他提到了欧洲，从中我们可以看出以他掌权为开端的19世纪的几乎全部的思潮。这也是他对后代统治的展望，就像他第二次统治一样。他批判了自己的事业，但对此极为自豪。他渴望建立新的政治形式，并用先知者的眼光对20世纪做出警示。他在这个岩岛上向欧洲发出呼吁，呼吁欧洲团结统一，增进各民族间的理解，以促进自由、平等、文化、才智和贸易。所有这些想法都源于生命垂危的拿破仑，源于那一个不眠之夜，而他当时还发着高烧。

"我的儿子不该想到为我报仇，他应当从我的死中汲取教训。他一切应以和平统治为目标。如果不是出于必要就模仿我重新开始战争，那就是愚孝。重走我走过的路就等于说我以往毫无成就……在同一个世纪，同样的事不应该做两次。过去我因为不得已频频用武力征服欧洲，但现在，我却必须说服它们……我已经让新思想在法国和欧洲落地生根，这些新思想不可能再倒退回去。让我的儿子收获我播下的种子吧……

"英国人为了抹掉自己的罪过，可能会同意帮我的儿子返回法国。不过，为了与英国达成谅解，我们必须不惜一切代价尊重它的商业利益。这种无奈势必会产生两种结果——对英作战或与英国瓜分世界贸易。目前看来，只有后者是唯一可能的选择。法国在今后很长一段时间内，外交的重要性都会大过内政。我给我的儿子以足够的力量与同情，他一定可以凭借高贵而互相和解的外交继续我的事业。

"我的儿子绝不能借助外国势力夺得皇位。他不应该为了统治而统治，而是要争取得到后世的赞扬。他应当尽可能地接近我的家族。我的母亲具有古典美德……如果他领导有方，法兰西民族会是世界上最容易统治的民族。他们的思维敏捷而透彻，能迅速区分是敌是友。但是在统治时一定要顺着他们的脾性，否则一旦他们的思想变得不安分，就很容易因为煽动引起骚乱，诱发暴动……

"我的儿子要蔑视一切政党，只接近民众。除了叛国贼以外，他对一切人都必须尽弃前嫌，并多多奖赏有才能、有贡献的人。

"在法国，高贵的人没有什么影响力，依赖他们无异于在沙滩上建房子，毫无稳固性可言，只有依靠民众才能有所成就。

"我一直以来都是依靠民众。我做出了一个极好的榜样，建立起政府，努力惠及各个阶层人民……民族利益的分裂会导致内战。本质上不可分的东西便绝不能分，强行分裂只会毁灭它。我并不是很重视宪法，但它的基本原则应是普选。

"我所提拔的贵族对我的儿子不会有多大助力。

"我的独裁是不得已的统治行为。证明就是有许多权力我并不想要，但人们总会强加给我……但我的儿子遇到的情形会有所改变。他的权力带有争议，他必须预料到人们要求自由的愿望。君主不应把统治作为治国的目的，而是要启蒙民智、传播道德和福泽。任何浮华的许诺都没有任何帮助。

"有两种同样有力的热情鼓舞着法国人民，它们看来似乎相互矛盾，但本质上来源于同样的感情，即爱自由、爱荣誉。政府只有用绝对的公正才能满足这两种愿望。为政并不一定需要遵循完善的理论，只需根据具体条件有所作为。人们必须了解，必须服从需要，进而从中得到利益。

"出版自由应成为政府手中强有力的辅助工具，借助它向各地传播健康的观点和正确的原则。如果忽视出版自由，就等于在危险旁边酣睡……要么进行疏导，要么适当压制，否则就会危及自身。

"我的儿子应具有新思想，继承通过胜利得来的事业，将欧洲统一为不可分的联邦。

"欧洲正在走向无法避免的巨变。任何想阻止这一转变的行为都将是徒劳的。唯有积极支持，才能够成就众人共同的心愿和希望。

"我的儿子的地位将使他面临极大的困难。环境迫使我用武力来解决某些问题，可我的儿子只能通过寻求大家的一致赞同才能解决它们。如果我在1812年那次战役中能够击败俄国，就能一劳永逸地解决未来100年的和平问题以及民族矛盾。现在，人们必须自己去做了。今后对重要问题具有决定作用的将不再是欧洲北部，而是地中海沿岸。这一地区各国的野心很容易满足。文明国家只需付出一小块土地就可以购得幸福。君主们应该明白，欧洲不应该再成为国际仇恨的策源地。

"消除偏见，扩大利益，加强贸易，没有任何一个国家能垄断贸易。

"你们灌输给我的儿子的一切对他不会有多大影响。除非他的本性中没有燃起任何神圣的火焰，不热爱善良，否则只要他有那么一丁点，就足以使他成就大业。我希望他为自己的决定感到荣耀。

"如果他们拒绝让你们去维也纳……"

遗嘱文件至此戛然而止，就像先知在叙述神谕时突然辞世一般。这个垂死的伟人在病榻上还不忘教育自己的儿子，他的这番训示在100年后依然可以用来教育欧洲。今天我们遇到的种种国家政治方面的问题，其实已经被这个天才给出了答案。

19. 生命最后一刻

在洋洋洒洒的思想喷发之后，拿破仑创造的源泉枯竭了。美妙的梦境浮现在他的眼前。命运似乎要让他安乐地死去。拿破仑在完成遗嘱后，躺在那里，无痛无忧，希望的云雾环绕着他。

"我死后，你们就都能返回欧洲了，你们可以重新见到你们的妻子，而我将会到天堂去会见我的勇士们，他们都会来迎接我。我会见到达武、迪罗克、内伊、缪拉、马塞纳、贝尔蒂埃，大家一起谈论共同开创的事业。我将会给他们讲述我后来的际遇。他们看到我，一定会重燃昔日的热情，回想起往日的荣誉。此外，我们还要去找西庇阿、汉尼拔、恺撒、腓特烈大帝来谈论我们的战争。这是多么惬意的事啊！世上的人如果能看到这么多杰出的将帅会聚于此，一定吓得够呛！"

这就是一个临终之人萌发的奇思妙想。关于他生活的谈话记录成千上万，可那些当中没有任何语言能如此真切地反映出他灵魂的天真。此时，这个灵魂似乎半梦半醒：他像个小孩子一样描绘出一个英雄的世界，他的将领们与古罗马的将领们聚在一起谈天。他生活在天堂似的田园中，这里人人都谈论着大炮。正在拿破仑谈话之际，那个英国医生走进了房间（拿破仑最终同意接受这个医生的治疗）。

就在此刻，拿破仑幻想中的笛声突然中断，鼓声则再次响起。政治家回到了现实。他没有经过任何过渡或准备，马上像平时一样换了一副腔调，发表了对自己正式死亡的观点。

"靠近些，贝特朗，请逐字逐句地向这位先生翻译我刚才说的话。有些人想要我死，他们做到了。我投奔英国人民，希望托庇于英国安度残生，然而他们竟践踏了国际法，公然给我套上锁镣……英国说服了各国君主，于是就发生了世上最骇人听闻的一幕，我孑然一身，被四个强国不断地袭击。你们在这岩岛上曾经是怎样对待我的！你们无所不用其极地折磨我！……你们处心积虑，策划将我慢慢折磨致死。那个无比恶毒的总督就是你们的大臣们派来的，他就是杀害我的刽子手！我应当像高傲的威尼斯共和国那样！我能遗赠给英国王室的就是杀我的刽子手这个耻辱的头衔！"

痛斥完后，拿破仑又倒在了枕头上。医生站在那里惊讶得不知所措。皇帝的亲信也惶恐不安。这算什么？是结语、抗议还是咒骂？纯粹的政治行为！晚上，他就让人给他朗读汉尼拔的征战录。

第二天，4月21日，距拿破仑去世还有两周。他召见了科西嘉牧师。自从牧师来岛后，他每个星期天都会做弥撒，但除此之外，他与这个牧师很少接触。此时，他说：

"你知道什么是停灵会堂吗？你以前主持过这种仪式吗？没有？那么，现在就由你主持我的葬礼吧。"然后拿破仑给他讲了如何做的一些细节。"我死后，你要在我的床边设置祭坛，按常礼给我做弥撒，直到我入土为止。"

当晚，牧师和拿破仑待了快一个小时。不过因为牧师当时带的神器不齐，这一个小时中他只是和皇帝随便聊聊，没有听他的忏悔。无论现在还是过去，40年来，皇帝从未吃过圣餐。

拿破仑的身体完全垮了。他几周都没有刮过胡子了，面颊深陷，脸色黝黑。现在他让人把床搬到了客厅，因为他的卧室太窄了。胃疼会让他抽搐不止。不疼的时候，他会想该把什么赠给谁。有时他也会打个盹儿，梦见几个女人出现在他的面前，唯独没有玛丽·路易丝。"我看到了亲爱的约瑟芬，可她不愿拥抱我……她没有变，依然那么爱我。她说我们不久会重逢，再也不分开了，她向我保证——你看到她了吗？"就像梦

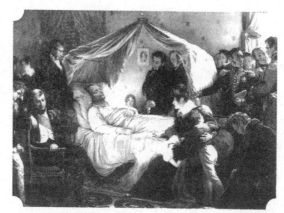

拿破仑临终时的场景

见那些将军一样，这次的幻觉来自孩子的天堂，童话的国度。

病情若稍好些，他会让人读最近的报纸。报上若有人攻击他，拿破仑会情绪激动。有一次，他让人把遗嘱拿来，费力地扯掉上面的封印，用颤抖的手写道：

"我下令逮捕当甘公爵并把他送上法庭，这是出于对法国人民的安全、利益和荣誉的考虑。阿托斯伯爵供认，他那时在巴黎豢养了60名刺客。"

就像两个幽灵相对而视：一个是已死的波旁王朝，一个是将死的波拿巴。

4月27日，他又让人取来遗嘱，费力地重新盖章。他让人重新将箱子和柜子里的东西列清单，把重要的文件装入信封，亲手给每个信封写上说明。在此期间，他不停地呕吐、发抖。他让在场的所有人都盖上章，核对包裹清单。他对英国是如此不放心！

还有什么要做的吗？床上还有一些东西没有处理。"我的身体差极了，没时间了，得赶快做完。"这是什么？奥坦丝的钻石项链，是她出席杜伊勒利宫的宴会时佩戴的，它曾在她的脖子上放射出耀眼的光芒。拿破仑快要离开马尔梅松的时候，她亲手把它缝在他的腰带上。现在他把这串项链送给了他的仆人马尔尚。还有一个上面没有任何图案的金质鼻烟壶，他费劲地用小刀在上面刻下一个"N"，把它送给了医生，并说道：

"我明确要求解剖我的尸体，特别要认真检查胃。我想，我可能和我的父亲死于同样的病。请路易将我父亲的死亡报告寄来，你可以拿它与你的检查结果比较一下，至少可以使我的儿子不会患上这种病。请你告诉他如何预防，至少要让他免受我所受的痛苦。"

肝病折磨了他六年，他也就骂了六年岛上的天气。几天前他还在指责英国故意借此天气杀害他。但若进行尸体解剖，便有可能否定他的阴谋论。是的，他知道这一切。为了他的儿子，他希望被解剖，避免儿子也患上这一家族病。

都准备好了吗？可以开始了吗？等等，还得给英国当局写一份正式通知。他口述了下面这封信：

"总督先生！拿破仑皇帝由于长期病魔缠身，于×日龙御归天！兹告此事……特望贵国政府将其遗体运回欧洲及安排其随从返欧事宜。预为见告。"——"蒙托隆伯爵，签字。"

拿破仑一生口述过六万多封政治信函。这封信正式宣告了他的死亡，却没填写死亡日期。也许这是他一生最出色的通告了。谁能想到，一个人经历过大小60多次战役，屡受死亡威胁，临死之际却依然能如此镇定、从容不迫呢？他一生习惯了发号施令，可这些文字让他的生命在结束时转了一个奇异的弯。我们只希望这封令人毛骨悚然的信不是他的最后一封。

这果然不是他的最后一封信。4月29日，高烧一夜之后的拿破仑又口述了两份文件，一是关于如何利用凡尔赛宫的，一是关于改组国民军的。但这两份文件像以往一样标明了写给军务大臣或工程大臣。拿破仑将这两份文件的标题分别定为"第一梦想"和"第二梦想"。他还说："我此刻感觉很棒，我能连着骑上30英里的马呢。"可第二天他就浑身发冷、不省人事。这样又熬了五天，终于驾崩。

然而拿破仑·波拿巴没那么容易就死亡。在最后的五天里他曾趁一度有过的清醒的间隙，赶紧下达命令，发表意见：

"一旦我失去知觉，你们在任何情况下都绝不能让英国医生进来……你们要忠于我，不得做损害我名誉的事情。我全部的法律和行为都是基于最严格的道义准则而来的。然而形势严峻，我无法宽大治国，只能将它留待后人实施了。但是其后变故迭出，我无法将弓拉得太满。我本想引进自由体制，但它却无缘在法国推行。全国人民都了解我的善良本意。他们热爱我的名字，欢庆我的胜利。你们也得这么做！遵守我的准则，维护我的名誉！"

他的思想依然围绕着他的事业。他此时就如同一个垂死的雕刻家，眼神凄怆，目力之所及，尽是断章残篇。他使出最后一丝气力道出他的本意。

第二天他又开始幻想新的东西：在科西嘉岛上的少年时代。此时拿破仑偶尔想起他的儿子，想到他在科西嘉岛上的产业。忠实的马尔尚精确地记录下这段话：

"我把在阿雅克修的所有产业、房产及附属建筑、盐场附近的两幢房屋和花园，全都留给我的儿子，这将使他每年获得五万法郎的收入。我留给他……"

这是拿破仑的最后命令。他曾征服了半个世界，后来却又失去了它。他在临死前一直发着高烧，眼前幻觉中出现了科西嘉岛上他母亲的那幢房子和他的儿子。他原本想留给儿子的遗产是这半个世界。为使儿子免于贫穷，他将自己并不拥有的房子留给儿子。随后他的思维又从亲情方面转回，他又成了一名军人，驰骋在意大利战场上，就好像是他的第一次战役。早年的故友在拿破仑眼前的幻觉中飞奔。他叫道：

"德塞！马塞纳！这关系到胜利！快！前进！我们胜利了……"

第二天牧师不请自来。他从长袍下拿出一些不愿让人见到的神器，他要求与濒死的病人单独待在一起。过了一会儿，他出来说："我为他举行了临终涂油礼，可他的胃使他无法享用圣餐！"

可怕的最后一夜，凌晨，皇帝在高烧中呓语道："……法兰西……陆军统帅……"

这是拿破仑在世上说的最后一句话。

稍后，他突然爆发出惊人的力量，一跃而起，跳下床一把拉过守护着他的蒙托隆，死死抱住他，两人在地上滚作一团。拿破仑抱得太紧，蒙托隆既不能叫出声，也无法脱身。阿香波听到动静，从附近冲了进来，救下了蒙托隆。谁也不知道皇帝在这最后的战斗中是想掐死哪个敌人。

在这之后，拿破仑一整天都安静地躺着，呼吸均匀。他曾表示要喝水，却无法下咽。人们只能把浸了醋的海绵放在他的嘴唇上。屋外雨雾笼罩，而屋内，一名旧贵族伯爵和一个平民守护在奥斯特里茨行军床边。

5点刚过，大西洋上的东南信风呼啸而至。房前新栽的两棵树被连根拔起。

此时，病床上的人寒热交织。他的表情看不出痛苦，两眼圆睁，目光呆滞。他似乎是在沉思，喉咙里发出呼噜呼噜的响声。直到热带的太阳沉入大海，他的心脏才停止了跳动。

20. 复活

在中午耀眼的阳光下，工作室的解剖台上躺着拿破仑的尸体，上面血迹斑斑。五名英国医生、三名英国军官和三个法国人围绕在临时做成的解剖台旁边。那个科西嘉医生安东马尔基解剖了尸体，取出皇帝的肝脏，并像是给学生做演示一样解释道："请看，胃的溃烂部分覆在肝上。先生们，我们该如何推论呢？圣赫勒拿岛的气候加剧了胃病，导致了皇帝的早逝。"

大家投票表决：英国对法国。多数人认为他除了胃部以外的其他内脏是完好的，这个科西嘉医生能用手指穿过溃烂的胃壁。大家据此开始写检验报告。

皇帝的遗体上涂上防腐香料，上面覆盖着他在马伦哥战役时穿的镶金大衣。岛上的全体英国守军自愿列队前来吊唁。所有见过遗体的人都说他的表情安详而宁静。拿破仑在当初加冕称帝时，他有些像古罗马的皇帝一般发胖，现在却恢复了少年时的消瘦。英国不准将拿破仑的遗体运回欧洲。于是在岛上一处幽谷挖了一个墓穴，旁边有两处泉水，水边各栽种了一株柳树。拿破仑下葬时，当地按照英国将军的礼仪，鸣放了三声礼炮。这些旗帜在风中唰唰作响，上面绘制的图案却是用来纪念英国在西班牙的胜利。总督是此岛的主人，他声称他已宽恕了皇帝。

人们从大炮的基座上卸下六块石板，用它来盖上墓穴。可这位昔日炮兵军官的墓仍然差一块石板。由于一下子找不到相似的石板，人们只好从一幢新房子的灶上拆了3片瓦来代替。总督不准在墓碑上只刻"拿破仑"的名字，必须是"拿破仑·波拿巴"，因此墓碑上一直没

拿破仑的遗体被运回法国，90万巴黎市民冒着严寒参加了葬礼

有刻字。长林的家具都被拍卖光了，房子被一个农夫买下，改造成为磨坊。而皇帝住了六年的两个小屋子又恢复了原来的用途，成了牛栏与猪圈。

英国只做了一件尊重死者的事情：在墓旁设立岗哨。19年来，英国哨兵轮番守卫着这里，直到皇帝的遗体被运回巴黎。

现在，一切都回到了欧洲。

在伦敦的大街上，总督罗威爵士被拉斯卡斯的儿子当街鞭打，落荒而逃，后来默默地消失在历史中了。对于拿破仑的处理要负全责的部长巴瑟斯特，郁郁寡欢，最终自杀。一夜间，全英国都对圣赫勒拿岛上拿破仑受到的野蛮对待的施暴者口诛笔伐。

科西嘉医生去了意大利，吕西安拒绝接见他，到了帕尔马，玛丽·路易丝也没有见他。不过他最终在剧院的包厢中见到了她。在罗马，他拜访了拿破仑的母亲莱蒂齐娅·波拿巴。安东马尔基花费整整三天的时间为她讲述岛上发生的一切。他把银灯交给这位母亲，便返回了科西嘉岛。莱蒂齐娅坐在壁炉旁，为次子拿破里昂尼的死亡哭泣。

之后，她又活了15年，比她的女儿爱丽莎和波丽娜活得都长。直到谢世，波丽娜的手中还拿着镜子。她比几个孙子、三位教皇都活得长。她最后半身瘫痪，双目失明，但还总是面向皇帝的半身像坐着，用持续的精神和悲哀悼念。

她像一个女王一样，在自己的宫中接待一切忠于皇帝的人。她的仆从依然身着拿破仑时期的朝服。她乘坐的马车上也刻着拿破仑的纹章。这些衣服和车子可能是欧洲的最后一批了。她有时也会听到在维也纳的孙子的消息，但她从不许这个孙子来看自己。她的小孙子21岁就病故了。这时玛丽·路易丝才给她写信，但是她没有回信。最后，莱蒂齐娅被准许回家，但她拒绝回去，因为她的孩子们并未获得同样的权利。

皇帝去世9年后，波旁王朝垮台，奥尔良王朝取而代之。新国王意识到了波拿巴派势力的强大，下令在旺多姆圆柱上重新竖起15年前被拆除的拿破仑像。当热罗姆前来告诉患病的莱蒂齐娅这一消息时，她的健康状况立即好转，她高兴地下床走动。她走进很久没有涉足的客厅，失明的双目寻找着皇帝的半身像，喃喃地道：

"皇帝又站在了巴黎的中心！[①]"

----

①1840年，在经过长期谈判之后，英国政府终于同意将拿破仑的遗体从圣赫勒拿岛运回法国。1861年，拿破仑被安葬在巴黎的荣军院。后来，他的哥哥约瑟夫和弟弟热罗姆也葬于此。1940年，希特勒专门将拿破仑的儿子"罗马王"（拿破仑与第二任妻子玛丽·路易丝所生，是其唯一合法的儿子。1832年时，年仅21岁的他死于肺结核）的遗体从维也纳迁至法国巴黎的荣军院，以此向法兰西表示善意。

附　录

拿破仑年表

第一章

1769	8月15日，拿破仑出生。
1779	进入布里埃纳军校学习。
1784	进入巴黎军官学校。
1785	以少尉军衔毕业。
1789	重返科西嘉。
1791	4月：在瓦朗斯任中尉。
	10月：返回科西嘉。
1792	在阿雅克修发动政变。逃亡。
1793	任上尉。攻占土伦。
1794	2月：任准将。
	8月：被捕。
1795	6月：进入军务部。
	10月：镇压巴黎起义。
	任巴黎卫戍司令。
1796	3月2日：成为意大利方面军指挥。
	3月9日：与约瑟芬·博阿尔内结婚。

第二章

1796—1797	指挥米莱齐莫、卡斯蒂廖内、阿科拉、科沃里、曼图亚战役。

1797　在芒泰贝洛宫。

　　　签订《坎坡福米奥和约》。

1798　在巴黎待至5月。

　　　5月19日：动身前往埃及。

　　　指挥金字塔战役。

1799　在雅法、阿克、阿布基尔。

　　　10月7日：抵达法国。

　　　11月9日：发动雾月十八日政变。

　　　12月24日：任第一执政。

第三章

1800　6月14日：马伦哥战役。

　　　12月24日：保王党暗杀拿破仑未遂。

1801　签订《吕内维尔和约》。

　　　与教皇庇护七世达成协议。

1802　与英国缔结和约。

　　　任终身执政。

1804　3月21日：处决当甘公爵。

　　　5月18日：成立法兰西帝国。

　　　12月2日：加冕为皇帝。

1805　10月：指挥特拉法尔加海战。

　　　11月：占领维也纳。

　　　12月2日：指挥奥斯特里茨战役。

　　　　　　　签订《普莱斯堡和约》。

1806　10月14日：指挥耶拿战役，取得奥尔施塔特大捷。

　　　柏林。颁布敕令。

1807　6月：法军与俄军在普鲁士的艾劳和弗里德兰发生激战。

　　　　　建立莱茵联盟，封约瑟夫为那不勒斯国王，任路易为荷兰国王。

　　　7月9日：签订《提尔西特和约》。

　　　任热罗姆为威斯特伐利亚国王。

1808　在罗马、马德里。任命约瑟夫为西班牙国王，任命缪拉为那不勒斯国王

1809	被教皇革出教会。指挥阿斯佩恩战役。
	在埃斯林、瓦格拉姆、维也纳。
	12月：与约瑟芬离婚。
1810	4月：与玛丽·路易丝结婚。
1811	3月20日：太子诞生。

第四章

1812	指挥斯摩棱斯克战役、莫斯科战役。
	12月：返回巴黎。
1813	4月：指挥卢岑战役、鲍岑战役。
	7月：指挥德累斯顿战役。
	10月16—19日：指挥莱比锡战役。
1814	指挥布里埃纳战役、拉罗蒂埃战役、尚波贝尔战役、蒙特罗战役、拉昂战役。
	4月6日：在枫丹白露签署退位诏书。
	4月20日：前往厄尔巴岛。
1815	2月26日：离开厄尔巴岛。
	3月13日：同盟国宣布拿破仑不受法律保护。
	3月20日：返回巴黎，重掌政权。
	6月：指挥滑铁卢战役。
	6月23日：再次退位。
	7月13日：致函英国摄政王。
	7月31日：英国宣布囚禁拿破仑。

第五章

1815	10月17日：抵达圣赫勒拿岛。
1821	5月5日：逝世。

图书在版编目（CIP）数据

拿破仑传 /（德）鲁特维克（Ludwig, E.）著；文慧译. —长沙：湖南
人民出版社，2013.12
ISBN 978-7-5561-0021-7

Ⅰ.①拿… Ⅱ.①鲁… ②文… Ⅲ.①拿破仑，B.（1769～1821）—传
记 Ⅳ.①K835.655.2

中国版本图书馆CIP数据核字（2013）第297216号

拿破仑传

作　　者：（德）艾密尔·鲁特维克
译　　者：文　慧
出 版 人：谢清风
责任编辑：胡如虹
监　　制：于向勇
策划编辑：刘　伟
营销编辑：吴建荣

出版发行：湖南人民出版社［http://www.hnppp.com］
地　　址：长沙市营盘东路3号
邮　　编：410005
经　　销：新华书店

印　　刷：三河市鑫金马印装有限公司
版　　次：2014年1月第1版
　　　　　2015年1月第2次印刷
开　　本：787mm×1092mm　1/16
印　　张：29
字　　数：514千字
书　　号：ISBN 978-7-5561-0021-7
定　　价：39.80元

（若有质量问题，请致电质量监督电话：010-84409925）